Birgit Wilhelm
Das Land Baden-Württemberg

Birgit Wilhelm

Das Land Baden-Württemberg

Entstehungsgeschichte – Verfassungsrecht – Verfassungspolitik

2007

BÖHLAU VERLAG KÖLN WEIMAR WIEN

Zugl. Dissertation an der Juristischen Fakultät
der Universität Heidelberg 2006

Bibliografische Information der Deutschen Nationalbibliothek
Die Deutsche Nationalbibliothek verzeichnet diese Publikation in der
Deutschen Nationalbibliografie; detaillierte bibliografische Daten
sind im Internet über http://dnb.d-nb.de abrufbar.

Umschlagabbildung:
Plakat-Nr. 3279, Sammlung Stadtarchiv Mannheim

© 2007 by Böhlau Verlag GmbH & Cie, Köln
Ursulaplatz 1, D-50668 Köln
Tel. (0221) 91 39 00, Fax (0221) 91 39 011
info@boehlau.de
Alle Rechte vorbehalten
Druck und Bindung: Strauss GmbH, Mörlenbach
Gedruckt auf chlor- und säurefreiem Papier
Printed in Germany

ISBN 978-3-412-10606-5

Inhalt

VORBEMERKUNG

1. TEIL: DIE TERRITORIALE AUSGANGSLAGE IM DEUTSCHEN SÜDWESTEN

1. Kapitel: Die Neugliederung in der Napoleonischen Zeit 3
    I.   Die wichtigsten territorialen Veränderungen in Baden 4
    II. Die wichtigsten territorialen Veränderungen in Württemberg 8
    III. Die wichtigsten territorialen Veränderungen in Hohenzollern 11

2. Kapitel: Untergang der Länder Baden und Württemberg 13
    I.   Das Neuaufbaugesetz vom 30. Januar 1934 13
    II. Die Kapitulation am 8. Mai 1945 14
        1. Lehre vom Untergang des Deutschen Reiches 14
        2. Lehre vom Fortbestand des Deutschen Reiches 15
    III. Die territoriale Neugliederung durch die
         Besatzungsmächte 1945 18

2. TEIL: DIE NEUGLIEDERUNGSVERHANDLUNGEN

1. Kapitel: Die Neugliederungsfrage vor den Verfassungsberatungen 21
    I.   Die Länderbildung im Jahre 1945 durch die Besatzungsmächte ... 21
        1. Die Bildung neuer Länder durch die Besatzungsmächte 21
        2. Resonanz auf die Zerschneidung der Länder 23
            a) Die Reaktion der Regierungen der drei südwestdeutschen
               Länder 23
            b) Neugliederungskonzepte von Otto Feger und Friedrich
               Metz 24
            c) Erste Weichenstellungen für den Südweststaat 25
        3. Auswirkung der neuen Grenzen auf das öffentliche Leben 29
        4. Ausgangslage für die Entstehung des Südweststaates 30
    II. Die Neugliederung nach dem Frankfurter Dokument Nr. 2 30
        1. Das Frankfurter Dokument Nr. 2 30
            a) Vorgeschichte 31
            b) Die Londoner Sechsmächtekonferenz 31
            c) Inhalt des Frankfurter Dokuments Nr. 2 32
            d) Bedeutung des Frankfurter Dokuments Nr. 2 33

		e) Die Reaktion der drei südwestdeutschen Länder auf das
			FrankfurterDokument Nr. 2 33
	2. Die Koblenzer Beschlüsse vom 10. Juli 1948 34
		a) Die Konferenz auf dem Rittersturz bei Koblenz 34
		b) Die Koblenzer Beschlüsse 36
		c) Erwiderung der Militärgouverneure am 20. Juli 1948 37
	3. Ministerpräsidentenkonferenz auf Schloß Niederwald bei
		Rüdesheim am 21. und 22. Juli 1948 37
		a) Die Konferenz 37
		b) Die abschließende Zusammenkunft mit den
			Militärgouverneuren am 26. Juli 1948 38
	4. Der Ländergrenzenausschuß 39
	5. Konferenz auf dem Hohenneuffen am 2. August 1948 40
		a) Vorgeschichte 40
		b) Die Konferenz auf dem Hohenneuffen 41
	6. Der Karlsruher Staatsvertrag vom 24. August 1948 42
		a) Der Weg zum Karlsruher Vertrag 42
		b) Der Karlsruher Staatsvertrag 46
		c) Ministerpräsidentenkonferenz auf Schloß Niederwald
			am 31. August 1948 49
	7. Konferenz in Bühl am 16. September 1948 49
		a) Vorgeschichte 49
		b) Tagungsverlauf 50
	8. Konferenz in Bebenhausen am 28. September 1948 51
	9. Die Affäre Alt-Windeck 52
		a) Geheimkonferenz im Schloß Alt-Windeck 52
		b) Folgen der Geheimkonferenz 53
	10. Außenministerkonferenz in Washington am 8. April 1949 54

2. Kapitel: Die Neugliederungsfrage im Parlamentarischen Rat 55
	I.	Entstehung des Art. 118 GG und des Art. 29 GG 55
		1. Die Neugliederungsfrage im Verfassungskonvent auf
			Herrenchiemsee 55
		2. Die Diskussion im Parlamentarischen Rat 57
		3. Genehmigung des Grundgesetzes durch
			die Besatzungsmächte am 12. Mai 1949 65
		4. Inkrafttreten des Grundgesetzes der Bundesrepublik
			Deutschland am 23. Mai 1949 67
	II.	Inhalt der Bestimmungen über die Gebietsänderung 68
		1. Grundgedanken des Art. 29 GG in der Fassung vom
			23. Mai 1949 68
			a) Struktur des Art. 29 GG 68
			b) Inhalt der einzelnen Absätze des Art. 29 GG 69

		c)	Zweck und systematische Stellung des Neugliederungsartikels im Grundgesetz...................	73
	2.		Grundgedanken des Art. 118 GG	73
		a)	Struktur des Art. 118 GG	74
		b)	Inhalt des Art. 118 GG	74
		c)	Systematische Stellung des Art. 118 im Grundgesetz	77
	3.		Das Verhältnis von Art. 118 GG zu Art. 29 GG	78
		a)	Nebeneinander oder lex specialis?........................	78
		b)	Konsequenzen	80

3. Kapitel: Verhandlungen auf der Grundlage des Art. 118 GG 81
  I. Behandlung der Südweststaatsfrage auf Landesebene 81
    1. Der Freiburger Vertragsentwurf vom 24. August 1949........... 81
      a) Vorgeschichte 81
      b) Inhalt 82
      c) Weiterer Verlauf der Verhandlungen..................... 83
    2. Die Freudenstädter Beschlüsse der CDU am
       22. Oktober 1949.. 85
    3. Das Scheitern der Freudenstädter Beschlüsse........................... 87
    4. Die Freudenstädter Vereinbarung der drei Regierungschefs
       vom 15. April 1950... 89
      a) Tagung... 89
      b) Ergebnis... 90
      c) Zulässigkeit einer Volksbefragung........................ 91
    5. Weinheimer Tagung am 22. und 23. Juli 1950 93
      a) Verlauf und Ergebnis der Weinheimer Tagung 93
      b) Bedeutung der Weinheimer Tagung 94
    6. Die Volksbefragung vom 24. September 1950..................... 95
      a) Der Abstimmungskampf 95
      b) Das konfessionelle Element im Abstimmungskampf... 96
      c) Das Ergebnis der Volksbefragung 100
    7. Das Scheitern der Vereinbarungsverhandlungen nach der
       Abstimmung.. 101
      a) Die Anzeige des Scheiterns durch Gebhard Müller........... 101
      b) Übergang der Gesetzgebungskompetenz auf den Bund 103
  II. Die Verlagerung der Südweststaatsfrage auf die Bundesebene 104
    1. Das Zweite Neugliederungsgesetz................................. 104
    2. Das Erste Neugliederungsgesetz................................... 109

3. TEIL: VERFASSUNGSMÄßIGKEIT DER NEUGLIEDERUNGSGESETZE

1. Kapitel: Die Entscheidung des Bundesverfassungsgerichts vom
   23. Oktober 1952 113
   I.   Die Klage der badischen Landesregierung 113
   II. Die Entscheidung des Bundesverfassungsgerichts 116
        1. Die Zuständigkeitsfrage 116
        2. Das Erste Neugliederungsgesetz 117
        3. Das Zweite Neugliederungsgesetz 118

2. Kapitel: Die Verfassungsmäßigkeit des Ersten Neugliederungsgesetzes ... 123
   I.   Zuständigkeit des Bundesgesetzgebers zur Verlängerung der
        Landtagswahlperiode 123
        1. Gesetzgebungskompetenz nach Art. 118 S. 2 GG 123
           a) Anwendbarkeit des Art. 118 S. 2 GG 123
           b) Ermächtigung des Bundesgesetzgebers zur Verlängerung
              der Wahlperiode 124
        2. Kompetenz kraft Natur der Sache 125
        3. Kompetenz kraft Sachzusammenhang/Annexkompetenz 126
        4. Argumentum a maiore ad minus 129
        5. Bundeskompetenz nach Art. 72, 74 GG 130
        6. Verzicht der Länder auf ihre Mitwirkung an der
           Gesetzgebung 131
   II. Bundesstaatsprinzip 132
   III. Demokratieprinzip 134
   IV. Folgen der Verfassungswidrigkeit des Ersten
        Neugliederungsgesetzes 135
        1. Nichtigkeit 135
        2. Folgen für die Verlängerung der Legislaturperiode
           der Landtage 136
        3. Folgen für das Zweite Neugliederungsgesetz 136

3. Kapitel: Die Verfassungsmäßigkeit des Zweiten Neugliederungsgesetzes 139
   I.   Inhalt des Zweiten Neugliederungsgesetzes 139
   II. Genereller Einwand gegen eine Neugliederung 139
        1. Bestandsgarantie für die Länder der Bundesrepublik
           Deutschland nach dem Grundgesetz 139
        2. Rechtsvergleichende und rechtshistorische Betrachtungen
           zur Bestandsgarantie 141
           a) Bestandsgarantie für die Länder in anderen
              Bundesstaaten 141
           b) Deutsche bundesstaatsrechtliche Tradition 145
   III. Fragestellung und Stimmbezirke 146

1. Selbstbestimmungsrecht im Bundesstaat 146
   a) Definition des Selbstbestimmungsrechts 146
   b) Die Geltung des Selbstbestimmungsrechts der Völker 147
   c) Träger des Selbstbestimmungsrechts der Völker................ 147
   d) Die Geltung des Selbstbestimmungsrechts der Völker für das badische Volk.. 148
   e) Herleitung des Selbstbestimmungsrechts aus dem Demokratieprinzip 149
   f) Ergebnis.. 149
2. Vereinbarkeit von § 4 des Zweiten Neugliederungsgesetzes mit Art. 29 GG 150
   a) Beachtung der Richtlinien des Art. 29 Abs. 1 GG durch das Zweite Neugliederungsgesetz 150
   b) Das Verhältnis von Art. 118 zu den Absätzen 2 bis 4 des Art. 29 GG 153
3. Vereinbarkeit der Einteilung der Abstimmungsbezirke und der Mehrheitsregel mit Art. 118 S. 2 GG.................................. 156
   a) Erforderlichkeit einer qualifizierten Mehrheit? 156
   b) Auflösung eines bestehenden Landes 157
4. Vereinbarkeit der Fragestellung mit dem Rechtsstaatsprinzip 157
   a) Stellt das Zweite Neugliederungsgesetz eine Alternativfrage?.. 158
   b) Ist die gestelle Frage zulässig? 159
5. Vereinbarkeit der Einteilung der Abstimmungsbezirke und der Mehrheitsregel mit dem Demokratieprinzip...................... 164
6. Vereinbarkeit der Einteilung der Abstimmungsbezirke und der Mehrheitsregel mit dem Bundesstaatsprinzip..................... 168
7. Orientierung der Stimmbezirke an der Volksbefragung vom 24. September 1950 als Problem des Demokratieprinzips........ 170
8. Orientierung der Stimmbezirke an der Volksbefragung vom 24. September 1950 als Problem des Rechtsstaatsprinzips 173
9. Vereinbarkeit der Abstimmungsmodalitäten mit dem Gleichheitssatz 175
   a) Ungleichbehandlung der südwestdeutschen Bundesländer gegenüber den übrigen Bundesländern 177
   b) Ungleichbehandlung auf Grund der unterschiedlichen rechtlichen Ausgangsbedingung für die beiden Neugliederungsmöglichkeiten 180
   c) Ungleichbehandlung der drei südwestdeutschen Länder untereinander 182
   d) Ungleichbehandlung der vier Abstimmungsbezirke untereinander 183

IV.	Die Abstimmungsberechtigten...	184
	1. Das Wohnsitzprinzip..	184
	2. Die Sonderregelung für Staatsbedienstete................................	186
V.	Der Ministerrat nach § 12 des Zweiten Neugliederungsgesetzes ..	187
VI.	Die Befugnisse der Verfassunggebenden Landesversammlung	190
VII.	Rechtswegausschluß...	194
	1. Das Einspruchsrecht des Ministerrats....................................	194
	2. Die Schiedsgerichtsklausel	195
	3. Der Rechtsweg..	195
VIII.	Die Verordnungsermächtigung des Bundesinnenministers	196
IX.	Die Folgen der Nichtigkeit einzelner Nebenbestimmungen	198

4. TEIL: DIE DURCHFÜHRUNG DER NEUGLIEDERUNG

1. Kapitel: Volksabstimmung vom 9. Dezember 1951 über den Südweststaat
nach dem Zweiten Neugliederungsgesetz... 199
    I.   Der Abstimmungskampf.. 199
    II.   Das Ergebnis der Volksabstimmung... 202
    III. Die Reaktion von Leo Wohleb auf das Ergebnis der
         Volksabstimmung... 203

2. Kapitel: Wahl und Konstituierung der Verfassunggebenden
Landesversammlung 205
    I.   Der Ministerrat... 205
        1. Zusammensetzung und Kompetenzen.................................... 205
        2. Verfrühter Zusammentritt des Ministerrates.......................... 206
    II.   Die Verfassunggebende Landesversammlung........................... 208

3. Kapitel: Ausrufung des Landes und Bildung der Regierung durch
Reinhold Maier am 25. April 1952 213
    I.   Die Ernennung der Minister... 214
        1. Wirksamkeit der Ernennungsurkunden.................................. 214
        2. Verfrühte Regierungsbildung 216
    II.   Kein Verstoß gegen die Tagesordnung...................................... 218
    III. Entstehung des Südweststaats und Auflösung der bisherigen
        Länder... 219
        1. Entstehung des neuen Bundeslandes 219
           a) § 11 i.V.m. § 14 Abs. 4 des Zweiten
              Neugliederungsgesetzes.. 219
           b) Funktionsfähigkeit des neuen Landes als Voraussetzung
              für dessen Gründung? 220
        2. Auflösung der alten Länder 222

		a) § 11 des Zweiten Neugliederungsgesetzes 223
		b) Art. 2 Überleitungsgesetz und Art. 94 Abs. 2 S. 2 LV BW 227

4. Kapitel: Das Überleitungsgesetz vom 15. Mai 1952 229
    I.   Entstehungsgeschichte.. 229
    II.   Inhalt.. 230
    III. Verfassungsmäßigkeit.. 231
    IV. Der Widerstand Leo Wohlebs... 232

5. Kapitel: Die Verfassung vom 11. November 1953 235
    I.   Entstehungsgeschichte.. 235
        1. Der Entwurf der Regierungsparteien (SPD, DVP/FDP, BHE) 235
        2. Der Entwurf der CDU 236
        3. Der Gang der Verhandlungen... 237
    II.   Inhalt.. 242
    III. Verfassungsmäßigkeit des Art. 93 LV Baden-Württemberg............ 244
        1. Inhalt... 244
        2. Entstehungsgeschichte.. 244
        3. Verfassungsrechtliche Zulässigkeit... 245
    IV. Verfassungsmäßigkeit des Art. 94 Abs. 2 LV Baden-Württemberg 247
        1. Inhalt... 247
        2. Entstehungsgeschichte.. 247
        3. Verfassungsrechtliche Zulässigkeit... 248
    V.   Das Weiterleben der Baden-Frage... 249

5. TEIL: DER ABSCHLUß DER NEUGLIEDERUNG

1. Kapitel: Das Urteil des Bundesverfassungsgerichts vom 30. Mai 1956...... 251

2. Kapitel: Das Volksbegehren vom 3. bis 16. September 1956 255
    I.   Durchführung des Volksbegehrens 255
    II.   Bildete Art. 29 GG die korrekte Grundlage zur Durchführung des Volksbegehrens? 256
        1. Keine Neugliederungsfestigkeit des deutschen Südwestens 256
        2. Einmaligkeit der Anwendbarkeit des Art. 118 GG 257
        3. Prinzipielle Anwendbarkeit von Art. 29 GG und Art. 118 GG 257
            a) Durchführung des Volksbegehrens nach Art. 118 GG? 257

		b) Durchführung des Volksbegehrens nach Art. 29 Abs. 2 GG? 258
III.		Der für das Volksbegehren maßgebliche Bezirk 261

3. Kapitel: Das Ende des Südweststaatskampfes durch den Volksentscheid vom 7. Juni 1970 263
    I.   Der Weg vom Volksbegehren zum Volksentscheid 263
            1. Initiativentwurf des Abgeordneten Hermann Kopf vom 21. März 1957 264
            2. Initiativentwurf des Abgeordneten Hermann Kopf vom 9. Mai 1958 265
            3. „Höcherl-Entwurf" der Bundesregierung vom 7. Dezember 1962 265
            4. Initiativentwurf des Abgeordneten Hermann Kopf vom 13. Dezember 1962 267
            5. Änderung des Grundgesetzes 267
    II.   Der Abstimmungskampf 270
    III. Der Volksentscheid 272
    IV. Art. 29 Abs. 3 S. 1 GG als Grundlage für die Durchführung des Volksentscheids 273
    V.   Der für den Volksentscheid maßgebliche Bezirk 273
            1. Abstimmungsbezirk „Gebietsteil Baden" 273
               a) Ausschluß der württembergischen und hohenzollernschen Bevölkerung 274
               b) Verstoß gegen den Gleichheitssatz durch den Ausschluß der württembergischen und hohenzollernschen Gebietsteile 276
            2. Ausschluß des Bundesvolks 277
    VI. Stellt die Verschleppung des Volksentscheids ein Verstoß gegen den allgemeinen Justizgewährungsanspruch dar? 277
    VII. Stellt die Verschleppung des Volksentscheids ein Verstoß gegen das Demokratieprinzip dar? 281
    VIII. War zu diesem Zeitpunkt der Volksentscheid noch zulässig? 282
            1. Befriedungsfunktion 283
            2. Ausschluß des Volksentscheids wegen Vorliegens eines einheitlichen Bundeslandes? 283
               a) Geschichtliche Zusammenhänge 284
               b) Kulturelle Zusammenhänge 285
                  (1) Religion 286
                  (2) Sprache 287
               c) Landsmannschaftliche Verbundenheit 288
               d) Leistungsfähigkeit 290
               e) Ergebnis 291

	3. Verpflichtung zur Durchführung des Volksentscheids	291
IX.	Beschluß des Bundesverfassungsgerichts vom 2. April 1974 über die Gültigkeit des Volksentscheides im Land Baden	292

4. Kapitel: Zusammenfassung der Ergebnisse 293

ANHANG

Anhang 1: Zeittafel zur Entstehung des Bundeslandes
Baden-Württemberg 297

Anhang 2: Index der handelnden Personen... 309

Anhang 3: Art. 29 GG und Art. 118 GG... 317

Anhang 4: Ausgewählte Dokumente zur Entstehung des Landes Baden-
Württemberg 323

I.	Proklamation Nr. 2..	323
II.	Auszüge aus den Verfassungen der südwestdeutschen Länder.....	324
	1. Verfassung des Landes Baden vom 22. Mai 1947	324
	2. Verfassung des Landes Württemberg-Baden vom 28. November 1946..	324
	3. Verfassung des Landes Württemberg-Hohenzollern vom 18. Mai 1947	325
III.	Frankfurter Dokument Nr. 2..	327
IV.	Auszüge aus den Beschlüssen der Koblenzer Ministerpräsidentenkonferenz vom 8. bis 10. Juli 1948................................	328
V.	Erwiderung der Militärgouverneure am 20. Juli 1948	329
VI.	Beschluß der Ministerpräsidentenkonferenz auf Schloß Niederwald bei Rüdesheim am 21. und 22. Juli 1948................	330
VII.	Deutsch-alliiertes Schlußkommuniqué bei der Zusammenkunft mit den Militärgouverneure am 26. Juli 1948................................	331
VIII.	Karlsruher Entwurf vom 24. August 1948................................	332
IX.	Beschluß des Ländergrenzenausschusses vom 31. August 1948...	337
X.	Bühler Entwurf vom 16. September 1948.................................	338
XI.	Ergebnisse der Bühler Konferenz vom 16. September 1948.........	346
XII.	Resolution des badischen Landtags von 24. September 1948	348
XIII.	Entschließung der drei Regierungschefs am 28. September 1948 in Bebenhausen	349
XIV.	Memorandum der Militärgouverneure vom 2. März 1949 an den Parlamentarischen Rat	350

XV. Ziffer 5 des Genehmigungsschreibens der Militärgouverneure zum Grundgesetz vom 12. Mai 1949 351
XVI. Freudenstädter Einigung vom 15. April 1950 352
XVII. Die Landesgesetze zur Durchführung der informatorischen Volksbefragung 353
XVIII. Anzeige des Scheiterns der Verhandlungen am 28. November 1950 355
XIX. Erstes Neugliederungsgesetz 356
XX. Zweites Neugliederungsgesetz 357
XXI. Gesetz über die Wahl des ersten Ministerpräsidenten im südwestdeutschen Bundesland 365
XXII. Überleitungsgesetz 366

Bibliographie 375

KARTENTEIL: KARTEN ZUR ENTSTEHUNG DES BUNDESLANDES BADEN-WÜRTTEMBERG
I. Baden in napoleonischer Zeit
II. Württemberg in napoleonischer Zeit
III. Staatliche Gliederung bis Kriegsende im Gebiet des heutigen Baden-Württemberg
IV. Staatliche Gliederung nach Kriegsende bis zur Bildung von Baden-Württemberg
V. Volksabstimmung am 9. Dezember 1951 über die Bildung des Südweststaats
VI. Volksentscheid am 7. Juni 1970 in Baden über Verbleib im Land Baden-Württemberg oder Wiederherstellung des Landes Baden
VII. Die Konfessionelle Gliederung in Baden-Württemberg 1961
VIII. Raumgliederung der Mundarten um 1950

Vorbemerkung

Nach einer wechselvollen Geschichte im deutschen Südwesten rief Reinhold Maier am 25. April 1952 die Vereinigung der Länder Baden, Württemberg-Baden und Württemberg-Hohenzollern zum neuen Bundesland Baden-Württemberg aus.[1] Es handelt sich um den in der deutschen Verfassungsgeschichte nahezu[2] einmaligen Vorgang des Zusammenschlusses mehrerer Länder zu einem neuen Staat im Wege einer Volksabstimmung, also auf demokratischer Grundlage. Der Gründung des neuen Landes waren jahrelange Diskussionen und Verhandlungen der Staatspräsidenten der Länder Baden, Württemberg-Baden und Württemberg-Hohenzollern vorangegangen. In dem Ringen um den Südweststaat verkörperten die drei Staatspräsidenten dieser Länder die gegensätzlichen Positionen. Die Namen Reinhold Maier, Württemberg-Baden, und Gebhard Müller, Württemberg-Hohenzollern, stehen für die Idee des Südweststaates. Demgegenüber setzte sich Leo Wohleb, Baden, engagiert für die Wiederherstellung der alten Länder Baden und Württemberg ein.

Um die Hintergründe dieser für Baden-Württemberg historischen Stunde besser fassen zu können, muß der Blick zunächst weiter zurück gerichtet werden. Die Verfassungsgeschichte des Landes Baden-Württemberg beginnt nicht mit der Aufnahme der Verhandlungen über die Südweststaatsfrage; sie findet ihre Grundlage in der territorialen Ausgangslage, die es besonders zu betrachten gilt: Es wäre neben der Gründung des Südweststaates die Beibehaltung des Status Quo in Betracht gekommen, oder die Wiederherstellung der durch die alliierte Besatzungspolitik zerrissenen Länder, so wie es Leo Wohleb forderte. Eine geschlossene Einheit des Gebietes des heutigen Baden-Württemberg, wie sie Reinhold Maier und Gebhard Müller favorisierten, gab es dagegen in der Geschichte des südwestdeutschen Raumes bis zum Jahre 1952 nicht.

---

1   Siehe dazu die Zeittafel zur Entstehung des Bundeslandes Baden-Württemberg, Anhang 1.
2   Ein ähnliches Ereignis kann nur noch in der Vereinigung der Thüringischen Freistaaten gesehen werden, die sich im Jahre 1921 zu einem Gesamtstaat zusammengefunden haben.

1. Teil: Die territoriale Ausgangslage im deutschen Südwesten

1. Kapitel: Die Neugliederung in der Napoleonischen Zeit

Ebenso wie am 25. April 1952, beim Zusammenschluß der Länder Baden, Württemberg-Baden und Württemberg-Hohenzollern zum neuen Bundesland Baden-Württemberg, war Südwestdeutschland 150 Jahre zuvor schon einmal Schauplatz einer nachhaltigen staatlichen Neuordnung. Bis etwa um das Jahr 1800 war der deutsche Südwesten ein Gebiet mit über 20 freien Reichsstädten und Hunderten von größeren und kleineren weltlichen und geistlichen Territorien.[1]

An der Wende zum 19. Jahrhundert zerschlug Napoleon das Heilige Römische Reich Deutscher Nation und erzwang eine territoriale Neugliederung. Im ersten Revolutionskrieg besetzten Napoleons Truppen alle dem Reich zugehörigen linksrheinischen Herrschaften und Gebiete und verleibten sie der Republik Frankreich ein. Im Frieden von Lunéville, der 1801[2] den 2. Revolutionskrieg beendete, setzte Frankreich die Anerkennung der Rheingrenze durch das Reich und die Entschädigung der Depossedierten innerhalb des Reiches durch. Jedoch bedurfte das Entschädigungsprinzip des Lunéviller Friedens des Vollzugs durch ein Reichsgesetz. Es wurde eine Reichsdeputation mit der Aufstellung des Entschädigungsplanes betraut. Im Regensburger Reichsdeputationshauptschluß wurden die neuen Grenzen anerkannt.[3] Neues Land erhielten nur weltliche Reichsstände, die im linksrheinischen Reichsgebiet Besitz verloren hatten. Im deutschen Südwesten wurden Württemberg und Baden für die Verluste entschädigt. Zusätzlich erlangten aufgrund des § 31 des Reichsdeputationshauptschlusses[4] der Herzog von Württemberg und der Markgraf von Baden die Kurfürstenwürde.

---

1   Herrschaftsgebiete und Ämtergliederung in Südwestdeutschland 1790, in: Historischer Atlas von Baden-Württemberg, Karte VI. 13.
2   Wortlaut in: Corpus Iuris Confoederationis Germanicae, Erster Theil (1858), S. 1 ff. und in: HUFELD, Der Reichsdeputationshauptschluß von 1803 (2003), S. 57 ff.
3   Siehe zur Geschichte des Reichsdeputationsausschusses: HÖMIG, Der Reichsdeputationshauptschluß (1969); SCHARNAGEL, Zur Geschichte des Reichsdeputationshauptschlusses von 1803, in: Historisches Jahrbuch 70 (1950), S. 238 ff.; V. ARETIN, Das alte Reich 1648 – 1806, Bd. 3 (1997), S. 489 ff.; KRIEGER, Badische Geschichte (1921), S. 66.
4   Abgedruckt in: Corpus Iuris Confoederationis, Erster Theil, Staatsverträge (1858), S. 28; HUFELD, Der Reichsdeputationshauptschluß von 1803 (2003), S. 93 f.

Im deutschen Südwesten entstanden von 1801 bis 1806 aus dem alten Reich das Großherzogtum Baden und das Königreich Württemberg sowie die Fürstentümer Hohenzollern-Hechingen und Hohenzollern-Sigmaringen.[5]

I. Die wichtigsten territorialen Veränderungen in Baden

Das Baden, dessen Wiederherstellung die Südweststaatsgegner anstrebten, ist ein Geschöpf der napoleonischen Neugliederung zu Beginn des 19. Jahrhunderts.[6] Zu den wichtigsten badischen[7] Neuerwerbungen durch den Reichsdeputationshauptschluß zählten im Norden die bis dahin unter bayerischer Herrschaft stehende Kurpfalz mit den kurpfälzischen Ämtern Ladenburg, Bretten und Heidelberg nebst den Städten Mannheim und Heidelberg.[8] Alles in allem erhielt Baden als Ersatz für seine linksrheinischen Verluste (760 km² und 34.626 Bewohner) 3476 km² mit 253.396 Einwohnern.[9]

Eine weitere umfassende Vereinfachung der Landkarte erfolgte durch den Frieden von Preßburg vom 26. Dezember 1805.[10] Er brachte Baden weitere Territorialgewinne, vor allem das Amt Mosbach.[11] Das Kurfürstentum vergrößerte sich um 2.500 km² und 164.000 Einwohner. Für die innere Umgestaltung Badens nicht minder wichtig als die Arrondierung seines Staatsgebiets war, daß Art. XIV. des Preßburger Friedens[12] dem Kurfürsten die „plénitude de souveraineté" zusicherte. In Art. I der Rheinbundakte vom 12. Juli 1806[13] sprachen

---

5 MILLER, Land und Volk in Geschichte und Gegenwart, in Appel/Miller/Schmitz, Baden-Württemberg (1961), S. 15 ff. (23).
6 Siehe dazu die Karten zur Territorialentwicklung Badens: Baden in napoleonischer Zeit: Karte I, sowie Staatliche Gliederung bis Kriegsende im Gebiet des heutigen Baden-Württemberg: Karte III.
7 § 5 des Reichsdeputationshauptschlusses abgedruckt in: Corpus Iuris Confoederationis Germanicae, Erster Theil (1858), S. 13 f.; HUFELD, Der Reichsdeputationshauptschluß von 1803 (2003), S. 77.
8 FEHRENBACH, Die territoriale Neuordnung des Südwestens, in: Die Geschichte Baden-Württembergs (1987), S. 211 ff. (213); GEBHARDT, Handbuch der deutschen Geschichte, Bd. 3 (1973), S. 32; KRIEGER, Badische Geschichte (1921), S. 66.
9 ULLMANN, Baden 1800 bis 1830, in: Handbuch der Baden-Württembergischen Geschichte, Bd. 3 (1992), S. 25 ff. (27).
10 Siehe den Text des Friedens von Preßburg in: Corpus Iuris Confoederationis Germanicae, Erster Theil (1858), S. 65 ff.; HUFELD, Der Reichsdeputationshauptschluß von 1803 (2003), S. 129 ff.
11 Art. VIII. des Friedens von Preßburg, abgedruckt in: Corpus Iuris Confoederationis Germanicae, Erster Theil (1858), S. 66; HUFELD, Der Reichsdeputationshauptschluß von 1803 (2003), S. 129 f.
12 Art. XIV. des Friedens von Preßburg, abgedruckt in: Corpus Iuris Confoederationis Germanicae Erster Theil (1858), S. 67; HUFELD, Der Reichsdeputationshauptschluß von 1803 (2003), S. 132. Siehe auch: HEUNISCH, Das Großherzogtum Baden (1857), S. 51.
13 Wortlaut der Rheinbundakte, in: Corpus Iuris Confoederationis Germanicae, Erster 1858), S. 79 ff; HUFELD, Der Reichsdeputationshauptschluß von 1803 (2003), S. 134 ff.

die verbündeten Fürsten ihre dauernde Trennung vom Gebiet des deutschen Reiches aus. Dieser Verpflichtung entsprechend, gaben die 16 Rheinbundstaaten am 1. August 1806 dem Reichstag in Regensburg die gemeinsame Erklärung über die Trennung vom Reich ab. Im Gegenzug erhielt Baden durch die Rheinbundakte weiteren Gebietszuwachs;[14] zudem wurde dem Markgrafen von Baden die Großherzogswürde verliehen.[15] Die vierte und abschließende Neugliederung erfolgte anläßlich des erneuten österreichisch-französischen Krieges durch den Wiener Frieden vom 14. Oktober 1809 und den Vertrag von Compiègne vom 24. April 1810. Abgesehen von wenigen später vorgenommenen Veränderungen hatte der Raum des heutigen Baden-Württemberg damit die Grenzen erreicht, die bis zum Jahre 1945 bestanden.[16] Baden bekam durch Erwerb neuer Gebiete und Gebietsaustausch seine endgültige Gestalt.[17] Die Wiener Schlußakte vom 9. Juni 1820 bewahrte Baden, ebenso wie Württemberg, seinen territorialen Bestand aus der Rheinbundzeit unverändert.[18]

Baden war im Verhältnis zu seinem bisherigen Besitzstand stark gewachsen. Zwischen 1802 und 1810 wuchs Baden von rund 3.500 km² auf ca. 15.000 km².[19] Für die links des Rheins verlorenen 35.000 Einwohner hatte es gut 800.000 erhalten, und nach Reichsdeputationshauptschluß, Preßburger Frieden und Beitritt zum Rheinbund lebten nahezu 975.000 Einwohner in dem neuen Staatsgebiet – vormals hatte die Markgrafschaft rund 192.000 Einwohner. Baden reichte nun vom Bodensee bei Konstanz bis zum Main bei Wertheim.[20]

Der erhebliche Ländergewinn erforderte eine neue Organisation des Landes. 1803 erschien rasch aufeinanderfolgend die „Kurfürstlich Badische Landesorganisation in 13 Edikten",[21] die in den wesentlichen Teilen von Johann Nikolaus

---

14 KRIEGER, Badische Geschichte (1921), S. 67.
15 Art. V der Rheinbundakte, in: Corpus Iuris Confoederationis Germanicae, Erster 1858), S. 79 ff.; weiterführend: FEHRENBACH, Die territoriale Neuordnung des Südwestens, in: Die Geschichte Baden-Württembergs, (1987), S. 211 ff. (213); siehe auch: MILLER/TADDEY, Baden Württemberg (1965), S. XLVIII; FENSKE, Allgemeine Geschichte Südwestdeutschlands im 19. Jahrhundert, in: Handbuch der Baden-Württembergischen Geschichte, Bd. 3 (1992), S. 1.
16 FENSKE, Allgemeine Geschichte Südwestdeutschlands im 19. Jahrhundert, in: Handbuch der Baden-Württembergischen Geschichte, Bd. 3 (1992), S. 1.
17 HAEBLER, Ein Staat wird aufgebaut, Badische Geschichte 1789 – 1818 (1948), S. 80; siehe auch ULLMANN, Baden 1800 bis 1830, in: Handbuch der Baden-Württembergischen Geschichte, Bd. 3 (1992), S. 25 ff. (32).
18 KRIEGER, Badische Geschichte (1921), S. 67.
19 OTT, Baden, in: Deutsche Verwaltungsgeschichte, Bd. 2 (1983), § 6, S. 583 ff. (585); FENSKE, Allgemeine Geschichte Südwestdeutschlands im 19. Jahrhundert, in: Handbuch der Baden-Württembergischen Geschichte, Bd. 3 (1992), S. 2.
20 OTT, Baden, in: Deutsche Verwaltungsgeschichte, Bd. 2 (1983), § 6, S. 583 ff. (585); MILLER/TADDEY, Baden Württemberg (1965), S. XLIX; sowie Karte III zur staatlichen Gliederung bis Kriegsende im Gebiet des heutigen Baden-Württemberg.
21 Die Landesorganisationsedikte waren im Einzelnen:
 1. Über die Errichtung der directiven Landesadministration vom 4. Februar 1803

Friedrich Bauer verfaßt worden war. Die Landesorganisation lehnte sich an die Verfassung und Verwaltung der markgräflichen Stammlande an.[22] In der Einleitung des ersten Organisationsedikts hob Kurfürst Karl Friedrich hervor, daß die neuen Gebiete, „welche vorher in den verschiedenartigsten Regierungs-Verhältnissen gestanden sind, ... nun von dem Bande einer gleichförmigen Staatsverwaltung umschlungen werden sollten." So bildete die von Brauer entworfene Landesorganisation unter Rücksichtnahme auf Herkunft und territoriale Eigenheiten der Gebiete die von eigenen Regierungen verwaltete Landesteile, die Pfalzgrafschaft mit dem Mittelpunkt Mannheim, die Markgrafschaft mit den Provinzialstellen in Karlsruhe und Rastatt und das Obere Kurfürstentum mit einem Hofratskollegium in Meersburg.[23]

Es zeigte sich aber sehr bald, daß diese Rücksichtnahme auf die bisherigen Organisationsformen in den einzelnen Landesteilen das Zusammenwachsen des Landes erheblich erschwerte. Durch den Länderanfall an Baden war eine durchgreifende Verwaltungsreform notwendig geworden. So wurde im Frühjahr 1809 Sigismund Karl Freiherr von Reitzenstein an die Spitze der Verwaltung berufen, um die grundlegende Konsolidierung des Landes zu erreichen. Reitzenstein trieb den inneren Akt der Staatsgründung voran.[24] Das dreigliedrige Provinzialsystem fand sein Ende. Es wurde nach französischem Vorbild ein streng ratio-

---

2. Über die Archivorganisation vom 8. Februar 1803
3. Über Religionsausübung und Religionsduldung vom 11. Februar 1803
4. Über Stifter und Klöster vom 14. Februar 1803
5. Über die Vorbereitung der weltlichen Staatsdiener vom 24. Februar 1803
6. Über die exekutive Landesadministration vom 9. März 1803
7. Über die Mediatisierung der Reichsstädte vom 18. März 1803
8. Über das Militär vom 21. März 1803
9. Über die Verwaltung der Strafgerechtigkeitspflege vom 4. April 1803
10. Über die allgemeinen und gesellschaftlichen Staats-Institute vom 20. April 1803
11. Über Titel, Siegel und Wappen vom 2. Mai 1803
12. Über die Form des Geschäftsstils vom 2. Mai 1803
13. Über die Organisation der gemeinen und wissenschaftlichen Lehranstalten.
Abgedruckt als: Kurfürstliche Badische Landes-Organisation (1803).
22 OTT, Baden, in: Deutsche Verwaltungsgeschichte, Bd. 2 (1983), § 6, S. 583 ff. (587).
23 Der weitere Länderzuwachs nach dem Preßburger Frieden und des Art. 25 der Rheinbundakte machte jedoch bald eine grundlegende Reorganisation erforderlich. (Großherzoglich-Badisches ReggsBlatt Nr. 29, S. 117 ff., vom 25. November 1806, Berichtigung: Großherzoglich-Badisches ReggsBlatt Nr. 33 ff., S. 135 f., vom 23. Dezember 1806.) Diese wurden durch das Edikt vom 7. Juli 1807 (Großherzoglich-Badisches ReggsBlatt Nr. 23, S. 93 ff., vom 7. Juli 1807). Bereits Ende 1809 setzte Reitzenstein an die Stelle dieser Organisation eine streng rationale und zentralistische nach französischem Vorbild mit 10 etwa gleich großen Kreisen (Großherzoglich-Badisches ReggsBlatt Nr. XXXXIX, S. 395, vom 2. Dezember 1809, dazu insbesondere die Beilage A vom 9. Dezember 1809, S. 403 ff.).
24 OTT, Baden, in: Deutsche Verwaltungsgeschichte, Bd. 2 (1983), § 6, S. 583 ff. (595 f.).

Die Neugliederung in der Napoleonischen Zeit

naler und zentralistischer Staatsaufbau nach französischem Vorbild mit zehn etwa gleich großen Kreisen geschaffen.[25]

Die auf einem Entwurf des Finanzrates Karl Friedrich Nebenius beruhende badische Verfassung vom 29. August 1818[26] stellte einen weiteren Schritt zur Verschmelzung der badischen Stammlande mit den neuen Gebieten dar. Mit der Verfassungsgebung sollte eine neue staatliche Organisation geschaffen werden. Daneben sollte die Verfassung die Identifikation der Bevölkerung mit dem neuen Land fördern.[27] Die Schaffung zweier landständischer Vertretungskörperschaften durch die Verfassung erleichterte das allmähliche Zusammenwachsen. Das durch die Verfassung eingeleitete politische und parlamentarische Leben trug zur Entstehung eines gemeinsamen badischen Staatsbewußtseins bei.[28] Sie sicherte einen inneren Zusammenhang des Landes und bildete den bedeutendsten Faktor der Integration des geographisch wie historisch so verschiedenartig zusammengesetzten Großherzogtums, dem im Gegensatz zu Württemberg ein größerer Traditionskern fehlte.[29]

Weiter förderte die Rezeption des Code Civil als Badisches Landrecht durch Johann Nikolaus Friedrich Brauer[30] ebenfalls die Schaffung einer wirklichen Staatseinheit. Die neubadischen Landesteile sahen sich lieber einer fremden Privatrechtsordnung unterworfen als der altbadischen. Das von Brauer geschaffene

---

25 Großherzoglich-Badisches ReggsBlatt Nr. XXXXIX, S. 395, vom 2. Dezember 1809. Insbesondere die Beilage A vom 9. Dezember 1809, S. 403 ff. Diese Einteilung erfuhr mehrfach tiefgreifende Änderungen: Großherzoglich-Badisches ReggsBlatt Nr. XLIX, S. 355, vom 4. Dezember 1810; Großherzoglich-Badisches ReggsBlatt Nr. XX, S. 119 ff. (121), vom 8. November 1815 und Nr. XXII, S. 131, vom 9. Dezember 1815; Großherzoglich-Badisches ReggsBlatt Nr. VIII, S. 33, vom 6. März 1819; Großherzoglich-Badisches ReggsBlatt Nr. IX, S. 133, vom 18. Januar 1832; Großherzoglich-Badisches ReggsBlatt Nr. 44, S. 399 ff. vom 5. Oktober 1863; Großherzoglich-Badisches ReggsBlatt Nr. 29, S. 299 ff., vom 12. Juli 1864.
26 Großherzoglich-Badisches ReggsBlatt Nr. XVIII, S. 101 ff., vom 29. August 1818.
27 Vgl. FENSKE, Allgemeine Geschichte Südwestdeutschlands im 19. Jahrhundert, in: Handbuch der Baden-Württembergischen Geschichte, Bd. 3 (1992), S. 5.
28 BECKER, Liberaler Staat und Kirche (1973), S. 12; HASELIER, Baden, in: Geschichte der Deutschen Länder – Territorien-Ploetz – Bd. 2 (1971), S. 448 ff. (449); BADER, Zur politischen und rechtlichen Entwicklung Badens, in: Baden im 19. und 20. Jahrhundert (1948), S. 7 ff. (21).
Näher zu der Entwicklung eines eigenen Staatsbewußtseins des Bürgertums bei: MUSSGNUG, Der Haushaltsplan als Gesetz (1976), S. 83 f.
29 Siehe SCHAAB, Das 19. und 20. Jahrhundert, in: Das Land Baden-Württemberg, Amtliche Beschreibung nach Kreisen, Bd. I (1974), S. 230 ff. (249); Gebhardt, Handbuch der deutschen Geschichte (1973), Bd. 3, S. 101.
30 Am 3. Februar 1803 wurde das erste Einführungsedikt beschlossen, am 22. Dezember 1809 das zweite. Dazu näher: PLATENIUS, Grundriß des badischen Landrechts (1896), S. 2.

Badische Landrecht war ein aus sich selbst heraus wirkendes Band, das die alten und neuen badischen Landesteile zu einem Ganzen verband.[31]

Günstig für die Integration des Staatsgebiets wirkten sich auch die straßen- und flußbautechnischen Maßnahmen des Ingenieurobersten Johann Gottfried Tulla aus, insbesondere die von ihm ab 1812 geplante, 1815 begonnene und nach seinem Tode bis gegen das Jahr 1880 hin fortgeführte Begradigung des Oberrheins, die nicht nur das Rheingebiet hochwassersicher, sondern auch den Flußabschnitt für die beginnende Dampfschiffahrt befahrbar machte.[32]

Eine der größten Schwierigkeiten in dem neuen Großherzogtum Baden lag in der konfessionellen Struktur der alten und neuen Gebiete.[33] Zusammen mit den Lutheranern aus der badischen Markgrafschaft machten die Protestanten knapp ein Drittel der Gesamtbevölkerung aus, zwei Drittel waren katholisch. Die konfessionelle Verteilung spiegelt deutlich die territorialen Grenzen des Alten Reiches wider. Die katholischen Gebiete gingen vor allem auf den Besitz der Bistümer zurück, wie das Gebiet um Bruchsal, das zu Speyer gehört hatte, Teile der Ortenau, die dem Bistum Straßburg angegliedert gewesen waren, sowie die ehemaligen Distrikte der Bistümer Konstanz und Basel. Der konfessionelle Unterschied korrelierte mit einem sozialen und ökonomischen Gefälle im Land. Im reichen nördlichen Landesteil lebten rund 50% der badischen Protestanten, aber nur 20% der badischen Katholiken.[34] Dies wurde noch durch eine zügig voranschreitende Verstädterung der protestantischen Bevölkerung akzentuiert.[35]

II. Die wichtigsten territorialen Veränderungen in Württemberg

Am Ende des 18. Jahrhunderts war das Herzogtum Württemberg territorial, politisch und geistig geschlossen wie wenige andere vergleichbare Staaten des deutschen Reiches.[36] Von wenigen dem Land nur locker verbundenen Außenbesitzungen im Elsaß und im Bereich der burgundischen Pforte abgesehen (Horburg, Reichenweier und Mömpelgard), lag sein vergleichsweise dicht besie-

---

31 BADER, Zur politischen und rechtlichen Entwicklung Badens, in: Baden im 19. und 20. Jahrhundert, (1948), S. 7 ff. (19).
32 HASELIER, Baden, in: Geschichte der Deutschen Länder – Territorien-Ploetz – Bd. 2 (1971), S. 448 ff. (451).
33 HAEBLER, Ein Staat wird aufgebaut, Badische Geschichte 1789 – 1818 (1948), S. 81.
34 HUG; Geschichte Badens (1992), S. 207; WEHLING, Was Badener und Württemberger prägte, in: Beiträge zur Landeskunde, 1992, Heft 2, S. 7 ff. (12).
35 BECKER, Liberaler Staat und Kirche (1973), S. 14.
36 Siehe dazu die Karten zur Territorialentwicklung Württembergs: Württemberg in napoleonischer Zeit: Karte II sowie Staatliche Gliederung bis Kriegsende im Gebiet des heutigen Baden-Württemberg: Karte III.

Die Neugliederung in der Napoleonischen Zeit

deltes Gebiet im Land des mittleren und oberen Neckars und der oberen Donau. Das Gebiet umfaßte rund 9.500 km² mit etwa 620.000 Einwohnern.[37]

Durch den Reichsdeputationshauptschluß ging der Hauptteil der kleinen Reichsterritorien des Schwäbischen Kreises als Ersatz für Mömpelgard an Württemberg über.[38] Der Preßburger Frieden vom 26. Dezember 1805 bescherte Württemberg[39] österreichische Gebiete.[40] Zudem erhielt Württemberg durch den Preßburger Frieden die volle Souveränität zugesprochen und die Königswürde.[41] Als Mitglied des Rheinbundes vom 12. Juli 1806[42] durfte sich Württemberg alle übrigen gräflichen und fürstlichen Herrschaftsgebiete mit Ausnahme der hohenzollernschen Fürstentümer einverleiben.[43] Hinzu kam noch, daß Württemberg schon im März 1806 die im Umkreis des Königreichs liegenden reichsritterschaftlichen Besitzungen sowie durch einen besonderen Staatsvertrag mit Bayern vom 13. Oktober 1806 dessen ritterschaftliche Besitzungen seiner Hoheit unterworfen hatte.[44] Durch den Wiener Frieden vom 14. Oktober 1809 und den darauffolgenden Vertrag mit Bayern vom 18. Mai 1810[45] erhielt Württemberg bayerische Ländereien und Städte, unter anderem Ulm.[46] Die Wiener Schlußakte vom 9. Juni 1820 bewahrte seinen territorialen Bestand aus der Rheinbundzeit unverändert.

---

37 MANN, Württemberg 1800 bis 1866, in: Handbuch der Baden-Württembergischen Geschichte, Bd. 3 (1992), S. 235 ff. (241).

38 § 6 des Reichsdeputationshauptschlusses abgedruckt in: Corpus Iuris Confoederationis Germanicae, Erster Theil (1858), S. 14; HUFELD, Der Reichsdeputationshauptschluß von 1803 (2003), S. 77 f. Dazu auch: ERZBERGER, Die Säkularisation in Württemberg von 1802 bis 1810 (1974), S. 77; siehe dazu auch: MANN, Württemberg 1800 bis 1866, in: Handbuch der Baden-Württembergischen Geschichte, Bd. 3, (1992), S. 235 (247); BOELCKE, Handbuch Baden-Württemberg, Politik, Wirtschaft, Kultur von der Urgeschichte bis zur Gegenwart (1982), S. 185.

39 Siehe Art. VIII des Friedens von Preßburg, abgedruckt in: Corpus Iuris Confoederationis Germanicae, Erster Theil (1858), S. 66; HUFELD, Der Reichsdeputationshauptschluß von 1803 (2003), S. 129 f.

40 ERZBERGER, Die Säkularisation in Württemberg von 1802 bis 1810 (1974), S. 77.

41 Siehe Art. XIV. und Art. VII des Friedens von Preßburg, abgedruckt in: Corpus Iuris Confoederationis Germanicae, Erster Theil (1858), S. 66; HUFELD, Der Reichsdeputationshauptschluß von 1803 (2003), S. 129 ff.; weiterführend: MANN/NÜSKE, Württemberg 1803 – 1864, in: Deutsche Verwaltungsgeschichte, Bd. 2 (1983), § 5, S. 551 ff. (557); FEHRENBACH, Die territoriale Neuordnung des Südwestens, in: Die Geschichte Baden-Württembergs (1987), S. 211 ff. (213); MILLER/TADDEY, Baden Württemberg (1965), S. XLVIII; FENSKE, Allgemeine Geschichte Südwestdeutschlands im 19. Jahrhundert, in: Handbuch der Baden-Württembergischen Geschichte, Bd. 3, (1992), S. 1.

42 Vgl. den Wortlaut in: Corpus Iuris Confoederationis Germanicae, Erster Theil (1858), S. 79 ff; HUFELD, Der Reichsdeputationshauptschluß von 1803 (2003), S. 134 ff.

43 GEBHARDT, Handbuch der deutschen Geschichte; Bd. (1973), S. 44.

44 ERZBERGER, Die Säkularisation in Württemberg von 1802 bis 1810 (1974), S. 78.

45 Siehe den Wortlaut in: Corpus Iuris Confoederationis Germanicae, Erster Theil (1858), S. 121 ff.

46 ERZBERGER, Die Säkularisation in Württemberg von 1802 bis 1810 (1974), S. 79.

Durch die napoleonische Flurbereinigung entstand aus Württemberg und den zahlreichen hinzugewonnenen Herrschaften ein abgerundetes Gebilde, das den größten Teil des ehemaligen Herzogtums Schwaben umfaßte. Auch Württemberg hatte viel gewonnen. Gebiet und Einwohnerzahl haben sich zwischen 1802 und 1810 etwa verdoppelt. Statt der 9.500 km² des alten Herzogtums umfaßte das Königreich jetzt 19.500 km².[47] Die Bevölkerung wuchs von 660.000 Einwohnern auf etwas mehr als 1.400.000 Einwohner. Friedrich von Württemberg gewann vor allem eine Reihe bedeutender Reichsstädte wie Biberach, Esslingen, Gmünd, Hall, Heilbronn, Ravensburg, Reutlingen, Rottweil und Ulm sowie einen Teil der Besitzungen der Fürsten von Thurn und Taxis. Württemberg reichte nun vom Bodensee bis über die Jagst hinaus an die Tauber.[48]

Friedrich inkorporierte den Gebietszuwachs ab 1802 nicht in das Herzogtum, sondern organisierte ihn als Neu-Württemberg.[49] Die Erlangung der Souveränität durch den Preßburger Frieden und das Ende des Reiches 1806 ermöglichte Friedrich die Beendigung der Zweigleisigkeit. Die neuen und alten Kurlande wurden vereinigt. Nach dem Muster Neu-Württembergs gab er seinem Königreich eine einheitliche bürokratische Organisation,[50] was sich als ein wichtiger Punkt der staatlichen Integration erwies.[51] In 16 großen Organisationsedikten wurde 1817 – 1818 der Staat auf neue Grundlagen gestellt.[52] Die württembergische Verfassung vom 25. September 1819 sollte die Landesteile zu einer Einheit verbinden.[53]

Württemberg war nun ebenso wie Baden konfessionell gemischt. Dies lastete ebenso wie in Baden schwer auf der Bevölkerung. Zwar stellte das Religionsedikt von 1806 die drei christlichen Glaubensbekenntnisse (Augsburgische Kon-

---

47 FENSKE, Allgemeine Geschichte Südwestdeutschlands im 19. Jahrhundert, in: Handbuch der Baden-Württembergischen Geschichte, Bd. 3, (1992), S. 2; GÖNNER, Das Königreich Württemberg, in Geschichte der deutschen Länder – Territorien-Ploetz – Bd. 2 (1971), S. 408 ff. (408).
48 MILLER/TADDEY, Baden Württemberg (1965), S. XLIX, vgl. auch die Karte III zur staatlichen Gliederung bis Kriegsende im Gebiet des heutigen Baden-Württemberg.
49 MANN/NÜSKE, Württemberg 1803 – 1864, in: Deutsche Verwaltungsgeschichte, Bd. 2 (1983), § 5, S. 551 ff. (555 f.); GRUBE, Vogteien, Ämter, Landkreise in der Geschichte Süddeutschlands (1960), S. 62.
50 Dazu näher: DEHLINGER, Württembergs Staatswesen, Bd. 1 (1951), § 44, S. 113 ff.
51 GRUBE, Vogteien, Ämter, Landkreise in der Geschichte Süddeutschlands (1960), S. 65. Näher zur territorialen Organisation: MANN/NÜSKE, Württemberg 1803 – 1864, in: Deutsche Verwaltungsgeschichte, Bd. 2 (1983), § 5, S. 551 ff. (559 f., 565).
52 Der König hob die Leibeigenschaft auf, leitete die Tilgung der Staatsschulden ein und führte die Trennung von Verwaltung Justiz und Finanzwesen bis zur untersten Stufe durch. Weiterführend: GRUBE, Vogteien, Ämter, Landkreise in der Geschichte Süddeutschlands (1960), S. 70, siehe auch: GÖNNER, Das Königreich Württemberg, in: Geschichte der Deutschen Länder – Territorien-Ploetz – Bd. 2 (1971), S. 408 ff. (415).
53 MANN/NÜSKE, Württemberg 1803 – 1864, in: Deutsche Verwaltungsgeschichte, Bd. 2 (1983), § 5, S. 551 ff. (557 ff.). Zum Aufbau der Verfassung DEHLINGER, Württembergs Staatswesen, Bd. 1 (1951). §§ 52 ff., S. 127 ff.

fession, Reformierte, Katholiken) einander gleich,[54] aber dennoch verzögerten Auseinandersetzungen um religiöse Konzessionen den Fortgang der Verhandlungen der verfassungsgebenden Landesversammlung.[55]

III. Die wichtigsten territorialen Veränderungen in Hohenzollern

Die Fürstentümer Hohenzollern-Hechingen und Hohenzollern-Sigmaringen zählten zu den kleinen Landesherrschaften im Schwäbischen Kreis. Um 1790 hatte das Fürstentum Hohenzollern-Hechingen eine Fläche von rund 280 km² und 13.570 Einwohner, das Fürstentum Hohenzollern-Sigmaringen auf einem etwas größeren Gebiet rund 15.000 Einwohner. Beide Fürstentümer gehörten zu dem „vorderösterreichischen Satellitensystem".[56] Die Bestimmungen des Reichsdeputationshauptschlusses eröffneten den hohenzollernschen Fürsten die Möglichkeit zu Gebietsvergrößerungen. Der Fürst von Hechingen erhielt kleineren benachbarten geistlichen Besitz.[57] Die Rheinbundakte vom 12. Juli 1806[58] bedeutete für Hohenzollern-Sigmaringen eine ansehnliche Vergrößerung des Besitzes. Der Fürst von Hechingen blieb dagegen in der Rheinbundakte ohne Landzuwachs.[59] Durch die Säkularisation 1802/1803 und die Mediatisierung

---

54 GÖNNER, Das Königreich Württemberg, in: Geschichte der Deutschen Länder – Territorien-Ploetz – Bd. 2 (1971), S. 408 ff. (410).
55 GRUBE, Der Stuttgarter Landtag 1457-1957 (1957), S. 489 ff. (487 f., 505); DEHLINGER, Württembergs Staatswesen, Bd. 1 (1951), § 52, S. 127 ff. (129).
56 GÖNNER, Hohenzollern 1800 bis 1918, in: Handbuch der Baden-Württembergischen Geschichte, Bd. 3 (1992), S. 433 ff. (434).
57 GÖNNER, Hohenzollern 1800 bis 1918, in: Handbuch der Baden-Württembergischen Geschichte, Bd. 3 (1992), S. 433 ff. (435).
58 Vgl. den Wortlaut in: Corpus Iuris Confoederationis Germanicae, Erster Theil (1858), S. 79 ff.
59 GÖNNER, Hohenzollern 1800 bis 1918, in: Handbuch der Baden-Württembergischen Geschichte, Bd. 3 (1992), S. 433 ff. (437).

1805/1806 vermehrte sich die Einwohnerzahl des Fürstentums Hohenzollern-Sigmaringen auf 32.700 Einwohner, die Fläche wuchs um das Doppelte an. Zusammengenommen standen den Hohenzollernschen Landen vor der napoleonischen Flurbereinigung eine Fläche von ca. 580 km² zu, gegenüber einem Gebiet von 1.142 km² mit ca. 50.000 Bewohnern nach 1815. Die Revolution von 1848/49 brachte eine letzte Veränderung. Die beiden hohenzollernschen Fürsten fühlten sich den Unruhen nicht gewachsen und boten ihre Länder dem preußischen König an, mit dem sie ein Erbvertrag verband. Der Abtretungsvertrag kam am 7. Dezember 1849 zustande. Mit Gesetz vom 12. März 1850 übernahm Preußen die Fürstentümer.[60]

---

60 GÖNNER, Hohenzollern (1806 – 1945), in Geschichte der deutschen Länder – Territorien-Ploetz –, Bd. 2. S. 446 ff. (446).

2. Kapitel: Untergang der Länder Baden und Württemberg

I. Das Neuaufbaugesetz vom 30. Januar 1934

Das Gesetz über den Neuaufbau des Reiches vom 30. Januar 1934[1] stellte die Existenz der Länder Baden und Württemberg so, wie sie durch die napoleonische Flurbereinigung entstanden sind, in Frage.

Gegen einen Eingriff in die Existenz der Länder läßt sich anführen, daß der Reichstag, der das Neuaufbaugesetz erlassen hat, nicht aus demokratischen Wahlen nach den Vorschriften der Weimarer Reichsverfassung hervorgegangen war. Daraus könnte geschlossen werden, daß die Gesetzgebungsakte des Reichstages kein gültiges Recht sein konnten: ex iniuria ius non oritur.[2] Dem läßt sich entgegenhalten, daß die neue Ordnung, die durch die nationalsozialistische Machtergreifung geschaffen worden war, zu jener Zeit nach innen und nach außen akzeptiert wurde. Aus diesem Grunde war es dem Reichstag möglich, gültiges Recht durch Gesetze zu schaffen, sofern dies nicht gegen das Wesen des Rechts oder den zulässigen Inhalt der Gesetze verstieß. Ein solcher Verstoß kann bei der Umwandlung eines Bundesstaates in einen Einheitsstaat nicht angenommen werden, da die Schaffung eines Einheitsstaates zur Zeit der Geltung der Weimarer Reichsverfassung im Deutschen Reich zulässig war.[3] Zudem verlangt die Rechtssicherheit grundsätzlich die Fortgeltung erlassener Gesetze, sofern sie nicht ein formeller Aufhebungsakt wieder beseitigt hat. Ein solcher ist nicht erfolgt. Die Besatzungsmächte erklärten im Art. I des Kontrollratsgesetzes Nr. 1[4] eine Anzahl von Gesetzen aus jener Zeit für aufgehoben und versagten in Art. 2 den übrigen Gesetzen für bestimmte Fälle die Anwendung. Das Neuaufbaugesetz wurde vom Kontrollratsgesetz Nr. 1 nicht erfaßt und auch in der Folgezeit nicht aufgehoben, so daß es wirksames Recht darstellt.

Es ist dennoch zweifelhaft, ob dieses Gesetz tatsächlich den Übergang der Hoheitsrechte der Länder auf das Reich statuiert und damit die Länder als Gliedstaaten des Reiches zerstört hat. Das Gesetz allein zerstörte die Staatlichkeit oder Rechtspersönlichkeit der Länder noch nicht.[5] Das Neuaufbaugesetz stellte den ersten, einleitenden Akt zur Auflösung der Länder dar, zur Auflösung selbst hätte es eines Vollzugs bedurft. Die Ausführung hätte darin bestanden, daß den Ländern faktisch alle Hoheitsgewalt genommen und auf das Reich

---

1 RGBl. 1934 I, 75.
2 VERDROSS-DROSSBERG/FREIHERR VON DER HEYDTE, Rechtsgutachten, in: Der Kampf um den Südweststaat (1952), S. 376 ff. (377).
3 THOMA, Das Reich als Bundesstaat, in: HdbDStR Bd. I (1930), § 15, S. 169 ff.
4 Abgedruckt in: Gesetze der Militärregierung (Amerikanische Zone) Bd. 1, C 1/1.
5 VERDROSS-DROSSBERG/FREIHERR VON DER HEYDTE, Rechtsgutachten, in: Der Kampf um den Südweststaat (1952), S. 376 ff. (378).

übertragen worden wäre. Ein solcher Vollzug kann nicht in der Ersten Durchführungsverordnung zum Neuaufbaugesetz vom 2. Februar 1934⁶ gesehen werden. Die Erste Durchführungsverordnung zum Neuaufbaugesetz gab den Ländern die Hoheitsrechte sofort zur Ausübung im Namen des Reiches zurück und gewährleistete damit jedenfalls den Fortbestand der Länder als autonome Verbände mit eigener Rechtspersönlichkeit. Dies belegt die Feststellung des § 2 der Ersten Durchführungsverordnung, der besagt, daß „die von den Ländern untereinander oder mit dem Reich geschlossenen Verträge und Verwaltungsabkommen ... durch den Übergang der Hoheitsrechte der Länder auf das Reich nicht berührt" worden sind.⁷ Das Gesetz über den Neuaufbau des Reiches vom 30. Januar 1934 stellte folglich den ersten Schritt zu einer geplanten Aufhebung der deutschen Länder dar. Dieses Gesetz bildete aber nur den einleitenden, aber nicht den vollendenden Akt. Zu letzterem kam es auf Grund der geschichtlichen Entwicklung nicht mehr.⁸

II. Die Kapitulation am 8. Mai 1945

Konnten die deutschen Länder ihre eigene Rechtspersönlichkeit bis zum Jahre 1945 bewahren, so ist weiter zu fragen, ob sie diese nicht beim Zusammenbruch des Deutschen Reiches am 8. Mai 1945 verloren haben. Hier trägt folgende Argumentation: Wenn die Kapitulation den Untergang des Deutschen Reiches zur Folge hatte, dann teilen dessen Länder dieses Schicksal. Folglich sind die Konsequenzen des Zusammenbruchs für die Staatlichkeit des Deutschen Reiches zu hinterfragen. Zwei Ansichten stehen sich bei der Streitfrage gegenüber:

1. Lehre vom Untergang des Deutschen Reiches

Die von Hans Kelsen⁹ und Hans Nawiasky¹⁰ befürwortete Lehre vom Untergang des Deutschen Reiches betrachtet den Staat als System von Normen. Sie identifiziert den Staat folglich mit seiner jeweiligen Rechtsordnung. Es existierte demnach nur ein Wesensmerkmal des Staates, die Staatsgewalt, die diese Rechtsordnung trägt und garantiert. Nach dieser Lehre geht ein Staat schon dann unter, wenn er seine Staatsgewalt nicht mehr ausüben kann und damit sei-

---

6 RGBl. 1934 I, 81.
7 VERDROSS-DROSSBERG/FREIHERR VON DER HEYDTE, Rechtsgutachten, in: Der Kampf um den Südweststaat (1952), S. 376 ff. (378 f.); siehe dazu auch: NEUMAYER, Der Kampf um Badens Selbständigkeit (1945 – 1970), in: Gelb-rot-gelbe Regierungsjahre (1988), S. 263 ff. (264)
8 VERDROSS-DROSSBERG/FREIHERR VON DER HEYDTE, Rechtsgutachten, in: Der Kampf um den Südweststaat (1952), S. 376 ff. (379).
9 KELSEN, The legal status of Germany, in: American Journal of International Law 1945, S. 518.
10 NAWIASKY, Die Grundgedanken des Grundgesetzes für die Bundesrepublik Deutschland (1950), S. 7 f.

ne Rechtsordnung nicht mehr selbst durchsetzen und garantieren kann.[11] Demgemäß ging das Deutsche Reich 1945 unter. Den Rechtsgrund dafür bildete die Debellation, die kriegerische Besetzung des Staatsgebietes mit der Einverleibung der Staatsgewalt in die Herrschaft der Besetzer.[12]

Gegen diese, auf Kelsens reine Rechtslehre gestützte Theorie läßt sich einwenden, daß ein Staat nicht lediglich aus der Staatsgewalt bestehen kann. Die Staatsgewalt, wenn sie auch das wichtigste Moment eines Staates ausmacht, reicht nicht aus, um von einem Staat zu sprechen. Es müssen noch weitere Elemente hinzukommen. Diese Lehre kann demnach nicht der Frage zugrunde gelegt werden, ob das Deutsche Reich durch die Kapitulation untergegangen ist. Zudem sind die Alliierten diesen Weg nicht gegangen. Sie haben den über die Niederwerfung (debellatio) hinaus notwendigen Schritt der Annexion, das heißt der Begründung einer neuen Souveränität über das Gebiet, nicht vollzogen. Die Alliierten beanspruchten in der Berliner Erklärung vom 5. Juni 1945 nur die „supreme authority", die Ausübung der Staatsgewalt, eine Annexion hat nicht stattgefunden.[13]

2. Lehre vom Fortbestand des Deutschen Reiches

Demgegenüber gehen Grewe,[14] Iken,[15] Menzel,[16] Stödter[17] und andere von der Kontinuität des deutschen Staates aus, ebenso die deutsche Rechtsprechung.[18] Sie stützen sich darauf, daß durch die Niederkämpfung des deutschen Reichs durch die Alliierten keine Annexion erfolgt sei, weshalb nach allgemeinen völkerrechtlichen Grundsätzen der deutsche Staat nicht beseitigt und die deutsche Staatsgewalt weder erloschen noch auf die Alliierten übergegangen sei. Die Kapitulation vom 8. Mai 1945 habe nach dem mit ihr verfolgten Willen der Sie-

---

11 MAUNZ, Deutsches Staatsrecht (1954), § 4 I 2, S. 14.
12 IKEN, Ein Beitrag zur Lehre von der Kontinuität und Identität Deutschlands im Jahre 1945 und der völkerrechtliche Staatsbegriff (1964), S. 10.
13 IKEN, Ein Beitrag zur Lehre von der Kontinuität und Identität Deutschlands im Jahre 1945 und der völkerrechtliche Staatsbegriff (1964), S. 9 ff.; SCHEUNER, Die Entwicklung der völkerrechtlichen Stellung Deutschlands seit 1945, in: Die Friedenswarte, Band 51 (1951/53), S. 1 ff. (4).
14 GREWE, Ein Besatzungsstatut für Deutschland (1948), S. 47 ff.
15 IKEN, Ein Beitrag zur Lehre von der Kontinuität und Identität Deutschlands im Jahre 1945 und der völkerrechtliche Staatsbegriff (1964), S. 10 ff.
16 MENZEL, Zur völkerrechtlichen Lage Deutschlands, in: Europa-Archiv 1947, S. 1009 ff.
17 STÖDTER, Deutschlands Rechtslage (1948), S. 39 ff.
18 OLG Hamburg, MDR 1947, S. 158; OLG Tübingen, DRZ, 1950, S. 91, BGH JZ 1951, S. 230, auch einige ausländische Gerichte nahmen den Fortbestand des deutschen Staates an; siehe die Nachweise bei: SCHEUNER, Die Entwicklung der völkerrechtlichen Stellung Deutschlands seit 1945, in: Die Friedenswarte, Band 51 (1951/53), S. 1 ff. (4, FN 9).

germächte keine Auflösung des deutschen Staates bewirkt.[19] Diese Ansicht bestätigten die alliierten Regierungen durch ihr Handeln.[20]

Staatsrechtlich läßt sich diese Ansicht folgendermaßen belegen: Ausgangspunkt ist der immer noch herrschende jellineksche Staatsbegriff. Georg Jellinek sieht im Staat ein Gemeinwesen, das auf einem bestimmten Gebiet basiert.[21] Essentiell für die Staatlichkeit der Länder sind drei Elemente, die Staatsgewalt – die rechtliche gebundene Herrschaftsmacht des Staates als wichtigste und entscheidende Voraussetzung –, das Staatsgebiet und das Staatsvolk.[22]

Demnach ist das Volk unabdingbares Element des Staates. Die dem Staate zugehörigen Menschen bilden in ihrer Gesamtheit das Staatsvolk.[23] Das Staatsvolk ist Gegenstand staatlicher Personalhoheit sowie Träger der Staatsgewalt und der Staatsbildungskompetenz, so daß es Verfassungsumbrüche und Staatszusammenbrüche zu überdauern vermag.[24] Der Fortbestand des deutschen Staatsvolkes ergibt sich aus dem andauernden Staatsgefühl der Deutschen auch nach dem Zusammenbruch, das auch in den Länderverfassungen dieser Zeit seinen Niederschlag gefunden hat. Unabhängig von den Ereignissen des Jahres 1945 blieb die Staatsangehörigkeit als Rechtsinstitut unverändert bestehen. Die Existenz einer deutschen Staatsbürgerschaft setzte den Fortbestand des deutschen Staatsvolkes und damit des deutschen Staates voraus. Eine Staatsangehörigkeit ohne Staat ist nicht denkbar. Ebenso setzte das Besatzungsrecht den Bestand der Staatsangehörigkeit voraus.[25]

Ein deutsches Staatsgebiet[26] existierte ebenfalls. Die Besetzung Deutschlands sollte nach der Atlantic-Charta vom August 1941 nicht die Annexion durch die Besatzungsmächte bewirken. Dies wiederholt die Berliner Erklärung

---

19 MAUNZ, Deutsches Staatsrecht (1954), § 4 I 3, S. 15 .
20 Nachweise bei: SCHEUNER, Die Entwicklung der völkerrechtlichen Stellung Deutschlands seit 1945, in: Die Friedenswarte, Band 51 (1951/53), S. 1 ff. (4).
21 JELLINEK, Allgemeine Staatslehre (1929), 6. Kapitel, S. 183, 13. Kapitel S. 394 ff.
22 DEGENHART, Staatsrecht I, (2005), Rdnr. 461; ISENSEE, Staat und Verfassung, in: HbdStR, Bd, II (2004), § 15, Rdnr. 24 ff. (22 ff.); geprägt durch: JELLINEK, Allgemeine Staatslehre (1929), 6. Kapitel, S. 183, 13. Kapitel S. 394 ff.; dieser greift wiederum zurück auf: V. SCHMALZ, , Das teutsche Staatsrecht: Ein Handbuch zum Gebrauche academischer Vorlesungen (1825), §§ 6, 7, 13; JORDAN, Lehrbuch des allgemeinen und deutschen Staatsrechts (1831), § 1 S. 1 f.; ZACHARIÄ, Deutsches Staats- und Bundesrecht, 1. Teil, 2. Auflage (1853), S. 43; ZOEPFL, Grundsätze des Allgemeinen und des Constitutionell-Monarchischen Staatsrecht mit Rücksicht auf das gemeingültige Recht in Deutschland (1841), § 8, S. 6. Das Bundesverfassungsgericht folgt ebenfalls der Drei-Elemente-Lehre bei der Beurteilung der Staatlichkeit Deutschlands: BVerfGE 2, 226 (277); BVerfGE 3, 58 (88 f.); BVerfGE 36, 1 (16 f.). Die Drei-Elemente-Lehre nicht überzeugend ablehnend: KRÜGER, Allgemeine Staatslehre (1964), § 13 III, S. 145 f.
23 JELLINEK, Allgemeine Staatslehre (1929), S. 406.
24 Dazu näher: GRAWERT; Staatsvolk und Staatsangehörigkeit, in: HdbStR Bd. I § 14 Rdnr. 3, S. 663 ff. (664 f.).
25 MAUNZ, Deutsches Staatsrecht (1954), § 6 I 3, S. 25.
26 Begriff: JELLINEK, Allgemeine Staatslehre (1929), S. 394 ff.

der Besatzungsmächte vom 5. Juni 1945.[27] Auch nach ihr sollte das deutsche Staatsgebiet nicht dem Staatsgebiet der Besatzungsmächte einverleibt werden, sondern weiterhin deutsches Staatsgebiet bleiben.[28] Aus der Vereinbarung der Besatzungsmächte über die Besatzungszonen, die im Zusammenhang mit der Berliner Erklärung getroffen wurde, ergibt sich, daß das deutsche Staatsgebiet seinem Umfang nach innerhalb der Grenzen fortbestand, wie sie am 31. Dezember 1937 galten.[29]

Allerdings liegt der Schluß nahe, daß das letzte Element des jellinekschen Staatsbegriffs – die Staatsgewalt[30] – fehlt. Die deutsche Staatsgewalt könnte auf die Besatzungsmächte übergegangen sein. Gegen den Übergang der Staatsgewalt auf die Besatzungsmächte spricht folgendes: Die Besetzung Deutschlands sollte nach der Atlantic-Charta vom August 1941 nicht die Annexion durch die Besatzungsmächte bewirken. Auch die Berliner Erklärung der Siegermächte vom 5. Juni 1945 spricht – offensichtlich bewußt – nicht von einer Annektierung Deutschlands. Die Alliierten beanspruchten darin nur die „supreme authority".[31] Die Übernahme der „supreme authority" bedeutete die Übernahme der Regierungsgewalt, welche die Alliierten in treuhänderischer Form für das Deutsche Reich ausübten.[32] Die Herrschaftsausübung der Besatzungsmächte trägt nicht den Charakter einer souveränen und staatlichen Gewalt, sondern nur die Machtausübung einer Besatzungsgewalt.[33] Das bedeutet, daß das Deutsche Reich nicht aufgehört hat zu bestehen.

---

27 Erklärung in Anbetracht der Niederlage Deutschlands und der Übernahme der obersten Regierungsgewalt in Deutschland durch die Regierungen der Vereinigten Staaten, Großbritanniens, der Sowjetunion und durch die Provisorische Regierung der Französischen Republik vom 5. Juni 1945, auszugsweise abgedruckt in: Dokumente zur Berlin-Frage 1944 – 1962 (1962), Dokument Nr.10, S. 36 f.
„... Die Regierungen des Vereinigten Königreichs, der Vereinigten Staaten von Amerika, der Union der Sozialistischen Sowjetrepubliken und die Provisorische Regierung der Französischen Republik übernehmen hiermit die oberste Regierungsgewalt in Deutschland, einschließlich aller Befugnisse der deutschen Regierung, des Oberkommandos der Wehrmacht und der Regierungen, Verwaltungen oder Behörden der Länder, Städte und Gemeinden. Die Übernahme zu den vorstehend genannten Zwecken der besagten Regierungsgewalt und Befugnisse bewirkt nicht die Annektierung Deutschlands...".
Näheres bei COHN, Zum rechtlichen Problem Deutschland; in MDR 1947, S. 178 ff.
28 STOLLEIS, Besatzungsherrschaft und Wiederaufbau deutscher Staatlichkeit 1945 – 1949, in: HbdStR Bd. I (2003), § 7 Rdnr. 25 ff., S. 279 f.
29 Artikel 1 des Protokolls über die Besatzungszonen in Deutschland und die Verwaltung von Groß Berlin, London, 12. September 1944, in: Dokumente des geteilten Deutschland, Bd. I (1976), I 3a, S. 25.
30 JELLINEK, Allgemeine Staatslehre (1929), S. 427 ff.
31 SCHEUNER, Die Entwicklung der völkerrechtlichen Stellung Deutschlands seit 1945, in: Die Friedenswarte, Band 51 (1951/53), S. 1 ff. (4).
32 SCHMID, Die deutsche Frage im Staats- und Völkerrecht (1980), S. 24.
33 VON EGLOFFSTEIN, Die Entwicklung der Neugliederungsfrage (1957), S. 108; SCHEUNER, Die Entwicklung der völkerrechtlichen Stellung Deutschlands seit 1945, in: Die Friedenswarte, Band 51 (1951/53), S. 1 ff. (5).

Zum gleichen Ergebnis kommt als neutrale ausländische Instanz das Obergericht des Kantons Zürich in seiner Entscheidung vom 1. Dezember 1945.[34] Das Gericht stellte nach eingehender Prüfung der charakteristischen Merkmale der Debellation fest, daß die Besatzungsmächte nicht die Absicht hätten,

> „Deutschland die Staatsgewalt zu nehmen, sondern sie wollten lediglich dessen Regime beseitigen. Das war das Hauptziel des ganzen Krieges. Sie haben dann auch nach Maßgabe der Möglichkeit wieder deutsche Regierungen zugelassen und gefördert und damit zum Ausdruck gebracht, daß sie die deutsche Staatsgewalt nicht als untergegangen betrachteten. Ein Regimewechsel, auch ein solcher durch revolutionäre Umwälzung bewirkt aber nicht den Untergang des Staates... Gäbe es keinen deutschen Staat mehr, so bestänlen auch keine deutschen Staatsbürger und deutschen Gesetze mehr. Tatsache ist aber, daß die Besatzungsmächte, wie dies dem Zustand der vorübergehenden kriegerischen Besetzung entspricht, vom Weiterbestehen der deutschen Gesetzgebung und des deutschen Staatsbürgerrechts ausgehen."

In diesem Zusammenhang ist ferner auf die Erklärungen der Alliierten über den noch bestehenden Kriegszustand mit Deutschland zu verweisen. Wäre das deutsche Reichsgebiet Herrschaftsgebiet der Besatzungsmächte, so wären diese Äußerungen unverständlich, da ein Staat sich nicht mit seinem eigenen Gebiet in Kriegszustand befinden kann.[35]

Das Deutsche Reich hat seine Staatsqualität nicht dadurch verloren, daß keine deutsche Regierung mehr existierte, sondern nur noch Dienststellen der Alliierten vorhanden waren.[36] Damit steht fest, daß die Kapitulation und die Besetzung durch die Alliierten die Staatlichkeit des Deutschen Reiches nicht zerstören konnte und damit auch seine Gliederung bestehen blieb. Die deutschen Länder überdauerten den 8. Mai 1945 mit eigener Rechtspersönlichkeit.

III. Die territoriale Neugliederung durch die Besatzungsmächte 1945

Die Besatzungsmächte führten zahlreiche Neugliederungsmaßnahmen durch, die den Länderbestand erheblich veränderten. Der Zuschnitt ihrer Besatzungszonen folgte rein militärischen Gesichtspunkten.[37] Die alliierten Besatzungsmächte zerschnitten das Gebiete der Länder Baden und Württemberg entlang

---

34 Schweizer Juristenzeitung 1946, S. 89 ff.; siehe. auch Deutsche Rechtszeitschrift 1947, S. 35.
35 MENZEL, Zur völkerrechtlichen Lage Deutschlands, in: Europa-Archiv 1947, S. 1009 ff. Die entgegengesetzte Meinung wird angeführt von KELSEN, The legal status of Germany according to the declaration of Berlin American Journal of International Law tome 39, Nr. 3 p (Juli 1945).
36 Zusammenfassung dieser und auch anderer Meinungen bei MENZEL, Die völkerrechtliche Lage Deutschlands, Europa-Archiv, Ausgabe A, Dezember 1947, S. 1009 ff. (1013) und bei: IKEN, Ein Beitrag zur Lehre von der Kontinuität und Identität Deutschlands im Jahre 1945 und der völkerrechtliche Staatsbegriff (1964), S. 10 ff.
37 MUSSGNUG, Die Anfänge Baden-Württembergs in verfassungsrechtlicher und verfassungsgeschichtlicher Sicht, ZWLG 43 (1984), S. 373 ff. (377).

der Autobahn Karlsruhe – Stuttgart – Ulm, um der amerikanischen Armee die Benutzung der Autobahn als Hauptnachschubweg zu sichern.[38] Politische Erwägungen, etwa die Berücksichtigung regionaler Einheiten und verwaltungs- wie bevölkerungsgeschichtlicher Traditionen spielten für die Alliierten keine Rolle.[39] Präsident Harry S. Truman machte sich vielmehr die ausschließlich auf logistischen Gesichtspunkten basierenden Argumente seiner Stäbe zu eigen.

Alle Kreise, die von der Autobahn durchschnitten wurden, fielen der amerikanischen Besatzungszone zu. Die südlichen Landesteile wurden französischer Besatzungsgewalt unterstellt, die nördlichen Teile amerikanischer Besatzungsgewalt.[40] Frankreich erhielt die 17 südlich der Autobahn gelegenen Landkreise

---

38 Die Konferenz der Außenminister in Moskau, vom 19. bis 30. Oktober 1943, beschloß auf den Vorschlag des britischen Außenministers Eden die European Advisory Commission (EAC) einzusetzen, welche die Grundzüge alliierter Politik nach dem Sieg ausarbeiten sollte. Sie trat erstmals am 14. Januar 1944 in London zusammen und schlug eine Aufteilung Deutschlands in drei Besatzungszonen vor. Nach dem „Protokoll zwischen den Vereinigten Staaten, Großbritannien und der Sowjetunion vom 12. September 1944 über die Besatzungszonen in Deutschland und die Verwaltung von Groß-Berlin" (abgedruckt in: Dokumente zur Berlin-Frage 1944 – 1962 (1962), Dokument Nr. 1, S. 1 ff.) sollten Baden und Württemberg in die südwestliche (amerikanische) Zone fallen. (vgl. auch die Pläne von JAMES KERR POLLOCK [Military Occupation, A Territorial Pattern for the Military Occupation of German, in: The American Political Science Review, Vol. 38 (Oktober 1944), S. 972]. Es läßt sich ein sichtliches Bemühen erkennen, historische Zusammenhänge und Ländergrenzen zu wahren. Die drei Alliierten vereinbarten diese von der European Advisory Commission vorgeschlagene Zoneneinteilung auf der Konferenz von Jalta vom 4. – 11. Februar 1945 als verbindliche. Jedoch erhob General de Gaulle Frankreich zwischenzeitlich in den Kreis der Siegermächte und stellte einen Forderungskatalog. Aus diesem Grunde einigten sich die drei Alliierten auf Vorschlag Churchills auf die Zuweisung einer besonderen Zone an Frankreich, dessen Gebiet aus Teilen der amerikanischen und englischen Besatzungszone bestehen sollte (siehe dazu: Bericht über die Krim-Konferenz [Jalta-Konferenz] vom 12. Februar 1945, in: Dokumente zur Berlin-Frage 1944 – 1962 [1962], Dokument Nr. 4, S. 6 f.). Die rechtliche Festlegung der französischen Besatzungszone erfolgte erst durch das „Abkommen zwischen den Regierungen Großbritanniens, Frankreichs, der Vereinigten Staaten und der Sowjetunion vom 26. Juli 1945 über die Ergänzung des Protokolls vom 12. September 1944 über die Besatzungszonen von Deutschland und die Verwaltung von Groß-Berlin" (abgedruckt in: Dokumente zur Berlin-Frage 1944 – 1962 [1962], Dokument Nr. 19, S. 16 f.), das auf der Potsdamer Konferenz am 26. Juli 1945 unterzeichnet wurde. Dieses Zusatzabkommen, auf Grund dessen Teile der amerikanischen und englischen Besatzungszone zum Zwecke der Bildung einer französischen Besatzungszone herausgelöst wurden, ließ keine Beachtung der Ländergrenzen – so wie sie zunächst vorgesehen war – zu.

39 CLAY, Entscheidung in Deutschland (1950), S. 28; KONSTANZER, Die Entstehung des Landes Baden-Württemberg (1969), S. 20; MOSLEY, Die Friedenspläne der Alliierten und die Aufteilung Deutschlands, in: Europa-Archiv 1950; S. 3032 – 3069; ders. The Occupation of Germany: New Light on How the Zones were drawn, in: Foreign Affairs, 1950, S. 487 ff.; MURPHY, Diplomat among Warriors (1964), S. 238.

40 Die militärische Besetzung von Baden-Württemberg 1945, in: Historischer Atlas von Baden-Württemberg, Karte VII. 10; RENNER, Entstehung und Aufbau des Landes Baden-Württemberg, JöR n.F., Bd 7 (1958), S. 197 ff. (199 f.).

und den preußischen Regierungsbezirk Sigmaringen, die Hohenzollernschen Lande. Zunächst hielten die Besatzungsmächte die Fiktion der verwaltungsmäßigen Einheit der bisherigen Länder auch nach der endgültigen Abgrenzung der Besatzungszonen aufrecht.[41]

---

41 Dazu näher: MOERSCH/HÖLZLE, Kontrapunkt Baden-Württemberg (2002), S. 48 ff.; ESCHENBURG, Verfassung, Staat, Parteien, in: Baden-Württemberg, Staat, Wirtschaft, Kultur, (1963), S. 93 ff. (93); HENNINGS, Der unerfüllte Verfassungsauftrag (1983), S. 44; sehr ausführlich: WAGNER, Die territoriale Gliederung Deutschlands in Länder seit 1871 (1962), S. 208 ff. und MEISSNER, Die Frage der Einheit Deutschlands auf den alliierten Kriegs- und Nachkriegskonferenzen, in: Die Deutschlandfrage von Jalta und Potsdam bis zur staatlichen Teilung Deutschlands 1949 (1993), S. 7 ff.; STOLLEIS, Besatzungsherrschaft und Wiederaufbau deutscher Staatlichkeit, in: HbdStR Bd. I (2003), § 7, Rdnr. 13 ff., S. 274 ff.; SAUER, Die Entstehung des Bundeslandes Baden-Württemberg (1977), S. 17.

2. Teil: Die Neugliederungsverhandlungen

1. Kapitel: Die Neugliederungsfrage vor den Verfassungsberatungen

I. Die Länderbildung im Jahre 1945 durch die Besatzungsmächte

1. Die Bildung neuer Länder durch die Besatzungsmächte

General Eisenhower faßte durch die Proklamation Nr. 2 vom 19. September 1945 Nordwürttemberg mit Nordbaden zu einer Verwaltungseinheit zusammen. Zugleich bildete er aus ihnen das Land Württemberg-Baden mit der Hauptstadt Stuttgart.[1] Die Proklamation Nr. 2 festigte die Zonengrenze, die Nord und Süd trennte, als Staatsgrenze. Hintergrund der Proklamation Nr. 2 war das Bestreben der amerikanischen Militärregierung, die Verwaltung ihrer Zone übersichtlich zu gestalten.[2] Die Besatzungsmächte vereidigten schon am 24. September 1945 die württemberg-badische Regierung unter der Führung von Staatspräsident Reinhold Maier.[3] Die neue Länderverwaltung litt allerdings zunächst unter einem elementaren Manko: Ihre Legitimation erschöpfte sich in ihrer Einsetzung durch die Besatzungsmächte. Eine Legitimation durch das Volk ist aber notwendig, um Länder zu stabilisieren.[4]

Die französische Besatzungsmacht gliederte Südwürttemberg am 16. Oktober 1945 verwaltungsmäßig an den bisherigen preußischen Regierungsbezirk Sigmaringen, die Hohenzollernschen Lande an.[5] Südbaden, das sich von Basel

---

1   Art. 1 der Proklamation Nr. 2 vom 19. September 1945 von General Eisenhower, siehe Anhang 4 I, ebenfalls abgedruckt bei: RUHL, Die Besetzer und die Deutschen: Amerikanische Zone 1945 – 1948 (1980), S. 101; dazu weiterführend: HÄRTEL, Der Länderrat des amerikanischen Besatzungsgebietes (1951), S. IX.
2   MUSSGNUG, Die Anfänge Baden-Württembergs in verfassungsrechtlicher und verfassungsgeschichtlicher Sicht, ZWLG 43 (1984), S. 373 ff. (378); KONSTANZER, Die Entstehung des Landes Baden-Württemberg (1969), S. 84.
3   Die Verfassung von Württemberg-Baden trat erst am 28. November 1946 in Kraft, nachdem sie durch Volksabstimmung vom 24. November 1946 angenommen wurde. WB Reg. Bl. 1946, 277, ebenfalls auszugsweise abgedruckt im Anhang 4 II 2.
    GÖNNER/HASELIER, Baden-Württemberg (1980), S. 110 f.; ALTENSTETTER, Das notwendige Bundesland am oberen Rhein, S. 53 ff.; SAUER, Demokratischer Neubeginn in Not und Elend (1978), S. 43 ff.
4   OETER, Integration und Subsidiarität im deutschen Bundesstaatsrecht (1998), S. 102.
5   Das Land Württemberg-Hohenzollern entstand aus dem französisch besetzten Gebiet Württemberg und Hohenzollern durch Annahme des Entwurfs der Verfassung am

bis Baden-Baden erstreckte, bildete mit dem neuen Zentrum Freiburg das Land Baden.⁶ Eine Vereinigung der beiden wirtschaftlich schwachen Länder im Süden kam nicht zustande. Die Existenz von kleinen Ländern fügte sich gut in die Konzeption der französischen Deutschlandpolitik ein. Frankreich favorisierte die Bildung kleiner, politisch und wirtschaftlich schwacher Länder.⁷ Auch der amerikanische Präsident Harry S. Truman hatte im Frühjahr 1945, wie aus den Murphy-Memoiren hervorgeht, vorübergehend eine solche Zerstückelung Deutschlands erwogen.⁸ Bei der Zusammenlegung von Nordwürttemberg und Nordbaden verdient die Tatsache Beachtung, daß der Württemberger Theodor Heuss als Berater des nordbadischen Oberpräsidenten, Karl Holl, in einem Gutachten für amerikanische Stellen bereits Anfang Juli 1945 vorgeschlagen hatte, Nordbaden und Nordwürttemberg als Verwaltungseinheit zu konstituieren.⁹

Die endgültige Einrichtung der drei südwestdeutschen Länder Baden, Württemberg-Baden und Württemberg-Hohenzollern erfolgte erst mit den Verfassungsplebisziten vom November 1946 bzw. Mai 1947.¹⁰

21./22. April 1947 und durch Annahme desselben durch Volksabstimmung am 18. Mai 1947 das Land Württemberg-Hohenzollern. Das Ergebnis der Volksabstimmung über die Annahme der Verfassung von Württemberg-Hohenzollern vom 20. Mai 1947 (WH Reg. Bl. 1947. S. 1) ist abgedruckt in WH Reg. Bl. 1947, S. 12, ebenfalls auszugsweise abgedruckt im Anhang 4 II 3.

6   Aus dem Süden des ehemaligen Landes Altbaden entstand das Land Baden erst durch die Annahme des Entwurfs der Verfassung am 21./22. April 1947 und durch die Annahme desselben durch Volksabstimmung am 18. Mai 1947. Das Ergebnis der Volksabstimmung über die Annahme der Verfassung von Bad. vom 19. Mai 1947 (Bad. GVBl. 1947, S. 129) ist abgedruckt in: Bad. GVBl. 1947, S. 140. Die Verfassung ist auszugsweise abgedruckt im Anhang 4 II 1.

7   MUSSGNUG, Die Anfänge Baden-Württembergs in verfassungsrechtlicher und verfassungsgeschichtlicher Sicht, ZWLG 43 (1984), S. 373 ff. (378).

8   MURPHY, Diplomat among Warriors (1964), S. 269.

9   Theodor Heuss gehörte zu den Beratern des Oberpräsidenten des Landeskommissärbezirks Mannheim, Karl Holl. Näher: KÖHLER, Lebenserinnerungen (1964), S. 43 f. Das Heuß'sche Gutachten vom 8. Juli 1945 ist veröffentlicht in: Heuss, Aufzeichnungen 1945 – 47 (1966), S. 91 ff.

10 Art. 130 der Verfassung Baden vom 19. Mai 1947 (Bad. GVBl. 1947, S. 129) bestimmte: „Die Verfassung wurde von der Beratenden Landesversammlung im Zusammenwirken mit der Provisorischen Landesregierung beschlossen. Sie tritt am Tage nach ihrer Annahme durch Volksabstimmung in Kraft.". Durch Volksabstimmung am 18. Mai 1947 wurde die Verfassung angenommen (vgl. Bekanntmachung des Abstimmungsergebnisses in: Bad. GVBl. 1947, S. 140).
Art. 108 der Verfassung von Württemberg-Baden vom 28. November 1946 (WB Reg. Bl. 1946, S. 277) hatte folgenden Inhalt: „Das Volk des Landes Württemberg-Baden hat dieser von seiner verfassunggebenden Landesversammlung entworfenen Verfassung durch Volksabstimmung vom 24. November 1946 zugestimmt. Die Verfassung tritt mit dem Tage ihrer Verkündung in Kraft.".
Art. 126 der Verfassung von Württemberg-Hohenzollern vom 20. Mai 1947 (WH Reg. Bl. 1947, S. 1) setzt lediglich fest: „Diese Verfassung tritt am Tage ihrer Verkündung in

2. Resonanz auf die Zerschneidung der Länder

a) Die Reaktion der Regierungen der drei südwestdeutschen Länder

Die württemberg-badische Regierung Reinhold Maiers bemühte sich, den Zusammenhalt innerhalb der alten Länder Baden und Württemberg über die Zonengrenze aufrecht zu erhalten.[11] Maier sagte in seiner Rede beim Amtsantritt seiner Regierung am 24. September 1945, daß er eine Fusion von Nordwürttemberg und Nordbaden nicht wünsche. Er gab seiner Hoffnung Ausdruck, daß beide Länder alsbald wieder zu einem „ungeteilten Ganzen" zurückfinden würden.[12] Er fand damit die Zustimmung seines nordbadischen Stellvertreters, Heinrich Köhler, des Präsidenten des Landesbezirks Baden.[13] In diesem Bezirk räumte das Gesetz vom 20. Dezember 1945[14] der nordbadischen Verwaltung ein hohes Maß an Selbständigkeit ein.

Die württemberg-hohenzollernsche Regierung arbeitete unter Führung Carlo Schmids ebenfalls von Anfang an auf die Wiedervereinigung der beiden württembergischen Landesteile hin. Um dies zu unterstreichen, gab sich die Tübinger Regierung mit dem Statut vom 30. Oktober 1945 die Stellung eines „Abwesenheitspflegers"[15] und verzichtete auf die Bildung einer Landesregierung. Carlo Schmid nannte seine Regierung stattdessen „Staatssekretariat".[16] Der Berichterstatter des Verfassungsausschusses, Franz Gog, betonte am 21. April 1947 vor dem Plenum der Beratenden Landesversammlung ausdrücklich, daß nicht die Absicht bestehe, „in Wirklichkeit einen südwürttembergisch-hohenzollernschen Staat zu schaffen, denn Südwürttemberg wolle nicht eher wieder ein Staat sein, bevor es mit Nordwürttemberg zusammengeschlossen sei".[17] Lorenz Bock beschränkte sich darauf, eine baldige Wiedervereinigung als sehnlichsten Wunsch

---

Kraft.". Sie wurde mit der Volksabstimmung vom 18. Mai 1947 angenommen, deren Ergebnis ist abgedruckt in: WH Reg. Bl. 1947, S. 12.
11 MUSSGNUG, Die Anfänge Baden-Württembergs in verfassungsrechtlicher und verfassungsgeschichtlicher Sicht, ZWLG 43 (1984), S. 373 ff. (379).
12 Ansprache von Reinhold Maier am 24. September 1945, Akten des Staatsarchivs Ludwigsburg, Bestand Staatsministerium von Württemberg-Baden E 131 V C1/5/1/1/8.
13 Rede von Köhler am 3. November 1945, in: KÖHLER, Lebenserinnerungen (1964), S. 351 ff.; MAIER, Ein Grundstein wird gelegt (1964), S. 132; siehe auch: KLÖCKER, Abendland – Alpenland – Alemannien (1998), S. 2 ff.
14 Amtsblatt des Landesbezirks Baden Spalte 3 – 4.
15 KONSTANZER, Die Entstehung des Landes Baden-Württemberg (1969), S. 32; ESCHENBURG, Die Entstehung Baden-Württembergs, in: Baden-Württemberg, Eine politische Landeskunde (1996), S. 43 ff. (47 f.).
16 ESCHENBURG, Die Entstehung Baden-Württembergs, in: Baden-Württemberg, Eine politische Landeskunde (1996), S. 43 ff. (47); MUSSGNUG, Die Anfänge Baden-Württembergs in verfassungsrechtlicher und verfassungsgeschichtlicher Sicht, ZWLG 43 (1984), S. 373 ff. (379).
17 Verhandlungen der Beratenden Landesversammlung von W-H, 10. und 11. Sitzung, am 21. April 1947, S. 96.

der CDU zu bezeichnen.[18] Während Württemberg-Hohenzollern sich als Provisorium verstand, fühlte sich die Stuttgarter Regierung unter Reinhold Maier als Sprecherin des Traditionslandes Württemberg.

Für die Wiederherstellung Gesamtbadens gab das erste öffentliche Bekenntnis der geschäftsführende Vorsitzende der BCSV[19] und spätere Staatspräsident, Leo Wohleb, im Februar 1946 auf dem Gründungstag seiner Partei ab. Bei diesem Treffen nahmen die Delegierten sogar einen vorsichtigen Antrag zur Rückgliederung an.[20]

b) Neugliederungskonzepte von Otto Feger und Friedrich Metz

In diesem Zusammenhang verdienen die Pläne von Otto Feger[21] und Friedrich Metz eine kurze Erwähnung. Der Konstanzer Stadtarchivar Otto Feger gab schon Anfang des Jahres 1946 ein Buch[22] über die Zukunft der schwäbisch-alemannischen Region heraus, das nicht nur das Imprimatur der französischen Besatzungsmacht erhielt, sondern von ihr auch mit einer Papierzuteilung bedacht wurde, die es zur damals auflagenstärksten Publikation Süddeutschlands machte.[23] Für wichtig erachtete Feger Dezentralisierung und kleine Verwaltungsapparate, da große Zentralgewalten und Zentralbehörden die „Todfeinde jeder wahren Demokratie" seien.[24] Feger sprach sich aber nicht für einen starken Föderalismus, sondern für Separatismus aus. Er forderte die völlige staatliche Selbständigkeit Südwestdeutschlands.[25] Die Resonanz von Fegers Entwurf war beträchtlich. Seine Thesen wurden eingehend diskutiert, und der schwäbisch-alemannische Heimatbund übernahm Fegers Programm. Fegers Werk inspirierte erwiesenermaßen Leo Wohleb.[26]

Datiert auf Juli 1948 erschien das Buch „Rheinschwaben" von Friedrich Metz. Es stellte den Gegenentwurf zu der Publikation von Otto Feger dar. Metz beklagte die territoriale Zersplitterung des Südwestens. Er strebte die Förderung größerer einflußreicherer Einheiten an. Otto Feger stellte die Effizienz von

---

18   Verhandlungen der Beratenden Landesversammlung von W-H, 10. und 11. Sitzung, am 21. April 1947, S 111.
19   Die BCSV (Badische Christlich-Soziale Volkspartei) benannte sich im November 1947 in CDU um.
20   Siehe dazu auch: WEINACHT, Neugliederungsbestrebungen im deutschen Südwesten und die politischen Parteien (1945 – 1951), in: Oberrheinische Studien Band V (1980), S. 329 ff. (341 f.).
21   Eine umfassende kritische Bewertung der Person Otto Fegers, seines Buches, der früheren Einordnung dieser Publikation durch andere Autoren und eine umfassende Neubewertung nimmt Pfefferle vor: PFEFFERLE, Politische Identitätsbildung in Württemberg-Hohenzollern (1997), S. 65 ff.
22   FEGER, Schwäbisch-Alemannische Demokratie (1946).
23   PFEFFERLE, Politische Identitätsbildung in Württemberg-Hohenzollern (1997), S. 66.
24   FEGER, Schwäbisch-Alemannische Demokratie (1946), S. 160, 126.
25   FEGER, Schwäbisch-Alemannische Demokratie (1946), S. 86, dazu auch: PFEFFERLE, Politische Identitätsbildung in Württemberg-Hohenzollern (1997), S. 71.
26   PFEFFERLE, Politische Identitätsbildung in Württemberg-Hohenzollern (1997), S. 66.

Wirtschaftsstrukturen, Verkehrsverbindungen und Energiepolitik in den Vordergrund. Fegers Werk weist die Merkmale der südweststaatlichen Argumentation auf. So setzten die Südweststaatsbefürworter später sein Werk für ihre Propaganda ein.[27]

Die Unterschiede der Empfehlungen von Otto Feger und Friedrich Metz entsprachen mit erstaunlicher Präzision der Argumentation der Gegner und der Befürworter des Südweststaates. Der Gegensatz beider Entwürfe ist eine Art „Vorschau" auf die Südweststaatsauseinandersetzung.[28]

c) Erste Weichenstellungen für den Südweststaat

(1) Vorläufer der Südweststaatsidee
Der Gedanke einer Vereinigung von Württemberg und Baden kam nicht erst nach 1945 auf. Schon beim Zusammenbruch des Kaiserreichs in der Novemberrevolution von 1918 diskutierte man in der Provisorischen Regierung des Freistaates Baden darüber, lehnte die Idee aber ganz entschieden ab. Die Württemberger, so vermuteten die Badener, hätten es nur auf die reichen Wasser- und Energievorräte Badens abgesehen. Dagegen hatte Theodor Heuss am 17. Januar 1919 die Meinung geäußert, er könne es sich gut vorstellen, daß Württemberg und Baden zusammen einen ganz anständigen Staat ergäben.[29] Wilhelm Keil, SPD-Sprecher in Berlin, versuchte, die Vereinigung Badens mit Württemberg in der am 6. Februar 1919 zusammengetretenen Weimarer Nationalversammlung zur Diskussion zu stellen.[30] Er trat im März 1919 auf einer Konferenz württembergischer und badischer Parteifreunde ebenfalls für eine Vereinigung des Südwestens ein, scheiterte aber.[31]

(2) Die Südweststaatsidee nach 1945
Die Zoneneinteilung gab den entscheidenden Anstoß für die Vereinigung der alten Länder. Niemand wollte die Zoneneinteilung als politische Gliederung auf Dauer übernehmen.[32] Ansätze einer Politik zur Schaffung eines Südweststaates fanden sich aber erst in den Verhandlungen der Verfassunggebenden Landesversammlung von Württemberg-Baden. Auslösendes Moment bildete ein Antrag für den späteren Art. 107 der Verfassung von Württemberg-Baden aus der Feder des Stuttgarter CDU-Abgeordneten Felix Walters, den der Berichterstat-

---

27 PFEFFERLE, Politische Identitätsbildung in Württemberg-Hohenzollern (1997), S. 76.
28 So: PFEFFERLE, Politische Identitätsbildung in Württemberg-Hohenzollern (1997), S. 76.
29 HEUSS, Deutschlands Zukunft (1919); siehe dazu weiterführend: MOERSCH/HÖLZLE, Kontrapunkt Baden-Württemberg (2002), S. 17 f.
30 MUSSGNUG, Die Anfänge Baden-Württembergs in verfassungsrechtlicher und verfassungsgeschichtlicher Sicht, ZWLG 43 (1984), S. 373 ff. (376).
31 KEIL, Erlebnisse eines Sozialdemokraten, Bd. II (1948), S. 179.
32 BAUSINGER, Die bessere Hälfte (2002), S. 73.

ter Wilhelm Keil am 19. September 1946 einbrachte.[33] Der Antrag sah vor, daß Verfassungsänderungen aus Anlaß einer Vereinigung mit Südwürttemberg und Südbaden vom Landtag ausnahmsweise mit lediglich einfacher Mehrheit beschlossen werden können. Hingegen war nach dem späteren Art. 85 Abs. 2 LV WB für die Restauration der alten Länder und damit für die Auflösung von Württemberg-Baden (wie für alle sonstigen Verfassungsänderungen) eine Zweidrittelmehrheit erforderlich.[34] Das politische Ziel des Art. 107 LV WB erhellt die Resolution Wilhelm Keils vom 1. Oktober 1946.[35] Sie regte an, alles zu tun, „was zu einer alsbaldigen Vereinigung der Länder Württemberg und Baden in ihrem vollen Umfang zu führen geeignet" war.[36] Die Verfassunggebende Landesversammlung in Stuttgart nahm die Resolution von Wilhelm Keil ohne Diskussion einstimmig an[37] und beschloß gleichzeitig, Art. 107 LV WB in die Landesverfassung aufzunehmen,[38] die am 28. November 1946 in Kraft trat.[39] Bei den späteren Verhandlungen über den Südweststaat sollte sich Art. 107 LV WB als entscheidendes Hindernis für eine Wiederherstellung der alten Länder erweisen. Mit Art. 107 seiner Verfassung hat Württemberg-Baden die Wiederherstel-

---

33 7. Sitzung der Verfassunggebenden Landesversammlung am 19. September 1946, in: Verhandlungen der Verfassunggebenden Landesversammlung von Württemberg-Baden, S. 151 ff. (168 f.).
Siehe dazu: SAUER, Die Entstehung des Bundeslandes Baden-Württemberg (1977), S. 32; NÜSKE, Die Rolle Württemberg-Hohenzollerns bei der Bildung des Südweststaates, in: Das Land Württemberg-Hohenzollern 1945 – 1952, Darstellungen und Erinnerungen (1982), S. 367 ff. (368).

34 7. Sitzung der Verfassunggebenden Landesversammlung am 19. September 1946, in: Verhandlungen der Verfassunggebenden Landesversammlung für Württemberg-Baden, S. 151 ff. (169).

35 12. Sitzung der Verfassunggebenden Landesversammlung am 1. Oktober 1946, Verhandlungen der Verfassunggebenden Landesversammlung von Württemberg-Baden, S. 283 ff. (301).

36 12. Sitzung der Verfassunggebenden Landesversammlung am 1. Oktober 1946, Verhandlungen der verfassunggebenden Landesversammlung von Württemberg-Baden, S. 283 ff. (301): Die Abgeordneten nahmen Art. 107 (zu diesem Zeitpunkt Art. 104) einstimmig an.

37 12. Sitzung der Verfassunggebenden Landesversammlung am 1. Oktober 1946, Verhandlungen der verfassunggebenden Landesversammlung von Württemberg-Baden, S. 283 ff. (301). Dazu auch: FEUCHTE, Verfassungsgeschichte von Baden-Württemberg (1983), S. 109; FEUCHTE, Der Beitrag der Bundesrepublik Deutschland zur Gründung des Landes Baden-Württemberg, in: Baden-Württemberg und der Föderalismus in der Bundesrepublik Deutschland (1949 – 1989) (1991), S. 25 ff. (30).

38 12. Sitzung der Verfassunggebenden Landesversammlung am 1. Oktober 1946, Verhandlungen der verfassunggebenden Landesversammlung von Württemberg-Baden, S. 283 ff. (301). Weiterführend: NÜSKE, Die Rolle Württemberg-Hohenzollerns bei der Bildung des Südweststaates, in: Das Land Württemberg-Hohenzollern 1945 – 1952, Darstellungen und Erinnerungen (1982), S. 367 ff. (368), SAUER, Die Entstehung des Bundeslandes Baden-Württemberg (1977), S. 32.

39 Verfassung von Württemberg-Baden vom 28. November 1946, WB Reg. Bl. 1946, S. 277.

lung Badens nahezu ausgeschlossen. Ihr hätte der Stuttgarter Landtag nie mit einer Zweidrittelmehrheit zugestimmt. Damit erfolgte die „zweite Weichenstellung" zum Südweststaat.[40]

Zugleich kam von Leo Wohleb, dem Präsidenten der südbadischen Landesverwaltung, der erste scharfe Protest gegen die Stuttgarter „Unionsbestrebungen", den er mit einem Alleinvertretungsanspruch in badischen Belangen verband; denn nach seinem Dafürhalten war Südbaden die Treuhänderin des gesamtbadischen Volkes, da im Wege einer „translatio imperii"[41] die Vertretungsmacht auf Südbaden übergegangen sei und die Bevölkerung der französischen Zone Badens die badischen Kernlande bewohne.[42] Der Grund für die ablehnende Haltung war der Umstand, daß sich die BCSV als badische Heimatpartei verstand und durch die Gründung eines Staates „Schwaben" wichtige Grundlagen ihres politischen Heimat- und Staatsverständnisses bedroht sah.[43] Es war nicht verwunderlich, daß Leo Wohleb auf Art. 107 der Verfassung von Württemberg-Baden verärgert reagierte. Art. 107 enthielt nicht nur eine unmißverständliche Absage an die Wiederherstellung Altbadens, sondern setzte Südbaden darüber hinaus unter Druck. Mit der Hilfe des Art. 107 hätte Württemberg-Baden Baden in die Isolation führen können, wenn es alleine Württemberg-Hohenzollern in den favorisierten Staatsverband aufgenommen hätte.[44] (Süd-) Baden wandte sich in seiner Verfassung vom 19. Mai 1947[45] von Württemberg-Baden ab. Im „Vorspruch" bezeichnete sich (Süd-)Baden als „Treuhänder der alten badischen Überlieferung". Zudem stellte Art. 54 der badischen Verfassung klar, daß „ ... eine Änderung der Landesgrenzen gegenüber anderen deutschen Ländern ... nur durch ein verfassungsänderndes Gesetz möglich" sei.

Art. 125 Abs. 1 der Verfassung von Württemberg-Hohenzollern vom 20. Mai 1947[46] sprach vom „... Zusammenschluß mit einem deutschen Land oder mit mehreren deutschen Ländern zwecks gemeinsamer Gesetzgebung, ..." der die staatliche Existenz des Landes nicht aufheben, sondern nur seine politische Handlungsfähigkeit in mancher Hinsicht einschränken würde. Einen solchen Zusammenschluß ließ die württemberg-hohenzollernsche Verfassung ohne Verfassungsänderung zu. Eine Verfassungsänderung forderte sie nur für die voll-

---

40 Siehe dazu MAIER, Ein Grundstein wird gelegt (1964), S. 286 ff.
41 MOERSCH/HÖLZLE, Kontrapunkt Baden-Württemberg (2002), S. 65.
42 MATZ; Baden, in: Der Weg zum Südweststaat, (1991), S. 38 ff. (43); RENNER, Entstehung und Aufbau des Landes Baden-Württemberg, in: JöR n.F. 7, (1958), S. 200; HUG, Geschichte Badens (1992), S. 385.
43 WEINACHT, Neugliederungsbestrebungen im deutschen Südwesten und die politischen Parteien (1945 – 1951), in: Oberrheinische Studien Bd. V (1980), S. 329 ff. (342).
44 MUSSGNUG, Die Anfänge Baden-Württembergs in verfassungsrechtlicher und verfassungsgeschichtlicher Sicht, ZWLG 43 (1984), S. 373 ff. (381).
45 Verfassung Baden vom 19. Mai 1947, Bad. GVBl. 1947, S. 129.
46 Verfassung von Württemberg-Hohenzollern vom 20. Mai 1947, WH Reg. Bl. 1947, S. 1.

ständige Eingliederung des Landes in den Verband eines anderen bestehenden oder noch zu bildenden Landes.[47]

Nachdem mit den Verfassungsplebisziten vom November 1946 und Mai 1947 alle drei südwestdeutschen Länder eingerichtet waren,[48] endete die Diskussionen um die Neugliederung zunächst. Politisch relevant wurden die bei der Verabschiedung der Verfassung getroffenen Entscheidungen vorerst nicht. Sie konnten es nicht werden, da die Zonengrenzen nach wie vor ein unüberwindliches Hindernis bildeten. Als sich gegen Ende des Jahres 1947 abzeichnete, daß die Londoner Deutschlandkonferenz eine Neuregelung der Besatzungsverhältnisse bringen könnte, entschloß sich Reinhold Maier, Art. 44 S. 2 der Verfassung von Württemberg-Baden zum Ausgangspunkt einer kontinuierlichen Südweststaatspolitik zu nehmen. Diese Vorschrift bestimmte, daß sich das Staatsgebiet entsprechend der früheren Zugehörigkeit zu Württemberg und Baden in zwei Landesbezirke gliedert. Diese Gliederung und die Selbstverwaltung der Bezirke sollte durch ein Gesetz geregelt werden. Reinhold Maier versuchte, die während der Verfassungsberatungen unterlassene verwaltungsmäßige Verschmelzung von Nordwürttemberg und Nordbaden durch das nach Art. 44 der Verfassung von Württemberg-Baden zu erlassende Landesbezirksverwaltungsgesetz nachzuholen.

Gegen Jahresende 1947 ergriff Reinhold Maier die Initiative, scheiterte aber. Reinhold Maier unterlag dem hartnäckigen Widerstand des stellvertretenden Ministerpräsidenten, Finanzministers und Präsidenten des Landesbezirks Baden Heinrich Köhler, der noch nicht bereit war, den Kurs einer bedingungslosen Südweststaatspolitik einzuschlagen. Einem späteren Zusammenschluß war er durchaus nicht abgeneigt, verfolgte jedoch in erster Linie als Nahziel eine Wiedervereinigung Badens.[49] Heinrich Köhler wollte deshalb das Ergebnis der Londoner Konferenz abwarten, auf der die drei westlichen Alliierten und die Beneluxstaaten über die Schaffung einer gemeinsamen staatlichen Ordnung in den drei Westzonen berieten.[50] Unter der Initiative von Reinhold Maier erschien im Frühjahr 1948 die „Denkschrift Württemberg-Baden – historisch, wirtschaftlich und kulturell eine Einheit" des Staatsministeriums. Sie beklagte die Trennung von Württemberg in eine südliche und eine nördliche Hälfte und pries den Bestand des Landes Württemberg-Baden, enthielt also eine Forderung nach der Wiedervereinigung Nord- und Südwürttembergs unter Einbeziehung Nordbadens.[51] Als Reaktion auf diese Schrift erschien im September 1948 die

---

47 MUSSGNUG, Die Anfänge Baden-Württembergs in verfassungsrechtlicher und verfassungsgeschichtlicher Sicht, ZWLG 43 (1984), S. 373 ff. (381).
48 Dazu weiterführend: GÖNNER/HASELIER, Baden-Württemberg (1980), S. 110 ff.
49 NÜSKE, Die Rolle Württemberg-Hohenzollerns bei der Bildung des Südweststaates, in: Das Land Württemberg-Hohenzollern 1945 – 1952, Darstellungen und Erinnerungen (1982), S. 367 ff. (369).
50 KÖHLER, Lebenserinnerungen (1964), Dokumente Nr. 6 und Nr. 11, S. 366 und 377.
51 BURY, Der Volksentscheid in Baden (1985), S. 17 f.

„Denkschrift der Badischen Landesregierung". Sie wurde an alle öffentlichen Institutionen verteilt und sollte die Freiburger Bemühungen zur Wiederherstellung Badens in den alten Grenzen unterstützen.

3. Auswirkung der neuen Grenzen auf das öffentliche Leben

Die Demokratisierung des öffentlichen Lebens machte in der amerikanischen Besatzungszone rasche Fortschritte. Erheblich langsamer vollzog sich der staatliche Neuaufbau in der französischen Besatzungszone. Die Franzosen lockerten nur sehr zögernd ihr strenges Militärregiment.[52]

Die staatliche Spaltung des deutschen Südwestens in drei Länder unter der Direktive der Besatzungsmächte wirkte sich auf die soziale und wirtschaftliche Lage der Länder aus.[53] Württemberg-Baden konnte dank der amerikanischen Besatzungspolitik und mit seinen traditionellen Industriegebieten um Mannheim, Karlsruhe und Stuttgart rasch einen wirtschaftlichen Aufschwung verzeichnen. Dagegen waren die südlichen, unter französischer Besatzung stehenden Länder Baden und Württemberg-Hohenzollern überwiegend agrarisch strukturiert und durch hohe Reparationsleistungen, Demontagen von Fabriken und Maschinenentnahmen belastet.[54] Während Amerikaner und Briten zwischen 1946 und 1949 etwa ein Drittel des Steueraufkommens in ihren Zonen für sich reklamierten, betrug der Anteil der Besatzungskosten in der französischen Zone zwei Drittel der Steuereinnahmen (1946 flossen 86% der Steuereinnahmen in die Kassen der französischen Militärregierung, 1948 betrug die Summe der Besatzungskosten noch immer 41%). Hinzu kamen die Entnahmen aus der laufenden Produktion, die in der gesamten französischen Zone bis zur Jahresmitte 1948 mehr als 10% ausmachten sowie umfangreiche Holzeinschläge im Schwarzwald.[55] Die Zonengrenze behinderte den Warenverkehr zwischen dem Norden und Süden der beiden durch sie geteilten Länder; dies verstärkte die verzweifelte Lage im Süden.[56] Die schlechte Versorgungslage in der französischen Zone und das wirtschaftliche Nord-Süd-Gefälle drängten auf eine Neuregelung im Südwesten.[57]

---

52 SAUER, 25 Jahre Baden-Württemberg (1977), S. 11.
53 Zur wirtschaftlichen Not Südbadens: HUG, Geschichte Badens (1992), S. 372 f.
54 MOERSCH/HÖLZLE, Kontrapunkt Baden-Württemberg (2002), S. 42; BURY, Der Volksentscheid in Baden (1985), S. 5; ABELSHAUSER, Wirtschaft im Südwesten 1945 – 1952, in: Der Weg zum Südweststaat, (1991), S. 93 ff. (98 f.); MATZ, Baden, in: Der Weg zum Südweststaat (1991), S. 38 ff. (48 ff.); ILGEN/SCHERB; „Numme Langsam" Der Weg in den Südweststaat, in: Badens Mitgift (2002) S. 9 ff. (14 f.).
55 MATZ, Baden, in: Der Weg zum Südweststaat (1991), S. 38 ff. (49 f.); BAUSINGER, Die bessere Hälfte (2002), S. 79 f.
56 MUSSGNUG, Die Anfänge Baden-Württembergs in verfassungsrechtlicher und verfassungsgeschichtlicher Sicht, ZWLG 43 (1984), S. 373 ff. (377 ff.).
57 SAUER, 25 Jahre Baden-Württemberg (1977), S. 13; näher zum Leistungsgefälle im Südwesten: MOERSCH/HÖLZLE, Kontrapunkt Baden-Württemberg (2002), S. 45.

4. Ausgangslage für die Entstehung des Südweststaates

Rückblickend gesehen, war die Dynamik des Prozesses, der 1952 schließlich zum Entstehen von Baden-Württemberg führen sollte, mit der Einteilung der Besatzungszonen und der darauf beruhenden Bildung der Länder Baden, Württemberg-Baden und Württemberg-Hohenzollern bereits angelegt.[58] Einen weiteren bedeutsamen Schritt in Richtung Südweststaat stellte Artikel 107 der Verfassung von Württemberg-Baden dar.[59] Zudem erforderten die schlechten Verhältnisse in Südbaden eine Neugliederung.

II. Die Neugliederung nach dem Frankfurter Dokument Nr. 2

1. Das Frankfurter Dokument Nr. 2[60]

Die Bestrebungen für einen Zusammenschluß der Länder Baden, Württemberg-Baden und Württemberg-Hohenzollern zu einem gemeinsamen Bundesland erhielten ihren entscheidenden Anstoß durch die offiziellen Beschlüsse der Londoner Sechsmächtekonferenz,[61] welche die künftige Organisationsstruktur der Westzone betrafen. Die Oberbefehlshaber der Alliierten gaben die Beschlüsse am 1. Juli 1948 den 11 Ministerpräsidenten der Westzonen im Poelzig-Bau, dem Hauptsitz der IG-Farben-Verwaltung, in Frankfurt am Main bekannt.[62]

Die Oberbefehlshaber Lucius D. Clay, Brian Robertson und Pierre Koenig trugen den Ministerpräsidenten drei Erklärungen – die sogenannten Frankfurter Dokumente – vor, die sich mit der Schaffung der künftigen westdeutschen Verfassung sowie der Neugliederung der Länder und dem Besatzungsstatut befaßten.

a) Vorgeschichte

Grundlage für den Neuaufbau der deutschen Länder – von der Seite der Alliierten – war die Erklärung des amerikanischen Staatssekretärs General George Marshall, die er am 24. März 1947 auf der vierten Außenministerkonferenz in

---

58 HUDEMANN, Die Besatzungsmächte und die Entstehung des Bundeslandes Baden-Württemberg, in: Baden-Württemberg und der Föderalismus in der Bundesrepublik Deutschland (1949 – 1989) (1991), S. 1 ff.; BAUSINGER, Die bessere Hälfte (2002), S. 73.
59 Dazu: 2. Teil, 1. Kapitel, I 2 c (2); SAUER, 25 Jahre Baden-Württemberg (1977), S. 13.
60 Abgedruckt in: Anhang 4 III.
61 Sie fand vom 23. Februar bis 6. März 1948 und vom 20. April bis 3. Juni 1948 in London unter Beteiligung der drei westlichen Alliierten und der Beneluxstaaten statt.
62 WAGNER, Die territoriale Gliederung Deutschlands in Länder seit 1871 (1962), S. 250; siehe dazu auch: SCHMID, Erinnerungen (1979), S. 322 ff.; MAIER, Erinnerungen 1948 – 1953 (1966), S. 53 ff.; ESCHENBURG, Jahre der Besatzung (1983), S. 459 ff.

Moskau[63] abgab: „Bei der endgültigen Festlegung der Länder sollen historische, wirtschaftliche und kulturelle Gesichtspunkte berücksichtigt werden."[64] Die lediglich auf militärische Zufälligkeiten zurückgehenden Zonengrenzen sollten nicht länger maßgeblich sein. Mit dem ergebnislosen Verlauf der fünften Außenministerkonferenz vom 25. November bis 15. Dezember 1947 in London scheiterte der letzte Versuch, eine auf der Vier-Mächte-Basis beruhende Regelung für Gesamtdeutschland zu finden. Der gemeinsamen Zusammenarbeit zwischen den Westmächten und der UdSSR war die Grundlage entzogen. Unmittelbar nach Ende der Konferenz verabredeten die westlichen Außenminister, ohne die Sowjetunion, aber mit Vertretern der Benelux-Staaten wieder in London zusammenzutreffen.[65] Dies bedeutete einen erheblichen Wandel in der Deutschlandkonzeption der Alliierten.[66]

b) Die Londoner Sechsmächtekonferenz
Auf der Sechsmächtekonferenz, die in London im Frühjahr 1948[67] zusammentrat, um ein gemeinsames Konzept für die Trizone zu schaffen, berücksichtigten die westlichen Alliierten und die Beneluxstaaten bei ihren Entscheidungen über die Neuorientierung der Deutschlandpolitik die territoriale Neuordnung als Grundlage für die künftige Struktur Deutschlands.[68] Die Alliierten erreichten in London eine Übereinstimmung darüber, daß 1. Länder von ausgewogener Größe und Bevölkerungszahl geschaffen werden sollten, es 2. keine Wiederherstellung Preußens geben dürfe, 3. die En- und Exklaven zu bereinigen waren, 4. historisch gewachsene territoriale Einheiten nicht aufgelöst werden sollten, 5. kein Land wieder eine Vormachtstellung in Deutschland erlangen durfte, 6. die Bildung kleiner Länder nur in Ausnahmefällen möglich sein sollte und 7. im Südwesten die Bildung von höchstens zwei Ländern vorgesehen war.[69]

Die Teilnehmer der Konferenz waren sich auch einig, daß die territoriale Frage endgültig geklärt werden mußte, bis die Verfassunggebende Versammlung zusammentrat. Die Konferenz beschloß, die Ministerpräsidenten der Länder zu autorisieren, Vorschläge in Form von Empfehlungen für eine Neugliederung auszuarbeiten.[70] Weiter entschieden sich die Konferenzteilnehmer für eine Fusion der drei westlichen Besatzungszonen und eine Aufnahme Deutschlands in das European Recovery Program (ERP).[71] Gegen Ende der Konferenz, zu Be-

---

63 10. März bis 24. März 1947.
64 ESCHENBURG, Jahre der Besatzung (1983), S. 459 ff.
65 CLAY, Entscheidung in Deutschland (1950), S. 434 ff.
66 BLANK, Die westdeutschen Länder und die Entstehung der Bundesrepublik (1995), S. 27.
67 Vom 23. Februar bis 6. März 1948 und 20. April bis 3. Juni 1948.
68 HENNINGS, Der unerfüllte Verfassungsauftrag (1983), S. 49.
69 BLANK, Die westdeutschen Länder und die Entstehung der Bundesrepublik (1995), S. 30.
70 HENNINGS, Der unerfüllte Verfassungsauftrag (1983), S. 51.
71 CLAY, Entscheidung in Deutschland (1950), S. 436 ff.

ginn des Monats Juni, einigten sich die Teilnehmer auf einen deutschen Bundesstaat, ein Besatzungsstatut und grundsätzlich auch über eine territoriale Neugliederung. Die Beschlüsse wurden am 1. Juli 1948 unter dem Namen „Frankfurter Dokumente" bekanntgegeben.

In Frankreich stießen die Londoner Empfehlungen auf Widerstand. Sie konnten in der Nationalversammlung nur mit einer Mehrheit von acht Stimmen durchgebracht werden.[72] Die Politik der französischen Besatzungsmacht hat dazu beigetragen, daß sich der nordbadische Landesbezirkspräsident Heinrich Köhler, der bislang für die Wiederherstellung der alten Länder eingetreten war, wenig später zu einem entschlossenen Verfechter der Südweststaatspolitik wandelte.

c) Inhalt des Frankfurter Dokuments Nr. 2

Der britische Oberbefehlshaber Brian Robertson verlas das Dokument Nr. 2.[73] Robertson forderte die Ministerpräsidenten auf, „den überlieferten Formen Rechnung zu tragen" und keine Länder zu schaffen, „die im Vergleich mit den anderen Ländern entweder zu groß oder zu klein" seien. Der Ministerpräsidentenkonferenz sollte die Gelegenheit gegeben werden, zum einen die auf Grund der Zoneneinteilung entstandene Gliederung der Länder zu revidieren und zum anderen die territorialen Voraussetzungen für ein politisch und wirtschaftlich ausgewogenes föderatives Staatsgebilde zu schaffen. Damit trugen die Alliierten den Bedenken Rechnung, einige Länder seien wirtschaftlich nicht lebensfähig und verfügten nicht über die finanzielle Kapazität, um ihre Aufgaben zu erfüllen. Zweck dieser Vorschläge sollte es sein, nach Flächen und Einwohnerzahlen möglichst ausgewogene Länder zu schaffen, welche die tragenden Grundpfeiler eines gesunden föderativen Systems bilden konnten.[74] Im übrigen sollten die von den Alliierten gebilligten Empfehlungen zur Neugliederung bis zur Wahl der Abgeordneten für eine Verfassunggebende Versammlung (den späteren Parlamentarischen Rat) abgeschlossen sein, die bereits am 1. September 1948 zusammentreten sollte. Diese Frist war denkbar kurz bemessen. Zudem waren die Modalitäten des Neugliederungsverfahrens keineswegs scharf umrissen.[75]

General Brian Robertson machte unmittelbar im Anschluß an die Bekanntgabe ergänzende Bemerkungen. Er kündigte an, daß die drei Militärgouverneure zur Lösung der anstehenden Zweifelsfragen in Kürze Verbindungsoffiziere benennen würden.

---

72 CLAY, Entscheidung in Deutschland (1950), S. 449.
73 Siehe Anhang 4 III.
74 SAUER, 25 Jahre Baden-Württemberg (1977), S. 15.
75 NÜSKE, Die Rolle Württemberg-Hohenzollerns bei der Bildung des Südweststaates, in: Das Land Württemberg-Hohenzollern 1945 – 1952, Darstellungen und Erinnerungen (1982), S. 367 ff. (369).

d) Bedeutung des Frankfurter Dokuments Nr. 2

Für die Besatzungsmächte war die Frage der Änderung der Ländergrenzen von Brisanz, weil sich daraus Verschiebungen der Zonengrenzen und Interessenkonflikte zwischen den Alliierten ergeben konnten. Sie maßen dieser Frage erhebliche Bedeutung bei. Insofern läßt es sich nachvollziehen, daß die Besatzungsmächte die Ermächtigung der Ministerpräsidenten zur Überprüfung der Ländergrenzen zusammen mit der Befugnis, eine Verfassunggebende Versammlung einzuberufen (Frankfurter Dokument Nr. 1), und den Richtlinien für ein Besatzungsstatut (Frankfurter Dokument Nr. 3) in die Frankfurter Dokumente aufnahmen.[76]

e) Die Reaktion der drei südwestdeutschen Länder auf das Frankfurter Dokument Nr. 2

Reinhold Maier regte in der nachfolgenden internen Besprechung der Ministerpräsidenten an, über die Verbindungsoffiziere sofort weitere Erklärungen einzuholen. Er drang jedoch mit seinem Vorschlag nicht durch. Die Konferenz wurde auf den 8. Juli 1948 in Koblenz vertagt.[77] In der Zwischenzeit sollten die einzelnen Länderregierungen über eine Annahme der Dokumente entscheiden und eine Stellungnahme zu den Dokumenten vorbereiten. Die endgültige Entscheidung hatte die Ministerpräsidentenkonferenz zu treffen, da sie allein zuständig war.

Der Stuttgarter Ministerrat befaßte sich am 3. Juli 1948 mit dem Frankfurter Dokument Nr. 2. Der ständige Ausschuß des Landtags von Württemberg-Baden schuf schon am 5. Juli 1948 einen fait accompli. Er beschloß, daß das Land Württemberg-Baden nicht mehr getrennt werden dürfe.[78] Am 6. Juli 1948 schlug Reinhold Maier ein Treffen der Tübinger und Stuttgarter Regierungen auf der Burg Hohenneuffen am Rande der Schwäbischen Alb bei Metzingen vor,[79] zu dem er auf das Drängen Heinrich Köhlers sowie des Wirtschaftsministers Hermann Veits auch Leo Wohleb einlud.[80] Das Treffen fand am 2. August 1948 statt.[81]

---

76 GREULICH, Länderneugliederung und Grundgesetz (1995), S. 28.
77 Bericht über die Ministerpräsidentenkonferenz vom 1. Juli 1948 von Lorenz Bock, in: Akten der ehemaligen Staatskanzlei von Württemberg-Hohenzollern beim Regierungspräsidium Tübingen, T 200; siehe dazu auch: SCHMID, Erinnerungen (1979), S. 326 ff.
78 MAIER, Erinnerungen 1948 – 1953 (1966), S. 71; KONSTANZER, Die Entstehung des Landes Baden-Württemberg (1969), S. 107.
79 NÜSKE, Die Rolle Württemberg-Hohenzollerns bei der Bildung des Südweststaates, in: Das Land Württemberg-Hohenzollern 1945 – 1952, Darstellungen und Erinnerungen (1982), S. 367 ff. (374).
80 In einer Besprechung in Heidelberg am 27. Juli 1948 vertrat Heinrich Köhler die Auffassung, Reinhold Maier sei zwar für eine Vereinigung mit Südwürttemberg, aber nicht für den Anschluß Südbadens, da Südbaden zu katholisch sei, siehe dazu KÖHLER, Lebenserinnerungen (1964), Dokument Nr. 15, S. 386.
81 Siehe dazu unten: 2. Teil, 1. Kapitel II 5.

Der Landtag von Württemberg-Hohenzollern faßte am 13. Juli 1948 einen Entschluß, der die Regierung ersuchte, unverzüglich mit Baden und Württemberg-Baden Verhandlungen über den Zusammenschluß der drei Länder aufzunehmen. Dagegen war die badische Regierung nur bereit, über die Wiederherstellung Alt-Badens zu verhandeln, wie der badische Staatspräsident verlautbaren ließ.[82]

2. Die Koblenzer Beschlüsse vom 10. Juli 1948

a) Die Konferenz auf dem Ritttersturz bei Koblenz

Am 8. Juli 1948 kamen die Ministerpräsidenten aller deutschen Länder in Koblenz zusammen, um eine Stellungnahme zu den Frankfurter Dokumenten abzugeben. Es zeichnete sich schnell ab, daß sie mit dem Ziel einer Einigung über Inhalt, Umfang und Verfahren der Neugliederung vor einer äußerst schwierigen Aufgabe standen.[83] Die Ministerpräsidenten befanden sich in einem Zwiespalt: Auf der einen Seite hatten sie in ihrer Funktion als Regierungschefs die Interessen ihres Landes wahrzunehmen, auf der anderen Seite sollten sie das Interesse Gesamtdeutschlands an einer ausgewogenen Neugliederung vertreten, die den Bestand einiger Länder verändern würde. Daher war die Konferenz wegen ihrer politischen Struktur nicht in der Lage, die unterschiedlichen Interessen der einzelnen Länder aufzufangen und damit dem Neugliederungsauftrag faktisch nachzukommen.[84]

Da voraussehbar war, daß die Konferenz zu keiner Einigung über eine Lösung für alle westdeutschen Länder kommen konnte, beschränkte sich die Diskussion vornehmlich auf die Bereinigung der territorialen Verhältnisse in Württemberg und Baden. Lorenz Bock, Staatspräsident von Württemberg-Hohenzollern, wagte einen Schritt in diese Richtung und erklärte: „Der neuentstandene Staat Württemberg-Baden braucht nicht aufgelöst werden. Wir wollen den Südwest-Gesamtstaat. Eine andere Lösung gibt es nicht." Diese Aussage verleitete Leo Wohleb, Staatspräsident von Baden, zu den Worten: „So, jetzt hat der Maier den Bock schon in die Tasch' g' schobe. Die wollen uns annektie-

---

[82] MUSSGNUG, Die Anfänge Baden-Württembergs in verfassungsrechtlicher und verfassungsgeschichtlicher Sicht, ZWLG 43 (1984), S. 373 ff. (383); Der Kampf um den Südweststaat (1952), S. 6 f.

[83] NÜSKE, Die Rolle Württemberg-Hohenzollerns bei der Bildung des Südweststaates, in: Das Land Württemberg-Hohenzollern 1945 – 1952, Darstellungen und Erinnerungen (1982), S. 367 ff. (370 f.); VON EGLOFFSTEIN, Die Entwicklung der Neugliederungsfrage (1957), S. 118.

[84] GREULICH, Länderneugliederung und Grundgesetz (1995), S. 28; HENNINGS, Der unerfüllte Verfassungsauftrag (1983), S. 52; ESCHENBURG, Jahre der Besatzung (1983), S. 472; ESCHENBURG, Das Problem der Neugliederung der Deutschen Bundesrepublik (1950), S. 21; ABEL, Das Grundgesetz (1995), S. 5; MÜLLER; Die Schwierigkeiten einer Neugliederung Deutschlands seit 1918 (1953), S. 97; SCHMID, Erinnerungen (1979), S. 326.

ren!"[85] Er lehnte es entschieden ab, sich auf einen konkreten Vorschlag für die Militärgouverneure einzulassen.[86] Die Tübinger und Stuttgarter Delegationen drängten dennoch nachdrücklich auf eine Neuregelung. Schon zu diesem Zeitpunkt zeichneten sich die Positionen der Beteiligten ab, die sie während des gesamten Kampfes um den Südweststaat einnehmen sollten. Die Ministerpräsidenten übertrugen die Ausarbeitung einer Stellungnahme zu Dokument Nr. 2 einer Kommission.[87] Am 9. Juli 1948 erzielten die Ministerpräsidenten über den ersten Teil des Kommissionsvorschlags,[88] der eine umfassende Neugliederung aufschob, schnell eine Einigung: Der Gedanke, die verfassunggebende Versammlung einzuschalten, um das Problem einer Ländergrenzreform „aus der reinen Kirchturmperspektive herauszubringen",[89] stieß bei der Mehrheit der Konferenzteilnehmer auf positive Resonanz.

Dagegen führte die vorgeschlagene Sonderbehandlung des Südwestens zu heftigen Diskussionen zwischen Leo Wohleb, der Baden wiedervereinigen wollte, und den beiden württembergischen Delegationen. Vehement verlangte Leo Wohleb, von einer Sonderregelung abzusehen. Reinhold Maier und Viktor Renner beharrten auf dem Kommissionsvorschlag.[90] Der Hamburger Bürgermeister Max Brauer vermittelte, indem er vorschlug, in der Ländergrenzfrage im Südwesten die verfassunggebende Versammlung einzuschalten, die seinerseits den Ministerpräsidenten Vorschläge unterbreiten sollte.[91] Leo Wohleb stimmte diesem

---

85 MAIER, Erinnerungen 1948 – 1953 (1966), S. 54.
86 NÜSKE, Die Rolle Württemberg-Hohenzollerns bei der Bildung des Südweststaates, in: Das Land Württemberg-Hohenzollern 1945 – 1952, Darstellungen und Erinnerungen (1982), S. 367 ff. (371).
87 Protokoll der Konferenz der Ministerpräsidenten der westdeutschen Besatzungszonen Koblenz (Rittersturz), 8. bis 10. Juli 1948, abgedruckt in: WERNICKE/BOOMS, Der Parlamentarische Rat 1948 – 1949, Bd. 1, Dokument Nr. 6, S. 60 ff. (97 f.).
88 Vorgestellt durch den schleswig-holsteinischen Ministerpräsidenten Hermann Lüdemann, abgedruckt bei: WERNICKE/BOOMS, Der Parlamentarische Rat 1948 – 1949, Bd. 1, Dokument Nr. 6, S. 60 ff. (114 ff.).
89 So der rheinland-pfälzische Justizminister Adolf Süsterhenn, in: Protokoll der Konferenz der Ministerpräsidenten der westdeutschen Besatzungszonen Koblenz (Rittersturz), 8. bis 10. Juli 1948, abgedruckt in: WERNICKE/BOOMS, Der Parlamentarische Rat 1948 – 1949, Bd. 1, Dokument Nr. 6, S. 60 ff.; 2. Verhandlungstag, S. 98 ff. (117).
90 Die Sonderregelung für den Südwesten war ein Gegenvorschlag von Adolf Süsterhenn, Anton Pfeiffers und Hermann Katzenbergers, Protokoll der Konferenz der Ministerpräsidenten der westdeutschen Besatzungszonen Koblenz (Rittersturz), 8. bis 10. Juli 1948, abgedruckt in: WERNICKE/BOOMS, Der Parlamentarische Rat 1948 – 1949, Bd. 1, Dokument Nr. 6, S. 60 ff.; 2. Verhandlungstag, S. 98 ff. (114 ff.); siehe dazu auch: NÜSKE, Die Rolle Württemberg-Hohenzollerns bei der Bildung des Südweststaates, in: Das Land Württemberg-Hohenzollern 1945 – 1952, Darstellungen und Erinnerungen (1982), S. 367 ff. (371 f.).
91 Anregung des Hamburger Bürgermeisters Max Brauer, in: Protokoll der Konferenz der Ministerpräsidenten der westdeutschen Besatzungszonen Koblenz (Rittersturz), 8. bis 10. Juli 1948, abgedruckt in: WERNICKE/BOOMS, Der Parlamentarische Rat 1948 – 1949, Bd. 1, Dokument Nr. 6, S. 60 ff.; 2. Verhandlungstag, S. 98 ff. (120).

Vorschlag zu, offenbar, weil er darin eine Vertagung der Frage auf unbestimmte Zeit sah.[92] Reinhold Maier und Viktor Renner verlangten, den beteiligten Ländern das Recht einzuräumen, selbständig eine Regelung vorzunehmen. Scharfsichtig merkte Leo Wohleb an, daß eine Regelung nach den Länderverfassungen eine Wiederherstellung Badens zwangsläufig ausschließe, da Südbaden nur über sich selbst, nicht aber über Nordbaden verfügen könne. Leo Wohlebs Argumentation war zweifellos stichhaltig, denn Art. 107 der Verfassung von Württemberg-Baden machte ja eine Trennung der beiden Landesteile von einer Zweidrittelmehrheit im Stuttgarter Landtag abhängig. Mit seinem Vortrag gewann Leo Wohleb den rheinland-pfälzischen Ministerpräsidenten Peter Altmeier und den Senatspräsidenten von Bremen, Wilhelm Kaisen, für den Antrag, die Entscheidung auszusetzen.[93]

b) Die Koblenzer Beschlüsse[94]

Dem rheinland-pfälzischen Minister für Justiz und Kultus, Adolf Süsterhenn, gelang es, eine Formel zu finden, mit der sich alle einverstanden erklärten. Die Ministerpräsidenten stimmten mit den Militärgouverneuren überein, daß eine Überprüfung der Grenzen der deutschen Länder zweckmäßig, aber nicht in so kurzer Frist durchzuführen sei. Vielmehr sei eine Beratung in der verfassunggebenden Versammlung sinnvoll. Der Kompromiß ließ allerdings offen, nach welchem Verfahren die beteiligten Länder eine Entscheidung treffen sollten.[95]

Nicht die zeitliche Terminierung stellte nach alledem den Hauptgrund für die Absage der Ministerpräsidenten dar, eine territoriale Gesamtkonzeption für Deutschland vorzulegen, sondern vor allem die Tatsache, daß die Ministerpräsidenten durch das Ziel der umfassenden Neugliederung in Konflikt mit den Interessen ihres eigenen Landes gerieten.

---

92 NÜSKE, Die Rolle Württemberg-Hohenzollerns bei der Bildung des Südweststaates, in: Das Land Württemberg-Hohenzollern 1945 – 1952, Darstellungen und Erinnerungen (1982), S. 367 ff. (372).
93 Antrag von Peter Altmeier und Wilhelm Kaisen auf der Konferenz der Ministerpräsidenten der westdeutschen Besatzungszonen in Koblenz (Rittersturz), 8. bis 10. Juli 1948, abgedruckt in: WERNICKE/BOOMS, Der Parlamentarische Rat 1948 – 1949, Bd. 1, Dokument Nr. 6, S. 60 ff.; 2. Verhandlungstag, S. 98 ff. (123).
94 Siehe Auszüge aus dem Wortlaut der Beschlüsse: Anhang 4 IV.
95 Vorschlag des rheinland-pfälzischen Ministers für Justiz und Kultus Adolf Süsterhenn, siehe dazu: Protokoll der Konferenz der Ministerpräsidenten der westdeutschen Besatzungszonen Koblenz (Rittersturz), 8. bis 10. Juli 1948, abgedruckt in: WERNICKE/BOOMS, Der Parlamentarische Rat 1948 – 1949, Bd. 1, Dokument Nr. 6, S. 60 ff.; 2. Verhandlungstag, S. 98 ff. (130); siehe dazu ferner WAGNER, Die territoriale Gliederung Deutschlands in Länder seit 1871 (1962), S. 251.

c) Erwiderung der Militärgouverneure am 20. Juli 1948[96]

Die Stellungnahme der Militärgouverneure zu den Koblenzer Beschlüssen erfolgte am 20. Juli 1948 in Frankfurt.[97] Die vorgeschlagene Behandlung durch die verfassunggebende Versammlung lehnten die Oberbefehlshaber nachdrücklich ab: Zunächst sei zu einem späteren Zeitpunkt die Verwirklichung der Neugliederung nicht mehr gewährleistet. Zudem hätten die Entwürfe durch eine verfassunggebende Versammlung schwereres Gewicht und endgültigen Charakter besessen, so daß eine Abänderung oder Ablehnung durch die Militärregierung erschwert worden wäre.[98]

3. Ministerpräsidentenkonferenz auf Schloß Niederwald bei Rüdesheim am 21. und 22. Juli 1948[99]

a) Die Konferenz

Die Ministerpräsidenten erörterten die Stellungnahme der Militärgouverneure zu den Koblenzer Beschlüssen unverzüglich auf einer weiteren Konferenz, die am 21. und 22. Juli 1948 auf Jagdschloß Niederwald stattfand.[100] Einigkeit bestand darin, das Angebot der Alliierten auf keinen Fall zurückzuweisen und es unter keinen Umständen durch eine Verzögerung verspielen zu wollen.[101] Die Erklärung von General Robertson, die Neugliederung bringe Rückwirkungen für die Zoneneinteilung mit sich, schürte die Furcht einiger Ministerpräsident, ihr Staatsgebiet könnte in Folge der Grenzneuregelung im Südwesten der französischen Zone zugeschlagen werden. Nach längerer Diskussion, die die Befürchtungen eventueller Änderungen der Zonengrenzen zum Gegenstand hatte, beschlossen die Ministerpräsidenten, eine Überprüfung der Ländergrenzen sei notwendig, und erklärten sich bereit, Neugliederungsvorschläge zu unterbreiten. Sie setzten einen Ländergrenzenausschuß ein, obwohl bereits zu diesem Zeitpunkt abzusehen war, daß es nur im Südwesten zu einer Neugliederung kom-

---

96 Siehe: Anhang 4 V.
97 ABEL, Das Grundgesetz (1995), S. 4.
98 BECKMANN, Innerdeutsche Gebietsänderungen nach dem Bonner Grundgesetz (1954), S. 35; VON EGLOFFSTEIN, Die Entwicklung der Neugliederungsfrage (1957), S. 119; HENNINGS, Der unerfüllte Verfassungsauftrag (1983), S. 55; GREULICH, Länderneugliederung und Grundgesetz (1995), S. 28; BLANK, Die westdeutschen Länder und die Entstehung der Bundesrepublik (1995), S. 47 ff.
99 Wortlaut des Beschlusses: Anhang 4 VI.
100 Protokoll der Ministerpräsidenten der westdeutschen Besatzungszonen im Jagdschloß Niederwald, 21. bis 22. Juli 1948, abgedruckt in: WERNICKE/BOOMS, Der Parlamentarische Rat 1948 – 1949, Bd. 1, Dokument Nr. 11, S. 172 ff.
101 siehe dazu auch: BLANK, Die westdeutschen Länder und die Entstehung der Bundesrepublik (1995), S. 50.

men würde.[102] Damit war es den beiden württembergischen Delegationen gelungen, die Vertreter der übrigen Länder von einer Ablehnung der Neugliederung abzubringen und eine Gefährdung des Südweststaatsprojekts zu vermeiden.

b) Die abschließende Zusammenkunft mit den Militärgouverneuren am 26. Juli 1948[103]

Den Beschluß der Konferenz von Niederwald trugen die Ministerpräsidenten den Militärgouverneuren am 26. Juli 1948 vor.[104] General Pierre Koenig, der den Vorsitz führte, erklärte, er könne zu den Vorschlägen keine Stellung nehmen und müsse bezüglich der Frist für die Vorlage von Vorschlägen zur Territorialreform mit den westalliierten Regierungen Rücksprache nehmen.[105] Das deutsch-alliierte Schlußkommuniqué lautete:[106]

„Der PR tritt gemäß Dok. I am 1. Sep. 1948 zusammen und führt die Beratungen über die vorläufige Verfassung der vereinigten Westzonen durch."

„Ziff. 2: Die Konferenz kommt überein, den Regierungen der drei Besatzungsmächte eine Verschiebung des Termins zur Vorlage der deutschen Vorschläge über die Landesgrenzänderungen vom 1. September auf den 1. Oktober vorzuschlagen."

Weitere Zugeständnisse machten die Militärgouverneure nicht. In der Frage des Termins für die Vorlage von Vorschlägen zur Änderung der Ländergrenzen gaben die alliierten Verbindungsoffiziere den Ministerpräsidenten am 12. August 1948 die Entscheidung für eine Verlängerung bekannt.[107] Die Vorschläge mußten allerdings so rechtzeitig eingereicht werden, daß die jeweils betroffene Bevölkerung befragt werden konnte und die Ministerpräsidenten imstande waren, entsprechende Schritte für Landtagswahlen in den neugebildeten Ländern

---

102 Protokoll der Ministerpräsidenten der westdeutschen Besatzungszonen Jagdschloß Niederwald, 21. bis 22. Juli 1948, abgedruckt in: WERNICKE/BOOMS, Der Parlamentarische Rat 1948 – 1949, Bd. 1, Dokument Nr. 11, S. 172 ff.
Gegen den Ausschußentwurf sprachen sich die Ministerpräsidenten Peter Altmeier (Rheinland-Pfalz), Justizminister Adolf Süsterhenn (Rheinland-Pfalz), Leo Wohleb und der Hamburger Senatspräsident Brauer aus, der Gebietsverluste an Schleswig-Holstein zu befürchten hatte.
103 Das deutsch-alliierte Schlußkommuniqué ist abgedruckt in: Anhang 4 VII.
104 SCHMID, Erinnerungen (1979), S. 333; Besprechung mit den Militärgouverneuren am 26. Juli 1948 in Frankfurt, in: Akten des Staatsarchivs Sigmaringen, Bestand der Staatskanzlei von Württemberg Hohenzollern Wü 2 220/5/1a.
105 NÜSKE, Die Rolle Württemberg-Hohenzollerns bei der Bildung des Südweststaates, in: Das Land Württemberg-Hohenzollern 1945 – 1952, Darstellungen und Erinnerungen (1982), S. 367 ff. (373).
106 BECKMANN, Innerdeutsche Gebietsänderungen nach dem Bonner Grundgesetz (1954), S. 35 f.
107 Protokoll der Besprechung einer Delegation der Ministerpräsidenten mit den alliierten Verbindungsoffizieren in Frankfurt am 12. August 1948, abgedruckt in: WERNICKE/BOOMS, Der Parlamentarische Rat 1948 – 1949, Bd. 1, Dokument Nr. 19, S. 319 ff.

noch vor der Abstimmung über die Verfassung einzuleiten. Stichtag war der 15. Oktober 1948.[108]

4. Der Ländergrenzenausschuß[109]

Bereits auf der ersten, konstituierenden Sitzung des Ländergrenzausschusses am 27. Juli 1948 brach die Kontroverse über das Ausmaß der vorzunehmenden Neugliederung hervor. Dabei konzentrierte sich der Meinungsstreit auf die Frage, ob das Ländergrenzenproblem prinzipiell oder ad hoc zu lösen sei.[110] Der Ausschuß erzielte keine umfassende Einigung, und so erschöpfte sich der Bericht des Ländergrenzenausschusses in einer einzigen Empfehlung:[111] Baden, Württemberg-Baden und Württemberg-Hohenzollern sollten zu einem einzigen Land zusammengefaßt werden, da sich eine Neugliederung dort nicht notwendig auf die Grenzen der übrigen Länder auswirke. Diese Forderung machte sich die Ministerpräsidentenkonferenz am 31. August 1948 zu eigen, wobei sich 10 Stimmen dafür und eine dagegen ergaben.[112] Da über diese eine Empfehlung hinaus keine weiteren Vorschläge zu erwarten waren, löste die Konferenz auf Antrag des Hamburger Bürgermeisters Max Brauer den Ländergrenzenausschuß am 31. Juli 1948 auf und erklärte seine Arbeit für beendet.[113] Die Chance, die Grenzen umfassend zu korrigieren, blieb ungenutzt.[114] Der Ländergrenzenausschuß scheiterte an den Partikularinteressen der Länder.[115]

Trotz des Mißerfolgs des Ländergrenzenausschusses ist hervorzuheben, daß sich die Vorschläge für das Neugliederungskonzept erstmalig verstärkt an zweckrationalen, das heißt wirtschaftlichen und raumordnerischen Kriterien orientierten.[116] Die Kriterien für die Bewertung von Neugliederungskonzeptio-

---

108 BLANK, Die westdeutschen Länder und die Entstehung der Bundesrepublik (1995), S. 56.
109 Wortlaut des Beschlusses des Ländergrenzenauschusses vom 31. August 1948, in: Anhang 4 IX.
110 WAGNER, Die territoriale Gliederung Deutschlands in Länder seit 1871 (1962), S. 251; BLANK, Die westdeutschen Länder und die Entstehung der Bundesrepublik (1995), S. 56; HENNINGS, Der unerfüllte Verfassungsauftrag (1983), S. 57; MÜLLER, Die Schwierigkeiten einer Neugliederung Deutschlands seit 1918 (1953), S. 98.
111 Wortlaut des Beschlusses des Ländergrenzenauschusses vom 31. August 1948, in: Anhang 4 IX.
112 WAGNER, Die territoriale Gliederung Deutschlands in Länder seit 1871 (1962), S. 252.
113 Protokoll der Konferenz der Ministerpräsidenten der westdeutschen Besatzungszonen im Jagdschloß Niederwald am 31. August 1948, abgedruckt in: WERNICKE/BOOMS, Der Parlamentarische Rat 1948 – 1949, Bd. 1, Dokument Nr. 24, S. 337 ff. (349 ff.); ESCHENBURG, Jahre der Besatzung (1983), S. 472.
114 Protokoll der Konferenz der Ministerpräsidenten der westdeutschen Besatzungszonen im Jagdschloß Niederwald am 31. August 1948, abgedruckt in: WERNICKE/BOOMS, Der Parlamentarische Rat 1948 – 1949, Bd. 1, Dokument Nr. 24, S. 337 ff.; HENNINGS, Der unerfüllte Verfassungsauftrag (1983), S. 62.
115 GREULICH, Länderneugliederung und Grundgesetz (1995), S. 29.
116 GREULICH, Länderneugliederung und Grundgesetz (1995), S. 29.

nen waren: die Vergleichbarkeit der Bevölkerungszahl und Gebietsgröße, der Ausgleich der wirtschaftlichen Struktur durch Vereinigung von agrarischen und industriellen Gebieten, die Berücksichtigung zusammengehörender Wirtschaftsgebiete und die Einordnung der Länder in den geographischen Gesamtraum unter Beachtung der naturgegebenen Verhältnisse.[117] Auf die konkrete Bedeutung des Ländergrenzenausschusses für den Südweststaat wird später näher eingegangen.

5. Konferenz auf dem Hohenneuffen am 2. August 1948

a) Vorgeschichte

Im Zuge der Vorbereitung des Treffens ließen sich die Regierung von Württemberg-Hohenzollern am 13. Juli 1948 und die Regierung von Württemberg-Baden am 28. Juli 1948 von ihren Landtagen den Auftrag erteilen, unverzüglich in Verhandlungen über einen Südweststaat einzutreten.[118] Die Landesregierung von Württemberg-Hohenzollern gab, bevor sie zu der Verhandlung auf dem Hohenneuffen mit den anderen Regierungen zusammentraf, beim Institut für Demoskopie in Allensbach eine Umfrage über das Meinungsbild der Bevölkerung zur Südweststaatsproblematik in Auftrag,[119] die das Allensbacher Institut zwischen dem 10. und 15. August 1948 durchführte. Es dürfte eine der ersten von einer deutschen Stelle initiierten Umfragen im Nachkriegsdeutschland gewesen sein. Ihr historischer Wert liegt darin, daß sie, noch bevor eine massive Propaganda einsetzte, die Einstellung der Bevölkerung in Baden und Württemberg-Hohenzollern untersuchte und beschrieb.[120]

Das Allensbacher Institut rechnete mit einem hohen emotionalen Engagement der Abstimmenden, da die Bevölkerung den gegenwärtigen Zustand als unbefriedigend empfand. Aus dieser Unzufriedenheit heraus sollte eine Beteiligung an der Abstimmung von 80 bis 90 % resultieren. Allerdings herrsche, so das Allensbacher Institut, unter den jungen Wählern Gleichgültigkeit. Die Wähler bis 30 Jahre seien über das politische Geschehen schlecht informiert. 29 % dieser Gruppe entschieden sich weder für, noch gegen den Südweststaat. Die

---

117 Protokoll der Sitzung der Planungsgruppe des Ausschusses zur Überprüfung der Ländergrenzen am 3. August 1948, in: WERNICKE/BOOMS, Der Parlamentarische Rat 1948 – 1949, Bd. 1, Dokument Nr. 16, S. 291 ff.
118 Verhandlungen des Württemberg-Badischen Landtags 83. Sitzung am 28. Juli 1948 Protokoll-Bd. IV S. 2001 ff. (2003 ff.); Verhandlungen des Landtages von Württemberg-Hohenzollern 30. Sitzung am 13. Juli 1948, S. 407 ff. (408 ff). Im württembergbadischen Landtag stimmten von 79 Abgeordneten 70 zu. 9 Enthaltungen entfielen auf die KPD-Fraktion, die konsequent auch in der Folge gegen einen Zusammenschluß stimmte.
119 Dazu näher unten: 2. Teil, 3. Kapitel I 6 a.
120 Zu dem Ergebnis der Umfrage und der Bewertung desselben ausführlich: PFEFFERLE, Politische Identitätsbildung in Württemberg-Hohenzollern (1997), S. 214 ff.

politische Ermunterung müsse sich aus diesem Grunde an die Gruppe der unter 30jährigen richten. Äußert aufschlußreich für das weitere Vorgehen im Abstimmungskampf war die Feststellung, die Umfrageergebnisse lägen in Baden und Württemberg sehr nahe beieinander. Dabei unterschied sich die Argumentation der Anhänger und Gegner des Südweststaats von Grund auf: Die Gegner des Südweststaates ließen sich von Gefühlsmomenten leiten, die Anhänger des Südweststaates dagegen seien Realisten.

b) Die Konferenz auf dem Hohenneuffen
Die Vertreter der südwestdeutschen Länder traten am 2. August 1948 zum ersten Mal zu einer Beratung zusammen. Leo Wohleb ließ durch seinen Justizminister Hermann Fecht die badische Position mit Nachdruck vertreten. Fecht erhob für die badische Regierung den Anspruch, alleiniger legitimer Vertreter der gesamtbadischen Interessen zu sein. Er erklärte, die badische Regierung sei zu Verhandlungen bereit, die den Südweststaat als Fernziel zum Gegenstand hätten.[121] Dabei müsse aber zunächst Baden in seinem alten Bestand wiederhergestellt werden, um mit dem ebenfalls wiederhergestellten Württemberg über die Vereinigung beider Länder verhandeln zu können. Die Vertreter der anderen beiden Länder lehnten ein solches zweistufiges Verfahren ab. Der württembergbadische Sprecher, der CDU-Abgeordnete und Karlsruher Bürgermeister Fridolin Heurich, bestätigte andeutungsweise die südbadischen Befürchtungen, um sie dann jedoch Punkt für Punkt zu entkräften. Es gelang ihm zwar nicht, Leo Wohleb umzustimmen, dafür aber, die übrigen südbadischen Vertreter für den Südweststaat einzunehmen. Als Theodor Heuss aber die Altbadener als „Traditionskompanie des Hauses Zähringen" bezeichnete, schien das Ende der Verhandlungen gekommen zu sein.[122]

Die Wende leitete der stellvertretende Ministerpräsident und Finanzminister von Württemberg-Baden ein, Heinrich Köhler, der bislang die Interessen Nordbadens kompromißlos vertreten hatte.[123] Er hatte bislang zu dem zweistufigen Verfahren Leo Wohlebs geneigt; jetzt legte er auf dem Hohenneuffen ein bedingungsloses Bekenntnis für den Südweststaat ab. Er bekannte sich zur direkten Gründung des Südweststaates durch die Vereinigung der drei Länder. Hin-

---

121 Protokoll der Konferenz auf dem Hohenneuffen am 2. August 1948, in: Akten des Staatsarchivs Ludwigsburg, Bestand des Staatsministeriums von Württemberg-Baden E 131 V P 23/1/2/29; siehe auch: NÜSKE, Die Rolle Württemberg-Hohenzollerns bei der Bildung des Südweststaates, in: Das Land Württemberg-Hohenzollern 1945 – 1952, Darstellungen und Erinnerungen (1982), S. 367 ff. (374).
122 NÜSKE, Die Rolle Württemberg-Hohenzollerns bei der Bildung des Südweststaates, in: Das Land Württemberg-Hohenzollern 1945 – 1952, Darstellungen und Erinnerungen (1982), S. 367 ff. (374).
123 Dazu weiterführend: UFFELMANN, Identitätsstiftung in Südwestdeutschland (1996) S. 33 ff.

tergrund seines „Umfalls"[124] war die Besorgnis, daß ein wiederhergestelltes Baden künftig zur französischen Besatzungszone gehören könne und sich so wirtschaftlich wie politisch nach Frankreich orientieren müsse.[125] Mit seinem Bekenntnis drängte er die Gruppe der Altbadener immer mehr in eine Isolierung. Der südbadische Finanzminister Wilhelm Eckert bewahrte schließlich die Konferenz vor dem Scheitern und schlug vor, eine Kommission einzusetzen und sie mit dem Entwurf eines Staatsvertrages zu beauftragen. Dieser Antrag erhielt mehrheitliche Zustimmung.[126] Die Tagung schloß mit dem Vorschlag:

> „Die Konferenz der Länderregierungen und der Parlamente der drei Länder ... bejaht die Notwendigkeit einer Prüfung einer Vereinigung der drei Länder. Die Konferenz beschließt, einen Ausschuß mit der Prüfung der Vereinigung zu beauftragen. ..."[127]

So eröffnete sich am Ende der Konferenz eine positive Perspektive.

6. Der Karlsruher Staatsvertrag vom 24. August 1948[128]

Der Staatsvertrag über die Vereinigung der drei südwestdeutschen Länder, auf den sich die Regierungsvertreter von Baden, Württemberg-Baden und Württemberg Hohenzollern in Karlsruhe einigten, verdient besondere Beachtung. Denn dieser sogenannte „Karlsruher Vertrag" vom 24. August 1948 wurde in den folgenden Verhandlungen immer wieder als Grundlage für einen Zusammenschluß empfohlen.

a) Der Weg zum Karlsruher Vertrag

(1) Das Eingreifen der Alliierten
Ehe die beteiligten Länder die Verhandlungen über den Südweststaat am 10. August 1948 durch den Ausschuß fortsetzten, teilte der französische Gesandtschaftssekretär Laboulaye am 29. Juli 1948 mit, daß seine Regierung bereit sei, den Termin für die Einreichung der Vorschläge aufzuschieben.[129] Offiziell ga-

---

124 Die Begründung Köhlers ist abgedruckt bei: UFFELMANN, Identitätsstiftung in Südwestdeutschland (1996), Q 16, S. 105
125 MOERSCH/HÖLZLE, Kontrapunkt Baden-Württemberg (2002), S. 79; UFFELMANN, Identitätsstiftung in Südwestdeutschland (1996) S. 33 ff.
126 MÜLLER, Zur Entstehung des Landes Baden-Württemberg, VBlBW 1982, S. 153 ff. (154).
127 Protokoll der Konferenz auf dem Hohenneuffen am 2. August 1948, in: Akten des Staatsarchivs Ludwigsburg, Bestand des Staatsministeriums von Württemberg-Baden E 131 V P 23/1/2/29.
128 Siehe den Wortlaut des Staatsvertrags, in: Anhang 4 VIII.
129 Schreiben des Büros des Ministerpräsidenten in Wiesbaden vom 29. Juli 1948 an Staatspräsident Bock über ein Gespräch zwischen dem Sekretär des Büros, Bergner, und dem ersten diplomatischen Assistenten des französischen Gesandten Seydoux, Laboulaye, in: Akten der ehemaligen Staatskanzlei von Württemberg-Hohenzollern beim Regie-

ben die Verbindungsoffiziere am 12. August 1948 den 15. Oktober 1948 als Fristende bekannt.[130]

(2) Das Treffen der Delegierten am 10. August 1948 in Karlsruhe
Bei der ersten Kommissionssitzung am 10. August 1948 in Karlsruhe forderte Hermann Fecht im Auftrag Leo Wohlebs,[131] daß „einzelne Reservatrechte" in einem Staatsvertrag verankert werden müßten, der durch eine Volksabstimmung zu sanktionieren sei. Diese „Sicherungen" sollten auch „integrierender Bestandteil des künftigen Verfassungsrechts" sein. Südbaden verlangte,

> „daß das alte Land Baden nach dem Stand von 1933 innerhalb des neuen südwestdeutschen Staates als Land Baden einen Selbstverwaltungskörper mit eigenen Rechten und Pflichten und den zur Durchführung seiner Aufgaben erforderlichen Organen bildet. ... Gleichzeitig müßte aber ein Finanzausgleich innerhalb des Südweststaats eingerichtet werden, das heißt eine Subventionierung des badischen Landesteils seitens des württembergischen, ohne daß Württemberg einen Einfluß auf die badische Finanzgebarung hätte. ... Dem Lande Baden wird das Recht vorbehalten auf Grund einer Volksabstimmung den Vertrag unter Einhaltung einer Kündigungsfrist von 6 Monaten jeweils auf das Ende eines Kalenderjahres zu kündigen."

Der Vorschlag Hermann Fechts war eine eindeutige Absage an den Südweststaat. Leo Wohleb wollte ein funktionsunfähiges Staatsgebilde schaffen.[132] Diese Forderung unterstützen die übrigen südbadischen Delegierten nicht, so daß die Verhandlungen weitergeführt wurden.

In Erwiderung zu Hermann Fecht stellte Viktor Renner klar, daß die Bildung von zwei Provinzen nicht in Frage komme, da sie die erstrebte Vereinigung illusorisch mache. Er bestand auf eine Einteilung des Staatsgebiets in vier Verwaltungsbezirke. Renner stieß auf allgemeine Zustimmung, mit Ausnahme Fechts, so daß eine Einigung zustande kam.[133] Die Ministerpräsidenten einigten sich auf drei Entschließungen, von denen die erste die wesentliche war:

---

rungspäsidium Tübingen 220; KONSTANZER, Die Entstehung des Landes Baden-Württemberg (1969), S. 111.

130 Besprechung zwischen den Ministerpräsidenten Stock, Arnold, Altmeier und den Verbindungsoffizieren am 12. August 1948 in Frankfurt, in: Akten des Staatsarchivs Ludwigsburg, Bestand des Staatsministeriums von Württemberg-Baden E 131 V P 32/1/1/21

131 NÜSKE, Die Rolle Württemberg-Hohenzollerns bei der Bildung des Südweststaates, in: Das Land Württemberg-Hohenzollern 1945 – 1952, Darstellungen und Erinnerungen (1982), S. 367 ff. (375); MÜLLER, Zur Entstehung des Landes Baden-Württemberg, VBlBW 1982, S. 153 ff. (154).

132 Dazu näher: MAIER, Erinnerungen (1966), S. 81.

133 Ausführlich: KONSTANZER, Die Entstehung des Landes Baden-Württemberg (1969), S. 113.

"Die Ministerpräsidenten bekennen sich zum Zusammenschluß der drei Länder zu einem Staat mit gemeinsamer Regierung und gemeinsamer Volksvertretung. Gesetzgebung und Rechtsprechung sind ausschließliches Aufgabengebiet des Gesamtstaats."[134]

Das folgende Treffen am 14. August 1948 in Karlsruhe begann mit einem Eklat:[135] Nachdem Viktor Renner und Reinhold Maier erklärt hatten, ihre Regierungen seien mit den Vorschlägen einverstanden, entzog sich Leo Wohleb einer Stellungnahme mit der Begründung, er habe von der Entschließung erst tags zuvor mündlich durch Hermann Fecht Kenntnis erhalten.[136] Auf Vorhalt von Heinrich Köhler räumte Fecht ein, daß er die entsprechenden Unterlagen unverzüglich seinem Staatspräsidenten ausgehändigt hatte,[137] woraufhin eine erregte Aussprache folgte.[138] Im Verlauf der Debatte stellte sich heraus, warum Wohleb so nachdrücklich Zeit zu gewinnen versuchte. In Freiburg arbeiteten Oberlandesgerichtspräsident Paul Zürcher sowie die Staatsrechtler Theodor Maunz und Wilhelm Grewe an einem Entwurf für einen Staatsvertrag. Die Ministerpräsidenten erzielten daraufhin folgende Übereinkunft:

„Die Regierungen werden unverzüglich weitere Anträge dem Ausschuß schriftlich unterbreiten, welche dieser in einer am 24. August in Karlsruhe stattfindenden Sitzung beraten wird. Die Beratungen dieses Ausschusses sind so rechtzeitig abzuschließen, daß die Ergebnisse dem am 31. August tagenden Ländergrenzenausschuß vorgelegt werden können."[139]

(3) Entwurf eines Staatsvertrags der Stuttgarter und der Tübinger Regierung
Am 20. August 1948 kamen die Vertreter der Regierungen von Stuttgart und Tübingen in Tübingen zusammen, um einen Staatsvertrag zu entwerfen. Der Entwurf legte seinen Schwerpunkt auf die verwaltungsmäßige Organisation der Landesbezirke. Gesetzgebung und Rechtsprechung sollten beim Gesamtstaat liegen. Die Exekutive wiesen sie ausdrücklich der Regierung zu, zudem bestanden die Delegierten auf einem „einheitlichen" Staatshaushalt. Die Landesbezirke

---

134 Entschließung Nr. 1 der Vorschläge an die Regierungschefs vom 10. August 1948 des Zehnerausschusses, in: Der Kampf um den Südweststaat (1952), S. 7; MAIER, Erinnerungen (1966), S. 81.
135 Stenographisches Protokoll der Sitzung der Regierungschefs am 14. August 1948 in Karlsruhe, in: Entschließung Nr. 1 der Vorschläge an die Regierungschefs vom 10. August 1948 des Zehnerausschusses, in: Akten des Staatsarchivs Ludwigsburg, Bestand des Staatsministeriums von Württemberg-Baden E 131 V P 32/1/4/8.
136 MAIER, Erinnerungen (1966), S. 82.
137 MAIER, Erinnerungen (1966), S. 82.
138 NÜSKE, Die Rolle Württemberg-Hohenzollerns bei der Bildung des Südweststaates, in: Das Land Württemberg-Hohenzollern 1945 – 1952, Darstellungen und Erinnerungen (1982), S. 367 ff. (375).
139 Vereinbarung der Konferenz der Regierungschefs in Karlsruhe am 14. August 1948, in: Akten des Staatsarchivs Ludwigsburg, Bestand des Staatsministeriums von Württemberg-Baden E 131 V P 32/1/4/8, S. 63.

durften nur solche Selbstverwaltungsaufgaben wahrnehmen, die ihnen durch Gesetz zugewiesen worden waren oder die sie mit Genehmigung der Regierung freiwillig übernahmen. Dadurch sollte die Einrichtung von Landschaftsparlamenten vermieden werden. Die Tübinger und Stuttgarter Regierungen zielten auf eine Verwaltungsstruktur, die das Zusammenwachsen der Landesteile beschleunigen und erleichtern sollte.[140]

Der Entwurf sollte nicht als offizieller Standpunkt der Tübinger und Stuttgarter Regierungen vortragen werden, sondern als Privatarbeit des Staatssekretärs von Württemberg-Baden, Hermann Gögler.[141] Davon versprach man sich, in Stuttgart und Tübingen, eine bessere Verhandlungsposition zu erhalten.[142]

(4) Entwurf eines Staatsvertrags der Freiburger Regierung
Die badische Regierung erarbeitete ebenfalls einen Entwurf für einen Staatsvertrag, der wohl auf Paul Zürcher und Theodor Maunz zurückzuführen ist. Auf den ersten Blick erscheint er als Bekenntnis zum Südweststaat; bei näherer Betrachtung stellt sich aber heraus, daß Leo Wohleb damit die Wiederherstellung Badens anstrebte.[143]

Der Entwurf sah eine Einteilung des Südweststaates in vier Landesbezirke vor.[144] Die Landesbezirke sollten an die Stelle der vertragschließenden Länder treten. Nach der Ausgestaltung des Entwurfs waren die Landesbezirke de facto selbständig. Im Finanzsektor ging der Entwurf von einem gemeinsamen Staatshaushalt aus. Innerhalb dieses Gesamthaushalts verlangte er jedoch einen eigenen Haushalt, der vom Bezirkspräsidium in eigener Verantwortung bewirtschaftet werden sollte; das bedeutet Haushaltshoheit des Bezirks. Zusätzlich sollte auch ein Finanzausgleich nach den Gebieten der alten Länder stattfinden. Nach der Staatskonzeption Leo Wohlebs war der Südweststaat ein Zweckverband der Landesbezirke, eine Integration zu einem Gesamtstaat wäre nicht möglich gewesen. Eine einheitliche Verwaltung wäre nie zustande gekommen, da in Südbaden gesondertes Verfassungsrecht geherrscht hätte.

---

140 Dazu näher: KONSTANZER, Die Entstehung des Landes Baden-Württemberg (1969), S. 116 f.
141 RABERG, Staatssekretär Hermann Gögler 1945 bis 1948 – Ein Beamter als Politiker im Staatsministerium Württemberg-Baden und auf US-zonaler Ebene, in: ZWLG, 56 (1997), S. 375 ff.
142 Akten des Staatsarchivs Ludwigsburg, Bestand des Staatsministeriums von Württemberg-Baden, E 131 V P 32/1/7/6-8.
143 NÜSKE, Die Rolle Württemberg-Hohenzollerns bei der Bildung des Südweststaates, in: Das Land Württemberg-Hohenzollern 1945 – 1952, Darstellungen und Erinnerungen (1982), S. 367 ff. (375)
144 KONSTANZER, Die Entstehung des Landes Baden-Württemberg (1969), S. 119.

b) Der Karlsruher Staatsvertrag[145]

(1) Die Konferenz am 24. August 1948

Am 24. August 1948 kamen die Regierungsvertreter[146] wie vereinbart in Karlsruhe zusammen. Entgegen der Einigung vom 10. August 1948 forderte der südbadische Justizminister Hermann Fecht erneut die Bildung von zwei Landesbezirken entsprechend dem Gebiet der alten Länder. Dies führte zu dem Einwurf des württemberg-hohenzollernschen Innenministers Viktor Renner, ob „überhaupt auf südbadischer Seite der ernsthafte Wille" vorhanden sei, zu einem Resultat zu kommen.[147] Heinrich Köhler schuf schließlich die Voraussetzungen für eine Neuformulierung einzelner Bestimmungen, indem er den südbadischen Entwurf nicht als Absage an den Südweststaat, sondern als Resultat des gegenseitigen Mißtrauens bezeichnete. Mit der Unterstützung von Viktor Renner gelang es ihm, den südbadischen Entwurf in den wichtigsten Punkten der Tübinger und Stuttgarter Konzeption anzunähern. Nachdem eine Redaktionskommission den neuen Vertragsentwurf formuliert hatte, ließ Heinrich Köhler abstimmen. Justizminister Hermann Fecht, der die Entscheidung seinem Staatspräsidenten überlassen wollte, enthielt sich der Stimme. Die beiden anderen südbadischen Vertreter stimmten zu. Die Delegierten der übrigen Länder nahmen den Vertragsentwurf einstimmig an.[148]

Inhaltlich einigten sich die Kommissionsmitglieder einigten sich auf einen Staatsvertrag über die Vereinigung der drei südwestdeutschen Länder, der den südbadischen Forderungen[149] in weitem Umfang Rechnung trug: Das Staatsgebiet sollte in vier Landesbezirke mit weitgehenden Selbstverwaltungsbefugnissen und jeweils eigenen Haushaltsplänen gegliedert sein. Die Einrichtung der Simultanschule in Baden, das badische Konkordat und die wissenschaftlichen Hochschulen erhielten eine Bestandsgarantie. Der Staatsvertrag sollte ein Bestandteil der Verfassung des künftigen Bundeslandes und zusammen mit dieser angenommen sein, wenn in jedem der drei südwestdeutschen Länder die Mehrheit der abstimmenden Bevölkerung zustimmte.[150]

---

145 Abgedruckt in Anhang 4 VIII sowie in: Der Kampf um den Südweststaat (1952), S. 8 ff. und in: UFFELMANN, Identitätsstiftung in Südwestdeutschland (1996), Q 23, S. 116 ff.
146 An der Sitzung nahmen teil: von Freiburg Fecht, Schühly, Schneider, Waeldin, Maier; von Stuttgart Köhler, Ulrich, Gögler, Schmundt, Seiterich, Töpper (OB Karlsruhe); von Tübingen Renner, Sauer, Wildermuth, Eschenburg, Meyer-König, Mosthaf, Steidle; von Sigmaringen Bgm. Müller und Haug. Dazu weiterführend: KONSTANZER, Die Entstehung des Landes Baden-Württemberg (1969), S. 120 f.
147 UFFELMANN, Identitätsstiftung in Südwestdeutschland (1996), S. 41.
148 MAIER, Erinnerungen (1966), S. 82.
149 Vgl. Papier von Theodor Eschenburg, in: Akten des Staatsarchivs Stuttgart, EA 1/ 20, P 32, Bü 3.
150 Karlsruher Entwurf eines Staatsvertrages, in: Akten des Staatsarchivs Ludwigsburg, Bestand des Staatsministeriums von Württemberg-Baden, E 131 V P 32/1/5/13; siehe dazu auch: MÜLLER, Die Entstehung des Bundeslandes Baden-Württemberg, in: ZWLG

Die Neugliederungsfrage vor den Verfassungsberatungen 47

(2) Reaktionen der Regierungen

In Tübingen und in Stuttgart stieß dieser Vertragsentwurf auf schwere Bedenken. Dennoch entschloß sich die Tübinger Regierung am 26. August 1948, ihrem Staatspräsidenten Gebhard Müller die Annahme des Karlsruher Vertrags zu empfehlen. Der Stuttgarter Ministerrat war mißtrauischer. Er beschloß am gleichen Tage, vor einer Entscheidung die Stellungnahme Leo Wohlebs abzuwarten.[151]

Ohne seinen Landtag mit dieser Entscheidung zu befassen, lehnte Leo Wohleb den Karlsruher Staatsvertrag ab.[152] Durch seinen Vertreter, den Oberlandesgerichtspräsidenten Paul Zürcher, ließ Leo Wohleb die Absage am 27. August 1948 auf der Mannheimer Sitzung des Ländergrenzenausschusses verkünden.[153] Zürcher berief sich zur Begründung der Unverbindlichkeit des Karlsruher Staatsvertrages für die badische Regierung auf die Stimmenthaltung des Justizministers Hermann Fecht, da dieser alleiniger autorisierter Vertreter Leo Wohlebs in Karlsruhe gewesen sei.[154] Im gleichen Atemzug kündigte Zürcher einen neuen Vertragsentwurf an. Die bereits unter den drei Regierungschefs getroffenen Absprachen überging er und forderte als Ausgangspunkt der Vertragsverhandlungen zwischen den beteiligten Regierungen die Stellung einer Alternativfrage an die Bevölkerung, zum einen nach der Wiederherstellung der alten Länder, zum anderen nach der Bildung des Südweststaates. Zürcher erhob weiter Anspruch auf einen einheitlichen Landesbezirk Baden im Südweststaat und die Auflösbarkeit des Staatsvertrages innerhalb einer bestimmten Frist.[155] Die Wiederherstellung Badens, die seit der Konferenz auf dem Hohenneuffen nicht mehr Gegenstand der Verhandlungen gewesen war, stellte Zürcher damit neu zur Debatte. Seine Motive waren durchschichtig: Mit Hilfe der doppelten Fragestellung wollte er den Südweststaat verhindern. Die Bestrebungen zur Vereinigung der drei südwestdeutschen Länder waren damit zunächst gescheitert. Trotz dieses Affronts wurden die Verhandlungen über die Südweststaatsfrage fortgesetzt. Gebhard Müller analysierte später:

„Ich glaube, die Ablehnung war der entscheidende Fehler in der Haltung Wohlebs, aber auch der Anfang eines kategorischen Widerstandes der südbadischen Regierung gegen einen Zusammenschluß. ... Ein so günstiger Vertrag, der allen irgendwie berechtigten In-

---

1977, S. 236 ff. (247); MÜLLER, Zur Entstehung des Landes Baden-Württemberg, VBlBW 1982, 153 ff. (154).
151 KONSTANZER, Die Entstehung des Landes Baden-Württemberg (1969), S. 122.
152 MÜLLER, Die Entstehung des Bundeslandes Baden-Württemberg, in: ZWLG 36 (1977), S. 236 ff. (247).
153 UFFELMANN, Identitätsstiftung in Südwestdeutschland (1996), S. 42.
154 MATZ, Reinhold Maier (1989), S. 346; NÜSKE, Die Rolle Württemberg-Hohenzollerns bei der Bildung des Südweststaates, in: Das Land Württemberg-Hohenzollern 1945 – 1952, Darstellungen und Erinnerungen (1982), S. 367 ff. (376).
155 MAIER, Erinnerungen (1966), S. 85.

teressen Altbadens Rechnung trug, vom Geist weitgehenden Entgegenkommens der anderen Partner geprägt war, wurde Leo Wohleb in der Zukunft nie mehr geboten."[156]

Objektiv hat die Weigerung von Leo Wohleb bewirkt, daß der Südweststaat zwar später, aber unter einer deutlich stabileren staatsrechtlichen Konstruktion ins Leben trat.[157] Leo Wohleb hatte übersehen, daß am 1. September der Zusammentritt des Parlamentarischen Rates bevorstand, der die Südweststaatsfrage an sich ziehen und bundesrechtlich lösen konnte. Das war Wohleb entgangen, weil Adenauer noch eine abwartende Haltung eingenommen hatte.[158] Er hatte die Gefahr nicht erkannt, mit seinem Taktieren bundesrechtlich überspielt zu werden. Doch damit wird der weiteren Entwicklung vorgegriffen.

Mit der Absage von Leo Wohleb an den Karlsruher Vertrag war der substantielle Teil der Südweststaatsdebatte abgeschlossen. Alles Spätere entbehrte tiefergehender Substanz und beschränkte sich auf einen Kampf um Modalitäten der Abstimmung.[159]

Der Staatspräsident von Württemberg-Hohenzollern, Lorenz Bock, starb am 4. August 1948. Nach seinem Tode übernahm am 31. August 1948 Gebhard Müller als neuer Staatspräsident die Führung in der württemberg-hohenzollernschen Südweststaatspolitik. Ministerialrat Theodor Eschenburg, zugleich Vertreter des Innenministeriums, wurde sein Hauptreferent.[160] Eschenburg oblag die Analyse der neuen südbadischen Forderungen. Diese Analyse ergab, daß Leo Wohleb das Schwergewicht nun auf die Fragestellung und die Auswertung der Abstimmung richten würde. Bei der Abstimmung ging Südbaden von einer doppelten Fragestellung aus. Wohleb sah vor, daß jeder Stimmberechtigte nur eine Frage beantworten konnte und die Bejahung der einen die Verneinung der anderen mit einschloß. Damit hatte die Bevölkerung also nur zwei Möglichkeiten: Wiederherstellung der alten Länder oder Südweststaat. Bei der Auswertung der Volksabstimmung ging Südbaden von der Fiktion aus, daß Baden als Einheit betrachtet werden müsse, und daher die Stimmen von Nord- und Südbaden zusammenzuzählen seien. In Südbaden war nach den vom Institut für Demoskopie in Allensbach ermittelten Zahlen eine deutlich größere Mehrheit für die Wiederherstellung des Landes Baden zu erwarten als in

---

156 MÜLLER, Die Entstehung des Bundeslandes Baden-Württemberg, in: ZWLG 36 (1977), S. 236 ff., (247).
157 MATZ, Baden-Württemberg, Ein Bundesland entsteht, in: Die Geschichte Baden-Württembergs (1987), S. 297.
158 Adenauers Zurückhaltung mag durch den wahrscheinlichen Verlust der CDU-Stimmen Badens bei einer Vereinigung der süddeutschen Länder im Bundesrat zu erklären sein. Dazu näher: FEUCHTE, Verfassungsgeschichte von Baden-Württemberg (1983), S. 129. Später: 2. Teil, 2. Kapitel I 2.
159 UFFELMANN, Identitätsstiftung in Südwestdeutschland (1996), S. 42.
160 NÜSKE, Die Rolle Württemberg-Hohenzollerns bei der Bildung des Südweststaates, in: Das Land Württemberg-Hohenzollern 1945 – 1952, Darstellungen und Erinnerungen (1982), S. 367 ff. (377).

Nordbaden für die Errichtung des Südweststaates,[161] so daß mit einer Wiederherstellung der alten Länder zu rechnen war. Südbaden wollte mit dem vorgeschlagenen Abstimmungsmodus also die Anhänger des Südweststaates in Nordbaden majorisieren. Freilich widersprach diese Auswertung den Vorschriften, welche die Verbindungsoffiziere am 28. August 1948 in Frankfurt gemacht hatten.

c) Ministerpräsidentenkonferenz auf Schloß Niederwald am 31. August 1948
In Niederwald fiel nun gegen die Stimme Wohlebs die Entscheidung der Ministerpräsidenten zugunsten des Südweststaats.[162] Der Karlsruher Vertrag stand nicht mehr zur Diskussion. Von jetzt an bildeten das Abstimmungsverfahren und die Auswertung der Stimmen das zentrale Problem. Die Verfechter des Südweststaats hatten zwar keinen vollen Erfolg errungen. Immerhin war es aber Gebhard Müller gelungen, das Südweststaatsprojekt bei der Ministerpräsidentenkonferenz durchzusetzen. Unabhängig vom Ergebnis der vorgesehenen Verhandlungen mußte nun eine Abstimmung über den Südweststaat stattfinden, wenn die Militärgouverneure den Vorschlag der Ministerpräsidenten annahmen.

Daran änderte sich auch im Ländergrenzenausschuß nichts. Dort blieb die Neugliederung des Südwestens als Aufgabe bestehen. Dies war vor allem ein Verdienst des neuen Staatspräsidenten von Württemberg-Hohenzollern, Gebhard Müller.

7. Konferenz in Bühl am 16. September 1948

a) Vorgeschichte
Nachdem bei der Konferenz in Niederwald am 31. August 1948 eine Entscheidung zugunsten des Südweststaats gefallen war, mußte eine Einigung über die Abstimmungsmodalitäten erfolgen. Am 8. September 1948 befaßte sich der Stuttgarter Ministerrat mit dem Ergebnis der Ministerpräsidentenkonferenz. Reinhold Maier strebte eine klare Fragestellung an: Zunächst sollte allein über die Länderfusion abgestimmt werden. Erst wenn diese mißlang, wollte er sich mit einer zweiten Abstimmung befassen.[163] Der Tübinger Staatspräsident Gebhard Müller schlug zunächst vor, zuerst über die Wiederherstellung der alten Länder abzustimmen, obwohl ein solches Verfahren die Wohleb'schen Pläne

---

161 Siehe dazu: PFEFFERLE, Politische Identitätsbildung in Württemberg-Hohenzollern (1997), S. 214 ff.
162 Stenographisches Protokoll der Ministerpräsidentenkonferenz am 31. August 1948 auf Jagdschloß Niederwald, in: Akten der ehemaligen Staatskanzlei von Württemberg-Hohenzollern beim Regierungspräsidium Tübingen 223, S. 33 ff.
163 NÜSKE, Die Rolle Württemberg-Hohenzollerns bei der Bildung des Südweststaates, in: Das Land Württemberg-Hohenzollern 1945 – 1952, Darstellungen und Erinnerungen (1982), S. 367 ff. (378); KONSTANZER, Die Entstehung des Landes Baden-Württemberg (1969), S. 128.

unterstützen mußte.[164] Der Kultusminister von Württemberg-Hohenzollern, Albert Sauer, schlug vor, lediglich über den Gesamtzusammenschluß abzustimmen, was sich durchsetzte.

b) Tagungsverlauf

Auf Einladung von Gebhard Müller kamen am 16. September 1948 die südwestdeutschen Regierungschefs in Bühl zusammen. Gegenstand der Beratungen bildete zunächst der Entwurf des neuen, von Paul Zürcher präsentierten Staatsvertrages. Dieser bestimmte den Landesbezirk Baden als Rechtsnachfolger des bisherigen Landes Baden und des Landesbezirks Nordbaden, der Verwaltungsautonomie besaß. Der Vorschlag lief auf einen südwestdeutschen Staatenbund hinaus. Leo Wohleb wollte also weiterhin über einen solchen nicht hinausgehen.[165]

Angesichts der Unvereinbarkeit der Standpunkte beschränkten sich die Regierungschefs bei ihren weiteren Beratungen auf die Festlegung der Fragen, die einem Volksentscheid zugrunde gelegt werden sollten.[166] Die drei Regierungschefs einigten sich darauf, daß eine Abstimmung über die Wiederherstellung der alten Länder erst dann erfolgen sollte, wenn bei der ersten Volksabstimmung der Südweststaat abgelehnt worden war. Unstreitig sollten bei der ersten Volksabstimmung zwei Abstimmungsbezirke entsprechend den alten Ländern Baden und Württemberg gebildet werden, in denen jeweils die Mehrheit entscheiden sollte. Hinsichtlich der zweiten Abstimmung gelangten die Regierungschefs zu keiner Einigung. Hier ergab sich nur ein Mehrheitsvotum von Württemberg-Hohenzollern und Württemberg-Baden für die Erhaltung des Landes Württemberg-Baden und dessen Zusammenschluß mit dem Land Württemberg-Hohenzollern, da Reinhold Maier und Gebhard Müller sich die Möglichkeit eines Zusammenschlusses ihrer Länder offen halten wollten. Südbaden wollte dagegen nur die Frage über die Wiederherstellung der alten Länder zulassen. Alle drei Regierungschefs waren sich jedoch einig, daß die Vorschläge für die zweite Abstimmung erst dann der Ministerpräsidentenkonferenz zugeleitet werden sollten, wenn sich in einer weiteren Besprechung keine Übereinkunft erzielen ließ.[167]

Die Zeitspanne, die bis zur nächsten Zusammenkunft der drei Regierungschefs verblieb, nutzte Leo Wohleb, um im Landtag von Baden eine heftige, gefühlsbetonte Agitation gegen den Südweststaat zu entfachen. Am 24. September

---

164 KONSTANZER, Die Entstehung des Landes Baden-Württemberg (1969), S. 127 f.
165 NÜSKE, Die Rolle Württemberg-Hohenzollerns bei der Bildung des Südweststaates, in: Das Land Württemberg-Hohenzollern 1945 – 1952, Darstellungen und Erinnerungen (1982), S. 367 ff. (378 f.).
166 Siehe die Ergebnisse der Bühler Konferenz, in: Anhang 4 XI.
167 Beschluß der Konferenz von Bühl, in: Akten des Staatsarchivs Ludwigsburg, Bestand des Staatsministerium von Württemberg-Baden E 131 V P 32/1/6/17.

1948 legte er in einer Rede[168] offen, daß er im Grunde nicht geneigt war, die in Bühl getroffenen Entscheidungen zu akzeptieren.[169] Er zielte dabei offensichtlich darauf ab, seinen Landtag zu einer Entschließung zu bewegen, die ihn bei der nächsten Zusammenkunft mit Gebhard Müller und Reinhold Maier am 28. September 1948 in Bebenhausen legitimierte, für eine grundlegende Revision der Bühler Beschlüsse einzutreten. Leo Wohleb verband seine politischen Forderungen mit historischen Vorgängen und stellte auf diese Weise einen historischen Zusammenhang zwischen dem Gesetz zum Neuaufbau des Reiches vom 30. Januar 1934[170] und dem territorialen Zustand her, in dem sich Baden 1948 befand. Diese willkürliche historische Konstruktion sollte ihm den Beweis dafür liefern, daß vor dem Eintritt in die Verhandlungen über einen Südweststaat die Wiederherstellung des alten Landes Baden hätte erfolgen müssen, da sie ein Akt der Wiedergutmachung nazistischen Unrechts sei.

In einer Entschließung forderte der badische Landtag die drei Regierungschefs daraufhin auf, die Verhandlungen alsbald wieder auf der Grundlage der Karlsruher Beschlüsse fortzusetzen.[171] Damit gab der Freiburger Landtag indirekt ein Votum für den Südweststaat ab, an das Wohleb allerdings auf Grund der rechtlichen Bestimmungen in Dokument Nr. 2 nicht gebunden war.

8. Konferenz in Bebenhausen am 28. September 1948

Die drei Regierungschefs[172] setzten am 28. September 1948 im Kloster Bebenhausen ihre Verhandlungen fort. Dort trug Reinhold Maier den Plan eines Südweststaates ohne Südbaden vor. Nach seinen eigenen Angaben sollte dies ein Schreckschuß sein, um den badischen „Quertreibereien" zu begegnen.[173] Gebhard Müller wollte wenigstens die Möglichkeit einer Wiedervereinigung von Süd- und Nordwürttemberg sichern und schlug daher vor, in der zweiten Abstimmung – falls zunächst die Frage, ob der Südweststaat gebildet werden solle, verneint würde – noch die Frage nach der Wiederherstellung der alten Länder

---

168 Rede Leo Wohlebs vor dem Badischen Landtag, in: Verhandlungen des Badischen Landtags, 35. Sitzung am 24. September 1948, S. 1 ff. (12 ff.).
169 NÜSKE, Die Rolle Württemberg-Hohenzollerns bei der Bildung des Südweststaates, in: Das Land Württemberg-Hohenzollern 1945 – 1952, Darstellungen und Erinnerungen (1982), S. 367 ff. (379).
170 RGBl. 1934, I S. 75.
171 Siehe den Wortlaut der Resolution des badischen Landtags vom 24. September 1948, in: Anhang 4 XII.
172 Teilnehmer an der Konferenz waren von Württemberg-Hohenzollern Staatspräsident Gebhard Müller, Innenminister Viktor Renner, Kultusminister Sauer, Ministerialrat G. H. Müller, Regierungsrat Donndorf, Ministerialrat Theodor Eschenburg; von Baden Staatspräsident Leo Wohleb, Oberlandesgerichtspräsident Paul Zürcher; von Württemberg-Baden Ministerpräsident Reinhold Maier, Landesdirektor Zimmermann (Nordbaden) und für Hohenzollern der stellvertretende Landeshauptmann Müller.
173 MAIER, Erinnerungen (1966), S. 100 f.

zu stellen. Leo Wohleb schloß sich ihm an.[174] Reinhold Maier beharrte auf seinem alten Standpunkt. Damit konnte in dieser zentralen Frage keine Einigung unter den drei Regierungschefs erzielt werden.[175] Einigkeit bestand nur soweit, daß bei Ablehnung des Südweststaats in einem ersten Votum eine weitere Abstimmung folgen sollte.

Die Verhandlungen über die Vorschläge an die Konferenz der Ministerpräsidenten der Westzonen waren damit beendet. Eine Übereinkunft, wie sie der Beschluß der Ministerpräsidenten vom 31. August 1948 vorgesehen hatte, war nicht erreicht worden.[176]

9. Die Affäre Alt-Windeck

a) Geheimkonferenz im Schloß Alt-Windeck

(1) Die Einladung

Mit Schreiben vom 1. Februar 1949[177] lud Paul Zürcher im Auftrag von Leo Wohleb ausgewählte Politiker aus Hohenzollern, Südbaden, Nordbaden und der Pfalz zu einer streng vertraulichen Unterredung über die Neugliederung im Südwesten ein, die am 8. Februar 1949 im Schloß Alt-Windeck bei Bühl stattfinden sollte.[178] Gegenstand dieses Gesprächs sollte nicht der Südweststaat, sondern der Zusammenschluß der Pfalz, Südbadens, Hohenzollerns, des Kreises Lindau und eventuell auch Vorarlbergs (!) zu einem Staat sein. Das Einladungsschreiben an den Landeshauptmann Bürgermeister Müller in Sigmaringen gelangte aber nicht an diesen, sondern an den Regierungspräsidenten Gebhard Müller in Tübingen.[179] Gebhard Müller protestierte gegenüber Leo Wohleb schriftlich gegen die Umgehung der Beschlüsse von Bühl und Bebenhausen, die auf einer Konferenz in Niederwald am 1. Oktober 1948 bestätigt worden waren.[180] Leo Wohleb gab an, es habe sich um eine rein private Angelegenheit gehandelt, und sagte die für den 8. Februar angesetzte Konferenz ab. Die Konferenz fand gleichwohl statt, allerdings wenige Tage später. Sie ging als „Affäre Alt-Windeck" in die Geschichte ein.

---

174 Protokoll über die Konferenz in Bebenhausen am 28. September 1948, in: Akten des Staatsarchivs Ludwigsburg, Bestand des Staatsministerium von Württemberg-Baden E 131 V P 32/1/6/13 und E 131 V P 32/1/6/21, Auszüge in: UFFELMANN, Identitätsstiftung in Südwestdeutschland (1996), Q 28, S. 123 ff.
175 NÜSKE, Die Rolle Württemberg-Hohenzollerns bei der Bildung des Südweststaates, in: Das Land Württemberg-Hohenzollern 1945 – 1952, Darstellungen und Erinnerungen (1982), S. 367 ff. (380).
176 Siehe die Entschließung der drei Regierungschefs in Bebenhausen, in: Anhang 4 XIII.
177 Wortlaut des Briefes abgedruckt in: MAIER, Erinnerungen (1966), S. 102 f.
178 MOERSCH/HÖLZLE, Kontrapunkt Baden-Württemberg (2002), S. 84 f.
179 MAIER, Erinnerungen (1966), S. 102; MOERSCH/HÖLZLE, Kontrapunkt Baden-Württemberg (2002), S. 85.
180 MAIER, Erinnerungen (1966), S. 103 f.

(2) Die Konferenz
Bei den Gesprächen auf Schloß Alt-Windeck am 18. Februar 1949 stimmte ein Großteil der Teilnehmer darin überein, daß die Bevölkerung Nord- und Südbadens mit propagandistischen Mitteln für die Forderung nach einer Wiederherstellung des alten Landes Baden gewonnen und aktiviert werden mußte.[181] Die Teilnehmer[182] der Versammlung kamen überein, ein Aktionskomitee für Süd- und Nordbaden zu bilden und Zeitungen, Zeitschriften, Rundfunk, Geistlichkeit, Lehrerschaft und Geschichts- und Altertumsvereine in den Dienst der Propaganda für Altbaden zu stellen.[183]

b) Folgen der Geheimkonferenz
Auf Initiative des Alt-Windecker Treffens gründeten die Teilnehmer am 28. Februar 1949 die „Arbeitsgemeinschaft der Badener" in Karlsruhe und andere Gruppierungen, die sich später zu einem Landesverband zusammenschlossen. Schon in der Zusammensetzung des Vorstandes wurde die enge Verknüpfung der Arbeitsgemeinschaft mit der Badischen Landesregierung deutlich; so waren in beiden z.B. Leo Wohleb und Paul Zürcher vertreten.[184]

Nach der Alt-Windecker Affäre stellten die Regierungen in Tübingen und Stuttgart verstärkt Überlegungen an, wie man unter der Bevölkerung eine Bewegung für den Südweststaat auslösen könnte. Die Staatssekretäre Theodor Eschenburg und Konrad Wittwer hatten schon im Oktober 1948 die Bildung einer überparteilichen Propagandaorganisation angestrebt. Aktivität, verbunden mit werbender Information, war insbesondere in Südbaden vonnöten.[185] In Württemberg-Hohenzollern und in Württemberg-Baden wurden Südwest-Vereinigungen gegründet.[186]

---

181 SAUER, 25 Jahre Baden-Württemberg (1977), S. 25.
182 Von Südbadischer Seite waren anwesend: Staatspräsident Wohleb, Oberlandsgerichtspräsident Zürcher, Landtagspräsident Person und Prälat Föhr, von nordbadischer Seite unter anderen der Erste Vorsitzende der dortigen CDU, Heurich, aus Hohenzollern Hauck als Vertreter von Landeshauptmann Müller. Dazu näher: Allgemeine Zeitung, Mainz vom 23. Februar 1949.
183 MOERSCH/HÖLZLE; Kontrapunkt Baden-Württemberg (2002), S. 85.
184 Zu der Bedeutung der Arbeitsgemeinschaften: UFFELMANN, Identitätsstiftung in Südwestdeutschland (1996), S. 47 ff.; BURY, Der Volksentscheid in Baden (1985), S. 45 ff.
185 BURY, Der Volksentscheid in Baden (1985), S. 52 ff.; ILGEN/SCHERB; „Numme Langsam" Der Weg in den Südweststaat, in: Badens Mitgift (2002) S. 9 ff. (22 f.).
186 BURY, Der Volksentscheid in Baden (1985), S. 54 ff.; so hatte z.B. der Bundestagsabgeordnete Richard Freudenberg, der Erfinder des 4-Bezirke-Modus, bei der Volksabstimmung, den Vorsitz der „Vereinigung Südwest" inne. Näher dazu: BAUSINGER, Die bessere Hälfte (2002), S. 102 f.

10. Außenministerkonferenz in Washington am 8. April 1949

Als am 30. März 1949 die drei Oberbefehlshaber der französischen, der britischen und der amerikanischen Besatzungszone[187] in Frankfurt zusammentrafen, lag ihnen eine Entschließung der Ministerpräsidenten der drei westlichen Zonen zur Ländergrenzfrage vor, die sogenannte Königsteiner Resolution.[188] Die Ministerpräsidenten brachten hierin den Militärgouverneuren ihre Vorschläge zur südwestdeutschen Frage noch einmal in Erinnerung und baten sie, den am 11. Oktober 1948 übergebenen Vorschlägen über den Südweststaat zuzustimmen.[189] Die Zustimmung der Oberbefehlshaber scheiterte an der Frage der Besatzungskontrolle. Da sich die Meinungsverschiedenheiten nicht ausräumen ließen, schlug General Koenig vor, diese Frage an die Außenministerkonferenz in Washington zu verweisen.

Den Ministerpräsidenten der südwestdeutschen Länder waren damit für Verhandlungen untereinander die Hände gebunden. Handlungsmöglichkeiten ergaben sich nur bei der ausstehenden Gründung der Bundesrepublik.[190]

---

187 Clay, Robertson und Koenig.
188 Entschließung der Ministerpräsidenten zur Änderung der Ländergrenzen vom 24. März 1949 in Königstein, in: Akten des Staatsarchivs Sigmaringen, Bestand der Staatskanzlei Württemberg-Hohenzollern Wü 2 220/7/18.
189 Am 11. Oktober 1948 schlugen die elf Ministerpräsidenten den Gouverneure – entsprechend den Ergebnissen des Ländergrenzenausschusses – zur Lösung der nach ihrer Ansicht einzig drängenden Frage vor, im südwestdeutschen Raum eine Volksabstimmung darüber herbeizuführen, ob ein Zusammenschluß oder die Wiederherstellung der historischen Länder Baden und Württemberg erfolgen solle.
190 WAGNER, Die territoriale Gliederung Deutschlands in Länder seit 1871 (1962), S. 254.

2. Kapitel: Die Neugliederungsfrage im Parlamentarischen Rat

I. Entstehung des Art. 118 GG und des Art. 29 GG

Die Vorgeschichte des Grundgesetzes beginnt mit dem Scheitern der Londoner Außenministerkonferenz Ende 1947.[1] Im Anschluß daran kamen im Frühjahr 1948[2] Vertreter der drei Westmächte unter Einbeziehung Belgiens, Luxemburgs und der Niederlande zur Londoner Sechsmächtekonferenz zusammen. In ihrem Schlußkommuniqué vom 7. Juni 1948 stellten sie fest, daß es in der gegenwärtigen politischen Situation notwendig sei, dem deutschen Volk Gelegenheit zu geben, die gemeinsame Grundlage für eine freie und demokratische Regierungsform zu schaffen. Zu diesem Zweck sollten die Ministerpräsidenten die Vollmacht erhalten, eine Verfassung zu entwerfen. Die Ergebnisse der Londoner Konferenz teilten die Oberbefehlshaber der USA, Großbritanniens und Frankreichs den elf westlichen Ministerpräsidenten am 1. Juli 1948 in Frankfurt am Main mit. Das Frankfurter Dokument Nr. 1 enthielt die Aufforderung, eine verfassunggebende Versammlung einzuberufen, die bis zum 1. September 1948 zusammentreten sollte.[3]

1. Die Neugliederungsfrage im Verfassungskonvent auf Herrenchiemsee

Am 25. Juli 1948 setzten die Ministerpräsidenten einen Ausschuß von Sachverständigen für Verfassungsfragen ein, den sog. Herrenchiemseer Konvent, der in der Zeit vom 10. bis 23. August 1948 auf Herrenchiemsee tagte und die Arbeit der Verfassunggebenden Versammlung vorbereiten sollte.[4] Trotz der Bedenken der Alliierten befaßte sich der Herrenchiemseer Konvent mit der Neugliederungsfrage. Der Herrenchiemseer Entwurf enthielt zwar unter Art. 28 „Neugliederung der Länder" den Vermerk „Die Artikulierung unterblieb".[5] Der Darstellende Teil führte aber zu dieser Materie aus: „Bei der Frage, ob das GG Bestimmungen vorsehen solle, wonach das Bundesgebiet unter Veränderung der Gebiete der Länder solle neu gegliedert werden können, stehen sich mehrere

---

1 Vom 25. November bis zum 15. Dezember 1947.
2 23. Februar bis 6. März 1948 und 20. April bis 3. Juni 1948.
3 OETER, Integration und Subsidiarität im deutschen Bundesstaatsrecht (1998), S. 110 ff.; WAGNER, Die territoriale Gliederung Deutschlands in Länder seit 1871 (1962), S. 250; siehe dazu auch: SCHMID, Erinnerungen (1979), S. 322 ff.; MAIER, Erinnerungen 1948 – 1953 (1966), S. 53 ff.
4 STEINCKE, Föderale und gesellschaftliche Ordnung (1981), S. 37, SCHMID, Erinnerungen (1979), S. 334.
5 VON DOEMMING/FÜSSLEIN/MATZ, JöR n.F., Bd. 1 (1951), S. 265.

Auffassungen gegenüber, über die keine Einigung erzielt werden konnte: ...".[6] Die im Darstellenden Teil angesprochenen Meinungsverschiedenheiten betrafen vor allem die Frage, ob die Veränderung der Ländergebiete Sache des Bundes oder ausschließlich der betroffenen Länder sein solle.[7] Auf Herrenchiemsee hatte ein Teil der Delegierten die klassisch föderalistische Position vertreten; nach ihnen konnte die Frage der Neugliederung kein Problem der Bundesgewalt sein. Die Neugliederung sei Frage der betroffenen Länder, die Zusammenschlüsse und Gebietsveränderungen durch Staatsverträge zu regeln hätten. Dem standen die Unitarier gegenüber, welche die Weimarer Lösung der Neugliederung durch Bundesgesetz bevorzugten. Eine Einigung über das Neugliederungsproblem hatte auf Grund dieser unterschiedlichen Konzeptionen nicht erzielt werden können.[8]

In der 7. Sitzung des Unterausschusses I für Grundsatzfragen am 20. August 1948 erbaten die Vertreter von Baden, Paul Zürcher und Hermann Fecht, unterstützt von Carlo Schmid,[9] stellvertretender Staatspräsident und Justizminister von Württemberg-Hohenzollern, einen Vorbehalt für Baden in Art. 28 HChE aufzunehmen.[10] Das Land Baden wollte für den Landesbezirk Nordbaden die Möglichkeit erhalten, aus dem Land Württemberg-Baden wieder auszutreten, um aus Nordbaden und Südbaden ein eigenes Land zu bilden.[11] Diese Bitte Badens wurde nicht näher erörtert und nicht in die Vorschläge aufgenommen.[12] Die Artikulierung einer allgemeinen Neugliederungsregelung unterblieb ebenfalls, da keine Einigung darüber erzielt werden konnte.[13]

---

6 Dazu ausführlich: VON DOEMMING/FÜSSLEIN/MATZ, JöR n.F., Bd. 1 (1951), S. 265 ff. und BECKMANN, Innerdeutsche Gebietsänderungen nach dem Bonner Grundgesetz (1954), S. 36 ff.
7 VON DOEMMING/FÜSSLEIN/MATZ, JöR n.F., Bd. 1 (1951), S. 265 ff.
8 OETER, Integration und Subsidiarität im deutschen Bundesstaatsrecht (1998), S. 119 f.
9 Weiterführend: ABEL, Das Grundgesetz (1995), Dokument Nr. 6, S. 379; Dokument Nr. 9, S. 381.
10 Art. 28 HChE entspricht von der Regelungsmaterie her dem späteren Art. 29 GG. Siehe auch: ABEL, Das Grundgesetz (1995), S. 370; WAGNER, Die territoriale Gliederung Deutschlands in Länder seit 1871 (1962), S. 255.
11 Verfassungskonvent auf Herrenchiemsee – Bericht des Unterausschusses I über Grundsatzfragen, Teil I, abgedruckt bei: WERNICKE/BOOMS, Der Parlamentarische Rat 1948 – 1949, Bd. 2, Dokument Nr. 6 S. 189 ff. (200) und bei: ABEL, Das Grundgesetz, (1995), Dokument Nr. 6, S. 379.
12 ABEL, Das Grundgesetz, (1995), Dokument Nr. 9, S. 381, dazu auch: Verfassungskonvent auf Herrenchiemsee – Bericht des Unterausschusses I über Grundsatzfragen, Teil I, abgedruckt bei: WERNICKE/BOOMS, Der Parlamentarische Rat 1948 – 1949, Bd. 2, Dokument Nr. 6 S. 189 ff. (200 f.) und Bericht über den Verfassungsausschuß auf Herrenchiemsee vom 10. Bis 23. August 1948, in: WERNICKE/BOOMS, Der Parlamentarische Rat 1948 – 1949, Bd. 2, Dokument Nr. 14 S. 504 ff. (520 ff.).
13 Siehe dazu im Einzelnen: Bericht über den Verfassungsausschuß auf Herrenchiemsee vom 10. Bis 23. August 1948, in: WERNICKE/BOOMS, Der Parlamentarische Rat 1948 – 1949, Bd. 2, Dokument Nr. 14 S. 504 ff. (520 ff.).

2. Die Diskussion im Parlamentarischen Rat

Nachdem das Territorialproblem im Herrenchiemseer Konvent nicht gelöst worden war, nahm sich der Parlamentarische Rat seiner an, der am 1. September 1948 zu seiner konstituierenden Sitzung zusammentrat.[14] Allerdings sah der Parlamentarische Rat es nicht als seine Aufgabe an, die Ländergrenzen zu überprüfen und eine konkrete Neuordnung für das Gebiet der zu gründenden Bundesrepublik Deutschland auszuarbeiten.[15] Die Mitglieder des Parlamentarischen Rates einigten sich darauf, eine Vorschrift ins Grundgesetz aufzunehmen, die eine Neugliederung des Bundesgebietes vorsah.[16] Carlo Schmid und Theodor Heuss plädierten für eine Bundeszuständigkeit im Bereich der Neugliederung, da die Länder selbst zu einer Lösung nicht in der Lage seien.[17] Daran anknüpfend erarbeitete der Grundsatzausschuß in seiner 14. und 16. Sitzung zwei Artikel (Art. 24 und 25), die er in zweiter Lesung als Art. 25 und 26 annahm. Die Absätze 1 bis 4, 8 und 9 des Art. 24 entsprachen im wesentlichen der Endfassung des Art. 29 GG, während die Regelung des Art. 25 verkürzt in Art. 29 Abs. 7 GG eingeflossen ist.[18]

Zunächst erörterte der Parlamentarische Rat die Neugliederung des deutschen Südwestens während seiner Verhandlungen nicht. Die Überlegung zur Einführung einer Sonderbestimmung für den Südwesten erfolgte abermals von badischer Seite: Mitte Februar 1949 wandte sich der badische CDU-Abgeordnete Hermann Fecht nachdrücklich gegen die geplanten Neugliederungsartikel im Grundgesetz. Er hatte zur Sicherung der Wiederherstellung der

---

14 STEINCKE, Föderale und gesellschaftliche Ordnung (1981), S. 37 und S. 87 ff.; BECKMANN, Innerdeutsche Gebietsänderungen nach dem Bonner Grundgesetz (1954), S. 39 ff.
15 ABEL, Das Grundgesetz (1995), Dokument Nr. 12, S. 384 (14. Sitzung des Organisationsauschusses vom 14. Oktober 1948), Dokument Nr. 13, S. 385 f. (13. Sitzung des Grundsatzausschusses vom 20. Oktober 1948), Dokument Nr. 14, S. 386 f. (17. Sitzung des Grundsatzausschusses vom 3. November 1948); Dokument Nr. 16 S. 387 f. (31. Sitzung des Grundsatzausschusses vom 16. Dezember 1948), Dokument Nr. 17, S. 388 (31. Sitzung des Grundsatzausschusses vom 16. Dezember 1948).
16 GREULICH, Länderneugliederung und Grundgesetz (1995), S. 31.
17 OETER, Integration und Subsidiarität im deutschen Bundesstaatsrecht (1998), S. 120; VON DOEMMING/FÜSSLEIN/MATZ, JöR n.F., Bd. 1 (1951), S. 267 f.: Carlo Schmid in der 2. Sitzung des Plenums am 8. September 1948, Theodor Heuss in der 3. Sitzung des Plenums am 9. September 1948.
18 In der vierten Lesung des Hauptausschusses (57. Sitzung am 5. Mai 1949); ABEL, Das Grundgesetz (1995), S. 7 ff.; VON DOEMMING/FÜSSLEIN/MATZ, JöR n.F., Bd. 1 (1951), S. 262 ff.; BECKMANN, Innerdeutsche Gebietsänderungen nach dem Bonner Grundgesetz (1954), S. 39 ff.; VON EGLOFFSTEIN, Die Entwicklung der Neugliederungsfrage (1957), S. 122 ff.

alten Länder des deutschen Südwestens einen eigenen Artikel entworfen, der als neuer Art. 143g in das Grundgesetz aufgenommen werden sollte:[19]

> „Mit Inkrafttreten des Grundgesetzes sind die Länder Baden und Württemberg in ihrem Gebietsstand vom 30. Januar 1933 wieder hergestellt. Die Hohenzollernschen Lande bestimmen durch Volksabstimmung, ob sie sich Baden oder Württemberg anschließen wollen. Bei dieser Volksabstimmung entscheidet die Mehrheit der abgegebenen Stimmen."[20]

Hermann Fecht begründete die Dringlichkeit der Einfügung eines speziellen Artikels für den deutschen Südwesten mit der langen staatlichen Tradition der süddeutschen Staaten, in denen das Bewußtsein ihrer Eigenstaatlichkeit noch weit stärker wirksam sei als in den übrigen deutschen Ländern. Die Wiederherstellung der Länder Baden und Württemberg sei als Akt der Wiedergutmachung des erlittenen Unrechts notwendig, das durch die Zerschneidung der beiden Länder Baden und Württemberg durch die Besatzungsmächte entstanden sei. Einer weitergehenden staatlichen Vereinigung im Südwesten solle erst Gehör gegeben werden, wenn zuvor das beiden Ländern widerfahrene Unrecht wiedergutgemacht sei. Weiter kündigte Hermann Fecht in der Begründung seines Entwurfs an, in der dritten Lesung erneut einen vergleichbaren Antrag zu stellen, wenn die Formulierung des Art. 143g in der zweiten Lesung im Plenum keine Annahme finden werde.[21]

Der Parlamentarische Rat behandelte den Antrag von Hermann Fecht in der zweiten Lesung nicht. Zunächst unterbrach ein Memorandum der Alliierten am 2. März 1949 die Beratungen über die Neugliederung im Parlamentarischen Rat. In Punkt 9 des Memorandums nahmen die Alliierten Stellung zu den ursprünglichen Art. 25 und 26, welche die Neugliederung betrafen. Sie machten deutlich, daß sich ihr Standpunkt, Neugliederungsregelungen nicht in das Grundgesetz aufzunehmen, nicht geändert hatte.[22] Wenige Tage später schied Hermann Fecht krankheitsbedingt aus dem Parlamentarischen Rat aus.[23]

---

19 Undatierter Entwurf der „Anträge zur Gliederung des Bundesgebietes für die II. Lesung im Plenum des Parl. Rats" von Hermann Fecht, in: Akten des Archivs für Christlich-Demokratische Politik; Nachlaß Theophil Kaufmann, I-071-026, Nr. 127.

20 Wortlaut des Entwurfs des Art. 143g, in: Akten des Archivs für Christlich-Demokratische Politik; Nachlaß Theophil Kaufmann, I-071-026, Nr. 127, S. 4.

21 Begründung des Entwurfs zu Art. 143g, in: Akten des Archivs für Christlich-Demokratische Politik; Nachlaß Theophil Kaufmann, I-071-026, Nr. 127.

22 Das Memorandum vom 2. März 1949 unterbrach die Beratungen über die Neugliederung. Punkt 9 des Memorandums lautet:
„Eine siebente Angelegenheit, die uns beschäftigt, ist die Frage der territorialen Umgliederung der Länder, wie sie in Artikel 25 und 26 vorgesehen ist. In diesem Zusammenhang möchten wir Ihre Aufmerksamkeit auf die Ausführung lenken, die wir den Ministerpräsidenten am 20. Juli 1948 gemacht haben und deren entscheidende Stelle folgendermaßen lautet: ... Unsere Einstellung heute ist die gleiche wie damals, und wir fühlen uns veranlaßt, Sie darüber jetzt zu unterrichten, daß die Einstellung bis zum Friedensvertrag so bleiben muß, außer wenn wir einstimmig beschließen, sie zu ändern. Auch in die-

Jedoch ließen die Alliierten in den nachfolgenden Gesprächen erkennen, daß sich die angekündigten Vorbehalte nicht auf die drei südwestdeutschen Länder bezogen.[24] Infolgedessen erwogen die Abgeordneten aus dem Südwesten die Aufnahme einer speziellen Regelung für den Südwesten in das Grundgesetz. Fritz Eberhard, Abgeordneter Württemberg-Badens und Mitglied im Parlamentarischen Rat, bat bereits am 7. März 1949 Carlo Schmid, bei den alliierten Verbindungsoffizieren nachzufragen, ob der Parlamentarische Rat die Sache des Südweststaates durch Aufnahme eines Artikels vorwärts bringen könne, der die Bildung eines solchen Staates vorbehaltlich einer Volksabstimmung vorsehe, und ob ihm aus diesem Grunde eine Chance zum Handeln gegeben werde.[25] Einen Tag später berichtete Fritz Eberhard dem Vorsitzenden des Hauptausschusses Carlo Schmid, daß Theodor Heuss gegebenenfalls einen Antrag auf Einfügung eines Artikels, den Südweststaat betreffend, unterstützen würde. Der württemberg-badische Ministerpräsident Reinhold Maier begrüße dies ebenfalls.[26]

Ein nächster gewichtiger Anstoß zur Aufnahme eines speziellen Neugliederungsartikels in das Grundgesetz kam mittelbar von alliierter Seite. Denn am 8. April 1949 kamen die Außenminister der drei Westmächte in Washington überein, daß der Status quo in Württemberg-Baden und Baden für den Augenblick aufrechtzuerhalten und die von den deutschen Ministerpräsidenten vorgeschlagene Volksabstimmung auf einen späteren Zeitpunkt zu verschieben sei. Damit sollte eine Verzögerung der Bildung einer deutschen Bundesregierung vermieden werden. Einigkeit bestand jedoch darüber, daß die Frage der württembergisch-badischen Landesgrenze nach der Regierungsbildung nochmals geprüft werden solle.[27]

Von dieser Übereinkunft der Außenminister in Washington erhielt Gebhard Müller am 16. April 1949 offiziell Kenntnis. Er wollte den Entschluß der Alliierten dazu nutzen, die Neugliederung im Südwesten verfassungsrechtlich sowohl der kommenden Bundesregierung als auch den Alliierten gegenüber abzusichern. Dieses Vorhaben basierte auf folgenden Überlegungen: Zum damaligen

---

ser Angelegenheit werden wir Sie an diese Entscheidung erinnern, wenn eine förmliche Entscheidung in bezug auf die Verfassung als Ganzes erfolgt."
abgedruckt in: VON DOEMMING/FÜSSLEIN/MATZ, JöR n.F., Bd. 1 (1951), S. 285 f.
23 SCHNABEL, Der Beitrag der südwestdeutschen Mitglieder des Parlamentarischen Rats zum Grundgesetz, in: Kube/Schnabel, Südwestdeutschland und die Entstehung des Grundgesetzes (1989), S. 91 ff. (107).
24 GREULICH, Länderneugliederung und Grundgesetz (1995), S. 33.
25 Fernschreiben von Fritz Eberhard an Carlo Schmid am 7. März 1949, in: Akten des Bundesarchivs Koblenz Z 35/179 Bl. 88; siehe auch: ABEL, Das Grundgesetz (1995), S. 372.
26 Fernschreiben von Fritz Eberhard an Carlo Schmid am 8. März 1949, in: Akten des Bundesarchivs Koblenz Z 35/179 Bl. 87; ABEL, Das Grundgesetz (1995), S. 372.
27 Akten zur Vorgeschichte der Bundesrepublik Deutschland 1945 – 1949, Bd. 5, Dokument Nr. 28, S. 378 ff. (392).

Zeitpunkt war noch nicht zu übersehen, ob überhaupt und wann der Neugliederungsartikel in Kraft treten würde, da die Frist für Ländergrenzenänderungen mit dem Abschluß der Arbeiten im Parlamentarischen Rat ablief. Trat der Neugliederungsartikel in Kraft, war freilich ungewiß, ob für den Südwesten die Bestimmung des Dokuments Nr. 2 erlöschen und an ihre Stelle die Verfahrensregelung des Grundgesetzes treten würde, die den beteiligten Ländern eine eigenständige Festlegung der Abstimmungsmodalitäten verwehrte.[28] Aus eben diesem Grunde beschloß das Stuttgarter Kabinett in Abstimmung mit der Tübinger Regierung am 20. April 1949,[29] „einen besonderen Schritt beim Parlamentarischen Rat in Bonn zu unternehmen, um zu Gunsten des Südweststaates eine Vorwegbehandlung vor dem Friedensvertrag zu sichern."[30] Zunächst sollte durch gezielte Presseerklärungen das Vorhaben vorbereitet werden, um den Parlamentarischen Rat vor aller Öffentlichkeit moralisch auf die Aufnahme eines Südweststaatsartikels zu verpflichten. Anschließend wollte Gebhard Müller Ende April „mit einem formulierten Paragraphen für das Grundgesetz beim Parlamentarischen Rat nachstoßen".[31] Wie aus der Niederschrift der Kabinettssitzung zu entnehmen ist, hatten Theodor Eschenburg und Konrad Wittwer schon vor der Sitzung diese Vorgehensweise vereinbart. Ihr Ziel war es, im Parlamentarischen Rat die Aufnahme einer Sonderregelung für die Neugliederung des Südwestens in das Grundgesetz durchzusetzen.[32] Aus diesem Grunde schrieb Staatspräsident Gebhard Müller am 3. Mai 1949 an den Vorsitzenden des Parlamentarischen Rates, Konrad Adenauer, und schlug ihm vor, die Neugliederung im Südwesten durch die Aufnahme einer Bestimmung ins Grundgesetz in deutsche Zuständigkeit zu übertragen. Dies war nicht ausgeschlossen, weil das Frankfurter Dokument Nr. 2 nur bis zur Ratifizierung des Grundgesetzes gelten sollte. Freilich blieb es den Alliierten unbenommen, durch Diktat eine verfassungsrechtliche Sonderregelung für den Südwesten aus dem Grundgesetz auszuklammern.[33] Jedoch hatte Konrad Adenauer Vorbehalte gegen den Südweststaat, da er befürchtete, die CDU werde durch die Gründung desselben im

---

28 KONSTANZER, Die Entstehung des Landes Baden-Württemberg (1969), S. 162.
29 An der Sitzung des Ministerrats nahm Ministerialrat Theodor Eschenburg als Vertreter von Staatspräsident Gebhard Müller teil.
30 Protokoll der Ministerratssitzung vom 20. April 1949, in: Akten des Hauptstaatsarchivs Stuttgart, EA 1/20, C 1/32; SCHNABEL, Der Beitrag der südwestdeutschen Mitglieder des Parlamentarischen Rats zum Grundgesetz in: Kube/Schnabel, Südwestdeutschland und die Entstehung des Grundgesetzes (1989), S. 91 ff. (107).
31 Protokoll der Ministerratssitzung vom 20. April 1949, in: Akten des Hauptstaatsarchivs Stuttgart, EA 1/20, C 1/32; SCHNABEL, Der Beitrag der südwestdeutschen Mitglieder des Parlamentarischen Rats zum Grundgesetz in: Kube/Schnabel, Südwestdeutschland und die Entstehung des Grundgesetzes (1989), S. 91 ff. (107).
32 KONSTANZER, Die Entstehung des Landes Baden-Württemberg (1969), S. 162.
33 SCHNABEL, Der Beitrag der südwestdeutschen Mitglieder des Parlamentarischen Rats zum Grundgesetz in: Kube/Schnabel, Südwestdeutschland und die Entstehung des Grundgesetzes (1989), S. (91 ff.) 107.

Bundesrat an Einfluß verlieren.³⁴ Gebhard Müller wußte von den Bedenken Adenauers und strich im Entwurf des Schreibens die Passage, daß die Neugliederung auch Rückwirkungen auf die Zusammensetzung des kommenden Bundesrates habe,³⁵ um Adenauer nicht auf Grund von parteipolitischen Erwägungen gegen eine Sonderregelung für den Südweststaat einzunehmen. Den nächsten entscheidenden Schritt bildete am 5. Mai 1949 der Antrag auf Aufnahme eines besonderen Neugliederungsartikels für den deutschen Südwesten in das Grundgesetz.

Die exakte Entstehungsgeschichte dieses Artikels, des späteren Art. 118 GG, innerhalb der Tübinger Regierung bleibt unklar. Der Vorgang läßt sich aus den Akten nicht mehr rekonstruieren, so daß man auf die Aussagen der Beteiligten angewiesen ist, die freilich in Teilen widersprüchlich sind.

Theodor Eschenburg berichtet detailliert in seiner Autobiographie³⁶ und in einem Interview mit Thomas Schnabel:³⁷ er habe bei einem seiner Aufenthalte in Bonn den Sozialdemokraten Fritz Eberhard, Mitglied des Parlamentarischen Rates, getroffen und das Gespräch auf eine Sondervorschrift im Grundgesetz für den Südwesten gebracht. Fritz Eberhard reagierte sofort und erkundigte sich, wie eine entsprechende Formulierung aussehen solle. Er empfahl ihm eine „echte Lex Baden-Württemberg". Man müsse eine Vorschrift schaffen, die einmal das Recht der betroffenen drei Länder zu einer Vereinbarung betone. Diese Norm müsse für den Fall der Nichteinigung vorsehen, daß der Bundesgesetzgeber ein Gesetz erlassen könne, in dem eine Volksbefragung vorzusehen sei. Den entsprechenden Text schrieb er (Eschenburg) auf ein Stück Papier und gab es Fritz Eberhard mit der Bemerkung, daß dieser den Antrag stellen müsse, da er selbst dazu nicht befugt sei. Weiter könne und dürfe er ohne Gebhard Müller nichts unternehmen. Ob er denn alsbald die Gelegenheit habe, mit diesem darüber zu sprechen, wollte Eberhard wissen. Worauf Eschenburg antwortete, er werde am nächsten Tag in Tübingen sofort zu Gebhard Müller gehen, um die Sache voranzubringen. So geschah es. Gebhard Müller las den Text und stimmte nach kurzer Überlegung zu. Wenige Minuten später ging ein nur geringfügig veränderter Text für den Grundgesetzartikel per Fernschreiben nach Bonn.

Inwiefern Theodor Eschenburg mit dieser ersten Version Recht hat, ist ungeklärt. In seinem Buch „Jahre der Besatzung 1945 – 1949" ging er ebenfalls auf

---

34 Dazu: MOERSCH/HÖLZLE, Kontrapunkt Baden-Württemberg, (2002), S. 90 f. Vgl. ferner Schreiben von Gebhard Müller an Adenauer vom 3. Mai 1949, in: Akten des Staatsarchivs Ludwigsburg, Bestand des Staatsministerium von Württemberg-Baden E 131 V P 32/2/67; siehe auch: BURY, Der Volksentscheid in Baden (1985), S. 31.

35 Entwurf für den Staatspräsidenten vom 3. Mai 1949 von Gebhard Müller, in: Akten der ehemaligen Staatskanzlei von Württemberg-Hohenzollern beim Regierungspräsidium Tübingen 223/53/49.

36 ESCHENBURG, Letzten Endes meine ich doch (2000), S. 138 ff.

37 Interview von Thomas Schnabel mit Theodor Eschenburg veröffentlicht in: Kube/Schnabel, Südwestdeutschland und die Entstehung des Grundgesetzes (1989), S. 132 ff. (135 f.).

die Entstehungsgeschichte des Art. 118 GG ein, schrieb aber abweichend zu dem eben Gesagten: „... Dieser von Müller formulierte Text wurde fast vollständig übernommen ..."[38]

Gebhard Müller äußerte sich in einem Interview mit Hans Bausch, zur Entstehung des Art. 118: Theodor Eschenburg und er hätten sich zusammengesetzt und in einer Nacht den Art. 118 GG formuliert.[39] In einem späteren Interview mit Thomas Schnabel bestätigte Gebhard Müller seine Ausführungen:[40] Fünf Tage vor der Entscheidung des Parlamentarischen Rates über das Grundgesetz habe Theodor Eschenburg, der ihm als Referent in Südweststaatsfragen beigeben war, zusammen mit ihm einen Artikel des Grundgesetzes, der später die Nummer 118 bekam, formuliert. Er habe den Präsidenten des Parlamentarischen Rates, Konrad Adenauer, telegraphisch um sofortige Behandlung gebeten, die auch erfolgt sei.[41]

Es läßt sich also nicht nachvollziehen, auf wen Art. 118 GG im Einzelnen zurückgeht. Wahrscheinlich haben Gebhard Müller und Theodor Eschenburg Art. 118 GG gemeinsam entworfen.

Gesichert ist aber, daß Theodor Eschenburg am 3. Mai 1949 – im Einvernehmen mit Gebhard Müller – einen Formulierungsvorschlag für eine Übergangsbestimmung telefonisch an Fritz Eberhard, den Abgeordneten Württemberg-Badens im Parlamentarischen Rat, übermittelte. Auszugsweise hatte das Telefonat folgenden Wortlaut:

> Eschenburg: „...Ich habe daher für die Übergangsbestimmung folgenden Text entworfen: ‚Die Neugliederung im Gebiet der Länder Württemberg-Baden, Württemberg-Hohenzollern und Baden kann in Abweichung von den Bestimmungen des Art. ... auf Grund der Vereinbarung der beteiligten Länder erfolgen. Soweit eine Vereinbarung nicht zustande kommt, trifft ein Bundesgesetz die erforderlichen Bestimmungen. In jedem Fall muss die Bevölkerung der beteiligten Gebiete im Wege der Volksabstimmung gehört werden.'
> ...Eventuell kann man hinzusetzen:
> ‚Die Neuregelung bedarf einer Bestätigung durch Bundesgesetz.'"[42]

Weiter bat Theodor Eschenburg Fritz Eberhard, die Abgeordneten Theodor Heuss und Gustav Zimmermann über den Entwurf zu informieren.[43] Der For-

---

38 ESCHENBURG, Jahre der Besatzung (1983), S. 473.
39 Interview von Hans Bausch mit Gebhard Müller, veröffentlicht in: Landtag von Baden-Württemberg, Gebhard Müller blickt zurück (1980), S. 28.
40 Interview von Thomas Schnabel mit Gebhard Müller, veröffentlicht in: Kube/Schnabel, Südwestdeutschland und die Entstehung des Grundgesetzes (1989), S. 142 ff. (144 f.).
41 So auch: MÜLLER, Die Entstehung des Bundeslandes Baden-Württemberg, in: ZWLG 36 (1977), S. 236 ff. (246).
42 Aufnahme des Telefonats in: Akten des Bundesarchivs Koblenz: BA Z 35/179 Bl. 68.
43 Telefonat von Theodor Eschenburg mit Frau Schiler am 3. Mai 1949, Akten des Bundesarchivs Koblenz: BA Z 35/179 Bl. 68; Schreiben von Eschenburg an Eberhard vom 3. Mai 1949, in: Akten des Staatsarchivs Ludwigsburg, Bestand des Staatsministerium von Württemberg-Baden E 131 V P 32/2/68.

mulierungsvorschlag, den Theodor Eschenburg an Fritz Eberhard übermittelte, entsprach im wesentlichen dem Antrag, der am 5. Mai 1949 in der 57. Sitzung des Hauptausschusses – drei Tage vor der Endabstimmung über das Grundgesetz – durch die Abgeordneten Fritz Eberhard, Friedrich Maier, Gustav Zimmermann und Theodor Heuss gestellt wurde. Dieser Antrag wiederum entsprach nahezu der Endfassung des Art. 118 GG.[44] Der Antrag lautete:

> „Die Neugliederung im Gebiet der Länder Baden, Württemberg-Baden und Württemberg-Hohenzollern kann in Abweichung von den Bestimmungen des Art. 25 auf Grund einer Vereinbarung der beteiligten Länder erfolgen. Soweit eine Vereinbarung nicht zustande kommt trifft ein Bundesgesetz die erforderlichen Bestimmungen. In jedem Fall ist baldmöglichst eine Volksabstimmung vorzusehen. Die Neugliederung tritt mit Erlaß des Bundesgesetzes in Kraft." [45]

Dem Hauptausschuß lag in seiner 57. Sitzung zur 4. Lesung des Grundgesetzes am 5. Mai 1949 noch ein zweiter Antrag vor, der die Aufnahme einer Übergangsbestimmung zu Art. 29 GG für die Länder Baden, Württemberg-Baden und Württemberg-Hohenzollern forderte. Der Antrag der Abgeordneten Anton Hilbert, Adolf Kühn, Paul de Chapeaurouge, Wilhelm Laforet und Kaspar Gottfried Schlör sah keine Ländervereinbarung vor und wollte die Neugliederung wie in Art. 29 GG einem Bundesgesetz überlassen. Er enthielt jedoch erhebliche verfahrensrechtliche Abweichungen von Art. 29 GG, insbesondere von dessen Abs. 4, und lautete wie folgt:

> „ Art. 143g
> (1) Gebietsteile im Sinne des Art. 25 Abs. 4[46] sind bei einer Neugliederung der Länder Baden, Württemberg-Baden und Württemberg-Hohenzollern die Länder Baden, Württemberg und die Hohenzollernschen Lande in ihrem Gebietsbestand vom 30. Januar 1933. Die Volksabstimmung in den Gebieten entscheidet endgültig über die Annahme des Bundesgesetzes über die Neugliederung, Art. 25 Abs. 4 Satz 2 findet keine Anwendung.

> (2) Sieht das Bundesgesetz über die Neugliederung der Länder Baden, Württemberg-Baden und Württemberg-Hohenzollern nicht die Wiederherstellung der früheren Länder Baden und Württemberg vor, so sind bei seiner Ablehnung diese Länder in ihrem Gebietsbestand vom 30. Januar 1933 wieder hergestellt, die Hohenzollernschen Lande ha-

---

44 VON DOEMMING/FÜSSLEIN/MATZ, JöR n.F., Bd. 1 (1951), S. 831.
45 ABEL, Das Grundgesetz, (1995), Dokument Nr. 22, S. 395; VON DOEMMING/FÜSSLEIN/MATZ, JöR n.F., Bd. 1 (1951), S. 831; der Text des Antrags findet sich auch wieder in: Akten des Archivs für Christlich-Demokratische Politik; Nachlaß Theophil Kaufmann, I-071.
46 Art. 25 Abs. 4 HChE lautete: „Soweit dabei das Gesetz mindestens in einem Gebietsteil abgelehnt wird, ist es erneut bei dem Bundestage einzubringen. Nach erneuter Verabschiedung bedarf es insoweit der Annahme durch Volksentscheid im gesamten Bundesgebiet.".

ben durch Volksabstimmung zu bestimmen, ob sie sich Baden oder Württemberg anschließen wollen. Bei dieser Volksabstimmung entscheidet die Mehrheit der abgegebenen Stimmen."[47]

Den Antragstellern ging es vor allem darum, die Chancen der Altbadener bei einer Volksabstimmung zu erhöhen. Aus diesem Grunde sollten nach Absatz 1 die Stimmen nicht jeweils in den drei nach 1945 entstandenen Ländern gezählt werden, sondern in den drei alten Ländern Baden, Württemberg und Hohenzollern. Da sowohl in Nordbaden als auch in Württemberg-Baden eine deutliche Mehrheit für den Südweststaat eintrat, ebenso wie in Württemberg-Hohenzollern, konnten die Altbadener auf eine Mehrheit für die Wiederherstellung des alten Landes Baden nur hoffen, wenn Nord- und Südbaden zusammengezählt wurden. Zudem war in Absatz 2 des Antrags vorgesehen, die früheren Länder Baden und Württemberg wieder herzustellen, falls die Schaffung des Südweststaates scheiterte.[48]

Nach kurzer Diskussion im Hauptausschuß wurden beide Anträge auf den Antrag des Abgeordneten Zinn zurückgestellt, um eine Besprechung der Antragsteller zu ermöglichen. Als Ergebnis entstand ein gemeinsamer Antrag der Abgeordneten Anton Hilbert, Adolf Kühn, Theophil Kaufmann, Gustav Zimmermann, Fritz Eberhard und Theodor Heuss.[49] Der dritte Antrag zum Südweststaat am 5. Mai 1949 lautete:

„Die Neugliederung in dem die Länder Baden, Württemberg-Baden und Württemberg-Hohenzollern umfassenden Gebiet kann abweichend von den Vorschriften des Artikels 25[50] durch Vereinbarung der beteiligten Länder erfolgen. Kommt eine Vereinbarung nicht zustande, so wird die Neugliederung durch Bundesgesetz geregelt, das eine Volksbefragung vorsehen muß."[51]

Der Antrag entsprach bereits der Endfassung des Art. 118 GG und sollte als Art. 138 c-3 in das Grundgesetz aufgenommen werden. Die beiden vorherigen Anträge wurden zurückgezogen. Der Hauptausschuß nahm den Antrag ohne Aussprache am 5. Mai 1949 an.[52] Der Artikel passierte die 2. und 3. Lesung im Plenum ohne Änderungen, weil er die Interessen der anderen Bundesländer

---

47 ABEL, Das Grundgesetz (1995), Dokument Nr. 23, S. 395; der Text des Antrags findet sich auch in: Akten des Archivs für Christlich-Demokratische Politik; Nachlaß Theophil Kaufmann, I-071.
48 SCHNABEL, Der Beitrag der südwestdeutschen Mitglieder des Parlamentarischen Rats zum Grundgesetz, in: Kube/Schnabel, Südwestdeutschland und die Entstehung des Grundgesetzes (1989), S. 91 ff. (107 f.).
49 SCHNABEL, Der Beitrag der südwestdeutschen Mitglieder des Parlamentarischen Rats zum Grundgesetz, in: Kube/Schnabel, Südwestdeutschland und die Entstehung des Grundgesetzes (1989), S. 91 ff. (107 f.).
50 In der Endfassung Art. 29 GG.
51 Der Text des Antrags vom 5. Mai 1949 ist enthalten in: Akten des Archivs für Christlich-Demokratische Politik; Nachlaß Theophil Kaufmann, I-071.
52 VON DOEMMING/FÜSSLEIN/MATZ, JöR n.F., Bd. 1 (1951), S. 832.

nicht tangierte.⁵³ Eine vom stellvertretenden Stuttgarter Ministerpräsidenten, Justizminister Josef Beyerle, in letzter Minute vorgeschlagene Befristung der Vereinbarungsverhandlungen auf ein Jahr, die um 12 Uhr mit Fernschreiben nach Bonn übermittelt wurde, drang nicht mehr durch. Gebhard Müller erhielt vielmehr um 13.30 Uhr ein Telegramm von Konrad Adenauer mit dem Text des Artikels 118 als Antwort auf seine Eingabe vom 3. Mai 1949.⁵⁴ Art. 118 bestimmt:

> „Die Neugliederung, in dem die Länder Baden, Württemberg-Baden und Württemberg-Hohenzollern umfassenden Gebiet kann abweichend von den Vorschriften des Art. 29 durch Vereinbarung der beteiligten Länder erfolgen. Kommt eine Vereinbarung nicht zustande, so wird die Neugliederung durch Bundesgesetz geregelt, das eine Volksbefragung vorsehen muß."

Am 8. Mai 1949⁵⁵ verabschiedete der Parlamentarische Rat das Grundgesetz. Gebhard Müller und Theodor Eschenburg hatten damit einen großen politischen Erfolg errungen. Die Fortsetzung der Südweststaatspolitik war gesichert. Jetzt mußten sie allerdings für das Inkrafttreten des Art. 118 GG noch um die Zustimmung der drei alliierten Oberbefehlshaber bangen, die sich die endgültige Entscheidung über das Grundgesetz vorbehalten hatten.

3. Genehmigung des Grundgesetzes durch die Besatzungsmächte am 12. Mai 1949

Die endgültige Entscheidung über Art. 118 GG fiel am 12. Mai 1949. In einem Schreiben an Konrad Adenauer als dem Vorsitzenden des Parlamentarischen Rats gaben die drei Oberbefehlshaber Robertson, Koenig und Clay ihre Stellungnahme zum Grundgesetz ab. Die drei westlichen Militärgouverneure billigten zunächst grundsätzlich das Grundgesetz, gegenüber einzelnen Bestimmungen machte das Schreiben Vorbehalte geltend. Ziffer 5 des Genehmigungsschreibens bezog sich auf die Art. 29 und Art. 118 GG, welche die Negliede-

---

53 9. Sitzung am 6. Mai 1949, in: WERNER, Der Parlamentarische Rat 1948 – 1949, Bd. 9 (1996), S. 429 ff. (486 ff.); 10. Sitzung am 8. Mai 1949, in: WERNER, Der Parlamentarische Rat 1948 – 1949, Bd. 9 (1996), S. 504 ff. (593 ff.), VON DOEMMING/FÜSSLEIN/MATZ, JöR n.F., Bd. 1 (1951), S. 831 f.

54 Telegramm von Konrad Adenauer an Gebhard Müller vom 6. Mai 1949, in: Akten des Staatsarchivs Sigmaringen, Bestand des Staatskanzlei von Württemberg-Hohenzollern Wü 2 221 B/14; Fernschreiben von Fritz Eberhard für Konrad Wittwer und Theodor Eschenburg vom 5. Mai 1949, in: Akten des Staatsarchivs Ludwigsburg, Bestand des Staatsministeriums von Württemberg-Baden E 131 V P 32/2/72; Fernschreiben Konrad Wittwer an Fritz Eberhard vom 6. Mai 1949, in: Akten des Staatsarchivs Ludwigsburg, Bestand des Staatsministeriums von Württemberg-Baden E 131 V P 32/2/72.

55 Den Tag des 8. Mai 1949 wählten die Abgeordneten zur Annahme des Grundgesetzes als geschichtsträchtig bewußt aus. Am 8. Mai 1945 wurde im sowjetischen Hauptquartier in Berlin die Kapitulation erklärt.

rung des Bundesgebietes regelten. Ziffer 5 des Genehmigungsschreibens der Militärgouverneure lautete:[56]

„5. Ein vierter Vorbehalt bezieht sich auf die Art. 29 und 118 und die allgemeinen Fragen der Neufestsetzung der Ländergrenzen. Abgesehen von Württemberg-Baden und Hohenzollern hat sich unsere Haltung in dieser Frage, seitdem wir die Angelegenheit mit Ihnen am 2. März besprochen haben, nicht geändert. Sofern nicht die Hohen Kommissare einstimmig eine Änderung dieser Haltung beschließen, sollen die in den genannten Artikeln festgelegten Befugnisse nicht ausgeübt werden, und die Grenzen aller Länder mit Ausnahme von Württemberg-Baden und Hohenzollern bis zum Zeitpunkt des Friedensvertrages, so wie sie jetzt festgelegt sind, bestehen bleiben."

Art. 29 GG war damit bis zu einem Friedensschluß suspendiert, das heißt er konnte trotz seiner Ratifizierung durch die Länderparlamente nicht in Kraft treten.[57] Der Vorbehalt ist in seinen ersten beiden Sätzen mißverständlich formuliert. Es fällt auf, daß in dem allgemeinen Satz 1 der Ziffer 5 des Genehmigungsschreibens auch Art. 118 unter den Vorbehalten Erwähnung findet. Demgegenüber bringen die anschließenden Sätze 2 und 3 eine Ausnahme für die südwestdeutschen Länder zum Ausdruck. Satz 1 steht in einem Widerspruch zu den Sätzen 2 und 3. Aus dem Sinnzusammenhang läßt sich die Absicht entnehmen, die Anwendbarkeit des Art. 29 GG hinauszuschieben und die aufgeführten südwestdeutschen Länder von der Suspension auszunehmen.[58] Die Fassung des zweiten Satzes ist so eindeutig, daß die Erwähnung des Art. 118 GG im ersten Satz als Irrtum anzusehen ist.[59]

Die weiteren Unklarheiten beruhen ebenfalls auf Flüchtigkeitsfehlern: So ist in dem deutschsprachigen Genehmigungsschreiben, übereinstimmend mit der englischen Fassung, nur von den Ländern Württemberg-Baden und Hohenzollern die Rede, während es in dem französischen Wortlaut „a l' execption de celle du Bade et du Wuerttemberg" heißt.[60] Eine Beschränkung der Ausnahme auf bestimmte einzelne Gebiete des Südwestraumes ist danach ausgeschlossen, wenn man beide Fassungen gemeinsam betrachtet. Sie ergeben eine vereinfachte Umschreibung des Südwestraumes unter Umgehung der aufwendigen Doppelnamen, wobei die französische Fassung auch noch Hohenzollern vernachlässigt.

Der französische Hohe Kommissar André François-Poncet vertrat die Meinung, nach dem zitierten vierten Vorbehalt könne auch der Art. 118 GG erst nach Abschluß eines Friedensvertrages angewendet werden. Diese Aussage veranlaßte die später Bundesregierung, von der Alliierten Hohen Kommission eine

---

56 Siehe Anhang 4 XV.
57 Inkrafttreten am 5. Mai 1955.
58 SWOBODA, Die Neugliederung des Bundesgebietes nach dem Bonner Grundgesetz (1951), S. 82 f.
59 MÜLLER; Die Schwierigkeiten einer Neugliederung Deutschlands seit 1918 (1953), S. 125.
60 DENNEWITZ, in: Bonner Kommentar, Bd. 1 (2005), Einleitung S. 128; Wortlaut des Genehmigungsschreibens in: Anhang 4 XV.

eindeutige Stellungnahme zur Auslegung des Vorbehalts nach der Ziffer 5 des Genehmigungsschreibens vom 12. Mai 1949 zu erbitten.[61] Der amerikanische Verbindungsoffizier Simons erläuterte am 21. Juni 1949 Theodor Eschenburg den Standpunkt der Alliierten. Nach seiner Aussage besagte das Genehmigungsschreiben, daß die Besatzungsmächte der Bildung des Südweststaates zustimmen würden, sobald die alliierte Besatzungskontrolle geregelt sei. Die damit verbundenen Schwierigkeiten seien behoben, wenn sich die Institution der Hochkommissare eingespielt habe. Von besonderer Tragweite war seine Feststellung, daß die alten Bestimmungen der Militärbefehlshaber ihre Geltung verloren hätten; das heißt, daß nun Art. 118 GG an die Stelle des Frankfurter Dokuments Nr. 2 gerückt war und damit, wie Simons betonte, der Länderzusammenschluß und seine Durchführung ausschließlich in deutsche Zuständigkeit übergegangen waren. In bezug auf die französische Haltung fügte er an, daß man damit rechnen müsse, daß unter Umständen untergeordnete französische Dienststellen Schwierigkeiten bereiten würden.[62] Bundeskanzler Konrad Adenauer vertrat in einer Aussprache mit Gebhard Müller am 13. Januar 1950 die Ansicht, Art. 118 GG sei zwar geltendes Recht und nicht suspendiert, aber eine Neuregelung der Ländergrenzen im Südwesten müsse von den Besatzungsmächten genehmigt werden.[63]

Eine Klärung des Rechtsstandpunktes über die Geltung von Art. 118 GG blieb zwar unausweichlich, versprach erst nach der Bildung der Bundesregierung, Erfolg. Die Bundesregierung erhielt am 30. April 1950 die Antwort der Kommissare, Art. 118 GG könne sofort angewendet werden.[64]

4. Inkrafttreten des Grundgesetzes der Bundesrepublik Deutschland am 23. Mai 1949

Der Vollzug der Verfassungsgebung – Verkündung und Ausfertigung – erfolgte wie vorgesehen durch den Parlamentarischen Rat. Nachdem die Schlußabstimmung im Parlamentarischen Rat am 8. Mai 1949 erfolgt war und die alliierten Militärgouverneure am 12. Mai 1949 ihre Genehmigung erteilt hatten, trat der

---

61 RENNER, Entstehung und Aufbau des Landes Baden-Württemberg, JöR n.F., Bd. 7 (1958), S. 197 ff. (205); siehe auch: ESCHENBURG, Jahre der Besatzung (1983), S. 474.
62 Besprechung zwischen Simons und Eschenburg am 21. Juni 1949, in: Akten der ehemaligen Staatskanzlei von Württemberg-Hohenzollern beim Regierungspräsidium Tübingen 223/69/49.
63 APPEL, Baden-Württemberg aus Bonner Sicht, Beiträge zur Landeskunde, 1962, Nr. 4, S. 62 ff. (63).
64 ESCHENBURG, Jahre der Besatzung (1983), S. 474; KONSTANZER, Die Entstehung des Landes Baden-Württemberg (1969), S. 199; Renner spricht fälschlicherweise vom 30. März 1950: RENNER, Entstehung und Aufbau des Landes Baden-Württemberg, JöR n.F., Bd 7 (1958), S. 197 ff. (205).

Parlamentarische Rat am 23. Mai 1949[65] zu seiner Schlußsitzung zusammen. Die Annahme des Grundgesetzes „durch die Volksvertretungen in zwei Dritteln der deutschen Länder, in denen es zunächst gelten soll", stellte der Präsident des Parlamentarischen Rates Konrad Adenauer mit folgenden Worten: „Gemäß Art. 145 verkünde ich ... das Grundgesetz.", in dieser Sitzung fest. Die rechtliche Bedeutung der Aussage ist umstritten. Adenauers Äußerung trifft lediglich die Feststellung des Abschlusses der Beratungen im Parlamentarischen Rat. Ihr kommt als Voraussetzung für die Ausfertigung nur deklaratorische Bedeutung zu. Die in Art. 145 Abs. 1 GG vorgesehene Ausfertigung erfolgte in derselben Sitzung durch Unterzeichnung der Originalurkunde seitens aller Mitglieder des Parlamentarischen Rates, mit Ausnahme der zwei kommunistischen Abgeordneten Viktor Renner und Max Reimann. Die Verkündung des Grundgesetzes erfolgte in BGBl. 1949 Nr. 1, das am 23. Mai 1949 ausgegeben wurde. Gemäß Art. 145 Abs.2 GG trat das Grundgesetz mit Ablauf des Tages der Verkündung in Kraft, also am 23. Mai 1949 um 24.00 Uhr.[66]

II. Inhalt der Bestimmungen über die Gebietsänderung

Das Grundgesetz unterscheidet zwei Fälle der Neugliederung: eine umfassende (Art. 29 GG) und eine nur auf den deutschen Südwesten beschränkte (Art. 118 GG). Es drängt sich die Frage auf, ob sich beide Normen gegenseitig ausschließen, oder ob die umfassende auch auf den Südwestraum angewendet werden darf.[67]

1. Grundgedanken des Art. 29 GG in der Fassung vom 23. Mai 1949

a) Struktur des Art. 29 GG
Art. 29 GG in der Fassung vom 23. Mai 1949 regelte in seinen Absätzen 1 bis 6 die einmalige Neugliederung des Bundesgebiets, welche die unbefriedigende Gestaltung der von den Besatzungsmächten geschaffenen Länder revidieren sollte. Absatz l enthielt die Verpflichtung des Bundesgesetzgebers, das Bundesgebiet neu zu gliedern.[68] Absatz 2 regelte einen Sonderfall, die Absätze 3 bis 6 enthielten Verfahrensgrundsätze, sowohl für den Normalfall des Absatzes 1 als

---

65 Das symbolträchtige Datum des 23. Mai 1949, ein Datum, das wie schon der 8. Mai ein geschichtsträchtiges darstellte, wählten in Anknüpfung an die Gefangennahme der Mitglieder der Reichsregierung am 23. Mai 1945.
66 DREIER, in: Dreier, Grundgesetz-Kommentar, Bd. III (2000), Art. 145 Rdnr. 10; anders: V. CAMPENHAUSEN, in: v. Mangoldt/Klein/Starck, Bonner Grundgesetz, Kommentar, Bd. 3, (2005) Art. 145 Rdnr. 6.
67 MAUNZ, Rechtsfragen zur Neugliederung im Südwestraum, DRZ 1949, S. 532 ff. (532).
68 Näher: SWOBODA, Die Neugliederung des Bundesgebietes nach dem Bonner Grundgesetz (1951), S. 21 ff.

auch für die Sonderregelung des Absatzes 2. Neugliederung ist die räumliche, das heißt die territoriale, innerbundesrepublikanische Umgestaltung des Bundesgebiets in der Weise, daß die Einteilung in Länder oder ihr Gebietsumfang verändert wird.[69]

b) Inhalt der einzelnen Absätze des Art. 29 GG
Bei der Interpretation ist das Verständnis zur Zeit der Grundgesetzgebung maßgeblich, soweit es damals unbestritten war.

(1) Art. 29 Abs. 1 GG
In Absatz 1 des Art. 29 GG waren die allgemeinen sachlichen Gesichtspunkte niedergelegt, die bei der Neugliederung maßgeblich sein sollten und den Anwendungsbereich der Neugliederung näher bestimmen.[70] Art. 29 Abs. 1 GG begründete ausdrücklich eine Pflicht zur Neugliederung. Der Verfassungsgeber hatte dem Bundesgesetzgeber diese Verpflichtung als Verfassungsauftrag auferlegt.[71] Bei Ausführung dieses Verfassungsauftrags war der Bundesgesetzgeber an einen ausführlich gehaltenen Katalog von Richtbegriffen gebunden, unter deren Beachtung die Neugliederung stattfinden sollte: Satz 1 umfaßte die Richtbegriffe landsmannschaftliche Verbundenheit, geschichtliche und kulturelle Zusammenhänge, wirtschaftliche Zweckmäßigkeit und soziales Gefüge. Außerdem sollten gemäß Art. 29 Abs. 1 S. 2 GG Länder geschaffen werden, die nach Größe und Leistungsfähigkeit die ihnen obliegenden Aufgaben wirksam erfüllen können.[72] Diese Neugliederungsziele brachten zum Ausdruck, daß die Neugliederung ausschließlich im Interesse und zum Wohl des Ganzen und nicht einzelner Gebiete oder Bevölkerungsteile erfolgen sollte.[73]

Die landsmannschaftliche Verbundenheit umfaßt alle nicht faßbaren, in Jahrhunderten gewachsenen Gebilde und Werte, die ein Zusammengehörigkeitsbewußtsein schaffen, in dem politisch-historische Zusammenhänge weiterwirken.[74] Keineswegs ist die landsmannschaftliche Verbundenheit der Stammesverbundenheit gleichzusetzen. Der Abgeordnete von Mangoldt wies darauf hin, daß im Parlamentarischen Rat mit „Landsmannschaft" ein umfassenderer Ausdruck für das gewählt sein sollte, was die Weimarer Verfassung in ihrer Prä-

---

69 So: HENNINGS, Der unerfüllte Verfassungsauftrag (1983), S. 6.
70 Näher: SWOBODA, Die Neugliederung des Bundesgebietes nach dem Bonner Grundgesetz (1951), S. 20 ff.
71 GREULICH, Länderneugliederung (1995), S. 36.
72 Zur Rangordnung der sieben Neugliederungsprinzipien: VON EGLOFFSTEIN, Die Entwicklung der Neugliederungsfrage (1957), S. 192 ff.; MÜNCHHEIMER, Probleme der Neugliederung Deutschlands nach dem Bonner Grundgesetz (1951), S. 70 ff.
73 BVerfGE 13, 54 (74, 76).
74 HENNINGS, Der unerfüllte Verfassungsauftrag (1983), S. 169; MÜNCHHEIMER, Probleme der Neugliederung Deutschlands nach dem Bonner Grundgesetz (1951), S. 98; BRÜNING/STING/PESCHLOW, Probleme der innergebietlichen Neuordnung (1953), S. 19.

ambel, wenn auch enger, mit dem Wort „Stämme" bezeichnet hatte.[75] Die landsmannschaftliche Verbundenheit bezieht sich auf im Zusammengehörigkeitsbewußtsein weiterwirkende historisch-politische Zusammenhänge. Insofern ist dieser Begriff eng mit dem Begriff der geschichtlichen und kulturellen Zusammenhänge verwoben. Das Gefühl der Verbundenheit muß im Zeitpunkt der Neugliederung vorhanden sein. „Landsmannschaftlich" ist nicht identisch mit „zu einem Land zugehörig", sondern kann sowohl eine Personengruppe innerhalb eines Landes wie eine über den Bereich eines oder mehrerer Bundesländer hinausgreifende Gruppe erfassen.[76]

Der Begriff der geschichtlichen und kulturellen Zusammenhänge ist ein kaum greifbarer Mosaikbegriff;[77] denn die geschichtlichen Zusammenhänge sind sehr mannigfaltig. Die verschiedensten Zeiten und Ursachen können sie hervorrufen. In Betracht kommen hier vor allem Gestaltungen staatsorganisatorischer Natur. Schwierig ist vor allem die Suche nach dem zeitlichen Bezugspunkt. So richtig es ist, daß überholte, abgelöste Vorgänge für die Neugliederung nicht relevant sein können, so liegt doch gerade im Begriff des Geschichtlichen auch Abgeschlossenes.[78] Der Hinweis auf die historische Dimension betrifft nicht nur die Zuordnung von Regionen in staatsorganisatorischer Hinsicht, im Blick auf die Entstehungsgeschichte ist auch eine gewisse Lebendigkeit der Erinnerung zu verlangen. Den Verbindungen muß ein noch in neuerer Zeit lebendiger Zusammenhang und eine nachhaltige prägende Wirkung zukommen.[79] Der Begriff der kulturellen Zusammenhänge ist weit zu fassen; zu ihm zählen unter anderem Wissenschaft, Schulwesen, Kunst und Religion. Diese Zusammenhänge ergeben sich aus dem Einzugsgebiet kultureller Institutionen wie Theatern, Universitäten, Diözesen und Landeskirchen. Aber auch Elemente der Volkskultur wie Dialekte, Bräuche und Trachten können dem Begriff der kulturellen Zusammenhänge zugerechnet werden, soweit sie nicht im Begriff der landsmannschaftlichen Verbundenheit bereits enthalten sind.

---

75 Protokoll der 4. Sitzung des Hauptausschusses des Parlamentarischen Rates am 17. November, in: Parlamentarischer Rat – Verhandlungen des Hauptausschusses (1949), S. 54; BECKMANN, Innerdeutsche Gebietsänderungen nach dem Bonner Grundgesetz (1954), S. 77; BRÜNING/STING/PESCHLOW, Probleme der innergebietlichen Neuordnung (1953), S. 19; HENNINGS, Der unerfüllte Verfassungsauftrag (1983), S. 169; Luther-Gutachten; Hrsg. Bundesminister des Inneren (1955), S. 31 (B II 5).
76 Zusammenfassend: V. MÜNCH, in: v. Münch, Grundgesetz-Kommentar, Bd. 2 (1976), Art. 29 Rdnr. 18.
77 Zur Problematik der Bestimmung dieser Richtbegriffe: BECKMANN, Innerdeutsche Gebietsänderungen nach dem Bonner Grundgesetz (1954), S. 78 und ausführlich unten: 5. Teil, 3. Kapitel. VIII 2.
78 Zusammenfassend: V. MÜNCH, in: v. Münch, Grundgesetz-Kommentar, Bd. 2 (1976), Art. 29 Rdnr. 19.
79 Weiterführend: VON EGLOFFSTEIN, Die Entwicklung der Neugliederungsfrage (1957), S. 200.

Die wirtschaftliche Zweckmäßigkeit ist im Sinne einer auf den Gesamtstaat bezogenen volkswirtschaftlichen Betrachtungsweise zu beurteilen.[80] Sie nimmt Bezug auf das Zusammenspiel der Vorgänge des privaten und öffentlichen Wirtschaftsbereichs, das gesamtwirtschaftliche Gleichgewicht. Ein solches soll gegeben sein, wenn die Kongruenz zwischen dem Landesgebiet und den für eine gesamtwirtschaftlich optimale Aufgabenerfüllung der Länder erforderlichen Planungs- und Verwaltungsräumen auf Dauer hergestellt ist. Dies ist der Fall, wenn die Landesgrenzen die bestehenden oder zu entwickelnden Ausgleichsräume spezifisch raumbedeutsamer Funktion nicht durchtrennen.[81]

Das soziale Gefüge ist das für jeden Staat bestimmende Element der gesellschaftlichen Ausgeglichenheit als Faktor der Neugliederung.[82] Dieser Richtbegriff strebt als Ziel eine gesunde Landesentwicklung zwecks Förderung des sozialen Ausgleichs zwischen den einzelnen miteinander verbundenen Regionen an,[83] wie z.B. die Ausgeglichenheit von städtischen oder ländlichen Gebieten und Konfessionen.[84]

Art. 29 Abs. 1 S. 2 GG gibt lediglich ein einziges obligatorisches Ziel vor, nämlich die Gewährleistung einer effektiven Erfüllung der im Grundgesetz den Ländern übertragenen öffentlichen Aufgaben. Das Begriffspaar der Größe und Leistungsfähigkeit spiegelt die quantitative bzw. qualitative Dimension des Neugliederungszwecks wider. Die Termini Größe und Leistungsfähigkeit sind eng miteinander verbunden und beeinflussen sich gegenseitig. Trotzdem haben sie je einen eigenen Gehalt: Größe ist nicht gleich Leistungsfähigkeit. Die Größe bezieht sich sowohl auf die Fläche als auch auf die Bevölkerungszahl. Bei der Leistungsfähigkeit wird herkömmlich zwischen wirtschaftlicher, finanzieller, politischer und administrativer Leistungsfähigkeit unterschieden. Unscharf ist die Unterscheidung nach administrativem und politischem Leistungsvermögen. Die Grundlagen der Leistungsfähigkeit der Länder sind den materiellen Gegebenheiten wie Größe, Einwohnerzahl, wirtschaftlichen und sozialen Verhältnissen, Steueraufkommen usw. zu entnehmen.[85]

Bei möglichen Konflikten zwischen den einzelnen Richtbegriffen kommt dem Gesetzgeber ein Beurteilungsspielraum zu. Gefordert ist eine wertende Gesamtschau unter Berücksichtigung der jeweiligen regionalen Gegebenheiten. Liegen einander lokal widersprechende Prinzipien vor, so ist zur Entscheidung

---

80 VON EGLOFFSTEIN, Die Entwicklung der Neugliederungsfrage (1957), S. 201 f.
81 Zusammenfassend: V. MÜNCH, in: v. Münch, Grundgesetz-Kommentar, Bd. 2 (1976), Art. 29 Rdnr. 21.
82 Luther-Gutachten; Hrsg. Bundesminister des Innern (1955), S. 22 (A VII 7 c).
83 So heute noch: PERNICE, in: Dreier, Grundgesetz, Bd. II (1998), Art. 29 Rdnr. 32.
84 VON EGLOFFSTEIN, Die Entwicklung der Neugliederungsfrage (1957), S. 203.
85 MÜNCHHEIMER, Probleme der Neugliederung Deutschlands nach dem Bonner Grundgesetz (1951), S. 91; VON EGLOFFSTEIN, Die Entwicklung der Neugliederungsfrage (1957), S. 192 f.; 204 ff. Kritisch: BECKMANN, Innerdeutsche Gebietsänderungen nach dem Bonner Grundgesetz (1954), S. 81 ff.

eine sinnvolle Abwägung vorzunehmen, die sich nicht auf eine rein mechanische Zählung des Übergewichts beschränkt.[86]

(2) Art. 29 Abs. 2 GG
Gegenüber der allgemeinen, das ganze Bundesgebiet betreffenden Regelung der Neugliederung enthielt Abs. 2 eine Sondervorschrift zu Gunsten bestimmter Gebietsteile.[87] Abs. 2 des Art. 29 GG ließ die Durchführung von Volksbegehren in Gebietsteilen zu, die bei der Neubildung der Länder nach dem 8. Mai 1945 ohne Volksabstimmung ihre Landeszugehörigkeit geändert hatten, um auch die nach 1945 über den Kopf der Bevölkerung hinweg vollzogenen Gebietsänderungen noch nachträglich mit Volksbegehren und Volksentscheid demokratischen Prinzipien zu unterwerfen.[88] Bei dem Zustandekommen eines Volksbegehrens war die Bundesregierung nach Art. 29 Abs. 2 S. 3 GG verpflichtet, in den Gesetzentwurf über die Neugliederung eine Bestimmung über die Landeszugehörigkeit des Gebietsteiles aufzunehmen und diese Vorschrift zum Volksentscheid durch das Gebietsvolk zu stellen (Abs. 3 S. 2).[89] Im Falle der Ablehnung mußte das Gesetz erneut in den Bundestag eingebracht werden und im Falle erneuter Verabschiedung im gesamten Bundesgebiet ein Volksentscheid durchgeführt werden (Abs. 4).[90] Die Sonderregelung bezweckte, der Bevölkerung schon vor einem Gesetzesentwurf Gelegenheit zu geben, eine Neugliederung ihres eigenen Gebiets anzuregen.[91]

(3) Art. 29 Abs. 3 bis 6 GG und Art. 29 Abs. 7 GG
Die Abs. 3 bis 6 des Art. 29 GG regelten das Verfahren der Neugliederung. Art. 29 Abs. 3 legte den Verlauf des Neugliederungsverfahrens fest, wenn das nach Art. 29 Abs. 1 oder Abs. 2 S. 3 GG vorgesehene Gesetz angenommen wurde.[92]

---

86 SWOBODA, Die Neugliederung des Bundesgebietes nach dem Bonner Grundgesetz (1951), S. 22; MÜNCHHEIMER, Probleme der Neugliederung Deutschlands nach dem Bonner Grundgesetz (1951), S. 71.

87 BECKMANN, Innerdeutsche Gebietsänderungen nach dem Bonner Grundgesetz (1954), S. 99.

88 Zu der Frage, ob Alt-Baden einen Gebietsteil darstellte, der bei der Neubildung der Länder nach dem 8. Mai 1945 ohne Volksabstimmung seine Landeszugehörigkeit geändert hatte siehe unten: 5. Teil, 2. Kapitel II 3 b; 5. Teil, 3. Kapitel, V; siehe dazu auch: SWOBODA, Die Neugliederung des Bundesgebietes nach dem Bonner Grundgesetz (1951), S. 30 ff.

89 Sehr ausführlich: SWOBODA, Die Neugliederung des Bundesgebietes nach dem Bonner Grundgesetz (1951), S. 44 f.; BECKMANN, Innerdeutsche Gebietsänderungen nach dem Bonner Grundgesetz (1954), S. 85 ff.

90 BECKMANN, Innerdeutsche Gebietsänderungen nach dem Bonner Grundgesetz (1954), S. 92 ff.

91 SWOBODA, Die Neugliederung des Bundesgebietes nach dem Bonner Grundgesetz (1951), S. 49 ff.

92 BECKMANN, Innerdeutsche Gebietsänderungen nach dem Bonner Grundgesetz (1954), S. 85 ff.

Im Falle der Ablehnung mußte das Gesetz erneut in den Bundestag eingebracht werden und im Falle erneuter Verabschiedung im gesamten Bundesgebiet ein Volksentscheid durchgeführt werden (Abs. 4).[93] Nach Art. 29 Abs. 6 S. 2 GG sollte die Neugliederung vor Ablauf von drei Jahren nach Verkündung des Grundgesetzes geregelt sein.

Art. 29 Abs. 7 GG normierte gesondert die sonstigen Gebietsänderungen wie z.B. Grenzbegradigungen. Zweck des Abs. 7 ist, die Zuständigkeit des Bundesgesetzgebers bei Verfahren über sonstige Gebietsänderungen zu begründen.

c) Zweck und systematische Stellung des Neugliederungsartikels im Grundgesetz

Der Verfassungsgeber verfolgte mit der Aufnahme des Art. 29 Abs. 1 bis 6 in das Grundgesetz das Ziel, eine zweckmäßige territoriale Neuordnung zu schaffen, eine weitere Aufsplitterung in kleinere Länder zu verhindern und eine Grundlage für eine Neugliederung in leistungsfähige Länder zu legen. Außer einer zweckmäßigen Neugliederung strebte Art. 29 GG an, die Zufallsgebilde der Besatzungszeit zu beseitigen[94] und sie einer rationalen Prüfung unterwerfen. Sein historisches Ziel war die Stabilisierung der bundesstaatlichen Struktur der Bundesrepublik Deutschland.

Von der systematischen Einordnung her gehören die Regelungen der Abs. 1 bis 6 des Art. 29 GG in den letzten – den elften Abschnitt – zu den Übergangs- und Schlußbestimmungen, da die Neugliederung sich in einer einmaligen und damit endgültigen Neubestimmung der Ländergebiete erschöpfen sollte. Dementsprechend fanden sich diese Regelungen in einem Entwurf des Parlamentarischen Rates zeitweilig in den Übergangsvorschriften, wurden später aber in den zweiten Abschnitt („Der Bund und die Länder") zurückverlegt. Systematisch richtig eingeordnet ist allein die Verfahrensregel des Abs. 7 des Art. 29 GG. Von ihr wird das Verhältnis zwischen Bund und Ländern nicht nur einmal, sondern jedesmal berührt, wenn eine sonstige Änderung erfolgen sollte. Deshalb handelte es sich nicht um eine Übergangsvorschrift.[95]

2. Grundgedanken des Art. 118 GG

Nach deutscher Rechtsauffassung bildete Art. 118 GG als Ersatz für das Frankfurter Dokument Nr. 2 die Grundlage für die Regelung im südwestdeutschen Raum. Damit war die Neugliederung zu einer rein deutschen Angelegenheit geworden.[96]

---

93 BECKMANN, Innerdeutsche Gebietsänderungen nach dem Bonner Grundgesetz (1954), S. 92 ff.
94 HENNINGS, Der unerfüllte Verfassungsauftrag (1983), S. 39.
95 GREULICH, Länderneugliederung und Grundgesetz (1995), S. 37.
96 HENNINGS, Der unerfüllte Verfassungsauftrag (1983), S. 70. Siehe dazu die Ausführungen zur Genehmigung des Grundgesetzes durch die Alliierten, in: Anhang 5 XV.

a) Struktur des Art. 118 GG
Art. 118 GG normiert die Voraussetzungen einer erleichterten Neugliederung für die Länder Baden, Württemberg-Baden und Württemberg-Hohenzollern. Satz 1 sieht eine Vereinbarung der drei Länder über ihre Neugliederung vor, Satz 2 im Falle des Scheiterns der Vereinbarung ein Bundesgesetz über diesen Gegenstand, das eine Volksbefragung zum Inhalt haben muß.

b) Inhalt des Art. 118 GG
Art. 118 GG stellt eine räumlich begrenzte Sonderregelung für das die Länder Baden, Württemberg-Baden und Württemberg-Hohenzollern umfassende Gebiet dar. Diese Vorschrift schuf die Möglichkeit zur Änderung der Ländergrenzen im Südwestraum vor der nationalen Neugliederung nach Art. 29 GG, der durch den Besatzungsvorbehalt suspendiert wurde. Um die Neugliederung im Südwesten voranzutreiben, vereinfache Art. 118 GG das Verfahren gegenüber Art. 29 GG.[97] Art. 118 GG enthält eine enge Beschränkung des räumlichen Umfangs der von ihm geregelten Neugliederung. Allerdings eröffnet Art. 118 GG nicht lediglich die Möglichkeit des vereinfachten Verfahrens für den Zusammenschluß der in ihm genannten Länder. Er gestattet jede andere territoriale Veränderung in diesem Raum.[98]

(1) Neugliederung durch Vereinbarung der beteiligten Länder
Art. 118 S. 1 GG gewährt den drei Ländern das Recht, abweichend von der Vorschrift des Art. 29 GG eine Neugliederung durch zwischenstaatliche Vereinbarung herbeizuführen. Den Begriff der Vereinbarung bestimmt das Grundgesetz nicht näher. Nach Fritz Eberhard[99] soll Inhalt der Vereinbarung das Abstimmungsverfahren sein. Eine solche Beschränkung kommt in der allgemeinen Formulierung aber nicht zum Ausdruck. Die Art der Initiative bleibt den beteiligten Ländern überlassen.[100]

Die Vereinbarung kann, wenn sie alle drei Länder betreffen soll, nur durch das Zusammenwirken aller drei Länder zustande kommen.[101] Sie bedarf weder der Mitwirkung des Bundesgesetzgebers noch eines Volksentscheides.[102] Der

---

97 BECKMANN, Innerdeutsche Gebietsänderungen nach dem Bonner Grundgesetz (1954), S. 115.
98 MAUNZ, Rechtsfragen zur Neugliederung im Südwestraum, DRZ 1949, S. 532 ff. (532); SWOBODA, Die Neugliederung des Bundesgebietes nach dem Bonner Grundgesetz (1951), S. 67.
99 EBERHARD, Die Neugliederung des Bundesgebiets, DÖV 1949, S. 268 f. (268).
100 SWOBODA, Die Neugliederung des Bundesgebietes nach dem Bonner Grundgesetz (1951), S. 68.
101 SWOBODA, Die Neugliederung des Bundesgebietes nach dem Bonner Grundgesetz (1951), S. 67; wohl anderer Ansicht: MAUNZ, Rechtsfragen zur Neugliederung im Südwestraum, DRZ 1949, S. 532 ff. (534).
102 Zu den Einzelheiten: SWOBODA, Die Neugliederung des Bundesgebietes nach dem Bonner Grundgesetz (1951), S. 69 ff.

Bund hat im voraus seine Zustimmung gegeben, weil der Südwestraum als neugliederungsreif angesehen wurde. Eine Volksbefragung ist deshalb nicht notwendig, weil das demokratische Prinzip, daß die Willensbildung des Volkes Grundlage jeder Staatsbildung sein muß, durch verfassungsrechtliche Bestimmungen der beteiligten drei Länder hinreichend gesichert erscheinen konnte. Eine Ländervereinbarung durch die Regierungen findet ihre Legitimation in der Landesverfassung, die von dem vom Volk gewählten und unmittelbar legitimierten Gesetzgeber verabschiedet worden ist, so daß eine Länderbildung auf diesem Weg auf den Willen des Volkes zurückzuführen ist. Daher muß sich der zulässige Inhalt der Vereinbarung nach Landesrecht richten.[103] Eine Vereinbarung konnte nur dann zustande kommen, wenn sie in allen drei Ländern selbständig die verfassungsmäßige Zustimmung erhielt.[104] In den Ländern Baden, Württemberg-Baden und Württemberg-Hohenzollern kamen zum Zeitpunkt des Inkrafttretens der Verfassung für den Abschluß einer Vereinbarung nach Art. 118 S. 1 GG folgende Verfassungsbestimmungen zur Anwendung:

Die württemberg-badische Verfassung[105] sah in ihrem Art. 107 ein vereinfachtes Verfahren für Verfassungsänderungen aus Anlaß einer Vereinigung von Südwürttemberg und Südbaden mit den nördlichen Landesteilen vor. Danach bedurfte eine Vereinbarung diesen Inhalts nicht der für Verfassungsänderungen sonst vorgesehenen Form der Art. 85 Abs. 2 und Abs. 3 in Verbindung mit Art. 74 der Verfassung von Württemberg-Baden, sondern nur der Zustimmung der Regierung und des Landtages mit einfacher Mehrheit.

In Württemberg-Hohenzollern[106] waren zum Abschluß eines Staatsvertrages durch den Staatspräsidenten die Zustimmung der Regierung und die Genehmigung des Landtags notwendig (Art. 47 Abs. 2 der Verfassung). Nach Art. 23 der Verfassung hatte über eine Änderung der Verfassung eine Volksabstimmung stattzufinden, die nach Art. 71 Abs. 2 Satz 2 einer Zweidrittelmehrheit bedurfte. In Württemberg-Hohenzollern hätten sich also zwei Drittel der Abstimmenden für die Bildung des Südweststaates aussprechen müssen.

In Baden[107] ermöglichte Art. 54 der Verfassung eine Änderung der Landesgrenzen gegenüber anderen deutschen Ländern nur durch ein verfassungsänderndes Gesetz. Dieses bedurfte gemäß Art. 92 Abs. 2 neben der Zustimmung von mindestens zwei Dritteln der gesetzlichen Mitgliederzahl des Landtages noch einer Volksabstimmung.[108] In Baden hätte zwar die einfache Mehrheit der

---

103 MÜLLER; Die Schwierigkeiten einer Neugliederung Deutschlands seit 1918 (1953), S. 168.
104 SWOBODA, Die Neugliederung des Bundesgebietes nach dem Bonner Grundgesetz (1951), S. 71.
105 Verfassung von Württemberg-Baden vom 28. November 1946, WB Reg. Bl. 1946, S. 277.
106 Verfassung von Württemberg-Hohenzollern vom 20. Mai 1947, WH Reg. Bl. 1947, S. 1.
107 Verfassung Baden vom 19.Mai 1947, Bad. GVBl. 1947, S. 129.
108 SWOBODA, Die Neugliederung des Bundesgebietes nach dem Bonner Grundgesetz (1951), S. 71.

abgegebenen Stimmen ausgereicht; aber hier mußte die Volksabstimmung vom Landtag mit Zweidrittelmehrheit in Gang gebracht werden.

Eine andere Auffassung vertrat in der einschlägigen Literatur vor allem von Egloffstein.[109] Nach seiner Ansicht kommt es auf die Landesverfassungen nicht an, da Art. 118 GG sie als Bundesrecht verdrängte (Art. 31 GG). Zwar richte sich der Inhalt der Vereinbarung grundsätzlich nach Landesrecht, davon sei aber das ausgenommen, was nach Landesrecht die Gebietsveränderungen „verhinderte und erschwerte".[110] Daher sei es wichtig, die Vereinbarung nach Art. 118 S. 1 GG von einer Ländervereinbarung zu unterscheiden, die auf dem Prinzip der Gebietshoheit beruhe. Nur Vereinbarungen dieser Art seien an die Landesverfassungen gebunden.[111] Das ist nicht haltbar; denn bei der Neugliederung auf Grund des Art. 118 S. 2 GG befreit Art. 31 GG nur den Bund von der Beachtung des Landesrechts. Zudem ist nicht nachvollziehbar, wie sich die Vereinbarung nach Landesrecht richten, aber davon ausgenommen sein soll, was die Gebietsveränderung verhindert oder erschwert. Es ist nicht klar, welcher Maßstab für die Erschwerung gelten soll und welche Regelung in diesem Fall greifen.

Die drei südwestdeutschen Länder müssen sich also bei dem Abschluß einer Vereinbarung nach Art. 118 S. 1 GG an die Vorschriften ihrer Landesverfassungen halten.

(2) Neugliederung durch Bundesgesetz

Art. 118 Abs. 2 GG sieht eine Regelung durch Bundesgesetz vor, wenn die gütliche Vereinbarung der drei Länder scheitert. Eine ausdrückliche Frist bestimmt Art. 118 GG für das Gelingen der Neugliederung durch die Länder nicht. Im Falle des Scheiterns besteht für den Bundesgesetzgeber eine Pflicht zum Einschreiten.[112] Dafür spricht zum einen der bestimmte Wortlaut dieser Vorschrift, zum anderen der Sinn und Zweck, der für sie maßgebend war: Der Verfas-

---

109 VON EGLOFFSTEIN, Die Entwicklung der Neugliederungsfrage (1957), S. 245.
110 VON EGLOFFSTEIN, Die Entwicklung der Neugliederungsfrage (1957), S. 245; so wohl auch: MAUNZ, Rechtsgutachten, in: Der Kampf um den Südweststaat (1952), S. 339 ff. (340).
111 VON EGLOFFSTEIN, Die Entwicklung der Neugliederungsfrage (1957), S. 245; so auch: MAUNZ, Rechtsfragen zur Neugliederung im Südwestraum, DRZ 1949, S. 532 ff. (533); anders: JELLINEK, Rechtsfragen zur Neugliederung im Südwestraum, DRZ 1949, S. 535 f. (535), der die Vereinbarung allein innerhalb der Grenzen der Landesverfassungen zulassen will.
112 MÜLLER, Die Schwierigkeiten einer Neugliederung Deutschlands seit 1918 (1953), S. 168; BECKMANN, Innerdeutsche Gebietsänderungen nach dem Bonner Grundgesetz (1954), S. 117; JELLINEK, Rechtsfragen zur Neugliederung im Südwestraum, DRZ 1949, S. 535 f. (536); ders. Rechtsgutachten, in: Der Kampf um den Südweststaat (1952), S. 374 ff. (375); anders: MAUNZ, Rechtsfragen zur Neugliederung im Südwestraum, DRZ 1949, S. 532 ff. (534).

sungsgeber wollte die besonders dringlich erscheinende Neuregelung der Grenzen im südwestdeutschen Raum einer schnellen Lösung zuführen.[113]

Art. 118 S. 2 GG legt auch nicht näher dar, zu welchem Zeitpunkt die Verhandlungen als gescheitert anzusehen sind. Für das Zustandekommen der Vereinbarung bedarf es jdenfalls der Mitwirkung aller drei beteiligten Länder. Aus diesem Grunde müssen die Verhandlungen dann als gescheitert angesehen werden, wenn einer der Partner nicht mehr zum Abschluß einer Vereinbarung bereit ist.[114] Das ist mit Sicherheit dann der Fall, wenn eines der drei Länder dies dem Bund anzeigt. Es handelt sich bei dem Scheitern aber um ein rein tatsächliches Element ohne immanente rechtliche Voraussetzungen.

In welcher Form das Bundesgesetz die Neugliederung regeln sollte, gibt Art. 118 GG nicht vor. Art. 118 S. 2 GG legt die Neugliederung nicht allein in die Hand des Gesetzgebers, sondern sieht auch eine Mitwirkung der Bevölkerung dieses Raumes vor; das Bundesgesetz muß eine Volksbefragung vorsehen, deren Ergebnis für den Gesetzgeber verbindlich ist.[115] Eine Bindung an die Verfahrensvorschriften des Art. 29 Abs. 2 ff. GG besteht nicht.[116] Der ausdrückliche Hinweis des Art. 118 S. 1 GG, daß die Neugliederung abweichend von den Vorschriften des Art. 29 GG erfolgen kann, muß vom Zweck der Vorschrift her auch für S. 2 des Art. 118 GG gelten, der den gleichen Gegenstand betrifft.

c) Systematische Stellung des Art. 118 im Grundgesetz

Die Vorschriften, die sich mit der Neugliederung befassen – Art. 29 und 118 GG – stehen in verschiedenen Abschnitten des Grundgesetzes, Art. 29 GG im zweiten und Art. 118 GG im elften Abschnitt bei den Übergangs- und Schlußbestimmungen. Während die systematische Einordnung des Art. 29 GG im zweiten Abschnitt wie gezeigt angreifbar ist, überzeugt die systematische Stellung des Art. 118 GG prima facie eher. Art. 118 GG regelt die Neugliederung eines bestimmten Gebietes und erschöpft sich in der Neubestimmung der Ländergrenzen der Südwestländer. Ob nach erfolgter Neugliederung Art. 118 GG keine praktische Bedeutung mehr zukommt und er deshalb bei den Übergangs-

---

113 SWOBODA, Die Neugliederung des Bundesgebietes nach dem Bonner Grundgesetz (1951), S. 74 f.
114 JELLINEK, Rechtsfragen zur Neugliederung im Südwestraum, DRZ 1949, S. 535 f. (536); SWOBODA, Die Neugliederung des Bundesgebietes nach dem Bonner Grundgesetz (1951), S. 73; MÜLLER; Die Schwierigkeiten einer Neugliederung Deutschlands seit 1918 (1953), S. 168; anders: MAUNZ, Rechtsfragen zur Neugliederung im Südwestraum, DRZ 1949, S. 532 ff. (534), ders. Rechtsgutachten, in: Der Kampf um den Südweststaat (1952), S. 339 ff. (342), der eine Vereinbarung erst dann als gescheitert ansieht, wenn alle drei Länder von der Unmöglichkeit einer Einigung überzeugt sind.
115 Siehe dazu: 2. Teil, 3. Kapitel,.I 4 c; GOERGEN, Der Südweststaat im Staats- und Völkerrecht, Neues Abendland 5 (1950), S. 231 ff. (234).
116 Dazu später mehr: 2. Teil, 2. Kapitel, II 3 b.

bestimmungen im elften Abschnitt systematisch richtig eingeordnet ist, ist später näher zu erörtern.[117]

3. Das Verhältnis von Art. 118 GG zu Art. 29 GG

a) Nebeneinander oder lex specialis?
Art. 118 GG enthält eine Spezialvorschrift zu Art. 29 GG, die zum Ausdruck bringt, daß die durch die Besatzungsmächte verordnete Teilung historischer und wirtschaftlicher Einheiten im südwestdeutschen Raum zu ändern besonders dringlich erschien. Art. 118 GG schuf die Möglichkeit, in einem vereinfachten[118] Verfahren und ohne die eigentliche Neugliederung des Bundesgebietes abzuwarten die staatlichen Verhältnisse im südwestdeutschen Raum neu zu ordnen. Fraglich ist, ob nur eine einmalige Neugliederung nach Art. 118 GG möglich ist, oder ob die Grenzen im deutschen Südwesten ein weiteres Mal nach Art. 118 GG oder nach Art. 29 GG revidiert werden können.

(1) Lex-specialis-Verhältnis
Von einem lex-specialis-Verhältnis von Art. 118 gegenüber Art. 29 GG gehen z.B. Euler,[119] Fecht,[120] Heinemann,[121] Held,[122] Jaeger,[123] und Krüger/Neumayer/Schneider[124] aus. Das ergebe sich schon aus dem Wortlaut, weil der gleiche terminus technicus, nämlich „die Neugliederung" verwendet und damit in Art. 118 GG wie auch in Art. 29 GG die einmalige Neuordnung bezeichnet werde. Zudem sei von „der" und nicht von „einer Neugliederung" die

---

117 Näheres im 5. Teil, 2. Kapitel II zu der Frage, ob Art. 29 GG die korrekte Durchführung des Volksbegehrens vom 3. September bis 16. September 1956 darstellte oder ob Art. 118 GG die Neugliederung für den deutschen Südwesten vorrangig regelt, was nur nur möglich ist, wenn er nicht durch seine Anwendung verbraucht wurde.
118 Über die Frage, ob der Bundesgesetzgeber bei der Durchführung der Neugliederung nach Art. 118 GG an die Verfahrensgrundsätze des Art. 29 GG gebunden war bestand Uneinigkeit. Dazu mehr unter: 2. Teil, 2. Kapitel, II.
119 August Martin Euler während der 51. Sitzung des 1. Deutschen Bundestages am 24. März 1950, in: BT-Protokolle I/1811 ff. (1868 B, C).
120 Stellungnahme des badischen Justizministers Hermann Fecht in der 14. Sitzung des Deutschen Bundesrates in Bonn am 16. Februar 1950, in: Deutscher Bundesrat Sitzungsberichte, S. 223 ff. (236 C, D).
121 Bestätigung der Ansicht des badischen Justizministers Hermann Fecht durch Bundesinnenminister Gustav Heinemann in der 14. Sitzung des Deutschen Bundesrates in Bonn am 16. Februar 1950, in: Deutscher Bundesrat Sitzungsberichte, S. 223 ff. (236 D).
122 HELD, Kann der Südweststaat auf Grund des Art. 29 des Grundgesetzes wieder beseitigt werden?, DÖV 1954, S. 737 ff.
123 JAEGER, Die Neugliederung des Bundesgebietes nach Art. 29 des Grundgesetzes, in: Vom Bonner Grundgesetz zur gesamtdeutschen Verfassung, Festschrift zum 75. Geburtstag von Hans Nawiasky (1956), S. 359 ff. (369 ff.).
124 KRÜGER/NEUMAYER/SCHNEIDER, Baden-Württemberg oder Baden und Württemberg? (1960), S. 22.

Rede, also einer Maßnahme, die schon an anderer Stelle des Grundgesetzes bereits behandelt wurde.[125] Für ein lex specialis-Verhältnis spreche auch der Sinn. Es sei widersinnig, eine nochmalige Neugliederung zu ermöglichen, denn das Ziel des Verfassungsgebers, die willkürliche Grenzziehung durch die Besatzungsmächte aufzuheben, geschehe bereits durch die Neugliederung nach Art. 118 GG. Die Entstehungsgeschichte lege diesen Schluß ebenfalls nahe. Ursprünglich sollte die Neugliederung für das ganze Bundesgebiet einheitlich geregelt werden. Das sei ausschließlich an dem drohenden Besatzungsvorbehalt für Art. 29 GG gescheitert, der den Hauptbeweggrund für die Aufnahme des Art. 118 GG gebildet habe. Daraus ergebe sich, daß die nach Art. 118 GG durchgeführte Neugliederung ein Teil der in Art. 29 GG vorgesehenen Gesamtneugliederung sei.[126]

(2) Nebeneinander von Art. 29 und Art. 118 GG
Beckmann,[127] von Mangoldt,[128] Maunz,[129] Gebhard Müller[130] und Schäfer[131] verneinen dagegen zutreffend ein lex-specialis-Verhältnis zwischen Art. 29 und Art. 118 GG. Weder Wortlaut noch Sinn oder Entstehungsgeschichte sprechen für die erste Auffassung. Die Neugliederung ist nicht als terminus technicus zu verstehen, sondern jeder Artikel bezieht sich auf einen eigenen, in sich einheitlichen Neugliederungsvorgang. Auch ist es keineswegs sinnwidrig, wenn der Verfassungsgeber in Art. 118 GG zunächst eine dringliche, räumlich beschränkte Neugliederung im Südwestraum ermöglicht, den Südwestraum dann aber seinerseits unter das Gebot der allgemeinen Neugliederung des Bundesgebietes nach Art. 29 GG stellt.[132] Nähme man den Südwesten aus dem Geltungsbereich des Art. 29 GG heraus, so hätte das zur Folge, daß dieses Gebiet in seinen Grenzen stabil wäre. Die einmal nach Art. 118 GG vollzogene Neugliederung gewährte also Bestandsschutz. Dagegen sind alle anderen Länder in ihren Grenzen veränderbar.[133] Der Bundesgesetzgeber verstieße so gegen das Willkürgebot

---

125 HELD, Kann der Südweststaat auf Grund des Art. 29 des Grundgesetzes wieder beseitigt werden?, DÖV 1954, S. 737 ff. (738).
126 HELD, Kann der Südweststaat auf Grund des Art. 29 des Grundgesetzes wieder beseitigt werden?, DÖV 1954, S. 737 ff. (738).
127 BECKMANN, Innerdeutsche Gebietsänderungen nach dem Bonner Grundgesetz (1954), S. 118.
128 V. MANGOLDT, IN: V. MANGOLDT/KLEIN, Das Bonner Grundgesetz, Band II, 2. Auflage (1964), Art., S. 614 f.
129 MAUNZ, Rechtsfragen zur Neugliederung im Südwestraum, DRZ 1949, S. 532 ff. (534).
130 Stellungnahme von Vizepräsident des Bundesrates und Staatspräsident von Württemberg-Hohenzollern Gebhard Müller in der 14. Sitzung des Deutschen Bundesrates in Bonn am 16. Februar 1950, in: Deutscher Bundesrat Sitzungsberichte, S. 223 ff. (237 B, C, D).
131 SCHÄFER, Ist der Südweststaat bei der Neugliederung des Bundesgebietes nach Art. 29 Abs. 1 bis 6 GG insgesamt tabu?, DÖV 1955, S. 111 f. (112).
132 GREULICH, Länderneugliederung und Grundgesetz (1995), S. 65.
133 MAUNZ, Rechtsfragen zur Neugliederung im Südwestraum, DRZ 1949, S. 532 ff.

des Art. 3 Abs. 1 GG, das als ein Element des objektiven Gerechtigkeitsprinzips und damit des das Grundgesetz beherrschenden Grundsatzes der Rechtsstaatlichkeit ist. Dieser hat auch Geltung für die Bundesländer, so daß alle Länder der Bundesrepublik qualitativ gleich zu behandeln sind.[134]

b) Konsequenzen

Das Verhältnis des Art. 118 GG zu Art. 29 Abs. 1 GG ist geprägt vom Sinn und Zweck des Art. 118 GG, für das Verfahren der Neugliederung des deutschen Südwestraumes eine Erleichterung zu schaffen. Das schließt es aus, daß Art. 118 GG auch materielle Vorschriften des Neugliederungskomplexes des Art. 29 GG ändern wollte. Die Stellung des Art. 118 GG in den Übergangsvorschriften unterstreicht dies. Übergangsvorschriften bedürfen grundsätzlich einer restriktiven Auslegung, wenn sie auf die Grundsätze des Hauptteils Auswirkungen haben. Art. 29 Abs. 1 GG schreibt ein allgemeines Neugliederungsprinzip fest, dieses kann durch Art. 118 GG niemals verdrängt werden. Diese Prinzipien gelten auch für die Neugliederung der südwestdeutschen Länder nach Art. 118 GG.[135]

Art. 118 S. 1 GG bestimmt für die Neugliederung durch Ländervereinbarung ein von Art. 29 Abs. 2 bis 4 GG abweichendes Verfahren. Das Bundesverfassungsgericht lehnte dementsprechend in seinem ersten Südweststaatsurteil[136] eine Bindung des Bundesgesetzgebers an die Verfahrensvorschriften bei einer Neugliederung nach Art. 118 S. 2 GG ab.[137]

---

[134] Dazu ausführlich: 3. Teil, 3. Kapitel, III 9 a (1).
[135] So auch Ernst August Farke, in der 135. Sitzung des Deutschen Bundestages am 18. April 1951, in: BT-Protokolle I/5257 ff. (5307 B, C).
[136] BVerfGE 1, 14 (48 f.).
[137] Dazu näher: 3. Teil, 1. Kapitel; 3. Teil, 2. Kapitel III 2.

3. Kapitel: Verhandlungen auf der Grundlage des Art. 118 GG

Durch das Inkrafttreten des Grundgesetzes änderte sich das Verfahren für die Neugliederung weitgehend. Art. 118 GG trat an die Stelle des Frankfurter Dokuments Nr. 2, womit die Zuständigkeit für den Länderzusammenschluß in deutsche Hände überging. Die Lage war nunmehr dadurch erschwert, daß für die Vereinbarung der drei südwestdeutschen Länder im Sinne des Art. 118 GG die entsprechenden Bestimmungen der drei Länderverfassungen, deren Inhalt voneinander abwich, maßgebend waren.[1]

Es war wenig wahrscheinlich, daß Baden und Württemberg-Hohenzollern die erforderlichen Mehrheiten für eine Südweststaatsvereinbarung hätten erreichen können. Im badischen Landtag war die Zweidrittelmehrheit für ein verfassungsänderndes Gesetz zur Änderung der Landesgrenzen so gut wie ausgeschlossen, und selbst in Württemberg-Hohenzollern, das dem Südweststaat freundlich gesonnen war, lag es im ungewissen, ob sich die Bevölkerung mit Zweidrittelmehrheit für ihn entscheiden würde.[2] Ansporn für eine Ländervereinbarung trotz dieser kaum zu erreichenden Mehrheitserfordernisse war aber eine anderenfalls drohende Durchführung der Neugliederung durch den Bund nach Art. 118 S. 2 GG. Die Neugliederung durch den Bund war insbesondere für Baden – das als einziges der drei Länder die Gründung des Südweststaates ablehnte – bedrohlich, da der Bundesgesetzgeber von den Vorschriften des Landesverfassungsrechts unabhängig agieren konnte (Art. 31 GG).[3] Stellte also Baden zu hohe Anforderungen gegenüber Württemberg-Baden und Württemberg-Hohenzollern für seine Einwilligung zur Gründung des Südweststaates, so drohte ihm der Übergang der Neugliederungskompetenz auf den Bundesgesetzgeber, von dem es wenig Entgegenkommen erwarten konnte.

I. Behandlung der Südweststaatsfrage auf Landesebene

1. Der Freiburger Vertragsentwurf vom 24. August 1949

a) Vorgeschichte
Gebhard Müller, Viktor Renner, Albert Sauer und Theodor Eschenburg fanden sich zum Zweck der Wiederaufnahme der Südweststaatsverhandlungen am 30. Juni 1949 in Stuttgart bei der Stuttgarter Regierung zu einer Ministerratssitzung

---

1 ESCHENBURG, Das Problem der Neugliederung der Deutschen Bundesrepublik (1950), S. 33.
2 MUSSGNUG, Die Anfänge Baden-Württembergs in verfassungsrechtlicher und verfassungsgeschichtlicher Sicht, ZWLG 43 (1984), S. 373 ff. (388).
3 MUSSGNUG, Die Anfänge Baden-Württembergs in verfassungsrechtlicher und verfassungsgeschichtlicher Sicht, ZWLG 43 (1984), S. 373 ff. (388).

ein.[4] Gebhard Müller unterbreitete dem Stuttgarter Ministerrat ein Länderabkommen, das sich aus vier Punkten zusammensetzte:
1. Zusammenschluß der Länder, Bestellung einer verfassunggebenden Versammlung, die zugleich erster Landtag sein sollte, nach dem Verhältniswahlrecht,
2. Regierungsbildung,
3. Erlaß eines Organisationsstatuts durch die verfassunggebende Versammlung und
4. eine Vereinbarung über Vorbehalte entsprechend dem Karlsruher Entwurf.

Gebhard Müller einigte sich mit der Stuttgarter Regierung auf den gemeinsamen Vorschlag, einen Staatsvertrag zwischen den drei Ländern unter Rücksichtnahme auf die badischen Forderungen hinsichtlich der landsmannschaftlichen Belange abzuschließen. Dieser Staatsvertrag sollte zugleich mit der Volksabstimmung über die Frage nach Wiederherstellung der alten Länder oder Bildung des Südweststaates zur Entscheidung gestellt werden. Er sollte in Kraft treten, wenn das Plebiszit zugunsten des Südweststaats ausfällt. Eine Verfassunggebende Landesversammlung sollte auf Grund dieses Staatsvertrages, dessen Bestimmungen uneingeschränkt übernommen werden sollten, eine Verfassung ausarbeiten.

Am 19. Juli 1949 führten Theodor Eschenburg und Gebhard Müller Verhandlungen über einen Staatsvertrag mit der badischen Regierung in Freiburg. Es bestand Einigkeit darüber, daß die Neugliederung der drei Länder vor einer bundesweiten Neuordnung der Ländergrenzen stattfinden sollte. Leo Wohleb behielt sich eine schriftliche Stellungnahme vor.[5] Mehr als die Zusage, die Verhandlungen fortzuführen, erreichte die Tübinger Delegation in Freiburg nicht. Denn Leo Wohleb und sein Kabinett verlangten, bei der Volksabstimmung die Alternativfrage „Südweststaat oder alte Länder" zu stellen. Im übrigen verwies Wohleb auf den neuen südbadischen Entwurf für eine Vereinbarung, der in Kürze bekanntgegeben werden sollte. Am 24. August 1948 legte Leo Wohleb diesen angekündigten Entwurf vor.

b) Inhalt
Mit dem badischen Entwurf schlug Leo Wohleb einen neuen Weg ein.[6] Er verlangte drei Abstimmungsbezirke, Gesamtbaden, Gesamtwürttemberg und Hohenzollern, in denen bei einer Volksabstimmung die Alternativfrage nach der Wiederherstellung oder dem Zusammenschluß der Länder gestellt werden sollte. Hohenzollern sollte darüber hinaus entscheiden, ob es sich für den Fall einer

---
4   Der Kampf um den Südweststaat (1952), S. 27.
5   Der Kampf um den Südweststaat (1952), S. 27.
6   NÜSKE, Die Rolle Württemberg-Hohenzollerns bei der Bildung des Südweststaates, in: Das Land Württemberg-Hohenzollern 1945 – 1952, Darstellungen und Erinnerungen (1982), S. 367 ff. (383).

Wiederherstellung der alten Länder an Baden oder Württemberg anschließen wolle. Der Entwurf sah vor, die Volksabstimmung getrennt nach den alten Ländern auszuwerten. Stimmte in Gesamtbaden die Mehrheit für die Wiederherstellung der alten Länder, so sollten unabhängig von dem Ergebnis in den anderen Stimmbezirken die alten Länder neu gebildet werden. Wenn sich in allen drei Abstimmungsbezirken für den Südweststaat eine Mehrheit ergeben würde, sollte eine Verfassunggebende Versammlung gewählt werden. Die von dieser ausgearbeitete Verfassung sollte angenommen sein, wenn die Mehrheit der Landtagsabgeordneten aus jedem der drei Abstimmungsbezirke ihr zustimmte.[7]

c) Weiterer Verlauf der Verhandlungen

Am 26. August 1949 teilte Gebhard Müller Leo Wohleb mit, daß mit einer Stellungnahme der Tübinger Regierung nicht sogleich gerechnet werden könne, da zahlreiche Minister sich im Urlaub befänden – Gebhard Müller versuchte, Zeit zu gewinnen.[8] Der Stuttgarter Ministerrat befaßte sich am 29. August 1949 mit dem südbadischen Entwurf. Ihm lag bereits eine kurze Analyse von Staatssekretär Hermann Gögler vor, die mit der Bemerkung schloß, der Entwurf enthalte so viele „Tücken und Klippen", daß ein Bundesgesetz nach Art. 118 GG vorzuziehen sei.[9] Reinhold Maier bezeichnete die Alternativfrage als das Hauptproblem. Er schlug seinem Ministerrat vor, den Beschluß auszusetzen, bis die Tübinger und Stuttgarter Sachverständigen den Entwurf gemeinsam geprüft hätten. In Reinhold Maiers Auftrag unterrichtete dann der Staatsrat von Württemberg-Baden, Konrad Wittwer, den südbadischen Staatspräsidenten, daß der Ministerpräsident einen Erholungsurlaub angetreten habe und eine Antwort daher erst nach seiner Rückkehr, zudem nach Beratungen im Ministerrat und im Ständigen Ausschuß erteilt werden könne.[10]

Mitte September standen die Stellungnahmen der Tübinger und Stuttgarter Regierung zum Wohleb'schen Vereinbarungsentwurf noch aus. Leo Wohleb nützte die Untätigkeit Tübingens und Stuttgarts zu einer regen Aktivität in seinem Lande. Wohleb besuchte jeden Sonntag Gemeinden, nahm an der Einweihung von Kirchen und der Weihe von Glocken teil, eröffnete Ausstellungen,

---

7   Entwurf, in: Akten des Staatsarchivs Ludwigsburg, Bestand des Staatsministeriums von Württemberg-Baden E 131 V   P 32/2/85; und in: Der Kampf um den Südweststaat (1952), S. 27 f.
8   Antwortschreiben von Müller an Wohleb vom 26. August 1949, in: Akten des Staatsarchivs Ludwigsburg, Bestand des Staatsministeriums von Württemberg-Baden E 131 V   P 32/2/90.
9   Stellungnahme von Hermann Gögler vom 29. August 1949, in: Akten des Staatsarchivs Ludwigsburg, Bestand des Staatsministeriums von Württemberg-Baden E 131 V   P 32/2/91.
10 Schreiben von Wittwer an Wohleb vom 29. August 1949, in: Akten des Staatsarchivs Ludwigsburg, Bestand des Staatsministeriums von Württemberg-Baden E 131 V   P 32/2/93; KONSTANZER, Die Entstehung des Landes Baden-Württemberg (1969), S. 174.

beging Jubiläen, verlieh Stadtrechte. In Württemberg-Baden blieb die Südweststaat-Frage umkämpft. Beide Seiten legten eine erhöhte Aktivität an den Tag. Einerseits gründeten Vertreter der Politik, der Wirtschaft, der Wissenschaft und der Verwaltung aus Nordbaden unter dem Vorsitz des Weinheimer Fabrikanten und FDP-Bundestagsabgeordnete Richard Freudenberg die Vereinigung Südwest, die sich in einer Entschließung zum Südweststaat bekannte.[11] Der Landesvorstand der SPD von Württemberg-Baden brachte in einer Entschließung seinen Willen zum Südweststaat einstimmig zum Ausdruck.[12] Selbst der Stadtrat von Karlsruhe, der früheren Hauptstadt Badens, orientierte sich in Richtung Südweststaat. Der Stadtrat beschloß einstimmig, daß Karlsruhe sich als Landeshauptstadt für den Südweststaat bewerben solle.[13] Andererseits fanden in Karlsruhe öffentliche Kundgebungen für die Wiederherstellung Badens statt.[14] Weiter agierten einige Kreise der nordbadischen CDU gemeinsam mit Leo Wohleb antiwürttembergisch, indem sie die Südweststaatsfrage zur konfessionellen Frage erhoben.[15]

Mit Schreiben vom 28. September 1949 erinnerte Leo Wohleb Reinhold Maier an die ausstehende Antwort zum badischen Entwurf. Er kündigte mögliche Zugeständnisse an und war sogar bereit, auf die Alternativfrage zu verzichten, wenn bei einer Ablehnung des Südweststaats die alten Länder automatisch wiederhergestellt würden. Er verlangte allerdings eine Stellungnahme bis Mitte Oktober. Ansonsten wollte er die Regelung der Südweststaatsfrage der Bundesregierung überlassen.[16]

Angesichts dessen traten die Ende August berufenen Sachverständigen am 30. September 1949 zu ihrer ersten Sitzung in Tübingen zusammen. Neben Formulierung und Reihenfolge der südbadischen Alternativfrage lehnten sie auch den jüngsten Vorschlag Wohlebs ab. Sie empfahlen, zuerst die Frage nach dem Südweststaat und dann die Frage nach der Wiederherstellung der alten Länder zu stellen. Es bestanden allerdings Meinungsverschiedenheiten zwischen den Tübinger und Stuttgarter Vertretern, ob diese Fragen alternativ in einer einzigen Abstimmung oder getrennt in zwei Abstimmungen gestellt werden sollten. Eine Einigung über das weitere Vorgehen konnte nicht erreicht werden.[17]

---

11   Frankfurter Rundschau vom 13. Oktober 1949, Mannheimer Morgen vom 12. Oktober 1949, Badische Zeitung vom 13. Oktober 1949.
12   Neuer Vorwärts vom 15. Oktober 1949.
13   Frankfurter Rundschau vom 13. Oktober 1949, Südkurier vom 15. Oktober 1949.
14   Mannheimer Morgen vom 21. Oktober 1949.
15   Die Welt vom 13. Oktober 1949, Südkurier vom 15. Oktober 1949, Neuer Vorwärts vom 15. Oktober 1949, Das Volk vom 20. Oktober 1949.
16   Schreiben von Wohleb an Maier und Müller vom 28. September 1949, in: Akten des Staatsarchivs Ludwigsburg, Bestand des Staatsministeriums von Württemberg-Baden E 131 V P 32/2/103; Allgemeine Zeitung, Mainz vom 28. September 1949.
17   Niederschrift der Zusammenkunft der Sachverständigen vom 30. September 1949, in: Akten des Staatsarchivs Ludwigsburg, Bestand des Staatsministeriums von Württem-

In den folgenden Tagen gefährdete eine geplante Gesetzesinitiative der FDP-Bundestagsfraktion für eine Neugliederung des Südwestens die Vorarbeiten für die Wiederaufnahme von Verhandlungen mit Leo Wohleb. Initiator war der bereits genannte Weinheimer Fabrikant und FDP-Bundestagsabgeordnete Richard Freudenberg. Theodor Eschenburg und Konrad Wittwer gelang es jedoch in einer eilends einberufenen Besprechung, Freudenberg zu bewegen, den Antrag so lange zurückzustellen, bis alle Möglichkeiten für eine Vereinbarung erschöpft waren.[18] Mit unermüdlichem Eifer warb Freudenberg derweil bei Abgeordneten, Landräten und Bürgermeistern in ganz Nordbaden für den Südweststaat, immer wieder eindringlich die Gefahr vor Augen führend, daß bei einer Durchzählung nach alten Ländern die nordbadischen Stimmen von den südbadischen majorisiert werden könnten. Um dies zu verhindern, regte Freudenberg an, die vier Landesteile Nordbaden, Nordwürttemberg, Südwürttemberg-Hohenzollern und Südbaden getrennt zu bewerten. Freudenberg brachte damit als erster den Vier-Bezirke-Modus ins Spiel.[19]

Am 11. Oktober 1949 trafen die Tübinger und Stuttgarter Regierungen ihre Entscheidung. Am 12. Oktober 1949 nahm die Regierung von Württemberg-Hohenzollern, am 13. Oktober 1949 die Regierung von Württemberg-Baden im gleichen Sinne zu den Vorschlägen von Leo Wohleb Stellung. Beide lehnten die Alternativfrage ab und verlangten zwei Abstimmungen. Für die zweite Abstimmung gestand Reinhold Maier die Durchzählung nach den alten Ländern zu. Entsprechend den Bebenhausener und Bühler Beschlüssen forderten Gebhard Müller und Reinhold Maier erneut eine verfassungsrechtlich verankerte Sicherung weniger Vorbehalte in Form einer Vereinbarung.

Bei Betrachtung der Antworten ergibt sich, daß die Verhandlungen seit Bebenhausen und Bühl keinerlei Fortschritt gebracht hatten. Der Standpunkt der Stuttgarter Regierung gegenüber einer Trennung von Nordwürttemberg und Nordbaden hatte sich ebenso wenig geändert wie die starre Haltung Leo Wohlebs. Die Verhandlungen auf der Basis dieser Stellungnahmen fortzusetzen, wie Gebhard Müller es anregte, schien daher wenig erfolgversprechend.

2. Die Freudenstädter Beschlüsse der CDU am 22. Oktober 1949

Nach den vorangegangenen ergebnislos verlaufenen Einigungsversuchen zwischen den Regierungen der drei südwestdeutschen Länder versuchten die CDU-Vorstände der drei Länder auf einer Tagung in Freudenstadt eine Lösung zu finden. Zu diesem Zeitpunkt standen sich zwei Extreme gegenüber: Leo Wohleb wollte mit Hilfe der Alternativfrage und der Durchzählung nach alten Län-

---

berg-Baden E 131 V P 32/2/105. Teilnehmer waren: Für Stuttgart Gögler und Martens, für Tübingen Eschenburg und Thierfelder, für Hohenzollern Haug.
18 Der Antrag wurde am 30. März 1950 dann doch gestellt und im Jahre 1951 vom Bundestag behandelt; dazu siehe unten: 2. Teil, 3. Kapitel, II 1.
19 MATZ, Reinhold Maier (1989), S. 353.

dern den Südweststaat verhindern und die Wiederherstellung der alten Länder erzwingen. Die Stuttgarter und die Tübinger Regierung erstrebten dagegen den Südweststaat.[20]

Die CDU-Landesvorstände einigten sich auf eine Volksabstimmung mit doppelter Fragestellung und Durchzählung der Stimmen nach alten Ländern.[21] Leo Wohleb akzeptierte, daß die Frage nach dem Südweststaat vorangestellt wurde und daß die Stimmen, die für die Wiederherstellung der alten Länder abgegeben wurden, nur dann ins Gewicht fielen, wenn der Südweststaat keine Mehrheit erlangte. Diese Fragestellung begünstigte die Entstehung des Südweststaates, da sie die unschlüssigen Wähler nicht vor die Alternative „Südweststaat oder alte Länder" stellte. Sie ermöglichte, zugleich beide Lösungen zu befürworten, wobei ein Ja zum Südweststaat schwerer wog, weil bei der Auszählung der Mehrheit beide Fragen getrennt gewertet wurden und die Ergebnisse nicht gegeneinander aufgerechnet werden konnten. Darüber hinaus eröffnete die zweite Fragestellung theoretisch die Möglichkeit, den territorialen Status quo aufrechtzuerhalten. Die abgegebenen Stimmen sollten nämlich ebenfalls nach den alten Ländern durchgezählt werden. Es sollte also auch bei der Entscheidung „alte Länder oder Status quo" von der Fiktion ausgegangen werden, daß Gesamtbaden und Gesamtwürttemberg am Abstimmungstag eine Einheit bildeten. Ungeachtet der tatsächlichen territorialen und staatsrechtlichen Verhältnisse hätte demnach Gesamtbaden über seine Wiederherstellung oder die Loslösung Nordbadens, das bereits ein Bestandteil des Landes Württemberg-Baden war, entscheiden müssen.[22]

Allerdings war es sehr unsicher, ob dieser Kompromiß in Stuttgart angenommen werden konnte, denn wenige Tage zuvor hatten sich die nordbadischen Bundestagsabgeordneten unter Führung von Richard Freudenberg zusammengeschlossen, um den Südweststaatsgedanken zu fördern.[23] Von dieser Seite durfte man eine Unterstützung der Müllerschen Kompromißpolitik nicht erhoffen, denn Richard Freudenberg tendierte zu einer Einteilung des Abstimmungsgebiets in vier Bezirke, die den Südweststaat sicherstellte. Theodor Eschenburg hatte deshalb noch am Vorabend der Freudenstädter Besprechungen Staatspräsident Gebhard Müller geraten, für die Auswertung der zweiten Frage vier Abstimmungsbezirke zugrunde zu legen, damit Nordbaden allein über sein künftiges Schicksal entscheiden könne und eine Majorisierung durch Südbaden ausgeschlossen sei. Andernfalls sah Theodor Eschenburg keine Mög-

---

20 Der Kampf um den Südweststaat (1952), S. 28.
21 Siehe dazu auch: RENNER, Entstehung und Aufbau des Landes Baden-Württemberg, JöR n.F., Bd. 7 (1958), S. 197 ff. (206).
22 KONSTANZER, Die Entstehung des Landes Baden-Württemberg (1969), S. 183.
23 Frankfurter Rundschau vom 13. Oktober 1949.

lichkeit für eine Einigung mit Stuttgart, da Reinhold Maier strikt den Südweststaat verfocht.[24]

Blickt man bei einer Bewertung der Freudenstädter Beschlüsse der CDU auf den Freiburger Vertragsentwurf vom 24. August 1949 zurück, so hatte Gebhard Müller einen großen Erfolg errungen; stellt man ihnen dagegen die Resultate der Bühler und Bebenhausener Besprechungen gegenüber, ergibt sich, daß Gebhard Müller Leo Wohleb nur das Mehrheitsvotum betreffend die Wiederherstellung der alten Länder abringen konnte. Die Verhandlungen waren nahezu wieder an ihrem Ausgangspunkt angelangt. Mit den Freudenstädter Beschlüssen war nichts erreicht, was nicht schon einmal Gegenstand der Verhandlung war.

3. Das Scheitern der Freudenstädter Beschlüsse

Die Tübinger Regierung nahm die Freudenstädter Beschlüsse an. Reinhold Maier kündigte Staatspräsident Gebhard Müller mit Schreiben vom 28. Oktober 1949 seine Bereitschaft an, die Freudenstädter Beschlüsse zu akzeptieren.[25] Auch Leo Wohleb teilte am 7. November 1949 Gebhard Müller und Reinhold Maier mit, daß seine Regierung den Freudenstädter Beschlüssen zustimme.[26] Er schlug vor, alsbald in direkte Verhandlungen einzutreten. Eine Einigung schien so greifbar wie nie zuvor.

Die Tübinger Regierung benannte sofort Beauftragte. Der Stuttgarter Ministerrat vertagte seine Entscheidung vom 21. auf den 28. November und dann auf den 5. Dezember 1949. Hintergrund bildete eine Initiative gegen die Freudenstädter Beschlüsse, die von Richard Freudenberg ausging.[27] Unterstützt von Landtagsabgeordneten, Landräten und Bürgermeistern aller Parteien, forderte Freudenberg am 1. November 1949 Reinhold Maier auf, die Freudenstädter Beschlüsse nur dann anzunehmen, wenn die südbadischen und nordbadischen Stimmen getrennt gewertet würden. In der Heidelberger Entschließung vom 7. November 1949, die von zahlreichen namhaften Südweststaatsanhängern meist kurpfälzischer Herkunft unterschrieben war, unterstrich er diese Forderung.[28] Die Versammlung äußerte den Wunsch nach der Einrichtung von vier Stimmbezirken. Ersatzweise schlug Freudenberg vor, in Nordbaden eine Vorabstim-

---

24 Schreiben von Theodor Eschenburg an Gebhard Müller vom 21. Oktober 1949, in: Akten der ehemaligen Staatskanzlei vom Württemberg-Hohenzollern beim Regierungspräsidium Tübingen 223/150/49.
25 Schreiben von Maier an Müller vom 28. Oktober 1949, ihn: in: Akten der ehemaligen Staatskanzlei vom Württemberg-Hohenzollern beim Regierungspräsidium Tübingen 223/171/49.
26 Der Kampf um den Südweststaat (1952), S. 29.
27 NÜSKE, Die Rolle Württemberg-Hohenzollerns bei der Bildung des Südweststaates, in: Das Land Württemberg-Hohenzollern 1945 – 1952, Darstellungen und Erinnerungen (1982), S. 367 ff. (384).
28 Briefe in: Akten des Hauptstaatsarchivs Stuttgart, EA 1/20, P 32, Bü 6 und Nachlaß Reinhold Maier, im Hauptstaatsarchiv Stuttgart, Q 1/8, 48; siehe dazu auch: MATZ, Reinhold Maier (1989), S. 352 f.

mung über eine Trennung der beiden Landesteile abzuhalten, wenn der Stuttgarter Ministerrat auf die Freudenstädter Beschlüsse einzugehen gedenke.[29] Am 18. November 1949 gelang es Richard Freudenberg durch seinen Besuch in Freiburg, die führenden Freiburger Südweststaatsanhänger für eine getrennte Durchzählung der Stimmen in Nord- und Südbaden zu gewinnen.[30] Richard Freudenberg brachte durch diese Aktivitäten den Vier-Bezirke-Modus ins allgemeine Bewußtsein, der den Befürworten des Südweststaats letztlich den Erfolg bringen sollte.

Leo Wohleb und Gebhard Müller lehnten eine Abstimmung nach dem Vier-Bezirke-Modus kategorisch ab, da bei dieser Zählung die alten Länder Baden und Württemberg keine Beachtung fanden.[31] Auch Reinhold Maier zögerte zunächst, auf Freudenbergs Vorschlag einzugehen. In einer Unterredung meinte er, es falle schwer, von der Zusage einer einheitlichen Durchzählung der ehemaligen Länder Württemberg und Baden zurückzutreten. Eine solche Schwenkung würde nicht nur rechtliche Probleme aufwerfen, sondern auch in der taktischen Durchführung auf Schwierigkeiten stoßen.[32]

Die Stuttgarter Ministerratssitzung vom 5. Dezember 1949 stand im Zeichen der Heidelberger Entschließung. Direkt zu Beginn verlas Reinhold Maier den Text der Resolution. Er betonte, daß er den Freudenstädter Beschlüssen trotz der ungewissen Haltung des Landtags zugestimmt hätte, wenn die Heidelberger Entschließung nicht vorliegen würde. Als Theodor Eschenburg stellvertretend für Gebhard Müller deutlich machte, daß die Tübinger Regierung „für sich alle Freiheit in Anspruch nehmen" werde, wenn die Verhandlungen fortgesetzt würden, einigte sich der Ministerrat auf die grundsätzliche Annahme der Freudenstädter Beschlüsse; das Auswertungsverfahren dagegen sollte nach der Heidelberger Entschließung gestaltet werden.[33] Die Aktivitäten von Richard Freudenberg hatten das Stuttgarter Kabinett zu dieser Modifikation bewogen. Zu stark war die Furcht, bei Anwendung des auf Grund der Freudenstädter Beschlüsse festgesetzten Abstimmungsverfahrens könnte Nordbaden durch Südbaden majorisiert werden, wodurch Württemberg-Baden aufzulösen wäre. Als das württemberg-badische Kabinett die neuesten Entwicklungen in der Südweststaatsfrage am 5. Dezember 1949 beriet, schloß Reinhold Maier sich dem Vorschlag seines Innenministers Fritz Ulrich an, das Gebiet der drei südwestdeutschen Länder für die Volksabstimmung in vier Bezirke zu gliedern. Wenn in dreien dieser Bezirke eine Mehrheit dafür stimmte, sollte der Südweststaat per-

---

29 Akten des Staatsarchivs Ludwigsburg, Bestand des Staatsministerium von Württemberg-Baden E 131 V P 32/2/154.
30 Rhein-Neckar-Zeitung, 22. November 1949.
31 MATZ, Reinhold Maier (1989), S. 353.
32 Nachlaß Reinhold Maier, im Hauptstaatsarchiv Stuttgart, Q 1/8, 48; siehe dazu auch: MATZ, Reinhold Maier (1989), S. 353.
33 Protokoll der Sitzung, in: Akten der ehemaligen Staatskanzlei von Württemberg-Hohenzollern beim Regierungspräsidium Tübingen 223/219/49.

fekt sein. Als Zugeständnis an die Freiburger Regierung billigte das Kabinett mit der Stimme des Regierungschefs den ergänzenden Vorschlag von Wirtschaftsminister Hermann Veit, wonach einem unterlegenen Abstimmungsbezirk, der bisher ein selbständiges Land gebildet hatte, das Recht eingeräumt werden sollte, aus dem gemeinsamen Verband nach einer zusätzlichen Volksabstimmung wieder auszuscheiden.[34] Über den Ausgang der Sitzung informierte Reinhold Maier mit Schreiben vom 7. Dezember 1949 die Tübinger und Freiburger Regierungen. Hierin bestätigte Reinhold Maier die doppelte Fragestellung in einer Volksabstimmung, wie sie die Freudenstädter Beschlüsse vorsahen, sowie die Einteilung der drei Länder in die vier Abstimmungsbezirke Nordbaden, Südbaden, Nordwürttemberg und Südwürttemberg-Hohenzollern. Damit machte sich die Landesregierung von Württemberg-Baden den Plan von Richard Freudenberg zu eigen.

Dieser Vorschlag Reinhold Maiers war für Leo Wohleb unannehmbar. Wie zu erwarten war, lehnte Wohleb ihn am 2. Januar 1950 entschieden ab[35] und wandte sich mit einem Aufruf für Baden an die badische Bevölkerung.[36] Gebhard Müller erklärte in der Sitzung vom 16. Dezember 1949, er sei zu einer Vermittlungsaktion nicht mehr bereit, da Leo Wohleb auf den Vorschlag nicht eingehen werde, und so die Südweststaatsfrage an den Bund gehe, wovon er aber gleichfalls keine Lösung erwarte, die dem Südweststaat Rechnung trage.[37] Müllers Vorbehalte gegenüber einer Regelung durch den Bund waren stichhaltig. Sie lösten in Stuttgart einige Beunruhigung aus. Dennoch bemühte sich Gebhard Müller weiter um eine Vereinbarung, der die Freudenstädter Beschlüsse als Grundlage dienen sollten. So regten Mitte März Leo Wohleb und Gebhard Müller an, noch ein letztes Mal in Verhandlungen einzutreten.[38]

4. Die Freudenstädter Vereinbarung der drei Regierungschefs vom 15. April 1950

a) Tagung
Am Samstag, dem 15. April 1950, trafen die drei Regierungschefs in Freudenstadt zusammen. Die Mittel der Verständigung schienen erschöpft, da die Ansichten über die Einteilung der Abstimmungsbezirke und die Auszählung der

---

34 Akten des Hauptstaatsarchivs Stuttgart, EA 1/20, C 1/32.
35 NÜSKE, Die Rolle Württemberg-Hohenzollerns bei der Bildung des Südweststaates, in: Das Land Württemberg-Hohenzollern 1945 – 1952, Darstellungen und Erinnerungen (1982), S. 367 ff. (384 f.); Der Kampf um den Südweststaat (1952), S. 29.
36 Aufruf Leo Wohlebs in der Rhein-Neckar-Zeitung vom 4. Januar 1950.
37 Gebhard Müller in der Kabinettssitzung in Tübingen am 16. Dezember 1949, in: Akten des Staatsarchivs Ludwigsburg, Bestand des Staatsministeriums von Württemberg-Baden E 131 V P 32/2/180.
38 KONSTANZER, Die Entstehung des Landes Baden-Württemberg (1969), S. 201.

Stimmen zu sehr auseinanderlagen.[39] Ein Scheitern der Verhandlungen blieb aber aus, da Gebhard Müller einen Vorschlag unterbreitete, der auf Theodor Eschenburg zurückging.[40] Die bisherigen Verhandlungen hatten darunter gelitten, daß die Volksmeinung nicht hinreichend bekannt war.[41] Theodor Eschenburg hatte daher angeregt, die konkreten Vorstellungen der Bevölkerung in einer informatorischen Volksbefragung zu ermitteln und die Verhandlungen dann auf der Grundlage dieser Ergebnisse fortzusetzen.[42] Eschenburg hob ausdrücklich hervor, daß die Volksbefragung eben der Vorteil auszeichne, daß sie bei einem mehrdeutigen Ergebnis, das unterschiedlich ausgelegt werden könne, Korrekturen zulasse.[43] Da diese Befragung keine konstitutive Wirkung haben sollte, konnten so die umstrittene Einteilung in Abstimmungsbezirke und die Regelung der Auswertung umgangen werden. Theodor Eschenburg schlug vor, die weiteren Vereinbarungsverhandlungen auf drei Monate zu befristen. Wenn sich in diesem Zeitraum keine Einigung einstellte, sollte der Bund eingeschaltet werden. Einigten sich die Regierungen der drei Länder auf Grund dieser Volksbefragung auf den Südweststaat oder die Wiederherstellung der alten Länder, so genügte es, in einer Volksabstimmung eine Frage zu stellen. Blieb eine Vereinbarung der Länder aus, weil das Ergebnis nicht eindeutig ausfiel, so könnte der Bund anhand der Ergebnisse Fragestellung und Auswertung der Volksabstimmung festlegen. In diesem Zusammenhang kam der Volksbefragung eine besondere Bedeutung zu, da man damit rechnen mußte, daß Leo Wohleb seinen Widerstand gegen den Südweststaat unabhängig von ihrem Ausgang fortsetzen würde. Der Bund war zwar in seiner Entscheidung ungebunden, konnte aber weder an der Tatsache noch am Inhalt der bisherigen Verhandlungen vorübergehen, sondern mußte sich an das halten, was bei der Beurteilung der Verhandlungen als laut Theodor Eschenburg „relativ vorherrschende communis opinio"[44] (sic!) anzusehen war.

b) Ergebnis[45]
Den Vorschlag Theodor Eschenburgs nahmen Reinhold Maier und Leo Wohleb an. Es sollte eine informatorische Volksbefragung stattfinden, nicht aber ein Volksentscheid, der die Regierungen zu einem Handeln verpflichtet hätte. Wenn die ihr nachfolgenden Vereinigungsverhandlungen innerhalb von drei Monaten

---

39 Der Kampf um den Südweststaat (1952), S. 32.
40 MATZ, Reinhold Maier (1989), S. 355.
41 Vor der Freudenstädter Tagung am 15. April 1950 hatte Institut für Demoskopie in Allensbach im Auftrag der Landesregierung von Württemberg eine Umfrage zwischen dem 10. und 15. August 1948 durchgeführt. Dazu näher: 2. Teil, 3. Kapitel I 6 a.
42 MOERSCH/HÖLZLE, Kontrapunkt Baden-Württemberg, (2002), S. 103.
43 KONSTANZER, Die Entstehung des Landes Baden-Württemberg (1969), S. 205.
44 Schreiben von Eschenburg an Müller vom 14. April 1950, Akten der ehemaligen Staatskanzlei von Württemberg-Hohenzollern beim Regierungspräsidium Tübingen 223/106/50.
45 Vgl. den Wortlaut der Freudenstädter Einigung vom 15. April 1950, in: Anhang 4 XVI.

zu keiner Einigung führten, sollte die Regelung der Neugliederungsfrage an den Bund gehen.[46]

Die in Freudenstadt eingesetzte Kommission zur Ausarbeitung eines Gesetzentwurfs für die Volksbefragung erzielte in ihrer Sitzung in Tübingen am 28. April 1950 eine Einigung. Daraufhin verabschiedeten die Landtage der drei Länder gleichlautende Gesetze zur Durchführung der Volksbefragung.[47] Nach diesen sollte die Volksbefragung am 24. September 1950 abgehalten werden. Der amerikanische und der französische Hohe Kommissar erhoben gegen diese Regelung keinen Widerspruch.[48]

c) Zulässigkeit einer Volksbefragung

Der unverbindliche Charakter der Volksbefragung barg rechtliche Schwierigkeiten in sich. Einmal deshalb, weil das Grundgesetz zwar in Art. 20 Abs. 2 S. 2 GG neben den Wahlen auch die Abstimmung als Instrument der Meinungsäußerung des Volkes nennt, die plebiszitären Elemente aber auf die Fälle der Art. 29 und Art. 118 GG beschränkt.[49] Ferner sieht Art. 118 GG eine Mitwirkung des Volkes nur für Territorialplebiszite durch Bundesgesetz vor (Art. 118 S. 2 GG), wenn eine Vereinbarung der beteiligten Länder nicht zustande gekommen ist. Ausdrücklich sieht Art. 118 GG eine Abstimmung für die Neugliederung auf der Länderebene nicht vor. Zum zweiten entsteht, obwohl eine informatorische Volksbefragung keine konstitutive Wirkung hat,[50] eine faktische Verbindlichkeit auf Grund des politischen Drucks und des demokratischen Prinzips, da eine demokratische Regierung sich de facto nicht über den zum Ausdruck gekommenen Willen der Bevölkerung wissentlich und willentlich hinwegsetzen kann.[51] Der Zwiespalt ist offensichtlich: Das Volksbefragungsergebnis verpflichtet die Regierung nicht, aber es kann auch nicht bei der zu treffenden Ländervereinba-

---

46 Der Kampf um den Südweststaat (1952), S. 32.
47 Baden: Landesgesetz zur Volksbefragung über die Neugliederung in den Ländern Baden, Württemberg-Baden und Württemberg-Hohenzollern vom 25. Mai 1950, BadGVBl. 1950, S. 191 f.
Württemberg-Baden: Gesetz Nr. 1087 zur Volksbefragung über die Neugliederung in den Ländern Baden, Württemberg-Baden und Württemberg-Hohenzollern vom 12. Juni 1950, RegBl. Württemberg-Baden 1950, S. 59 f.
Württemberg-Hohenzollern: Gesetz zur Volksbefragung über die Neugliederung in den Ländern Baden, Württemberg-Baden und Württemberg-Hohenzollern vom 5. Juli 1950, RegBl. Württemberg-Hohenzollern 1950, S. 255 f.
48 Dazu auch: BURY, Der Volksentscheid in Baden (1985), S. 34 f.
49 Dazu ausführlich: VON DANWITZ, Plebiszitäre Elemente in der staatlichen Willensbildung, DÖV 1992, S. 601 ff. (602); SCHNEIDER, Volksabstimmungen in der rechtsstaatlichen Demokratie, in: Gedächtnisschrift für Walter Jellinek (1955), S. 155 ff.; WOLFF, Unmittelbare Gesetzgebung durch Volksbegehren und Volksentscheid in den Verfassungen der Bundesrepublik Deutschland (1993), S. 134 ff.
50 WITTLIN, Volksbefragung ohne gesetzliche Grundlagen (1953), S. 1.
51 GOERGEN, Der Südweststaat im Staats- und Völkerrecht, Neues Abendland 5 (1950), S. 231 ff. (234).

rung außer acht gelassen werden.[52] Der Einwand, das Parlament unterliege ohnehin der üblichen Einflußnahme der politischen Parteien oder gesellschaftlichen Gruppen, überzeugt nicht. Auch ein rechtlich nicht bindendes Votum des Staatsvolkes entfaltet im Vergleich dazu eine unvergleichlich höhere legitimierende oder delegitimierende Kraft. Nachdem das Volk in einem förmlichen, staatlich organisierten Verfahren zu Wort gekommen ist, kann ein Organ, das nach dem Prinzip der Volkssouveränität unter dem Anspruch steht, den Volkswillen zu repräsentieren, nicht mehr das Recht für sich in Anspruch nehmen, abweichend zu entscheiden.[53] Eine derartige Gewichtsverlagerung bedarf daher einer verfassungsrechtlichen Grundlage und ist ohne Verfassungsänderung unzulässig.[54]

Art. 118 S. 2 GG ist nicht die Grundlage des konsultativen Referendums vom 24. September 1950; denn für die Neugliederung der badischen und württembergischen Länder schreibt Art. 118 S. 2 GG vor, daß die Neugliederung durch Bundesgesetz zu regeln sei, das die Durchführung einer Volksbefragung vorsehen müsse. Der Verfassungsgeber hat damit nicht die Durchführung einer bloß informatorischen Befragung vorgesehen, weder durch die Länder noch durch den Bund. Aus der Entstehungsgeschichte des Art. 118 GG ergibt sich, daß das Ergebnis der Volksbefragung als Wille der Bevölkerung bindend für die Bildung des Südweststaats oder die Wiederherstellung der ehemaligen Länder sein sollte.[55]

Art. 118 S. 1 GG aber stellt es den Ländern frei, welchen Inhalt ihre Vereinbarung hat. Sie dürfen durch einen Staatsvertrag die Grenzen ändern oder aber auch eine Abstimmung über die Neugliederung vereinbaren.[56] Wenn es den beteiligten Ländern zusteht, eine verbindliche Volksabstimmung zu vereinbaren, dann dürfen sie das verfassungsrechtliche Minus einer informatorischen Volksbefragung trotz der vorgebrachten Bedenken ebenfalls durchführen. Zudem lag der Volksbefragung vom 24. September 1950 als Ziel die Beseitigung der unbefriedigenden Lage im deutschen Südwesten zugrunde. Es handelte sich dabei um das Ziel des Art. 118 GG, für welches das Grundgesetz die Volksbefragung in Art. 118 S. 2 GG ausdrücklich zugelassen hat. Der Zweck der Volksbefragung spricht somit auch für deren Zulässigkeit.

Zuletzt spricht für die Zulässigkeit der Durchführung der Volksbefragung, daß der Verfassungsgeber dem Volk durch die Art. 29 und Art. 118 GG die

---

52 GOERGEN, Der Südweststaat im Staats- und Völkerrecht, Neues Abendland 5 (1950), S. 231 ff. (234).
53 KRAUSE, Verfassungsrechtliche Möglichkeiten unmittelbarer Demokratie, in HbdStR Bd. II (1998), § 39 Rdnr. 17 (S. 325).
54 SOMMERMANN, in: v. Mangoldt/Klein/Starck, Bonner Grundgesetz, Kommentar, Bd. 2 (2005), Art. 20 Abs. 2 Rdnr. 162.
55 ROMMELFANGER, Das konsultative Referendum (1988), S. 149 f.
56 Vgl. die obigen Ausführung zum Inhalt des Art. 118 S. 1 GG: 2. Teil, 2. Kapitel II 2 b und SWOBODA, Die Neugliederung des Bundesgebietes nach dem Bonner Grundgesetz (1951), S. 67 ff. (72).

Möglichkeit gegeben hat, zu Gebietsfragen unmittelbar Stellung zu nehmen. Die Volksbefragung vom 24. September 1950 hatte die Neugliederung des Südwestens zum Inhalt, umfaßte folglich die Materie, für die das Grundgesetz Plebiszite zugelassen hat. So darf auch der Landesgesetzgeber, dem durch Art. 118 S. 1 GG gestattet war, das Gebiet der südwestdeutschen Länder neu zu gliedern, in dieser Frage ein Plebiszit durchführen. Die Sonderregelung des Art. 118 GG für den deutschen Südwesten ermöglicht folglich auch eine Volksbefragung mit rein informatorischem Charakter.[57] Die Einteilung Süddeutschlands in die vier Abstimmungsbezirke Nordbaden, Südbaden, Südwürttemberg einschließlich Hohenzollern und Nordwürttemberg ist dabei unbedenklich, da die Volksbefragung lediglich informatorischen Charakter hatte.

5. Weinheimer Tagung am 22. und 23. Juli 1950[58]

a) Verlauf und Ergebnis der Weinheimer Tagung

Das „Institut zur Förderung öffentlicher Angelegenheiten" veranstaltete am 22. und 23. Juli 1950 in Weinheim eine Tagung zum Thema Neugliederung. Teilnehmer der Tagung waren Sachverständige aus Politik, Verwaltungspraxis und Wissenschaft. Es fanden Referate und Diskussionen in verschiedenen Arbeitsgruppen statt.[59] Ziel war es, die durch Art. 29 und Art. 118 GG aufgeworfenen Probleme und Fragen öffentlich zu erörtern. Dabei ging es sowohl um Inhalt und Auslegung der Art. 29 und 118 GG als auch um Pläne und Vorschläge zur Umsetzung der Neugliederung. Als Ansatzpunkt der Überlegungen dienten die Vorschläge und Pläne aus der Weimarer Zeit, die im Zuge der Neugliederungsreformbestrebungen und der Diskussion um Art. 18 WRV entstanden waren. Bei der Weinheimer Tagung spielten nicht nur geschichtliche, sondern auch geographische, finanzielle, verwaltungs- und verfassungsrechtliche Gesichtspunkte eine Rolle.[60] Die Teilnehmer strebten nicht die Restauration der Länder aus der Weimarer Zeit an, sondern beabsichtigten einen Neuanfang. Sie bezeichneten die Neugliederung als eine der Existenzfragen der Bundesrepublik.[61] Die Teilnehmer planten ungeachtet der bestehenden Ländergrenzen. Die Refe-

---

57 So auch: FEUCHTE, Wege und Umwege zu einer neuen Struktur, in: Festschrift für Gebhard Müller (1970), S. 59 ff. (65). GREULICH (Länderneugliederung und Grundgesetz [1995], S. 61) siedelt die informatorische Volksbefragung außerhalb des Art. 118 S. 1 GG an. Greulich geht nicht auf die Zulässigkeit einer Volksbefragung außerhalb des Art. 118 S. 1 GG ein.
58 Siehe den Arbeitsband der Tagung: Die Bundesländer, Beiträge zur Neugliederung der Bundesrepublik, mit Referaten von Hermann. L. Brill, E. Scheu, H. C. W. Aubin, Vorberichte von Werner. Münchheimer, F. Glum, H. Hartmann, Diskussion und Ergebnisse der Weinheimer Tagung, Wissenschaftliche Schriftenreihe des Instituts zur Förderung öffentlicher Angelegenheiten, Band 9, Frankfurt a. M. 1950
59 MATZ, Länderneugliederung (1997), S. 88 ff.
60 GREULICH, Länderneugliederung und Grundgesetz (1995), S. 45.
61 HRBEK, Das Problem der Neugliederung des Bundesgebietes (1973), S. 222 ff. (238).

renten warfen Probleme auf, die heute noch aktuell sind: die Bedeutung wirtschafts- und verkehrspolitischer Gesichtspunkte bei der Grenzziehung; das Problem, daß die Einheit von Großstädten mit ihrem Hinterland durch Ländergrenzen zerschnitten wird, das Problem der Pendler und daß die Länder nicht zu klein sein dürfen, um den Verwaltungsapparat effektiv auszunutzen und die Gefahr der Unwirtschaftlichkeit zu vermeiden.[62]

Der Tenor der Weinheimer Tagung war eindeutig: Mit der Ausnahme Hermann Aubins,[63] der sich in zurückhaltender Form für die Berücksichtigung historisch gewachsener Grenzen und Einheiten aussprach, plädierten alle übrigen Teilnehmer für einen Bruch mit den alten Traditionen der deutschen Territorialordnung. Die Teilnehmer der Tagung strebten eine Territorialstruktur aus großen, wirtschaftlich ausgewogenen und leistungsfähigen Ländern an, um eine wirksame und sparsame Verwaltung zu erreichen. Dafür sollte die Anzahl der Bundesländer erheblich verringert werden. Die Teilnehmer sahen die Bildung eines Südweststaates, sogar vereinigt mit Gebieten des Raumes Rheinland-Pfalz, als erforderlich an.[64]

b) Bedeutung der Weinheimer Tagung
Die Weinheimer Tagung stellte die Initialzündung für die Neugliederungsdiskussion auf Bundesebene dar.[65] Die Tagungsteilnehmer untersuchten in ihren Beiträgen zum ersten Mal umfassend den Inhalt der Art. 29 und 118 GG und diskutierten die Territorialreformen unter vielfältigen Gesichtspunkten. Sie führten der Öffentlichkeit das Neugliederungsthema mit seinen weitreichenden Konsequenzen vor Augen und leisteten mit ihrem Tagungsband und praktischen Anregungen Vorarbeit für den Gesetzgeber. Viele Fragen, die von den Teilnehmern damals zum ersten Mal aufgeworfen wurden, haben bis heute nicht an Aktualität eingebüßt. Auch die Forderung nach großen, leistungsfähigen Ländern war in den folgenden Jahren und Jahrzehnten eine der zentralen Forderungen der Neugliederungsbefürworter. Die Weinheimer Tagung ist ein Zeugnis dafür, daß der Neugliederungsauftrag des Grundgesetzes von Anbeginn der Bundesrepublik an ernst genommen wurde und man nach Lösungen suchte und das Problem nicht etwa gleich im Keim erstickte. Die Weinheimer Tagung gab den entscheidenden Anstoß dazu, daß der Bonner Bundestag mit dem Beschluß vom 13. Juni 1951 der Bundesregierung den Auftrag erteilte, zur Vorbereitung der Länderneugliederung einen Ausschuß von Sachverständigen zu berufen. Das Kabinett bestellte am 15. Januar 1952 die Kommissionsmitglie-

---

62 GREULICH, Länderneugliederung und Grundgesetz (1995), S. 46.
63 AUBIN in: Die Bundesländer, Hrsg. Institut zur Förderung öffentlicher Angelegenheiten (1950), S. 49 ff.
64 Ergebnisse der Tagung, in: Die Bundesländer, Hrsg. Institut zur Förderung öffentlicher Angelegenheiten (1950), S. 111 ff. (112).
65 HENNINGS, Der unerfüllte Verfassungsauftrag (1983), S. 100.

der. Die nach ihrem Vorsitzenden Hans Luther benannte Luther-Kommission trat im Mai 1952 zusammen.[66]

6. Die Volksbefragung vom 24. September 1950

a) Der Abstimmungskampf
Nach der Freudenstädter Vereinbarung traten die Regierungen von Württemberg-Baden und Württemberg-Hohenzollern aus ihrer bisherigen Reserve und stellten sich an die Spitze der Südweststaatsbewegung. In Reden, Aufklärungsschriften, Postwurfsendungen und Zeitungsartikeln warben die Regierungschefs und die Kabinettsmitglieder für das Ziel des Zusammenschlusses der Länder zum Südweststaat. Die badische Regierung stemmte sich gegen diesen Kurs mit den ihr zu Gebote stehenden Mitteln und Möglichkeiten.[67] Im Vorfeld der Volksbefragung führte insbesondere die badische Seite den Abstimmungskampf mit großer Erbitterung. Die Altbadener appellierten mittels Plakaten, Flugblättern und öffentlichen Auftritten an das Heimatgefühl.[68] Die Befürworter des Südweststaates blieben dagegen nüchterner als die Altbadener. Sie fanden ihr gewichtigstes Argument in der wirtschaftlichen Zweckmäßigkeit des neuen Bundeslandes.[69] Dieses Argument stieß insbesondere in Württemberg auf Resonanz.[70] Die Südweststaatsanhänger zeigten in den Kinos Werbefilme, beschrifteten Gebäude, Straßen usw.[71] Südweststaatsanhänger und -gegner überschwemmten das Land mit einer Flut von Flugschriften und Wahlplakaten. So tüchtig die Südweststaatsverfechter propagandistisch tätig waren, die Altbadener übertrumpften sie. Den Karikaturisten der Presse eröffnete sich ein reiches Betätigungsfeld. Vor allem ihnen war es zu verdanken, daß der harten Konfrontation eine versöhnlich humoristische Note nicht fehlte.[72]

Wie schon erwähnt gab die Landesregierung von Württemberg-Hohenzollern beim Institut für Demoskopie eine Untersuchung zur Einschätzung des Meinungsbildes der Bevölkerung zur Frage „Südweststaat oder alte

---

66 MATZ, Länderneugliederung (1997), S. 89 f.; HRBEK, Das Problem der Neugliederung des Bundesgebietes (1973), S. 222 ff. (238).
67 SAUER, 25 Jahre Baden-Württemberg (1977), S. 29; ILGEN/SCHERB; „Numme Langsam" Der Weg in den Südweststaat, in: Badens Mitgift (2002) S. 9 ff. (22 f.).
68 Zur Bedeutung des Heimatbegriffs in der Propaganda der altbadischen Gegner des Südweststaats: PFEFFERLE, Politische Identitätsbildung in Württemberg-Hohenzollern (1997), S. 223 ff.
69 Zu den wirtschafts- und finanzpolitischen Argumenten der Befürworter des Südweststaats: PFEFFERLE, Politische Identitätsbildung in Württemberg-Hohenzollern (1997), S. 227 ff.
70 MUSSGNUG, Die Anfänge Baden-Württembergs in verfassungsrechtlicher und verfassungsgeschichtlicher Sicht, ZWLG 43 (1984), S. 373 ff. (395).
71 Näher dazu: BURY, Der Volksentscheid in Baden (1985), S. 63 ff.
72 SAUER, 25 Jahre Baden-Württemberg (1977), S. 29; SCHMIDTCHEN, Die befragte Nation (1959), S. 127 f.

Länder" in Auftrag. Das Institut führte die Umfrage zwischen dem 10 und 15. August 1948 durch.[73] Die Arbeitsgemeinschaft der Badener ließ nun unter der Leitung von Paul Zürcher zwischen dem 15. und 30. Juli 1950 ebenfalls eine Umfrage vom Institut für Demoskopie durchführen.[74] In einer hektographierten Mitteilung des Instituts hieß es über den Hintergrund des Auftrags:

> „... ‚DIE ARBEITSGEMEINSCHAFT DER BADENER' wollte zu einem möglichst frühen Termin darüber unterrichtet sein, wie die Bevölkerung ihres Interessengebietes eingestellt wäre und wie sie sich verhalten würde, um aus diesen Unterlagen eine sinnvolle Steuerung des Wahlkampfes abzuleiten."[75]

Die Bedeutung der Erhebung zeigt ein Vergleich der Ergebnisse der Umfrage des Instituts für Demoskopie vom Juli 1950 mit dem amtlichen Abstimmungsergebnis vom 24. September 1950:

		Pro Südweststaat in Prozent	Pro Altbaden in Prozent
Land Baden (Südbaden)	Institut für Demoskopie Juli 1950	46,0	54,0
	Amtliches Ergebnis September 1950	40,4	59,6
Landesbezirk Baden (Nordbaden)	Institut für Demoskopie Juli 1950	60,0	40,0
	Amtliches Ergebnis September 1950	57,3	42,7

Das Abstimmungsergebnis zeigt sowohl in Südbaden wie in Nordbaden leichte Verschiebungen zugunsten der altbadischen Lösung. Es kann angenommen werden, daß sie auf das taktisch richtige Operieren der Verfechter der Wiederherstellung der alten Länder zurückzuführen sind. Sie vermochten die Ergebnisse auf Grund der besseren Kenntnis der Mentalität um ein weniges zu ihren Gunsten zu beeinflussen. Die Arbeitsgemeinschaft der Badener hatte den Zweck erreicht, den sie mit der Umfrage angestrebt hatte. Bei einer Zusammenfassung der Ergebnisse für das gesamte Landesgebiet von Altbaden zeigte sich im Juli 1950 eine knappe Mehrheit von 52% zu 48% für den Südweststaat. Die Verschiebungen zugunsten der altbadischen Lösung reichten aus, um am 24. September 1950 bei einer Zusammenfassung der Ergebnisse eine knappe Mehrheit von 50,8% zu 49,2% für Altbaden zu erzielen.[76]

b) Das konfessionelle Element im Abstimmungskampf

Die Auseinandersetzungen um die Bildung des Südweststaates entzündeten sich verstärkt an konfessionellen Anliegen. Diese wurden im Verlauf der Abstim-

---

73 PFEFFERLE, Politische Identitätsbildung in Württemberg-Hohenzollern (1997). S. 214.
74 SCHMIDTCHEN, Die befragte Nation (1959), S. 128 f.
75 SCHMIDTCHEN, Die befragte Nation (1959), S. 128 ff.
76 SCHMIDTCHEN, Die befragte Nation (1959), S. 128 ff.

mung zu einem wesentlichen Faktor. Die Altbadener versuchten, die politische Entscheidung zu einer Glaubensentscheidung zu machen.[77] Aus diesem Grunde machten sich die Südweststaatsanhänger in Tübingen und Stuttgart vor der Volksbefragung große Sorgen über die Haltung des Erzbischöflichen Ordinariats Freiburg in der Südweststaatsfrage. Denn von einer einseitigen Stellungnahme des südbadischen katholischen Klerus gegen den Südweststaat befürchtete man eine Polarisierung der Bevölkerung. Die Bemühungen der Südweststaatsanhänger, die katholische Kirche neutral zu halten, hatte ihren Hintergrund darin, daß sich die altbadische Propaganda insbesondere über die kirchlichen Einrichtungen aufbaute. Der südbadische Staatspräsident versuchte, den katholischen Klerus in die Propaganda für die Wiederherstellung des alten Baden einzuschalten.[78] Das Engagement des Klerus wurde durch die Behauptung gefördert, der Südweststaat liege im Interesse der Protestanten.[79] Konfessionelle Bedenken dieser Art waren unbegründet.[80] Wie selbst Leo Wohleb in einem Brief an den Erzbischof von Freiburg, Wendelin Rauch, zugab, hielten sich die Bekenntnisse „so ziemlich genau die Waage".[81]

Als nun der Südweststaat mehr und mehr als kirchenfeindlich bezeichnet wurde, entschloß sich Gebhard Müller, der früher als Justitiar des bischöflichen Ordinariats von Rottenburg tätig gewesen war, zu einer Rede vor Katholiken in Freiburg. Unmittelbar vor dieser Südweststaatskundgebung am 29. August 1950 in Freiburg ließ Oberlandesgerichtspräsident Zürcher durch einen Boten Gebhard Müller einen Brief überreichen, in dem er sich gegen Müllers öffentliches Werben für den Südweststaat in Freiburg verwahrte. Gebhard Müller verlas daraufhin folgende Passage des Briefes:

> „Nun, Sie haben den Rubikon überschritten. Jene Versammlung vor Katholiken hier, die in vielen Kreisen schon ziemliches Porzellan zerschlug, konnte noch hingenommen werden. ... Sie haben doch wohl das eine vergessen, daß die Ihnen heute Abend zujubelnde Zuhörerschaft sich in der Hauptsache aus Sozialdemokraten, Großkapitalisten, landfrem-

---

77 KÖHLER, Die katholische Kirche zwischen Restauration und Neuaufbruch, in: Der Weg zum Südweststaat (1991), S. 222 ff. (235 ff.), Das Volk vom 20. Oktober 1949.
78 BURY, Der Volksentscheid in Baden (1985), S. 116 f.
79 Dazu z.B. das Schreiben der Arbeitsgemeinschaft der Badener – Landesgruppe Unterbaden – an das Erzbischöfliche Ordinariat Freiburg vom 6. Mai 1950, in: Akten des Erzbischöflichen Archivs in Freiburg, Nachlässe: Nachlaß Erzbischof Dr. Wendelin Rauch (1948 – 1954), Betreff: Um den Südweststaat, Vol. I, 1950 – 1951, Nb 9 / 62: „...Die Katholikenfeindlichkeit ist ganz eindeutig und sollte im großen Kulturbrei eines ‚Südweststaates' verewigt werden...".
80 LEHR, Kirche und Südweststaat (1950), S. 5: Nach der Volkszählung vom 26. Oktober sind von der Gesamtbevölkerung auf dem Gebiet des Südweststaates 49% evangelisch und 47,6% katholisch.
81 Schreiben von Leo Wohleb an den Bischof der Württemberg-Evangelischen Landeskirche Dr. Theophil Wurm vom 2. November 1948, in: Akten des Erzbischöflichen Archivs in Freiburg, Nachlässe: Nachlaß Erzbischof Dr. Wendelin Rauch (1948 – 1954), Betreff: Um den Südweststaat, Vol. I, 1950 – 1951, Nb 9 / 62.

den Intellektuellen, Freimaurern, Antiklerikalen, Antikatholiken und nur aus kleinen Kreisen der CDU und des gläubigen Katholizismus, für den Sie doch streiten wollen, zusammensetzen wird. Es ist Ihnen entgangen, daß dieser Landesteil in der Hauptsache katholisch und badisch ist, und daß die CDU als absolut stärkste Partei allein die Regierung stellt."[82]

Als der Reichskanzler a.D. Karl Joseph Wirth bei dieser Gelegenheit Gebhard Müller entgegenhielt, daß der Erzbischof Wendelin Rauch sich ihm gegenüber für Altbaden ausgesprochen habe, verwies Gebhard Müller auf die Neutralitätserklärung des Ordinariats vom 14. Dezember 1949. Nach dieser Rede Gebhard Müllers gab Erzbischof Rauch im September 1950 seine zunächst gewahrte Neutralität auf[83] und sprach sich für die Wiederherstellung des alten Landes Baden aus.[84] Am 20. September 1950 verbreitete die Arbeitsgemeinschaft der Badener in einem Flugblatt die folgende Erklärung des Erzbischofs:

„Ich habe mich bemüht, die Gründe, die für und gegen den Südweststaat vorgebracht werden, sorgsam zu prüfen und gegeneinander abzuwägen, und habe dabei die persönliche Überzeugung gewonnen, daß ich mich für meine Person für die Wiederherstellung des Landes Baden, wie es bis zur Zerreissung des Landes durch die alliierten Mächte im Jahre 1945 bestanden hat, entscheiden muß."[85]

Erzbischof Rauch betonte zwar, es handele sich um seine persönliche Überzeugung, er unterließ es aber, dem katholischen Kirchenvolk zu erklären, daß es

---

82 Schreiben von Zürcher an Müller vom 29. August 1950, in: Akten der ehemaligen Staatskanzlei von Württemberg-Hohenzollern beim Regierungspräsidium Tübingen 223/50.
83 Hierzu z.B. das Schreiben von Erzbischof Wendelin Rauch an Gebhard Müller am 14. Dezember 1949, in: Akten des Erzbischöflichen Archivs in Freiburg, Nachlässe: Nachlaß Erzbischof Dr. Wendelin Rauch (1948-1954), Betreff: Um den Südweststaat, Vol. I, 1950 – 1951, Nb 9 / 62. Wendelin Rauch wurde jedoch immer wieder von Anhängern beider Seiten zu einer Stellungnahme aufgefordert, wie z.B. von Carl Diez, der in seinem Schreiben vom 4. November 1948 Rauch darauf hinwies, daß sich der Erzbischof in der Eidesformel des Konkordates verpflichtet hatte, unter anderem „Schaden vom Lande Baden abzuwenden". Hieraus könne eine Pflicht konstruiert werden, in der Frage des Länderzusammenschlusses die Diözesanen zu einer bestimmten Haltung durch ein Hirtenschreiben aufzufordern (Schreiben von Carl Diez an Erzbischof Wendelin Rauch vom 4. November 1948, in: Akten des Erzbischöflichen Archivs in Freiburg, Nachlässe: Nachlaß Erzbischof Dr. Wendelin Rauch (1948 – 1954), Betreff: Um den Südweststaat, Vol. I, 1950 – 1951, Nb 9 / 62).
84 Schreiben von Albert Maria Lehr an Erzbischof Wendelin Rauch vom 13. September 1950, in: Akten des Erzbischöflichen Archivs in Freiburg, Nachlässe: Nachlaß Erzbischof Dr. Wendelin Rauch (1948 – 1954), Betreff: Um den Südweststaat, Vol. I, 1950 – 1951, Nb 9 / 62 und Meldung der Rhein Neckar Zeitung am 13. September 1950.
85 Akten des Erzbischöflichen Archivs in Freiburg, Nachlässe: Nachlaß Erzbischof Dr. Wendelin Rauch (1948 – 1954), Betreff: Um den Südweststaat, Vol. I, 1950 – 1951, Nb 9 / 62; diese Erklärung von Erzbischof Wendelin Rauch wurde zusammen mit den Beweggründen für die Aufgabe der Neutralität im Konkordatsblatt Nr. 39 vom 24. September 1950 (dem Tag der informatorischen Volksbefragung!) veröffentlicht.

ohne Rücksicht auf seine Stellungnahme entscheiden solle. Gerade bei einem Erzbischof der römisch-katholischen Kirche in der Zeit vor dem Zweiten Vatikanischen Konzil dürfte es besonders schwer sein, zwischen Amt und Person, die in hohem Maße durch die sakrale Weihe eins sind, zu unterscheiden, so daß die öffentliche Erklärung des Erzbischofs von vielen Katholiken als bindend angesehen werden konnte.[86] Rauch wies alle Bedenken zurück, und warb sogar im Konkordatsblatt,[87] das am Abstimmungssonntag erschien, für das alte Baden. Der Erzbischof begründete seine Stellung mit der Bemerkung, der Staatspräsident von Württemberg-Hohenzollern, Gebhard Müller, habe seinen Brief vom 14. Dezember 1949, in dem er sich für die Neutralität in der Südweststaatsfrage ausgesprochen habe, in der besagten Versammlung in Freiburg in dem Sinne ausgelegt, als trete er, Rauch, für die Schaffung des Südweststaates ein.[88] Der Erzbischof vertrat die Ansicht, es könne ihm nicht verwehrt werden, den Katholiken eine sachliche Darlegung zur Neugliederungsfrage zu vermitteln, da in der Öffentlichkeit nur das Für, weniger aber das Wider diskutiert werde. Den Auswirkungen im religiösen Leben habe man bisher wenig Beachtung geschenkt.[89] Gebhard Müller bestritt, daß er den Erzbischof als Befürworter des Südweststaates bezeichnet habe.[90] Erst am 16. Januar 1950 gab das Erzbischöfliche Ordinariat Freiburg eine Erklärung ab, nach der es den Gläubigen freistehe, sich individuell zu entscheiden.[91]

Dagegen hatte sich der Bischof von Rottenburg, Carl Josef Leiprecht, von Anfang an von der politischen Auseinandersetzung in der Neugliederungsfrage ferngehalten. Angesichts der Haltung seines Amtsbruders in Freiburg erklärte er sich am 14. September 1950 auf Bitte von Staatspräsident Gebhard Müller sofort zu einer unmißverständlichen Neutralitätserklärung der Kirche bereit. Un-

---

86 So: Grüner bei einer Aussprache mit Erzbischof Wendelin Rauch am 12. Mai 1951, in: Akten des Erzbischöflichen Archivs in Freiburg, Nachlässe: Nachlaß Erzbischof Dr. Wendelin Rauch (1948 – 1954), Betreff: Um den Südweststaat, Vol. I, 1950 – 1951, Nb 9 / 62.

87 Stellungnahme von Erzbischof Wendelin Rauch zur Südweststaatsfrage, in: Konkordatsblatt Nr. 39 vom 24. September 1950.

88 Schreiben des Erzbischöflichen Sekretärs Ludwig Huber an Albert Maria vom 14. September 1950, in: Akten des Erzbischöflichen Archivs in Freiburg, Nachlässe: Nachlaß Erzbischof Dr. Wendelin Rauch (1948 – 1954), Betreff: Um den Südweststaat, Vol. I, 1950 – 1951, Nb 9 / 62

89 Brief von Erzbischof Wendelin Rauch an Gebhard Müller vom 6. Oktober 1950, in: Akten des Erzbischöflichen Archivs in Freiburg, Nachlässe: Nachlaß Erzbischof Dr. Wendelin Rauch (1948 – 1954), Betreff: Südweststaat Müller – Erzbischof, Vol. I, 1950 – 1952, Nb 9 / 63.

90 Brief von Gehard Müller an Erzbischof Wendelin Rauch Oktober 1950, in: Akten des Erzbischöflichen Archivs in Freiburg, Nachlässe: Nachlaß Erzbischof Dr. Wendelin Rauch (1948 – 1954), Betreff: Südweststaat Müller – Erzbischof, Vol. I, 1950 – 1952, Nb 9 / 63.

91 Schwäbisches Tagblatt Nr. 147 vom 22. September 1950.

terstützung im gleichen Sinne erhielt der Staatspräsident auch von dem evangelischen Landesbischof Theophil Wurm.[92]

c) Das Ergebnis der Volksbefragung
Die Probeabstimmung am 24. September 1950 brachte folgendes Resultat:[93]

Stimmbezirke	Abgegebene gültige Stimmen	Südweststaat	Wiederherstellung der alten Länder
Abstimmungsbezirk I Südbaden	64,0% 531.668	40,4% 214.945	59,6% 316.723
Abstimmungsbezirk II Nordbaden	58,9% 580.169	57,4% 332.962	42,6% 247.207
Baden insgesamt	61,2% 1.111.837	49,3% 547.907	50,7% 563.930
Abstimmungsbezirk III Südwürttemberg (mit Hohenzollern)	47,7% 350.826	92,5% 324.380	7,5% 26.446
Abstimmungsbezirk IV Nordwürttemberg	40,6% 666.905	93,5% 623.689	6,5% 43.126
Württemberg insgesamt	43,8% 1.017.731	93,2% 948.069	6,8% 69.572
Südwestraum insgesamt	51,4% 2.129.568	70,2% 1.495.976	29,8% 633.592

Dieses Ergebnis deckte vollends auf, daß über den Südweststaat nicht bei der Abstimmung, sondern bei ihrer Auswertung entschieden werde. Diskutiert wurden vier Auszählungsmodi: Der Zusammenschluß konnte abhängig gemacht werden von (1) einer Mehrheit im gesamten Abstimmungsbezirk, (2) einem übereinstimmenden Mehrheitsvotum in Baden und in Württemberg (3) der notwendigen Zustimmung aller vier Abstimmungsbezirke oder (4) einer Mehrheit in mindestens drei der vier Abstimmungsbezirke. Variante eins und vier programmierten den Zusammenschluß durch eine Majorisierung Südbadens. Denn in Nordbaden stimmten 57,4% für den Südweststaat und 42,6% für die Wiederherstellung der alten Länder. Bei einer notwendigen Zustimmung aller vier Bezirke nach Auszählungsvariante drei wäre der Südweststaat wegen Südbaden deutlich gescheitert. Dort votierten 59,6% für die Wiederherstellung der alten Länder. Zählt man nun die Stimmen aller vier Bezirke zusammen (Variante 1), ist die Mehrheit für den Südweststaat mit 70,2% deutlich. Zählt man die Stimmen dagegen nach den alten Ländern aus (Variante 2), so ergeben sich in Baden 50,7% für die Wiederherstellung der alten Länder und 49,3% für den

---

92 Schwäbisches Tagblatt Nr. 125 vom 14. September 1950.
93 Statistische Monatshefte Baden-Württemberg, XI (1963), S. 107.

Südweststaat, also ein Plus von lediglich 1,44% (= 16.023 Stimmen) für Altbaden. Württemberg-Hohenzollern und Nord-Württemberg votierten eindeutig mit 92,5% bzw. 93,5% für den Südweststaat.

Die Volksbefragung vom 24. September brachte also nicht die erhoffte eindeutige Entscheidung für die Gründung des Südweststaates oder die Wiederherstellung der alten Länder Baden und Württemberg. Die Aufschlüsselung macht deutlich, daß die Entscheidung ausschließlich vom Auswertungssystem abhing. Das Abstimmungsergebnis zeigte, daß der Südweststaat nur gegen den Willen der Südbadener zu erreichen war. Es mußte daher damit gerechnet werden, daß eine Einigung der drei Landesregierungen auf einen Abstimmungsmodus ausblieb und das seit 1948 dauernde Ringen um die günstigere Ausgangsposition fortgesetzt wurde.

7. Das Scheitern der Vereinbarungsverhandlungen nach der Abstimmung

a) Die Anzeige des Scheiterns durch Gebhard Müller

Das Ergebnis der Volksbefragung konnte sowohl von den Südweststaatsbefürwortern als auch von jenen, welche die Wiederherstellung der alten Länder favorisierten, für sich interpretiert werden. Die Stuttgarter Regierung und diejenige von Württemberg-Hohenzollern werteten das Abstimmungsergebnis als eindeutigen Auftrag an die Regierungen, die Südweststaatspolitik mit Nachdruck fortzuführen. Die Freiburger Regierung wertete das Ergebnis nach dem Modus der Freudenstädter Beschlüsse der CDU und forderte daher die beschleunigte Ausgliederung Nordbadens und seine Wiedervereinigung mit dem südlichen Landesteil.[94] Gemäß der Freudenstädter Einigung vom 15. April 1950 sollte innerhalb von zwei Monaten nach der Durchführung der Volksbefragung eine Vereinbarung der Länder zustande kommen, wie sie Art. 118 S. 1 GG vorsieht. Zu diesem Zweck kamen die drei Regierungschefs am 12. Oktober 1950 in Wildbad zusammen, um über das Ergebnis der Volksbefragung zu beraten. Die Dreiländerverhandlungen in Wildbad verliefen ergebnislos.[95] Die am 7. November 1950 in Baden-Baden folgenden Regierungsverhandlungen führten zu dem Eingeständnis der Regierungschefs, daß eine Übereinkunft nicht getroffen werden konnte. Dessen ungeachtet legte Gebhard Müller Leo Wohleb und Reinhold Maier einen Gesetzentwurf vor, den Theodor Eschenburg formuliert hatte. Fragestellung und Auswertung stimmten im wesentlichen mit den Freudenstädter Beschlüssen der CDU überein. Leo Wohleb und Reinhold Maier verpflichteten sich, den Tübinger Staatspräsidenten bis zum 22. November 1950 von der Ent-

---

94 Schreiben von Leo Wohleb an Reinhold Maier vom 27. September 1950, in: Akten des Staatsarchiv Ludwigsburg, Bestand Staatsministerium von Württemberg-Baden E 131 V P 32/3/78; SCHMIDTCHEN, Die befragte Nation (1959), S. 129.
95 Der Kampf um den Südweststaat (1952), S. 35; KONSTANZER, Die Entstehung des Landes Baden-Württemberg (1969), S. 212 ff.

scheidung ihrer Regierungen zu verständigen. Ein gemeinsamer Gesetzentwurf der drei Länder kam nicht zustande. Zwar teilte der südbadische Justizminister am 22. November 1950 telefonisch mit, daß die Freiburger Regierung dem Baden-Badener Entwurf grundsätzlich zustimme.[96] Allerdings hatte der Stuttgarter Ministerrat bereits am 21. November 1950 einen gegenteiligen Beschluß getroffen, weil die Mehrheit des Ministerrats nach wie vor eine Durchzählung der Stimmen nach den alten Ländern ablehnte.[97]

Das Tübinger Kabinett befaßte sich am 28. November 1950 mit der neuen Lage. Es stand vor der Alternative, der Bundesregierung zusammen mit der Freiburger Regierung einen Gesetzentwurf zu unterbreiten oder dem Bundestag die Initiative zu überlassen. Innenminister Viktor Renner regte an, vorläufig den Bund nur offiziell vom Scheitern der Vereinbarungsverhandlungen zu unterrichten und damit einen Bericht über die bisherige Entwicklung der Südweststaatsfrage zu verbinden.[98] Das Kabinett entsprach diesem Vorschlag und beschloß, gegenüber der Freiburger Regierung eine abwartende Haltung einzunehmen. Daraufhin teilte Gebhard Müller am 28. November 1950[99] dem Bundeskanzler das Scheitern der Verhandlungen auf der Grundlage des Art. 118 GG mit.

Ein letzter Versuch der Einigung erfolgte am 4. Dezember 1950. Gebhard Müller und Leo Wohleb kamen in Bad Dürrheim nur grundsätzlich überein, einen gemeinsamen Gesetzentwurf auf der Grundlage der Freudenstädter Beschlüsse in Bonn einzureichen; die Verhandlungen scheiterten jedoch weiterhin an inhaltlichen Fragen. Wohleb bestand darauf, die Alternativfrage in den Gesetzentwurf aufzunehmen und mit Rücksicht auf die gesamtbadische Mehrheit bei der Volksbefragung die Frage nach der Wiederherstellung des alten Baden an die erste Stelle zu setzen. Darüber hinaus sollte das Abstimmungsrecht nach

---

96 Aktenvermerk vom 23. November 1950, in: Akten der ehemaligen Staatskanzlei von Württemberg-Hohenzollern beim Regierungspräsidium Tübingen 223/50.
97 KONSTANZER, Die Entstehung des Landes Baden-Württemberg (1969), S. 214 f.
98 Schreiben von Gebhard Müller an den Bundeskanzler, den Präsidenten des Bundestages, den Präsidenten des Bundesrats und den Bundesminister für Angelegenheiten vom 28. November 1950, in dem Gebhard Müller dieselben über das Scheitern der Verhandlungen über eine Vereinbarung der Länder über eine Neugliederung im südwestdeutschen Raum unterrichtet in: Akten des Bundesarchivs Koblenz, B 136 Bd. 176; Ablichtung desselben, bei: SAUER, Die Entstehung des Bundeslandes Baden-Württemberg (1977), S. 127, Dokument Nr. 164 und MOERSCH/HÖLZLE, Kontrapunkt Baden-Württemberg (2002), S. 113.
99 Schreiben von Gebhard Müller an den Bundeskanzler, den Präsidenten des Bundestages, den Präsidenten des Bundesrats und den Bundesminister für Angelegenheiten vom 28. November 1950, in dem Gebhard Müller dieselben über das Scheitern der Verhandlungen über eine Vereinbarung der Länder über eine Neugliederung im südwestdeutschen Raum unterrichtet in: Akten des Bundesarchivs Koblenz, B 136 Bd. 176; vgl. auch: KUSTERMANN, Die Bildung des Südweststaates, Der Bürger im Staat, 1962, Heft Nr. 2, S. 28 ff. (30); KIESINGER, Der Kampf im Bundestag um den Südweststaat, in: Das Land Württemberg-Hohenzollern 1945 – 1952, Darstellungen und Erinnerungen (1982), S. 404 ff. (S. 406).

dem Geburtsprinzip geregelt werden; Wohleb wollte alle Nichtbadener – insbesondere die Flüchtlinge – von der Abstimmung ausschließen, da diesen die notwendige heimatliche Verbundenheit fehle. Mit diesen Vorschlägen konnte sich Gebhard Müller nicht einverstanden erklären. Er war nun, nach dem Scheitern seines jüngsten Vermittlungsvorschlags, ungebunden. So konnte er seinem Kabinett vorschlagen, das Auswertungsverfahren zu ändern und die Bildung des Südweststaats von einer Mehrheit im gesamten Abstimmungsbereich sowie von der Mehrheitsentscheidung in drei von den vier Abstimmungsbezirken abhängig zu machen. Das Kabinett stimmte zu und beschloß, dem Bund einen eigenen Gesetzentwurf zu überreichen.[100] Mit dieser Entscheidung im Tübinger Kabinett endete die Vermittlungspolitik von Gebhard Müller und die zahllosen Verhandlungen zwischen den Regierungen, die zu keinem Ergebnis geführt hatten. Jetzt lag die Entscheidung beim Bund.

b) Übergang der Gesetzgebungskompetenz auf den Bund
Das Grundgesetz sieht in Art. 118 S. 2 den Erlaß eines Bundesgesetzes vor, wenn eine Vereinbarung unter den drei Ländern nicht zustande kommt. Trotz des zweifelhaften Wortlautes war vom Grundgesetz gewollt, daß Verhandlungen der Beteiligten vorausgehen müßten, bevor das Bundesgesetz erlassen werden kann. Das war geschehen. Art. 118 S. 2 GG legt nicht näher dar, zu welchem Zeitpunkt die Verhandlungen als gescheitert anzusehen sind. Sie sind es unzweifelhaft dann, wenn alle drei Länder dem Bund das negative Ergebnis der Verhandlungen kundtun.[101] Aber auch dann, wenn wie hier der Abschluß einer Vereinbarung von einem einzigen Land blockiert wird und die beiden anderen entsprechende weitere Vorschläge einbringen, kann die Lage nicht mehr als schwebend bezeichnet werden,[102] denn eine Vereinbarung ist auch dann nicht möglich, wenn sich auch nur einer der Verhandlungspartner dem Abschluß einer Vereinbarung widersetzt. So ist schon in diesem Falle von einem Scheitern der Verhandlungen auszugehen.[103] Die Kompetenz zur Regelung der Südweststaatsfrage verlagerte sich damit zum Bundesgesetzgeber, als Gebhard Müllers letzter Vermittlungsversuch fruchtlos blieb.

---

100 Schreiben von Gebhard Müller an Farny vom 14. Dezember 1950 vgl. Akten der ehemaligen Staatskanzlei Württemberg-Hohenzollern beim Regierungspräsidium Tübingen 223/50.
101 SWOBODA, Die Neugliederung des Bundesgebietes nach dem Bonner Grundgesetz (1951), S. 71.
102 So: MAUNZ, Rechtsfragen zur Neugliederung im Südwestraum, DRZ 1949, S. 532 ff. (534).
103 Zum Streitstand oben: 2. Teil, 2. Kapitel II. 2 b (2); SWOBODA, Die Neugliederung des Bundesgebietes nach dem Bonner Grundgesetz (1951), S. 67.

II. Die Verlagerung der Südweststaatsfrage auf die Bundesebene

1. Das Zweite Neugliederungsgesetz[104]

Nachdem der Staatspräsident von Württemberg-Hohenzollern, Gebhard Müller, am 28. November 1950[105] dem Bundeskanzler das Scheitern der Verhandlungen auf der Grundlage des Art. 118 GG mitgeteilt hatte, begann im Januar 1951 die dritte Phase im Ringen um den Südweststaat. Der erste Neugliederungsversuch auf der Grundlage des Frankfurter Dokuments Nr. 2 vom 1. Juli 1948 war 1949 an der Uneinigkeit der deutschen Ministerpräsidenten gescheitert. Die Bemühungen der drei südwestdeutschen Länder, auf der Grundlage von Art. 118 S. 1 GG eine Vereinbarung zu treffen, waren ebenfalls gescheitert. Jetzt lag es beim Bund, die Neugliederung im Südwesten zu regeln. Allen Beteiligten war klar, daß man nicht mit dem üblichen Verfahren eines Gesetzentwurfs der Bundesregierung rechnen konnte. Bundeskanzler Konrad Adenauer war, wie er mehrfach bekundete, mit der Aufteilung des Südwestens in drei Länder zufrieden, wie sie die Besatzungsmächte geschaffen hatten. Die Mehrheitsverhältnisse im Bundesrat waren knapp, und die Stimmen der Regierungen Freiburg und Tübingen schienen ihm sicher.[106] Der mögliche Verlust der vier CDU-Bundesratsstimmen von Tübingen und Freiburg waren mithin der Grund für Adenauers Zurückhaltung in der Südweststaatsfrage.[107] Angesichts dieser Konstellation in Bonn blieb den Südweststaatsanhängern in Tübingen und Stuttgart keine andere Wahl, als im Bonner Parlament selbst einen Gesetzesvorschlag einzureichen.[108]

Als der Bundestag sich am 10. Januar 1951 zum ersten Mal mit der Südweststaatsfrage befaßte, lagen ihm zwei Initiativgesetzentwürfe vor. Einmal der Antrag der FDP-Fraktion vom 30. März 1950.[109] Er war nicht sofort behandelt worden, weil der Bundestag immer noch auf eine Vereinbarung der drei Länder gehofft hatte. Dieser Entwurf, der unter anderem von August Martin Euler und Richard Freudenberg stammte, sah für die Volksabstimmung eine Fragestellung vor, die nur den Südweststaat erwähnte, nicht auch (als Alternative) die alten Länder. Der Südweststaat sollte nach § 3 des Entwurfs geschaffen werden,

---

104 Vom 4. Mai 1951, BGBl. I S. 284; abgedruckt, in: Anhang 4 XX.
105 Schreiben von Gebhard Müller an den Bundeskanzler, den Präsidenten des Bundestages, den Präsidenten des Bundesrats und den Bundesminister für Angelegenheiten vom 28. November 1950, in dem Gebhard Müller dieselben über das Scheitern der Verhandlungen über eine Vereinbarung der Länder über eine Neugliederung im südwestdeutschen Raum unterrichtet in: Akten des Bundesarchivs Koblenz, B 136 Bd. 176.
106 MOERSCH/HÖLZLE, Kontrapunkt Baden-Württemberg (2002), S. 112.
107 FEUCHTE, Verfassungsgeschichte von Baden-Württemberg (1983), S. 129.
108 MOERSCH/HÖLZLE, Kontrapunkt Baden-Württemberg (2002), S. 115.
109 BT-Drucksache I/821.

wenn sich im gesamten Abstimmungsbezirk eine Mehrheit für ihn aussprach.[110] Reinhold Maier und seine Koalitionspartner waren damit nicht einverstanden, weil der Entwurf keine Abstimmungsbezirke vorsah und nur die einfache Mehrheit im gesamten Gebiet der südwestdeutschen Länder bestimmen sollte, ob man den Südweststaat gründe oder nicht.[111] Diese Lösung war mit dem Makel behaftet, daß die badische Bevölkerung durch die zahlenmäßig stärkere Württembergs majorisiert worden wäre.[112]

Zum zweiten lag dem Bundestag der von der Freiburger Regierung ausgearbeitete Antrag vor, der von Anton Hilbert, Heinrich von Brentano, Franz Josef Strauß und anderen CDU-Abgeordneten eingebracht worden war.[113] Dieser Vorschlag, der in seinem § 1 eine Alternativfrage für die Volksabstimmung vorsah, bevorzugte faktisch die Wiederherstellung der alten Länder. Während nämlich nach § 4 Abs. 1 des Entwurfs für die Wiederherstellung der alten Länder die Mehrheit der Abstimmenden genügte, war für die Bildung des Südweststaates zusätzlich die Beteiligung der Mehrheit der Stimmberechtigten gefordert (§ 4 Abs. 2 des Entwurfs). § 3 des Entwurfs beschränkte zudem das Stimmrecht auf Personen, die ein Jahr im Lande wohnten oder im Lande geboren waren. Besonders einschneidend war die Bestimmung, daß Personen, die nach dem 8. Mai 1945 aus Gesamtwürttemberg in Gesamtbaden zugezogen waren, nur in Württemberg stimmberechtigt sein sollten; denn ein Großteil der in Nord- und Südbaden ansässigen Flüchtlinge war über die württembergischen Auffanglager nach Süd- und Nordbaden gelangt. Die Freiburger Regierung beabsichtigte also, die Flüchtlinge von der Abstimmung im badischen Gebiet auszuschließen. Dieser Antrag wurde in der Sitzung des Bundestags als Antrag der CDU behandelt und führte zu einer heftigen Kontroverse zwischen Gebhard Müller und dem Fraktionsvorsitzenden Heinrich von Brentano.[114]

Am 16. Januar 1951 beschloß das Tübinger Kabinett seinen Gesetzentwurf.[115] Nach ihm sollte nur über den Südweststaat abgestimmt werden. Der Entwurf sah in § 1 eine Einteilung in vier Abstimmungsbezirke vor. Nach § 9 des Antrags sollten die Länder zusammengeschlossen werden, wenn im gesamten Abstimmungsgebiet und in mindestens drei der vier Abstimmungsbezirke der Südweststaat eine Mehrheit fand. Ergab sich keine Mehrheit, sollten die alten Länder wiederhergestellt werden. Der Tübinger Entwurf knüpfte damit an den alten Vorschlag von Richard Freudenberg an.[116]

---

110 BT-Drucksache I/821.
111 MOERSCH/HÖLZLE, Kontrapunkt Baden-Württemberg (2002), S. 115.
112 FEUCHTE, Der Beitrag der Bundesrepublik Deutschland zur Gründung des Landes Baden-Württemberg, in: Baden-Württemberg und der Föderalismus in der Bundesrepublik Deutschland (1949 – 1989) (1991), S. 25 ff. (31 f.).
113 BT-Drucksache I/1752.
114 SAUER, Die Entstehung des Bundeslandes Baden-Württemberg (1977), S. 128; BURY, Der Volksentscheid in Baden (1985), S. 38.
115 BT-Drucksache I/1849.
116 Vgl. oben: 2. Teil, 3. Kapitel, I 1 c.

Mit der Entscheidung, eine Mehrheit in drei der vier Bezirke für den Zusammenschluß ausreichen zu lassen, wurde der Bevölkerung in Nordbaden eine Schlüsselrolle eingeräumt. Ihr Wille und auch der Wille der Bevölkerung in den anderen Bezirken war seit der Volksbefragung am 24. September 1950 evident. Es hatten sich 57,4% der Stimmen in Nordbaden für den Südweststaat ausgesprochen, 42,6% für das alte Baden.[117] Es gab keine Anzeichen, daß sich daran Entscheidendes ändern werde. Am 26. Januar 1951 brachten Karl Gengler, Kurt Georg Kiesinger, Bernhard Bauknecht und Eugen Gerstenmaier den Tübinger Antrag ein und begründeten ihn am 15. Februar vor dem Plenum.[118]

Auf Grund des Engagements von Staatspräsident Gebhard Müller hatte der Entwurf dem Ausschuß für innergebietliche Neuordnung schon am 19. Januar 1951 vorgelegen.[119] Bereits in der ersten Sitzung des Ausschusses für innergebietliche Neuordnung am 24. Januar 1951 erklärte Ministerialdirigent Wilhelm von Nathusius im Auftrag des Bundesinnenministers Robert Lehr, daß das Bundeskabinett sich am Vortage mit dem Südweststaat befaßt und beschlossen habe, die Neugliederungsfrage auszusetzen. Art. 118 GG sehe keinen Termin vor. Es sei daher möglich, die bundesrechtliche Regelung zu vertagen.[120] Carlo Schmid und Richard Freudenberg wiesen diese Erklärung entschieden zurück.[121] Schließlich bewahrte August Martin Euler den Südweststaat vor dem ihm zugedachten Schicksal. Bevor sich der Ausschuß eine Meinung über die Erklärung des Innenministers gebildet hatte, stellte er den Antrag, die drei Regierungschefs um eine mündliche Begründung ihrer Entwürfe in der nächsten Sitzung zu bitten. Der Ausschluß nahm den Antrag an. Eine Abstimmung über den Vorschlag des Innenministers entfiel. Die Hintergründe für das Vorgehen von Robert Lehr können nicht mehr endgültig geklärt werden. Hatte ihn Adenauer auf den möglichen Verlust der Bundesratsstimmen hingewiesen?

Dieser Vorgang erzeugte bei der Tübinger Regierung Mißtrauen, die nun ihr besonderes Augenmerk auf die Vorgänge in Bonn richtete. Gebhard Müller nahm persönlich an allen wichtigen Sitzungen des Ausschusses für innergebietliche Neuordnung, des Bundesrates und des Bundestages teil. Theodor Eschenburg unterrichtete die Tübinger Regierung ständig über die Geschehnisse beim Bund. Bereits in der ersten Ausschußsitzung hatte Theodor Eschenburg erkannt, daß die CDU-Bundestagsfraktion überwiegend Gegner des Südweststaats

---

117 Vgl. oben: 2. Teil, 3. Kapitel, I 6 c.
118 Siehe dazu auch: KIESINGER; Dunkle und helle Jahre (1989), S. 408 ff. (412 ff.); KIESINGER, Der Kampf im Bundestag um den Südweststaat, in: Das Land Württemberg-Hohenzollern 1945 – 1952, Darstellungen und Erinnerungen (1982), S. 404 ff. (S. 409 ff.).
119 MAIER, Erinnerungen (1966), S. 335 f.; SAUER, Die Entstehung des Bundeslandes Baden-Württemberg (1977), S. 128 f.
120 SAUER, Die Entstehung des Bundeslandes Baden-Württemberg (1977), S. 129.
121 MAIER, Erinnerungen (1966), S. 336 f.

als Ausschußmitglieder benannt hatte. Er bat den Abgeordneten Franz Weiß,[122] in der CDU-Fraktion auf eine andere Zusammensetzung der Ausschußmitglieder hinzuwirken. Zusammen mit Kurt Georg Kiesinger konnte Franz Weiß erreichen, daß ein Mitglied ausgetauscht wurde. Der Ausschuß entschied sich am 22. Februar 1950 mit neun gegen sechs Stimmen für den Tübinger Entwurf.[123] Leo Wohleb beantwortete diesen Beschluß sofort mit der Ankündigung, daß er das Bundesverfassungsgericht anrufen werde, wenn der Bundestag ein Gesetz mit diesem Abstimmungsmodus verabschiede.[124]

Die Vertreter der badischen Regierung im Ausschuß griffen die Einteilung der Abstimmungsbezirke und die damit verbundene Auswertung der Stimmen vehement an. Insgesamt wurde über die Einteilung der Abstimmungsbezirke viermal abgestimmt, der erste Beschluß jedoch beibehalten.[125] In der Sitzung vom 7. März 1951 erklärte Paul Zürcher mit einer kuriosen Begründung, daß das Grundgesetz die Überstimmung eines Landes durch andere Länder verbiete: Der Tübinger Entwurf sei in seinen Augen völkerrechtswidrig und, da das Völkerrecht einen Bestandteil der Verfassung darstelle, mit dem Grundgesetz unvereinbar.[126] Die Beratungen über die Neugliederung des Südwestens im Ausschuß für innergebietliche Neuordnung wurden am 16. März abgeschlossen. Der Ausschuß und später auch der Bundestag behielten die Einteilung in Abstimmungsbezirke bei, wie sie der Tübinger Entwurf vorsah. Die zweite Lesung des vom Ausschuß erarbeiteten Gesetzentwurfes am 18. und 19. April 1951[127] glich einem Kolleg über deutsche Geschichte.[128] Leo Wohleb rief zum Abschluß seiner Rede als Letztes in den Plenarsaal: „Man wird sich aber täuschen. Wir kapitulieren nicht!"[129] Der badische Abgeordnete Hermann Kopf ergriff ebenfalls Partei für Baden und warnte vor dem Südweststaat: „Ich glaube, daß die Konzeption des Südweststaates ihren Ursprung einem dreifachen Irrtum

---

122 Franz Weiß hatte das Amt des Ministers für Ernährung und Landwirtschaft in Württemberg-Hohenzollern inne. Als Vertreter des württemberg-hohenzollernschen Wahlkreises Hechingen-Sigmaringen gehörte er seit dem 14. August 1949 auch dem Bundestag an.
123 SAUER, Die Entstehung des Bundeslandes Baden-Württemberg (1977), S. 129.
124 KONSTANZER, Die Entstehung des Landes Baden-Württemberg (1969), S. 220.
125 SAUER, Die Entstehung des Bundeslandes Baden-Württemberg (1977), S. 129.
126 KONSTANZER, Die Entstehung des Landes Baden-Württemberg (1969), S. 220.
127 Zweite Beratung des Entwurfs eines zweiten Gesetzes über die Neugliederung in den Ländern Baden, Württemberg-Baden und Württemberg-Hohenzollern, in der 136. Sitzung des Deutschen Bundestages 135. Sitzung des Deutschen Bundestages am 18. April 1951, in: BT-Protokoll I/5257 ff; Zweite Beratung des Entwurfs eines zweiten Gesetzes über die Neugliederung in den Ländern Baden, Württemberg-Baden und Württemberg-Hohenzollern, in der 136. Sitzung des Deutschen Bundestages am 19. April 1951, in: BT-Protokoll I/5313 ff.
128 APPEL, Baden-Württemberg aus Bonner Sicht, Beiträge zur Landeskunde, 1962, Nr. 4, S. 62 ff. (64).
129 Leo Wohleb in der 136. Sitzung des Deutschen Bundestages am 19. April 1951, in: BT-Protokoll I/5313 ff. (5338 A).

verdankt: einem Irrtum des Gefühls, einem Irrtum der Vernunft und einem Irrtum des Kalküls."[130] Während der dritten Lesung bekannte sich Leo Wohleb in einem pathetischen Aufruf für Baden: „...Sie haben kein Recht uns zu entmündigen. ... Wir Badener haben den Anspruch, gehört zu werden, durch unsere Leistung für Deutschland. Noch ist Baden nicht verloren.".[131] Dessen ungeachtet verabschiedete der Bundestag mit großer Mehrheit das Neugliederungsgesetz.[132] Leo Wohleb versuchte dennoch, in der Bundesratssitzung vom 27. April 1951[133] das Neugliederungsgesetz zu Fall zu bringen. Der badische Innenminister Alfred Schühly trug vor, der Abstimmungsmodus führe zur Majorisierung des Landes Baden. Es würde ohne Zustimmung seiner obersten staatlichen Organe und seiner Bevölkerung aufgehoben werden.[134] Der Bundesrat lehnte den Antrag von Leo Wohleb ab,[135] das Neugliederungsgesetz dem Vermittlungsausschuß zu überweisen, und beschloß, keinen Einspruch zu erheben. Für diesen Antrag stimmten nur die Länder Baden, Bremen und Rheinland-Pfalz. Bayern und Nordrhein-Westfalen enthielten sich der Stimme und unterstützten damit indirekt die Tübinger und Stuttgarter Regierung.[136] Bundestag und auch Bundesrat hatten sich mithin eindeutig für den Südweststaat ausgesprochen. Nach dem Ergebnis der Volksbefragung vom 24. September 1950 und der jetzt getroffenen Regelung des Abstimmungsverfahrens konnte jedermann sich ausrechnen, daß die Entscheidung bei der Volksabstimmung zugunsten des Länderzusammenschlusses fallen würde. Der Abstimmungstermin wurde auf den 16. September 1951 festgesetzt.

---

130 Kopf während der dritten Beratung des Entwurfs des zweiten Gesetzes über die Neugliederung in den Ländern Baden, Württemberg-Baden und Württemberg-Hohenzollern, in der 138. Sitzung des Deutschen Bundestages am 25. April 1951, in: BT-Protokoll I/5425 ff. (5430 A).
131 Leo Wohleb während der dritten Beratung des Entwurfs des zweiten Gesetzes über die Neugliederung in den Ländern Baden, Württemberg-Baden und Württemberg-Hohenzollern, in der 138. Sitzung des Deutschen Bundestages am 25. April 1951, in: BT-Protokoll I/5425 ff. (5441 D).
132 Vgl. dritte Beratung des Entwurfs des zweiten Gesetzes über die Neugliederung in den Ländern Baden, Württemberg-Baden und Württemberg-Hohenzollern, in der 138. Sitzung des Deutschen Bundestages am 25. April 1951, in: BT-Protokoll I/5425 ff. (5449 B).
133 55. Sitzung des Bundesrats am 27. April 1951, in: BR-Sitzungsberichte, 2. Bd., S. 277 ff.
134 55. Sitzung des Bundesrats am 27. April 1951, in: BR-Sitzungsberichte, 2. Bd., S. 277 ff. (S. 281 C, D).
135 55. Sitzung des Bundesrats am 27. April 1951, in: BR-Sitzungsberichte, 2. Bd., S. 277 ff. (S. 287 B).
136 55. Sitzung des Bundesrats am 27. April 1951, in: BR-Sitzungsberichte, 2. Bd., S. 277 ff. (S. 288 A); siehe dazu auch: SAUER, Die Entstehung des Bundeslandes Baden-Württemberg (1977), S. 129.

Leo Wohleb hatte den Kampf aber noch nicht aufgegeben und die Erhebung einer Klage vor dem Bundesverfassungsgericht angedroht;[137] das Land Baden machte diese Drohung am 25. Mai 1951 wahr. Deshalb stand noch keineswegs fest, ob der Termin eingehalten werden konnte.[138]

2. Das Erste Neugliederungsgesetz[139]

Württemberg-Baden hatte schon am 19. November 1950 seinen Landtag neu gewählt. Dagegen rückte während der Beratungen der drei Entwürfe im Bundestag die Legislaturperiode der Landtage von Baden und Württemberg-Hohenzollern ihrem Ende (Mai 1951) entgegen. In den ersten Monaten des Jahres 1951 war offensichtlich, daß eine Regelung der Südweststaatsfrage bis dahin nicht mehr zu erwarten war. In Anbetracht der Umstände wurde die Durchführung von Neuwahlen für unzweckmäßig gehalten, da man annahm, die neuen Landtage würden infolge der bevorstehenden staatsrechtlichen Neuordnung nur von kurzer Lebensdauer sein. Vor allem aber wurde eine Wahlmüdigkeit der Bevölkerung befürchtet, der innerhalb von kurzer Zeit nach der informatorischen Volksbefragung vom September 1950 und nach der nun in die Nähe rückkenden Landtagswahl auch noch die Volksabstimmung über das Neugliederungsgesetz, die Wahl zur Verfassunggebenden Landesversammlung und zum Landtag des neugebildeten Landes sowie teilweise auch Kommunalwahlen bevorstanden. Weiter fehlte in Württemberg-Hohenzollern ein gültiges Landtagswahlgesetz, da die Alliierte Hohe Kommission das vom Landtag beschlossene Wahlgesetz am 1. März 1951 vorläufig abgelehnt hatte.[140] Ein neuer, von der Landesregierung vorgelegter Entwurf scheiterte im Landtag.

Aus den genannten Gründen leiteten die Landtage der Länder Baden und Württemberg-Hohenzollern ein Verfahren ein, um die Legislaturperioden der Landtage bis zur Durchführung der Neugliederung zu verlängern. Eine solche Verlängerung wäre über eine Verfassungsänderung möglich gewesen. Den für die Verfassungsänderung notwendigen Volksentscheid hatten beide Landtage auf den 8. April 1951 festgesetzt.[141] Auf Grund der für eine Verfassungsänderung ihrerseits notwendigen Volksabstimmung war aber auf diese Weise keine Erleichterung für die Bevölkerung zu erreichen. Daher faßten die Abgeordneten eine bundesgesetzliche Regelung auf der Grundlage des Art. 118 GG ins Auge, und zwar zunächst als Teil des zu erlassenden Neugliederungsgesetzes. Da sich die Verabschiedung des Neugliederungsgesetzes aber immer mehr verzögerte,

---

137 KIESINGER, Der Kampf im Bundestag um den Südweststaat, Beiträge zur Landeskunde, 1982, Nr. 2, S. 1 ff. (6).
138 Antrag vom 25. Mai 1951, geändert durch den Schriftsatz vom 7. September 1951
139 Vom 4. Mai 1951, BGBl. I S. 283; abgedruckt, in: Anhang 4 XIX.
140 Abl. AHK, Nr. 53, S. 869.
141 Badische Bekanntmachung vom 5. März 1951, in: GVBl. 1951, S. 44. Württemberg-Hohenzollernsche Bekanntmachung vom 6. März 1951, in: RegBl. 1951, S. 26.

wurde es schließlich notwendig, die Verlängerung der Landtagswahlperiode vorzuziehen.

Die Zeit drängte, weil es inzwischen März geworden. Deshalb entschloß sich die Tübinger Regierung zu raschem Handeln. In der Sitzung des Ausschusses für innergebietliche Neuordnung am Vormittag des 15. März 1951 legten die Abgeordneten August Martin Euler und Carlo Schmid einen Gesetzentwurf vor und diktierten seine Begründung. Sämtliche großen Fraktionen unterzeichneten den Antrag. Sie brachten ihn schon am Nachmittag desselben Tages im Bundestag ein. Der Antrag[142] sah vor, durch Bundesgesetz die Wahlperioden der Landtage von Baden und Württemberg-Baden bis spätestens zum Außerkrafttreten der beiden Landesverfassungen zu verlängern.[143]

Der Bundestag verabschiedete diesen Gesetzentwurf in seiner 127. Sitzung ohne Aussprache in drei Lesungen trotz verfassungsrechtlicher Bedenken seitens der Bundesregierung mit großer Mehrheit.[144] Auf Antrag des rheinland-pfälzischen Ministers für Justiz und Kultus Adolf Süsterhenn rief der Bundesrat den Vermittlungsausschuß (Art. 77 Abs. 2 GG) an.[145] Der Vermittlungsausschuß schlug vor, die ursprüngliche Überschrift des Gesetzes „Gesetz zur Verlängerung der Wahlperiode der Landtage der Länder Baden und Württemberg-Hohenzollern" in: „Erstes Gesetz zur Neugliederung in dem die Länder Baden, Württemberg-Baden und Württemberg-Hohenzollern umfassenden Gebiete gemäß Art. 118 Satz 2 des Grundgesetzes" umzubenennen und befristete die Verlängerung der Wahlperiode bis zum 31. März 1952.[146] Daraufhin stimmte der Bundestag dem Gesetz nach Art. 77 Abs. 2 GG erneut zu. Der Bundesrat beschloß am 6. April 1951, keinen Einspruch nach Art. 77 Abs. 3 GG einzulegen.[147]

Der Bundespräsident Theodor Heuss teilte die verfassungsrechtlichen Bedenken der Bundesregierung und des Bundesrates: Er hielt das Gesetz für grundgesetzwidrig und zögerte daher eine Unterzeichnung hinaus.[148] Da das

---

142 BT-Drucksache I/2057.
143 Begründung zum Gesetz: Anlage zum Stenographischen Bericht der 127. Sitzung des BT am 15. März 1951; in: Deutscher Bundestag, Verhandlungen, 1. Wahlperiode, Bd. 6 S. 4835 ff. BT-Protokoll I/4880.
144 Stenographischer Bericht der 127. Sitzung des Bundestags am 15. März 1951, BT-Protokoll I/4835 ff. (4837 B).
145 52. Sitzung des Bundesrats am 16. März 1951, in: BR-Sitzungsberichte, 2. Bd., S. 199 ff. (S. 237 C ff.; 242 B, C).
146 53. Sitzung des Bundesrats am 6. April 1951, in: BR-Sitzungsberichte, 2. Bd., S. 243 ff. (S. 245 B, C).
147 53. Sitzung des Deutschen Bundesrates am 6. April 1951, in: BR-Sitzungsberichte, 2. Bd., S. 243 ff. (S. 244 ff., 246 D).
148 Hier stellt sich die Frage, ob dem Bundespräsidenten das Recht zusteht, Bundesgesetze, die ihm zur Ausfertigung vorgelegt werden, auf ihre Vereinbarkeit mit den Grundgesetz zu prüfen und im Falle ihrer Unvereinbarkeit mit dem Grundgesetz ihre Ausfertigung abzulehnen. Der Bundestag bestritt dem Bundespräsidenten das Überprüfungsrecht.

Gesetz auch in der Öffentlichkeit sehr umstritten war, wollte Theodor Heuss es nur zusammen mit dem Neugliederungsgesetz unterzeichnen, um zu demonstrieren, daß es sich bei dem Ersten Neugliederungsgesetz eindeutig um ein Gesetz nach Art. 118 S. 2 GG handelte.[149] Am 12. April 1951 legte Bundespräsident Theodor Heuss dem Innenminister von Württemberg-Hohenzollern Viktor Renner nahe, das Gesetz über die Verlängerung der Landtagswahlperioden in das Neugliederungsgesetz einzuarbeiten, um alle Zweifel zu beseitigen. Im Tübinger Kabinett stieß diese Anregung auf Widerspruch. Eine Unterredung mit Landeskommissar Widmer hatte ergeben, daß der französische Hohe Kommissar das Gesetz als ausgesprochenen Mißbrauch des Art. 118 GG betrachtete und die Tübinger Regierung daher mit einem Veto rechnen mußte. Wenn man nun den Vorschlag des Bundespräsidenten befolgt und die Hohe Kommission ein Veto eingelegt hätte, wäre das gesamte Gesetz und damit auch die Neugliederung ausgesetzt worden. Dieses Risiko wollte die Tübinger Regierung nicht eingehen. Die Tübinger Regierung schlug daher vor, das Gesetz über die Verlängerung der Wahlperiode der Landtage und das Gesetz über die Neugliederung lediglich in einen formalen Zusammenhang zu bringen. Das Kabinett einigte sich daher am 17. April 1951, in Bonn auf eine gleichzeitige Verkündigung der beiden Gesetze hinzuwirken. Das Gesetz über die Verlängerung der Wahlperiode der Landtage erhielt die Bezeichnung „Erstes Neugliederungsgesetz", das eigentliche Neugliederungsgesetz den Titel „Zweites Neugliederungsgesetz".[150] Am 4. Mai 1951 traten beide Gesetze in Kraft. Durch die gegen diese Gesetze angestrebte Klage der badischen Landesregierung verlagerte sich der Kampf um den Südweststaat erneut, diesmal nach Karlsruhe als projeziertem Sitz des in Einrichtung befindlichen Bundesverfassungsgerichts.

Siehe dazu näher: Ergänzung zum Gutachten des Bundesministers der Justiz Thomas Dehler in: Der Kampf um den Südweststaat (1952), S. 56 ff. (57 f.).
149 SAUER, Die Entstehung des Bundeslandes Baden-Württemberg (1977), S. 130.
150 SAUER, Die Entstehung des Bundeslandes Baden-Württemberg (1977), S. 130; Gutachten des Bundesministers der Justiz Thomas Dehler in: Der Kampf um den Südweststaat (1952), S. 51 ff. (51).

3. Teil: Die Verfassungsmäßigkeit der Neugliederungsgesetze

1. Kapitel: Die Entscheidung des Bundesverfassungsgerichts vom 23. Oktober 1952

I. Die Klage der badischen Landesregierung

Die badische Landesregierung reichte – wie sie bereits während der Verhandlungen im Bundestag angekündigt hatte – gegen die beiden Neugliederungsgesetze am 25. Mai 1951 Klage beim Bundesverfassungsgericht ein. Gleichzeitig mit der Klage stellte die badische Regierung den Antrag auf einstweilige Anordnung, den Vollzug des Zweiten Neugliederungsgesetzes auszusetzen, bis das Bundesverfassungsgericht über den Antrag auf Feststellung der Nichtigkeit dieses Gesetzes entschieden hätte. Zur Begründung führte die badische Landesregierung „die Abwehr schwerer Nachteile für die Länder Baden, Württemberg-Baden und Württemberg-Hohenzollern und die Bundesrepublik" an.[1] Zu diesem Zeitpunkt war noch nicht abzusehen, wann die Anträge der Freiburger Regierung behandelt werden würden, da die Richter des Bundesverfassungsgerichts noch nicht gewählt worden waren. Es stand noch nicht einmal fest, ob die Anträge vor der Volksabstimmung berücksichtigt werden konnten, da der Tag der Volksabstimmung vom Bundesminister des Inneren, Robert Lehr, bereits auf den 16. September 1951 festgesetzt worden war, die Wahl der Richter aber erst am 4. September 1951 durchgeführt werden sollte.[2]

Als sich abzeichnete, daß sich auf Grund parteipolitischer Auseinandersetzungen um das Amt des Bundesverfassungsgerichtspräsidenten die Wahl der Richter zum vorgesehenen Zeitpunkt zu verzögern drohte, wandte sich die badische Regierung am 8. August 1951 direkt an den Bundeskanzler. Als Treuhänderin des badischen Volkes warf sie die Frage auf, „...ob sie an der Durchführung einer Abstimmung weiter mitwirken darf, die nach ihrer pflichtgemäß gewonnenen Überzeugung auf einem verfassungswidrigen Gesetz beruht...",[3] wobei sie sich bis zum Spruch des Gerichts auf einen Verfassungsnotstand berief. Die Bundesregierung verwarf den Vorschlag des stellvertretenden Bundeskanzlers, Franz Blücher, in dieser Situation Zwang anzuwenden (Art. 37 GG),

---

1 Antrag der Badischen Landesregierung auf einstweilige Anordnung vom 25.05.1951, in: Der Kampf um den Südweststaat (1952), S. 269 f.
2 HENNINGS, Der unerfüllte Verfassungsauftrag (1983), S. 78.
3 Schreiben der Badischen Landesregierung an den Bundeskanzler Adenauer vom 9. August 1951, in: Der Kampf um den Südweststaat (1952), S. 270 ff. (272).

sondern legte Wert darauf, daß das Bundesverfassungsgericht möglichst rasch zusammentrat und eine Entscheidung fällte.[4] Das Bundesverfassungsgericht konstituierte sich aber erst am 8. September 1951,[5] da die Wahl und Vereidigung seiner Richter erst dann abgeschlossen war.[6] Die Zeit zwischen der Konstituierung des Bundesverfassungsgerichts und dem durch § 2 des Zweiten Neugliederungsgesetzes auf den 16. September 1951 festgesetzten Abstimmungstermin war für das Bundesverfassungsgericht zu kurz, um die Gültigkeit der beiden Neugliederungsgesetze zu überprüfen. Aus diesem Grunde nahm das Gericht am 9. September 1951 seine Tätigkeit mit dem Erlaß einer einstweiligen Anordnung auf, durch die es die Abstimmung verschob.[7] Denn eine Abstimmung auf Grund eines Gesetzes, dessen Rechtsgültigkeit in der Öffentlichkeit stark umstritten und zudem Gegenstand eines Verfahrens beim Bundesverfassungsgericht sei, könnte die Stimmberechtigten verwirren und damit möglicherweise das Ergebnis verfälschen.[8]

Mit der Verfassungsklage und dem ursprünglichen Klageantrag vom 31. Juli 1951[9] begehrte die Freiburger Regierung für das Land Baden die Nichtigkeit der beiden Neugliederungsgesetze festzustellen. Das Land Baden machte geltend, der Bund habe es durch die beiden Gesetze in seinen Rechten verletzt. Die beiden Neugliederungsgesetze seien mit folgenden Normen nicht vereinbar: Art. 3, 19 Abs. 4, 20, 23, 25, 28 Abs. 1, 28 Abs. 3, 29, 72, 79, 80 und 118 GG und deshalb nichtig.[10] Ein Schriftsatz vom 7. September 1951 änderte den Klagantrag dahin ab, daß die Feststellung begehrt wurde, der Bund sei nicht berechtigt, durch das Erste Neugliederungsgesetz die Wahlperiode des Landtags zu verlän-

---

4 Der Eindruck, daß die Bundesregierung einer offenen Stellungnahme zur Durchführung der Abstimmung auswich, wurde durch ihren Antrag vom 27. September 1951 bestätigt, nicht als Antragsgegner im Sinne des Bundesverfassungsgerichtsgesetzes, sondern als Verfahrensbeteiligter zu gelten. Als Unterzeichner des Neugliederungsgesetzes und nach § des Zweiten Neugliederungsgesetzes für die Durchführung des Abstimmungsverfahrens zuständig, begründete die Bundesregierung ihren Antrag damit, daß es niemals Meinungsverschiedenheiten im Sinne des § 13 Nr. 7 BVerfGG gegeben habe. Der Antrag der Bundesregierung vom 27.09.1951 ist abgedruckt in: Der Kampf um den Südweststaat (1952), S. 336 ff.
Dem Antrag der Bundesregierung gab das Bundesverfassungsgericht nicht statt. Dazu ausführlich: HENNINGS, Der unerfüllte Verfassungsauftrag (1983), S. 79.
5 Auf der Grundlage des Gesetzes über das Bundesverfassungsgericht vom 12. März 1951, BGBl. I S. 243.
6 FEUCHTE, Die Entscheidungen des Bundesverfassungsgerichts zur Südweststaatsfrage, in: Das Land Württemberg-Hohenzollern (1945 – 1952) (1982), S. 425 ff. (426).
7 MUSSGNUG, Die Anfänge Baden-Württembergs in verfassungsrechtlicher und verfassungsgeschichtlicher Sicht, ZWLG 43 (1984), S. 373 ff. (393).
8 BVerfGE 1, 1 ff.
9 Anträge der Landesregierung von Baden vom 31. Juli 1951, in: Der Kampf um den Südweststaat (1952), S. 264 ff.
10 Die Anträge und Schriftsätze der Staatsregierung von Baden sind abgedruckt in: Der Kampf um den Südweststaat (1952), S. 264 ff; BVerfGE 1, 14 ff. (26 f.).

gern. In bezug auf das Zweite Neugliederungsgesetz beantragte die Freiburger Regierung die Feststellung, daß der Bund nicht berechtigt sei, im Aufsichtswege die zur Ausführung des Gesetzes notwendigen Maßnahmen zu veranlassen. Weiter beantragte die badische Landesregierung mit ihrer Klageänderung festzustellen, daß das Land nicht verpflichtet sei, die beiden Gesetze auszuführen. Nur hilfsweise wollte die badische Landesregierung die Nichtigkeit der beiden Gesetze festgestellt wissen.[11] Mit diesen Anträgen behauptete die badische Landesregierung eine Meinungsverschiedenheit über Rechte und Pflichten des Bundes und eines Landes. Es ist durchaus möglich, daß die Freiburger Regierung ihre Anträge geändert hatte, um ihren eigenen verfahrensrechtlichen Status zu stärken. Denn die Betroffenheit als klagendes Land kam in einem Bund-Länder-Streit deutlicher zum Ausdruck als in einer abstrakten Normenkontrolle.

Gebhard Müller bekräftigte mehr als zwei Jahrzehnte später, im Jahre 1977, die Behauptung, die Entscheidung des Bundesverfassungsgerichts sei mit 6 : 6 Stimmen gefallen, habe „viel Wahrscheinlichkeit" für sich, wenn er auch nicht zu sagen vermöge, ob sie zutreffe. Die Vermutung lege jedenfalls nahe, daß die Entscheidung in der Sache auf des Messers Schneide stand.[12] Trifft diese Vermutung zu, so spiegelt sich im Urteil der Richter die Gleichwertigkeit der vorgetragenen Argumente wider. Unter diesem Blickwinkel wird auch verständlich, daß die südwestdeutschen Regierungen versuchten, durch den Austausch von Richtern ihre Erfolgsaussichten zu erhöhen: So wollte die badische Regierung durch ihre Antragsänderung den Übergang der Zuständigkeit auf den zweiten Senat erreichen und die Regierungen von Württemberg-Baden und Württemberg-Hohenzollern lehnten die Richter Willi Geiger und Claus Leußer als befangen ab: Willi Geiger[13] habe als Sachbearbeiter eines Bundesministers bei der Ausarbeitung eines Gutachtens für den Bundespräsidenten mitgewirkt und habe dabei die Auffassung vertreten, das Gesetz sei mit dem Grundgesetz nicht vereinbar.[14] Das Bundesverfassungsgericht wies die Ablehnung des Richters Dr. Geiger mit Beschluß vom 2. Oktober 1951 als unbegründet zurück.[15] Den ent-

---

11 Anträge der Badischen Landesregierung vom 7. September 1951, in: Der Kampf um den Südweststaat (1952), S. 273 f.
12 FEUCHTE, Verfassungsgeschichte von Baden-Württemberg (1983), S. 149.
13 1989 veröffentliche Willi Geiger erstmals seine abweichende Meinung zum Urteil des Bundesverfassungsgerichts vom 23. Oktober 1951 im Hauptsacheverfahren. Seiner Ansicht ist § 10 des Zweiten Neugliederungsgesetzes nichtig. Da § 10 des Zweiten Neugliederungsgesetzes eine der wesentlichen Vorschriften des Zweiten Neugliederungsgesetzes sei, sei das Gesetz ohne diese Vorschrift unvollständig. Deshalb führe die Nichtigkeit des § 10 des Zweiten Neugliederungsgesetzes zur Nichtigkeit des ganzen Zweiten Neugliederungsgesetzes. Seine Ausführungen sind abgedruckt in: Albiez/Glunk/Grund, Der überspielte Volkswille (1992), S. 330 ff.
14 Antrag der Regierungen der Länder Württemberg-Baden und Württemberg-Hohenzollern vom 18. September 1951 auf Ablehnung der Richter Dr. Geiger und Leußer wegen Befangenheit, in: Der Kampf um den Südweststaat (1952), S. 317 f.
15 BVerfGE 1, 66 ff.

sprechenden Ablehnungsantrag gegen den Bundesverfassungsrichter Claus Leußer zog Innenminister Renner mit der Zustimmung der Vertreter des Landes Württemberg-Baden in der mündlichen Verhandlung vor dem Bundesverfassungsgericht am 2. Oktober 1951 zurück.[16]

Das Urteil in der Hauptsache erging am 23. Oktober 1951.[17] Es hatte existentielle Bedeutung für die Länder Baden, Württemberg-Baden und Württemberg-Hohenzollern. Das Urteil entschied deshalb mehr als nur den aktuellen Streit. Um diese beiden Seiten, Einzelfall und Ausstrahlung zu erfassen, werden die wesentlichen Beweggründe und die Ergebnisse zunächst vorgestellt, dann die Argumentationen an ihren Alternativen aufbereitet.

Zum ersten Mal hatte das Bundesverfassungsgericht eine grundsätzliche Entscheidung zu treffen, es mußte die bundesstaatliche Konzeption des Grundgesetzes erfassen und auf den vorliegenden Fall anwenden. Nicht nur die Neugliederungsvorschriften waren in ihrer konkreten Gestalt ohne Vorbild in der Geschichte. Das Grundgesetz war erst 2 Jahre zuvor in Kraft getreten und die Stellung der Länder gegenüber dem Bund war nicht geklärt. Das Bundesverfassungsgericht hatte keine gefestigte Staatstheorie, die vorgab, welche Wirkungen von dem Grundgesetz ausgingen, denn der Verfassungen konnte man föderalistische ebenso wie unitarische Elemente entnehmen.[18]

II. Die Entscheidung des Bundesverfassungsgerichts

1. Die Zuständigkeitsfrage

Der Zweite Senat des Bundesverfassungsgerichts begründete seine Zuständigkeit mit dem Beschluß des Plenums vom 8. September 1951 gemäß § 16 Abs. 3 BVerfGG, der ihm das Verfahren zugewiesen hatte.[19] Auf diese Weise stellte der Zweite Senat klar, daß für die Übertragung der Zuständigkeit nicht die Änderung der Hauptanträge des Landes Baden maßgebend war, nach denen der Verfassungsrechtsstreit nur noch als Streit über Rechte und Pflichten von Bund und Ländern im Sinne von Art. 93 Abs. 1 Nr. 3 i.V.m § 13 Nr. 7 BVerfGG erschien und nicht als abstrakte Normenkontrolle. Das Bundesverfassungsgericht stelle ausdrücklich fest, daß es unabhängig von der ursprünglichen Formulierung der Anträge möglich gewesen wäre, den Rechtsstreit dem Zweiten Senat

---

16 Kurzprotokoll der mündlichen Verhandlung mit Beschluß über den Antrag betr. Richterablehnung vom 2. Oktober 1951, in: Der Kampf um den Südweststaat (1952), S. 396 ff. (398).
17 BVerfGE 1, 14 ff.
18 FEUCHTE, Die Entscheidungen des Bundesverfassungsgerichts zur Südweststaatsfrage, in: Das Land Württemberg-Hohenzollern (1945 – 1952) (1982), S. 425 ff. (425); FEUCHTE, Verfassungsgeschichte von Baden Württemberg (1983), S. 150.
19 BVerfGE 1, 14 ff. (29).

zuzuweisen. Selbst bei der Stellung der ursprünglichen Anträge hätte es sich nicht nur um eine abstrakte Normenkontrolle nach Art. 93 Abs. 1 Nr. 2 GG i.V.m. § 13 Nr. 6 BVerfGG, sondern darüber hinaus um eine Meinungsverschiedenheit über Rechte und Pflichten des Bundes und eines Landes im Sinne von Art. 93 Abs. 1 Nr. 3 i.V.m. § 13 Nr. 7 BVerfGG gehandelt.[20]

2. Das Erste Neugliederungsgesetz

Das Bundesverfassungsgericht entschied, das Erste Neugliederungsgesetz über die Verlängerung der Legislaturperioden der Landtage von Südbaden und Württemberg-Hohenzollern sei verfassungswidrig und damit nichtig. Das Gesetz sei ex tunc unwirksam und folglich erklärte es die Landtage von Baden und Württemberg-Hohenzollern für seit Mai 1951 als rechtlich nicht mehr bestehend.[21] Aus Gründen der Rechtssicherheit seien die von den Landtagen seit dieser Zeit vorgenommenen Handlungen wirksam.[22] Die Entscheidung stützte sich auf das Demokratiegebot und das bundesstaatliche Prinzip des Grundgesetzes. Zur Demokratie gehöre nicht nur die Existenz einer Volksvertretung sondern wesentlich sei auch, daß den Wahlberechtigten das Wahlrecht nicht auf einem in der Verfassung nicht vorgesehen Wege entzogen werde, also fällige Wahlen nicht hinausgeschoben werden.[23] Die Wahlperiode eines Landtags, dürfe nur in dem in der Verfassung vorgesehen Verfahren verlängert werden, das heißt gegebenenfalls mit Zustimmung des Volkes.[24] In seinen Ausführungen zur Unvereinbarkeit des Ersten Neugliederungsgesetzes mit dem bundesstaatlichen Prinzip, stellte das Bundesverfassungsgericht klar, daß der Bundesgesetzgeber auch im Rahmen des Art. 118 GG zum Erlaß von Vorschriften über Bildung, Funktionen und Kompetenzen von Landesverfassungsorganen berechtigt sei, solange sie sich im Rahmen des Art. 28 Abs. 1 GG halte. In die Kompetenz der Länder als Staaten mit eigener Hoheitsgewalt falle die Gestaltung ihrer eigenen verfassungsmäßigen Ordnung. In diese könne der Bund auch im Neugliederungsverfahren nicht eingreifen, solange diese ungeschmälert bestehen.[25] Weder die ausschließliche, noch die konkurrierende Gesetzgebungszuständigkeit des Bundes noch Gründe der Zweckmäßigkeit oder staatspolitische Notwendigkeiten könnten die Zuständigkeit des Bundes begründen.[26] Auch die Tatsache, daß das Erste Neugliederungsgesetz gleichzeitig mit dem Zweiten Neugliederungsgesetz angefertigt und verkündet wurde, sei für seinen Bestand unerheblich.

---

20 Dazu eingehend: KLEIN, Bundesverfassungsgericht und Südweststaatfrage, AöR 77 (1951/52), S. 452 ff. (453 f.).
21 FEUCHTE, Die Entscheidungen des Bundesverfassungsgerichts zur Südweststaatsfrage, in: Das Land Württemberg-Hohenzollern (1945 – 1952) (1982), S. 425 ff. (428 f.).
22 BVerfGE 1, 14 ff. (36 ff.).
23 BVerfGE 1, 14 ff. (S. 18 Leitsatz 29, S. 33).
24 BVerfGE 1, 14 ff. (33).
25 BVerfGE 1, 14 ff. (34).
26 BVerfGE 1, 14 ff. (35 f.).

3. Das Zweite Neugliederungsgesetz

Dagegen bestätigte das Bundesverfassungsgericht die Gültigkeit des Zweiten Neugliederungsgesetzes über die Durchführung der südwestdeutschen Länderneuordnung in seinen wesentlichen Teilen. Insbesondere die Bestimmungen über Wortlaut und Form der Stimmzettel und die Stimmbewertung (§§ 4, 5 und 10 des Zweiten Neugliederungsgesetzes), gegen die sich die Hauptargumente der badischen Landesregierung richteten, erklärte das Bundesverfassungsgericht für voll rechtswirksam. Das Bundesverfassungsgericht bestimmte in seinem Urteil abschließend als Termin für die Durchführung der Volksabstimmung den 16. Dezember 1951.[27]

Die Behauptung, Baden bestehe fort und habe ein Recht darauf wiederhergestellt zu werden, hat das Gericht ebenso verworfen[28] wie die badischen Einwände gegen das Abstimmungsverfahren.[29] Den Einwand der badischen Regierung, die Antworten in den verschiedenen Abstimmungsbezirken dürften nicht zusammengezählt werden, da nicht jeweils dieselbe Frage gestellt sei, löste das Bundesverfassungsgericht durch den Nachweis, daß in Wahrheit in allen Stimmbezirken nur die Frage nach dem Südweststaat gestellt war, die Wiederherstellung der alten Länder sich nur als gesetzliche Konsequenz aus einer Ablehnung des Südweststaats ergeben hätte. Die scheinbar zweite Frage habe nur den Sinn, den Abstimmenden die Folgen der Verneinung der „ersten Frage" zu verdeutlichen.[30] Mit der Feststellung, es sei nur die einfache Frage nach dem Südweststaat gestellt, hat das Bundesverfassungsgericht auch der Argumentation den Boden entzogen, daß die Zusammenzählung der in den Abstimmungsbezirken I und II auf die Frage nach der Wiederherstellung Badens und in den Abstimmungsbezirken III und IV auf die Frage nach der Wiederherstellung Württembergs einschließlich Hohenzollerns abgegebene Stimmen in sich widersprüchlich sei und sie damit die betreffenden Vorschriften des Zweiten Neugliederungsgesetzes unwirksam mache.[31] Den Angriff, ein Abstimmungsbezirk (Südbaden) dürfe nicht durch die übereinstimmende Mehrheitsentscheidung in

---

27 BVerfGE 1, 14 ff. (65).
28 BVerfGE 1, 14 ff. (90).
29 A. A. Scheuner, Die Rechtsprechung des Bundesverfassungsgerichts und das Verfassungsrecht der Bundesrepublik, in: DVBl, 1952, S. 645 ff. (645). Scheuner beanstandet, das Bundesverfassungsgericht sei dem Einwand, daß die Art der Abstimmung auf die Verschiedenheit der Fragen für die Bewohner jedes der drei Länder hätte Rücksicht nehmen und die Wähler deutlich vor die Frage hätte stellen müssen, ob sie dem Untergang ihres Landes zustimmten. Das demokratische Prinzip habe eine getrennte Fragestellung in jedem der drei Länder und eine andere Form der Alternativfrage erfordert, die nicht nur die Wahl zwischen Gesamtverbindung und Bilden der alten Länder ließ.
30 BVerfGE 1, 14 ff. (45 ff.); dazu ausführlich: Klein, Bundesverfassungsgericht und Südweststaatfrage, AöR 77 (1951/52), S. 452 ff. (459 f.); Feuchte, Die Entscheidungen des Bundesverfassungsgerichts zur Südweststaatsfrage, in: Das Land Württemberg-Hohenzollern (1945–1952) (1982), S. 425 ff. (430 f.).
31 BVerfGE 1, 14 ff. (45 ff.).

den drei übrigen Abstimmungsbezirken majorisiert werden, wies das Bundesverfassungsgericht zurück, es verstoße nicht gegen das Bundesstaatsprinzip, da sich das Grundgesetz zum labilen Bundesstaat bekenne. Das Bundesverfassungsgericht gestand dem Bundesgesetzgeber ausdrücklich das Recht zu, nach von ihm festgelegten Regeln über die Existenz seiner Länder zu befinden. Die Frage, welches Gebiet den Ausschlag geben sollte – Südbaden oder die anderen drei Abstimmungsbezirke – erklärte das Bundesverfassungsgericht zu einer politischen Frage, über die der Gesetzgeber und nicht das Gericht zu entscheiden habe.[32]

Zu der von der badischen Landesregierung geltend gemachten Verletzung des Selbstbestimmungsrechts führte das Gericht aus, es sei entscheidend, daß Baden als Gliedstaat des Bundes nicht selbständig und unabhängig, sondern in die bundesstaatliche Ordnung einbezogen sei, die seine Hoheitsmacht beschränke.[33]

Einen Anspruch der Länder Baden und Württemberg, wiederhergestellt zu werden, verneinte das Gericht. Ein rechtlicher Anspruch auf die Wiederherstellung der alten Länder finde weder im Wortlaut des Grundgesetzes noch in einem allgemeinen Verfassungsgrundsatz seine Stütze.[34] Spätestens mit der Annahme der Landesverfassungen durch das Volk seien die neuen Länder Baden, Württemberg-Baden und Württemberg Hohenzollern in demokratischer Weise gebildet worden.[35]

Die von der badischen Regierung vorgetragene Verletzung der Regel des Völkerrechts, nach der kein Staat gegen den Willen seines Volkes zur Aufgabe seiner Existenz und zum Eingehen in einen anderen Staat gezwungen werden könne, kam, denn ein das Verhältnis von Staaten zueinander regelnder Völkerrechtssatz könne, so daß Bundesverfassungsgericht, nicht auf das Überordnungsverhältnis von Bund und Land angewendet werden. Dieses Verhältnis werde durch die bundesstaatliche Rechtsordnung bestimmt. Für die Anwendung völkerrechtlicher Regelungen sei daneben kein Raum.[36]

Dem Vortrag der badischen Landesregierung, durch Art. 118 S. 2 GG werde der Gleichheitssatz verletzt, weil der Status der Länder im Südwesten schwächer sei als der der übrigen Länder, entgegnete das Bundesverfassungsgericht, dies treffe nicht zu, denn es liege in der Sache eine Ungleichheit vor, der durch eine

---

32 MUSSGNUG, Die Anfänge Baden-Württembergs in verfassungsrechtlicher und verfassungsgeschichtlicher Sicht, ZWLG 43 (1984), S. 373 ff. (394 f.).
33 BVerfGE 1, 14 ff. (49 f.).
34 BVerfGE 1, 14 ff. (50 f.).
35 A.A. JERUSALEM, Das Urteil des Bundesverfassungsgerichts über den Südweststaat-Streit, NJW 1952, S. 45 ff. (46). Jerusalem führt aus, das Bundesverfassungsgericht habe übersehen, daß die Schaffung der neuen Landesorganisation das Staatsvolk nicht zerstört habe und daß das Selbstbestimmungsrecht auf Wiederherstellung unverzichtbar sei. Zudem lag ein Verzicht der betroffenen Landesvölker nicht vor, weil die neuen Länder Folge des äußeren Zwanges waren.
36 BVerfGE 1, 14 ff. (51 f.).

verschiedene rechtliche Behandlung Rechnung getragen werden durfte.[37] Mit Recht sei der Gesetzgeber davon ausgegangen, daß die Verhältnisse im Südwestraum anders lagen als im übrigen Teil des Bundesgebiets. Die hier durch die Besatzungsmächte gezogenen Grenzen hätten in viel stärkerem Maße als anderswo den Charakter des Vorläufigen getragen.[38] Die Frage nach dem Inhaber des Grundrechts der Gleichheit warf das Bundesverfassungsgericht nicht auf. Es hat sich erst später um eine Klärung bemüht, ob und inwieweit der Gleichheitssatz sich auf Hoheitsträger innerhalb des hoheitlichen Staatsaufbaus erstreckt.[39] Mit seiner Entscheidung vom 8. Juni 1960[40] beschränkte das Bundesverfassungsgericht die Anwendung des Gleichheitssatzes auf natürliche Personen. Am 2. Juli 1967[41] betonte es, Personen des öffentlichen Rechts seien nicht grundrechtsfähig, allerdings beanspruche das Willkürgebot Geltung innerhalb des hoheitlichen Staatsaufbaus, jedoch handele es sich insoweit um ein Element des objektiven Gerechtigkeitsprinzips.

Das Bundesverfassungsgericht hatte sich auch mit dem Einwand der badischen Landesregierung auseinanderzusetzen, der Abstimmungsmodus verstoße deshalb gegen den Gleichheitssatz, weil mit ihm das Ergebnis von vornherein feststehe.[42] Die badische Landesregierung wies auf die Probeabstimmung vom 24. September 1950 hin. Es war in der Tat eine Ungleichheit der Erfolgsaussichten zu erkennen. Das Gericht hielt aber nicht die Chancengleichheit an sich für entscheidend, sondern hielt die Intention des Bundesgesetzgebers für ausschlaggebend. Nur wenn erwiesen sei, daß der Bundesgesetzgeber den Abstimmungsmodus gewählt habe, um die durch Art. 118 GG vorgeschriebene echte Volksbefragung durch eine Scheinabstimmung zu ersetzen, das heißt durch eine Volksabstimmung, deren Ergebnis von vornherein feststehe und dies so gewollt sei, läge ein Verstoß gegen den Gleichheitssatz vor.[43] In diesem Punkt ist die Argumentation des Bundesverfassungsgerichts angreifbar. Es erscheint zweifelhaft, ob es sinnvoll war, auf die subjektive Motivation der handelnden Politiker

---

37 BVerfGE 1, 14 ff. (52 f.). In dieser Entscheidung des Bundesverfassungsgerichts findet sich erstmals die Formel, mit der das Gericht fortan die Voraussetzungen einer Verletzung des Gleichheitssatzes umschrieben hat: „Der Gleichheitssatz ist verletzt, wenn sich ein vernünftiger, sich aus der Natur der Sache ergebender oder sonstwie sachlich einleuchtender Grund für die gesetzliche Differenzierung oder Gleichbehandlung nicht finden läßt, kurzum, wenn die Bestimmung als willkürlich bezeichnet werden muß.", BVerfGE 1, 14 ff. (S. 16 Leitsatz 18, S. 52).
38 BVerfGE 1, 14 ff. (52 f.); weiterführend: Klein, Bundesverfassungsgericht und Südweststaatfrage, AöR 77 (1951/52), S. 452 ff. (462).
39 FEUCHTE, Die Entscheidungen des Bundesverfassungsgerichts zur Südweststaatsfrage, in: Das Land Württemberg-Hohenzollern (1945 – 1952) (1982), S. 425 ff. (431 f.).
40 BVerfGE 11, 192 ff. (203).
41 BVerfGE 21, 3622 ff. (372).
42 BVerfGE 1, 14 ff. (53 ff.).
43 BVerfGE 1, 14 ff. (56).

abzustellen.⁴⁴ In seinen späteren Entscheidungen legte das Gericht den Schwerpunkt auf die Frage, ob die gefundene Lösung objektiv angemessen oder ob sie willkürlich war.⁴⁵ Die vom Bundesverfassungsgericht gewonnene Überzeugung, es lägen keine Umstände vor, die den Schluß rechtfertigen, daß der Gesetzgeber eine Ungleichbehandlung gewollt habe, mußte zwangsläufig eine Wertung sein, die an die Grenzen richterlicher Kontrolle stößt.⁴⁶ Das Bundesverfassungsgericht korrigierte diese Rechtsprechung schon mit seiner Entscheidung vom 7. Mai 1953:⁴⁷

> „...nicht die subjektive Willkür führt zur Feststellung der Verfassungswidrigkeit, sondern objektive, d. h. die tatsächliche und eindeutige Unangemessenheit der gesetzlichen Maßnahme im Verhältnis zu der tatsächlichen Situation, deren sie Herr werden soll."⁴⁸

---

44 Kritik an dem subjektiven Erfordernis findet sich bei JERUSALEM, Das Urteil des Bundesverfassungsgerichts über den Südweststaat-Streit, NJW 1952, S. 45 ff. (46).
45 BVerfGE 2, 266 ff. (281); HESSE, Grundzüge des Verfassungsrechts der Bundesrepublik Deutschland (1999), S 179; FEUCHTE, Verfassungsgeschichte von Baden-Württemberg (1983), S. 155; FEUCHTE, Die Entscheidungen des Bundesverfassungsgerichts zur Südweststaatsfrage, in: Das Land Württemberg-Hohenzollern (1945 – 1952) (1982), S. 425 ff. (432).
46 FEUCHTE, Verfassungsgeschichte von Baden-Württemberg (1983), S. 155.
47 BVerfGE 2, 266 ff. (281).
48 So auch HESSE, Grundzüge des Verfassungsrechts der Bundesrepublik Deutschland (1999), S. 191, Rdnr. 440.

2. Kapitel: Die Verfassungsmäßigkeit des Ersten Neugliederungsgesetzes

Das Erste Neugliederungsgesetzes griff in die Rechte der Länder Baden und Württemberg-Hohenzollern ein und begenete von Anfagn an schweren verfassungsrechtlichen Bedenken, die zur Aufhebung des Gesetzes durch das Bundesverfassungsgericht führen sollten. Das Gesetz enthielt nur zwei Paragraphen. § 1 ordnete die Verlängerung der Wahlperiode der Landtage der Länder Baden und Württemberg-Hohenzollern bis zur Außerkraftsetzung der beiden Länderverfassungen an, längstens bis zum 31. März 1952. § 2 regelte das Inkrafttreten des Gesetzes.

I. Zuständigkeit des Bundesgesetzgebers zur Verlängerung der Landtagswahlperiode

Die Verfassungsmäßigkeit des Ersten Neugliederungsgesetzes setzt die Kompetenz des Bundesgesetzgebers für ein derartiges Gesetzgebungsvorhaben voraus. Eine ausschließliche Gesetzgebungszuständigkeit des Bundes ist nur dann gegeben, wenn das Grundgesetz selbst diese Zuweisung vornimmt. Der Katalog des einschlägigen Art. 73 GG betrifft die Maßnahmen des Ersten Neugliederungsgesetzes aber nicht. Kompetenztitel für eine ausschließliche Gesetzgebungskompetenz des Bundes finden sich jedoch nicht nur in Art. 73 GG. Vielmehr kommt daneben in Betracht, daß dem Bund die Gesetzgebungskompetenz für die Verlängerung der Wahlperiode für den Sonderfall der Neugliederung des Südwesten durch Art. 118 S. 2 GG zugewiesen wurde, der von einer Regelung „... durch Bundesgesetz ..." spricht.

1. Gesetzgebungskompetenz nach Art. 118 S. 2 GG

a) Anwendbarkeit des Art. 118 S. 2 GG

Der Anwendbarkeit des Art. 118 S. 2 GG hielt Maunz[1] zum Erlaßzeitpunkt des Ersten Neugliederungsgesetzes entgegen, daß die erste Stufe des Verfahrens nach Art. 118 S. 1 GG, die Möglichkeit der einvernehmlichen Regelung durch die Länder, möglicherweise noch nicht überschritten war, was aber für den Eintritt der Bundeskompetenz nach Art. 118 S. 2 GG die unabdingbare Voraussetzung darstellte.[2] Maunz[3] läßt es für das Scheitern der Länderverhandlungen

---

[1] MAUNZ, Rechtsfragen zur Neugliederung im Südwestraum, DRZ 1949, S. 532 ff. (534), ders. Rechtsgutachten, in: Der Kampf um den Südweststaat, S. 339 ff. (342).
[2] Zum Streitstand oben: 2. Teil, 2. Kapitel II. 2 b (2); SWOBODA, Die Neugliederung des Bundesgebietes nach dem Bonner Grundgesetz (1951), S. 67.
[3] MAUNZ, Rechtsfragen zur Neugliederung im Südwestraum, DRZ 1949, S. 532 ff. (534).

nicht genügen, wenn zwei der drei Länder eine Einigung nicht mehr für möglich halten, während sich das dritte Land noch um eine einvernehmliche Regelung bemüht. Hier müsse die Lage als noch schwebend bezeichnet werden.[4] Diese Auffassung entbehrt, wie bereits gezeigt,[5] der rechtlichen Durchschlagskraft. Spätestens aber mit der Mitteilung des Staatspräsidenten von Württemberg-Hohenzollern Gebhard Müller an den Bundeskanzler ging die Neugliederungskompetenz für den südwestdeutschen Raum auf den Bund über.[6]

b) Ermächtigung des Bundesgesetzgebers zur Verlängerung der Wahlperiode
Art. 118 S. 2 GG ermächtigt seinem Wortlaut nach nur zum Erlaß eines Bundesgesetzes, das eine Neugliederung durch Volksbefragung vorsehen muß. Der Rahmen des Gesetzes ist beschränkt auf eine Regelung, die die Neugliederung selbst zum Gegenstand hat. Art. 118 S. 2 GG bildet die Kompetenzgrundlage nur für ein Verfahren, das die bestehende staatsrechtliche Ordnung durch eine andere Ordnung ersetzt, das heißt die Länder Baden, Württemberg-Baden und Württemberg Hohenzollern auflöst und ein oder mehrere neue Staaten schafft. Zur Durchführung erforderlich sind etwa die Volksbefragung, die Einberufung einer Verfassunggebenden Landesversammlung, die Beendigung der Funktion der Staatsorgane der bestehenden Länder und die Überleitung der Kompetenzen auf die Organe des neuen Staates. Art. 118 S. 2 GG überträgt dem Bundesgesetzgeber die Befugnis, die Länder Baden, Württemberg-Baden und Württemberg-Hohenzollern zu liquidieren, um die Neuordnung zu ermöglichen. Diese Auflösung erlaubt ggf. die Verkürzung der Wahlperiode. Jedoch gestattet Art. 118 S. 2 GG dem Gesetzgeber nicht, die Wahlperiode zu verlängern. Eine Verlängerung der Wahlperiode stellt einen Eingriff in die verfassungsmäßige Ordnung der uneingeschränkt bestehenden Länder dar, den der eigentliche Neugliederungsprozeß nicht zum Gegenstand hat, denn dieser ist gerade auf die Auflösung und nicht die Aufrechterhaltung der Staatsorgane gerichtet. Art. 118 S. 2 GG enthält also keinen Kompetenztitel zur Verlängerung der Landtagswahlperioden durch den Bundesgesetzgeber.[7] Der Bundesgesetzgeber kann sich

---

4   So: MAUNZ, Rechtsfragen zur Neugliederung im Südwestraum, DRZ 1949, S. 532 ff. (534), Er sieht eine Vereinbarung erst dann als gescheitert an, wenn alle drei Länder von der Unmöglichkeit einer Einigung überzeugt sind.
5   2. Teil, 3. Kapitel I 7.
6   SCHEUNER, Rechtsgutachten, in: Der Kampf um den Südweststaat (1952), S. 356 ff. (357).
7   So im Ergebnis auch schon der bayerische Staatssekretär Richard Ringelmann, in: 52. Sitzung des Bundesrats am 16. März 1951, in: BR-Sitzungsberichte, 2. Bd., S. 199 ff. (S. 241 C); Gutachten des Bundesministers der Justiz Thomas Dehler in: Der Kampf um den Südweststaat (1952), S. 51 ff. (52); anders: Antrag der Regierungen von Württemberg-Baden und Württemberg-Hohenzollern vom 6. September 1951, in: Der Kampf um den Südweststaat (1952), S. 305 ff. (306). Danach war die Verlängerung der Wahlperiode durch die in Art. 118 S. 2 GG enthaltene Sonderermächtigung gedeckt.

daher nicht unmittelbar auf Art. 118 GG als Grundlage des Ersten Neugliederungsgesetzes berufen.

2. Kompetenz kraft Natur der Sache[8]

Eine Kompetenz des Bundesgesetzgebers zum Erlaß des Ersten Neugliederungsgesetzes läßt sich ebenfalls nicht aus dem ungeschriebenen Kompetenztitel „kraft der Natur der Sache" herleiten, der in keinem notwendigen Zusammenhang mit einer geschriebenen Bundeskompetenz steht.[9] Nach der klassischen Formulierung von Anschütz[10] ist eine Kompetenz aus der Natur der Sache begründet „auf den ungeschriebenen ..., mithin einer ausdrücklichen Anerkennung durch die Reichsverfassung nicht bedürftigen Rechtssatz, wonach gewisse Sachgebiete, weil sie ihrer Natur nach eigenste, der partikularen Gesetzgebungszuständigkeit a priori entrückte Angelegenheiten des Reiches darstellen, vom Reiche und nur von ihm geregelt werden können." Die Gesetzgebungskompetenz des Bundes kraft Natur der Sache betrifft diejenigen Bereiche, die selbstverständlich jedem Staat zustehen.[11] Sie kann nur angenommen werden, wenn das Erfordernis einer gesamtstaatlichen Regelung gerade durch den Bund im Grundgesetz selbst mit hinreichender Evidenz angelegt und zwingend erforderlich ist. Eine Selbstkoordination der Länder darf von vornherein nicht in Betracht kommen.[12]

Die Verlängerung der Landtagswahlperiode ist „der Natur der Sache nach" reine Angelegenheiten des betroffenen Landes, da es sich hierbei um ein wesentliches Recht der Gestaltung der verfassungsmäßigen Ordnung handelt, das Ländern als Träger originärer, also nicht vom Bund abgeleiteter staatlicher Gewalt, obliegt. Die Verlängerung einer Landtagswahlperiode betrifft also einen Bereich, der selbstverständlich jedem Staat zusteht.[13] Zudem kommt eine Selbstkoordination nicht von vornherein nicht in Betracht: Die Landtage von Baden[14] und Württemberg-Hohenzollern[15] hatten bereits eine Verfassungsän-

---

8 Zur grundsätzlichen Zulässigkeit ungeschriebener Gesetzgebungskompetenzen: ACHTERBERG, Zulässigkeit und Schranken stillschweigender Bundeszuständigkeiten im gegenwärtigen deutschen Verfassungsrecht, in: AöR 86 (1961), S. 63 ff.; BULLINGER, Ungeschriebene Kompetenzen im Bundesstaat, in: AöR 96 (1971), S. 237 ff.
9 IPSEN, Staatsrecht I (2005), § 10, Rdnr. 585, S. 173; BULLINGER, Ungeschriebene Kompetenzen im Bundesstaat, in: AöR 96 (1971), S. 237 ff. (268 ff.)
10 ANSCHÜTZ, Die Reichsaufsicht, in HdbDStR Bd. I (1930), § 32, S. 363 ff. (367).
11 SCHNEIDER, Gesetzgebung (2002), Rdnr. 89; RENGELING, Gesetzgebungszuständigkeit, in HbdStR Bd. IV (1990), § 100 Rdnr. 59.
12 ROZEK, in: v. Mangold/ Klein/ Starck, Das Bonner Grundgesetz, Bd. 2 (2000), Art. 70 Rdnr. 39; SCHNEIDER, Gesetzgebung (2002), Rdnr. 89; BVerfGE 12, 205 (251).
13 KLEIN, Bundesverfassungsgericht und Südweststaatfrage, AöR 77 (1951/52), S. 452 ff. (457).
14 Badische Bekanntmachung vom 5. März 1951, in: GVBl. 1951, S. 44.
15 Württemberg-Hohenzollernsche Bekanntmachung vom 6. März 1951, in: RegBl. 1951, S. 26.

derung beschlossen, durch die eine Verlängerung der Wahlperiode bis zur Durchführung der Neugliederung bestimmt werden sollte. Der Termin für den nach den Landesverfassungen erforderlichen Volksentscheid war auf den 8. April 1951 festgesetzt.[16] Von einer entsprechenden Bundeskompetenz kraft Natur der Sache kann keine Rede sein.

3. Kompetenz kraft Sachzusammenhang/Annexkompetenz[17]

Folgte mithin die Kompetenz des Bundes zum Eingriff in das Landesrecht und in die Landesorganisation nicht aus der Natur der Sache, so könnte man sie allenfalls noch mit der Erwägung begründen, daß dies wegen des engen inneren Zusammenhangs mit der Neugliederung selbst geboten sei. Eine solche Kompetenz kennt das Grundgesetz nicht. Unklar ist, ob die beiden Kompetenzen, die einen Bezug zu einer geschriebenen Kompetenzmaterie aufweisen, die Kompetenz kraft Sachzusammenhang und die Annexkompetenz, unterschiedliche Dinge bezeichnen. Rengeling,[18] Schneider[19] und Stern[20] trennen nicht zwischen der Zuständigkeit kraft Sachzusammenhang und der Annexkompetenz. Dies gilt wohl auch für das Bundesverfassungsgericht, das Annex und Sachzusammenhang als Synonyme verwendet.[21] Die Grenze zwischen Annexkompetenz und der Zuständigkeit kraft Sachzusammenhangs ist fließend.[22] Bei einer Trennung der Kompetenz kraft Sachzusammenhang und der Annexkompetenz ergibt sich Folgendes für das Bestehen einer Bundeskompetenz zum Erlaß des Ersten Neugliederungsgesetzes.

Die Annexkompetenz bedarf zu ihrem Vorliegen das Bestehen eines Kompetenztitels nach dem GG, der die fragliche Kompetenzmaterie nicht ausdrücklich umfaßt, zu dem diese aber dergestalt in einem funktionalen unlösbaren Zusammenhang steht, daß sie der Vorbereitung und Durchführung der geschriebenen Kompetenzmaterie dient und auf diese Funktion beschränkt bleibt.[23] Kennzeichen der Annexkompetenz ist ihr dienender, im Verhältnis zur geschriebenen materiellen Kompetenz, zu der sie hinzutritt, akzessorischer Cha-

---

16 Siehe dazu näher oben: 2. Teil, 3. Kapitel, II 2.
17 Zur grundsätzlichen Zulässigkeit ungeschriebener Gesetzgebungskompetenzen: ACHTERBERG, Zulässigkeit und Schranken stillschweigender Bundeszuständigkeiten im gegenwärtigen deutschen Verfassungsrecht, in: AöR 86 (1961), S. 63 ff.; BULLINGER, Ungeschriebene Kompetenzen im Bundesstaat, in: AöR 96 (1971), S. 237 ff.
18 RENGELING, Gesetzgebungszuständigkeit, in HbdStR Bd. IV (1990), § 100 Rdnr. 57.
19 SCHNEIDER, Gesetzgebung (2002), Rdnr. 89.
20 STERN; Staatsrecht Bd. II (1980), § 37 II 5 a, S. 610 f.
21 Dazu näher: BULLINGER, Ungeschriebene Kompetenzen im Bundesstaat, in: AöR 96 (1971), S. 237 ff. (243 f.); STERN; Staatsrecht Bd. II (1980), § 37 II 5 a, S. 610 f.
22 IPSEN, Staatsrecht I (2005), § 10, Rdnr. 581 ff. S. 171 ff.
23 DEGENHART, in: Sachs, Grundgesetz Kommentar (2003), Art. 70 Rdnr. 30; MAUNZ, in: Maunz/Dürig, Grundgesetz Kommentar Bd. V (2005), Art. 70 Rdnr. 49; STETTNER, in: Dreier, Grundgesetz Kommentar, Bd. II (1998), Art. 70, Rdnr. 64.

rakter.[24] Die akzessorische Annexmaterie darf nicht zur Hauptmaterie werden.[25]

Art. 118 S. 2 GG gewährt dem Bundesgesetzgeber die Kompetenz zum Erlaß eines Neugliederungsgesetzes. Wie bereits erörtert wurde, ermächtigt Art. 118 S. 2 GG nur zum Erlaß eines Bundesgesetzes, das eine Neugliederungsregelung enthält. Einen Kompetenztitel zur Verlängerung der Landtagswahlperioden enthält Art. 118 S. 2 GG nicht.[26] Eine funktionale Beziehung des Ersten Neugliederungsgesetzes zur Vorbereitung und Durchführung der Neugliederung durch das Zweite Neugliederungsgesetz läßt sich nicht erkennen. Die Annexkompetenz unterliegt strengen Anforderungen, rein pragmatische Erwägungen scheiden von vornherein aus. Sie ist nur dann gegeben, wenn eine dem Bund ausdrücklich zugewiesene Materie – wie hier die Neugliederung des Südwestraumes – einer Regelung erst zugänglich ist, wenn die damit notwendig zusammenhängende Vorfrage – hier die Verlängerung der Landtagswahlperiode – geregelt ist. Die Regelung des anderen Gegenstandes, für welche die Annexkompetenz in Anspruch genommen wird, muß unerläßliche Voraussetzung für die Regelung der eigentlichen Materie sein. Diese Anforderungen erfüllt die Maßnahme des Ersten Neugliederungsgesetzes nicht. Das Erste Neugliederungsgesetz ist kein das Zweite Neugliederungsgesetz vorbereitendes Nebengesetz; denn die Neugliederung des Südwestens setzt zu ihrer Vorbereitung nicht notwendig die Verlängerung der Landtagswahlperiode durch den Bundesgesetzgeber voraus. Die Verlängerung der Wahlperiode der Landtage der Länder Baden und Württemberg-Hohenzollern stellte eine selbständige Materie dar, die von der eigentlichen Neugliederung unabhängig ist. Der vom Bundesgesetzgeber in der Überschrift des Gesetzes zum Ausdruck gebrachte Wille, eine Regelung im Rahmen der Neugliederung zu treffen, rechtfertigt nicht den Erlaß des Gesetzes. Schließlich spielt auch der Umstand der gleichzeitigen Ausfertigung und Verkündung des Ersten und Zweites Neugliederungsgesetzes keine Rolle. Die im Ersten Neugliederungsgesetz getroffene Regelung über die Verlängerung der Landtage von Baden und Württemberg-Hohenzollern wäre auch dann nicht von der Annexkompetenz gedeckt und daher mit dem Grundgesetz unvereinbar, wenn sie im Zweiten Neugliederungsgesetz enthalten wäre.[27] Folglich läßt

---

24 ROZEK, in: v. Mangold/Klein/Starck, Das Bonner Grundgesetz Bd. 2 (2000), Art. 70 Rdnr. 46.
25 ROZEK, in: v. Mangold/Klein/Starck, Das Bonner Grundgesetz Bd. 2 (2000), Art. 70 Rdnr. 46.
26 Ebenso der bayerische Staatssekretär Richard Ringelmann, in: 52. Sitzung des Bundesrats am 16. März 1951, in: BR-Sitzungsberichte, 2. Bd., S. 199 ff. (S. 241 C); entgegengesetzt: Antrag der Regierungen von Württemberg-Baden und Württemberg-Hohenzollern vom 6. September 1951, in: Der Kampf um den Südweststaat (1952), S. 305 ff. (306). Danach war die Verlängerung der Wahlperiode durch die in Art. 118 S. 2 GG enthaltene Sonderermächtigung gedeckt.
27 BVerfGE 1, 14 ff. (36).

sich für das Erste Neugliederungsgesetz keine Annexkompetenz des Bundesgesetzgebers über Art. 118 S. 2 GG begründen.[28]

Gleich der Annexkompetenz setzt die Kompetenz kraft Sachzusammenhangs das Bestehen eines Kompetenztitels nach dem Grundgesetz voraus, der die fragliche Kompetenzmaterie nicht ausdrücklich umfaßt. Abweichend von der Annexkompetenz verlangt die Kompetenz kraft Sachzusammenhang jedoch, daß die ausdrücklich festgeschriebene Kompetenzmaterie verständigerweise nicht wahrgenommen werden kann, ohne daß zugleich eine nicht ausdrücklich zugewiesene Materie mitgeregelt wird, wenn also ein Übergreifen in nicht ausdrücklich zugewiesene Materien unerläßliche Voraussetzung für die Regelung einer der Bundesgesetzgebung zugewiesenen Materie ist.[29] Zweckmäßigkeitserwägungen auch reichen hier nicht aus. Der Übergriff in die Landeszuständigkeit darf nur ein punktueller sein.[30] Der Regelungsschwerpunkt muß insgesamt im Bereich der Hauptmaterie liegen, deren Funktionsfähigkeit sichergestellt werden soll. Der Aspekt des Sachzusammenhangs legitimiert keine exzessiven Erweiterungen der Hauptmaterie.[31] Es erfolgt eine echte Durchbrechung der ausdrücklichen Kompetenzverteilung der Art. 70 ff. GG. Gesetzgebungszuständigkeiten kraft Sachzusammenhangs dürfen daher nur zurückhaltend beansprucht werden.[32]

Danach wäre eine Kompetenz kraft Sachzusammenhangs gegeben, wenn die durch Art. 118 S. 2 GG dem Bundesgesetzgeber gestattete Neugliederung nicht ohne die Verlängerung der Wahlperiode hätte durchgeführt werden können. Dies ist nicht der Fall. Der in der Verlängerung der Landtagswahlperiode vorgenommene Eingriff in den Status der Länderparlamente war nicht unter dem Gesichtspunkt des Sachzusammenhangs zulässig, sondern wurde lediglich durch die Erwägung gerechtfertigt, daß die durch die verfassungsrechtliche Logik gebotene zeitliche Abfolge von primärer Anordnung[33] und sekundärer Durchführung[34] der Neugliederung ausnahmsweise umgekehrt werden konnte, wenn die Verabschiedung des Zweiten Neugliederungsgesetzes unmittelbar bevorstand und zwingende verfassungspolitische Ziele ein vorbereitendes Nebengesetz als unvermeidlich erscheinen ließen. Eine Notwendigkeit ist für den Erlaß des Er-

---

28 So auch: Minister für Justiz und Kultus von Rheinland-Pfalz Adolf Süsterhenn in: 52. Sitzung des Bundesrats am 16. März 1951, in: BR-Sitzungsberichte, 2. Bd. S. 199 ff. (S. 239 C, D).
29 BVerfGE 3, 407 ff. (421); STERN, Staatsrecht Bd. II (1980), § 37 II 5 a (S. 610).
30 BVerfGE 98, 265 ff. (299 f.).
31 ROZEK, in: v. Mangold/Klein/Starck, Das Bonner Grundgesetz, Bd. 2 (2000), Art. 70 Rdnr. 43.
32 DEGENHART, in: Sachs, Grundgesetz Kommentar (2003), Art. 70 Rdnr. 31; so auch: Minister für Justiz und Kultus von Rheinland-Pfalz Adolf Süsterhenn in: 52. Sitzung des Bundesrats am 16. März 1951, in: BR-Sitzungsberichte, 2. Bd., S. 199 ff. (239 C).
33 Erlaß eines Gesetzes, das die Liquidation der Länder regelt.
34 Art. 118 S. 2 GG deckte aber, sobald das Neugliederungs-Hauptgesetz vorlag, einen bundesgesetzlichen Akt, der in den Status der Länderparlamente eingriff unmittelbar.

sten Neugliederungsgesetzes nicht ersichtlich. Die Begründung der Notwendigkeit der Verlängerung der Landtagswahlperioden stützt sich auf reine Praktikabilitätsargumente, wie etwa Zweckmäßigkeitsüberlegungen und den Wunsch, einer drohenden Wahlmüdigkeit der Bevölkerung entgegenzuwirken. Solche Argumente begründen keinen Sachzusammenhang.[35] Zudem erfolgte durch die Verlängerung der Wahlperiode durch das Erste Neugliederungsgesetz eine Erweiterung der Hauptsache über die Neugliederung hinaus auf die Landesorganisation, die nicht den Regelungsschwerpunkt der Kompetenznorm des Art. 118 S. 2 GG bildet.

4. Argumentum a maiore ad minus

Die Zugehörigkeit der Maßnahmen des Ersten Neugliederungsgesetzes zum Bereich der ausschließlichen Gesetzgebung des Bundes begründete der Bundesgesetzgeber mit einem argumentum a maiore ad minus.[36] Der Verfassungsgeber ermächtigt den Bundesgesetzgeber, die Neugliederung in dem die Länder Baden, Württemberg-Baden und Württemberg-Hohenzollern umfassenden Gebiete durch Gesetz zu regeln. Der Bundesgesetzgeber habe die Möglichkeit eine Regelung zu erlassen, die im Zuge der Neugliederung zur Aufhebung der bisherigen Länder führt, also unter anderem mit der Beseitigung der Landesverfassung und der Auflösung der Landtage verbunden ist. In dieser Befugnis sei, so die Gesetzesbegründung, auch die weit mindere Befugnis enthalten, eine Verlängerung der Legislaturperioden der Landtage in den beteiligten Ländern anzuordnen.[37]

Dies kann nicht überzeugen. Der Bund war nur ermächtigt, im Zuge der Neugliederung in die verfassungsmäßige Ordnung der Länder einzugreifen.[38] Die Auflösung der Landtage und auch der gesamten Landesorganisation war eine Folge der im Zuge der Neugliederung notwendig werdenden Beseitigung der alten Länder. Die Verlängerung der Landtagswahlperioden dagegen war ein Eingriff in das Verfassungsrecht fortbestehender Länder, bevor die Neugliede-

---

35 Gutachten des Bundesministers der Justiz Thomas Dehler in: Der Kampf um den Südweststaat (1952), S. 51 ff. (53); NAWIASKY, Rechtsgutachten, in: Der Kampf um den Südweststaat (1952), S. 345 ff. (346 f.).
36 Begründung zum Gesetz: Anlage zum Stenographischen Bericht der 127. Sitzung des BT am 15. März 1951; in: BT-Protokoll I/4835 ff. (4880).
37 Begründung zum Entwurf eines Gesetzes zur Verlängerung der Wahlperiode der Landtage der Länder Baden, Württemberg-Baden und Württemberg-Hohenzollern: Anlage zum Stenographischen Bericht der 127. Sitzung des BT am 15. März 1951; in: BT-Protokoll I/ 4835 ff. (4880).
38 Gutachten des Bundesministers der Justiz Thomas Dehler in: Der Kampf um den Südweststaat (1952), S. 51 ff. (53).

rung begann.³⁹ Beide Maßnahmen sind deshalb nicht vergleichbar. Sie stehen in keinem Falle im Verhältnis des umfassenderen zum geringeren Eingriff.⁴⁰

5. Bundeskompetenz nach Art. 72, 74 GG

Das Erste Neugliederungsgesetz fiel nach dem Gesagten nicht in den Bereich der ausschließlichen Gesetzgebungszuständigkeit des Bundes. Allenfalls könnte man diskutieren, ob das Gesetz dem Bereich der konkurrierenden Gesetzgebung angehörte und der Bund von daher die Gesetzgebungkompetenz besaß. Den Ländern als Träger originärer, also nicht vom Bund abgeleiteter staatlicher Gewalt, obliegt es, die verfassungsmäßige Ordnung ihres Landes zu gestalten. Die Festlegung der Wahlperiode des Landtages fällt in die Zuständigkeit der zuständigen Verfassungsorgane des Landes. So ist die Verlängerung einer Landtagswahlperiode, wenn sie denn möglich ist, in erster Linie Ländersache.⁴¹ Dem Bund war ein Tätigwerden im Bereich der konkurrierenden Gesetzgebung gestattet, wenn nach Art. 72 Abs. 2 GG a.F. sein Eingreifen erforderlich war.⁴² Die Bundeskompetenz könnte sich der Wirksamkeitsklausel des Art 72 Abs. 2 Ziffer 1 GG entnehmen lassen, da das Erste Neugliederungsgesetz die Verlängerung der Landtagswahlperiode in Baden und Württemberg-Hohenzollern normierte. Die Wirksamkeitsklausel weist dem Bund die Gesetzgebungskompetenz zu, wenn die Länder diese Maßnahme nicht selbst wirksam regeln können. Eine Angelegenheit kann danach unter anderem nicht wirksam durch die Gesetzgebung einzelner Länder geregelt werden, wenn sie Länderübergreifendes betrifft, wobei länderübergreifend im Sinne von überregional zu verstehen ist.⁴³ Wenn die betroffenen Länder überregionale Sachverhalte selbst durch Parallelgesetzgebung bewältigen können, besteht kein Bedürfnis für ein Bundesgesetz.⁴⁴

Die Landtage von Baden⁴⁵ und Württemberg-Hohenzollern⁴⁶ hatten bereits eine Verfassungsänderung beschlossen, durch welche die Verlängerung der Wahlperiode bis zur Durchführung der Neugliederung bestimmt werden sollte. Der Termin für den nach den Landesverfassungen erforderlichen Volksent-

---

39 Zur Gesetzgebungskompetenz des Bundes weiterführend: BVerfGE 106, 62 ff. („Altenpflege"); 111, 226 ff. („Juniorprofessur"); 112, 226 ff. („Studiengebühren").
40 So auch: Gutachten des Bundesministers der Justiz Thomas Dehler in: Der Kampf um den Südweststaat (1952), S. 51 ff. (53).
41 KLEIN, Bundesverfassungsgericht und Südweststaatfrage, AöR 77 (1951/52), S. 452 ff. (457).
42 Dazu auch, BVerfGE 1, 14 ff., (S. 18, Leitsatz 26).
43 PESTALOZZA, in: v. Mangoldt/ Klein/Pestalozza, Das Bonner Grundgesetz, Kommentar, Bd. 8 (1996), Art. 72 Rdnr. 103.
44 PESTALOZZA in: v. Mangoldt/ Klein/ Pestalozza, Das Bonner Grundgesetz, Kommentar, Bd. 8 (1996), Art. 72 Rdnr. 103.
45 Badische Bekanntmachung vom 5. März 1951, in: GVBl. 1951, S. 44.
46 Württemberg-Hohenzollernsche Bekanntmachung vom 6. März 1951, in: RegBl. 1951, S. 26

scheid war bereits auf den 8. April 1951 festgesetzt.[47] Dieses Verfahren schätzte der Bundesgesetzgeber wegen der notwendigen Verfassungsänderung und damit notwendigerweise verbundenen Volksabstimmung lediglich als unzweckmäßig ein, da es dieselben Nachteile mit sich brachte wie Neuwahlen: die Erzeugung einer Wahlmüdigkeit der Bevölkerung.[48] Die Unzweckmäßigkeit einer landesgesetzlichen Regelung kann jedoch keine Bundeskompetenz nach Art. 72 Abs. 2 Nr. 1 GG begründen. Art. 72 Abs. 2 Nr. 1 stellt ausschließlich auf die Wirksamkeit der landesgesetzlichen Regelung ab, so daß dabei berührte Zweckmäßigkeitsgesichtspunkte keine Berücksichtigung finden können.

6. Verzicht der Länder auf ihre Mitwirkung an der Gesetzgebung

Zuletzt argumentierten Reinhold Maier und Viktor Renner in dem Verfahren vor dem Bundesverfassungsgericht,[49] der Bund könne seine Kompetenz darauf stützen, daß die betroffenen Länder mit der Regelung durch den Bund einverstanden gewesen seien oder sie jedenfalls zu den im Ersten Neugliederungsgesetz getroffenen Regelungen ihre Zustimmung gegeben hätten.[50] Das Grundgesetz kennt zwar eine Delegation der Gesetzgebungskompetenz des Bundes auf die Länder, der umgekehrte Weg ist ihm aber fremd. Weiter ist es den Ländern nicht möglich, über ihre Gesetzgebungszuständigkeit zu verfügen.[51] Die Mitwirkung an der Gesetzgebung ist für die Länder unverzichtbar.[52] Das Einverständnis der betroffenen Länder mit der Regelung des Ersten Neugliederungsgesetzes und der Ingebrauchnahme dieser Regelung ist daher für die Frage nach der Zuständigkeit des Bundes unbeachtlich. Infolgedessen fehlte dem Bundesgesetzgeber die Kompetenz zum Erlaß des Ersten Neugliederungsgesetzes, das schon darum verfassungswidrig und nichtig war.

---

47 Siehe dazu näher oben: 2. Teil, 3. Kapitel, II 2.
48 Vgl. oben: 2. Teil, 3. Kapitel, II 2.
49 Protokoll der mündlichen Verhandlung vor dem Bundesverfassungsgericht am 2. Oktober 1951, abgedruckt in: Der Kampf um den Südweststaat (1952), S. 396 ff. (396); Antrag der Landesregierung von Württemberg-Baden und Württemberg-Hohenzollern auf Zurückweisung des badischen Rechtsbegehrens vom 20.09.1951, abgedruckt in: Der Kampf um den Südweststaat (1952), S. 318 ff. (323).
50 Ausführliche Argumentation in: Antrag der Landesregierung von Württemberg-Baden und Württemberg-Hohenzollern auf Zurückweisung des badischen Rechtsbegehrens vom 20.09.1951, abgedruckt in: Der Kampf um den Südweststaat (1952), S. 318 ff. (323); weiterführend: KLEIN, Bundesverfassungsgericht und Südweststaatfrage, AöR 77 (1951/52), S. 452 ff. (456).
51 Dazu auch, BVerfGE 1, 14 ff., (S. 18, Leitsatz 30).
52 VON EGLOFFSTEIN, Die Entwicklung der Neugliederungsfrage (1957), S. 152.

II. Bundesstaatsprinzip

Die Verlängerung der Landtagswahlperiode in Baden und Württemberg-Hohenzollern durch den Bundesgesetzgeber verstößt auch gegen das Bundesstaatsprinzip.

Art. 20 Abs. 1 GG bezeichnet die Bundesrepublik als Bundesstaat. Der Bundesstaat ist eine durch die Verfassung des Gesamtstaates geformte staatsrechtliche Verbindung von Staaten in der Weise, daß die Teilnehmer Staaten bleiben oder sind (Gliedstaaten), aber auch der organisierte Staatenverband (Gesamtstaat) die Qualität eines Staates besitzt.[53] Die Länder sind Glieder des Bundes mit eigener nicht von Bund abgeleiteter Hoheitsmacht.[54] Den Ländern obliegt es, die verfassungsmäßige Ordnung ihres Landes zu gestalten, soweit sie sich im Rahmen der Homogenitätsklausel des Art. 28 Abs. 1 GG halten. Das Homogenitätsgebot des Art. 28 Abs. 1 GG konkretisiert die bundesstaatliche Ordnung. Die verfassungsmäßige Ordnung in den Ländern muß den Grundsätzen des demokratischen Rechtsstaats entsprechen. Der Bund gewährleistet die verfassungsmäßige Ordnung der Länder nach Art. 28 Abs. 3 GG.[55] Solange die Verfassung des Landes mit den Anforderungen des Art. 28 Abs. 1 und 2 GG im Einklang steht, vermag der Bund durch seine Gesetzgebung nicht in die verfassungsmäßige Ordnung des Landes einzugreifen.[56] Ein derartiger Eingriff bedeutete einen Bruch des Grundgesetzes, einen Verstoß des Bundes gegen die föderalistische Struktur der Bundesrepublik Deutschland.[57]

Die Selbständigkeit der Länder ist in dem Bereich begrenzt, in dem der Bund die verfassungsmäßigen Kompetenzen zur Neugliederung besitzt.[58] Der Bund kann im Rahmen der Neugliederung die notwendigen Maßnahmen zu deren Durchführung treffen. Dazu gehört nach Art. 118 S. 2 GG der Erlaß eines Bundesgesetzes.[59] Der konstituierende Verfassungsgeber gab der deutschen

---

53 STERN, Staatsrecht Bd. I (1984), § 19 I 1 a, S. 644.
54 So JERUSALEM, Das Urteil des Bundesverfassungsgerichts über den Südweststaat-Streit, NJW 1952, S. 45 ff. (48); BOEHL, Verfassunggebung im Bundesstaat – Ein Beitrag zur Verfassungslehre des Bundesstaates und der konstitutionellen Demokratie (1997), S. 166 ff.; STEINCKE, Föderale und gesellschaftliche Ordnung (1981), S. 41: Parallelisierungs-Theorie gegen Differenz-Theorie vgl. ISENSEE, Idee und Gestalt des Föderalismus im Grundgesetz, in: HbdStR IV (1990), § 98 Rdnr. 79.
55 Gutachten des Bundesministers der Justiz Thomas Dehler in: Der Kampf um den Südweststaat (1952), S. 51 ff. (51); Gutachten des Bundesministers des Inneren Gustav Heinemann in: Der Kampf um den Südweststaat (1952), S. 54 ff. (54); SCHEUNER, Rechtsgutachten, in: Der Kampf um den Südweststaat (1952), S. 356 ff. (357).
56 Gutachten des Bundesministers der Justiz Thomas Dehler in: Der Kampf um den Südweststaat (1952), S. 51 ff. (51).
57 Gutachten des Bundesministers der Justiz Thomas Dehler in: Der Kampf um den Südweststaat (1952), S. 51 ff. (51).
58 So wohl auch: JERUSALEM, Das Urteil des Bundesverfassungsgerichts über den Südweststaat-Streit, NJW 1952, S. 45 ff. (48).
59 Siehe zum Umfang der Kompetenz des Bundesgesetzgebers, vgl.: 3. Teil, 2. Kapitel, I 1.

Verfassungsordnung durch Art. 118 GG zusammen mit Art. 29 GG über Art. 20 GG i.V.m. Art. 79 Abs. 3 GG das Gepräge eines labilen Bundesstaates:[60] Es ist von Rechts wegen ausgeschlossen, die bundesstaatliche Struktur zu beseitigen und an ihre Stelle irgendeine Form des Einheitsstaates zu setzen; die einzelnen Länder der Bundesrepublik aber sind weder in ihrer Existenz noch in ihrem Gebietsbestand gegen Eingriffe und Veränderungen durch die Bundesgewalt verfassungsrechtlich geschützt.[61]

Nach dem Gesagten liegt die Staatsorganisation grundsätzlich bei den Ländern. Primärer Akt der Staatsorganisation ist die Bildung der Landesverfassungsorgane. Die Organisation umfaßt weiter Vorschriften über die Durchführung und die Terminierung der Wahlen und unter welchen Voraussetzungen ein gewählter Landtag sein Ende findet. Dieser Organisationsakt muß von den Ländern auf Grund ihrer originären Staatsgewalt autonom ausgeübt werden. Eine dahingehende Regelung durch den Bundesgesetzgeber ist unzulässig.[62] Die Verlängerung der Wahlperiode als Akt der Landesorganisation darf nicht vom Bundesgesetzgeber vorgenommen werden. Gesetzt den Fall, eine Verlängerung der Wahlperiode wäre zulässig,[63] dann läge sie in der Hand der Länder. Etwas anderes könnte sich allenfalls dann ergeben, wenn die Regelung der Länder nicht demokratischen Anforderungen entspräche und so der Bund auf Grund von Art. 28 Abs. 3 GG einschreiten müßte oder nach Art. 118 S. 2 auf Grund der Neugliederungskompetenz im Zuge der Neugliederung der südwestdeutschen Länder eingreifen durfte.[64]

Im Mai 1947 übertrug das Volk bei der Wahl des badischen Landtags dessen Abgeordneten ein Mandat für die Dauer von vier Jahren (Art. 60 und 62 Abs. 4 der badischen Verfassung). Eine Verlängerung der Wahlperiode bedurfte eines verfassungsändernden Gesetzes. Dieses konnte nach Art. 92 der badischen Verfassung nur der Träger der Staatsgewalt im Wege einer Volksabstimmung beschließen. Diese Regelung läßt kein Demokratiedefizit erkennen.

Nach Art. 25 Abs. 2 der Verfassung von Württemberg-Hohenzollern wählt das Volk den Landtag auf vier Jahre. Dies entspricht ebenfalls den Anforderungen, die das Demokratieprinzip an die Landesverfassungen stellt. Sie gewährt in ausreichendem Abstand Neuwahlen. Der Bund durfte auf Grund dieser der verfassungsmäßigen Ordnung entsprechenden Vorschriften der badischen und

---

60 BVerfGE 5, 34 ff. (38).
61 STERN, Staatsrecht Bd. I (1984), § 19 II 7 (S. 663).
62 DEGENHART, Staatsrecht I (2005), Rdnr. 461 ff.; so auch: Gutachten des Bundesministers der Justiz Thomas Dehler in: Der Kampf um den Südweststaat (1952), S. 51 ff. (52); SCHEUNER, Rechtsgutachten, in: Der Kampf um den Südweststaat (1952), S. 356 ff. (357).
63 Ablehnend: DREIER, in: Dreier Grundgesetz-Kommentar, Bd. II (1998), Art. 20 Rdnr. 69.
64 TETTINGER, in: von Mangoldt/Klein/Starck, Das Bonner Grundgesetz, Bd. II (2005), Art. 28 Abs. 3 Rdnr. 257 ff.

württemberg-hohenzollernschen Verfassung nicht nach Art. 28 Abs. 3 GG in die Landesorganisation eingreifen und die Dauer der Wahlperiode verändern.

Die Neugliederungskompetenz nach Art. 118 S. 2 GG gibt dem Bund nicht die Möglichkeit zur Verlängerung der Wahlperiode der Länder Baden und Württemberg-Hohenzollern. Zwar erhielt das Bundesstaatsprinzip seine Ausgestaltung auch durch den vom Parlamentarischen Rat verabschiedeten Art. 118 S. 2 GG und begrenzte so die Selbständigkeit der Länder in diesem Bereich.[65] Art. 118 S. 2 GG gestattet jedoch einen Eingriff nicht, wie ihn das Erste Neugliederungsgesetz vorsah. Ein derartiger Eingriff kann nach Art. 20 Abs. 3 i.V.m. Art. 118 S. 2 GG erst zu dem Zeitpunkt zulässig sein, in dem definitiv feststand, daß überhaupt eine Neugliederung und auf welche Weise stattfindet. Denn erst in diesem Moment war sicher, daß das betreffende Land in der bisherigen Weise keinen Bestand haben konnte und der Bund deshalb zur Durchführung der notwendigen Neugliederungsmaßnahmen befugt war. Zuvor bedeutete dagegen eine solche Maßnahme des Bundes einen Eingriff in das Organisationsrecht des Landes.

Wie einschneidend dieser Eingriff sein konnte, wird dann besonders deutlich, wenn man bedenkt, daß die Neugliederung hätte scheitern oder sich langjährig verzögern können. Da die Entscheidung über die Neugliederung im Südwesten Deutschlands zur Zeit des Erlasses des Ersten Neugliederungsgesetzes noch nicht gefallen war, verstößt die Verlängerung der Wahlperiode gegen das Bundesstaatsprinzip.[66]

III. Demokratieprinzip

Die Verlängerung der Wahlperiode in den Ländern Baden und Württemberg-Hohenzollern nach § 1 des Ersten Neugliederungsgesetzes verstößt ferner gegen das Demokratieprinzip. Das demokratische Prinzip ist das Leitprinzip der Ordnung des politischen Prozesses, in dem die staatliche Gewalt geschaffen und in dem staatliche Gewalt wirksam wird. Seinem griechischen Ursprung nach bedeutet der Begriff „Demokratie", daß das Volk herrscht. So bestimmt Art. 20 Abs. 2 S. 1 GG, die Herrschaft solle vom Volke ausgehen. Das Grundgesetz hat den Grundsatz der Demokratie zu einer der Grundlagen des staatlichen Aufbaus sowohl des Bundes als auch der Länder gemacht (Art. 20 und 28 GG). Es hat gleichzeitig dem Bund aufgetragen, die Gewähr für die Einhaltung dieses Grundsatzes auf der Länderebene zu übernehmen. Im Rahmen der demokratischen Ordnung des Grundgesetzes wird Herrschaft von Menschen über andere Menschen begründet und ausgeübt (Art. 28 Abs. 3 GG). Aber es handelt sich

---

[65] So wohl auch: JERUSALEM, Das Urteil des Bundesverfassungsgerichts über den Südweststaat-Streit, NJW 1952, S. 45 ff. (48).
[66] SCHEUNER, Rechtsgutachten, in: Der Kampf um den Südweststaat (1952), S. 356 ff. (357).

nicht um eine Herrschaft aus eigenem Recht. Die politische Herrschaft von Parlament und Regierung ist von der Mehrheit des Volkes anvertraute, verantwortliche, zeitlich und sachlich begrenzte Herrschaft, die der Kritik sowie der Kontrolle unterliegt und die modifiziert und ergänzt wird durch Anteilnahme des Volkes an der politischen Willensbildung.[67]

Zur Demokratie des Grundgesetzes gehört nicht nur das Vorhandensein einer Volksvertretung, sondern auch die regelmäßige Wahl der Volksvertretung, damit das Volk seine Souveränität ausüben kann. Demokratie ist stets Herrschaft auf Zeit.[68] Das Erfordernis periodischer Neuwahlen folgt aus der Notwendigkeit der Erneuerung der demokratischen Legitimation der Repräsentanten. Die Dauer der Übertragung von Herrschaftsbefugnissen muß dabei vorab festliegen. Ausgeschlossen ist die Verlängerung der laufenden Legislaturperiode, da es insofern an der demokratischen Autorisation durch den Wählerwillen fehlt.[69] Das Recht des Volkes zur Legitimation seiner Vertreter wird beschnitten, wenn die verfassungsmäßig festgelegte Legislaturperiode verlängert und damit die Entscheidung des Volkes hinausgeschoben wird.

Die Verlängerung der Landtagswahlperioden der südwestdeutschen Länder hätte demnach in einer den Erfordernissen des demokratischen Prinzips entsprechenden Weise nur auf dem von den Landesverfassungen vorgesehenen Weg einer Verfassungsänderung mit Zustimmung des Volkes, keinesfalls aber durch eine bundesgesetzliche Regelung erreicht werden können. Das Erste Neugliederungsgesetz widerspricht deshalb auch dem Demokratieprinzip.

IV. Folgen der Verfassungswidrigkeit des Ersten Neugliederungsgesetzes

1. Nichtigkeit

Das Erste Neugliederungsgesetz weist Mängel bezüglich der Kompetenz des Bundesgesetzgebers auf und verstößt gegen Demokratie- und Bundesstaatsprinzip. Infolgedessen ist es verfassungswidrig. Das Bundesverfassungsgericht mußte das Erste Neugliederungsgesetz nach § 78 S. 1 BVerfGG insgesamt für nichtig erklären.[70]

---

67 HESSE, Grundzüge des Verfassungsrechts der Bundesrepublik Deutschland (1999), S. 59, 61 Rdnr. 130, 134.
68 HÖPKER, Grundlagen, Entwicklung und Problematik des Mehrheitsprinzips und seine Stellung in der Demokratie (1957), S. 91; DREIER, in: Dreier Grundgesetz-Kommentar, Bd. II (1998), Art. 20 Rdnr. 69.
69 DREIER, in: Dreier Grundgesetz-Kommentar, Bd. II (1998), Art. 20 Rdnr. 69; STERN, Staatsrecht Bd. I (1984), § 18 II 5 b, S. 608 f.; STERN, Staatsrecht Bd. II (1980), § 26 III 2 a, S. 70.
70 BENDA/KLEIN, Verfassungsprozeßrecht (2001), S. 522, Rdnr. 1262.

2. Folgen für die Verlängerung der Legislaturperiode der Landtage

Aus der Nichtigkeit des Ersten Neugliederungsgesetzes folgt die Beendigung der Legislaturperiode der Landtage von Baden und Württemberg-Hohenzollern nach den in den Landesverfassungen vorgesehenen vier Jahren. Nach Art. 62 Abs. 4 S. 1 der Badischen Verfassung endete die Wahlperiode in Baden am 29. Mai 1951, entsprechend Art. 25 Abs. 2 bis 4 der Verfassung von Württemberg-Hohenzollern endete der dortige Landtag am 18. Mai 1951.[71]

Die beiden Landtage setzten ihre Tätigkeit über diesen Zeitpunkt hinaus fort. Die Maßnahmen dieser Landtage aus der Zeit nach dem Ende ihrer Legislaturperiode erlangten dennoch Gültigkeit. Dies hat folgenden Hintergrund: Zum einen konnten die Landtage auf das Bundesgesetz vertrauen, das ihre Wahlperiode verlängert hatte, zum anderen fehlte es an einer Volksvertretung in den Ländern Baden und Württemberg-Hohenzollern, die an dieser Stelle handeln konnte. Die Gültigkeit der Maßnahmen bis zum Zeitpunkt des Urteils des Bundesverfassungsgerichts entspricht dem Gebot der Rechtssicherheit und Rechtsklarheit.[72]

3. Folgen für das Zweite Neugliederungsgesetz

Die Feststellung der Verfassungswidrigkeit des Ersten Neugliederungsgesetzes wirft die Frage auf, ob dies Auswirkungen auf die Gültigkeit des Zweiten Neugliederungsgesetzes hat. Bei der Annahme eines engen inneren Zusammenhangs der beiden Neugliederungsgesetze könnte aus der Nichtigkeit des Ersten auf die Nichtigkeit des gesamten Zweiten Neugliederungsgesetzes geschlossen werden. Dagegen läßt sich auf den allgemeinen Rechtsgrundsatz verweisen, wonach die Teilnichtigkeit einer Rechtsquelle das Ganze dann nicht erfaßt, wenn anzunehmen ist, daß die übrigen Bestimmungen auch ohne den nichtigen Teil Geltung behalten sollen. Beide Argumentationsansätze gehen von einem falschen Ausgangspunkt aus: Es ist nicht auf den hypothetischen Willen des Gesetzgebers abzustellen, sondern auf den objektiven Sinnzusammenhang der beiden Gesetze. Danach folgt aus der Nichtigkeit einzelner Vorschriften nur dann die Nichtigkeit des Ganzen, wenn den verfassungsmäßigen Bestimmungen keine selbständige Bedeutung zukommt und sie auf Grund ihrer unlösbar engen Verflechtung mit den verfassungswidrigen Bestimmungen Sinn und Rechtfertigung verlieren, sobald aufgrund der Teilnichtigkeit einzelne Bestimmungen entfallen.[73]

---

71 BVerfGE 1, 14 ff. (37).
72 BVerfGE 1, 14 ff. (38).
73 BENDA/KLEIN, Verfassungsprozeßrecht (2001), S. 522, Rdnr. 1262.

Die Verfassungswidrigkeit des Ersten Neugliederungsgesetzes konnte demnach die Gültigkeit des Zweiten Neugliederungsgesetzes nicht beeinträchtigen, da es den Charakter eines vorgeschalteten Gesetzes und seine Regelung gegenüber der des Zweiten Neugliederungsgesetzes untergeordnete Bedeutung hatte.

3. Kapitel: Die Verfassungsmäßigkeit des Zweiten Neugliederungsgesetzes

I. Inhalt des Zweiten Neugliederungsgesetzes

Das Zweite Neugliederungsgesetz vom 4. Mai 1951[1] legte das Neugliederungsverfahren für den deutschen Südwesten fest. Es regelte die der Bevölkerung zur Wahl stehenden Neugliederungsmöglichkeiten, die Modalitäten der Durchführung und Auswertung der Volksabstimmung sowie schließlich die Durchführung der Neugliederung selbst. Der Bundesgesetzgeber stellte von den zahlreichen Neugliederungsmöglichkeiten nur die Wiederherstellung der alten Länder Baden und Württemberg, unter Einschluß von Hohenzollern, und den Zusammenschluß dieser Gebiete zum Südweststaat zur Wahl (§§ 1, 4). Der Gesetzgeber folgte bei der Bildung der Abstimmungsbezirke dem Vorbild der Probeabstimmung vom 24. September 1950. Er teilte das Gebiet in vier Abstimmungsbezirke ein, die beiden südlichen Länder sowie die Landesbezirke Baden und Württemberg des Landes Württemberg-Baden (§ 3). Das Entstehen des Südweststaates setzte eine Mehrheit der Stimmen in mindestens drei der vier Stimmbezirke voraus, jedes andere Votum sollte zur Wiederherstellung der alten Länder führen (§ 10).

II. Genereller Einwand gegen eine Neugliederung

1. Bestandsgarantie für die Länder der Bundesrepublik Deutschland nach dem Grundgesetz

Dem Zweiten Neugliederungsgesetz warf die badische Landesregierung vor, es verletze die grundgesetzlich verankerte Bestandsgarantie der Bundesländer.[2] Dieser Einwand greift durch, wenn das Grundprinzip der föderalen Ordnung so zu verstehen ist, daß nur die Verfügung des einzelnen Gliedes über sich selbst respektiert wird, dem Bund aber nicht gestattet ist, die Einzelstaaten anzutasten.[3] Ob dies für die Bundesrepublik Deutschland zutrifft, kommt auf die Ausgestaltung der Verfassung an. Das Grundgesetz hat auf eine ausdrückliche Normierung einer Garantie der Existenz der Länder verzichtet. Eine Bestands-

---

1 BGBl. 1951 I, S. 284; abgedruckt in: Anhang 4 XX.
2 Antrag der Staatsregierung von Baden, in: Der Kampf um den Südweststaat (1952), S. 264 ff. (268).
3 FEUCHTE, Der Beitrag der Bundesrepublik Deutschland zur Gründung des Landes Baden-Württemberg, in: Baden-Württemberg und der Föderalismus in der Bundesrepublik Deutschland (1949 – 1989) (1991), S. 25 ff. (34 f.).

garantie könnte sich aus der Präambel und dem Art. 23 GG, jeweils in der Fassung vom 23. Mai 1949, ableiten lassen, in denen die Länder namentlich aufgezählt werden.⁴ Weiter könnte sich die Bestandsgarantie aus dem Bundesstaatsprinzip des Art. 20 GG ergeben, das nicht nur eine durch Art. 79 Abs. 3 GG unabänderlich gewordene institutionelle Garantie für die Gliederung des Bundes in Länder enthalten, sondern die Existenz der einzelnen Länder überhaupt garantieren könnte.⁵

Aus der Aufzählung der Länder in der Präambel und dem Art. 23 GG a.F. läßt sich eine Bestandsgarantie nicht herleiten.⁶ Die Aufzählung ist an beiden Stellen nicht die gleiche. In der Präambel fehlt Groß-Berlin, das kein Bundesland der Bundesrepublik Deutschland ist.⁷ Die Bezeichnung der Länder hatte die geographische Abgrenzung des Geltungsbereichs des Grundgesetzes zur Aufgabe. Dies ergibt sich aus dem klaren Wortlaut der Präambel: „... hat das Deutsche Volk in den Ländern..., kraft seiner verfassunggebenden Gewalt dieses Grundgesetz der Bundesrepublik Deutschland beschlossen ..." und der Bestimmung des Art. 23 GG a.F.: „Dieses Grundgesetz gilt zunächst im Gebiete der Länder ...".⁸ Diese Aufzählung der Länder hatte darüber hinaus Bedeutung für die Vorschrift des Art. 144 Abs. 1 GG, nach der die Zustimmung der Länderparlamente zum Grundgesetz notwendig war.⁹ Die Präambel und der Art. 23 a.F. enthalten folglich keine Gewährleistung einer Bestandsgarantie zugunsten des eigenstaatlichen Daseins oder auch nur der territorialen Integrität.

Im übrigen zeigt das Grundgesetz durch die Neugliederungsvorschriften der Art. 118 und 29 GG gerade, daß es die vorgefundene Ländergliederung nicht unabänderlich fixiert wissen will.¹⁰ Vielmehr hatte Art. 29 Abs. 1 GG in der Fassung vom 23. Mai 1949 dem Bundesgesetzgeber den bindenden Auftrag er-

---

4   So: Schriftsatz von Kopf, dem Vertreter der Badischen Landesregierung vor dem Bundesverfassungsgericht, vom 20. September 1951, in: Der Kampf um den Südweststaat, S. 276 ff. (284).
5   VERDROSS-DROSSBERG/FREIHERR VON DER HEYDTE, Rechtsgutachten, in: Der Kampf um den Südweststaat (1952), S. 376 ff. (381).
6   So auch die Regierungen von Württemberg-Baden und Württemberg-Hohenzollern in ihrem Antrag vor den Bundesverfassungsgericht vom 6. September 1951, in: Der Kampf um den Südweststaat (1952), S. 305 ff. (310).
7   MAUNZ, Deutsches Staatsrecht (1954), § 5 I 3, S. 20, VON EGLOFFSTEIN, Die Entwicklung der Neugliederungsfrage (1957), S. 139 f.
8   V. MANGOLDT, Das Bonner Grundgesetz (1953) Art. 23, S. 158; APPEL, Baden-Württemberg aus Bonner Sicht, Beiträge zur Landeskunde, 1962, Nr. 4, S. 62 ff. (63); GREULICH, Länderneugliederung und Grundgesetz (1995), S. 38.
9   KLEIN, Rechtsgutachten betreffend die Zulässigkeit einer Grundgesetzänderung zur Lösung der Baden-Frage, in: Landtag von Baden-Württemberg 3. Wahlperiode 1961 – 1964, Verzeichnis der Beilagen zu den Sitzungsprotokollen Bd. IV, Beilage 1641, vom 6. Dezember 1961 S. 2869 ff. (2885 f.).
10 NAWIASKY, Rechtsgutachten, in: Der Kampf um den Südweststaat (1952), S. 345 ff. (348).

teilt, eine Neugliederung vorzunehmen.[11] Dies ergibt sich aus seinem Wortlaut: „Das Bundesgebiet ist ... neu zu gliedern", gleiches gilt für Art. 118 S. 2 GG „... so wird die Neugliederung durch Bundesgesetz geregelt." Art. 29 GG, Art. 118 GG i.V.m. Art. 20 GG i.V.m. Art. 79 Abs. 3 GG geben unserer Verfassungsordnung das Gepräge eines labilen Bundesstaates. Es fehlt der Bestandsschutz für die Existenz der einzelnen Länder der Bundesrepublik, aber es ist von Rechts wegen ausgeschlossen, die bundesstaatliche Struktur zu beseitigen und an ihre Stelle irgendeine Form des Einheitsstaates zu setzen.[12]

Auch aus den Verfassungsbestimmungen einzelner Länder kann keine Bestandsgarantie hergeleitet werden. Derartige Vorschriften hätten freilich für Neugliederungsmaßnahmen im Kompetenzbereich der Länder, also etwa für die Neugliederung nach Art. 118 S. 1 GG, Bedeutung erlangen können, nicht dagegen für die dem Bund zur Regelung zugewiesene Neugliederung. In diesem Fall gilt uneingeschränkt die Bestimmung des Art. 31 GG: Bundesgesetzliche Neugliederungsmaßnahmen brechen landesrechtliche Bestandsgarantien.

2. Rechtsvergleichende und rechtshistorische Betrachtungen zur Bestandsgarantie

a) Bestandsgarantie für die Länder in anderen Bundesstaaten

Es lohnt sich, einen Blick auf die Verfassungen anderer Bundesstaaten sowie in die deutsche Verfassungsgeschichte zu werfen, nicht um der bloßen Vergleichbarkeit willen, sondern, weil ein solcher Überblick geeignet ist, ein vollständiges Bild über den Verzicht auf eine Bestandsgarantie in Bundesstaaten zu erhalten und so das Ergebnis zu stützen, daß eine Bestandsgarantie der deutschen Bundesländer nicht existiert.

USA

In den Vereinigten Staaten von Amerika bestimmt Article IV, Section 3, § 1 der US Constitution:

> „New States may be admitted by the Congress into this Union; but no State shall be formed or erected within the Jurisdiction of any other State, nor any other State formed by the Junction of two or more States, or Parts of States without the Consent of the Legislatures of the States concerned as well as of the Congress."

---

11 GREULICH, Länderneugliederung und Grundgesetz (1995), S. 36.
12 MUSSGNUG, Die Entwicklung des Föderalismus in der Bundesrepublik Deutschland, in: Baden-Württemberg und der Föderalismus in der Bundesrepublik Deutschland (1949 – 1989) (1991), S. 67 ff. (67).

Diese Bestimmung garantiert in den USA den Bestand ihrer Gliedstaaten gegen Eingriffe von außen. Eine Veränderung der Staatsgrenzen mit Zustimmung des betroffenen Staates ist aber möglich.[13]

Schweiz
Die Schweizerische Bundesverfassung enthält keine Bestandsgarantie für die Kantone, wie sich aus ihrem Art. 53 entnehmen läßt:

> „Art. 53: Bestand und Gebiet der Kantone
> (1) Der Bund schützt Bestand und Gebiet der Kantone.
> (2) Änderungen im Bestand der Kantone bedürfen der Zustimmung der betroffenen Bevölkerung, der betroffenen Kantone sowie von Volk und Ständen.
> (3) Gebietsveränderungen zwischen den Kantonen bedürfen der Zustimmung der betroffenen Bevölkerung und der betroffenen Kantone sowie der Genehmigung durch die Bundesversammlung in der Form eines Bundesbeschlusses.
> (4) Grenzbereinigungen können Kantone unter sich durch Vertrag vornehmen."

Aus der Verfassung der Schweizerischen Eidgenossenschaft läßt sich keine Bestandsgarantie für die einzelnen Kantone herleiten. Allerdings muß einer Änderung im Bestand der Kantone (Kantonsteilung oder Kantonszusammenschluß) eine Revision des Art. 1 der Bundesverfassung folgen, in dem die einzelnen Kantone aufgezählt sind, welche die Schweizerische Eidgenossenschaft bilden.

Österreich
Die Verfassung von Österreich setzt in ihrem Art. 3 Abs. 2 fest:

> „Eine Änderung des Bundesgebietes, die zugleich Änderung eines Landesgebietes ist, ebenso die Änderung einer Landesgrenze innerhalb des Bundesgebietes kann – abgesehen von Friedensverträgen – nur durch übereinstimmende Verfassungsgesetze des Bundes und jenes Landes erfolgen, dessen Gebiet eine Änderung erfährt."

Die österreichische Verfassung kennt ebenfalls keine Garantie der Existenz der Landesgrenzen und folglich keinen Bestandsschutz der einzelnen Staaten innerhalb des Bundesgebietes von Österreich.

Mexiko
Sedes materiae sind in der Constitucion Politica de los Estados Unidos Mexicanos die Art. 42 bis 48. Sie haben die Ausführungen bezüglich des Staatsgebietes und die Gebietshoheit über dasselbe zum Gegenstand. Art. 45 und 46 enthalten die hier interessierenden Regelungen über den Bestand der Länder. Auch sie gewähren keinen Bestandsschutz.

> „Artículo 45: Los Estados de la Federación conservan la extensión y límites que hasta hoy han tenido, siempre que no hay dificultad en cuanto a éstos.

---

13 FERGUSON/MCHENRY; The American System of Government (1981), S. 157, 166. Sie führen auf Seite 166 Beispiele durchgeführte Neugliederungen auf.

Artículo 46: Los estados pueden arreglar entre sí, por concenios amistosos, sus respectivos límites; pero no se llevarán a efecto esos arregolos sin la aprobación del Congreso de la Unión."[14]

Brasilien
Die Constituição República federativa do Brasil spricht in ihrem Art. 18 die Frage der Neugliederung ihrer Staaten an:

"Art. 18: ... § 2: Os Territórios Federais integram a União, e sua criação, transformação em Estado ou reintegração ao Estado de origem serão reguladas em lei complementar.

§ 3: Os Estados podem incorporar-se entre si, subdividir-se ou desmembrar-se para se anexarem a outros, ou formarem novos Estados ou Territórios Federais, mediante aprovação da população diretamente interessada, através de plebiscito, e do Congresso Nacional, por lei complementar. ..."[15]

Die Constituição República federativa do Brasil kennt danach keine Bestandsgarantie für ihre Staaten.

Australien
In der Verfassung des Bundesstaates Australien finden sich ebenfalls Regelungen über die Umformung des Gebietes und der Verschiebung der Grenzen der Staaten.

„Article 123: The Parliament of the Commonwealth may, with consent of the Parliament of a State, and the approval of the majority of the electors of the State voting upon the question, increase, diminish, or otherwise alter the limits of the State, upon such terms and conditions as may be agreed on, and may, with the like consent, make provisions respecting the effect and operation of any increase or diminution or alteration of territory in relation to any State affected.

Article 124: A new State may be formed by separation of territory from a State, but only with the consent of the Parliament thereof, and a new State may be formed by the union of two or more States or parts of States, but only with the consent of the Parliaments of the States affected."

Die australische Verfassung schützt die Existenz ihrer Gliedstaaten nicht.

---

14   Art. 45: Die Staaten behalten den Umfang und die Grenzen, die sie bis heute gehabt haben, wenn es keine Schwierigkeiten diesbezüglich gibt.
     Art. 46: Die Staaten können unter sich durch freundschaftliche Bestimmungen ihre jeweiligen Grenzen arrangieren. Aber diese Arrangements können ohne Bewilligung des Kongresses nicht ausgeführt werden.
15   Art. 18 § 2 Die Staaten sind Teil der Union und ihre Gründung, Änderung oder Eingliederung in den Ursprungsstaat soll durch ergänzendes Gesetz geregelt werden.
     § 3 Staaten können sich zusammenschließen; unterteilen oder aufteilen, um an ein anderes Land angeschlossen zu werden oder einen neuen Staat zu bilden oder neue Staatsgebiete, dies bedarf der Zustimmung der direkt betroffenen Bevölkerung, mittels eines Plebiszits, und des Kongresses, mittels eines ergänzenden Gesetzes.

Rußland
Die Verfassung der Rußländischen Föderation äußert sich in ihrem Art. 67 (3) zu der Bestandsgarantie der Länder wie folgt:

> „Grenzen zwischen Subjekten der Rußländischen Föderation können bei deren gegenseitigem Einvernehmen geändert werden."[16]

Indien
Die Constitution of India weist ebenfalls eine Vorschrift auf, welche die Umgestaltung der Gliedstaaten zum Inhalt hat:

> „Article 3 Formation of new States and alteration of areas, boundaries or names of existing States
> Parliament may by law –
> (a) form a new State by separation of territory from any State or by uniting two or more States or parts of States or by uniting any territory to a part of any State;
> (b) increase the area of any State;
> (c) diminish the area of any State;
> (d) alter the boundaries of any State;
> (e) alter the name of any State:
> ..."

Nigeria
Zuletzt kennt auch Article 8 der Constitution of the Federal Republic of Nigeria Grenzverschiebungen und der Gründung eines neuen Staates innerhalb des Bundesstaates:

> „(1) An Act of the National Assembly for the purpose of creating a new State shall only be passed if ...
> (2) An Act of the National Assembly for the purpose of boundary adjustment of any existing State shall only be passed if ..."

Das bisherige Ergebnis, daß die einzelnen Länder der Bundesrepublik weder in ihrer Existenz noch in ihrem Gebietsbestand gegen Eingriffe und Veränderungen durch die Bundesgewalt geschützt sind, wird durch die Betrachtung der ausländischen Bundesstaaten bestätigt. Diese zeigen – trotz gravierender Unterschiede der rechtlichen Voraussetzungen – eine auffällige Parallelität in der Ausgestaltung des Bundesstaates. In allen untersuchten Bundesstaaten ist eine Veränderung der Gliedstaaten möglich. In zusammenfassender Betrachtung ergibt sich, daß überall dort, wo ein Bundesstaat besteht, die Existenz der Länder innerhalb des Bundes nicht garantiert wird. Dies spricht neben dem Vorhandensein der Art. 29 und 118 GG, welche die Möglichkeit der Neugliederung des

---

16 Deutsche Übersetzung vom Lehrstuhl Prof. Dr. Martin Fincke, http://www.jura.uni-passau.de/fakultaet/lehrstuehle/Fincke/ostrecht/verfassung.htm (Stand 15. August 2006).

Bundesgebietes anerkennen, gegen die Anerkennung einer Bestandsgarantie der Länder in der Bundesrepublik Deutschland.

b) Deutsche bundesstaatsrechtliche Tradition
Dieses Ergebnis unterstützt die Weimarer Reichsverfassung vom 11. August 1919. Sie regelte in ihrem Art. 18 die Voraussetzungen für die Gebietsänderungen innerhalb des Reiches.

> „Artikel 18
> (1) Die Gliederung des Reichs in Länder soll unter möglichster Berücksichtigung des Willens der beteiligten Bevölkerung der wirtschaftlichen und kulturellen Höchstleistung des Volkes dienen. Die Änderung des Gebiets von Ländern und die Neubildung von Ländern innerhalb des Reichs erfolgen durch verfassungsänderndes Reichsgesetz.
> (2) Stimmen die unmittelbar beteiligten Länder zu, so bedarf es nur eines einfachen Reichsgesetzes.
> (3) Ein einfaches Reichsgesetz genügt ferner, wenn eines der beteiligten Länder nicht zustimmt, die Gebietsänderung oder Neubildung aber durch den Willen der Bevölkerung gefordert wird und ein überwiegendes Reichsinteresse sie erheischt.
> (4) Der Wille der Bevölkerung ist durch Abstimmung festzustellen. Die Reichsregierung ordnet die Abstimmung an, wenn ein Drittel der zum Reichstag wahlberechtigten Einwohner des abzutrennenden Gebiets es verlangt.
> (5) Zum Beschluß einer Gebietsänderung oder Neubildung sind drei Fünftel der abgegebenen Stimmen, mindestens aber die Stimmenmehrheit der Wahlberechtigten erforderlich. Auch wenn es sich nur um Abtrennung eines Teiles eines preußischen Regierungsbezirks, eines bayerischen Kreises oder in anderen Ländern eines entsprechenden Verwaltungsbezirkes handelt, ist der Wille der Bevölkerung des ganzen in Betracht kommenden Bezirkes festzustellen. Wenn ein räumlicher Zusammenhang des abzutrennenden Gebiets mit dem Gesamtbezirke nicht besteht, kann auf Grund eines besonderen Reichsgesetzes der Wille der Bevölkerung des abzutrennenden Gebiets als ausreichend erklärt werden.
> (6) Nach Feststellung der Zustimmung der Bevölkerung hat die Reichsregierung dem Reichstag ein entsprechendes Gesetz zur Beschlußfassung vorzulegen.
> (7) Entsteht bei der Vereinigung oder Abtrennung Streit über die Vermögensauseinandersetzung, so entscheidet hierüber auf Antrag einer Partei der Staatsgerichtshof für das Deutsche Reich."

Nach Art. 18 WRV konnte das Reich jede Änderung der Reichsinnengrenzen der Länder aus eigener Initiative und ohne Mitwirkung des betroffenen Landes bewirken. Die WRV kannte folglich ebenfalls keine Bestandsgarantie der Länder.[17] Aus der Anknüpfung des Art. 29 GG an Art. 18 WRV kann man zusätzlich das Ergebnis untermauern, daß eine Bestandsgarantie für Länder in der Bundesrepublik Deutschland nicht existiert. Wäre eine solche Bestandsgarantie gewollt gewesen, hätte sie ausdrücklich in das Grundgesetz aufgenommen wer-

---

17 TESCHENDORF, in: v. Mangoldt/Klein/Starck, Das Bonner Grundgesetz, Bd. 2 (2000), Art. 29 Abs. 1, Rdnr. 3 f.

den müssen. Der Rechtsvergleich und der Blick auf die Weimarer Reichsverfassung zeigen deutlich, daß sich eine solche Garantie nicht ohne weiteres unterstellen läßt.

III. Fragestellung und Stimmbezirke

1. Selbstbestimmungsrecht im Bundesstaat

Unabhängig von der Frage der Bestandsgarantie warf die badische Landesregierung dem Zweiten Neugliederungsgesetz vor, es beachte nicht das Selbstbestimmungsrecht der Völker[18] der betroffenen Gliedstaaten. Paul Zürcher erklärte in der Sitzung des Ausschusses für innergebietliche Neuordnung am 7. März 1951, das Völkerrecht verbiete die Überstimmung eines Landes durch andere Länder. Der Tübinger Entwurf, der die Grundlage für das Zweiten Neugliederungsgesetz bildete, sei in seinen Augen völkerrechtswidrig und, weil das Völkerrecht einen Bestandteil der Verfassung darstelle, auch mit dem Grundgesetz unvereinbar.[19]

Die Überstimmung des bestehenden Landes Baden durch die anderen beiden südwestdeutschen Länder wäre verfassungswidrig gewesen, wenn die Volksabstimmung gemäß Art. 118 GG über Art. 25 GG bei der Aufstellung der Ordnung über die Volksabstimmung an allgemeinen Regeln des Völkerrechts gebunden gewesen wäre. In Betracht käme das Selbstbestimmungsrecht der Völker, wenn dies bedeutet, daß alle Fragen, einschließlich der Gebietsfragen, auf der Grundlage der freien Annahme durch die unmittelbar betroffene Bevölkerung geregelt werden müssen[20] und das Selbstbestimmungsrecht innerhalb eines Bundesstaates für seine Glieder gilt.[21]

a) Definition des Selbstbestimmungsrechts
Das Selbstbestimmungsrecht der Völker[22] ist der Anspruch einer nach bestimmten Merkmalen bezeichneten Gruppe von Menschen, das eigene Schicksal

---

18 Antrag der Staatsregierung von Baden, in: Der Kampf um den Südweststaat (1952), S. 264 ff. (266); Schriftsatz von Kopf vom 20. September 1951, in: Der Kampf um den Südweststaat (1952), S. 276 ff. (279 ff.).
19 KONSTANZER, Die Entstehung des Landes Baden-Württemberg (1969), S. 220; vgl. dazu auch die Ausführungen von KURTZ, Der Südweststaat vor dem Forum des Völkerrechts, in Völkerrecht beginnt bei Dir, S. 68 ff.
20 GIACOMETTI, Echte und unechte Volksbefragung, in: Festgabe zum 70. Geburtstag von Erwin Ruck, S. 47 ff. (53), siehe auch VERDROSS, Völkerrecht (1959), S. 124 ff.
21 So: GIACOMETTI, Echte und unechte Volksbefragung, in Festgabe zum 70. Geburtstag von Erwin Ruck, S. 47 ff. (53); PETERS, Geschichtliche Entwicklung und Grundfragen der Verfassung (1969), S. 25; ähnlich: KURTZ, Der Südweststaat vor dem Forum des Völkerrechts, in Völkerrecht beginnt bei Dir, S. 68 ff. (S. 69 f.).
22 RABL, Das Selbstbestimmungsrecht der Völker (1973), passim.

grundsätzlich unabhängig zu gestalten. Es ist also das Recht einer Gruppe, das sie umfassende Staatswesen zu verlassen, um selbständig weiterzuexistieren oder um sich mit einem oder mehreren anderen Staaten zusammenzuschließen.[23]

b) Die Geltung des Selbstbestimmungsrechts der Völker
Das Selbstbestimmungsrecht der Völker hat Geltung im innerstaatlichen Bereich der Bundesrepublik, da es sich hierbei um eine allgemeine Regel des Völkerrechts nach Art. 25 GG handelt.[24] So formulierte Hugo Grotius schon 1625: „... Ut imperium totum valide transeat, populi totius consensu opus est. ..."[25] In Fortführung dieses Gedankens sprach der Präsident der Vereinigten Staaten von Amerika Woodrow Wilson in seiner Rede vom 27. Mai 1916 jedem Volk das Recht zu, die Souveränität zu wählen, unter deren Herrschaft es leben will.[26] In die Charta der Vereinten Nationen fand der Grundsatz des Selbstbestimmungsrechts in Art. 1 Abs. 2 Eingang.[27]

c) Träger des Selbstbestimmungsrechts der Völker
Nicht jede Gruppe kann Subjekt des Selbstbestimmungsrechts sein. Das ergibt sich aus dem Demokratieprinzip, nach dem ausschließlich das Staatsvolk als solches demokratisch aktivlegitimiert ist. Ein wesentlicher Faktor für die Bestimmung der Subjekte ist die Gemeinsamkeit des auf eine Verselbständigung gerichteten Willens der betreffenden Bevölkerung; nicht ausreichend ist eine beliebige Bevölkerung, die sich als Summe von Einzelnen darstellt.[28] Es muß sich um eine bereits formierte und konstituierte geistige Einheit handeln. Umstritten ist, inwieweit hierbei noch weitere Momente, etwa die ethnische Zusammengehörigkeit oder die Fähigkeit zur Selbstregierung Berücksichtigung finden müssen.[29] Unzweifelhaft handelt es sich bei dem Selbstbestimmungsrecht um ein Recht, das ein Volk in seiner Gesamtheit für sich beanspruchen

---

23 VON EGLOFFSTEIN, Die Entwicklung der Neugliederungsfrage (1957), S. 159.
24 So auch: VON EGLOFFSTEIN, Die Entwicklung der Neugliederungsfrage unter besonderer Berücksichtigung ihrer verfassungsrechtlichen Probleme (1957), S. 163, KELLER, Das Stimmrecht beim Volksentscheid über die Neugliederung des Bundesgebiets, in: Bayerischer Staatsanzeiger Nr. 11, vom 18. März 1950, S. 1 f.; RASCHHOFER, Das Selbstbestimmungsrecht (1960), S. 9; SEIDL-HOHENVELDERN, Völkerrecht (1969), Rdnr. 649; VERDROSS, Völkerrecht (1959), S. 428; VERDROSS/VON DER HEYDTE, Gutachten, in: Kampf, S. 376 ff. (383).
25 GROTIUS, De jure belli ac pacis libri tres, (1625), 3. Buch 20. Kapitel, V.
26 Schriftsatz von Kopf, dem Vertreter der Badischen Landesregierung vor dem Bundesverfassungsgericht, vom 20. September 1951, in: Der Kampf um den Südweststaat, S. 276 f. (281 f.).
27 VERDROSS-DROSSBERG/FREIHERR VON DER HEYDTE, Rechtsgutachten, in: Der Kampf um den Südweststaat (1952), S. 376 ff. (383).
28 KRÜGER/NEUMAYER/SCHNEIDER, Baden-Württemberg oder Baden und Württemberg? (1960), S. 10 ff.; JERUSALEM, Das Urteil des Bundesverfassungsgerichts über den Südweststaat-Streit, NJW 1952, S. 45 ff. (46).
29 Siehe dazu: DOEHRING, Völkerrecht (1999), § 15 II Rdnr. 783 ff. (787), S. 334.

kann.³⁰ Andererseits ist es nicht erforderlich, daß die Gruppe, die sich auf das Selbstbestimmungsrecht beruft, ein Volk im staatsrechtlichen Sinne ist,³¹ denn ein staatsrechtliches Volk bedarf nicht der Berufung auf das Selbstbestimmungsrecht, da der Staat über Souveränität verfügt.³² Die Feststellung, ob eine bestimmte Gruppe ein Volk bildet oder nicht, bedarf im Einzelfall der Fixierung.³³

d) Die Geltung des Selbstbestimmungsrechts der Völker für das badische Volk
Das Selbstbestimmungsrecht ist – wie alles Völkerrecht – Koordinationsrecht. Es ist zweifellos für die Beziehungen souveräner Staaten zueinander maßgebend. Problematisch ist, ob Völkerrecht auch für die Beziehungen zwischen dem Bund und den Ländern anwendbar ist, also, ob Baden sich, wie von seiner Regierung vorgetragen, gegenüber dem Bund, mit dem er in einem Subordinationsverhältnis steht, auf das Selbstbestimmungsrecht berufen kann. Für ein derartiges Subordinationsverhältnis ist das Völkerrecht nicht geschaffen.³⁴ Zwar pflegen die Länder innerhalb der Bundesrepublik Deutschland ein Kooperationsverhältnis.³⁵ Jedoch ist die Beziehung zwischen Bund und Ländern sowie der Länder untereinander nicht völkerrechtlicher, sondern verfassungsrechtlicher Natur.³⁶

Das Selbstbestimmungsrecht kann auch nicht mit dem Argument, daß es gerade in seinem Wesen liege, sich gegenüber einem übergeordneten Staatsverband zur Wehr zu setzen, in einem Subordinationsverhältnis geltend gemacht werden. Das badische Begehren war nicht darauf gerichtet, das Subordinationsverhältnis zum Bund zu verlassen, um zu einem Koordinationsverhältnis zu gelangen oder in ein anderes Subordinationsverhältnis zu treten, wie es nach der zu Beginn genannten Definition im Wesen des Selbstbestimmungsrechts begründet ist. Vielmehr wollte Baden das Subordinationsverhältnis umgestalten, in

---

30 VERDROSS-DROSSBERG/FREIHERR VON DER HEYDTE, Rechtsgutachten, in: Der Kampf um den Südweststaat (1952), S. 376 ff. (383).
31 VERDROSS-DROSSBERG/FREIHERR VON DER HEYDTE, Rechtsgutachten, in: Der Kampf um den Südweststaat (1952), S. 376 ff. (384).
32 IPSEN, Völkerrecht (2004), § 28 Rdnr. 1, S. 405.
33 IPSEN, Völkerrecht (2004), § 28 Rdnr. 5, S. 407.
34 KIMMIG, Staat gleich Staat? in: Völkerrecht beginnt bei Dir, S. 74 ff. (74 f.). GIACOMETTI, Echte und unechte Volksbefragung, in Festgabe zum 70. Geburtstag von Erwin Ruck, S. 47 ff. (54 f.); VON EGLOFFSTEIN, Die Entwicklung der Neugliederungsfrage (1957), S. 156 ff.
35 Insoweit übereinstimmend mit: Adolf von Thadden bei der zweiten Beratung des Entwurfs eines zweiten Gesetzes über die Neugliederung in den Ländern Baden, Württemberg-Baden und Württemberg-Hohenzollern, in der 136. Sitzung des Deutschen Bundestages am 19. April 1951, in: BT-Protokolle I/5313 ff. (5325 C).
36 Siehe hierzu den Bericht von Fritz Erler über die Arbeit des Ausschusses für innergebietliche Neuordnung, in der 135. Sitzung des Deutschen Bundestages am 18. April 1951, in: BT-Protokolle I/5257 ff. (5303 B).

dem es verbleiben wollte. Hier läßt sich das Selbstbestimmungsrecht nicht geltend machen.

Die Einteilung der Stimmbezirke verstößt nicht gegen das Selbstbestimmungsrecht der Völker, da sich die badische Bevölkerung darauf jedenfalls nicht berufen kann, soweit es als Prinzip des Völkerrechts durch Art. 25 GG in das Grundgesetz inkorporiert ist.

e) Herleitung des Selbstbestimmungsrechts aus dem Demokratieprinzip
Redelberger[37] leitet das Selbstbestimmungsrecht der Völker als Verfassungsgrundsatz aus Art. 20 Abs. 2 GG ab. Allerdings ist ein Selbstbestimmungsrecht für die Bevölkerung Badens dem Demokratieprinzip des Art. 20 GG nicht zu entnehmen. Dessen Kerngehalt besteht zwar darin, der Bevölkerung das Recht einzuräumen, über ihre sie betreffende Angelegenheiten selbst zu bestimmen und umfaßt die Freiheit, an der gemeinsamen Ordnung, der man unterworfen ist, mitzuwirken.[38] Darunter fällt neben der politischen Zielsetzung der Regierung in gewissem Maße auch die Bestimmung des Rahmens, in dem regiert und verwaltet werden soll. Dies gilt aber nicht uneingeschränkt. Durch weitere Bestimmungen des Grundgesetzes wird das demokratische Prinzip ausgestaltet, so z.B. durch die Art. 29 und 118 GG. Der Wille der Bevölkerung eines Teilgebietes erfährt im Falle des Art. 29 Abs. 4 GG seine Grenze am Interesse der übergeordneten Gebietskörperschaft, also am Willen der gesamten Bevölkerung dieses übergeordneten Gemeinwesens, des Bundes.[39] Der Grundgesetzgeber hat in den Neugliederungsbestimmungen ein Stück Selbstbestimmungsrecht verwirklicht. Nur im Rahmen dieser Vorschriften existiert ein aus dem demokratischen Prinzip ableitbares Selbstbestimmungsrecht, das besagt, daß jedes Volk über das Fortbestehen seines Staates grundsätzlich selbst bestimmen kann.[40] Für ein Teilvolk, hier die Badener, läßt sich ein unbeschränktes Selbstbestimmungsrecht aus dem Demokratieprinzip nicht ableiten.

f) Ergebnis
Der Vorwurf der badischen Regierung, das Zweite Neugliederungsgesetz verletze die Bevölkerung in ihrem Selbstbestimmungsrecht, ist nicht begründet, da kein über die Art. 29 und Art. 118 GG hinausgehendes selbständiges Selbstbestimmungsrecht des badischen Volkes existiert.

---

37 REDELBERGER, Die Neugliederung der Länder, DVBl. 1953, S. 687 ff. (688).
38 BÖCKENFÖRDE, Demokratie als Verfassungsprinzip, in HbdStR Bd. II (2004), § 24, Rdnr 35 ff., S. 452 ff.; VON EGLOFFSTEIN, Die Entwicklung der Neugliederungsfrage (1957), S. 170.
39 JERUSALEM, Das Urteil des Bundesverfassungsgerichts über den Südweststaat-Streit, NJW 1952, S. 45 ff. (45).
40 VON EGLOFFSTEIN, Die Entwicklung der Neugliederungsfrage (1957), S. 172.

2. Vereinbarkeit von § 4 des Zweiten Neugliederungsgesetzes mit Art. 29 GG

Die Fragestellung des § 4 des Zweiten Neugliederungsgesetzes und die Einteilung der Stimmbezirke könnte gegen Art. 29 GG verstoßen, der neben Art. 118 GG für die Neugliederung gilt.

Art. 118 GG sollte die Möglichkeit eröffnen, zügig die für besonders dringlich erachtete Neugliederung des Südwestens durchzuführen. Art. 118 GG sollte für das Gebiet der Länder Baden, Württemberg-Baden und Württemberg-Hohenzollern den unbefriedigenden Zustand der Ländergliederung beseitigen, eben dies bezwecken auch die Richtbegriffe des Art. 29 Abs. 1 GG. Art. 29 Abs. 1 GG schreibt ein allgemeines Neugliederungsprinzip fest; dieses kann durch Art. 118 GG nicht verdrängt werden. Die Richtlinien des Art. 29 Abs. 1 GG gelten deshalb auch für die Neugliederung der südwestdeutschen Länder nach Art. 118 GG.[41]

a) Beachtung der Richtlinien des Art. 29 Abs. 1 GG durch das Zweite Neugliederungsgesetz

Die durch § 4 des Zweiten Neugliederungsgesetzes zur Wahl gestellten Neugliederungsmöglichkeiten – Südweststaat oder alte Länder – sind möglicherweise nicht mit Art. 29 Abs. 1 GG vereinbar gewesen: Satz 1 umfaßte die Richtbegriffe landsmannschaftliche Verbundenheit, geschichtliche und kulturelle Zusammenhänge, wirtschaftliche Zweckmäßigkeit und soziales Gefüge. Nach Art. 29 Abs. 1 S. 2 GG sollten Länder geschaffen werden, die nach Größe und Leistungsfähigkeit die ihnen obliegenden Aufgaben wirksam erfüllen können.[42] Es bedarf der näheren Untersuchung, ob der Bundesgesetzgeber bei der Auswahl der beiden zur Abstimmung gestellten Neugliederungsmöglichkeiten diese Richtbegriffe beachtet hat.

Für den deutschen Südwesten stellte sich besonders dringlich die Frage, ob den vorwiegend an der Tradition orientierten drei Gesichtspunkten des Satz 1 der „landsmannschaftlichen Verbundenheit, den geschichtlichen und kulturellen Zusammenhängen" stärkere Beachtung zukommt, oder ob die beiden folgenden Richtlinien, die wirtschaftliche Zweckmäßigkeit und das soziale Gefüge, stärker berücksichtigt werden müssen und in welchem Verhältnis sie alle zu den Gesichtspunkten des Satz 2, nämlich der Größe und Leistungsfähigkeit der zu schaffenden Länder, stehen. Die Dringlichkeit läßt sich den Abstimmungskämpfen vor den Volksabstimmungen zur Südweststaatsfrage entnehmen. Die Befürworter des Südweststaates warben mit Zweckmäßigkeitsgesichtspunkten,

---

41 So auch Ernst August Farke, in der 135. Sitzung des Deutschen Bundestages am 18. April 1951, in: BT-Protokolle I/5257 ff. (5307 B, C), siehe dazu: 2. Teil, 2. Kapitel, II.

42 Zur Rangordnung der sieben Neugliederungsprinzipien: VON EGLOFFSTEIN, Die Entwicklung der Neugliederungsfrage (1957), S. 192 ff.; MÜNCHHEIMER, Probleme der Neugliederung Deutschlands nach dem Bonner Grundgesetz (1951), S. 70 ff.

die sowohl in Satz 2 und in Satz 1 angesprochen sind. Die Altbadener appellierten dagegen an das Heimatgefühl (Satz 1).

Der gleichwertigen Berücksichtigung aller Prinzipien steht der Wortlaut des Art. 29 Abs. 1 GG entgegen. Der Wortlaut des Art. 29 Abs. 1 GG legt die vorrangige Berücksichtigung der Richtlinien des Satz 1 vor denen des Satz 2 nahe. Satz 1 des Art. 29 S. 1 GG weist mit seiner Formulierung „ist ... neu zu gliedern" zwingenden Charakter auf, während Satz 2 nur eine Sollvorschrift darstellt. Wenn der Verfassungsgeber eine Gleichwertigkeit der sieben Prinzipien hätte festlegen wollen, hätte er diese in einen Satz aufnehmen können.[43] Des weiteren können die einzelnen Gesichtspunkte des Satz 1 – im Gegensatz zu Satz 2 – im konkreten Fall durchaus zu sich widersprechenden Ergebnissen führen. Eine gleichmäßige Verwirklichung aller in Art. 29 Abs. 1 GG genannten Grundsätze wird oftmals undurchführbar sein.[44] Es kann also die Verpflichtung zur Berücksichtigung der Richtbegriffe nicht auch deren Einhaltung in jedem Falle bedeuten, sondern lediglich deren Einbeziehung in die gesetzgeberischen Erwägungen. Bei möglichen Konflikten zwischen den einzelnen Richtbegriffen kommt dem Gesetzgeber ein Beurteilungsspielraum zu. Gefordert ist eine wertende Gesamtschau unter Berücksichtigung der jeweiligen regionalen Gegebenheiten. Es ist eine sinnvolle Abwägung vorzunehmen, die sich nicht auf eine rein mechanische Zählung des Übergewichts beschränkt.[45]

Die Verpflichtung des Gesetzgebers nach Satz 1 beschränkt sich also darauf, das Bundesgebiet neu zu gliedern und dabei eine wägende und wertende Entscheidung zu treffen. Das Ziel, an dem diese Wertung und Abwägung auszurichten ist, nennt Satz 2. Der Gesetzgeber soll Länder bilden, die nach Größe und Leistungsfähigkeit in der Lage sind, ihre Aufgaben wirksam zu erfüllen. Die Neugliederung soll leistungsfähige Länder schaffen, die eine tragfähige Grundlage des Bundesstaates bilden können, denn nur leistungsfähige Länder können in einem bundesstaatlichen Gefüge ihre Aufgaben voll erfüllen und ihre Eigenständigkeit bewahren.[46] Art. 29 Abs. 1 Satz 2 GG kann nicht als die maßgebliche Vorschrift und der Kernpunkt des Neugliederungsprogramms des Grundgesetzes angesehen werden, das den Richtlinien des Art. 29 Abs. 1 S. 1 GG vorgeht. Eine nur an wirtschaftlichen Gesichtspunkten orientierte Neugliederung ist von Anbeginn an zum Scheitern verurteilt, da es ein einheitliches Fundament kaum geben kann. Dies berücksichtigte Art. 106 Abs. 4 GG in der Fassung von 1949 und ab dem 1. April 1955 zusammen mit Art. 107 Abs. 2 GG,[47] die, um

---

43 VON EGLOFFSTEIN, Die Entwicklung der Neugliederungsfrage (1957), S. 193 f.
44 VON EGLOFFSTEIN, Die Entwicklung der Neugliederungsfrage (1957), S. 195.
45 SWOBODA, Die Neugliederung des Bundesgebietes nach dem Bonner Grundgesetz (1951), S. 22; MÜNCHHEIMER, Probleme der Neugliederung Deutschlands nach dem Bonner Grundgesetz (1951), S. 71.
46 Dazu auch: VON EGLOFFSTEIN, Die Entwicklung der Neugliederungsfrage (1957), S. 195.
47 Art. 106 Abs. 4 S. 1 (in der Fassung vom 23. Mai 1949, geändert durch Gesetz vom 23. Dezember 1955, BGBl. I S. 817):

die Leistungsfähigkeit auch der steuerschwachen Länder zu gewährleisten, einen Finanzausgleich vorsahen. Der Verfassungsgeber hat diese Bestimmungen mehrfach geändert, inhaltlich ist der Finanzausgleich bestehen geblieben.[48] Er ist bei der Auslegung des Art. 29 GG zu beachten.

§ 4 des Zweiten Neugliederungsgesetzes stellte die Vereinigung der drei Länder Baden, Württemberg-Baden und Württemberg-Hohenzollern zu einem Bundesland oder die Wiederherstellung des alten Landes Baden zur Wahl.

Nach dem oben Gesagten oblag es dem Bundesgesetzgeber durch eine sinnvolle Abwägung der Richtlinien des Art. 29 Abs. 1 GG den Südwesten neu zu gliedern. Eine Kontrolle des Gesetzgebers bei der Berücksichtigung der Richtlinien des Art. 29 Abs. 1 GG ist nur begrenzt durchführbar. Die Überprüfbarkeit ist auf eine Willkürkontrolle beschränkt. Die Verantwortung für eine sachgerechte Beurteilung liegt allein beim Gesetzgeber.[49] Die Ausgestaltung des § 4 des Zweiten Neugliederungsgesetzes ist insoweit verfassungsrechtlich unbedenklich:

Die erste Abstimmungsmöglichkeit, die Schaffung des Südweststaates, stellt eine nach den Grundsätzen des Art. 29 Abs. 1 GG zulässige Neugliederung dar. Zwar ermöglichte der Gesetzgeber mit ihr nicht die Wiederherstellung der alten historischen Länder Baden und Württemberg, dafür aber überwindet sie die durch die Besatzungsmächte willkürlich gezogenen Staatsgrenzen. Die getrennten historischen Gebiete konnten in einem größeren Staatswesen wieder vereint werden. Die landsmannschaftliche Verbundenheit steht dieser Vereinigung nicht entgegen, weil sie nur bei Trennung landsmannschaftlicher Gebiete zu beachten ist. Andernfalls würden zu kleine Gebiete entstehen.[50] Ebenfalls entsprach die Vereinigung dreier Länder zu einem Bundesland der wirtschaftlichen Zweckmäßigkeit. Die Wiederherstellung der alten Länder wäre stärker als die Vereinigung zum Südweststaat an historischen und landsmannschaftlichen Gesichtspunkten orientiert. Einwendungen bezüglich der Größe und Leistungsfähigkeit der alten Länder greifen nicht durch, da das Grundgesetz Länder verschiedener Größe anerkennt und im Geltungsbereich des Grundgesetzes kleinere Länder existieren. Die beiden durch § des Zweiten Neugliederungsgesetzes

---

„Um die Leistungsfähigkeit auch der steuerschwachen Länder zu sichern und eine unterschiedliche Belastung mit Ausgaben auszugleichen, kann der Bund Zuschüsse gewähren und die Mittel hierfür bestimmten den Ländern zufließenden Steuern entnehmen."

48 Art. 106 GG: 1. Änderung am 23. 12.1955, BGBl. I S. 817; 2. Änderung 24.12.1956, BGBl. I S. 1077; 3. Änderung am 12.05.1969, BGBl. I S. 359; 4. Änderung am 03.11.1995, BGBl. I S. 1492; 5. Änderung am 20.10.1997, BGBl. I S. 2470.
Art. 107 GG: 1. Änderung am 20.04. 1953, BGBl. I S. 130; 2. Änderung 25.12.1954, BGBl. I 517; 3. Änderung am 23. 12.1955, BGBl. I S. 817; 4. Änderung am 12.05.1969, BGBl. I S. 359, siehe dazu auch: WENDT; Finanzhoheit und Finanzausgleich, in: HbdStR, Bd. IV (1999), § 104, S. 1021 – 1089; BVerfGE 101, 158 ff (214 ff.).
49 BVerfGE 92, 365 ff. (394 ff.).
50 Dazu ausführlich unten: 5. Teil, 3. Kapitel, VIII 2 c.

zur Wahl gestellten Neugliederungsmöglichkeiten entsprechen beide Art. 29 Abs. 1 GG.

b) Das Verhältnis von Art. 118 zu den Absätzen 2 bis 4 des Art. 29 GG

Das Verhältnis des Art. 118 GG zu den Vorschriften des Art. 29 Abs. 2 bis 4 GG ist unklar:

Das Bundesverfassungsgericht[51] lehnte eine Bindung an die Vorschriften des Art. 29 Abs. 2 bis 4 GG bei einer Regelung der Neugliederung durch den Bund nach Art. 118 S. 2 GG ab. Es begründet seine Auffassung unter anderem damit, daß die Regelung durch Bundesgesetz auf der Basis des Art. 118 S. 2 GG denselben Gegenstand im Auge habe, wie die Vereinbarung nach Satz 1. Die Möglichkeit des Abweichens von den Vorschriften der Absätze 2 bis 4 des Art. 29 GG müsse aus diesem Grund gleichermaßen für die Neugliederung durch Bundesgesetz nach Art. 118 S. 2 GG gelten.[52]

Dagegen berief sich der Richter Willi Geiger in seinem abweichenden Votum im Südweststaatsurteil[53] darauf, daß auch bei Anwendung von Art. 118 S. 2 GG die in Art. 29 GG enthaltenen allgemeinen Grundsätze verbindlich blieben. Nur bei einer vereinbarten Lösung im Verfahren nach Art. 118 GG sei, wie der Wortlaut zeige, eine Abweichung zulässig gewesen.[54]

Aus dem Wortlaut des Art. 118 S. 2 GG läßt sich kein Anhaltspunkt entnehmen, ob die Regelung durch den Bund an die Bestimmung des Art. 29 Abs. 2 bis 4 GG gebunden ist, oder ob auch für sie die Möglichkeit der Abweichung von diesen Vorschriften besteht.

Da jede Verfassung eine Reaktion auf einen früheren Verfassungszustand ist, können die historischen Vorläufer der Neugliederungsbestimmungen und ihre Entstehungsgeschichte bei der Suche der konkreten Normaussage nicht unberücksichtigt bleiben.[55] Ausschlaggebend ist für die Verfassungsinterpretation zwar der objektivierte Wille des Gesetzgebers. Die historische Auslegung hat ihre Bedeutung jedoch als Anhaltspunkt für die hinter der Norm stehende Intention.[56] Die Idee der Aufnahme einer speziellen Neugliederungsvorschrift für den Südwesten im Sinne des Art. 118 GG entstand erst wenige Tage vor dem Abschluß der Beratungen zum Grundgesetz. Dem Hauptausschuß lagen zur vierten Lesung am 5. Mai 1949 zwei Vorschläge vor, die sich mit dem Verfahren bei einer Neugliederung im Gebiete der südwestdeutschen Länder beschäftig-

---

51 BVerfGE 1, 14 ff. (48 f.).
52 BVerfGE 1, 14 ff. (48).
53 Zu BVerfGE 1, 14 ff.
54 FEUCHTE, Der Beitrag der Bundesrepublik Deutschland zur Gründung des Landes Baden-Württemberg, in: Baden-Württemberg und der Föderalismus in der Bundesrepublik Deutschland (1949 – 1989) (1991), S. 25 ff. (36).
55 VOSSKUHLE, Rechtsschutz gegen den Richter (1993), S. 151.
56 VOSSKUHLE, Rechtsschutz gegen den Richter (1993), S. 151.

ten. Sie bildeten die Grundlage für den späteren Art. 118 GG.[57] Aus diesen Anträgen[58] kann kein Argument für den Ausschluß der Regelungen des Art. 29 Abs. 2 bis 4 GG im Rahmen des Art. 118 GG gewonnen werden. Die wenigen Äußerungen, die von den Beratungen des Art. 118 GG erhalten sind, lassen keinen sicheren Schluß zu, wie die Frage der Anwendbarkeit der Regeln in Art. 29 Abs. 2 bis 4 GG zu beantworten ist. So läßt etwa die Äußerung des Vorsitzenden des Hauptausschusses des Parlamentarischen Rates, Carlo Schmid, der Art. 118 sei praktisch „die Anwendung des Falles des Art. 25[59] auf die Spezialaufgabe: Ordnung des Südwestens" höchstens vermuten, daß die Regeln des Art. 29 GG auch im Rahmen des Art. 118 GG angewandt werden sollten. Näheres ist aus der Normgeschichte dieser im deutschen Verfassungsleben beispiellosen Norm aber nicht zu erfahren.

Der Verfassungsgeber strebte aber jedenfalls durch die Aufnahme des Art. 118 in das Grundgesetz die Beschleunigung der Neugliederung des Südwestraumes an. Dies geschah zum einen, da ungewiß war, ob die Besatzungsmächte Art. 29 GG genehmigen würden,[60] zum anderen ordnete er in Art. 118 GG ein von Art. 29 GG abweichendes vereinfachtes Verfahren an.[61] Diese Anordnung legt einen Ausschluß der Verfahrensvorschriften des Art. 29 GG nahe.

Aus der Existenz des Besatzungsvorbehalts[62] könnten sich zusätzliche Bedenken gegen die Anwendung der Regeln des Art. 29 Abs. 2 bis 4 GG im Rahmen des Art. 118 GG ergeben. So äußerte sich Glum in seinem Referat auf der Weinheimer Tagung folgendermaßen:

> „... Hervorzuheben wäre ferner, daß neben dem Artikel 118 ferner Artikel 29, und zwar sowohl Absatz 1 als auch Absatz 2 zur Anwendung gelangen könnte; denn in Artikel 118 ist nur gesagt, daß abweichend von den Vorschriften des Artikels 29 eine andere Regelung erfolgen kann. Allerdings fällt Artikel 29 unter den Vorbehalt in dem Genehmigungsschreiben der Militärgouverneure, und unseres Erachtens auch, soweit er auf den Südwestraum Anwendung finden könnte."[63]

---

57 Antrag Hilbert vom 5. Mai 1949, Parlamentarischer Rat – Drucksache Nr. 841; Antrag Eberhard vom 5. Mai 1949, Parlamentarischer Rat – Drucksache Nr. 824. Siehe dazu die Ausführungen in: 2. Teil, 2. Kapitel I 2; VON DOEMMING/FÜSSLEIN/MATZ, JöR n.F., Bd. 1 (1951), S. 831 f.
58 Antrag Hilbert vom 5. Mai 1949, Parlamentarischer Rat – Drucksache Nr. 841 und Antrag Eberhard vom 5. Mai 1949, Parlamentarischer Rat – Drucksache Nr. 824.
59 In der Endfassung Art. 29 GG.
60 Siehe dazu oben: 2. Teil, 2. Kapitel I 2.
61 So wohl auch: Ernst August Farke, in der 135. Sitzung des Deutschen Bundestages am 18. April 1951, in: BT-Protokolle I/5257 ff. (5307 B, C).
62 Ziffer 5 des Genehmigungsschreibens vom 12. Mai 1949 zum GG, abgedruckt, in: Anhang 4 XV und bei: V. MANGOLDT, Das Bonner Grundgesetz (1953), Anhang Nr. 2, S. 670; DENNEWITZ, in: Bonner Kommentar, Bd. 1 (2005), Einleitung S. 128.
63 GLUM, in: Die Bundesländer, (1950), S.171 ff. (202). Dagegen haben 12 Mitglieder des Bundestagsausschusses für Rechtswesen und Verfassungsfragen die Frage bejaht, daß

Nach dieser Aussage Glums ist nur Art. 118 GG von der Ausnahme vom Besatzungsvorbehalt erfaßt die Verfahrensregeln des Art. 29 GG finden keine Anwendung.[64] Dieser Schluß vermag nicht zu überzeugen, da für die Besatzungsmächte in diesem Zusammenhang sicherlich nicht das Verfahren der Neugliederung ausschlaggebend war, sondern die Beschränkung der Neugliederung auf das Gebiet Südwestdeutschlands, das auch die Besatzungsmächte für so unglücklich gegliedert hielten, daß sie eine Änderung vor dem Ende der Besatzung zulassen wollten.

Eine Lösung des Problems kann sich letztlich nur aus dem systematischen Zusammenhang ergeben, in dem die Art. 118 und 29 GG stehen. Die Tatsache, daß Art. 118 GG die einschlägigen Bestimmungen des Art. 29 Abs. 2 bis 4 GG nicht wiederholt und auch nicht expressis verbis auf sie verweist, kann nicht ohne weiteres so gedeutet werden, daß der Grundgesetzgeber diese Vorschriften im Rahmen des Art. 118 GG ausschließen wollte. Das Fehlen einer Verweisung spricht aber mehr für die Unanwendbarkeit der Verfahrensvorschriften des Art. 29 Abs. 2 bis 4 GG.

Die entscheidende Frage lautet, ob der Ausschluß der Verfahrensvorschriften des Art. 29 Abs. 2 bis 4 GG für die Neugliederung durch Ländervereinbarung nach Art. 118 S. 1 GG auch noch nach dem Übergang der Neugliederungskompetenz auf den Bund gilt. Zwischen dem Regelungsgehalt von Satz 1 und 2 des Art. 118 GG besteht ein Gegensatz, der darin zum Ausdruck kommt, daß Satz 2 in seinem Tatbestand auf das Scheitern der in Satz 1 eröffneten Möglichkeit Bezug nimmt, seine Wirksamkeit also nur dann entfalten soll, wenn Satz 1 nicht zum Zuge gekommen ist. Dieser Gegensatz in den tatbestandlichen Voraussetzungen der Sätze 1 und 2 läßt es nicht zu, daß von der Rechtsfolge der einen Bestimmung auf die der anderen geschlossen wird.

Die Verschiedenartigkeit der Sätze 1 und 2 zeigt sich weiter darin, daß die Beteiligung der Länder an der Neugliederung, wie sie Art. 118 S. 1 GG vorsieht, eine erhebliche Abweichung von den allgemeinen Neugliederungsvorschriften darstellt, in denen die Länder von einer Mitwirkung völlig ausgeschlossen sind, während die Anordnung des Art. 118 Satz 2 GG, die Neugliederung durch Bundesgesetz zu regeln, in das allgemeine Neugliederungskonzept zu passen scheint. Dies ist jedoch nicht der Fall: Im Vergleich zu Art. 29 GG ist Art. 118 GG völlig anders aufgebaut. Art. 29 GG sieht von vornherein die maßgebliche, nicht aber ausschließliche Beteiligung und Federführung des Bundes vor. Die Mitwirkung der betroffenen Länder ist durch Art. 29 Abs. 2 ff. GG vorgesehen. Art. 118 GG dagegen überläßt den Ländern zunächst uneingeschränkt und ohne jede Mitwirkung des Bundes die Neuregelung durch Vereinbarung. Scheitert sie allerdings, geht die Zuständigkeit ausschließlich auf den Bund über. Die

---

Artikel 29 GG neben Art. 118 GG anwendbar ist, während 11 sie vereint haben, siehe: Niederschrift der Sitzung vom 29. März 1950.
64 GLUM, in: Die Bundesländer, (1950), S.171 ff. (202); ESCHENBURG, Das Problem der Neugliederung der Deutschen Bundesrepublik (1950), S. 32.

Länder können lediglich im Bundesrat im Wege der üblichen Mitwirkung an der Gesetzgebung des Bundes mitwirken. Aus diesem Grunde kann auf Art. 118 GG nicht die sonstige Systematik des Grundgesetzes für die Verteilung der Aufgaben bei der Neugliederung angewendet werden.[65] Demzufolge kommt eine Anwendung der Verfahrensvorschriften des Art. 29 Abs. 2 bis 4 GG bei der Neugliederung nach Art. 118 GG nicht in Betracht. Eine Verletzung dieser Vorschriften kann nicht gerügt werden.

3. Vereinbarkeit der Einteilung der Abstimmungsbezirke und der Mehrheitsregel mit Art. 118 S. 2 GG

a) Erforderlichkeit einer qualifizierten Mehrheit?
§ 3 des Zweiten Neugliederungsgesetzes, der von der Festlegung der Stimmbezirke handelte, und § 10 des Zweiten Neugliederungsgesetzes, der eine Mehrheit in drei der vier Abstimmungsbezirke für das Entstehen des Südweststaates ausreichen ließ, entsprachen der Vorgabe des Art. 118 S. 2 GG. Art. 118 S. 2 GG spricht von einer Neugliederung des Gebietes der Länder Baden, Württemberg-Baden und Württemberg-Hohenzollern, die eine Volksbefragung vorsehen muß. Art. 118 S. 2 GG räumt dem Bundesgesetzgeber hinsichtlich der Form und der Ausgestaltung der Volksbefragung Entscheidungsfreiheit ein. Grenzen sind dem Gesetzgeber nur insoweit gezogen, als er die allgemeinen Grundsätze der Demokratie beachten muß.[66] Der entscheidende Volkswille im Sinne des Demokratieprinzips kann nur Herrschaft der Mehrheit sein.[67] Art. 118 GG gibt keine qualifizierte Mehrheiten vor, ebensowenig eine Einteilung in bestimmte Stimmbezirke. Daraus folgt nicht etwa, es müsse ein einziger Stimmbezirk gebildet werden, in dem eine einfache Mehrheit entscheidet. Vielmehr verzichtet Art. 118 GG gänzlich darauf, irgendwelche Vorgaben zu schaffen.[68] Der Bundesgesetzgeber besitzt also die Freiheit, die Gesamtbevölkerung der drei Länder zum Volksentscheid aufzurufen oder aber getrennte Abstimmungsbezirke zu bilden. Eine Einteilung entlang der Grenzen der alten Länder ist danach nicht

---

65 Gutachten von Gebhard Müller in: Der Kampf um den Südweststaat (1952), S. 61 ff. (61 f.)
66 Dahingehend auch die Regierungen von Württemberg-Baden und Württemberg-Hohenzollern in ihrem Antrag vor den Bundesverfassungsgericht vom 6. September 1951, in: Der Kampf um den Südweststaat (1952), S. 305 ff. (309).
67 GIACOMETTI, Rechtsgutachten, in: Der Kampf um den Südweststaat (1952), S. 386 ff. (388); HEUN, Das Mehrheitsprinzip in der Demokratie (1983); SCHEUNER, Das Mehrheitsprinzip in der Demokratie (1973); ZIPPELIUS, Zur Rechtfertigung des Mehrheitsprinzips in der Demokratie (1987).
68 Dazu Äußerung von Gebhard Müller in der 55. Sitzung des Bundesrats am 27. April 1951, in: BR- Sitzungsberichte, 2. Bd., S. 277 ff. (S. 282 D).

vorgeschrieben. Die Einteilung der Stimmbezirke unterliegt vielmehr der Einschätzungsprärogative des Bundesgesetzgebers.[69]

b) Auflösung eines bestehenden Landes

§ 10 Abs. 1 des Zweiten Neugliederungsgesetzes könnte gegen Art. 118 GG verstoßen, indem er eine Majorisierung und damit eine Aufhebung des Landes Baden gegen seinen Willen ermöglichte, wenn Art. 118 GG eine bedingte Garantie für den Bestand des Landes Baden enthält.[70] Dies wäre der Fall, wenn die Adressaten der Volksbefragung nicht die Einwohner des Abstimmungsgebietes, sondern die drei „Völker" der Länder Baden, Württemberg-Baden und Württemberg-Hohenzollern gewesen wären. Bei einer solchen Ausgestaltung der Volksbefragung wäre das Prinzip der Volkssouveränität nur dann gewahrt worden, wenn der Vereinigung in allen drei Ländern eine Mehrheit zugrunde gelegt worden wäre. Dann hätte Art. 118 GG eine beschränkte Bestandsgarantie in dem Sinne gewähren können, daß die Existenz der in Art. 118 GG genannten Länder nur mit ihrer Zustimmung, das heißt mit der Einwilligung der Mehrheit ihre stimmberechtigten Bevölkerung hätte aufgelöst werden können.[71] Art. 118 S. 1 GG umreißt mit seiner Formulierung: „Die Neugliederung in dem die Länder Baden, Württemberg-Baden und Württemberg-Hohenzollern umfassenden Gebiete..." nur seinen territorialen Wirkungsbereich. Darüber hinaus hat die Aufzählung der Länder keine Bedeutung, sie bestimmte nicht die Länder zu den Adressaten der Volksbefragung.

Die Frage, ob die Bevölkerung eines Bundeslandes über die Auflösung eines anderen Bundeslandes gegen seinen Willen bestimmen kann, bemißt sich nicht allein nach Art. 118 GG, sondern nach dem Rechtsstaatsprinzip, dem Bundesstaatsprinzip in der Ausgestaltung, die es durch das Grundgesetz erfahren hat; vorliegend nach Art. 20 Abs. 2 i.V.m. Art. 29, Art. 118 GG, und danach, ob das Demokratieprinzip (Art. 20 Abs. 2 GG) eine solche Überstimmung durch „Nichtbetroffene" zuläßt.[72]

4. Vereinbarkeit der Fragestellung mit dem Rechtsstaatsprinzip

Die badische Landesregierung trug vor dem Bundesverfassungsgericht vor, das Zweite Neugliederungsgesetz sei in sich widersprüchlich und verstoße insoweit

---

69 STEIN in: AK, Bd. I (2002) Art. 3 Rdnr. 45 ff.; JELLINEK Rechtsgutachten, in: Der Kampf um den Südweststaat (1952), S. 374 ff. (375 f.).
70 So auch GIACOMETTI, Echte und unechte Volksbefragung, in Festgabe zum 70. Geburtstag von Erwin Ruck, S. 47 ff. (61).
71 GIACOMETTI, Echte und unechte Volksbefragung, in Festgabe zum 70. Geburtstag von Erwin Ruck, S. 47 ff. (59 f.).
72 Dazu unten: 3. Teil, 3. Kapitel III 5 und 6.

gegen das Rechtsstaatsprinzip.[73] Die Fragestellung stehe im Widerspruch zu den Abstimmungsbezirken, da nicht alle, die dieselbe Frage zu beantworten hatten, auch einen Stimmbezirk bildeten. Diese Widersprüchlichkeit des Gesetzes zwischen §§ 3 und 10 einerseits und § 4 andererseits bedeute einen Verstoß gegen das Rechtsstaatsprinzip und führe zu seiner Nichtigkeit.[74]

Der Grundsatz der Rechtsstaatlichkeit fordert in der Tat vom Gesetzgeber, die von ihm zu erlassenden Gesetze umfassend, klar und ohne Widersprüche zu formulieren. Eine mißverständliche, unvollständige oder widersprüchliche Regelung kann wegen Widerspruchs mit den Grundsätzen des Rechtsstaates nichtig sein,[75] wenn die Anwendung der Regelung im Rechtsverkehr ausgeschlossen ist und auch durch Auslegung nicht ermöglicht werden kann.[76] Um einen möglichen Widerspruch innerhalb des Gesetzes zwischen der Fragestellung und der Einteilung in Stimmbezirke feststellen zu können, muß zunächst die Fragestellung untersucht und möglicherweise ausgelegt werden.

a) Stellt das Zweite Neugliederungsgesetz eine Alternativfrage?
Der Stimmzettel wies zwei Fragen auf, die der Wähler zu beantworten hatte:

1. Ich wünsche die Vereinigung der drei Länder zu einem Bundesland (Südweststaat),
2. für die badischen Abstimmenden:
Ich wünsche die Wiederherstellung des alten Landes Baden,
für die württembergischen Abstimmenden:
Ich wünsche die Wiederherstellung des alten Landes Württemberg einschließlich Hohenzollern.

Der Wortlaut des § 4 des Zweiten Neugliederungsgesetzes läßt auf den ersten Blick darauf schließen, daß dem Bürger eine echte Alternativfrage mit dem Inhalt: Südweststaat oder alte Länder vorgelegt worden war. Dies scheint auch der Grundgedanke der Beratungen und Verhandlungen im Bundestag sowie im Bundesrat gewesen zu sein. Dieser durch den ersten Blick erweckte Anschein läßt sich aber durch eine Untersuchung des Wesens der Fragestellung unter Berücksichtigung der Bestimmungen der §§ 5 und 10 des Zweiten Neugliederungsgesetzes widerlegen. § 5 S. 1 des Zweiten Neugliederungsgesetzes gewährte dem Abstimmenden nur die Möglichkeit, eine der beiden Fragen des § 4 zu bejahen; ebenso verwehrte er dem Abstimmenden, beide Fragen zu verneinen. Dagegen kann eine echte Alternativfrage nur die Möglichkeit ausschließen, bei-

---

73 Badische Landesregierung, Antrag der badischen Landesregierung, S. 3; Antrag der Staatsregierung von Baden vor dem Bundesverfassungsgericht, in: Der Kampf um den Südweststaat (1952), S. 264 ff. (266 f.).
74 Badische Landesregierung, Antrag der badischen Landesregierung, S. 3; Antrag der Staatsregierung von Baden vor dem Bundesverfassungsgericht, in: Der Kampf um den Südweststaat (1952), S. 264 ff. (266 f.).
75 BVerfGE 1, 14 (LS Nr. 14, S. 45); 14, 13 (16).
76 STERN, Staatsrecht Bd. I (1984), § 20 IV 4 β, S. 829; BVerfGE 17, 67 (82); 17, 306 (314); 37, 132 (142); 57, 252 (262 ff.).

de Fragen gleichzeitig zu bejahen, wenn die gebotenen Alternativen im Gegensatz zueinander stehen; sie muß die Möglichkeit gewähren, beide Fragen zu verneinen.[77]

Entgegen dem äußeren Anschein fragte § 5 nur nach dem Südweststaat. Dies bestätigt sich bei einer Betrachtung des § 10 Abs. 2 des Zweiten Neugliederungsgesetzes, nach dem die alten Länder kraft Gesetzes wiederhergestellt worden wären, wenn für den Südweststaat keine Mehrheit zustande gekommen wäre.[78] Es handelte sich um eine einfache Fragestellung, eine sogenannte verdeckte Alternativfrage, bei der nur eine Frage gestellt war, hier nämlich die nach dem Südweststaat, bei der jedoch im Falle der Verneinung der gestellten Frage nicht der bestehende Zustand erhalten bleiben, sondern ein anderer Zustand herbeigeführt werden sollte – die von § 10 Abs. 2 des Zweiten Neugliederungsgesetzes genannte Wiederherstellung galt als von Rechts wegen beschlossen –, der bei der Abstimmung durch die zweite gestellte Frage offengelegt wurde.[79] Die in jeder Bejahung einer der beiden gestellten Fragen liegende Verneinung ihrer kontradiktorischen Gegenfrage kann schon nach den Gesetzen der Logik nicht als selbständige Frage gedacht werden.[80]

§ 5 stellte eine verdeckte Alternativfrage, die nur nach dem Südweststaat fragte.

b) Ist die gestelle Frage zulässig?

(1) Beschränkung der Frage auf zwei Neugliederungsmöglichkeiten
Das Zweite Neugliederungsgesetz griff in § 4 zwei Neugliederungsmöglichkeiten heraus und schloß damit die Verwirklichung jeglicher anderen denkbaren Staatenbildung aus. Dies ist zulässig, da es nicht der Sinn einer Volksbefragung sein kann, alle denkbaren Lösungsmöglichkeiten zur Wahl zu stellen.[81] Eine Reduktion der Möglichkeiten ist sogar notwendig, damit die Volksbefragung zu einem greifbaren Ergebnis führen kann. Bei der Wahl der Neugliederungsmöglichkeiten bevorzugte das Zweite Neugliederungsgesetz die Wiederherstellung der alten Länder, da die alten Länder kraft Gesetzes wiederhergestellt worden

---

77 GIACOMETTI, Echte und unechte Volksbefragung, in: Festgabe zum 70. Geburtstag von Erwin Ruck, S. 47 ff. (62 f.); MAUNZ, Rechtsgutachten, in: Der Kampf um den Südweststaat, S. 339 ff. (341).
78 So auch: BVerfGE 1, 14 ff. (43); KLEIN, Bundesverfassungsgericht und Südweststaatfrage, AöR 77 (1951/52), S. 452 ff. (459).
79 GIACOMETTI, Echte und unechte Volksbefragung, in: Festgabe zum 70. Geburtstag von Erwin Ruck, S. 47 ff. (62).
80 KLEIN, Bundesverfassungsgericht und Südweststaatfrage, AöR 77 (1951/52), S. 452 ff. (460).
81 So auch: MAUNZ, Rechtsgutachten, in: Der Kampf um den Südweststaat, S. 339 ff. (341); anders Giacometti, der im Fehlen der Frage, ob überhaupt eine Neugliederung erfolgen soll ein Verstoß gegen das demokratische Prinzip sieht: GIACOMETTI, Echte und unechte Volksbefragung, in Festgabe zum 70. Geburtstag von Erwin Ruck, S. 47 ff. (64).

wären, wenn für den Südweststaat keine qualifizierte Mehrheit zustande gekommen wäre.[82]

Die vom Zweiten Neugliederungsgesetz getroffene Auswahl der Neugliederungsmöglichkeiten entsprach, wie bereits festgestellt wurde, den Richtwerten des Art. 29 Abs. 1 GG, so daß auch deshalb keine Bedenken bei der Beschränkung auf zwei Neugliederungsmöglichkeiten bestehen.

(2) Stellung der verdeckten Alternativfrage als Frage ausschließlich nach der Gründung des Südweststaates

Das Zweite Neugliederungsgesetz stellte, indem es nur die Frage nach dem Südweststaat der Bevölkerung vorlegte, die nach § 10 Abs. 2 angeordnete Wiederherstellung der alten Länder nicht direkt zur Abstimmung. Problematisch war hierbei, daß ein Stimmberechtigter, wenn er den Südweststaat ablehnte, nicht zwingend die andere Lösungsmöglichkeit befürwortete. Die Ablehnung der einen Frage bedeutete aber zwangsläufig, daß die andere als bevorzugt gewertet wurde. Das konnte wieder Einfluß auf das Abstimmungsverhalten haben. Dennoch sind Präferenzverfälschungen ausgeschlossen, da sich die Abstimmenden nur ein Urteil darüber bilden mußten, ob sie den Südweststaat oder die Wiederherstellung der alten Länder befürworten. Eine dritte Möglichkeit sollte keinen Einfluß auf die Präferenz zwischen Südweststaat und alten Ländern haben. Deshalb sind aus diesem Gesichtspunkt keine Bedenken gegen die Fragestellung des Zweiten Neugliederungsgesetzes gerechtfertigt.[83]

Dabei bevorzugte das Zweite Neugliederungsgesetz die Wiederherstellung der alten Länder, da diese automatisch eingetreten wäre, wenn der Südweststaat nicht zustande gekommen wäre. Im Grunde genommen lautete die Frage also nicht: Wiederherstellung der alten Länder oder Südweststaat, sondern Südweststaat: Ja oder Nein? Bei Bejahung der Frage nach dem Südweststaat wird dieser gebildet. Bei der Verneinung sollten die alten Länder wiederhergestellt werden, unabhängig davon wie die Frage nach ihrer Wiederherstellung beantwortet wurde. Daraus geht hervor, daß diese letzte Frage nicht zu entscheiden war.[84]

(3) Die Verfassungsmäßigkeit der gesetzlichen Regelung

Die badische Landesregierung trug im Verfahren vor dem Bundesverfassungsgericht vor, die Widersprüchlichkeit des Zweiten Neugliederungsgesetzes bestehe darin, daß die Fragestellung und die gebildeten Stimmbezirke nicht übereinstimmten, und zwar in der Weise, daß nicht alle diejenigen, an die eine bestimmte Frage gerichtet war, auch für die Wertung der Abstimmung zu einer Einheit

---

82 Ebenso: BVerfGE 1, 14 ff. (42); NAWIASKY, Rechtsgutachten, in: Der Kampf um den Südweststaat (1952), S. 345 ff. (348); KLEIN, Bundesverfassungsgericht und Südweststaatfrage, AöR 77 (1951/52), S. 452 ff. (459).
83 Ebenso: BVerfGE 1, 14 ff. (43);
84 NAWIASKY, Rechtsgutachten, in: Der Kampf um den Südweststaat (1952), S. 345 ff. (348).

zusammengefaßt wurden, während andere, denen diese Frage nicht gestellt war, zu ihrer Beantwortung herangezogen wurden.[85] So konnten nach badischer Auffassung Württemberger mit darüber abstimmen, ob Baden wiederhergestellt werden sollte oder nicht.[86]

Die Argumentation der badischen Landesregierung kann nicht durchgreifen. Daß die Einteilung in vier Abstimmungsbezirke zur Vermeidung eines Widerspruchs in der Fragestellung sogar erforderlich war, ergibt sich aus den nachfolgenden Überlegungen.

Das Zweite Neugliederungsgesetz sah in seinem § 3 die Schaffung von vier Abstimmungsbezirken vor, von denen zwei aus den Ländern Baden und Württemberg-Hohenzollern bestanden, während die beiden anderen Stimmbezirke aus je einem der beiden Landesbezirke des Landes Württemberg-Baden gebildet waren.

§ 4 des Zweiten Neugliederungsgesetzes stellte den Stimmberechtigten der drei Länder die Frage nach der Errichtung des Südweststaates mit der Rechtswirkung, daß es bei der Verneinung dieser Frage nicht beim Status quo bleiben, sondern die alten Länder Baden und Württemberg wiederhergestellt werden sollten.[87] Sowohl die Errichtung des Südweststaates als auch die Wiederherstellung der alten Länder bedeutete die Aufhebung der bestehenden Länder Baden, Württemberg-Baden und Württemberg-Hohenzollern. Angesichts dieser Fragestellung waren die Stimmberechtigten der drei Länder, die das Abstimmungsgebiet bildeten, nicht Adressat der gleichen Frage, sie hatten unterschiedliche Fragen zu beantworten. Die Abstimmung in den vier Abstimmungsbezirken war nicht die gleiche, da die zur Beantwortung gestellten Fragen sich nicht deckten. Es hatten je zwei Abstimmungsbezirke dieselbe Frage zu beantworten.[88] Die Stimmberechtigten von Baden hatten über die Frage nach dem Zusammenschluß mit Württemberg-Baden und Württemberg-Hohenzollern zu entscheiden, die von Württemberg-Baden über den mit Baden und Württemberg-Hohenzollern und die Bevölkerung von Württemberg-Hohenzollern über die Vereinigung ihres Landes mit Baden und Württemberg-Baden. Diese verschiedenen Fragen konnten nicht gleich beantwortet werden. Die abgegebenen Stimmen durften aus diesem Grunde nicht einheitlich in einem Abstimmungsbezirk durchgezählt werden. Vielmehr mußte eine Einteilung des Abstimmungsraumes in Abstimmungsbezirke nach Maßgabe der Adressaten erfolgen, als Be-

---

85 So die Begründung zum Antrag der Landesregierung von Baden vom 31.07.1951, in: Der Kampf um den Südweststaat (1952), S. 266 f.; NAWIASKY, Rechtsgutachten, in: Der Kampf um den Südweststaat (1952), S. 345 ff. (350 f.); SCHEUNER, Rechtsgutachten, in: Der Kampf um den Südweststaat (1952), S. 356 ff. (367).
86 SCHEUNER, Rechtsgutachten, in: Der Kampf um den Südweststaat (1952), S. 356 ff. (367 f.).
87 GIACOMETTI, Echte und unechte Volksbefragung, in: Festgabe zum 70. Geburtstag von Erwin Ruck, S. 47 ff. (58).
88 NAWIASKY, Rechtsgutachten, in: Der Kampf um den Südweststaat (1952), S. 345 ff. (349).

zirke kamen dementsprechend nur die Länder Baden, Württemberg-Baden und Württemberg-Hohenzollern in Frage. Die in den drei Ländern abgegebenen Stimmen mußten – wie im Gesetzbebungsverfahren richtig erkannt – einzeln gezählt werden.[89]

Weiter konnte allein in Südbaden und dem badischen Landesteil in Württemberg-Baden der Wunsch nach Wiederherstellung des alten Landes Baden geäußert werden. Entsprechendes galt für Württemberg.[90] So reichte bei der Frage der Wiederherstellung der alten Länder, die als zweite Neugliederungsmöglichkeit bei der Präferenzbildung der Abstimmenden ebenfalls zu berücksichtigen ist, die Unterscheidung nach den drei zu dieser Zeit bestehenden Ländern nicht aus, denn im Falle der Zurückweisung des Südweststaates hätten die beiden Landesbezirke von Württemberg-Baden getrennt werden müssen. Zu diesem Zweck hat § 3 des Zweite Neugliederungsgesetzes die Abstimmungsberechtigten von Württemberg-Baden in seine Landesteile aufgeteilt und ihnen verschiedene Fragen gestellt. Diese Frage ist an beide Gruppen nicht als gegenwärtige Württemberg-Badener, sondern als Angehörige des Landesbezirks Baden und mutmaßliche Badener, an die Angehörigen von Württemberg als potentielle Württemberger gestellt. Da es sich um eine verdeckt zweigliedrige Frage handelt, kann diese nur an eine Person in der gleichen Eigenschaft gestellt sein.[91]

Die Möglichkeit der Wiederherstellung der alten Länder unterschied damit zum einen jeden dieser beiden Landesbezirke von dem jeweiligen südlichen Teil der alten Länder dadurch, daß hier auch über die Auflösung der bisherigen staatlichen Einheit mit dem anderen Landesbezirk entschieden werden mußte. Sie unterschied zum anderen aber auch diese beiden Landesbezirke voneinander, weil jeder zu einem anderen Land kommen sollte und diese Neugliederungsmöglichkeit damit für jeden Landesbezirk eine andere Bedeutung hatte. Das bedeutet, daß jeder der von dem Zweiten Neugliederungsgesetz gebildeten vier Stimmbezirke von dieser Neugliederungsmöglichkeit, der Wiederherstellung der alten Länder, in anderer Weise betroffen worden wäre als die drei anderen Stimmbezirke. Die Einteilung in vier Abstimmungsbezirke war nicht nur ohne Widerspruch zum Gehalt der Fragestellung möglich, sondern zur Vermeidung eines solchen Widerspruchs sogar geboten.

---

89 GIACOMETTI, Echte und unechte Volksbefragung, in: Festgabe zum 70. Geburtstag von Erwin Ruck, S. 47 ff. (58 f.); ders., Rechtsgutachten, in: Der Kampf um den Südweststaat (1952), S. 386 ff. (388); NAWIASKY, Rechtsgutachten, in: Der Kampf um den Südweststaat (1952), S. 345 ff. (350).
90 NAWIASKY, Rechtsgutachten, in: Der Kampf um den Südweststaat (1952), S. 345 ff. (350).
91 NAWIASKY, Rechtsgutachten, in: Der Kampf um den Südweststaat (1952), S. 345 ff. (352).

(4) Die Verfassungswidrigkeit des badischen Einteilungswunsches
Hätte der Gesetzgeber den Südwestraum nach badischem Wunsch[92] in zwei Stimmbezirke (die Gebiete der alten Länder Baden und Württemberg) aufgeteilt, so bestünde eine Diskrepanz zwischen den Stimmbezirken und denjenigen, die dieselbe Frage zu beantworten hatten. Nur wenn die Fragestellung der §§ 4 und 10 in der Weise gelautet hätte, daß die Wiederherstellung der alten Länder zur Abstimmung gestellt und im Falle der Ablehnung durch die Bevölkerung der Südweststaat geschaffen worden wäre, hätte eine Übereinstimmung zwischen den Befragten und diesen beiden Stimmbezirken erzielt werden können. Diese Fragestellung hat der Gesetzgeber aber nicht gewählt. Um den Kreis der von der Fragestellung des Zweiten Neugliederungsgesetzes Betroffenen und damit auch die zulässigen Stimmbezirke auf die alten Länder zu beschränken, greift Nawiasky zu der Fiktion, daß das Zweite Neugliederungsgesetz „schon für den Augenblick der Abstimmung gewissermaßen die alten Länder Baden und Württemberg wiederherstelle."[93] Dieser Weg wäre verfassungsrechtlich bedenklich gewesen, denn das Grundgesetz geht von der vorgefundenen Gliederung aus und hat Änderungen dieser Gliederung der Entscheidungsbefugnis des Bundesgesetzgebers entzogen, indem es der betroffenen Bevölkerung ein Mitspracherecht einräumte und beim Auftreten einer Meinungsverschiedenheit das Bundesvolk zur entscheidenden Instanz machte. Es konnte deshalb auch nicht in der Macht des Bundesgesetzgebers liegen, die Rechtswirkungen der Grenzen der bestehenden Länder vor einer Entscheidung der betroffenen Bevölkerung außer Kraft zu setzen. Zudem fragte der Gesetzgeber nach der Wiederherstellung der alten Länder nur in zweiter Hinsicht und hat damit zum Ausdruck gebracht, daß er diese Neugliederungsmöglichkeit nicht für die beste hielt.

Die Einwendung der badischen Regierung, es hätte eine Einteilung in zwei Abstimmungsbezirke erfolgen müssen, die sich an den alten Ländern Baden und Württemberg orientierten, unterliegt verfassungsrechtlichen Bedenken, da eine solche Einteilung die bestehenden Länder mißachtete.

(5) Ergebnis
Aus der Fragestellung des § 4 im Zusammenhang mit den Klarstellungen in §§ 5 und 10 des Zweiten Neugliederungsgesetzes war für jeden Abstimmenden klar zu erkennen, welche Lösungsmöglichkeiten zur Wahl standen und welches Schicksal sein Stimmbezirk bei der einen oder anderen Möglichkeit haben würde. Die Fragestellung stand nicht im Widerspruch zu den Abstimmungsbezirken, da alle, die dieselbe Frage zu beantworten hatten, auch einen Stimmbezirk bildeten, ein Verstoß gegen das Rechtsstaatsprinzip war in der Einteilung der

---

92 Badische Landesregierung, Antrag der badischen Landesregierung, S. 3; Antrag der Staatsregierung von Baden vor dem Bundesverfassungsgericht, in: Der Kampf um den Südweststaat (1952), S. 264 ff. (266).
93 Nawiasky, Rechtsgutachten, in: Der Kampf um den Südweststaat (1952), S. 345 ff. (350).

Abstimmungsbezirke nicht zu sehen. Die vom Zweiten Neugliederungsgesetz vorgenommene Einteilung in die vier Abstimmungsbezirke war sogar geboten, um dem Rechtsstaatsprinzip gerecht zu werden.

5. Vereinbarkeit der Einteilung der Abstimmungsbezirke und der Mehrheitsregel mit dem Demokratieprinzip

Die Regelung des § 10 könnte gerade vor dem Hintergrund des § 3 des Zweiten Neugliederungsgesetzes verfassungswidrig sein. Denn auf der einen Seite teilte § 3 des Zweiten Neugliederungsgesetzes die bestehenden Länder in vier Abstimmungsbezirke auf, um die Stimmberechtigten in ihrer Eigenschaft als Badener oder als Württemberger zu befragen. Auf der anderen Seite abstrahierte § 10 des Zweiten Neugliederungsgesetzes die verschiedenen Eigenschaften gänzlich und behandelte das Abstimmungsergebnis als Einheit, indem er eine Mehrheit in drei Abstimmungsbezirken ausreichen ließ.[94] Diese Mehrheitsregelung wirft die Frage nach einem Verstoß gegen das Demokratieprinzip auf.

Demokratie dem griechischen Wortsprung gemäß Volksherrschaft, legt nahe: „Demokratie ist Mehrheitsentscheidung".[95] Das Grundgesetz als demokratische Ordnung sieht vor, daß grundlegende staatliche Entscheidungen nach Maßgabe der Mehrheitsregel getroffen werden (Art. 42 Abs. 2, Art. 63 Abs. 2 bis 4, Art. 67 Abs. 1, Art. 52 Abs. 3, Art, 54 Abs. 6 GG). Die Demokratie erschöpft sich aber nicht in der Mehrheitsentscheidung. Der Demokratie liegt die Idee der freien Selbstbestimmung des Volkes zugrunde.[96] Die Gleichheit aller Bürger, die auch in ihrem Einfluß auf die Entscheidungsfindung zum Ausdruck kommt, ist unverzichtbares Element der Demokratie.[97]

Wenn man vom Mehrheitsprinzip in seinem demokratischen Bedeutungsinhalt absieht, ist Mehrheit eine eindeutige Verhältnisbestimmung zwischen Zahlengruppen: Es gilt grundsätzlich die Entscheidung, für die mindestens eine Stimme mehr als für jede andere abgegeben worden ist.[98] Mehrheit in der Demokratie bedeutet im wesentlichen Stimmenmehrheit. Welche Mehrheit genau erforderlich ist, ist fraglich. Regeln darüber, ob bei der Abstimmung eine Mehrheit ausreichend ist und wie groß diese Mehrheit sein soll, sowie darüber, wie

---

94 So: NAWIASKY, Rechtsgutachten, in: Der Kampf um den Südweststaat (1952), S. 345 ff. (353).
95 So: VOIGT, Ungeschriebenes Verfassungsrecht, VVDStRL 10 (1952), S. 33 ff. (52); HÖPKER, Grundlagen, Entwicklung und Problematik des Mehrheitsprinzips und seine Stellung in der Demokratie (1957), S. 91; SOMMERMANN, in: v. Mangoldt/Klein/Starck, Bd. 2 (2005), Art. 20 Abs. 2 Rdnr. 63.
96 SOMMERMANN, in: v. Mangoldt/Klein/Starck, Bd. 2 (2005), Art. 20 Abs. 2 Rdnr. 84.
97 BENDA, Konsens und Mehrheitsprinzip im Grundgesetz und in der Rechtsprechung des Bundesverfassungsgerichts, in: Mehrheitsprinzip, Konsens und Verfassung (1986), S. 61 ff. (62).
98 VARIAN, Die Bedeutung des Mehrheitsprinzips im Rahmen unserer politischen Ordnung, ZfP 11 (1964), S. 239 ff. (242).

die Stimmen der an der Abstimmung Beteiligten gewogen werden sollen, bilden den Kern der Bestimmungen über das Abstimmungsverfahren. Durch sie wird im wesentlichen das Ergebnis einer Abstimmung beeinflußt.[99] Der Ausgang einer Wahl kann durch verschiedene Faktoren verzerrt werden: Am nachdrücklichsten kann dies durch die Einteilung der Wahlkreise bzw. eine unterschiedliche Wahlkreisgröße geschehen.[100] Hierbei handelt es sich jedoch um ein Spezialproblem der Gleichheit der Wahl.[101]

Im demokratischen Staat kommt der Bestimmung des entscheidungsberechtigten Personenkreises grundlegende Bedeutung zu. Das Demokratieprinzip verlangt, daß ein sachgerecht festgelegter Personenkreis über die vorgelegte Frage abstimmt. Der abstimmungsberechtigte Personenkreis ist die Summe derer, die zur Mitwirkung an der Entscheidungsfindung berechtigt sind. Verfälscht wird die Mehrheitsbildung, wenn Personen bei der Abstimmung mitwirken, die nicht an der Entscheidungsfindung zu beteiligen sind oder aber mitwirkungsberechtigte Personen an der Teilnahme der Abstimmung gehindert werden.[102]

Zu den fundamentalen Grundsätzen der Demokratie gehört die Bestimmung über das eigene Schicksal.[103] Danach könnten gegebenenfalls nur die Gesamtbadener über die Wiederherstellung des alten Landes Baden und die Gesamtwürttemberger nur für das alte Land Württemberg ihre Entscheidung treffen. Es liegt der Gedanke nahe, daß eine davon abweichende Einteilung der Wahlkreise als Unterwerfung des Willens der einen unter den Willen der anderen eine Mißachtung des demokratischen Grundgedankens darstellt und somit mit Blick auf Art. 20 GG als verfassungswidrig zu verwerfen ist.[104]

Die Stimmberechtigten der drei Länder waren nach § 4 des Zweiten Neugliederungsgesetzes nicht Adressat der gleichen Frage. Dieser Umstand muß sich in der Bewertung der Stimmen auswirken: Über die verschiedenen Fragen konnte nur die Mehrheit der abstimmenden Adressaten derselben und nicht die Mehrheit der Stimmen des gesamten Abstimmungsgebietes entscheiden. Ansonsten würde nicht durch die Mehrheit der abstimmenden Bürger, an welche die Frage gerichtet ist, der Volksentscheid entschieden.[105] Für die Feststellung

---

99 GIACOMETTI, Rechtsgutachten, in: Der Kampf um den Südweststaat (1952), S. 386 ff. (388); HEUN, Das Mehrheitsprinzip in der Demokratie (1983); SCHEUNER, Das Mehrheitsprinzip in der Demokratie (1973); ZIPPELIUS, Zur Rechtfertigung des Mehrheitsprinzips in der Demokratie (1987).
100 So HEUN, Das Mehrheitsprinzip in der Demokratie (1983), S. 116.
101 Dazu ausführlich: 3. Teil, 3. Kapitel, III 9; BRAUNER, Wahlkreiseinteilung und Wahlrechtsgleichheit (1970), S. 1.
102 GUSY, Das Mehrheitsprinzip im demokratischen Staat, in: An den Grenzen der Demokratie, Politik und Soziologie der Mehrheitsregel (1984), S. 61 ff. (63).
103 STERN, Staatsrecht Bd. I, § 18 I 4 c (S. 594).
104 In dieser Weise der Antrag der Staatsregierung von Baden vom 25. Mai 1951 an das Bundesverfassungsgericht, in: Der Kampf um den Südweststaat, S. 264 ff. (S. 266).
105 GIACOMETTI, Rechtsgutachten, in: Der Kampf um den Südweststaat (1952), S. 386 ff. (388).

des Abstimmungsergebnisses kam deshalb eine Durchzählung der abgegebenen Stimmen in einem einheitlichen Abstimmungsbezirk nicht in Betracht. Es mußte vielmehr eine Einteilung des Abstimmungsraumes in Abstimmungsbezirke nach Maßgabe dieser Adressaten erfolgen. Dementsprechend wurden die Stimmen in diesen vier Bezirken einzeln gezählt.[106] Bedenklich erscheint § 10 des Zweiten Neugliederungsgesetzes, der anordnete, daß eine Mehrheit in drei Bezirken für die Bildung des Südweststaates ausreiche. So bestand die Gefahr, daß die ablehnenden Stimmen eines einzelnen Bezirkes zwar gezählt, aber nicht mit ihrem wahren Gehalt bewertet wurden. Umgekehrt drohte die Gefahr, daß Südbaden den anderen Bezirken seinen Willen aufoktroyiert hätte.

Mit der Festlegung, eine Mehrheit in drei der vier Bezirke für den Zusammenschluß ausreichen zu lassen, wurde dem Willen der Bevölkerung in Nordbaden eine Schlüsselrolle eingeräumt. § 10 des Zweiten Neugliederungsgesetzes gab Südbaden der Majorisierung durch die drei anderen Stimmbezirke preis.[107] Ebenso hätte die Möglichkeit der Majorisierung der Nordbadener bestanden, wenn die Einteilung der Stimmbezirke nach Maßgabe der alten Länder erfolgt wäre.[108]

Dies ist im Hinblick auf die Einschätzungsprärogative des Gesetzgebers verfassungsrechtlich nicht zu beanstanden. Die Grenze zur Verfassungswidrigkeit ist erst dann überschritten, wenn sich deutlich erkennbar abzeichnet, daß die Regelung auf einer Fehleinschätzung beruht oder von vornherein darauf angelegt ist, ein vorhandenes Gleichgewicht zu stören oder ein Ungleichgewicht zu

---

106 GIACOMETTI, Echte und unechte Volksbefragung, in Festgabe zum 70. Geburtstag von Erwin Ruck, S. 47 ff. (58 f.); ders., Rechtsgutachten, in: Der Kampf um den Südweststaat (1952), S. 386 ff. (388); NAWIASKY, Rechtsgutachten, in: Der Kampf um den Südweststaat (1952), S. 345 ff. (350).

107 FEUCHTE, Der Beitrag der Bundesrepublik Deutschland zur Gründung des Landes Baden-Württemberg, in: Baden-Württemberg und der Föderalismus in der Bundesrepublik Deutschland (1949 – 1989) (1991), S. 25 ff. (34). Seit der Volksbefragung am 24. September 1950 war die Stimmverteilung pro und contra Südweststaat bekannt und deshalb vorhersehbar, daß, wenn die öffentliche Meinung nicht umschlug, die südbadische Bevölkerung durch die nordbadische überstimmt werden könnte; denn bei der Volksbefragung hatten sich 57,4% der Stimmen in Nordbaden für den Südweststaat ausgesprochen, 42,6% für das alte Baden. Damit war auch in diesem Bezirk eine Mehrheit für den Südweststaat wahrscheinlich, ebenso wie in den anderen beiden Stimmbezirken; dazu auch: Kiesinger, Dunkle und helle Jahre, Erinnerungen 1904 – 1958 (1989), S. 408 ff. (413).

108 Die Volksabstimmung vom 24. September 1950 brachte folgendes Ergebnis: Für den Fall der Durchzählung nach alten Ländern ergab sich für Gesamtbaden ein Verhältnis von 548.044 zu 564.658 zugunsten der alten Länder; bei der gesonderten Wertung für Württemberg-Baden ein Verhältnis von 956.633 zu 291.120 zugunsten des Südweststaats. Im gesamten Abstimmungsgebiet sprachen sich 1.495.943 für den Südweststaat und 634.261 für die alten Länder aus. Bei der Durchzählung ergab sich in Gesamtbaden ein Vorsprung von 16.614 Stimmen (1,4%) für die alten Länder. Die Ergebnisse der Volksabstimmung sind abgedruckt in: Statistische Monatshefte Baden-Württemberg, XI (1963), S. 107.

verstärken.[109] Im einzelnen hängt die Einschätzungsprärogative des Gesetzgebers von Faktoren vielfältiger Art ab, im besonderen von der Eigenart des in Rede stehenden Sachbereichs.[110] Die demokratische Selbstbestimmung ist in den Fragen der Gebietsaufteilung nur begrenzt durchführbar und schützbar.[111]

Zur Vermeidung eines Ungleichgewichts sah das Zweite Neugliederungsgesetz davon ab, einen einheitlichen Stimmbezirk zu bilden. Denn hierbei hätte die Gefahr einer Majorisierung des bevölkerungsschwächeren alt-badischen Gebietes bestanden.[112] Der Bevölkerung von Nordbaden, das sechs Jahre mit Nordwürttemberg verbunden war, stand ebenso wie (Süd-) Baden ein Recht auf Berücksichtigung ihrer Wünsche zu.[113] Der Bundesgesetzgeber, der nach Art. 118 S. 2 GG handeln mußte, hatte also, falls Nordbaden für den Südweststaat, (Süd-) Baden für Altbaden stimmen würde – wie es sich durch die Volksbefragung abgezeichnet hatte –, nur die Wahl zwischen zwei nicht idealen Regelungen: Nichtberücksichtigung der nordbadischen oder der südbadischen Wünsche. Entsprechendes gilt für die Berücksichtigung der württembergischen Interessen. Die Entscheidung des Gesetzgebers unterlag seiner Einschätzungsprärogative.[114] Deshalb nahm der Gesetzgeber eine zulässige Aufteilung des gesamten Gebietes in vier Abstimmungsbezirke vor, wobei die Mehrheitsregelung dem Demokratieprinzip insoweit nicht widersprach, als eine Mehrheit von drei Bezirken ausreichend war.

Der Vier-Bezirke-Modus wirkt aus demokratischer Perspektive bedenklich, denn ein Beschluß, der die Aufgabe der Existenz eines Landes betrifft, kann grundsätzlich nur von den Angehörigen eben dieses Landes ausgehen. Dagegen können die Angehörigen einen Beschluß nicht rechtswirksam über ein Land

---

109 BVerfGE 92, 365 ff. (394 ff.), vgl. auch: Stein, in: AK, Bd. I (2002), Art. 3 Rdnr. 45 ff.
110 BVerfGE 50, 290 ff. (332 f.).
111 FEUCHTE, Wege und Umwege zu einer neuen Struktur, in: Festschrift für Gebhard Müller (1970), S. 59 ff. (62).
112 Laut der Volkszählung vom 13. September 1950 betrug die Bevölkerung in Alt-Baden 2.811.152 Einwohner gegenüber 3.619.073 Einwohnern in Alt-Württemberg (einschließlich der Hohenzollernschen Lande):

Land	Bevölkerung
Baden	1.338.629
Württemberg-Baden	3.907.848 davon im Landesbezirk Baden: 1.472.523 davon im Landesbezirk Württemberg: 2.435.325
Württemberg-Hohenzollern	1.183.748

Quelle: Statistisches Jahrbuch für die Bundesrepublik Deutschland 1952, Hrsg. Statistisches Bundesamt Wiesbaden, S. 14.
113 JELLINEK Rechtsgutachten, in: Der Kampf um den Südweststaat (1952), S. 374 ff. (375).
114 BVerfGE 106, 62 ff. (144); JELLINEK Rechtsgutachten, in: Der Kampf um den Südweststaat (1952), S. 374 ff. (375).

fassen, an dem sie rechtlich nicht beteiligt sind.[115] Das Zweite Neugliederungsgesetz sah aber durch die Einteilung der Abstimmungsbezirke (§ 3) und seine Mehrheitsregelung (§ 10) vor, daß die Angehörigen eines Landes über die Auflösung eines anderen bestimmen konnten. So konnten die Stimmbezirke Württemberg-Hohenzollern und die beiden Stimmbezirke des Landes Württemberg-Baden die Auflösung des bestehenden Landes Baden gegen seinen Willen herbeiführen. Ebenso wäre eine Auflösung des Landes Württemberg-Hohenzollern durch Stimmenmehrheit in dem Stimmbezirk Baden und den beiden Abstimmungsbezirken des Landes Württemberg-Baden möglich gewesen.

Hier führt die Möglichkeit der Auflösung eines Landes, ohne daß sich in diesem selbst eine Mehrheit für seine Auflösung findet, nicht zu einem Verstoß gegen das Demokratieprinzip. Der Einwand, daß alle beteiligten Abstimmungsberechtigten über den Zusammenschluß zu einem größeren Ganzen – dem Südweststaat – befragt werden, auf dessen zukünftigem Gebiet die Abstimmungsberechtigten leben, stellt den entscheidenden Aspekt für eine Bewertung anhand des Demokratieprinzips da. Denn alle im Südwesten waren gleichermaßen von der zwingend bevorstehenden Veränderung der Landeszugehörigkeit[116] betroffen. So gesehen spielt es keine Rollt, wenn der überstimmte Abstimmungsbezirk ein selbständiges Land darstellte. Zur Untermauerung dieses Ergebnisses läßt sich die Regelung des Art. 29 Abs. 4 GG in der Fassung vom 23. Mai 1949 und Art. 29 Abs. 5 GG in der Fassung vom 19. August 1969 heranziehen. Art. 29 GG läßt in beiden Fassungen die Stimmenmehrheit im gesamten Bundesgebiet ausreichen. Einen Vorbehalt für die Überstimmung eines Landes enthält Art. 29 GG nicht.

6. Vereinbarkeit der Einteilung der Abstimmungsbezirke und der Mehrheitsregel mit dem Bundesstaatsprinzip

Das Zweite Neugliederungsgesetz sah in seinem § 3 die Schaffung von vier Abstimmungsbezirken vor. Diese bildeten sich zum einen aus den Ländern Baden und Württemberg-Hohenzollern, zum anderen aus je einem der beiden Landesbezirke des Landes Württemberg-Baden. Nach § 10 des Zweiten Neugliederungsgesetzes reichte es für die Bildung des Südweststaates aus, wenn in mindestens drei der nach § 3 gebildeten vier Abstimmungsbezirke eine Mehrheit für Vereinigung der Länder zu einem Bundesland vorhanden war.

Diese Regelung erfuhr schon vor Inkrafttreten des Zweiten Neugliederungsgesetzes Kritik. Der badische Innenminister Alfred Schühly trug in der Bundesratsitzung vom 27. April 1951 vor, der Abstimmungsmodus führe zur Majorisierung des Landes Baden. Es würde ohne Zustimmung seiner obersten staatlichen Organe und seiner Bevölkerung aufgehoben werden. Die Einteilung des Ab-

---

115 Badische Landesregierung, Antrag der Badischen Landesregierung (1951), S. 3.
116 Es sollte auch bei einer Verneinung der Frage nach dem Südweststaat nicht beim Status quo bleiben, sondern die alten Länder wiederhergestellt werden.

stimmungsgebietes in vier willkürlich festgesetzte Länder sei grundgesetzwidrig.[117] Diese Bedenken teilte der Abgeordnete Ernst August Farke. Er stellte im Ausschuß für innergebietliche Neuordnung folgenden Antrag, der sich zur Vermeidung eines Konflikts mit dem Bundesstaatsprinzip eignete:

> „Spricht sich jedoch ein Abstimmungsbezirk, der gleichzeitig ein Land im Sinne des Grundgesetzes ist, gegen die Bildung des neuen Bundeslandes aus, so bleibt dieser Abstimmungsbezirk außerhalb des neuen Bundeslandes. Das neue Bundesland wird in diesem Falle von den drei zustimmenden Abstimmungsbezirken gebildet."

Diesen Entwurf akzeptierten die Vertreter aus Südbaden nicht. Er wurde mit drei zu sieben Stimmen abgelehnt.[118]

Die vorgetragene Kritik erweist sich als nicht stichhaltig. Zwar konnten bei der Verwendung des Vier-Bezirke-Modus die Länder Baden, Württemberg-Baden und Württemberg-Hohenzollern über die Existenz der Länder Baden und Württemberg-Hohenzollern entscheiden. Auch spricht gegen die Zulässigkeit dieses Abstimmungsmodus, daß die Länder der Bundesrepublik Staaten mit eigener, nicht vom Bund abgeleiteter Hoheitsmacht sind, deren Selbständigkeit zu respektieren ist.[119] Infolgedessen kann ein Bundesland nicht über die Existenz eines anderen Bundeslandes entscheiden. Der auf Aufgabe gerichtete Beschluß kann für jedes Land nur von seinem Volk ausgehen. Ein Volk kann einen Beschluß über die Aufgabe der Existenz eines Landes nicht rechtswirksam fassen, wenn es an diesem rechtlich nicht beteiligt ist.[120]

Allerdings ist es nach Art. 20 GG nur ausgeschlossen, die bundesstaatliche Struktur zu beseitigen und an ihre Stelle einen Einheitsstaat zu setzen. Die einzelnen Länder der Bundesrepublik sind weder in ihrer Existenz noch in ihrem Gebietsbestand gegen Veränderungen durch den Bund geschützt.[121]

Die Selbständigkeit der Länder ist in dem Bereich begrenzt, in dem der Bund die verfassungsmäßige Kompetenz zur Neugliederung besitzt.[122] Der Bund kann im Rahmen der Neugliederung die notwendigen Maßnahmen zur Neugliederung treffen. Dazu gehört nach Art. 118 S. 2 GG der Erlaß eines Bundesgesetzes, das eine Volksbefragung vorsehen muß. Ein solches Gesetz regelt zwingend Mehrheit und Einteilung der Stimmbezirke. Hierbei kann der

---

117 55. Sitzung des Bundesrats am 27. April 1951, in: BR-Sitzungsberichte, 2. Bd., S. 277 ff. (S. 281 C, D).
118 Bericht von Fritz Erler über die Arbeit des Ausschusses für innergebietliche Neuordnung, in der 135. Sitzung des Deutschen Bundestages am 18. April 1951, in: BT-Protokolle I/5257 ff. (5302 B).
119 JERUSALEM, Das Urteil des Bundesverfassungsgerichts über den Südweststaat-Streit, NJW 1952, S. 45 ff. (48).
120 NAWIASKY, Rechtsgutachten, in: Der Kampf um den Südweststaat (1952), S. 345 ff. (351, 353).
121 Dazu ausführlich: 3. Teil, 3. Kapitel, II.
122 So wohl auch: JERUSALEM, Das Urteil des Bundesverfassungsgerichts über den Südweststaat-Streit, NJW 1952, S. 45 ff. (48).

Gesetzgeber auf Grund seiner Einschätzungsprärogative[123] eine Lösung seiner Wahl im Rahmen der Verfassung treffen, das heißt er ist bei Ausübung dieser Kompetenz an die verfassungsmäßige Ordnung des Grundgesetzes gebunden. Die bundesstaatliche Ordnung nach Art. 20 Abs. 1 i.V.m Art. 118 GG gewährleistet nicht nur den Bestand bestehenden der Länder nicht, sondern Art. 118 GG sieht gerade für den südwestdeutschen Raum die Neuordnung der Länder zwingend vor. Bei den zur Wahl stehenden Neugliederungsmöglichkeiten – Wiederherstellung der alten Länder oder Gründung des Südweststaates – mußten die drei südwestdeutschen Länder unabhängig vom Ausgang der Abstimmung auf jeden Fall aufgelöst werden, da keine Frage nach der Beibehaltung des Status quo gestellt werden durfte. Daran änderte die Einteilung der Stimmbezirke und die damit verbundene Möglichkeit, daß ein Bundesland über die Existenz eines anderen entscheiden kann, nichts. Bei Betrachtung dieses Hintergrundes erscheint das Bundesstaatsprinzip als nicht verletzt.

7. Orientierung der Stimmbezirke an der Volksbefragung vom 24. September 1950 als Problem des Demokratieprinzips

Die Volksbefragung vom 24. September 1950 präjudizierte laut Antrag der badischen Landesregierung das Ergebnis der Volksabstimmung und machte damit die konkreten Erwartungen hinfällig, die das Demokratieprinzip an eine Volksabstimmung knüpft.[124] Bedenklich erscheint die enge Anlehnung des Abstimmungsverfahrens nach § 10 des Zweiten Neugliederungsgesetzes an die Ergebnisse der informatorischen Abstimmung vom 24. September 1950. Grundsätzlich ist die Berücksichtigung früherer Wahlgänge bei der Gestaltung eines Abstimmungsverfahrens nicht unzulässig. Aber sie darf nicht dazu führen, daß das sachgerechte Verfahren verlassen und ein Zählungsmodus gewählt wird, der das aus einem früheren Wahlgang erschlossene Ergebnis vorwegnimmt oder in eine bestimmte Richtung beeinflußt.[125] Die Willensbildung muß sich vom Volk zu den Staatsorganen vollziehen und nicht umgekehrt.[126] Aus diesem Grunde ist jede Art von Wahlbeeinflussung untersagt. Dies unterstreicht die hohe Bedeutung der Grundrechte für die Demokratie. Die Grundrechte gewährleisten im wesentlichen die verfassungsrechtlichen Voraussetzungen dieses freien und offenen Prozesses der Meinungs- und Willensbildung des Volkes. Dieser Prozeß könnte durch die Einteilung der Stimmbezirke – im Hinblick auf die vorangegangene Volksabstimmung – unterlaufen worden sein, um die Entstehung des Südweststaates sicherzustellen.

---

123 BVerfGE 92, 365 ff. (394 ff.), siehe auch: STEIN, in: AK, Bd. I (2002), Art. 3 Rdnr. 45 ff.
124 Badische Landesregierung, Antrag der Badischen Landesregierung (1951), S. 4; SCHEUNER, Rechtsgutachten, in: Der Kampf um den Südweststaat (1952), S. 356 ff. (369).
125 Badische Landesregierung, Antrag der Badischen Landesregierung (1951), S. 3; SCHEUNER, Rechtsgutachten, in: Der Kampf um den Südweststaat (1952), S. 356 ff. (365).
126 ACHTERBERG/SCHULTE, in: v. Mangoldt/Klein/Starck, Das Bonner Grundgesetz, Kommentar, Bd. 2 (2005), Art. 38 Abs. 1, Rdnr. 127.

Die Volksabstimmung sollte den Willen der Bevölkerung zum Ausdruck bringen. Ob sie das wirklich zu tun vermochte erscheint wegen der Kenntnisse aus der vorangegangenen Volksbefragung mehr als zweifelhaft. Bei der informatorischen Volksbefragung vom 24. September 1950[127] stimmten in Nord-Baden 57,4% für den Südweststaat, in Südbaden waren es dagegen 59,6% für die alten Länder. Zählt man die Stimmen nach den alten Ländern aus, so ergaben sich in Baden 50,7% für die Wiederherstellung der alten Länder. Württemberg votierte mit mehr als 93,2% für den Südweststaat. Diese Testbefragung ermöglichte die Steuerbarkeit des Abstimmungsergebnisses durch unterschiedliche Auswertungsverfahren.[128] Bei der Einteilung in vier Stimmbezirke, wovon eine Mehrheit in drei Bezirken für die Südweststaatslösung ausreichend war, konnte mit einer an Sicherheit grenzenden Wahrscheinlichkeit mit dem Zustandekommen des Südweststaates gerechnet werden. Es handelte sich um eine Regelung, die das Abstimmungsergebnis, das festgestellt werden sollte, bereits vorwegnahm.[129]

Diese Art der Wahlkreiseinteilung, welche die möglichst zweckmäßige Zuschneidung der Abstimmungsgrenzen vorsieht, um ein Abstimmungsergebnis zu erreichen, wird mit dem Terminus Wahlkreisgeometrie[130] bezeichnet. Am nachdrücklichsten kann dies durch die Einteilung der Wahlkreise geschehen.[131] Sie ist wegen der demokratischen Forderungen des Grundgesetzes bedenklich.[132] Die Auswirkung der Wahlkreiseinteilung, insbesondere der Wahlkreis-

---

127 Dazu bereits oben: 2. Teil, 3. Kapitel I 6 c.
128 HENNINGS, Der unerfüllte Verfassungsauftrag (1983), S. 70.
129 Hierzu: Adolf von Thadden bei der zweiten Beratung des Entwurfs eines zweiten Gesetzes über die Neugliederung in den Ländern Baden, Württemberg-Baden und Württemberg-Hohenzollern, in der 136. Sitzung des Deutschen Bundestages am 19. April 1951, in: BT-Protokoll I/5313 ff. (5324 B, C). Ausführlich zu dem Ergebnis der Volksbefragung vom 24. September 1950 und deren Aussage für das Ergebnis Volksabstimmung: SCHEUNER, Rechtsgutachten, in: Der Kampf um den Südweststaat (1952), S. 356 ff. (365, 370 f.).
130 Ausführlich dazu: BRAUNER, Wahlkreiseinteilung und Wahlrechtsgleichheit (1970), S. 8.
131 So HEUN, Das Mehrheitsprinzip in der (1983), S. 116.
132 Schärfer: Adolf von Thadden bei der zweiten Beratung des Entwurfs eines zweiten Gesetzes über die Neugliederung in den Ländern Baden, Württemberg-Baden und Württemberg-Hohenzollern, in der 136. Sitzung des Deutschen Bundestages am 19. April 1951, in: BT-Protokolle I/5313 ff. (5324 B, C) und Hans-Joachim von Merkatz während der dritten Beratung des Entwurfs des zweiten Gesetzes über die Neugliederung in den Ländern Baden, Württemberg-Baden und Württemberg-Hohenzollern, in der 138. Sitzung des Deutschen Bundestages am 25. April 1951, in: BT-Protokolle I/5425 ff. (5434 D); dazu auch: MAUNZ in: Maunz/Dürig, Grundgesetz Kommentar, Bd. IV (2005), Art. 38 Rdnr. 49; SEIFERT, Das Bundeswahlgesetz, Bundeswahlordnung und wahlrechtliche Nebengesetze (1965), Art. 38 Rdnr. 30, S. 52. Beide ordnen die offensichtliche Wahlkreisgeometrie als Verstoß gegen den Gleichheitssatz ein. Siehe dazu auch: MORLOK in: Dreier, Grundgesetzkommentar, Bd. II, (1998), Art. 38 Rdnr. 102; siehe auch: Badische Landesregierung, Antrag der Badischen Landesregierung (1951), S. 4.

größe, tangiert die Wahlrechtsgleichheit.[133] Die Stimmrechtsgrundsätze des Art. 38 Abs. 1 S. 1 GG gelten dabei als ungeschriebenes demokratisches Verfassungsrecht auch für Volksabstimmungen.[134]

Auch wenn Willkür beim Zuschnitt der Abstimmungsbezirke nicht zu vermeiden ist, so können gewisse Regeln aufgestellt werden, um zumindest eine auf das Wahlergebnis gerichtete Manipulation zu erschweren. So sollen die Grenzen der Abstimmungsbezirke mit anderen Verwaltungsgrenzen übereinstimmen und die Wahlkreise als solche sollten kompakt sein (keine Gerrymander-Gestalt).[135] Die Verantwortung für eine sachgerechte Beurteilung liegt allein beim Gesetzgeber, der auch hier eine Einschätzungsprärogative besitzt. Die Grenze zur Verfassungswidrigkeit ist erst dann überschritten, wenn sich deutlich erkennbar abzeichnet, daß die Regelung auf seiner Fehleinschätzung beruht oder von vornherein darauf angelegt ist, ein vorhandenes Gleichgewicht zu stören oder ein Ungleichgewicht zu verstärken.[136] So stellt sich die Frage, ob der Gesetzgeber 1951 an der Einteilung der Abstimmungsbezirke der Volksbefragung anknüpfte, die freilich den aktuellen und den historischen Gegebenheiten entsprach, um das gewünschte Ergebnis zugunsten des Südweststaats zu erreichen, oder ob er auf Grund anderer rechtsstaatlicher Vorschriften diese Einteilung vornehmen mußte.

Gegen die Zulässigkeit der für die Volksabstimmung gewählten Stimmbezirke spricht, daß die Orientierung an den vorherigen Ergebnissen nicht soweit gehen darf, daß die neue Einteilung den alten Abstimmungsmodus verläßt, um das aus der früheren Befragung erschlossene Ergebnis in dem gewünschten Sinne zu beeinflussen.[137] An die Volksbefragung anknüpfend bildete das Zweite Neugliederungsgesetz vier Bezirke. Es ließ eine Mehrheit in drei Bezirken ausreichen, um die Bildung des Südweststaates herbeizuführen (§§ 3, 10). Diese Einteilung übertrug dem nordbadischen Bezirk die Entscheidung. Denn der nordbadische Abstimmungsbezirk hatte sich am 24. September 1950 mit 57,4% für den Südweststaat ausgesprochen. Mit an Sicherheit grenzender Wahrscheinlichkeit war zu erwarten, daß diese Mehrheit Bestand haben würde. Das Ergebnis lag, wenn nicht wesentliche Verschiebungen stattfanden, bereits durch die

---

133 BRAUNER, Wahlkreiseinteilung und Wahlrechtsgleichheit (1970), S. 1.
134 BVerfGE 28, 220 ff. (225).
135 Im Amerikanischen Recht findet sich die Wahlkreisgeometrie unter der Bezeichnung Gerrymander. Sie ist benannt nach dem Gouverneur von Massachusetts, Elbridge Gerry (1744 – 1814). Elbridge Gerry unterzeichnete 1812 die „redistricting bill" mit grotesk geformten Wahlkreisen (geformt ähnlich einem Salamander, daher Gerrymander), um seiner Partei den Wahlsieg zu sichern. Dies führte dazu, daß die oppositionellen Federalisten bei der Wahl 1812 trotz 51% Prozent der Stimmen nur 11 der 40 Wahlkreise gewinnen konnten. dazu: Griffith, The Rise and Development of the Gerrymander (1907).
136 BVerfGE 92, 365 ff. (394 ff.).
137 SCHEUNER, Rechtsgutachten, in: Der Kampf um den Südweststaat (1952), S. 356 ff. (365).

Bezirkseinteilung fest.[138] Die beiden württembergischen Stimmbezirke sprachen sich erwartungsgemäß – auf der Grundlage der Volksbefragung – mit großer Mehrheit für die Gründung des neuen Bundeslandes aus.

Allerdings hatte die Abstimmung nach dem Zweiten Neugliederungsgesetz eine völlig andere Tragweite für die Bevölkerung als nach den drei Landesgesetzen am 24. September 1950. Letztere hatte nur „den Zweck, eine Vereinbarung über die Neugliederung vorzubereiten",[139] während die Abstimmung nach dem Zweiten Neugliederungsgesetz endgültig über das Schicksal der Länder entschied. Aus diesem Grunde konnte mit einer höheren Abstimmungsbeteiligung und einem anderen Ausfall des Ergebnisses gerechnet werden.[140]

Zudem war die Einteilung in vier Stimmbezirke notwendig, um den verschiedenen Personenkreisen die jeweils für sie bestimmte Frage stellen zu können.[141] Auch aus diesem Grund war die Einteilung der Abstimmungsbezirke nicht darauf angelegt, ein vorhandenes Gleichgewicht zu stören oder ein Ungleichgewicht zu verstärken.

Beim Zuschnitt der vier Abstimmungsbezirke beachtete der Gesetzgeber sowohl die Grenzen der neuen als auch der alten Länder; darüber hinaus waren dadurch die Bezirke kompakt. Auch bestehen gegen die Berücksichtigung früherer Abstimmungsergebnisse bei der Wahl des Abstimmungsmodus keine grundsätzlichen rechtlichen Einwände. Trotz der Kenntnis der Steuerbarkeit des Abstimmungsergebnisses durch die Volksbefragung vom 24. September 1950 lag keine Wahlkreisgeometrie durch die Einteilung der Stimmbezirke nach § 3 des Zweiten Neugliederungsgesetzes vor. Das Gesetz ist somit mit dem Demokratieprinzip vereinbar.

8. Orientierung der Stimmbezirke an der Volksbefragung vom 24. September 1950 als Problem des Rechtsstaatsprinzips

Soweit ein Abstimmungsergebnis überhaupt vorhersehbar sein kann, brachte die Abstimmung aller Wahrscheinlichkeit nach dem Südweststaat den Erfolg, da sich die Einteilung der Abstimmungsbezirke an der Volksbefragung vom 14. September 1950 orientierte. Dies erscheint in bezug zu dem in Art. 20, 28 Abs. 1 S. 1 GG verankerte Rechtsstaatsprinzip nicht völlig unbedenklich. Der Grundsatz der Rechtsstaatlichkeit gehört zu den elementaren Verfassungsgrundsätzen und zu den Grundentscheidungen des Grundgesetzes. Rechtsstaatlichkeit bedeutet Recht als Grundbedingung des staatlichen Handelns. Wenn Recht Grundbedingung der Rechtsstaatlichkeit ist, dann ist diese zugleich mit

---
138 SCHEUNER, Rechtsgutachten, in: Der Kampf um den Südweststaat (1952), S. 356 ff. (370).
139 § 1 Abs. 1 des württemberg-badischen Gesetzes vom 12. Juni 1959 (RegBl. WB 1950, S. 59).
140 JELLINEK, Rechtsgutachten, in: Der Kampf um den Südweststaat (1952), S. 374 ff. (376).
141 Vgl. oben: 3. Teil, 3. Kapitel III 4 b (3).

der Gerechtigkeit untrennbar verbunden.[142] Schon die klassische Gerechtigkeitsdefinition: „iustitia est constans et perpetua voluntas ius suum unicuique tribuendi"[143] und die dazugehörigen Glosse von Accursius „Est autem ius a iustitia, sicut a matre sua, ergo prius fuit iustitia quam ius",[144] sahen Gerechtigkeit und Recht als untrennbar verbunden. Nach Ulpian ist das Recht aber nach der Gerechtigkeit, iustitia, benannt: „"...est autem <ius> a iustitia appellatum...".[145] Die Gerechtigkeit ist ein Leitwert des Rechts. Nach diesem klassischen Rechtsverständnis ist Gerechtigkeit die Richtschnur für jedes staatliche Handeln.[146]

Widerfuhr der Bevölkerung des alten Landes Baden bei der Einteilung der Stimmbezirke Ungerechtigkeit oder Unrecht? Die Gerechtigkeit ist wesentlicher Bestandteil des Rechtsstaatsprinzips, eine Leitidee des Grundgesetzes.[147] Aber die Gerechtigkeit bildet lediglich eine äußerste Grenze, vor der ein weitgehender Spielraum besteht, wie etwa die Einschätzungsprärogative des Gesetzgebers. Jener endet erst dort, wo Vorschriften den fundamentalen Prinzipien der Gerechtigkeit so evident widersprechen,[148] daß der Richter bei ihrer Anwendung Unrecht statt Recht sprechen würde.[149] Nach Radbruch ist ein staatliches Gesetz als geltend anzusehen, auch wenn es inhaltlich ungerecht sei, es sei denn, daß der Widerspruch des Gesetzes zur Gerechtigkeit ein so unerträgliches Maß erreicht, daß das Gesetz als unrichtiges Recht der Gerechtigkeit zu weichen hat.[150] Ein Verstoß gegen die Gerechtigkeit muß noch kein Unrecht bedeuten, er muß erst evident offenbar sein.[151] Ungerechtigkeit bedeutet somit nicht notwendig, daß es sich um Unrecht handelt.[152]

Die Gerechtigkeit steht in einem natürlichen Spannungsverhältnis zum Mehrheitsprinzip der Demokratie. In der Verbindung zum rechtsstaatlichen Prinzip liegt die Ausfüllung des demokratischen Prinzips und zugleich seine innere Begrenzung. Die Untrennbarkeit beider Prinzipien konturiert das grundgesetzliche Verfassungsbild. Demokratischer Rechtsstaat bedeutet, daß der demokratische Souverän sich nur in den Schranken des Rechtsstaates verwirklichen

---

142 STERN, Staatsrecht, Bd. I (1984), § 20 IV 4 (S. 796)
143 ULPIAN D. 1,1,10 pr.; Institutionen 1,1 pr.: Gerechtigkeit ist der beständige und dauerhafte Wille, jedem sein Recht zuzuerkennen.
144 ACCURSIUS, Glosse Iustitia zu D. 1,1,1. pr.: Es kommt das Recht von der Gerechtigkeit, sie ist seine Mutter, also war die Gerechtigkeit zuerst da.
145 ULPIAN D. 1,1,1 pr.
146 CREIFELDS, Rechtswörterbuch (2004), S. 542.
147 BVerfGE 7, 194 (196).
148 BVerfGE 2, 225 ff. (Leitsatz 2).
149 BVerfGE 23, 98 ff. (106).
150 RADBRUCH, Rechtsphilosophie (1956), S. 336; vgl. dazu auch: Verhandlungen des Landtags von Baden-Württemberg / Verzeichnis der Beilagen zu den Sitzungsprotokollen, III. Wahlperiode, Beilage 939 vom 20. April 1961, S. 1562 ff. (1562 A).
151 BVerfGE 23, 98 ff. (108 ff.).
152 RADBRUCH, Rechtsphilosophie, (1956), S. 336:

darf. Damit werden die Bestandteile des Rechtsstaates in die demokratischen Handlungsmaximen eingebaut.[153] Die Reduzierung des Rechtsstaatsprinzips auf ein Willkürverbot bildet die Konsequenz. [154]

Der Bundesgesetzgeber hatte sich bei der Einteilung der Abstimmungsbezirke nicht von rein willkürlichen Erwägungen leiten lassen, sondern er orientierte sich sowohl an den neuen als auch an den alten Ländergrenzen. Diese Wahl liegt im Rahmen seiner Einschätzungsprärogative, wie bereits oben ausführlich erörtert wurde. Weiter mußte der Gesetzgeber beachten, daß die verschiedenen Fragen, die sich aus der verschiedenen Landeszugehörigkeit zwingend ergaben, jeweils mit den Abstimmungsbezirken übereinstimmten. Die Orientierung an der im Jahr zuvor durchgeführten Volksbefragung stellte ebenfalls keinen Verstoß gegen das Rechtsstaatsprinzip dar, da eine Bezugnahme auf frühere Ergebnisse nicht ausgeschlossen ist und zudem diese Volksbefragung einen anderen Hintergrund hatte. Die Einteilung der Stimmbezirke widerspricht nicht dem Rechtsstaatsprinzip.

9. Vereinbarkeit der Abstimmungsmodalitäten mit dem Gleichheitssatz

Dem Zweiten Neugliederungsgesetz warf die badische Landesregierung einen Verstoß gegen den Gleichheitssatz des Art. 3 Abs. 1 GG vor. Sie begründete ihren Vorwurf mit der Einteilung des Südwestraumes in vier Stimmbezirke, wobei jedoch nach § 10 für die Schaffung des Südweststaats die Zustimmung in nur drei der vier Abstimmungsbezirke ausreiche. Einen Verstoß gegen den Gleichheitssatz enthielt nach badischer Auffassung § 10 des Zweiten Neugliederungsgesetzes insoweit, als er die Länder Baden, Württemberg-Baden und Württemberg-Hohenzollern gegenüber den anderen Bundesländern schwächer stellte.[155]

Des Weiteren bezweifelte die badische Landesregierung, daß die beiden zur Abstimmung gestellten Möglichkeiten über die gleiche Ausgangslage verfügten. Der Südweststaatslösung sei durch die Orientierung an dem Ergebnis der Volksbefragung bei der Wahlkreiseinteilung die bessere Ausgangsposition eingeräumt worden.[156]

Die badische Landesregierung warf darüber hinaus den Schöpfern des § 3 des Zweiten Neugliederungsgesetzes eine Ungleichbehandlung der südwestdeutschen Länder untereinander zugunsten von Württemberg-Baden vor. Würt-

---

153 STERN, Staatsrecht, Bd. I (1984), § 18 II 6 b (S. 623).
154 So auch KUNIG, Das Rechtsstaatsprinzip (1986), S. 302.
155 Badische Landesregierung, Antrag der Badischen Landesregierung (1951), S. 4; siehe auch: KLEIN, Bundesverfassungsgericht und Südweststaatfrage, AöR 77 (1951/52), S. 452 ff. (462).
156 Badische Landesregierung, Antrag der Badischen Landesregierung (1951), S. 4.

temberg-Baden habe durch die Teilung in zwei Stimmbezirke im Vergleich zu Baden und Württemberg-Hohenzollern doppeltes Stimmgewicht erhalten.[157]

Schließlich rügte die badische Landesregierung[158] eine Ungleichbehandlung der vier vom Zweiten Neugliederungsgesetz gebildeten Stimmbezirke, da die Möglichkeit bestand, daß einer von ihnen durch die anderen drei überstimmt wurde.

Die Voraussetzungen an eine neutrale Einteilung der Abstimmungsbezirke sind aus den Anforderungen an den Gleichheitssatz abzuleiten.[159] Die Gleichheit ist dann nicht beeinträchtigt, wenn die notwendigen Beschränkungen jeden gleichmäßig treffen und kein sonstiger Einfluß auf das Wahlergebnis genommen wird. Auf der praktischen Seite muß aber ein gewisser Toleranzbereich zugebilligt werden.[160] Der Sinn des Gleichheitssatzes liegt zu einem wesentlichen Teil darin, daß nicht alle tatsächlichen Verschiedenheiten zu unterschiedlicher Behandlung im Recht führen dürfen. Nur essentiellen Erwägungen der Gerechtigkeit und Zweckmäßigkeit kommen auch für das Recht Bedeutung zu. Über diese zu entscheiden ist in erster Linie Sache des Gesetzgebers. Der Gleichheitssatz ist verletzt, wenn sich ein vernünftiger Grund für die gesetzliche Differenzierung nicht finden läßt, wenn die Bestimmung als Willkür bezeichnet werden muß. Dabei ist unter Willkür die objektive, das heißt die tatsächliche und eindeutige Unangemessenheit der gesetzlichen Maßnahme im Verhältnis zur tatsächlichen Situation zu verstehen. Differenzierungen sind dabei nicht ausgeschlossen, wenn sie in tatsächlichen Verschiedenheiten der Lebensverhältnisse ihren Grund haben, deren Berücksichtigung für eine am Gerechtigkeitsgedanken orientierte Betrachtungsweise notwendig oder doch gerecht erscheint.[161]

Das Bundesverfassungsgericht stellte im Südweststaatsurteil[162] den Satz auf, der objektive Verstoß gegen den Gleichheitssatz genüge zur Feststellung der Nichtigkeit eines Gesetzes nicht, sondern es müsse der Nachweis dazu kommen, daß sich die Beteiligten der Verletzung des Gleichheitssatzes bewußt waren. Das ist staatsrechtlich nicht haltbar; ein objektiver Verstoß gegen den Gleichheitssatz ist für die Nichtigkeit eines Gesetzes ausreichend. Eine subjektive Komponente, in der Form eines Bewußtseins der Ungleichbehandlung, ist

---

157 Badische Landesregierung, Antrag der Badischen Landesregierung (1951), S. 4; SCHEUNER, Rechtsgutachten, in: Der Kampf um den Südweststaat (1952), S. 356 ff. (368 f.).
158 Badische Landesregierung, Antrag der Badischen Landesregierung (1951), S. 4.
159 So wohl auch: BRAUNER, Wahlkreiseinteilung und Wahlrechtsgleichheit (1970), S. 10.
160 BRAUNER, Wahlkreiseinteilung und Wahlrechtsgleichheit (1970), S. 14.
161 KLEIN, Rechtsgutachten betreffend die Zulässigkeit einer Grundgesetzänderung zur Lösung der Baden-Frage, in: Landtag von Baden-Württemberg 3. Wahlperiode 1961-1964, Verzeichnis der Beilagen zu den Sitzungsprotokollen Bd. IV, Beilage 1641, vom 6. Dezember 1961 S. 2869 ff. (2878).
162 BVerfGE 1, 14 ff.

nicht erforderlich. Die Verletzung des Gleichheitssatzes ist keine Frage der subjektiven Motivation.[163]

a) Ungleichbehandlung der südwestdeutschen Bundesländer gegenüber den übrigen Bundesländern

(1) Anwendbarkeit des Gleichheitssatzes auf die Bundesländer[164]
Der Vorwurf der Ungleichbehandlung der südwestdeutschen Bundesländer gegenüber den anderen Bundesländern der Bundesrepublik Deutschland geht von der Verpflichtung zur Gleichbehandlung von Bundesländern und anderen Teilgebieten der Bundesrepublik aus, auch wenn Art. 3 Abs. 1 GG nur von der Gleichheit aller Menschen vor dem Gesetz spricht. Doch ist hier eine Anwendung des Gleichheitssatzes gemäß Art. 19 Abs. 3 GG geboten, da es dem Wesen dieses Grundrechts nicht widerspricht, wenn es auf juristische Personen gleichermaßen angewandt wird. Juristische Personen des öffentlichen Rechts sind jedoch im Hinblick auf Art. 3 Abs. 1 GG nicht grundrechtsfähig, soweit sie öffentliche Aufgaben im Sinne von Staatsaufgaben wahrnehmen.[165] Allerdings bedeutet dies nicht, daß ein verfassungsrechtliches Willkürverbot im Verhältnis der Hoheitsträger zueinander nicht existiert. Grundrechtsschutz auch für Hoheitsträger ist dann gerechtfertigt, wenn und soweit ein Hoheitsträger einem gewaltunterworfenen Individuum vergleichbar der Entscheidungsgewalt eines anderen Hoheitsträgers ausgesetzt ist.[166] Insoweit beansprucht das Willkürgebot des Art. 3 Abs. 1 GG, das zugleich ein Element des objektiven Gerechtigkeitsprinzips und damit des Grundsatzes der Rechtsstaatlichkeit ist, auch Geltung für die Beziehungen innerhalb des hoheitlichen Staatsaufbaus.[167] Der Gleichheitssatz erlangt im bundesstaatlichen Verhältnis als objektives Verfassungsprinzip Geltung.[168] Folglich kann der Gleichheitssatz auch dort materiell-rechtliche Wirkung entfalten, wo ihm die subjektiv-rechtliche Qualität fehlt. Deshalb beansprucht der Gleichheitssatz objektive Geltung im Verhältnis zwischen verschiedenen Hoheitsträgern, etwa zwischen den Ländern oder im Verhältnis zwischen

---

163 HESSE, Grundzüge des Verfassungsrechts der Bundesrepublik Deutschland (1999), Rdnr. 440.
164 KLEIN, Gleichheitssatz und föderative Struktur der Bundesrepublik Deutschland, in Festschrift für Hans Scupin zum 70. Geburtstag (1973), S. 165 ff.
165 DREIER, in: Dreier, Grundgesetzkommentar, Bd. I, (2004), Art. 19 Abs. 3, Rdnr. 55 ff.
166 KLEIN, Gleichheitssatz und föderative Struktur der Bundesrepublik Deutschland, in Festschrift für Hans Scupin zum 70. Geburtstag (1973), S. 165 ff.; siehe dazu auch: LEIBHOLZ, Die Gleichheit vor dem Gesetz (1925), S. 133 ff.
167 VON EGLOFFSTEIN, Die Entwicklung der Neugliederungsfrage (1957), S. 88 ff.
168 BVerfGE 1, 14 (52); 1, 117; (140 f.); 23, 353 (372); 25, 198 (205); 76, 130 (139); 83, 363 (393).

Bund und Ländern. Hier muß die Behandlung der Länder durch den Bund dem objektiven Verfassungsprinzip des Art. 3 Abs. 1 GG gerecht werden.[169]

(2) Gleichheit vor dem Gesetzgeber

Art. 3 Abs. 1 GG gewährt seinem Wortlaut nach allein die Gleichheit vor dem Gesetz, nicht aber die Gleichheit vor dem Gesetzgeber. Der Gleichheitssatz bindet dennoch nicht nur die Gesetzesanwendung, sondern auch den Gesetzgeber selbst.[170] Im Entwurf des Verfassungskonvents vom Herrenchiemsee hatte der Gleichheitssatz (Art. 14) gelautet: „... (2) Der Grundsatz der Gleichheit bindet auch den Gesetzgeber. ..."[171] Der Abgeordnete Richard Thoma hatte in der 26. Sitzung des Grundsatzausschusses des Parlamentarischen Rates am 30. November 1948 kritische Anregungen zu Art. 3 GG gegeben. Daraufhin wurde auf Anregung des Vorsitzenden Hermann von Mangoldt der Zusatz aufgenommen: „Das Gesetz muß Gleiches gleich, es kann Verschiedenes nach Eigenart behandeln".[172] Die dritte Lesung des Hauptausschusses brachte, auf Vorschlag des Fünferausschusses, die Streichung dieses Zusatzes.[173] Ob die Streichung erfolgte, weil man den Zusatz für entbehrlich hielt, ist nicht mehr nachvollziehbar, aber wegen Art. 1 Abs. 3 GG wahrscheinlich.[174] Von Mangoldt bedauerte, daß dieser Absatz auf Vorschlag des interfraktionellen Fünferausschusses wieder gestrichen wurde. Er kommt aber zu dem Ergebnis, daß Art. 3 GG so angewendet werden müsse, als ob sich der gestrichene Absatz noch im Text befände,[175] da nach Art. 1 Abs. 3 GG alle öffentliche Gewalt ohne Unterschied der Intensität an den Gleichheitssatz gebunden ist.[176]

(3) Ungleichbehandlung der südwestdeutschen Länder gegenüber den übrigen Bundesländern

§ 10 des Zweiten Neugliederungsgesetzes verstößt nicht gegen den Gleichheitssatz, indem er die Länder Baden, Württemberg-Baden und Württemberg-Hohenzollern gegenüber den anderen Bundesländern schwächer gestellt hat als

---

169 FUSS, Grundrechtsschutz für Hoheitsträger? in: DVBl. 1958, S. 739 ff. (743); KLEIN, Gleichheitssatz und föderative Struktur der Bundesrepublik Deutschland, in Festschrift für Hans Scupin zum 70. Geburtstag (1973), S. 165 ff.; STARCK, in: von Mangold/Klein/Starck, Bonner Grundgesetz, Kommentar, Bd. 1 (1999), Art. 3 Abs. 1 Rdnr. 222.
170 LEIBHOLZ, Die Gleichheit vor dem Gesetz (1925), S. 34 ff., 123 ff.; LEIBHOLZ, Die Gleichheit vor dem Gesetz und das Bonner Grundgesetz, DVBl. 1951, S. 193 ff.
171 STEIN, in: AK, Bd. I (2002), Art. 3 Rdnr. 9.
172 VON DOEMMING/FÜSSLEIN/MATZ, JöR n.F. Bd. 1 (1951), S. 68.
173 THOMA, Ungleichheit und Gleichheit im Bonner Grundgesetz, DVBl. 1951, S. 457 ff. (458); VON DOEMMING/FÜSSLEIN/MATZ, JöR n.F., Bd. 1 (1951), S. 72.
174 So auch STEIN, in: AK, Bd. I (2002), Art. 3 Rdnr. 10.
175 VON MANGOLDT, Das Bonner Grundgesetz (1953), Art. 3, S. 51; siehe auch: THOMA, Ungleichheit und Gleichheit im Bonner Grundgesetz, DVBl. 1951, S. 457 ff. (458).
176 STARCK in: von Mangold/Klein/Starck, Bonner Grundgesetz, Kommentar, Bd. 1, (1999), Art. 3 Abs. 1 Rdnr. 222.

I. Baden in napoleonischer Zeit

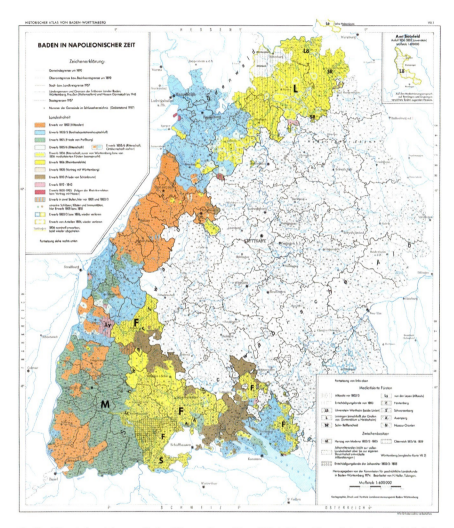

Quelle: Historischer Atlas von Baden-Württemberg, Karte VII.1, Hrsg. Kommission für Geschichtliche Landeskunde in Baden-Württemberg in Verbindung mit dem Landesvermessungsamt Baden-Württemberg, Stuttgart 1972–1988.
Abdruck erfolgt mit freundlicher Genehmigung der Kommission für geschichtliche Landeskunde in Baden-Württemberg und dem Landesvermessungsamt Stuttgart.

II. Württemberg in napoleonischer Zeit

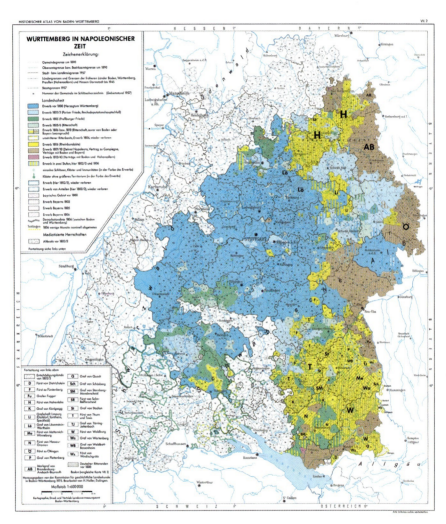

Quelle: Historischer Atlas von Baden-Württemberg, Karte VII.2, Hrsg. Kommission für Geschichtliche Landeskunde in Baden-Württemberg in Verbindung mit dem Landesvermessungsamt Baden-Württemberg, Stuttgart 1972–1988.
Abdruck erfolgt mit freundlicher Genehmigung der Kommission für geschichtliche Landeskunde in Baden-Württemberg und dem Landesvermessungsamt Stuttgart.

III. Staatliche Gliederung bis Kriegsende im Gebiet des heutigen Landes Baden-Württemberg

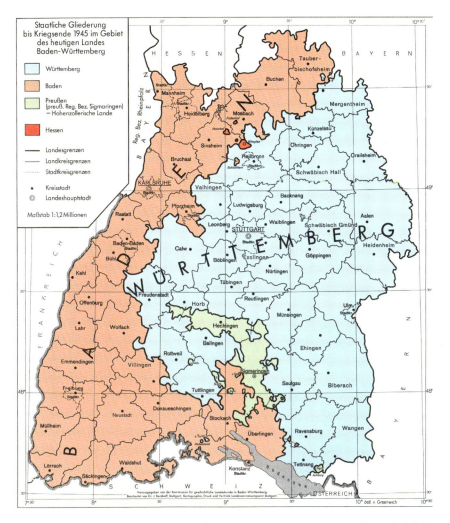

Quelle: Historischer Atlas von Baden-Württemberg, Karte VII.3, Hrsg. Kommission für Geschichtliche Landeskunde in Baden-Württemberg in Verbindung mit dem Landesvermessungsamt Baden-Württemberg, Stuttgart 1972–1988.
Abdruck erfolgt mit freundlicher Genehmigung der Kommission für geschichtliche Landeskunde in Baden-Württemberg und dem Landesvermessungsamt Stuttgart.

IV. Staatliche Gliederung nach Kriegsende bis zur Bildung von Baden-Württemberg

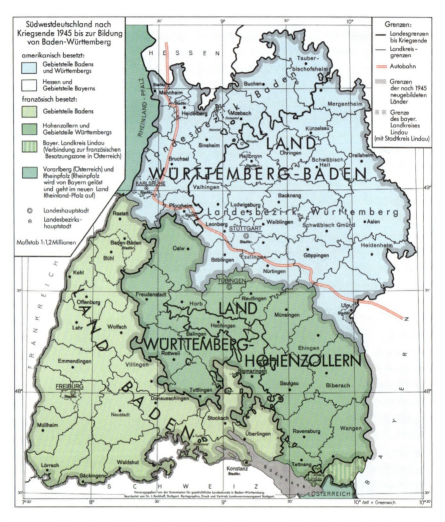

Quelle: Historischer Atlas von Baden-Württemberg, Karte VII.3, Hrsg. Kommission für Geschichtliche Landeskunde in Baden-Württemberg in Verbindung mit dem Landesvermessungsamt Baden-Württemberg, Stuttgart 1972–1988.
Abdruck erfolgt mit freundlicher Genehmigung der Kommission für geschichtliche Landeskunde in Baden-Württemberg und dem Landesvermessungsamt Stuttgart.

V. Volksabstimmung am 9. Dezember 1951 über Bildung des Südweststaats

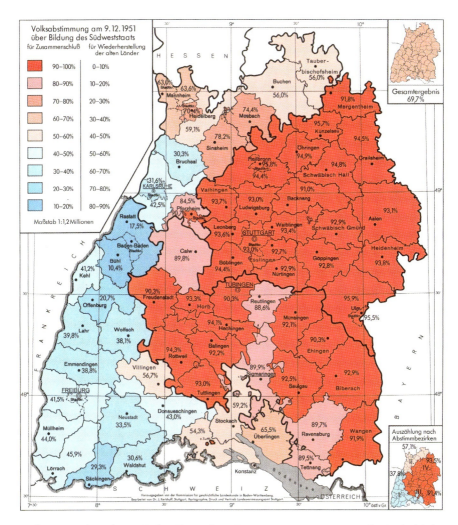

Quelle: Historischer Atlas von Baden-Württemberg, Karte VII.3, Hrsg. Kommission für Geschichtliche Landeskunde in Baden-Württemberg in Verbindung mit dem Landesvermessungsamt Baden-Württemberg, Stuttgart 1972–1988.
Abdruck erfolgt mit freundlicher Genehmigung der Kommission für geschichtliche Landeskunde in Baden-Württemberg und dem Landesvermessungsamt Stuttgart.

VI. Volksentscheid am 7. Juni 1970 in Baden über Verbleib im Land Baden-Württemberg oder Wiederherstellung des Landes Baden

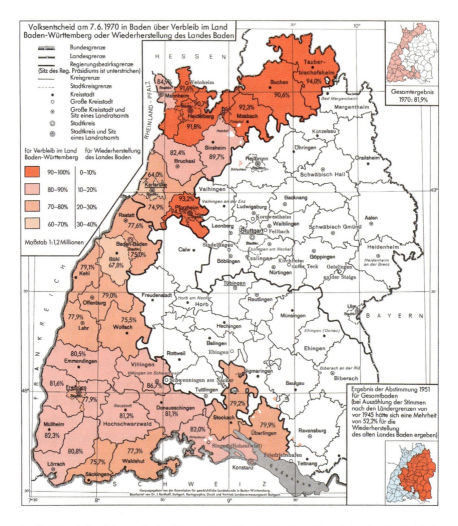

Quelle: Historischer Atlas von Baden-Württemberg, Karte VII.3, Hrsg. Kommission für Geschichtliche Landeskunde in Baden-Württemberg in Verbindung mit dem Landesvermessungsamt Baden-Württemberg, Stuttgart 1972–1988.
Abdruck erfolgt mit freundlicher Genehmigung der Kommission für geschichtliche Landeskunde in Baden-Württemberg und dem Landesvermessungsamt Stuttgart.

VII. Die Konfessionelle Gliederung in Baden-Württemberg 1961

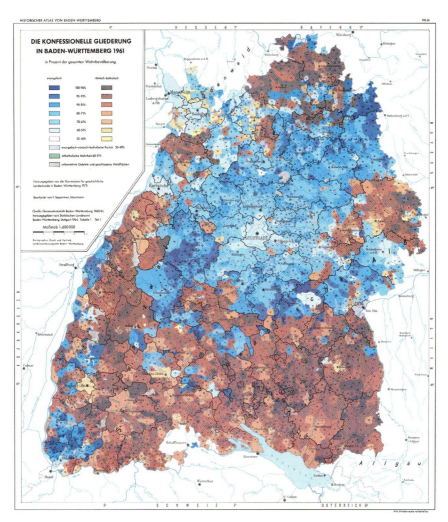

Quelle: Historischer Atlas von Baden-Württemberg, Karte VIII. 14, Hrsg. Kommission für Geschichtliche Landeskunde in Baden-Württemberg in Verbindung mit dem Landesvermessungsamt Baden-Württemberg, Stuttgart 1972–1988.
Abdruck erfolgt mit freundlicher Genehmigung der Kommission für geschichtliche Landeskunde in Baden-Württemberg und dem Landesvermessungsamt Stuttgart.

VIII. Raumgliederung der Mundarten um 1950

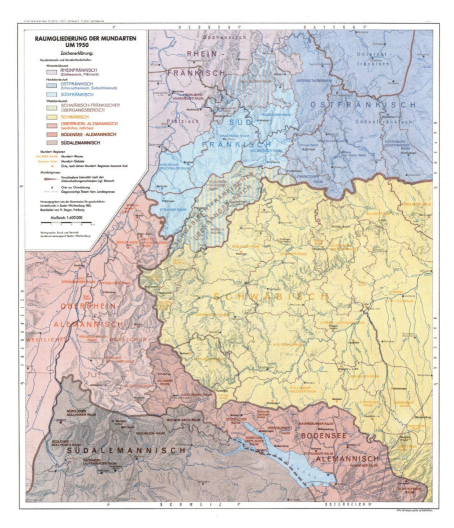

Quelle: Historischer Atlas von Baden-Württemberg, Karte XII. 7, Hrsg. Kommission für Geschichtliche Landeskunde in Baden-Württemberg in Verbindung mit dem Landesvermessungsamt Baden-Württemberg, Stuttgart 1972–1988.
Abdruck erfolgt mit freundlicher Genehmigung der Kommission für geschichtliche Landeskunde in Baden-Württemberg und dem Landesvermessungsamt Stuttgart.

alle anderen Bundesländer. Zwar kann die Existenz der anderen Bundesländer nur durch eine Entscheidung der Mehrheit des gesamten Bundesvolkes beseitigt werden, wohingegen bei der Neugliederung im Südwestraum für eine Länderauflösung eine weitaus geringere Mehrheit genügt.[177] Jedoch obliegt dem Gesetzgeber eine weitgehende Gestaltungsfreiheit innerhalb des ihm durch die Verfassung vorgegebenen Rahmens; ihm steht die sachgerechte Beurteilung zu (Einschätzungsprärogative). Die Grenze zur Verfassungswidrigkeit ist erst dann überschritten, wenn sich deutlich erkennbar abzeichnet, daß die Regelung auf einer Fehleinschätzung beruht oder von vornherein darauf angelegt ist, ein vorhandenes Gleichgewicht zu stören oder ein Ungleichgewicht zu verstärken.[178]

Auch das Bundesverfassungsgericht verneinte eine Verletzung des Gleichheitssatzes mit dem Hinweis, es habe eine tatsächliche Ungleichheit der südwestdeutschen Länder gegenüber den anderen Bundesländern bestanden, da die Situation im Südwesten in besonderem Maße unhaltbar gewesen sei. Deshalb habe auch kein Verstoß gegen den Gleichheitssatz vorliegen können.[179]

Gegen diese Auffassung des Bundesverfassungsgerichts äußerte Jerusalem rechtliche Bedenken: Art. 3 Abs. 1 GG spreche seinem Wortlaut nach von der Gleichheit der Menschen, nicht aber von der Gleichheit von Verhältnissen. Es widerspreche dem Wortlaut des Art. 3 Abs. 1 GG, wenn an die Stelle der persönlichen Gleichheit die Sachgleichheit gesetzt werde.[180]

Die Einwendung Jerusalems greift nicht durch. Der Sinn des Gleichheitssatzes gebietet von seinem Sinn her keine strikte Haftung an seinem Wortlaut, sondern ein weiter gefaßtes Verständnis; eine Unterscheidung zwischen der Ungleichbehandlung von Personengruppen und Sachverhalten ist auf der Ebene des Schutzbereiches nicht überzeugend.[181] Die Rechtfertigung der Ungleichbehandlung durch die Verschiedenheit der tatsächlichen Verhältnisse ist möglich. Es handelte sich auch im konkreten Fall um ein taugliches Differenzierungskriterium, da die Auswahl desselben sachgerecht und nicht willkürlich erfolgte:[182] Im Südwesten bestand anders als im restlichen Bundesgebiet, große Unzufriedenheit über die räumliche Aufteilung des Gebietes.[183]

---

[177] Badische Landesregierung, Antrag der Badischen Landesregierung (1951), S. 4; siehe auch: KLEIN, Bundesverfassungsgericht und Südweststaatfrage, AöR 77 (1951/52), S. 452 ff. (462).
[178] BVerfGE 92, 365 ff. (394 ff.), vgl. auch: STEIN, in: AK, Bd. I (2002), Art. 3 Rdnr. 45 ff.
[179] BVerfGE 1, 14 ff. (52 f.); so auch LEIBHOLZ, Die Gleichheit vor dem Gesetz und das Bonner Grundgesetz, DVBl. 1951, S. 193 ff. (195 ff.); anders THOMA, Ungleichheit und Gleichheit im Bonner Grundgesetz, DVBl. 1951, 457 ff.
[180] JERUSALEM, Das Urteil des Bundesverfassungsgerichts über den Südweststaat-Streit, NJW 1952, S. 45 ff. (47).
[181] So auch: STEIN, in: AK, Bd. I (2002), Art. 3 Rdnr. 35; st. Rspr. statt aller BVerfGE 88, 87 ff. (96).
[182] STEIN, in: AK, Bd. I (2002), Art. 3 Rdnr. 52.
[183] Gutachten des Staatspräsidenten von Württemberg-Hohenzollern Gebhard Müller, in: Der Kampf um den Südweststaat (1952), S. 61 ff. (62).

Noch ein weiteres stützt dies: Bei der Auswahl der Differenzierungskriterien ist der Gesetzgeber an die Differenzierungen der Verfassung gebunden.[184] Diese unterscheidet auch die Neugliederung des Gebietes der Länder Baden, Württemberg-Baden und Württemberg-Hohenzollern von der allgemeinen Neugliederung des Bundesgebietes auf Grund der besonderen Dringlichkeit der Neugliederung des Südwestens.[185] Deshalb erfolgte durch die Herausnahme der südwestdeutschen Länder aus dem allgemeinen Neugliederungsverfahren keine Ungleichbehandlung gegenüber den anderen Bundesländern durch den Bundesgesetzgeber. Dem Bundesverfassungsgericht ist darin zuzustimmen, daß die Ungleichbehandlung gerechtfertigt, ja in der Verfassung selbst angelegt ist. Denn die Ungleichbehandlung der südwestdeutschen Bundesländer gegenüber den anderen Ländern basierte auf Art. 118 GG. Der Vorwurf der Ungleichbehandlung gegenüber den anderen Bundesländern durch die badische Regierung richtet sich daher gegen den Art. 118 GG selbst, der eine Ungleichbehandlung der südwestdeutschen Länder gegenüber den anderen Bundesländern zuläßt.

Wenn man die Bindung des einfachen Gesetzgebers durch den Gleichheitssatz aus Art. 1 Abs. 3 GG und aus der Entstehungsgeschichte des Art. 3 Abs. 1 GG schließen kann, so ist dies beim Verfassungsgeber nicht möglich.[186] Dessen Bindung an das Gleichheitsgebot könnte nur dann angenommen werden, wenn man den Gleichheitssatz als überpositives, das heißt der Verfassung vorgelagertes Rechtsprinzip sieht oder die Gleichbehandlung den revisionsfesten Grundsätzen des Art. 79 Abs. 3 GG angehört und normativen Geltungsanspruch hat.[187] Beides überzeugt nicht. Der ursprünglich in der Verfassungsurkunde enthaltene Art. 118 GG kann deshalb nicht verfassungswidrig sein.[188]

b) Ungleichbehandlung auf Grund der unterschiedlichen rechtlichen Ausgangsbedingung für die beiden Neugliederungsmöglichkeiten

Eine Volksabstimmung hat zur Aufgabe, den Willen der Bevölkerung zum Ausdruck zu bringen. Zur Verwirklichung dieses Zieles bedürfen die verschiedenen zur Abstimmung gestellten Neugliederungsmöglichkeiten nach Art. 3 GG der gleichen rechtlichen Ausgangslage.[189] Diese gleiche rechtliche Ausgangslage könnte durch die Wahlkreiseinteilung verfälscht worden sein, so die badische Landesregierung, weil sich die Abstimmung an dem Ergebnis der Volksbefragung derart orientierte habe, daß von den beiden zur Wahl gestellten Neugliede-

---

184 STEIN, in: AK, Bd. I (2002), Art. 3 Rdnr. 52.
185 Vgl. dazu oben: 2. Teil, 1. und 2. Kapitel.
186 THOMA, Ungleichheit und Gleichheit im Bonner Grundgesetz, DVBl. 1951, S. 457 ff. (458).
187 HAIN in: von Mangold/Klein/Starck, Bonner Grundgesetz, Kommentar, Bd. 3 (1999) Art. 79 Abs. 3 Rdnr. 69.
188 Dazu ausführlich BACHOF, Verfassungswidrige Verfassungsnormen? (1951), S. 36 ff.
189 STARCK in: von Mangold/Klein/Starck, Bonner Grundgesetz Kommentar, Bd. 1 (1999), Art. 3 Abs. 1 Rdnr. 41.

rungsmöglichkeiten der Südweststaatslösung die bessere Ausgangsposition eingeräumt worden sei. Ob das Zweite Neugliederungsgesetz für die Volksabstimmung vom 9. Dezember 1951 eine gleiche Ausgangslage schuf, erscheint mit Blick auf die am 24. September 1950 durchgeführte Volksbefragung bedenklich.[190] Alt-Württemberg votierte mit einer Mehrheit von 93,2% für den Südweststaat. Die Ungleichheit der wählbaren Möglichkeiten sah die badische Landesregierung darin, daß zur Wiederherstellung der alten Länder auf Grund der Regelung des § 10 gegenüber der Probeabstimmung vom 14. September 1950 ein Wählerumschwung von 7,4% in Nordbaden notwendig gewesen wäre, während bei einer Abstimmung in Gesamtbaden zur Durchsetzung der Südweststaatslösung gegenüber 1950 nur ein Wählerumschwung von 1,1% hätte herbeigeführt werden müssen. Das heißt, bei der durch das Zweite Neugliederungsgesetz vorgenommenen Einteilung der Stimmbezirke war mit hoher Wahrscheinlichkeit mit dem Zustandekommen des Südweststaates zu rechnen. Es handele sich, so die badische Staatsregierung, um eine Regelung, die das Abstimmungsergebnis bereits vorwegnahm.[191] Dadurch sei die Möglichkeit der Wiederherstellung der alten Länder benachteiligt gewesen, und es hätten auch die in diesem Sinne Abstimmenden nicht dieselbe Chance gehabt wie die Befürworter der Südweststaatslösung, ihre Meinung durchzusetzen. Es bestehe also keine Gleichheit zwischen den Alternativen, die den Stimmberechtigten vorgelegt werden sollen. Der Gesetzgeber habe dadurch die Entscheidung der Wähler verkürzt.[192] Die Wahl gerade dieser Abstimmungsmodalitäten sei unter Berücksichtigung des Ergebnisses der Probeabstimmung getroffen worden, um das Ergebnis der Volksbefragung zugunsten der Südweststaatslösung sicherzustellen.[193]

Hier gilt aber, wie schon zur Wahlkreisgeometrie dargelegt: Die Wahlkreiseinteilung, welche den zweckmäßigsten Zuschnitt der Abstimmungsbezirke vorsieht, um ein Abstimmungsergebnis zu erreichen,[194] ist gemessen an den Anforderungen des Grundgesetzes bedenklich.[195] Eine offensichtliche Wahlkreis-

---

190 Dazu: oben: 2. Teil, 3. Kapitel III 6 c.
191 Adolf von Thadden bei der zweiten Beratung des Entwurfs eines zweiten Gesetzes über die Neugliederung in den Ländern Baden, Württemberg-Baden und Württemberg-Hohenzollern, in der 136. Sitzung des Deutschen Bundestages am 19. April 1951, BT-Protokolle I/5313 ff. (5324 B, C).
192 So: SCHEUNER, Rechtsgutachten, in: Der Kampf um den Südweststaat (1952), S. 356 ff. (371).
193 Badische Landesregierung, Antrag der Badischen Landesregierung (1951), S. 3 f.
194 Ausführlich dazu: BRAUNER, Wahlkreiseinteilung und Wahlrechtsgleichheit (1970), S. 8.
195 Schärfer: Adolf von Thadden bei der zweiten Beratung des Entwurfs eines zweiten Gesetzes über die Neugliederung in den Ländern Baden, Württemberg-Baden und Württemberg-Hohenzollern, in der 136. Sitzung des Deutschen Bundestages am 19. April 1951, in: BT-Protokolle I/5313 ff. (5324 B, C) und Hans-Joachim von Merkatz während der dritten Beratung des Entwurfs des zweiten Gesetzes über die Neugliederung in den Ländern Baden, Württemberg-Baden und Württemberg-Hohenzollern, in der 138. Sitzung des Deutschen Bundestages am 25. April 1951, in: BT-Protokolle I/5425 ff. (5434

geometrie kann zu einem Verstoß gegen die Abstimmungsgleichheit als spezielle Ausformung des Gleichheitssatzes führen.[196] Dies ist vorliegend aber nicht der Fall, denn das Ergebnis der Volksabstimmung lag nicht bereits wegen der Bezirkseinteilung fest.[197] Die Abstimmung am 9. Dezember 1951 hatte eine ganz andere Tragweite als die am 24. September 1950, so daß ein anderes Abstimmungsverhalten als nicht unmöglich erschien.[198]

Die oben angeführte Argumentation der badischen Landesregierung, daß bei einer Abstimmung in Altbaden nur ein geringerer Wählerumschwung nötig gewesen wäre, als bei der schließlich gewählten Lösung mit vier Abstimmungsgebieten setzt als selbstverständlich voraus, daß auch die Stimmenzählung in den alten Ländern eine verfassungsmäßig zulässige Möglichkeit war; denn in einem an sich schon unzulässigen Verfahren kann dem Gleichheitssatz nicht Geltung verschafft werden. Da aber die Stimmenzählung im jeweiligen Gebiet der alten Länder nicht zulässig war,[199] kann ein Verstoß des Gesetzes gegen den Gleichheitssatz in der von Baden behaupteten Weise nicht festgestellt werden.

c) Ungleichbehandlung der drei südwestdeutschen Länder untereinander
Schließlich warf die badische Landesregierung in ihrem Antrag vor dem Bundesverfassungsgericht dem § 3 des Zweiten Neugliederungsgesetzes eine Ungleichbehandlung der südwestdeutschen Länder untereinander zugunsten von Württemberg-Baden vor. Württemberg-Baden habe durch die Teilung in zwei Stimmbezirke im Vergleich zu Baden und Württemberg-Hohenzollern doppeltes Stimmgewicht erhalten.[200]

Die Aufteilung Württemberg-Badens in zwei Stimmbezirke erfolgte aber nicht willkürlich und begründet deshalb keinen Verstoß gegen den Gleichheitssatz. Auf Grund der verschiedenen Fragen, welche die präsumptiven Badener und Württemberger zu beantworten hatten, war eine Aufteilung der Stimmbezirke nach dem Gebiet der alten Länder geboten. Da die bestehenden Landesgrenzen bei der Einteilung der Stimmbezirke ebenfalls zu beachten waren, erfolgte die Aufteilung in vier Stimmbezirke nicht willkürlich, sondern stellte die richtige Konsequenz dar.[201]

D); dazu auch: SEIFERT, Das Bundeswahlgesetz, Bundeswahlordnung (1965), Art. 38 Rdnr. 30 (S. 52). Siehe dazu auch: MORLOK in: Dreier, Grundgesetzkommentar, Bd. II, (1998), Art. 38 Rdnr. 102.
196 BVerfGE 28, 220 ff. (224 f.); BRAUNER, Wahlkreiseinteilung und Wahlrechtsgleichheit (1970), S. 9; siehe auch: Badische Landesregierung, Antrag der Badischen Landesregierung (1951), S. 4.
197 So aber: SCHEUNER, Rechtsgutachten, in: Der Kampf um den Südweststaat (1952), S. 356 ff. (370).
198 JELLINEK, Rechtsgutachten, in: Der Kampf um den Südweststaat (1952), S. 374 ff. (376).
199 Siehe oben: 3. Teil, 3. Kapitel, III 4 b (4).
200 Badische Landesregierung, Antrag der Badischen Landesregierung (1951), S. 4; SCHEUNER, Rechtsgutachten, in: Der Kampf um den Südweststaat (1952), S. 356 ff. (368 f.).
201 Dies wurde bereits ausführlich erörtert: 3. Teil, 3. Kapitel III 4 b (3).

Scheuner argumentiert, daß Baden auf diese Weise habe majorisiert werden sollen.[202] Dieser Vorwurf ist aber weder tatsächlich erhärtet, noch scheint er zwingend; denn auch im Falle der Abstimmung in den drei Bezirken der neuen Länder hätte Baden majorisiert werden können. Zudem wäre bei der vorgenommenen Einteilung auch eine Überstimmung des Landes Württemberg-Hohenzollern möglich gewesen.

Das Bundesverfassungsgericht[203] prüfte diesen Vorwurf der badischen Regierung nicht unter dem Aspekt des Gleichheitssatzes; daraus läßt sich schließen, daß auch das Bundesverfassungsgericht einen solchen Verstoß als nicht gegeben sah. Denn das Bundesverfassungsgericht hat die Gültigkeit eines Gesetzes unter allen rechtlichen Gesichtspunkten zu überprüfen.[204]

In der Aufteilung des Landes Württemberg-Baden in zwei Stimmbezirke ist keine Verletzung des Gleichheitssatzes zu sehen.

d) Ungleichbehandlung der vier Abstimmungsbezirke untereinander
Die badische Landesregierung[205] rügte eine Ungleichbehandlung der vier vom Zweiten Neugliederungsgesetz gebildeten Stimmbezirke, da die Möglichkeit bestand, daß einer von ihnen durch die anderen drei überstimmt wurde. Dadurch wurde die Mehrheitsentscheidung des überstimmten Bezirks im Gegensatz zu der Mehrheitsentscheidung in den anderen Bezirken nicht berücksichtigt.

Eine Ungleichbehandlung der Stimmbezirke untereinander lag aber nicht vor. Alle Stimmbezirke unterlagen in der gleichen Weise der Gefahr, überstimmt zu werden, kein Stimmbezirk wird hierbei schlechter gestellt. Die „Drei-zu-eins-Entscheidung" muß jeder überstimmte Bezirk in gleicher Weise gegen sich gelten lassen. Es handelt sich um eine Mehrheitsentscheidung, bei der es notwendig einen Überstimmten gibt.

Der Einwand, die Gefahr des Überstimmtwerdens bestehend nur theoretisch für alle vier Bezirke gleichermaßen, während nach der tatsächlichen Lage im Südwesten, die im Ergebnis der Probeabstimmung klar zum Ausdruck gekommen war, allein das Land Baden der Gefahr ausgesetzt sei, von den anderen Stimmbezirken majorisiert zu werden, greift bekanntlich nicht durch.[206] Denn es kann nicht behauptet werden, daß auf Grund der Probeabstimmung schon feststand, daß der Südweststaat zustande kommen würde, und die Volksbefragung deshalb eine Scheinabstimmung war; denn es bestand die Möglichkeit eines erheblichen Umschwungs in Nordbaden.[207]

---

202 SCHEUNER, Rechtsgutachten, in: Der Kampf um den Südweststaat (1952), S. 356 ff. (369).
203 BVerfGE 1, 14 ff.
204 BVerfGE 1, 14 ff. (Leitsatz 33).
205 Badische Landesregierung, Antrag der Badischen Landesregierung (1951), S. 4.
206 Siehe oben: 3. Teil, 3. Kapitel, III, 5.
207 So auch: BVerfGE 1, 14 ff. (53 ff.).

IV. Die Abstimmungsberechtigten

1. Das Wohnsitzprinzip

Das Zweite Neugliederungsgesetz hatte in seinem § 6 auf den bei der Volksbefragung stimmberechtigten Personenkreis nach dem Wohnsitzprinzip bestimmt. Die Abstimmungsberechtigung machte es von einer Wohnsitzdauer von drei Monaten abhängig. Durch den Ausschluß der im Abstimmungsgebiet Geborenen, die dort aber im Abstimmungszeitraum keinen Wohnsitz hatten und dadurch von der Teilnahme an der Volksabstimmung ausgeschlossen waren, könnte der Grundsatz der Allgemeinheit der Wahl verletzt sein, der als ungeschriebenes demokratisches Verfassungsrecht auch für Volksabstimmungen gilt.[208] Der Grundsatz der Allgemeinheit der Wahl ist ein Anwendungsfall des allgemeinen, als Grundrecht des Einzelnen in Art. 3 Abs. 1 GG garantierten Gleichheitssatzes.[209]

Das Wohnsitzprinzip sieht die Abstimmenden als Summe selbständiger Individuen, die sich gemäß der augenblicklichen Situation und der daraus resultierenden Situation entscheiden, nicht als Kollektiv.[210] Dagegen geht das Geburtsprinzip von der Vorstellung eines geistigen Körpers aus, dem der Abstimmende als Mitträger eines gemeinsamen Geistes angehört und in den der einzelne durch seine Geburt und Erziehung hineinwächst.[211]

Die Verfassungsmäßigkeit von § 6 des Zweiten Neugliederungsgesetzes könnte unter Hinweis auf Art. 29 Abs. 1 S. 1 GG in der Fassung vom 23. Mai 1949 angezweifelt werden. Zwar handelt sich bei der Neugliederung nach Art. 118 GG um eine speziellere Vorschrift. Dennoch gelten die Richtlinien des Art. 29 Abs. 1 GG auch für die Neugliederung nach Art. 118 GG.[212] Danach bildeten die landsmannschaftliche Verbundenheit sowie die geschichtlichen und kulturellen Zusammenhänge Richtlinien für die Neugliederung. Das landsmannschaftliche Prinzip ist ein Geburtsprinzip. Infolgedessen ist es nicht abwegig, für die Abstimmungsberechtigung auch die Anknüpfung an das Geburtsprinzip zu verlangen.[213] Dem ist aber entgegenzuhalten, daß auch die Geburt in einem be-

---

208 BVerfGE 28, 220 ff. (224); zum Streitstand: VON MANGOLDT/KLEIN, Das Bonner Grundgesetz, Band II, (1964), Art. 29, S.48
209 BVerfGE 28, 220 ff. (225).
210 JERUSALEM, Das Urteil des Bundesverfassungsgerichts über den Südweststaat-Streit, NJW 1952, S. 45 ff. (46).
211 JERUSALEM, Das Urteil des Bundesverfassungsgerichts über den Südweststaat-Streit, NJW 1952, S. 45 ff. (46).
212 Vgl. oben: 3. Teil, 3. Kapitel, III 2.
213 BECKMANN, Innerdeutsche Gebietsänderungen nach dem deutschen Grundgesetz (1954), S. 87 ff.; Hans-Joachim von Merkatz während der zweiten Beratung des Entwurfs des zweiten Gesetzes über die Neugliederung in den Ländern Baden, Württem-

stimmten Gebiet neben der Abstammung und dem tatsächlichen Aufenthalt über geraume Zeit nur einer der möglichen Anknüpfungspunkte für die landsmannschaftliche Verbundenheit ist. Es würde also eine recht willkürliche Auswahl getroffen, wenn man ausschließlich auf die Geburt abstellen wollte. Die Berücksichtigung des Geburtsprinzips bei der Neugliederung nach Art. 118 GG hätte im übrigen auch der (von Art. 29 Abs. 2 Satz 2 GG in der Fassung vom 23. Mai 1949) durch die Verweisung auf die landesrechtlichen Regelungen der Wahlberechtigung getroffenen Grundentscheidung zugunsten des Wohnsitzprinzips widersprochen. Die Entscheidung über die Vereinigung der drei südwestdeutschen Länder ist im übrigen und abweichend von periodischen demokratischen Wahlen keine Entscheidung auch über die Vergangenheit, sondern eine Entscheidung für die Zukunft. Den nicht im Südwesten geborenen, aber dort lebenden Menschen muß deshalb die Möglichkeit gegeben werden, über ihre staatliche Zukunft zu entscheiden.[214] Diese Erwägungen rechtfertigen die Bestimmung des abstimmungsberechtigten Personenkreises über den Wohnsitz.

Die Berücksichtigung des Geburtsprinzips, möglicherweise auch neben dem Wohnsitzprinzip, hätte zudem unüberwindbare technische Schwierigkeiten mit sich gebracht, die zu dem angestrebten Erfolg in keinem vernünftigen Verhältnis gestanden hätten, da die Zahl der an der anstehenden Frage zwar interessierten, nach dem Wohnsitzprinzip jedoch von der Abstimmung ausgeschlossenen Personen nur sehr gering sein konnte, so gering, daß ihre Berücksichtigung auf das Ergebnis der Abstimmung keinen Einfluß ausüben konnte.[215]

Die ausschließliche Zuerkennung der Abstimmungsberechtigung nach dem Geburtsprinzip hätte schließlich – ebenso wie die zum Teil geforderte Verlängerung der notwendigen Wohnsitzdauer auf mehrere Jahre – zur Folge gehabt, daß die im Südwestraum neu angesiedelten Heimatvertriebenen von einer Abstimmung ausgeschlossen gewesen wären. Die Frage nach der Neugliederung eines Gebietes berührt aber in erster Linie den in dem Gebiet ansässigen Aktivbürger. Seine Lebensgestaltung ist in vielfältiger Weise mit der konkreten politischen Ordnung des engeren Bereichs verknüpft, in dem er lebt. Dies rechtfertigt eine Anknüpfung an den Wohnsitz.[216] Die Dreimonatsfrist ist sinnvoll und zweckmäßig. Durch sie sollte sichergestellt werden, daß der Staatsbürger sein Abstimmungsrecht erst ausübt, wenn er ernstlich im Abstimmungsgebiet seßhaft geworden ist.[217]

---

berg-Baden und Württemberg-Hohenzollern, in der 136. Sitzung des Deutschen Bundestages am 19. April 1951, in: BT-Protokoll I/5313 ff. (5343 A).
214 Siehe dazu den Bericht von Fritz Erler über die Arbeit des Ausschusses für innergebietliche Neuordnung, in der 135. Sitzung des Deutschen Bundestages am 18. April 1951, in: BT-Protokolle I./5257 ff. (5304 B).
215 BVerfGE 28, 220 ff. (225 f.).
216 BVerfGE 28, 220 ff. (226); 37, 84 ff. (90).
217 SCHREIBER, Handbuch des Wahlrechts (2002), § 12 Rdnr. 13.

Ein Verstoß gegen eine – nach Art. 25 GG zu beachtende – allgemeine Regel des Völkerrechts, die zum Inhalt hat, daß bei einer Volksabstimmung über eine Gebietsveränderung das Geburtsprinzip anzuwenden sei,[218] ist nicht ersichtlich.[219] Selbst beim Bestehen einer derartigen allgemeinen Regel des Völkerrechts wäre die Übertragung einer solchen Regel auf den innerstaatlichen Bereich nicht indiziert, da die Regel im Bund-Länder-Verhältnis keine Anwendung fordert.[220]

Der Grundsatz der Allgemeinheit der Wahl ist also nicht dadurch verletzt, daß diejenigen Bürger, die im Gebiet der drei südwestdeutschen Länder geboren wurden, dort aber keinen Wohnsitz inne hatten, von der Teilnahme an der Volksabstimmung ausgeschlossen waren. § 6 des Zweiten Neugliederungsgesetzes ist nach alledem verfassungskonform.

2. Die Sonderregelung für Staatsbedienstete

§ 7 des Zweiten Neugliederungsgesetzes normierte eine Durchbrechung des Grundsatzes der Seßhaftigkeit im Abstimmungsgebiet nach § 6 des Zweiten Neugliederungsgesetzes. § 7 des Zweiten Neugliederungsgesetzes gewährte den im öffentlichen Dienst beschäftigten Personen das Stimmrecht bei der Volksbefragung, wenn sie aus dienstlichen Gründen ihren Wohnsitz im benachbarten Ausland nehmen mußten.

Verfassungsrechtlichen Bedenken begegnet diese Regelung im Hinblick auf das in Art. 38 GG enthaltene Erfordernis der allgemeinen und gleichen Wahl. Diese Bedenken können aber durch den Hinweis auf die jahrzehntelange bei allen Abstimmungen geübte Praxis zerstreut werden, die sich aus der besonderen Situation an der südlichen Grenze Badens ergeben hat. Schon im Reichswahlgesetz[221] war der Grundsatz, daß nur im Staatsgebiet ansässige Bürger an der Wahl teilnehmen dürfen, nicht strikt durchgeführt. § 11 Abs. 2 RWG sah vor, daß Staatsbeamten und Arbeiter in Staatsbetrieben, die ihren Wohnsitz im Ausland nahe der Reichsgrenze (20 km) hatten, auf Antrag in die Wählerliste einer benachbarten deutschen Gemeinde einzutragen waren.[222] Die Sonderregelung beruht auf sachgerechten Kriterien. Dieser in § 11 Abs. 2 RWG bezeichnete Personenkreis hat das Abstimmungsgebiet auf Anordnung verlassen. Der Anordnung seines Dienstherren muß der Angehörige des öffentlichen Dienstes

---

218 So: KELLER, Das Stimmrecht beim Volksentscheid über die Neugliederung des Bundesgebietes, in: Bayerischer Staatsanzeiger, Nr. 11 vom 18. März 1950.
219 DIETLEIN, in: Bonner Kommentar Bd. 5 (2005), Art. 29 Rdnr. 27; dazu auch: STERN, Staatsrecht Bd. I (1984), § 7 III 5, S. 245; ENGEL, Verfassungs-, Gesetzes- und Referedumsvorbehalt für Änderungen des Bundesgebietes und anderer gebietsbezogener Akte, in: AöR 114 (1989), S. 46 ff. 102 f.
220 Vgl. oben: 3. Teil, 3. Kapitel, III, 1 d).
221 Reichswahlgesetz vom 27. April 1920 in der Fassung vom 6. März 1924, RGBl. I S. 159.
222 SCHREIBER, Handbuch des Wahlrechts (2002), § 12 Rdnr. 22.

nachkommen.²²³ Die Beschränkung auf eine Entfernung von 20 km findet ihre Rechtfertigung darin, daß die Möglichkeit der Briefwahl noch nicht eingeführt war.²²⁴ § 7 des Zweiten Neugliederungsgesetzes ist verfassungskonform.

V. Der Ministerrat nach § 12 des Zweiten Neugliederungsgesetzes

Als Übergangslösung nach der für den Südweststaat erfolgreichen Volksabstimmung sah § 12 des Zweiten Neugliederungsgesetzes als Exekutivorgan des neuen Landes bis zur Bildung der vorläufigen Regierung einen Ministerrat aus Vertretern der betroffenen drei Länder vor. Der Ministerrat war ein zeitlich begrenztes Organ und sollte von der vorläufigen Regierung abgelöst werden. Unter diesem Blickwinkel läßt sich vermuten, daß seine verfassungsrechtliche Rolle ähnlich einer Regierung ausgerichtet war, er also der Exekutive angehörte.²²⁵ Die Ausgestaltung der Aufgaben des Ministerrates bestätigt dies: Der Ministerrat sollte den reibungslosen Ablauf der Vereinigung der Länder sicherstellen, indem er die Verfassunggebende Landesversammlung wählte (§ 13 Abs. 1) und einberief (§ 14 Abs. 1), die erforderlichen Durchführungsverordnungen erließ (§ 13 Abs. 3) und Einspruch gegen Maßnahmen und Gesetze, die den Zusammenschluß verhindern sollten, einlegen konnte (§ 17). Zuletzt oblagen dem Ministerrat nach § 18 Abs. 1 Nr. 1 die Ernennung und Beförderung verschiedener Beamten- und Angestelltengruppen und die Genehmigung einmaliger Ausgaben von mehr als einer Million Mark (§ 18 Abs. 1 Nr. 2).

Diese Bestimmungen griff die badische Landesregierung mit dem Argument an, sie würden in verfassungswidriger Weise – nämlich unter Verstoß gegen Art. 28 GG – in die Befugnisse der zu dieser Zeit noch bestehenden Länder eingreifen. Durch § 12 des Zweiten Neugliederungsgesetzes werde ein Gebilde geschaffen, welches das Grundgesetz weder kenne noch billige. Deshalb sei die Schaffung des Ministerrats von der Neugliederungsbefugnis des Art. 118 GG nicht gedeckt.²²⁶

Verfassungsrechtlich begegnet die Einrichtung des Ministerrates als solche keinen Bedenken.²²⁷ Die Verschmelzung der bestehenden Länder zu einem einheitlichen Bundesland erforderte während der Übergangszeit zunächst die Koordination der Arbeit der Organe der bisherigen Länder und ihre Umgestaltung in Organe des neuen Landes, bis diese in der Lage waren, ihre Funktionen selbst wahrzunehmen. Zudem hatte die Einrichtung des Ministerrates keinen Einfluß auf die Existenz der Länder: Die Landtage und Landesregierungen der alten

---

223 BVerfGE 36, 139 (142 f.); SCHREIBER, Handbuch des Wahlrechts (2002), § 12 Rdnr. 23.
224 BVerfGE 36, 139 (143).
225 Dazu ausführlich: DI FABIO, Gewaltenteilung, in: HbdStR, Bd. II (2004), § 27, Rdnr. 22 ff., S. 624 f.
226 Antrag der Staatsregierung von Baden, in: Der Kampf um den Südweststaat (1952), S. 264 ff. (268).
227 So auch: BVerfGE 1, 14 (57 f.).

Länder bestanden weiter[228] und die Hoheitsrechte der Länder wurden nur unbedeutend eingeschränkt. Das Grundgesetz enthält für dieses Übergangsstadium keine, insbesondere keine widersprechende Regelung.[229] Die Errichtung des Ministerrates als gemeinsames Organ aller drei Länder gewährleistet die Erfüllung dieser Aufgabe. Die Einrichtung des Ministerrats kann als notwendig bezeichnet werden. Der Umstand, daß das Grundgesetz und die Länderverfassungen den von § 12 vorgesehenen Ministerrat nicht kennen, steht der Zulässigkeit der Einführung eines solchen Organs nicht entgegen. Die Vorschriften des Grundgesetzes, insbesondere die über Verfassungsorgane und ihre Kompetenzen, beziehen sich auf intakte Länder und nicht auf Länder, die in der Entstehung oder in der Auflösung begriffen sind. In diesem Bereich kann dem Bundesgesetzgeber im Rahmen seiner Befugnis zur Neugliederung auch Ermessen über die Ausgestaltung der Regierung und Verwaltung in der Übergangszeit eingeräumt werden.

Die Einrichtung des Ministerrats steht ebenfalls nicht im Widerspruch zur grundgesetzlichen Garantie der verfassungsmäßigen Ordnungen der Länder. Diese Garantie hat nur für bestehende und nicht für in der Auflösung begriffene Länder Gültigkeit. Die Garantie des Art. 28 Abs. 3 GG steht unter dem Vorbehalt einer Veränderung durch Neugliederung.

Allenfalls bietet die umfassende Kompetenzzuweisung an den Ministerrat eine Grundlage für rechtsstaatliche Bedenken. Das Genehmigungserfordernis für die Beamtenernennung nach § 18 Abs. 1 Nr. 1 des Zweiten Neugliederungsgesetzes entspricht der Einordnung des Ministerrats als Exekutivorgan. Die Entscheidung über personelle Angelegenheiten der Beamten von erheblichem Gewicht gehören bis heute zum Kernbereich der Exekutive.[230] Insoweit bestehen hinsichtlich der Aufgabenzuweisung keine Bedenken. Die Genehmigung höherer Ausgaben nach § 18 Abs. 1 Nr. 2 des Zweiten Neugliederungsgesetzes obliegt ebenfalls dem Exekutivorgan, so ist nach der Aufgabenverteilung des Grundgesetzes das Budgetrecht der Bundesregierung zugewiesen (Art. 110,[231] 112, 113, 114 GG), also Regierungsaufgabe.[232] Auch insoweit entspricht die Kompetenzzuweisung dem Prinzip der Gewaltenteilung nach Art. 20 Abs. 2 S.

---

228 Dazu auch: FEUCHTE, Verfassungsgeschichte von Baden-Württemberg (1983), S. 157.
229 BVerfGE 1, 14 (58).
230 BRAUN, Kommentar zur Verfassung des Landes Baden-Württemberg, (1984), Art. 51 Rdnr. 9. Dies läßt sich durch § 10 des Landesbeamtengesetzes für Baden-Württemberg unterstreichen, wonach der Ministerpräsident die Landesbeamten ernennt, soweit nichts anderes bestimmt ist. Weiterführend: KIENZLER, Beamtenrecht in Baden-Württemberg (1994), Rdnr. 142, S. 57.
231 Die Bundesregierung beschließt nach § 29 Abs. 1 BHO über den Entwurf des Haushaltsgesetzes mit dem Entwurf des Haushaltsplans und bringt den vorn ihr beschlossenen Entwurf ein (§ 30 BHO). Weiterführend: HILLGRUBER, in: v. Mangoldt/Klein/Starck, Bd. 3 (2005), Art. 110 Abs. 3 Rdnr. 92 ff.
232 SCHRÖDER, Aufgaben der Bundesregierung, in: HbdStR Bd. II (1998), § 50 Rdnr. 6, S. 588.

2 GG. Das nach § 17 des Zweiten Neugliederungsgesetzes dem Ministerrat zugewiesene Vetorecht genügt ebenfalls dem Rechtsstaatsprinzip, da diesen nicht nur die Trennung, sondern gegenseitige Kontrolle der Gewalten zu entnehmen ist.[233] Dem Ministerrat obliegt insoweit die Aufgabe der Kontrolle des Gesetzgebers, um die Vereinigung der Länder zu fördern.

Zuletzt ist die Verordnungsermächtigung, die dem Ministerrat durch § 13 Abs. 3 des Zweiten Neugliederungsgesetzes erteilt wurde, verfassungsrechtlich nicht problematisch. Die Rechtsetzung durch die Exekutive durchbricht zwar das Gewaltenteilungsprinzip, denn grundsätzlich ist die Rechtsetzung Sache der Legislative.[234] Aber nicht die absolute Trennung, sondern gegenseitige Kontrolle, Hemmung und Mäßigung der Gewalten ist dem Rechtsstaatsprinzip zu entnehmen. Gewaltverschränkungen und -balancierungen sind insoweit zulässig, als die in der Verfassung vorgenommene Verteilung zwischen den Gewalten bestehen bleibt. Für das Verhältnis von Legislative und Exekutive bedeutet dies: Die abgeleitete Rechtsetzung der Exekutive kann sich nur in einem beschränkten, vom Gesetzgeber vorgezeichneten Rahmen vollziehen.[235] Die Verordnungsermächtigung muß die Bestimmung von Inhalt, Zweck und Ausmaß enthalten. Die Ermächtigung muß inhaltlich so bestimmt sein, daß vorhergesehen werden kann, welchen Inhalt die erlassenen Verordnungen haben und in welchen Fällen sie erlassen werden.[236] Die Verordnungsermächtigung des § 13 Abs. 3 des Zweiten Neugliederungsgesetzes hält sich in den Grenzen der Rechtsetzungsbefugnis, die sich aus den verfassungsrechtlichen Prinzipien des Rechtsstaates und der Gewaltenteilung ergeben.[237] Aus dem Wortlaut des § 13 Abs. 3 des Zweiten Neugliederungsgesetzes ergibt sich, daß die Verordnungsermächtigung ausschließlich für den Bereich der Wahl der Verfassunggebenden Landesversammlung gelten soll. Die Verordnungen des Ministerrates sollen die Durchführung der Wahl zum Gegenstand haben, die sich an den Bestimmungen des Wahlgesetzes der Bundesrepublik Deutschland und den Vorschriften des Art. 41 GG orientieren muß. Die Verordnungsermächtigung des § 13 Abs. 3 des Zweiten Neugliederungsgesetzes genügt den Anforderungen des Rechtsstaatsprinzips.

Die von der badischen Landesregierung vorgetragenen Bedenken gegen den Ministerrat sind nicht stichhaltig. Gegen die verfassungsrechtliche Zulässigkeit der Einrichtung des Ministerrats und die vorgenommene Aufgabenzuweisung bestehen keine Bedenken.

---

233 BVerfGE 34, 52 ff. (59 f.).
234 BVerfGE 18, 52 ff. (59); 24, 184 ff. (197)
235 BVerfGE 34, 52 ff. (59 f.).
236 BVerfGE 7, 828 ff. (301); weiterführend: MÖSSLE, Inhalt, Zweck und Ausmaß, Zur Verfassungsgeschichte der Verordnungsermächtigung (1990), S. 33 ff.; NIERHAUS, Bestimmtheitsgebot und Delegationsverbot des Art. 80 Abs. 1 Satz 2 GG, in: Festschrift für Stern (1997), S. 717 ff. (720).
237 BVerfGE 18, 52 ff. (59); 24, 184 ff. (197); BVerfGE 34, 52 ff. (59 f.).

VI. Die Befugnisse der Verfassunggebenden Landesversammlung

Das Zweite Neugliederungsgesetz grenzte in den §§ 14, 15 und 24, 25 die Aufgaben und den Wirkungsbereich der Verfassunggebenden Landesversammlung ab. Das Gesetz ermächtigte die Verfassunggebende Landesversammlung, die verfassungsrechtlichen Grundlagen des neuen Staates oder der alten Länder zu schaffen: Bei der Vereinigung zum Südweststaat hatte die Verfassunggebende Landesversammlung die Pflicht, innerhalb eines Monats nach ihrem Zusammentritt den Ministerpräsidenten zu wählen.[238] Ihre Hauptaufgabe sollte die Verabschiedung der neuen Landesverfassung sein. Im übrigen war ihre rechtliche Stellung bis zum Erlaß des Überleitungsgesetzes[239] umstritten.[240]

Unklar ist, inwieweit die Verfassunggebende Landesversammlung neben ihrer Verfassungsarbeit befugt war, einfache Gesetzgebungsbefugnisse auszuüben. Die verfassungsrechtliche Zuständigkeit, eine Verfassung zu erlassen, begründet keinerlei einfache Gesetzgebungskompetenz. Im Rahmen der verfassungsrechtlichen Regelung gibt es keine unbegrenzten Befugnisse, jede Zuständigkeit ist begrenzt. Sie richtet sich nach ihrem Auftrag, ob sie eigens zu dem Zweck einberufen war, eine Verfassung zu schaffen, oder ob sie auch die Kompetenz hatte, einfache Gesetze zu erlassen.[241] Eine Schranke der verfassunggebenden Gewalt beruht auf dem Umstand, daß ihre Zuordnung zum Volk nach dem Grundsatz der Volkssouveränität eine Ermächtigung der Verfassungsgeber durch das Volk voraussetzt. Es hat sich so auch die Anerkennung einer besonderen, von der gesetzgebenden verschiedenen, ihr übergeordneten verfassunggebenden Gewalt unter dem Grundgesetz durchgesetzt.[242] Verfassungsgebung bedeutet Schaffung der als positives Verfassungsgesetz verstandenen Verfassung.[243]

§ 14 Abs. 3 des Zweiten Neugliederungsgesetzes übertrug der Verfassunggebenden Landesversammlung die Befugnis, „... Gesetze und Maßnahmen, die im Interesse der Bildung des neuen Bundeslandes schon vor Inkrafttreten der Verfassung erforderlich sind ..." zu beschließen. Bei enger Auslegung nach dem Wortlaut könnte die Verfassunggebende Landesversammlung ausschließlich auf diese Maßnahmen beschränkt werden. Zur Begründung könnte § 14 Abs. 5 des Zweiten Neugliederungsgesetzes herangezogen werden, in dem es heißt, daß nach dem Inkrafttreten der Verfassung (und nicht schon vorher) die Verfassunggebende Landesversammlung die Befugnisse des ersten Landtags auf läng-

---

238 ESCHENBURG, Verfassung und Verwaltungsaufbau des Südweststaates (1952), S. 17.
239 Vom 15. Mai 1952 (BGBl. I 3).
240 MACKENRODT, Probleme der Neugliederung des Südwestdeutschen Bundesgebietes (1954), S. 7.
241 SCHMITT, Verfassungslehre (1954), S. 75 ff. (101 f.).
242 STERN, Staatsrecht, Bd. I (1984), § 5 II 3 (S. 157).
243 MURSWIEK, Die verfassungebende Gewalt nach dem Grundgesetz für die Bundesrepublik Deutschland (1978), S. 164.

stens zwei Jahre wahrnehmen solle.[244] Mit § 14 Abs. 3 des Zweiten Neugliederungsgesetzes ist es unvereinbar, daß die Verfassunggebende Landesversammlung sich die vollen Rechte eines Landtages zulegt.[245] Zur Unterstützung einer solchen eng an den Wortlaut gehaltenen Auslegung des § 14 Abs. 3 des Zweiten Neugliederungsgesetzes könnte noch auf die § 19 und § 20 des Zweiten Neugliederungsgesetzes hingewiesen werden. Nach § 19 trugen die alten Länder den Aufwand für den Ministerrat, die Verfassunggebende Landesversammlung und die vorläufige Regierung. § 20 betraf das Außerkrafttreten der Verfassungen der alten Länder. Aus dem Wortlaut des § 19 entnahm die CDU, daß der Bundesgesetzgeber die bisherigen Länder auch neben der vorläufigen Regierung weiter bestehen lassen wollte; denn ein nicht existentes Land kann nicht die Aufwendungen für die genannten Übergangsorgane tragen.[246] Entsprechendes entnahm man § 20. Aus beiden Vorschriften kann gefolgert werden, daß der Bundesgesetzgeber eine Verteilung der Aufgaben auf die alten Landtage und die Verfassunggebende Landesversammlung vornehmen wollte und letzterer schon zur Vermeidung von Doppelungen zunächst noch nicht die volle Machtfülle eines Landtages zugedacht war.[247]

Zudem ist bei der Unterscheidung der besonderen verfassunggebenden Gewalt und der gesetzgebenden Gewalt zweifelhaft, ob der Verfassunggebenden Landesversammlung überhaupt ein Gesetzgebungsrecht zukommt oder die Kompetenzverteilung durch den Bundesgesetzgeber verfassungswidrig war.

Ein Blick in die Geschichte zeigt, daß die am 18. Mai 1848 in der Frankfurter Paulskirche zusammengetretenen Nationalversammlung, welche die alleinige verfassunggebende Gewalt beanspruchte, zugleich die Obliegenheiten eines ordentlichen Gesetzgebers wahrnahm.[248] Die Nationalversammlung erließ z.B. am 28. Juni 1848 das „Gesetz über die Einführung einer provisorischen Zentralgewalt für Deutschland".[249] Die verfassunggebende Deutsche Nationalversammlung von 1919 verabschiedete das „Gesetz über die Einrichtung der vorläufigen

---

244 MACKENRODT, Probleme der Neugliederung des Südwestdeutschen Bundesgebietes (1954), S. 10 f.
245 Gebhard Müller in der 5. Sitzung der Verfassunggebenden Landesversammlung am 10. Mai 1952, in: FEUCHTE, Quellen zur Entstehung der Verfassung von Baden-Württemberg, Erster Teil (1986), S. 445 ff. (475 f.).
246 Gebhard Müller in der 5. Sitzung der Verfassunggebenden Landesversammlung am 10. Mai 1952, in: FEUCHTE, Quellen zur Entstehung der Verfassung von Baden-Württemberg, Erster Teil (1986), S. 445 ff. (473). siehe dazu auch: MACKENRODT, Probleme der Neugliederung des Südwestdeutschen Bundesgebietes (1954), S. 12.
247 MACKENRODT, Probleme der Neugliederung des Südwestdeutschen Bundesgebietes (1954), S. 12.
248 HUBER, Verfassungsgeschichte Bd. 2 (1960), S. 621, 626.
249 HUBER, Dokumente Bd. 1 (1978) Nr. 85 (S. 340 f.). Unter den auf von der Nationalversammlung beschlossenen Reichsgesetzen waren das Immunitätsgesetz vom 30. September 1848 (HUBER, Dokumente Bd. 1 [1978] Nr. 95 [S. 349]) und das Verfassungsschutzgesetz vom 10. Oktober 1848 (HUBER, Dokumente Bd. 1 [1978] Nr. 96 [S. 350 f.]) besonders bedeutend.

Reichsgewalt",[250] war also auch einfachgesetzlich tätig.[251] Beim Zusammenschluß der thüringischen Kleinstaaten im Jahre 1920 zu einem Staat Thüringen auf Grund des Gemeinschaftsvertrages[252] hatte der Volksrat gemäß Art. 9 Abs. 1 dieses Vertrages eine der Verfassunggebenden Landesversammlung entsprechende Doppelfunktion. Gemäß § 4 des „Gesetzes betreffend das Land Thüringen"[253] galt der Volksrat von Thüringen neben seiner verfassunggebenden Aufgabe als Volksvertretung mit der Befugnis zur einfachen Gesetzgebung.[254]

Innerhalb der Verfassunggebenden Landesversammlung bestand weitgehende Einigkeit darüber, daß die Versammlung alle Zuständigkeiten inne hat, die im Interesse der Bildung des neuen Bundeslandes schon vor Inkrafttreten der Verfassung erforderlich sind.[255]

Das Bundesverfassungsgericht äußerte sich in seinem Urteil vom 23. Oktober 1952 zur Stellung der Verfassunggebenden Landesversammlung folgendermaßen:

„Mit dieser besonderen Stellung ist es unverträglich, daß ihr von außen Beschränkungen auferlegt werden. Sie ist nur gebunden an die jedem geschriebenen Recht vorausliegenden überpositiven Rechtsgrundsätze ... Sie kann sich nur selbst Schranken auferlegen. Jeder verfassunggebenden Versammlung ist eigentümlich, daß ihr Auftrag gegenständlich beschränkt ist. Sie ist nur berufen, aus dem verfassungslosen Zustand den verfassungsmäßi-

---

250 Vom 10. Februar 1919, RGBl. S. 169; Abdruck des Textes auch bei HUBER, Dokumente, Bd. 4 (1991), Nr. 77 (S. 77 ff.). Der Text des § 1 und des § 4 Abs. 1 S. 1 des Gesetzes über die vorläufige Reichsgewalt ist der Vorschrift des § 4 Abs. 1 des Überleitungsgesetzes sehr ähnlich,. Es heißt dort: „§ 1. Die verfassunggebende Deutsche Nationalversammlung hat die Aufgabe, die künftige Reichsverfassung sowie auch sonstige dringende Reichsgesetze zu beschließen." und „§ 4. Die künftige Reichsverfassung wird von der Nationalversammlung verabschiedet. ..." Die Nationalversammlung hat die ordentliche Gesetzgebungsbefugnis rege in Anspruch genommen. So z.B. Übergangsgesetz vom 4. März 1919 (RGBl. S. 285), auch bei: HUBER, Dokumente, Bd. 4 (1991), Nr. 81 (S. 82 f.); Reichsgesetz über die Bildung einer vorläufigen Reichswehr vom 6. März 1919 (RGBl. S. 295), auch bei: HUBER, Dokumente, Bd. 4 (1991), Nr. 83 (S. 85).
251 Weiterführend: HUBER, Verfassungsgeschichte, Bd. 5, S. 1075 ff. (1077ff.); MACKENRODT, Probleme der Neugliederung des Südwestdeutschen Bundesgebietes (1954), S. 22 f.
252 Abgedruckt im JöR Bd. IX, 1920, S. 239 ff., bei ROSENTHAL, Die Entwicklung des Verfassungsrechts in den thüringischen Staaten seit November 1918 und die Bestrebung zur Bildung eines Landes Thüringen, S. 226 – 244.
253 Vom 30. April 1920, RGBl. I S. 841: „§ 4. Der Volksrat von Thüringen beschließt die vorläufige Landesverfassung. Bis die Landesregierung und die Volksvertretung von Thüringen auf Grund dieser Verfassung in Wirksamkeit getreten sind, gelten nach den Bestimmungen des Gemeinschaftsvertrags über den Zusammenschluß der thüringischen Staaten der Staatsrat von Thüringen als Landesregierung und der Volksrat von Thüringen als Volksvertretung."
254 MACKENRODT, Probleme der Neugliederung des Südwestdeutschen Bundesgebietes (1954), S. 25.
255 MACKENRODT, Probleme der Neugliederung des Südwestdeutschen Bundesgebietes (1954), S. 11.

gen Zustand herzustellen, also ‚die Verfassung' des neuen Staates, das ist die Verfassung im formellen Sinn, und die Gesetze zu schaffen, die für die Übergangszeit und die Zukunft notwendig sind, damit der Staat durch seine Verfassungsorgane wirksam handeln und funktionieren kann."[256]

Das Bundesverfassungsgericht hatte mit dieser Aussage nicht die Absicht, der Verfassunggebenden Landesversammlung eine Beschränkung aufzuerlegen. Das geht aus dem Urteil selbst hervor:

„Die Verfassunggebende Landesversammlung ist ihrem Wesen nach unabhängig, sie kann sich nur selbst Schranken auferlegen.".[257]

Die Aussage von Gebhard Müller, die Verfassunggebende Versammlung sei auf zwei Aufgaben beschränkt:

„Die eine Aufgabe ist die Schaffung der Verfassung, das zweite aber die Beschränkung der Aufgabe auf diejenigen, die im Interesse der Bildung des neuen Bundeslandes schon vor Inkrafttreten der Verfassung erforderlich sind.",[258]

ist vor dem Hintergrund des Urteils unrichtig. Danach wäre es, selbst wenn die von der CDU vorgenommene restriktive Auslegung richtig gewesen wäre, kein Hinderungsgrund für die Verfassunggebende Landesversammlung gewesen, sich in dem Überleitungsgesetz die vollen Befugnisse eines Landtags zu übertragen.[259] § 14 Abs. 3 des Zweiten Neugliederungsgesetzes enthält folglich keine Beschränkung der Verfassunggebenden Landesversammlung.[260]

§ 14 Abs. 4 des Zweiten Neugliederungsgesetzes schränkte die Unabhängigkeit der Verfassunggebenden Landesversammlung dadurch ein, daß er für die ihr obliegende Wahl des Ministerpräsidenten eine Frist setzte. Diese Zeitvorgabe für die Wahl des Ministerpräsidenten kann wegen des Bedürfnisses nach Schaffung einer funktionsfähigen Exekutive in einem im Aufbau begriffenen Land noch als Maßnahme im Rahmen der Neugliederung gesehen und deshalb für verfassungsmäßig gehalten werden.

§ 14 Abs. 5 des Zweiten Neugliederungsgesetzes erweiterte den üblichen Auftrag einer Verfassunggebenden Landesversammlung, indem er ihr – beschränkt auf zwei Jahre – den Status des ersten Landtags verlieh. Er griff damit in die Freiheit der Verfassunggebenden Landesversammlung zur Gestaltung des verfassungsmäßigen Zustandes in dem neuen Land so weitgehend ein, daß dies mit den erforderlichen Maßnahmen zur Durchführung der Neugliederung nicht mehr in Zusammenhang gebracht werden kann. Eine derartige Bestimmung

---

256 BVerfGE 1, 14 ff. (61).
257 BVerfGE 1, 14 ff. (61).
258 Gebhard Müller in der 5. Sitzung der Verfassunggebenden Landesversammlung am 10. Mai 1952, in: FEUCHTE, Quellen zur Entstehung der Verfassung von Baden-Württemberg, Erster Teil (1986), S. 445 ff. (475).
259 BVerfGE 1, 14 ff. (62).
260 So auch: MACKENRODT, Probleme der Neugliederung des Südwestdeutschen Bundesgebietes (1954), S. 15.

hätte allenfalls die Verfassunggebende Landesversammlung selbst treffen können, wobei zweifelhaft ist, ob diese Bestimmung einer Prüfung am Maßstab des demokratischen Prinzips standgehalten hätte. Zu dieser Frage gab das Bundesverfassungsgericht folgende sibyllinische Stellungnahme ab:

> „Demokratischen Grundsätzen würde es mehr entsprechen, wenn das Volk nach Inkrafttreten der Verfassung unverzüglich seinen ersten Landtag wählen würde".[261]

§ 14 Abs. 5 des Zweiten Neugliederungsgesetzes verletzte also die Unabhängigkeit der Verfassunggebenden Landesversammlung[262] und ist damit verfassungswidrig. Dasselbe mußte für § 24 Abs. 5 des Zweiten Neugliederungsgesetzes gelten, der die gleichen Bestimmungen für den Fall der Herstellung der alten Länder Baden und Württemberg enthielt, und für § 15 des Zweiten Neugliederungsgesetzes, der die Unabhängigkeit der Verfassunggebenden Landesversammlung durch Rechte des Ministerrates ihr gegenüber beeinträchtigte. Dagegen stoßen die anderen Regelungen, welche die Verfassunggebende Landesversammlung zum Gegenstand haben, nicht auf verfassungsrechtliche Bedenken.

VII. Rechtswegausschluß

Die badische Landesregierung griff das Zweite Neugliederungsgesetz mit dem Vorwurf an, daß es in unzulässiger Weise den jedermann offenstehenden Rechtsweg, insbesondere zum Bundesverfassungsgericht, verwehre und damit die Art. 19 Abs. 4 und 93 Abs. 1 Satz 4 des Grundgesetzes verletze.[263]

1. Das Einspruchsrecht des Ministerrats

Dieser Vorwurf könnte zunächst § 17 treffen, der dem Ministerrat ein Einspruchsrecht gegen Gesetze und Maßnahmen der bis zur Bildung des Südweststaats fortbestehenden Länder einräumte (§ 17 Satz 1). Die Instanz gegen den Einspruch bildete die Verfassunggebende Landesversammlung (§ 17 Satz 3).

Der Ministerrat kann sich nicht auf die Rechtsweggarantie berufen. Art. 19 Abs. 4 GG gilt nicht für den Schutz von Organen juristischer Personen des öffentlichen Rechts. Dies gilt selbst dann, wenn sie über wehrfähige Rechte verfügen, die sie gerichtlich geltend machen können.[264] Der allgemeine Justizgewährleistungsanspruch[265] greift bei dem Einspruchsrecht der Länder gegen Gesetze und Maßnahmen ebenfalls nicht, weil insoweit der Schutz von Verfassungsrechten in Rede steht. Die Organe haben nur die ihnen durch Art. 93 GG einge-

---

261 BVerfGE 1, 14 ff. (62).
262 FEUCHTE, Verfassungsgeschichte von Baden-Württemberg (1983), S. 219 f.
263 Badische Landesregierung, Antrag der Badischen Landesregierung (1951), S. 6.
264 SCHMIDT-ASSMANN in: Maunz/Dürig, Grundgesetz Kommentar, Bd. III (2005), Art. 19 Abs. 4, Rdnr. 42; RAMSAUER, in: AK Bd. II (2002), Art. 19 Abs. 4, Rdnr. 43.
265 RAMSAUER, in: AK Bd. II (2002), Art. 19 Abs. 4, Rdnr. 27.

räumten Möglichkeiten, ihre Verfassungsrechte gerichtlich durchzusetzen.[266] § 17 des Zweiten Neugliederungsgesetzes schließt nach seinem Wortlaut auch nicht die Anrufung des Bundesverfassungsgerichts aus. Insoweit bestehen keine verfassungsrechtlichen Bedenken.

2. Die Schiedsgerichtsklausel

Die Schiedsgerichtsklausel des § 26 S. 2 des Zweiten Neugliederungsgesetzes könnte den alten Ländern den Rechtsschutz durch das Bundesverfassungsgericht versagen und somit dem Grundsatz des Art. 19 Abs. 4 GG widersprechen,[267] da die Garantie effektiven Rechtsschutzes nur durch staatliche Gerichte der Bundesrepublik Deutschland eingelöst werden kann[268] und Schiedsgerichte den Anforderungen an den Rechtsweg nach Art. 19 Abs. 4 GG nicht genügen.[269]

Die Bestimmung des Schiedsgerichts als Streitschlichtungsstelle bedeutet aber keinen vollkommenen Verzicht auf den staatlichen Rechtsschutz. Das Bundesverwaltungsgericht hat in seiner Entscheidung vom 5. Juni 1959 die Vereinbarung von Schiedsgerichten für zulässig erachtet.[270] Die VwGO setzt in §§ 168 Abs. 1 Nr. 5, 187 Abs. 1 diese Möglichkeit voraus. Da das Wesen des Schiedsverfahrens eine Gleichordnung der Parteien voraussetzt, ist es auf koordinationsrechtliche Beziehungen der Parteien beschränkt. Schon in ältesten Zeiten waren Schiedsgerichte bekannt.[271]

3. Der Rechtsweg

Gegenüber beiden Vorschriften § 17 und § 26 S. 2 des Zweiten Neugliederungsgesetzes ist der Vorwurf des Rechtswegausschlusses ungerechtfertigt, da sich aus ihnen kein Anhaltspunkt entnehmen läßt, daß die Entscheidungen der Verfassunggebenden Landesversammlung bzw. des Schiedsgerichts endgültig und gerichtlich nicht mehr nachprüfbar sein sollten. Da in beiden Fällen für die

---

266 RAMSAUER, in: AK Bd. II (2002), Art. 19 Abs. 4, Rdnr. 43.
267 So: Ernst August Farke, in der 135. Sitzung des Deutschen Bundestages am 18. April 1951, in: BT-Protokolle I/5257 ff. (5309 A).
268 HUBER in: von Mangoldt/Klein/Starck, Das Bonner Grundgesetz, Bd. I (2005), Art. 19 Abs. 4 Rdnr. 440 ff.
269 HUBER in: von Mangoldt/Klein/Starck, Das Bonner Grundgesetz, Bd. I (2005), Art. 19 Abs. 4 Rdnr. 445. Schon das fränkische Recht empfand das Schiedsgericht nicht als Gericht. so: BADER, Das Schiedsverfahren in Schwaben vom 12. bis zum ausgehenden 16. Jahrhundert (1929), S. 11.
270 BVerwGE NJW 1959, 1985 f.
271 Dazu: ZIEGLER, Das private Schiedsgericht im antiken römischen Recht (1971), S. 11: Die Anfänge der Schiedsgerichtsbarkeit, der Verhandlung und Entscheidung von Rechtsstreitigkeiten durch von den Streitparteien gewählte dritte Personen liegen in Rom im Dunkeln. BADER, Das Schiedsverfahren in Schwaben vom 12. bis zum ausgehenden 16. Jahrhundert (1929); KRAUSE, Die geschichtliche Entwicklung des Schiedsgerichtswesens in Deutschland (1930).

Klärung der Streitigkeiten wegen des Fehlens eines anderen Rechtswegs gemäß Art. 93 Abs. 4 Satz 1 GG unmittelbar das Bundesverfassungsgericht zuständig gewesen wäre, erscheint es auch als sinnvoll und zweckmäßig, daß dieser Instanz ein Schlichtungsverfahren auf der Ebene der Betroffenen vorgeschaltet wurde.

VIII. Die Verordnungsermächtigung des Bundesinnenministers

Das Land Baden rügte die Verfassungswidrigkeit der in § 27 Abs. 2 des Zweiten Neugliederungsgesetzes dem Bundesminister des Inneren erteilten Befugnis zum Erlaß der „zur Durchführung erforderlichen Rechtsverordnungen"; sie entbehre der in Art. 80 Abs. 1 GG geforderten Bestimmtheit.[272] Dieser Regelung warf schon Ernst August Farke, Mitberichterstatter des Ausschusses für innergebietliche Neuordnung, ein Verstoß gegen Art. 80 Abs. 1 S. 2 GG vor,[273] weil sie die erforderliche Bestimmung von Inhalt, Zweck und Ausmaß der erteilten Ermächtigung nicht enthalte. Das Bundesverfassungsgericht[274] erklärte § 27 Abs. 2 des Zweiten Neugliederungsgesetzes eben darum für nichtig.

Das Erfordernis der Bestimmtheit von Verordnungsermächtigungen versucht, die Macht der Exekutive im Bereich der Rechtsetzung zu begrenzen und die Verantwortung der Legislative für den Inhalt der Rechtsverordnung zu stärken.[275] Art. 80 GG soll den Gesetzgeber zwingen, die für die Ordnung eines Lebenssachverhalts entscheidenden Vorschriften selbst zu setzen und, soweit Einzelregelungen der Exekutive überlassen bleiben, sie nach Tendenz und Ausmaß selbst zu bestimmen, damit der mögliche Inhalt der zu erlassenden Verordnung voraussehbar ist.[276] Das Bundesverfassungsgericht hat hierzu eine kasuistische Rechtsprechung entwickelt.[277]

---

272 Badische Landesregierung, Antrag der Badischen Landesregierung (1951), S. 6.
273 Ernst August Farke bei der zweiten Beratung des Entwurfs eines zweiten Gesetzes über die Neugliederung in den Ländern Baden, Württemberg-Baden und Württemberg-Hohenzollern, in der 135. Sitzung des Deutschen Bundestages am 18. April 1951, in: BT-Protokolle I/5257 ff. (5309 B).
274 BVerfGE 1, 14 ff. (20, 59 f.).
275 STERN, Staatsrecht Bd. I (1984), § 20 IV 4 c β, S. 817.
276 BVerfGE 7, 828 ff. (301); weiterführend: MÖSSLE, Inhalt, Zweck und Ausmaß, Zur Verfassungsgeschichte der Verordnungsermächtigung (1990), S. 33 ff.; NIERHAUS, Bestimmtheitsgebot und Delegationsverbot des Art. 80 Abs. 1 Satz 2 GG, in: Festschrift für Stern (1997), S. 717 ff. (720), der die Rechtsprechung des Bundesverfassungsgericht in drei Formeln zusammenfaßt: Selbstentscheidungsformel, Vorhersehbarkeitsformel und Programmformel.
277 Dazu ausführlich: MAURER, Allgemeines Verwaltungsrecht (2004), § 13 Rdnr. 6 ff., S. 348 ff.

Die Ermächtigung muß ihrem Wortlaut nach – so die frühe Rechtsprechung des Bundesverfassungsgerichts[278] – so bestimmt sein, daß vorhergesehen werden kann, in welchen Fällen und mit welcher Tendenz von ihr Gebrauch gemacht werden wird und welchen Inhalt die zu erlassenden Verordnungen haben können.[279] Der Gesetzgeber muß also selbst die Entscheidung treffen, welche Fragen geregelt werden sollen, welche Grenzen diesen Regelungen gesetzt sind und welchem Ziel sie dienen. Es soll ausreichen, wenn die Bestimmbarkeit von Inhalt, Zweck und Ausmaß unter Zuhilfenahme der Mittel juristischer Hermeneutik erlangt werden kann.[280] Das Bundesverwaltungsgericht[281] und in späteren Entscheidungen auch das Bundesverfassungsgericht[282] leiten Inhalt, Zweck und Ausmaß aus Sinn und Zweck der Ermächtigung ab.[283] Diese Zuspitzung der Rechtsprechung auf den teleologischen Aspekt der Bestimmtheit der Ermächtigung führt aber zur Auflösung der Bestimmtheitsanforderungen. Die Absenkung des Verfassungserfordernisses stellt eine Abweichung vom Willen des Verfassungsgebers dar. Die Ausweitung läuft dem Prinzip der Rechtssicherheit zuwider.[284] Dies spricht für eine restriktive Auslegung. Folglich kann nicht eingewendet werden, Inhalt, Zweck und Ausmaß der dem Bundesminister des Inneren erteilten Ermächtigung ergäben sich aus den dem § 27 Abs. 2 vorangehenden 26 Paragraphen des Zweiten Neugliederungsgesetzes.[285]

Das heißt aber nicht, daß Inhalt, Zweck und Ausmaß der Ermächtigung in jedem Fall im Text des Gesetzes ausdrücklich bestimmt sein müssen und daß es unzulässig wäre, die Ermächtigungsvorschrift auszulegen. Zur Klärung von Inhalt, Zweck und Ausmaß können wie bei jeder Interpretation der Sinnzusammenhang der Norm mit anderen Vorschriften und das Ziel, das die gesetzliche Ermächtigung verfolgt, berücksichtigt werden.[286] Der Sinnzusammenhang erschöpft aber nicht die Interpretation.

Die Verordnungsermächtigung des § 27 Abs. 2 bezieht sich auf die Durchführung einer Gesetzesmaterie, die in 26 Paragraphen mehrere verschiedenartige Abschnitte eines Neugliederungsprozesses ordnet, der in seinem Ablauf schwierig ist und in einer großen Zahl von Detailfragen eine eingehendere Regelung

---

278 Zu den Entwicklungslinien der Rechtsprechung: DANWITZ, Die Gestaltungsfreiheit des Verordnungsgebers (1989), S. 96 ff. und RAMSAUER in: AK Bd. III (2002), Art. 80 Rdnr. 65 ff. (66).
279 NIERHAUS, Bestimmtheitsgebot und Delegationsverbot des Art. 80 Abs. 1 Satz 2 GG, in: Festschrift für Stern (1997), S. 717 ff. (723).
280 DANWITZ, Die Gestaltungsfreiheit des Verordnungsgebers (1989), S. 96.
281 BVerwGE 65, 323 (326).
282 Eingeleitet durch die Entscheidung BVerfGE 7, 267.
283 RAMSAUER in: AK Bd. III (2002), Art. 80 Rdnr. 65 ff. (67).
284 DANWITZ, Die Gestaltungsfreiheit des Verordnungsgebers (1989), S. 101 f.
285 So die Regierungen von Württemberg-Baden und Württemberg-Hohenzollern in ihrem Antrag vor den Bundesverfassungsgericht vom 6. September 1951, in: Der Kampf um den Südweststaat (1952), S. 305 ff. (311).
286 STERN, Staatsrecht Bd. I (1984), § 20 IV 4 c β, S. 818.

erfordert. Für welchen Komplex oder welche einzelne dieser Fragen die Ermächtigung gelten sollte, ist dem § 27 nicht zu entnehmen. Der Gesetzgeber hat deshalb bei der Erteilung der Ermächtigung nicht in hinreichendem Maße inhaltlich bestimmt, wozu die Exekutive im einzelnen berechtigt sein sollte. Damit ist der Inhalt der Verordnungsermächtigung nicht hinlänglich bestimmt.

Demgemäß ist die Verordnungsermächtigung des § 27 Abs. 2 des Zweiten Neugliederungsgesetzes wegen Verstoßes gegen Art. 80 Abs. 1 S. 1 GG nichtig.[287] Das Bundesverfassungsgericht erklärte in seinem Urteil von 23.10.1951 § 27 Abs. 2 des Zweiten Neugliederungsgesetzes für nichtig. Der Bundesminister des Innern erließ aus den genannten Gründen keine Verordnungen, die einen Bezug zur Neugliederung des südwestdeutschen Raumes aufwiesen.

IX. Die Folgen der Nichtigkeit einzelner Nebenbestimmungen

In seinem Urteil vom 23.10.1951 erklärte nach alledem zu Recht das Bundesverfassungsgericht § 14 Abs. 5, § 15, § 24 Abs. 5 und § 27 Abs. 2 des Zweiten Neugliederungsgesetzes für nichtig. Die Verfassungswidrigkeit dieser Vorschriften des Zweiten Neugliederungsgesetzes bewirkt aber nicht die Nichtigkeit des ganzen Gesetzes.[288] Die beanstandeten Regelungen waren gegenüber den Bestimmungen über die Abstimmungsmodalitäten von untergeordneter Bedeutung und konnten deshalb auf die Geltung des gesamten Gesetzes keinen Einfluß haben. Die vom Zweiten Neugliederungsgesetz vorgesehene Volksabstimmung konnte damit stattfinden. Von ihrem Ergebnis hing die weitere Ordnung im deutschen Südwesten ab.

---

287 BVerfGE 1, 14 ff. (20, 59 f.).
288 Statt aller: SCHLAICH/KORIOTH, Das Bundesverfassungsgericht (2001), S. 264, Rdnr. 372.

4. Teil: Die Durchführung der Neugliederung

1. Kapitel: Volksabstimmung vom 9. Dezember 1951 über den Südweststaat nach dem Zweiten Neugliederungsgesetz

Für die Durchführung der durch die einstweilige Anordnung vom 9. September 1951 ausgesetzten Volksabstimmung hatte das Bundesverfassungsgericht[1] eine Frist bis zum 16. Dezember 1951 gesetzt. Daraufhin kamen die drei Länder überein, daß die Abstimmung am 9. Dezember 1951 stattfinden sollte. Gleichzeitig sollte mit dieser Abstimmung die Verlängerung der Legislaturperiode in den Ländern Baden und Württemberg-Hohenzollern im nachhinein sanktioniert werden.[2]

I. Der Abstimmungskampf

Wie vor der informatorischen Volksbefragung vom 24. September 1950 fand auch vor der Volksabstimmung am 9. Dezember 1951 ein engagiert geführter Abstimmungskampf statt,[3] der insbesondere von badischer Seite durch die Einreichung des Antrags beim Bundesverfassungsgericht am 25. Mai 1951 geschürt wurde. Die badische Regierung trat der Durchführung der vom Bundesinnenminister nach § 27 des Zweiten Neugliederungsgesetzes auf den 16. September 1951 festgesetzten Volksabstimmung mit Nachdruck entgegen. So warf sie in einem Schreiben vom 9. August 1951 an den Bundeskanzler die Frage auf, ob sie an der Durchführung einer Abstimmung mitwirken dürfe, die nach ihrer Überzeugung auf einem verfassungswidrigen Gesetz beruhe,[4] und berief sich bis zum Spruch des Bundesverfassungsgerichts auf Verfassungsnotstand.[5] Die Bundesregierung zögerte, in dieser Situation Zwang anzuwenden, um nicht durch Konflikte die Abstimmung weiter zu verzögern, es kam der Bundesregierung vielmehr darauf an, den Gerichtshof so schnell wie möglich zu konstituieren. Die Konstituierung des Bundesverfassungsgerichts hatte sich verzögert, so daß das Verfahren nicht in Gang kam. Diese Verzögerung zwang den Bundesinnenminister, die Volksabstimmung zu verschieben; denn die Befragung auf

---

1 BVerfGE 1, 1 ff. (65).
2 HENNINGS, Der unerfüllte Verfassungsauftrag (1983), S. 81.
3 Näher: HEPP, Der badische Landesteil in Baden-Württemberg, in: Badische Geschichte vom Großherzogtum bis zur Gegenwart (1979), S. 258 ff.
4 Schreiben der badischen Landesregierung vom 9. August 1951 an den Bundeskanzler, in: Der Kampf um den Südweststaat (1952), S. 270 ff.
5 FEUCHTE, Verfassungsgeschichte von Baden-Württemberg (1983), S. 147.

Grund eines Gesetzes, dessen Rechtsgültigkeit in der Öffentlichkeit umstritten und beim Bundesverfassungsgericht anhängig war, hätte das Ergebnis der Volksabstimmung verfälschen können. Allerdings ist nicht auszuschließen, daß die wenige Tage vor dem Termin erfolgte Verschiebung der Volksabstimmung durch die einstweilige Anordnung des Bundesverfassungsgerichts vom 9. September 1951[6] insoweit Einfluß auf das Abstimmungsergebnis hatte, als der bereits auf dem Höhepunkt angelangte Abstimmungskampf zunächst abgebrochen werden mußte und die Entscheidung des Gerichts als Erfolg der badischen Regierung gewertet werden konnte.[7]

Der Abstimmungskampf wurde vor der Volksabstimmung noch einfallsreicher geführt als vor der informatorischen Volksbefragung. Auffallend phantasievoll und vielfältig waren die Werbemittel der beiden Arbeitsgemeinschaften. Die Reklame für den Südweststaat war ideenreich und originell – was sich wohl mit der besseren finanziellen Ausstattung begründen läßt.[8] Besonderes Aufsehen erregte die sogenannte Wiesenbeschriftung im südlichen Schwarzwald im April 1951. Durch das Einstreuen von Kunstdünger war in bis zu 25 m großen Buchstaben das Wort Südweststaat sichtbar, was erhöhte Aufmerksamkeit der Medien und damit der Bevölkerung brachte.[9] Die Anhänger des Südweststaats fanden ihr gewichtigstes Argument in der wirtschaftlichen Zweckmäßigkeit des neuen Bundeslandes. Dieses Argument stieß insbesondere im sparsamen Württemberg auf Resonanz.[10] Dieser auf Bilanzen beruhenden Werbung setzten die Altbadener einen rein emotionellen Abstimmungskampf entgegen.

Die Gegner des Südweststaats versuchten die Vertreter des Klerus zu gewinnen, also die politische Entscheidung zu einer Glaubensentscheidung umzuformulieren.[11] So trat vor der Volksabstimmung am 9. Dezember 1951 der Erzbischof von Freiburg, Wendelin Rauch, mit einer Stellungnahme in Erscheinung. In ihr forderte er die Wiedereinrichtung der alten Länder Württemberg und Baden, um einer allgemeinen Regelung für alle Länder des Bundesgebiets nicht vorzugreifen.[12] Daraufhin bat ihn Gebhard Müller am 27. November 1951 Neutralität zu wahren, da die Einmischung für Verwirrung und Gewissensbela-

---

6   BVerfGE 1, 1 ff.
7   FEUCHTE, Verfassungsgeschichte von Baden-Württemberg (1983), S. 148.
8   Näher dazu: BURY, Der Volksentscheid in Baden (1985), S. 63 ff.
9   BURY, Der Volksentscheid in Baden (1985), S. 80.
10 MUSSGNUG, Die Anfänge Baden-Württembergs in verfassungsrechtlicher und verfassungsgeschichtlicher Sicht, ZWLG 43 (1984), S. 373 ff. (395).
11 KÖHLER, Die katholische Kirche zwischen Restauration und Neuaufbruch, in: Der Weg zum Südweststaat (1991), S. 222 ff. (235 ff.).
12 Erklärung von Erzbischof von Freiburg, Wendelin Rauch am 11. September 1950, welche er mehrmals wiederholte, hierzu Unterlagen in den Akten des Erzbischöflichen Archivs in Freiburg, Nachlässe: Nachlaß Erzbischof Dr. Wendelin Rauch (1948 – 1954), Betreff: Um den Südweststaat, Vol. I, 1950 – 1951, Nb 9 / 62.

stung bei der christlichen Bevölkerung sorge und so politisch verhängnisvolle Auswirkungen und unabsehbaren Schaden für kirchliche Interessen habe.[13]

Der Bischof von Rottenburg, Karl Joseph, erklärte dagegen seine Neutralität und gab eine amtliche Stellungnahme ab, um sie gegen die persönliche Meinung des Erzbischofs von Freiburg zu stellen:

> „Wir haben bisher in der Frage Südweststaat oder Wiederherstellung der alten Länder Württemberg und Baden Neutralität beobachtet. Zu der vom Hochwürdigsten Klerus aus der Presse bekannten Erklärung des Bischofs und Bischöflichen Ordinariates geben wir folgende Erläuterungen, die nur für die Hand des Klerus bestimmt sind:
> 1. Vom Standpunkt der Diözese Rottenburg aus können wir in einem Südweststaat kaum eine Schädigung religiös-kirchlicher Interessen erblicken. Wir möchten davon eher eine Besserung unserer kirchlichen Belange erhoffen.
> 2. Da die Abstimmung neben ihrer großen wirtschaftlichen und staatspolitischen Bedeutung gewiß auch Auswirkungen im religiösen Bereich haben wird, legen wir allen Wert darauf, daß unsere Hochwürdigsten Herren Geistlichen auch selbst an der Abstimmung teilnehmen."[14]

In Freiburg spitzten sich die Auseinandersetzungen nach den wiederholten Stellungnahmen von Erzbischof Rauch zu. Denn die Arbeitsgemeinschaft für die Vereinigung Baden-Württemberg warf Rauch am 5. Dezember 1951 Mißachtung der höchsten katholischen Autorität vor. Die Favorisierung der Wiederherstellung der alten Länder stehe im Widerspruch zu einer Stellungnahme des Vatikans im „Osservatore Romano". Dagegen wandte Rauch ein, die Verlautbarung des Vatikans besage nur, daß der Heilige Stuhl sich aus diesen Fragen heraushalte, und das bedeute für ihn kein Verbot, sich in der Südweststaatsfrage zu äußern.[15]

Von der Zuspitzung der konfessionellen Auseinandersetzungen erhofften sich die Altbadener Stimmengewinn; immerhin glaubte nach einer Umfrage des Instituts für Demoskopie ein Drittel der Bevölkerung in Südbaden, daß der Südweststaat im Interesse der Protestanten liege.[16] So empfahl ein Flugblatt der

---

13 Telegramm von Gebhard Müller vom 27. November 1951, in: Akten des Erzbischöflichen Archivs in Freiburg, Nachlässe: Nachlaß Erzbischof Dr. Wendelin Rauch (1948 – 1954), Betreff: Südweststaat Müller – Erzbischof, Vol. I, 1950 – 1952, Nb 9 / 63.

14 Schreiben von Bischof Karl Joseph vom 30. November 1951 an sämtliche Hochwürdigsten Pfarrämter und Seelsorgestellen der Diözese Rottenburg, in: Akten des Hauptstaatsarchivs Stuttgart EA 1/20-p 32.

15 Erklärung des Erzbischofs Wendelin Rauch vom 6. Dezember 1951, Akten des Erzbischöflichen Archivs in Freiburg, Nachlässe: Nachlaß Erzbischof Dr. Wendelin Rauch (1948 – 1954), Betreff: Südweststaat, Müller – Erzbischof, Vol. I, 1950 – 1952, Nb 9 / 63. Mit Brief vom 2. Januar 1952 (welcher sich direkt im Anschluß in den Akten befindet) bestritt Gebhard Müller, daß er jemals eine Mißachtung der Autorität des Papstes angenommen habe.

16 BURY, Der Volksentscheid in Baden (1985), S. 129, Fußnote 2.

Arbeitsgemeinschaft der Badener, der Stimmberechtigte solle dem Vorbild des Erzbischofs folgen und für die alten Landesgrenzen votieren.[17]

II. Das Ergebnis der Volksabstimmung

Die Abstimmung am 9. Dezember 1951 veränderte das Ergebnis der informatorischen Volksbefragung vom Vorjahr nur unwesentlich. Bei einer Wahlbeteiligung von 59,2 % im gesamten Südwestraum entschieden sich 69,7 % der Abstimmenden für den Südweststaat:[18]

Stimmbezirke	Abgegebene gültige Stimmen	Stimmen für Baden und Württemberg	Stimmen für den Südweststaat
Abstimmungsbezirk I Südbaden	70,5 % 616 691	62,2 % 383 446	37,8 % 233 245
Abstimmungsbezirk II Nordbaden	67,2 % 669 586	42,9 % 287 569	57,1 % 382 017
Baden insgesamt	68,6 % 1 286 277	52,2 % 671 015	47,8 % 615 262
Abstimmungsbezirk III Südwürttemberg (mit Hohenzollern)	52,3 % 397 502	8,6 % 34 181	91,4 % 363 321
Abstimmungsbezirk IV Nordwürttemberg	50,7 % 822 881	6,5 % 53 328	93,5 % 769 553
Württemberg insgesamt	50,9 % 1 220 383	7,2 % 87 509	92,8 % 1 132 874
Südwestraum insgesamt	58,7 % 2 506 660	30,3 % 758 524	69,7 % 1 748 136

Die Entscheidung fiel – wie vorausgesehen – in Nordbaden. Hier stimmten 57,1% für den Südweststaat und 42,9% für die Wiederherstellung der alten Länder. Allerdings stimmten die Städte Karlsruhe mit 68,4% und Bruchsal mit 69,7% für Altbaden. Eine Erklärung für das Abstimmungsergebnis läßt sich wohl daraus ableiten, daß Karlsruhe Residenzstadt war und im vormals bischöflichen Bruchsal eine starke katholische Mehrheit lebte.[19]

---

17 Flugschrift des Landesvorstandes der Arbeitsgemeinschaft der Badener vom 20. September 1950, in: Akten des Erzbischöflichen Archivs in Freiburg, Nachlässe: Nachlaß Erzbischof Dr. Wendelin Rauch (1948 – 1954), Betreff: Um den Südweststaat, Vol. I, 1950 – 1951, Nb 9 / 62.
18 BURY, Badener und der Südweststaat, in: Gelb-rot-gelbe Regierungsjahre, Badische Politik nach 1945 (1988), S. 292 ff. (305); nachfolgende Tabelle entnommen aus dem Staatsanzeiger für Württemberg-Baden vom 12.12.1951.
19 MUSSGNUG, Die Anfänge Baden-Württembergs in verfassungsrechtlicher und verfassungsgeschichtlicher Sicht, ZWLG 43 (1984), S. 373 ff. (397).

III. Die Reaktion von Leo Wohleb auf das Ergebnis der Volksabstimmung

Mit dieser Abstimmung war der Widerstand Leo Wohlebs nicht gebrochen. Die Mehrheit von 52,2% der Abstimmenden in Gesamtbaden für die Wiederherstellung des alten Landes war für ihn eine Ermutigung. Er fand sich nicht bereit, die durch die Volksabstimmung geschaffene Lage anzuerkennen. Dementsprechende forderte Leo Wohleb die Aufhebung der nach dem Zweiten Neugliederungsgesetz vorgesehenen Maßnahmen. Schon am 14. Dezember 1951 brachte der Abgeordnete Anton Hilbert im Bundestag einen Initiativgesetzesentwurf ein, der vorsah, den Vollzug des Zweites Neugliederungsgesetzes bis zur Durchführung der Neugliederung des gesamten Bundesgebietes nach Art. 29 GG auszusetzen. Der Bundestag lehnte den Antrag am 16. Januar 1952 mit 190 gegen 120 Stimmen bei 15 Enthaltungen ab.[20]

Dieser erneute Angriff gegen die Bildung des Südweststaates wog in zweifacher Hinsicht schwer: Zum einen zeigte die namentliche Abstimmung, daß insbesondere die CDU/CSU-Fraktion den Antrag unterstützte. Sie hatte mit 88 Stimmen für die Aussetzung des Zweiten Neugliederungsgesetzes votiert.

Zum anderen demonstrierte das Vorgehen Leo Wohlebs ein weiteres Mal die Einstellung der Altbadener zur bundesstaatlichen Ordnung. Die Ablehnung eines Volksentscheides, dessen rechtliche Grundlage vom Bundesverfassungsgericht ausdrücklich als verfassungsgemäß bestätigt worden war, verleugnete eindeutig das Prinzip demokratischer Willensbildung. Mit der Ablehnung des Antrags auf Aussetzung des Vollzugs des Zweiten Neugliederungsgesetzes war der Kampf der Badener noch nicht beendet. Das Moment der Handlung war aber auf die Anhänger des Südweststaates übergegangen.

---

20 KIESINGER, Dunkle und helle Jahre (1989), S. 416 f.; SAUER, 25 Jahre Baden-Württemberg (1977), S. 39, ders., Die Entstehung des Bundeslandes Baden-Württemberg (1977), S. 168; ILGEN/SCHERB; „Numme Langsam" Der Weg in den Südweststaat, in: Badens Mitgift (2002) S. 9 ff. (26).

2. Kapitel: Wahl und Konstituierung der Verfassunggebenden Landesversammlung

I. Der Ministerrat

1. Zusammensetzung und Kompetenzen

Das Zweite Neugliederungsgesetz ordnete als ersten Schritt nach der für den Südweststaat erfolgreichen Volksabstimmung die Bildung des Ministerrates an (§ 12 Abs. 1 Zweites Neugliederungsgesetz). Dieser trat am 27. Dezember 1951 in Stuttgart zu seiner ersten Sitzung zusammen. Den Vorsitz des Ministerrats hatte Reinhold Maier inne. Dem Ministerrat gehörten nach § 12 Abs. 2 des Zweiten Neugliederungsgesetzes vier von der württemberg-badischen sowie je zwei von der badischen und der württemberg-hohenzollernschen Regierung zu bestimmende Vertreter an.

Als Mitglieder des Ministerrates bestimmte das Land Württemberg-Baden Ministerpräsident Reinhold Maier, Wirtschaftsminister Hermann Veit, Innenminister Fritz Ulrich und Finanzminister Edmund Kaufmann, das Land Württemberg-Hohenzollern Staatspräsident Gebhard Müller und Innenminister Viktor Renner. Das Land Baden entsandte die Bundestagsabgeordneten Hermann Kopf und Anton Hilbert.[1]

Die Kompetenzen des Ministerrates hatten keinen Einfluß auf die Existenz der Länder und schränkten die Hoheitsrechte der Länder nur unbedeutend ein. Die Landtage und Landesregierungen bestanden weiter und übten ihre Funktionen aus.[2] Die Hauptaufgabe des Ministerrates war es, innerhalb von drei Monaten nach der Volksabstimmung die Wahl der Verfassunggebenden Landesversammlung für den Südweststaat in die Wege zu leiten und durchzuführen (§ 13 des Zweiten Neugliederungsgesetzes). Sodann oblag ihm, die Verwaltungstätigkeit und das Finanzgebaren der drei Länder zu überwachen und darauf zu achten, daß alles unterblieb, was ihren Zusammenschluß erschweren könnte oder für das neue Bundesland nachhaltige finanzielle Verpflichtungen begründen könnte (§ 16 des Zweites Neugliederungsgesetzes).[3] Der Ministerrat war zuständig für die Ernennung und Beförderung von Beamten des höheren Dienstes bei den obersten Landesbehörden, den Landesmittelbehörden und den obersten

---

1 NÜSKE, Ministerrat in Stuttgart und Überleitung in den Südweststaat, in: Das Land Württemberg-Hohenzollern 1945 – 1952, Darstellungen und Erinnerungen (1982), S. 439 ff. (439).
2 Dazu auch: FEUCHTE, Verfassungsgeschichte von Baden-Württemberg (1983), S. 157.
3 SPRENG, Das Verfahren nach dem Zweiten Neugliederungsgesetz, StA vom 8. Dezember 1951, S. 3; SAUER, 25 Jahre Baden-Württemberg (1977), S. 41; BECKMANN, Innerdeutsche Gebietsänderungen nach dem Bonner Grundgesetz (1954), S. 123.

Gerichten. Zudem hatte der Ministerrat seine Zustimmung zu geben zu einmaligen Haushaltsausgaben, die insgesamt mehr als eine Million Deutsche Mark betrugen. Der Ministerrat war auch berechtigt, der Konstituante einen Verfassungsentwurf vorzulegen, wovon er keinen Gebrauch machte, und Anträge an sie zu stellen.[4]

2. Verfrühter Zusammentritt des Ministerrates

Das erste „Rechtsproblem", das es beim Zusammentritt des Ministerrates zu lösen galt, war folgendes: Dem Ministerpräsidenten von Württemberg-Baden oblag es den Ministerrat „auf den fünften Werktag nach der Veröffentlichung des Abstimmungsergebnisses im Bundesanzeiger" einzuberufen (§ 12 Abs. 3 Zweites Neugliederungsgesetz). Das Abstimmungsergebnis wurde am Samstag dem 22. Dezember 1951 veröffentlicht. So stritt man sich darum, auf welches Datum der fünfte Werktag nach dem 22. Dezember fiel. Mußten zwischen der Veröffentlichung des Abstimmungsergebnisses und der ersten Sitzung vier Werktage liegen? Aufgrund der unterschiedlichen Feiertagsregelung war der 5. Werktag nach der Veröffentlichung des Abstimmungsergebnisses in Württemberg-Hohenzollern der 29. Dezember 1951, in Baden und Württemberg-Baden dagegen erst der 31. Dezember 1951.[5] Reichte es aus, wenn nur der fünfte Tag

---

4   FEUCHTE, Verfassungsgeschichte von Baden-Württemberg (1983), S. 158.
5   Nach §§ 186 ff. BGB (Zur Anwendbarkeit: MÜLLER, Gelten so allgemein-gehaltene Vorschriften wie § 186 BGB für die gesamte Rechtsordnung? in: NJW 1964, S. 1116 ff) ist der fünfte Werktag nach der Veröffentlichung des Abstimmungsergebnis im Bundesanzeiger nicht der 27. Dezember 1951, an dem Reinhold Maier den Ministerrat einberufen hatte.
    Der erste Werktag nach der Veröffentlichung des Abstimmungsergebnisses am 22. Dezember 1951, einem Samstag, ist der 24. Dezember 1951 (HEINRICHS, in: Palandt, BGB (2006), § 193 Rdnr. 6). Allerdings existierte im Jahre 1951 keine bundeseinheitliche Regelung der Weihnachtsfeiertage. Die Regelung oblag den Ländern.
    Nach § 1 des Landesgesetzes zur Änderung des Landesgesetzes über den Schutz der Sonn- und Feiertage waren in Baden der erste und zweite Weihnachtstag Festtage und damit staatliche Feiertage im Sinne von § 193 BGB (Reg. Bl. Baden 1950, S. 301).
    Das Gleiche galt in Württemberg-Baden. Hier bestimmte § 2 des Gesetzes über Sonntage, Festtage und Feiertage sowohl den ersten als auch den zweiten Weihnachtstag zum staatlichen Feiertag. (Reg. Bl. WB 1951, S. 91 ff.).
    Anders lautete die Regelung in Württemberg-Hohenzollern. Festtag und somit staatlicher Feiertag war in Württemberg-Hohenzollern nach § 2 des Gesetzes über Sonntage, Festtage und Feiertage nur der 1. Weihnachtstag. (Reg. Bl. WH 1949, S. 33 ff.).
    Folglich war der zweite Werktag nach der Veröffentlichung des Abstimmungsergebnisses in Württemberg-Hohenzollern der 26. Dezember 1951, in Baden und Württemberg-Baden dagegen erst der 27. Dezember 1951, der dritte (Baden und Württemberg-Baden) bzw. vierte (Württemberg-Hohenzollern) Werktag nach Fristbeginn der 28. Dezember 1951. Der 29. Dezember 1951 war als Sonnabend ebenfalls ein Werktag und somit in Württemberg-Hohenzollern der fünfte Werktag nach der Veröffentlichung des Abstimmungsergebnisses im Bundesanzeiger, so daß nach der dort geltenden Feiertagsregelung nach § 12 Abs. 3 des Zweiten Neugliederungsgesetzes der Ministerrat einzuberufen ge-

auf einen Werktag fiel? Nach dieser Argumentation fiel die Einberufung auf Donnerstag, den 27. Dezember 1951. Oder sollte die Einberufung spätestens am fünften Werktag nach der Veröffentlichung des Abstimmungsergebnisses erfolgen, also spätestens am 27. Dezember 1951? Reinhold Maier entschied sich zur Einberufung des Ministerrates am 27. Dezember 1951.[6]

Dies entsprach der Regelungsabsicht des Gesetzgebers. Die Tendenz des Gesetzgebers ging in seiner Gesamtheit dahin, eine Regelung zu schaffen, nach welcher der schrittweise Aufbau des neuen Staates möglichst zügig durchgeführt werden sollte. Das spricht dafür, die Zeitangabe des § 12 Abs. 3 des Zweiten Neugliederungsgesetzes als Frist zu verstehen, innerhalb der der Ministerrat einberufen werden mußte. Zu § 12 Abs. 3 des Zweiten Neugliederungsgesetzes selbst erfolgte zwar keine Äußerung der Abgeordneten in den einzelnen Lesungen,[7] sie beschlossen die vom Ausschuß für innergebietliche Neuordnung vorgeschlagene Fassung des § 12, die schon die endgültige Fassung „...auf den fünften Werktag..." hatte,[8] ohne Diskussion.[9] Aber der Initiativantrag von Kurt Georg Kiesinger vom 26. Januar 1951[10] sah in seinem § 13 Abs. 1 S. 1 die Bildung des Ministerrates unmittelbar nach der Volksabstimmung vor. In seiner Gesamtheit legte der Entwurf Wert auf ein rasches Voranschreiten. Nachdem sich in den vergangenen Jahren die Versuche, eine Lösung durch Vereinbarung der drei beteiligten Länder zu finden, hingezogen haben, sollte zumindest der etappenweise Aufbau des neuen Staatswesens zügig vorangehen.[11]

In dieselbe Richtung zielte die Äußerung des Abgeordneten Fritz Erler, Berichterstatter des Ausschusses für innergebietliche Neuordnung, zu § 11 des Zweiten Neugliederungsgesetzes: „Der Vollzug des in der Abstimmung sich ausdrückenden Volkswillen kann also nach der Abstimmung nicht mehr durch

---

wesen wäre. Dagegen war in Baden und Württemberg-Baden erst der 31. Dezember 1951 der fünfte Werktag nach dem 22. Dezember 1951.

6 Näher: MAIER, Erinnerungen (1966), S. 360.
7 1. Lesung: 109. Sitzung des Deutschen Bundestags, vom 10. Januar 1951, in: BT-Protokolle I/4109 ff. (4113 – 4135); 118. Sitzung des Deutschen Bundestags, vom 15. Februar 1951, in: BT-Protokolle I/4485 ff. (4490 – 4491).
2. Lesung: 135. Sitzung des Deutschen Bundestags, vom 18. April 1951, in: BT-Protokolle I/5257 ff. (S. 5259 – 5261, 5298 – 5311); 136. Sitzung des Deutschen Bundestags, vom 19. April 1951, in: BT-Protokolle I/5313 ff. (5323 – 5346).
3. Lesung: 138. Sitzung des Deutschen Bundestags, vom 25. April 1951, in: BT-Protokolle I/5425 ff. (S. 5427 – 5449).
8 Abgedruckt in: BT-Drucksache, 1. Wahlperiode, 1949 (11. Teil) Nr. 2160 vom 13. April 1951.
9 138. Sitzung des Deutschen Bundestags, vom 25. April 1951, in: BT-Protokolle I/5425 ff. (S. 5449(A), (B)).
10 BT-Drucksache 1849.
11 Äußerungen von Gebhard Müller in: Kurzprotokoll der 11. Sitzung des Ausschusses Nr. 30 (Ausschuß für innergebietliche Neuordnung), am Mittwoch, den 14. März 1951, in: Der Kampf um den Südweststaat (1952), S. 130 ff.

Verhandlungen über Verträge, Verfassungen und ähnliche Dinge aufgehalten werden. Das war ein sehr wesentliches Anliegen des Ausschusses,...."[12]

Ein weiteres Moment der Beschleunigung läßt sich der Abwandlung des § 10 des Entwurfes von Kiesinger entnehmen.[13] Ursprünglich sah § 10 vor, daß die bisherigen Länder erst mit der Verkündung der neuen Landesverfassung zu einem Bundesland vereinigt werden. Der Ausschuß für innergebietliche Neuordnung hat allerdings vor der zweiten Lesung wesentliche Änderungen vorgenommen, durch die die einzelnen Zeitabschnitte der Übergangsperiode ineinandergeschoben wurden. Der Südweststaat sollte mit der Bildung der vorläufigen Regierung entstehen.[14]

Zugleich entspricht die Einberufung des Ministerrates am 27. Dezember 1951 unter teleologischen Gesichtspunkten dem Zweiten Neugliederungsgesetz.[15] Der Termin der Volksabstimmung stand seit langem fest und es war bekannt, daß bei einem den Südweststaat bejahenden Ergebnis der Ministerrat einberufen werden mußte. Der Rechtsgedanke des § 12 Abs. 3 des Zweiten Neugliederungsgesetzes, den Aufbau des neuen Landes binnen kurzem durchzuführen, gebietet, die Formulierung als Frist von fünf Werktagen zu verstehen, innerhalb welcher der Ministerpräsident den Ministerrat einzuberufen hat.

Die Entscheidung Reinhold Maiers, den Ministerrat am 27. Dezember 1951[16] einzuberufen, entsprach damit dem Zweiten Neugliederungsgesetz. Mit der Bildung des Ministerrates beendete das Land den Status nascendi. Die Neugliederungsbefugnisse des Bundes erloschen und gingen auf das Land über.

II. Die Verfassunggebende Landesversammlung

Die nächste Etappe auf dem Wege zum Südweststaat bestimmte § 13 Abs. 1 des Zweiten Neugliederungsgesetzes: Innerhalb von drei Monaten nach der Volksabstimmung hatte der Ministerrat die Wahl der Verfassunggebenden Landesversammlung durchzuführen. Der Ministerrat setzte schon in seiner zweiten Sitzung den Wahltermin auf den 9. März 1952 fest.[17] Die Verfassunggebende Landesversammlung bestand aus mindestens 120 Abgeordneten, von denen Württemberg-Baden 73, Baden 25 und Württemberg-Hohenzollern 22 zu wählen

---

12   135. Sitzung des Deutschen Bundestags, vom 18. April 1951, in: BT-Protokolle I/5257 ff. (S. 5305 (D)).
13   BT-Drucksache Nr. 1849.
14   DÖRR, Die Konstituante des Südweststaates, AöR 77 (1951/52), S. 465 ff. (466 f.).
15   In Württemberg-Hohenzollern war der 29. Dezember 1951 der fünfte Werktag nach der Veröffentlichung des Abstimmungsergebnisses im Staatsanzeiger. In Baden und Württemberg-Baden war es der 31. Dezember 1951.
16   Siehe dazu: MAIER, Erinnerungen (1966), S. 360.
17   NÜSKE, Ministerrat in Stuttgart und Überleitung in den Südweststaat, in: Das Land Württemberg-Hohenzollern 1945 – 1952, Darstellungen und Erinnerungen (1982), S. 439 ff. (439).

hatten. Die Wahlen wurden in entsprechender Anwendung des Wahlgesetzes zum ersten Bundestag durchgeführt.[18] Im Wahlkampf forderte der Staatspräsident von Baden, Leo Wohleb, verfassungsmäßige Garantien, damit die Badener das traditionelle Eigenleben ihres Landes in weitgehender Autonomie weiterzuführen in der Lage wären. Gebhard Müller führte den Wahlkampf unter der Losung „Südweststaat – Heimat für alle".[19] Die Wahl der Verfassunggebenden Landesversammlung bestätigte, was aus den Wahlen in den Ländern schon bekannt war: Die politischen Parteien wiesen in den Landesteilen eine recht ungleiche Stärke auf. Die CDU ging als stärkste Partei aus der Wahl hervor.[20] Sie erhielt 50 Mandate, die SPD 38, die FDP 23, der BHE 6 und die KPD 4 Mandate.[21]

Bezirke	CDU	SPD	DVP/FDP	BHE
Südbaden	43,5%	26,6%	15,9%	5,0%
Nordbaden	34,4%	30,5%	14,6%	6,0%
Südwürttemberg-Hohenzollern	51,4%	21,6%	16,1%	6,2%
Nordwürttemberg	26,2%	30,2%	21,8%	7,1%
Südweststaat insgesamt	36,0%	28,0%	18,0%	6,3%

Das Gewicht des geographisch unausgewogenen Parteieneinflusses wurde noch durch den Umstand verstärkt, daß 1950 in Württemberg-Baden die große Regierungskoalition zerbrochen war und nun eine Koalition aus SPD und FDP der CDU und dem BHE als Opposition gegenüberstand.[22] Vergeblich bemühte sich die CDU, in die Regierung zu kommen. Am 18. April 1952 erhielt die CDU von der SPD eine endgültige Absage, sie (SPD) wolle mit Rücksicht auf die Bundespolitik der CDU keine Koalition mit dieser eingehen. Von der FDP erhielt die CDU in Anschluß ebenfalls eine Absage.[23] In langwierigen Verhandlungen einigten sich SPD (unter der Führung von Reinhold Maier), FDP und BHE auf eine kleine Regierungskoalition. Diese drängte die CDU in die Rolle der Opposition, was für den Verlauf der Verfassungsberatungen von erheblicher

---

18 SPRENG/BIRN/FEUCHTE, Die Verfassung des Landes Baden-Württemberg (1954), S. 20.
19 NÜSKE, Ministerrat in Stuttgart und Überleitung in den Südweststaat, in: Das Land Württemberg-Hohenzollern 1945 – 1952, Darstellungen und Erinnerungen (1982), S. 439 ff. (439).
20 FEUCHTE, Verfassungsgeschichte von Baden-Württemberg (1983), S. 158.
21 MAIER, Erinnerungen (1966), S. 371; MUSSGNUG, Die Anfänge Baden-Württembergs in verfassungsrechtlicher und verfassungsgeschichtlicher Sicht, ZWLG 43 (1984), S. 373 ff. (98).
22 FEUCHTE, Verfassungsgeschichte von Baden-Württemberg (1983), S. 158.
23 Interview Gebhard Müllers in: Landtag von Baden-Württemberg, Gebhard Müller blickt zurück (1980), S. 33.

Bedeutung werden sollte.²⁴ Mit dieser Regierungskoalition aus SPD, FDP und BHE deutete sich ein Übergewicht der in der Regierung überwiegend vertretenen politischen Kräfte aus den nördlichen Landesteilen gegenüber den südlichen an. Die Anhänger einer Wiederherstellung Badens gehörten überwiegend zu den Wählern der CDU und auch die CDU in Baden sympathisierte teilweise mit Altbaden; die Regierungsbildung stellte zugleich einen Schlag gegen die Anhänger Altbadens dar. Die Besorgnisse, die sie gegen den Südweststaat gehegt hatten, schienen gerechtfertigt.²⁵ In der Verfassunggebenden Landesversammlung sprach der Abgeordnete Wilhelm Simpfendörfer sogar von Annexion.²⁶

Am 25. März 1952 trat die Verfassunggebende Landesversammlung zu ihrer konstituierenden Sitzung zusammen, die nach § 14 Abs. 1 des Zweiten Neugliederungsgesetzes auf den sechzehnten Tag nach der Wahl einzuberufen war.²⁷ Die Verfassunggebende Landesversammlung verfügte über keine andere rechtliche Grundlage als das Zweite Neugliederungsgesetz. Dieses ermächtigte sie, ihre Verfahrensregeln selbst zu schaffen. Die Verfassunggebende Landesversammlung hatte die Pflicht, innerhalb eines Monats nach ihrem Zusammentritt den Ministerpräsidenten zu wählen. Dieser mußte innerhalb von 14 Tagen die Regierung bilden.²⁸ Die Hauptaufgabe der Verfassunggebenden Landesversammlung sollte die Verabschiedung der neuen Landesverfassung sein. Im übrigen

---

24 SPRENG/BIRN/FEUCHTE, Die Verfassung des Landes Baden-Württemberg (1954), S. 21.
25 FEUCHTE, Verfassungsgeschichte von Baden-Württemberg (1983), S. 160.
26 Wilhelm Simpfendörfer (CDU) in der 8. Sitzung der Verfassunggebenden Landesversammlung am 28. Mai 1952, in: FEUCHTE, Quellen zur Entstehung der Verfassung von Baden-Württemberg, Zweiter Teil (1988). S. 699 ff. (710).
27 BECKMANN, Innerdeutsche Gebietsänderungen nach dem Bonner Grundgesetz (1954), S. 123.
28 ESCHENBURG, Verfassung und Verwaltungsaufbau des Südweststaates (1952), S. 17.

aber war ihre rechtliche Stellung bis zum Erlaß des Überleitungsgesetzes[29] umstritten.[30]

Am 22. April 1952 verabschiedete die Verfassunggebende Landesversammlung einstimmig das Gesetz über die Wahl des ersten Ministerpräsidenten im südwestdeutschen Bundesland, das in den Gesetzblättern der drei Länder Baden, Württemberg-Baden und Württemberg-Hohenzollern verkündet wurde.[31] Auf der Grundlage dieses Gesetzes und des Zweiten Neugliederungsgesetzes wählte die Verfassunggebende Landesversammlung am 25. April 1952 den Ministerpräsidenten.

---

29 vom 15. Mai 1952 (BGBl. I 3).
30 MACKENRODT, Probleme der Neugliederung des Südwestdeutschen Bundesgebietes (1954), S. 7.
31 RegBl. WB 1952, S. 39; GVBl. Baden 1952, S. 47; RegBl. WH 1952, S. 35. und Anhang 4 XXI. Die Abgeordneten der Verfassunggebenden Landesversammlung hielten das Gesetz für notwendig, weil das Zweite Neugliederungsgesetz keine spezielle Wahlvorschrift enthielt und die Vorschrift über die mit einfacher Mehrheit zu fassenden Beschlüsse unpassend erschien.

3. Kapitel: Ausrufung des Landes und Bildung der Regierung durch Reinhold Maier am 25. April 1952

Der 25. April 1952 bezeichnet ein historisches Datum. Erstmalig und bislang einmalig in der Geschichte der Bundesrepublik Deutschland erfolgte die Grundsteinlegung eines neuen Bundeslandes auf demokratischer Grundlage.

Diesen letzten Schritt auf dem Wege zum neuen Bundesland bestimmte das Zweite Neugliederungsgesetz: Mit der Wahl des Ministerpräsidenten und der Ernennung der Minister durch den Ministerpräsidenten war die vorläufige Regierung gebildet (§ 14 Abs. 4 Zweites Neugliederungsgesetz). Nach § 11 des Zweiten Neugliederungsgesetzes waren damit die Länder Baden, Württemberg-Baden und Württemberg-Hohenzollern zu einem Bundesland vereinigt. Der neue Staat war existent. Die alten Länder verloren ihre Stimme im Bundesrat, diese stand von nun an allein dem neuen Bundesland zu.[1]

In der 4. Sitzung der Verfassunggebenden Landesversammlung am 25. April 1952[2] erfolgte in einer tumultuarischen Sitzung die Regierungsbildung. Die Abgeordneten wählten Reinhold Maier mit 64 Stimmen zum Ministerpräsidenten, während auf den ehemaligen Staatspräsidenten von Württemberg-Hohenzollern, Gebhard Müller 50 Stimmen entfielen. Reinhold Maier berief sofort die Minister der vorläufigen Regierung. Nach der Ministerernennung zückte Reinhold Maier seine Taschenuhr und gab zu Protokoll:

> „...Gemäß § 14 Abs. 4 wird hiermit der Zeitpunkt der Bildung der vorläufigen Regierung auf den gegenwärtigen Augenblick, nämlich Freitag, 25. April 1952, 12 Uhr 30 Minuten, festgestellt. Mit dieser Erklärung sind gemäß § 11 des Zweites Neugliederungsgesetzes die Länder Baden, Württemberg-Baden und Württemberg-Hohenzollern zu einem Bundesland vereinigt. ...".[3]

Die letzten Sätze hatte Reinhold Maier wiederholen müssen, da sie in dem lebhaften Beifall aus den Reihen der SPD, der DVP und des BHE vermischt mit den anhaltenden Protestrufen der CDU untergingen.[4] Die Mißfallensäußerungen rührten daher, daß die CDU sich durch die schnelle Regierungsbildung ohne ihre Beteiligung übergangen fühlte,[5] denn die Tagesordnung der 4. Sitzung der Verfassunggebenden Landesversammlung am 25. April 1952 führte als einzigen Punkt die Wahl des Ministerpräsidenten auf.

---

1 ESCHENBURG, Verfassung und Verwaltungsaufbau des Südweststaates (1952), S. 18.
2 Protokoll der Verhandlung der Verfassunggebenden Landesversammlung am 25. April 1952, in: FEUCHTE, Quellen zur Entstehung der Verfassung von Baden-Württemberg, Erster Teil (1986), S. 243 ff.
3 Protokoll der Verhandlung der Verfassunggebenden Landesversammlung am 25. April 1952, in: FEUCHTE, Quellen zur Entstehung der Verfassung von Baden-Württemberg, Erster Teil (1986), S. 243 ff. (S. 247).
4 StA BW Nr. 1 vom 30. April 1952, S. 1.
5 TREFFZ-EICHHÖFER, Graswurzel-Demokratie (1982), S. 132 f.

Selbst der Präsident der Versammlung wußte nicht, daß in dieser Sitzung die das Land konstituierende Bekanntgabe, Vorstellung und Bestätigung der Minister (mit 66 gegen 5 Stimmen)[6] erfolgen würde.[7] Dabei stimmte der Präsident der Verfassunggebenden Landesversammlung, Carl Neinhaus (CDU), gemeinsam mit 4 KPD-Abgeordneten gegen die Bestätigung der vorläufigen Regierung, während die übrigen Abgeordneten der CDU nicht mehr an dieser Abstimmung teilnahmen, sondern geschlossen den Saal verließen.[8] In dieser Sitzung kamen die Gegensätze zwischen den Regierungsparteien und der Opposition in voller Schärfe zum Ausdruck. Diese Gegensätze überschatteten die ganze Amtszeit der ersten vorläufigen Regierung, die am 30. September 1953 vorzeitig zurücktrat. Sie wurde durch eine zweite vorläufige Regierung unter Gebhard Müller abgelöst. Zu erörtern ist, ob Maiers Vorgehen am 25. April 1952 rechtmäßig war.

I. Die Ernennung der Minister

Die von Reinhold Maier im Anschluß an seine Wahl als Ministerpräsident sofort vollzogene Ernennung seiner Minister war, wenn auch politisch kein sehr geschickter Schachzug, verfassungsrechtlich unbedenklich.

Das Ernennungsrecht leitet sich aus der Personalhoheit ab. Diese ist im Bund und in den Ländern Kernbestand der Regierungsgewalt.[9] Dieses Ernennungsrecht übertrug § 14 Abs. 4 S. 2 des Zweiten Neugliederungsgesetzes dem Ministerpräsidenten, also Reinhold Maier.

1. Wirksamkeit der Ernennungsurkunden

Das Zweite Neugliederungsgesetz nannte in seinem § 14 Abs. 4 S. 2 als einzige Voraussetzung für die Gültigkeit der Ministerernennung die Ernennung durch den Ministerpräsidenten. Auf den ersten Blick scheint diese Vorgabe erfüllt zu sein. Reinhold Maier händigte den Mitgliedern der Regierung die ausgefertigten Ernennungsurkunden unmittelbar nach ihrer namentlichen Nennung als Regierungsmitglieder aus.

---

6 Eine Ablehnung der Bestätigung der Regierungsbildung hätte sich mittelbar gegen die Entstehung des Landes gerichtet.
7 MÜLLER, Die Entstehung des Bundeslandes Baden-Württemberg, ZWLG 36 (1977), 236 (257).
8 Protokoll der Verhandlung der Verfassunggebenden Landesversammlung am 25. April 1952, in: FEUCHTE, Quellen zur Entstehung der Verfassung von Baden-Württemberg, Erster Teil (1986), S. 243 ff. (S. 247).
9 BVerfGE 9, 268 ff. (S. 268, Leitsatz 2 b). Umstritten ist, ob die Personalhoheit ein Teil der Organisationsgewalt oder ein von dieser zu unterscheidender, eigenständiger Teil der Staatsgewalt ist, siehe dazu: SCHEERBARTH/HÖFFKEN, Beamtenrecht, Lehr- und Handbuch (1985), § 12 II (235).

Auf den zweiten Blick kommen aber leichte Zweifel über die Wirksamkeit der Ministerernennung auf. Reinhold Maier unterzeichnete die Ernennungsurkunden für die Mitglieder der Regierung zu einem Zeitpunkt, zu dem er das Amt des Ministerpräsidenten noch nicht inne hatte, sondern lediglich Abgeordneter des Hohen Hauses war.[10] Er hatte die Ernennungsurkunden als „Ministerpräsident" unterzeichnet, ehe er zum Ministerpräsidenten gewählt war. Allerdings war Reinhold Maier im Zeitpunkt der Übergabe der Ernennungsurkunden nach § 14 Abs. 4 S. 2 des Zweiten Neugliederungsgesetzes die für die Ministerernennung zuständige Person. Denn er übernahm das Amt des Ministerpräsidenten mit der Annahme seiner Wahl. Der Übergabeakt stellt den ausschlaggebenden Zeitpunkt für die Beurteilung der Zuständigkeit dar, da die Ernennung mit der Aushändigung der Urkunde wirksam wurde.[11] Zu diesem Zeitpunkt war Reinhold Maier bereits Ministerpräsident. Zudem impliziert die Übergabe der Ernennungsurkunden durch den für diesen Akt zuständigen Ministerpräsidenten die Bestätigung der auf diesem Dokument geleisteten Unterschrift durch den nun zuständigen Reinhold Maier. Das Unterschreiben der Ernennungsurkunden vor der Ernennung zum Ministerpräsidenten behinderte die Wirksamkeit der Regierungsbildung nicht.

Auch der Umstand, daß Reinhold Maier erst am 29. Mai 1952 vereidigt wurde,[12] hatte auf die Wirksamkeit der Regierungsbildung am 25. April 1952 keinen Einfluß. Weder § 14 des Zweiten Neugliederungsgesetzes noch eine andere Vorschrift dieses Gesetzes verlangten weitere Akte zur Amtsübernahme, wie etwa eine förmliche Ernennung oder eine Vereidigung.[13] Dagegen sahen die zu diesem Zeitpunkt noch gültigen Verfassungen der Länder Baden (Art. 86 LV),[14] Württemberg-Baden (Art. 71 i.Vm. Art. 96 LV)[15] und Württemberg-Hohenzollern (Art. 53 LV)[16] einen Amtseid des Ministerpräsidenten und der Minister beim Antritt ihres Amtes vor.[17] Entscheidend ist aber, daß Reinhold Maier nicht vereidigt werden konnte, da nicht festgelegt war, vor wem er als Ministerpräsident des Südweststaates den Eid abzulegen hatte. Zudem handelte es sich bei dem Eid, der in den Verfassungen der alten Länder vorgesehen war,

---

10 Protokoll der Verhandlung der Verfassunggebenden Landesversammlung am 25. April 1952, in: FEUCHTE, Quellen zur Entstehung der Verfassung von Baden-Württemberg, Erster Teil (1986), S. 243 ff. (251).
11 Rechtsgedanke des § 10 Abs. 2 BBG.
12 Grundlage dieses Amtseides bildete Art. 7 des Überleitungsgesetzes vom 15. Mai 1952.
13 Die heutigen Regelung in § 2 MinG Baden-Württemberg sieht eine Vereidung vor.
14 Bad. GVBl. 1947, S. 101 ff. (108).
15 WB Reg. Bl. 1946, 277 ff. (285).
16 WH Reg. Bl. 1947. S. 1 ff. (5).
17 Erst mit dem Inkrafttreten der Verfassung des Landes Baden-Württemberg am 19. November 1953 traten die Verfassungen der Länder Baden, Württemberg-Baden und Württemberg Hohenzollern außer Kraft (Art. 94 Abs. 2 LV BW).

um einen promissorischen Eid, also ein Versprechen für künftiges Verhalten.[18] Die Leistung des Amtseides hat keine konstitutive Bedeutung. Sie begründet nicht die Rechte und Pflichten aus dem übernommenen Amt. Die Eidesleistung ist auch nicht Voraussetzung für die Gültigkeit der Amtshandlungen des Regierungsmitglieds.[19] Die Rechte stehen ihm von der ersten Sekunde seiner Amtszeit zu, auch wenn er den Eid nicht oder noch nicht geleistet hat.[20] Die rechtliche Komponente des Eides ist allein in dem Bekenntnis des Amtsträgers zur Verfassung und den besonderen Pflichten des Amtes, in das er berufen ist,[21] zu sehen. Der Amtseid hatte folglich keine konstitutive Wirkung.[22] Die erst am 29. Mai 1952 vom Präsidenten der Verfassunggebenden Landesversammlung, Carl Neinhaus, vorgenommene Vereidigung[23] Reinhold Maiers – gemeinsam mit den von ihm ernannten Mitgliedern der Regierung – [24] hatte auf die Wirksamkeit der Regierungsbildung am 25. April 1952 keinen Einfluß. Folglich sind insoweit die Voraussetzungen der § 14 Abs. 4 S. 2 und § 11 des Zweiten Neugliederungsgesetzes erfüllt und das neue Bundesland entstanden.

2. Verfrühte Regierungsbildung

Gebhard Müller vertrat in der Sitzung der Verfassunggebenden Versammlung am 25. April 1952[25] die Ansicht, die Regierungsbildung habe entgegen dem im Zweiten Neugliederungsgesetz zum Ausdruck gekommenen Willen des Bundesgesetzgebers zu einem zu frühen Zeitpunkt stattgefunden. Der Bundesgesetzgeber sei davon ausgegangen, daß die Bildung der vorläufigen Regierung erst

---

18 KÖHLER, Die Rechtsstellung der Parlamentspräsidenten in den Ländern der Bundesrepublik Deutschland und ihre Aufgaben im parlamentarischen Geschäftsgang (2000), S. 29 f.
19 HERMES, in: Dreier, Grundgesetz Kommentar, Bd. II, (1998), Art. 64, Rdnr. 31; So schon ANSCHÜTZ, Die Verfassung des Deutschen Reichs (1929), Art. 42, Anm. 1; VON MANGOLDT, Das Bonner Grundgesetz (1953), Art. 56, Anm. 2 (S. 309 f.).
20 HERZOG, in: Maunz/Dürig, Grundgesetz Kommentar Bd. IV (2005), Art. 56 Rdnr. 5.
21 KÖHLER, Die Rechtsstellung der Parlamentspräsidenten in den Ländern der Bundesrepublik Deutschland und ihre Aufgaben im parlamentarischen Geschäftsgang (2000), S. 29 f.
22 HERZOG, in: Maunz/Dürig, Grundgesetz Kommentar Bd. IV (2005), Art. 56 Rdnr. 4.
23 Grundlage dieses Amtseides bildete Art. 7 des Überleitungsgesetzes vom 15. Mai 1952.
24 9. Sitzung der Verfassunggebenden Landesversammlung am 29. Mai 1952, in: Verhandlungen der Verfassunggebenden Landesversammlung Baden-Württemberg, S. 237 ff. (273); siehe dazu auch Berichte in der RNZ vom 30. Mai 1952, S. 8 und Die Neue Zeitung vom 30. Mai 1952, S. 4. Andere Quellen sprechen fälschlicherweise von einer Vereidigung am 25. April 1952, so z.B. die bisherige Datierung einer Aufnahme von der Vereidigung der Landesbildstelle von Baden-Württemberg: LBW 29/47 und SCHNEIDER, 30 Jahre Baden-Württemberg, in: Die Geschichte Baden-Württembergs (1987), S. 302 ff. (Bildtext Nr. 197, zwischen S. 304 und 305).
25 Dazu das Protokoll der Verhandlung der Verfassunggebenden Landesversammlung am 25. April 1952, in: FEUCHTE, Quellen zur Entstehung der Verfassung von Baden-Württemberg, Erster Teil (1986), S. 243 ff. (S. 251).

erfolgen solle, wenn die Verfassunggebende Versammlung die notwendigsten Bestimmungen über die Zuständigkeiten der neuen Staatsorgane in einem Überleitungsgesetz festgelegt habe, so daß die Funktionsfähigkeit des neuen Staates gewährleistet sei.[26]

§ 14 Abs. 4 des Zweiten Neugliederungsgesetzes beraumte für die Ernennung der Minister durch den Ministerpräsidenten eine Frist von zwei Wochen ab der Wahl desselben an. Aus dieser Vorschrift ging nicht ausdrücklich hervor, daß die vorläufige Regierung erst gebildet werden könne oder solle, nachdem die Verfassunggebende Landesversammlung das Überleitungsgesetz erlassen habe.[27] Die in § 14 Abs. 4 genannte Frist deutet, wegen der vorgesehenen Beschleunigung der Staatsgründung, auf eine Ausschlußfrist hin, so daß die Regierungsbildung nach § 14 Abs. 4 des Zweiten Neugliederungsgesetzes nicht verfrüht vorgenommen wurde.[28]

Auch aus keiner der anderen Vorschriften des Zweiten Neugliederungsgesetzes ging hervor, daß die vorläufige Regierung erst gebildet werden solle oder könne, nachdem in einem Überleitungsgesetz das Verhältnis zwischen Regierung und Versammlung geregelt worden sei. Man kann allenfalls vermuten, daß der Gesetzgeber den verhältnismäßig langen Zeitraum von sechs Wochen (§ 11 Zweites Neugliederungsgesetz) als äußerste Frist für die Regierungsbildung gewählt hatte, um der Versammlung zunächst die Gelegenheit zur Verabschiedung eines Überleitungsgesetzes zu geben. Die sofortige Regierungsbildung widerspricht aber nicht dem Zweiten Neugliederungsgesetz.

Indessen bestanden für die vorläufige Regierung bis zur Verabschiedung des Überleitungsgesetzes mit Ausnahme einiger dürftiger Bestimmungen des Zweiten Neugliederungsgesetzes keine rechtlichen Abgrenzungen ihrer Befugnisse. Damit könnte die Bildung des Landes in Widerspruch zu der in Art. 28 Abs. 1 GG geforderten verfassungsmäßigen Ordnung vorgenommen worden sein. Art. 28 Abs. 1 S. 1 GG sieht für die Länder die verfassungsmäßige Ordnung nach den Grundsätzen des republikanischen und demokratischen Rechtsstaates im Sinne des Grundgesetzes vor. Im Bereich des Rechtsstaatsprinzips ist die Gewaltenteilung für die Länder verbindlich.[29] Funktional unterscheidet Art. 20 Abs. 2 S. 2 GG drei Staatsfunktionen: Legislative, Exekutive und Judikative.[30]

---

26 Äußerung von Gebhard Müller in der 5. Sitzung der Verfassunggebenden Landesversammlung am 10. Mai 1952, siehe dazu: Protokoll der Verhandlung der Verfassunggebenden Landesversammlung am 10. Mai 1952, in: FEUCHTE, Quellen zur Entstehung der Verfassung von Baden-Württemberg, Erster Teil (1986), S. 445 ff. (S. 472 f.).
27 So auch: MACKENRODT, Probleme der Neugliederung des Südwestdeutschen Bundesgebietes (1954), S. 25.
28 Zu dieser Problematik näher: 4. Teil, 2. Kapitel I.
29 DREIER, in: Dreier, Grundgesetz Kommentar, Bd. II (1998), Art. 28 Rdnr. 60, Art. 20 (Rechtsstaat) Rdnr. 62 ff.
30 DREIER, in: Dreier, Grundgesetz Kommentar, Bd. II, (1998), Art. 20 (Rechtsstaat) Rdnr. 64; STERN, Staatsrecht Bd. I (1984), § 20 IV 3, S. 792 ff. (795); STERN, Staatsrecht Bd. II

Weiter muß nach Art. 28 Abs. 1 S. 2 GG das Volk in den Ländern eine Vertretung haben, die aus allgemeinen, unmittelbaren, freien, gleichen und geheimen Wahlen hervorgegangen ist.[31]

Der Regierung Reinhold Maiers stand keine Volksvertretung gegenüber, die vom Volk ausschließlich zur Ausübung der einfachen Gesetzgebung berufen war. Allerdings verfügte der Südweststaat nach der Regierungsbildung neben dieser einheitlichen vorläufigen Regierung über eine gesetzgebende Körperschaft, die mit der höheren Vollmacht eines Verfassungsgebers ausgestattet ist (§ 14 Abs. 2, 3 des Zweiten Neugliederungsgesetzes).[32] Die Verfassunggebende Landesversammlung trug zwar noch nicht die Bezeichnung Landtag, sie konnte aber nach § 14 Abs. 3 des Zweiten Neugliederungsgesetzes verfassungsrechtliche Bestimmungen, Gesetze und Maßnahmen beschließen.[33] Sie war vom Aufgabenbereich einem Landtag gleichgestellt und konnte umfassend einfachgesetzlich tätig werden.[34] Eine entsprechende Vorschrift nahm die Verfassunggebende Landesversammlung in das Überleitungsgesetz auf. Art. 4 desselben bestimmte, daß die Verfassunggebende Landesversammlung zugleich die Aufgaben eines Landtags wahrnimmt.

Dagegen hatte der Südweststaat zu diesem Zeitpunkt keine vom Volk gewählte Volksvertretung. Dieser Verstoß gegen Art. 28 Abs. 1 S. 2 GG ist wegen der besonderen Situation des Staatsaufbaus für eine Übergangszeit nahezu unvermeidbar. An diesem Erfordernis kann man die verfrühte Regierungsbildung nicht messen; denn auch in der vom Zweiten Neugliederungsgesetz gesetzten Frist wäre es nicht möglich gewesen, eine gewählte Volksvertretung als Gegengewicht zur vorläufigen Regierung zu konstituieren.

Die Regierungsbildung erfolgte also nicht verfrüht und war insoweit nicht mit Mängeln behaftet.

II. Kein Verstoß gegen die Tagesordnung

In der von Reinhold Maier im Anschluß an seine Wahl als Ministerpräsident sofort vollzogenen Ernennung seiner Minister lag auch kein Verstoß gegen die Tagesordnung der Verfassunggebenden Landesversammlung. Die Verfrühung hatte damit auch nicht die Nichtigkeit der Ministerernennung zur Folge, was die

---

(1980), § 36, S. 511 ff. (536 f.); MACKENRODT, Probleme der Neugliederung des Südwestdeutschen Bundesgebietes (1954), S. 16.

31 Siehe dazu auch: MACKENRODT, Probleme der Neugliederung des Südwestdeutschen Bundesgebietes (1954), S. 16.
32 Zu den Einzelheiten: FETZER, Res publica nascitura, DÖV 1952, S. 65 ff. (66).
33 Zur Zulässigkeit der einfachgesetzlichen Tätigkeit der Verfassunggebenden Landesversammlung siehe die Ausführungen unter: 3. Teil, 3. Kapitel VI.
34 Anders: MÜLLER, Die Entstehung des Bundeslandes Baden-Württemberg, in: ZWLG 36 (1977), S. 236 ff. (257).

Entstehung des neuen Bundeslandes nach § 11 i.V.m § 14 Abs. 4 S. 2 des Zweiten Neugliederungsgesetzes verhindert hätte.

Zwar führte die Tagesordnung der 4. Sitzung der Verfassunggebenden Landesversammlung am 25. April 1952 als einzigen Punkt die Wahl des Ministerpräsidenten auf und sah nicht die Bekanntgabe, die Vorstellung und die Bestätigung der Minister vor. Aber der Zweck der Tagesordnung, eine ordnungsgemäße Entscheidungsfindung zu gewährleisten, ist nicht verletzt. Zunächst hat Reinhold Mayer die Tagesordnung nicht ergänzt, denn § 14 Abs. 4 des Zweiten Neugliederungsgesetzes übertrug allein dem Ministerpräsidenten die Ernennung der Minister und legte nicht fest, daß dies in einer Sitzung der Verfassunggebenden Landesversammlung stattzufinden habe. Reinhold Mayer hat die Sitzung der Verfassunggebenden Landesversammlung nur als Rahmen für seine Ministerernennung gewählt. Diese hätte er ebenso gut außerhalb einer solchen Sitzung vornehmen können. Es wurden also keine Rechte der Verfassunggebenden Landesversammlung berührt. Zudem sollte lediglich die Ernennung der Minister zur Kenntnis genommen werden. In diesem Punkt war keine Vorbereitung der Versammlungsteilnehmer auf einen Beratungsgegenstand erforderlich. Das Fehlen der Ministernennung auf der Tagesordnung tangierte nicht die Gültigkeit der Bildung der vorläufigen Regierung. Schließlich gilt auch hier: Ein Verstoß gegen die Tagesordnung als Innenrecht der Verfassunggebenden Landesversammlung hätte keine Auswirkungen auf die Gültigkeit des so zustandegekommenen Außenrechts, der Ministerernennung. Diese war jedenfalls rechtswirksam.

III. Entstehung des Südweststaats und Auflösung der bisherigen Länder

1. Entstehung des neuen Bundeslandes

a) § 11 i.V.m. § 14 Abs. 4 des Zweiten Neugliederungsgesetzes

Nach der Ministerernennung gab Reinhold Maier den für die Geburt Baden-Württembergs rechtserheblichen Satz zu Protokoll:

> „...Gemäß § 14 Abs. 4 wird hiermit der Zeitpunkt der Bildung der vorläufigen Regierung auf den gegenwärtigen Augenblick, nämlich Freitag, 25. April 1952, 12 Uhr 30 Minuten, festgestellt. Mit dieser Erklärung sind gemäß § 11 des Zweites Neugliederungsgesetzes die Länder Baden, Württemberg-Baden und Württemberg-Hohenzollern zu einem Bundesland vereinigt...". [35]

---

35 Protokoll der Verhandlung der Verfassunggebenden Landesversammlung am 25. April 1952, in: FEUCHTE, Quellen zur Entstehung der Verfassung von Baden-Württemberg, Erster Teil (1986), S. 243 ff. (S. 247).

Damit war nach § 11 i.V.m § 14 Abs. 4 des Zweiten Neugliederungsgesetzes das neue Bundesland existent. Die drei Länder Baden, Württemberg-Baden und Württemberg-Hohenzollern waren zu einem Bundesland vereinigt. Die Regelung bestimmte eindeutig den Zeitpunkt, in dem das neue Bundesland gebildet sein sollte. Sie entsprach der Intention des Gesetzgebers. Der Abgeordnete Fritz Erler, der Berichterstatter des Ausschusses für innergebietliche Neuordnung, äußerte sich wie folgt:

> „... Zu § 11 darf ich bemerken, daß hier die Frage geklärt wird, wann eigentlich der neue Staat geboren ist. ... Mit der Bildung der vorläufigen Regierung, die sich innerhalb der Fristen des Gesetzes aus der Bestimmung der Wahl der verfassunggebenden Landesversammlung und der von dieser vorzunehmenden Wahl des Ministerpräsidenten, der seinerseits die Minister ernennt, vollzieht, ist dann der neue Staat tatsächlich lebensfähig und mit eigenen Organen ausgestattet rechtlich existent...".[36]

b) Funktionsfähigkeit des neuen Landes als Voraussetzung für dessen Gründung?[37]

Die überraschend erfolgte Regierungsbildung brachte ein Vakuum. Reinhold Maier gründete eine nahezu funktionsunfähige Regierung. Ihr dienten bis zum Erlaß des Überleitungsgesetzes als gesetzliche Grundlage für ein Funktionieren ausschließlich die spärlichen Regelungen des Zweiten Neugliederungsgesetzes.[38] Aus diesem Grunde erheben sich Zweifel, ob allein die formale Erfüllung der § 11 und § 14 Abs. 4 des Zweiten Neugliederungsgesetzes für die Bildung des neuen Bundeslandes ausreichend war oder der Südweststaat nicht noch weiterer Organe bedurfte, um seine Staatsgewalt ausüben zu können, weitere Zweifel bestanden, ob die dürftigen Vorschriften des Zweiten Neugliederungsgesetzes ausreichen, um die Bildung des südwestdeutschen Bundeslandes in staatsrechtlich unanfechtbarer Weise zu ermöglichen.[39] Zudem könnte durch das Fehlen eines Überleitungsgesetzes die verfassungsmäßige Ordnung in den Ländern nicht den Grundsätzen des republikanischen, demokratischen und sozialen Rechtsstaates im Sinne des Grundgesetzes entsprochen haben.[40]

---

36 135. Sitzung des Deutschen Bundestags, vom 18. April 1951, in: BT-Protokolle I/5257 ff. (S. 5305 (D)).

37 Zu der Frage, ob die Staatsgründung der rechtlichen Wertung überhaupt zugänglich ist und ob sie eine Rechtshandlung oder ein tatsächlicher Vorgang ist: DANCO, Die Entstehung der Bundesrepublik Deutschland und das Inkrafttreten des Grundgesetzes (1961), S. 2 ff.

38 Gebhard Müller in der 5. Sitzung der Verfassunggebenden Landesversammlung am 10. Mai 1952, in: FEUCHTE, Quellen zur Entstehung der Verfassung von Baden-Württemberg, Erster Teil (1982), S. 445 ff. (473).

39 SPRENG, Das Überleitungsgesetz für das südwestdeutsche Bundesland, DÖV 1952, S. 298 ff. (299).

40 ESCHENBURG, Verfassung und Verwaltungsaufbau des Südweststaates (1952), S. 18.

Der Staatlichkeit der Länder sind drei Elemente immanent, die Staatsgewalt – die rechtliche gebundene Herrschaftsmacht des Staates –, das Staatsgebiet und das Staatsvolk.[41] Darüber hinaus könnte noch das Vorhandensein einer stabilen Regierung, gesetzgebender Körperschaften, einer funktionierenden Verwaltung, Justiz und anderes mehr gefordert werden. Das Primäre des Staates ist gleichwohl die Erringung und die Aufrechterhaltung der Staatsgewalt. Die anderen Punkte sind organisatorische Forderungen, die sich aus dem Vorhandensein der Staatsgewalt mit ergeben.[42]

Nach Giese ist das Vorhandensein von effektiven Organen der Staatsgewalt[43] und eines eigenen Rechtsbodens des Staates[44] wesentliche Voraussetzung für die Entstehung desselben, da das neue Gemeinwesen in der Lage sein müsse, sich staatlich zu betätigen. Dadurch soll ein mögliches Vakuum der Handlungsunfähigkeit des Staates vermieden werden. Das kann allerdings in gleicher Weise durch vorläufige Regelungen geschehen, welche die Erfüllung der notwendigen Staatsaufgaben bis zum Inkraftsetzen einer endgültigen Verfassung und endgültiger Staatsorgane sicherstellen.[45] Hierbei reicht es aus, daß die notwendigen Staatsfunktionen tatsächlich und in dem Umfange erfüllt werden, der erforderlich ist, um die Existenz des neu entstandenen Staatswesens solange zu erhalten, bis sie von endgültigen Organen und Regelungen abgelöst werden.[46] Die Staatsgewalt entsteht zugleich mit dem Staat.[47] Die Verfassung regelt noch die Einzelheiten, aber die Staatsgewalt besteht bereits.[48] Eine vollständige Funk-

---

41 DEGENHART, Staatsrecht I, (2005), Rdnr. 461; ISENSEE, Staat und Verfassung, in: HbdStR Bd. II (2004) § 15, Rdnr. 24 ff., S. 22 ff.; geprägt durch: JELLINEK, Allgemeine Staatslehre (1929), 6. Kapitel, S. 183, 13. Kapitel S. 394 ff.; dieser greift wiederum zurück auf: VON. SCHMALZ, Das teutsche Staatsrecht: Ein Handbuch zum Gebrauche academischer Vorlesungen (1825), §§ 6, 7, 13; JORDAN Lehrbuch des allgemeinen und deutschen Staatsrechts (1831), § 1 S. 1 f.; ZACHARIÄ, Deutsches Staats- und Bundesrecht, 1. Teil, 2. Auflage (1853), S. 43; ZOEPFL, Grundsätze des Allgemeinen und des Constitutionell-Monarchischen Staatsrecht mit Rücksicht auf das gemeingültige Recht in Deutschland (1841), § 8, S. 6. Die Drei-Elemente-Lehre nicht überzeugend ablehnend: KRÜGER, Allgemeine Staatslehre (1964), § 13 III, S. 145 f.
42 Siehe dazu auch: ISENSEE, Staat und Verfassung, in: HbdStR Bd. II (2004) § 15, Rdnr. 24, S. 22.
43 GIESE, Bundesstaatsgründung einst und jetzt, in: Staats- und verwaltungswissenschaftliche Beiträge, 10 Jahre Hochschule für Verwaltungswissenschaften Speyer (1957), S. 63 ff. (70).
44 GIESE, Bundesstaatsgründung einst und jetzt, in: Staats- und verwaltungswissenschaftliche Beiträge, 10 Jahre Hochschule für Verwaltungswissenschaften Speyer (1957), S. 63 ff. (64 f.).
45 Von der Tendenz her vergleichbar: DANCO, Die Entstehung der Bundesrepublik Deutschland und das Inkrafttreten des Grundgesetzes (1961), S. 55 f.
46 Ähnlich: DANCO, Die Entstehung der Bundesrepublik Deutschland und das Inkrafttreten des Grundgesetzes (1961), S. 70.
47 DANCO, Die Entstehung der Bundesrepublik Deutschland und das Inkrafttreten des Grundgesetzes (1961), S. 20.
48 VON EGLOFFSTEIN, Die Entwicklung der Neugliederungsfrage (1957), S. 70.

tionsfähigkeit der Organe eines neuen Staates ist für die Gründung eben dieses neuen Staates nicht erforderlich.

Folglich kam der Staatsaufbau durch die Gründung des Südweststaats in Gange und führt zur Schaffung der notwendigen Organe, soweit sie durch das Zweite Neugliederungsgesetz noch nicht vorhanden sind. Das höchste Staatsorgan, das Staatsvolk, ist vorhanden, daneben besaß der Südweststaat schon „Organwalter". Der Südweststaat verfügte nach der Bildung der vorläufigen Regierung neben dieser über eine gesetzgebende Körperschaft, die mit der Vollmacht zur Verfassungsgebung ausgestattet war (§ 14 Abs. 2, 3 des Zweiten Neugliederungsgesetzes).[49] Die Verfassunggebende Landesversammlung trug zwar nicht die Bezeichnung Landtag, sie hatte aber nach § 14 Abs. 3 des Zweiten Neugliederungsgesetzes die Kompetenz, Gesetze zu beschließen, die im Interesse der Bildung des neuen Bundeslandes erforderlich waren.[50] Sie war hierzu sogar verpflichtet, um eine gegenseitige Hemmung und Kontrolle der Gewalten zu erreichen.[51] Die Verfassunggebende Landesversammlung war damit vom Aufgabenbereich einem Landtag gleichgestellt.[52] Eine dahingehende Vorschrift nahm die Verfassunggebende Landesversammlung in das Überleitungsgesetz auf. Art. 4 Abs. 1 des Überleitungsgesetzes bestimmte, daß die Verfassunggebende Landesversammlung zugleich die Aufgaben eines Landtags wahrnahm. Die von Art. 28 Abs. 1 GG geforderte verfassungsmäßige Ordnung war infolgedessen gewährleistet. Das neue Bundesland entstand mit der Regierungsbildung durch Reinhold Maier am 25. April 1952.

2. Auflösung der alten Länder

Schwieriger zu beantworten ist, ob die alten Länder Baden, Württemberg-Baden und Württemberg-Hohenzollern gleichzeitig mit der Gründung des neuen Bundeslandes aufgelöst wurden oder noch beschränkt weiterbestanden. Das Zweite Neugliederungsgesetz regelt die Auflösung der alten Länder nicht ausdrücklich.[53] Ein Blick in die einschlägigen Gesetze ergibt drei Zeitpunkte, zu denen die drei südwestdeutschen Länder enden könnten:
– § 11 des Zweiten Neugliederungsgesetzes,[54] indem er mit Bildung der vorläufigen Regierung die Vereinigung der Länder Baden, Württemberg-Baden und Württemberg-Hohenzollern zu einem Bundesland anordnete.[55]

---

49 Zu den Einzelheiten: FETZER, Res publica nascitura, DÖV 1952, S. 65 ff. (66).
50 Vgl. oben 4. Teil, 2. Kapitel II.
51 MACKENRODT, Probleme der Neugliederung des Südwestdeutschen Bundesgebietes (1954), S. 16; STERN, Staatsrecht, Bd. I (1984), § 20 IV 3, S. 792 ff. (792).
52 Anders: MÜLLER, Die Entstehung des Bundeslandes Baden-Württemberg, in: ZWLG 36 (1977), S. 236 ff. (257).
53 MACKENRODT, Probleme der Neugliederung des Südwestdeutschen Bundesgebietes (1954), S. 18.
54 Vom 4. Mai 1951; BGBl. I S. 284.

– Art. 2 Abs. 1 des Überleitungsgesetzes[56] hob die Landtage und Regierungen der Länder Baden, Württemberg-Baden und Württemberg-Hohenzollern auf, gleichzeitig könnten die drei Länder ihre Existenz verloren haben.
– Nach Art. 94 Abs. 2 S. 2 LV BW[57] traten zum Zeitpunkt der Verkündung der Verfassung von Baden-Württemberg die Verfassungen der bisherigen Länder Baden, Württemberg-Baden und Württemberg-Hohenzollern außer Kraft. Die Länder könnten auch erst zu diesem Zeitpunkt aufgelöst worden sein.

a) § 11 des Zweiten Neugliederungsgesetzes
Ausgangspunkt ist § 11 des Zweiten Neugliederungsgesetzes. Die Bildung der Vorläufigen Regierung und das Entstehen des neuen Bundeslandes ist der erste Zeitpunkt, zu dem die bisherigen drei Länder hätten aufgelöst werden können.[58]

Ausdrücklich erfolgte keine Bestimmung des Zeitpunkts der Auflösung der alten Länder. Der Wortlaut des § 11 des Zweiten Neugliederungsgesetzes legte es im Wege des argumentum e contrario nahe, daß bei der Vereinigung der alten Länder zu einem neuen Ganzen die alten Länder gleichzeitig aufgelöst werden.

Nach § 12 Abs. 1 S. 1 des Zweiten Neugliederungsgesetzes bildeten die Regierungen der drei südwestdeutschen Länder unmittelbar nach der Volksabstimmung den Ministerrat. Zu diesem Zeitpunkt waren die Länder zweifelsfrei noch existent, da das neue Bundesland erst durch Bildung der vorläufigen Regierung entstand.

§ 16 des Zweiten Neugliederungsgesetzes enthielt keine ausdrückliche Bestimmung über die Auflösung der alten Länder. Er sprach davon, daß die beteiligten Länder verpflichtet waren, alle Maßnahmen zu unterlassen, die geeignet waren, die Vereinigung zu vereiteln. Diese Bestimmung galt folglich nur bis zur Landesgründung, da solche Vereitelungsmaßnahmen nur vor der Vereinigung möglich waren. Infolgedessen gibt § 16 keinen Aufschluß darüber, ob die Länder nach der Vereinigung weiterbestehen. Dies wird durch § 17 bestätigt, der die Anrufung des Ministerrates vorschreibt, der wiederum nur bis zur Vereinigung besteht (§ 12 Abs. 1 S. 2).

§ 18 des Zweiten Neugliederungsgesetzes hilft für die Frage, ob die alten Länder gleichzeitig mit der Bildung des neuen Landes aufgelöst wurden, eben-

---

55 Mackenrodt geht davon aus, daß ein vorläufiges Fortbestehen der bisherigen Länder über den Zeitpunkt der Bildung der vorläufigen Regierung hinaus nicht möglich war. MACKENRODT, Probleme der Neugliederung des Südwestdeutschen Bundesgebietes (1954), S. 18.
56 Vom 15. Mai 1952; BGBl. I S. 3.
57 Vom 11. November 1953, Gesetzblatt für Baden-Württemberg, Nr. 29 vom 19. November 1953, S. 173.
58 SPRENG, Das Überleitungsgesetz für das südwestdeutsche Bundesland, DÖV 1952, S. 298 ff. (299).

falls nicht weiter, weil der Ministerrat, dessen Genehmigung die Maßnahmen (Abs. 1) bedurften und die Länderregierungen zur Rechenschaft verpflichtet waren (Abs. 2), mit der Bildung der vorläufigen Regierung endete (§ 12 Abs. 1 S. 3).

Dagegen übertrug § 19 des Zweiten Neugliederungsgesetzes nicht nur die Aufwendungen für den Ministerrat, sondern auch für die Verfassunggebende Landesversammlung und die vorläufige Regierung auf die beteiligten Länder. Er regelte somit die Kostenübertragung auch für den Zeitpunkt nach der Regierungsbildung, also noch nach der Vereinigung der drei Länder zu dem neuen Bundesland. Diese Regelung scheint von dem Bestehen der Länder zu diesem Zeitpunkt auszugehen. Gebhard Müller entnahm § 19, daß der Bundesgesetzgeber die bisherigen Länder auch neben der vorläufigen Regierung weiter bestehen lassen wollte. Denn wie sollte es sonst für die Länder möglich sein, die Aufwendungen zu tragen.[59] Er folgerte daraus, daß der Bundesgesetzgeber eine Verteilung der Aufgaben auf die alten Landtage und die Verfassunggebende Landesversammlung habe vornehmen wollen und letzterer deshalb zunächst nicht die volle Machtfülle eines Landtags zugedacht sei.[60] Mackenrodt[61] legt § 19 des Zweiten Neugliederungsgesetzes dahingehend aus, daß der Bundesgesetzgeber die drei Länder als Gebietskörperschaften ohne eigene Staatsgewalt noch weiter existieren lassen wollte. Danach übten die bisherigen Länder keine eigenständige Staatsgewalt, sondern abgeleitete Gewalt im Namen des Südweststaates aus. Diese Konstruktion ist abzulehnen, da das Hauptelement – neben dem Staatsgebiet und dem Staatsvolk – des Staates die Staatsgewalt ist, ohne sie kann ein Staat nicht existieren.[62] Zudem gehörte das Staatsgebiet sowie das Staatsvolk nun dem neuen Bundesland an und nicht mehr den alten Ländern.

Wahrscheinlicher ist im Hinblick auf die anderen Regelungen des Zweiten Neugliederungsgesetzes und den § 10 des Entwurfes von Kurt Georg Kiesinger,[63] der dem § 19 des Zweiten Neugliederungsgesetzes zugrunde lag, ein Redaktionsversehen. Denn nach § 10 des Entwurfes sollten die Länder Baden, Württemberg-Baden und Württemberg-Hohenzollern erst mit der Verkündung der neuen Landesverfassung zu dem neuen Bundesland vereinigt werden. Bis zu diesem Zeitpunkt bestanden unzweifelhaft die alten Länder. Diese mußten kon-

---

59 Gebhard Müller in der 5. Sitzung der Verfassunggebenden Landesversammlung am 10. Mai 1952, in: FEUCHTE, Quellen zur Entstehung der Verfassung von Baden-Württemberg, Erster Teil (1986), S. 445 ff. (473). siehe dazu auch: MACKENRODT, Probleme der Neugliederung des Südwestdeutschen Bundesgebietes (1954), S. 12.
60 Gebhard Müller in der 5. Sitzung der Verfassunggebenden Landesversammlung am 10. Mai 1952, in: FEUCHTE, Quellen zur Entstehung der Verfassung von Baden-Württemberg, Erster Teil (1986), S. 445 ff. (473). siehe dazu auch: MACKENRODT, Probleme der Neugliederung des Südwestdeutschen Bundesgebietes (1954), S. 12.
61 MACKENRODT, Probleme der Neugliederung des Südwestdeutschen Bundesgebietes (1954), S. 21.
62 Vgl. oben: 4. Teil, 3. Kapitel, III 1.
63 Vom 26. Januar 1951, BT-Drucksache Nr. 1849.

sequenterweise die Aufwendungen für die Verfassunggebende Landesversammlung tragen, da es zum Zeitpunkt des Wirkens der Verfassunggebenden Landesversammlung noch kein neues Bundesland gab, sondern nur die drei südwestdeutschen Länder.[64] Aus § 19 des Zweiten Neugliederungsgesetzes läßt sich folglich kein Argument für das Weiterbestehen der alten Länder ableiten, nachdem das neue Bundesland gebildet wurde.

Nach § 20 des Zweiten Neugliederungsgesetzes traten die Verfassungen der drei südwestdeutschen Länder spätestens mit dem Inkrafttreten der Verfassung des neuen Bundeslandes außer Kraft. Es existierten danach auf der Ebene der drei Länder Verfassungen, das neue Bundesland hatte aber noch keine Verfassung.[65] Es stellt sich die Frage, ob die Verfassungen der Länder Baden, Württemberg-Baden und Württemberg-Hohenzollern ohne den dazugehörigen existenten Staat bestehen können. Dazu läßt sich folgendes anmerken: Zum einen gibt es keinen Rechtszustand Null. Mit der Gründung des neuen Landes mußte in Ermangelung einer neuen Verfassung und einfachgesetzlicher Normen auf die bestehenden Regelungen zurückgegriffen werden; deshalb müssen diese konsequenterweise weiterhin gelten. Zum anderen werden die Vorschriften der Länderverfassungen, soweit sie mit den Durchführungszielen und Durchführungsbestimmungen der Neugliederung kollidieren und die Neugliederung behindern, mit der Bildung des neuen Bundeslandes von selbst hinfällig.[66] Zuletzt kann die Verfassunggebende Landesversammlung nach § 20 HS 2 des Zweiten Neugliederungsgesetzes Bestimmungen der Landesverfassungen schon zuvor außer Kraft setzen. Dies ist bei einem bestehenden Staat ein Eingriff in dessen Landeshoheit und außerhalb der Neugliederung nicht möglich.

Betrachtet man das durch die systematische Auslegung erzielte Ergebnis, erscheint es so, daß die Länder gleichzeitig mit der Bildung des neuen Landes untergegangen sind.

Die Verhandlungen des Bundestages selbst geben keinen Aufschluß darüber, ob zu dem Zeitpunkt der Vereinigung auch die alten Länder enden sollten.

Erst eine an Sinn und Zweck dieser Vorschriften orientierte teleologische Auslegung kann der „ratio legis" der Norm gerecht werden. Der § 11 i.V.m. § 14 Abs. 4 des Zweiten Neugliederungsgesetzes zugrunde liegende Rechtsgedanke der allgemeinen Staatslehre gebietet es, den Untergang der Länder zeitgleich mit der Gründung des Südweststaats anzusetzen.

Der Bundesstaat ist eine Verbindung von Staaten in der Weise, daß die Teilnehmer Staaten bleiben oder sind (Gliedstaaten), aber auch der organisierte

---

64 Anders, aber nicht überzeugend: RÖMER, Wann enden die alten Länder des Südwestraums?, DÖV 1952, S. 67 ff. (68).
65 Dazu auch: RÖMER, Wann enden die alten Länder des Südwestraums?, DÖV 1952, S. 67 ff. (68).
66 Dazu auch: RÖMER, Wann enden die alten Länder des Südwestraums?, DÖV 1952, S. 67 ff. (68).

Staatenverband (Gesamtstaat) die Qualität eines Staates besitzt.[67] Der Staatlichkeit der Länder sind drei Elemente immanent, die Staatsgewalt, das Staatsgebiet und das Staatsvolk.[68] Beim Fehlen eines dieser Merkmale entfällt der Staatscharakter des betreffenden Gebildes. Staatsvolk, Staatsgebiet und Staatsgewalt sind zwar Merkmale des funktionierenden Staates, endgültig vernichtet ist ein Staat aber erst dann, wenn sein Staatsgebiet und sein Staatsvolk in einen anderen Staat einverleibt werden.[69]

Die Staatsgewalt ging durch die Vereinigung der drei Länder von diesen auf das neue Bundesland über. Daher konnte die Verfassunggebende Landesversammlung verfassungsrechtliche Bestimmungen, Gesetze und Maßnahmen erlassen. Im Südweststaat können keine vier gesetzgebenden Körperschaften existieren, wobei sich die Kompetenz der drei alten Länder jeweils mit der des neuen Landes überschneidet.[70] Daran ändert sich auch durch die Tatsache nichts, daß erst Art. 2 des Überleitungsgesetzes die Landtage und Regierungen der Länder Baden, Württemberg-Baden und Württemberg-Hohenzollern aufhob, weil die Landtage der alten Länder am 25. März (Art. 126 a der Verfassung von Baden) bzw. am 25. April 1952 (Art. 125 a der Verfassung von Württemberg-Hohenzollern) geendet hatten.

Das Staatsvolk der alten Länder gehörte mit der Gründung des neuen Landes dem Südweststaat an, ein Staatsvolk der alten Länder existierte ab diesem Zeitpunkt nicht mehr.

Das Staatsgebiet ist ein Essentiale der Länder-Staatlichkeit.[71] Schon Schmalz,[72] Jordan,[73] Zoepfl[74] und Zachariä[75] sahen das Vorhandensein eines

---

67 STERN, Staatsrecht Bd. I, (1984), § 19 I 1 a, S. 644.
68 DEGENHART, Staatsrecht I, (2005), Rdnr. 461; geprägt durch: JELLINEK, Allgemeine Staatslehre (1929), 6. Kapitel, S. 183, 13. Kapitel S. 394 ff.; dieser greift wiederum zurück auf: SCHMALZ, Das teutsche Staatsrecht: Ein Handbuch zum Gebrauche academischer Vorlesungen (1825), §§ 6, 7, 13; JORDAN, Lehrbuch des allgemeinen und deutschen Staatsrechts (1831), § 1 S. 1; ZACHARIÄ, Deutsches Staats- und Bundesrecht, 1. Teil, 2. Auflage (1853), S. 43; ZOEPFL, Grundsätze des Allgemeinen und des Constitutionell-Monarchischen Staatsrecht mit Rücksicht auf das gemeingültige Recht in Deutschland (1841), § 8, S. 6. Die Drei-Elemente-Lehre nicht überzeugend ablehnend: KRÜGER, Allgemeine Staatslehre (1964), § 13 III, S. 145 f.
69 DANCO, Die Entstehung der Bundesrepublik Deutschland und das Inkrafttreten des Grundgesetzes (1961), S. 25.
70 So wohl auch MACKENRODT, Probleme der Neugliederung des Südwestdeutschen Bundesgebietes (1954), S. 21.
71 STERN, Staatsrecht, Bd. I (1984), § 7 IV 2 a, S. 249; ablehnend, allerdings nicht überzeugend: KRÜGER, Allgemeine Staatslehre (1964), § 13 III, S. 146.
72 VON SCHMALZ, Das teutsche Staatsrecht: Ein Handbuch zum Gebrauche academischer Vorlesungen (1825), §§ 6, 7, 13.
73 JORDAN, Lehrbuch des allgemeinen und deutschen Staatsrechts (1831), § 1 S. 1 f.
74 ZOEPFL, Grundsätze des Allgemeinen und des Constitutionell-Monarchischen Staatsrecht mit Rücksicht auf das gemeingültige Recht in Deutschland (1841), § 8, S. 6.
75 ZACHARIÄ, Deutsches Staats- und Bundesrecht, 1. Teil, (1853), S. 43.

bestimmten Gebietes als faktische Bedingung an. Es ist die natürliche Grundlage des Staates. Die alten Länder verfügen aber seit dem Zeitpunkt der Vereinigung nicht mehr über ein Staatsgebiet. Dieses ging auf das neue Bundesland über; denn das Grundgesetz kennt nur die Bundesländer im Bund, nicht aber Bundesländer in einem Bundesland. Dies spricht für den Untergang der alten Länder im Augenblick der Gründung des Südweststaats. Nach der teleologischen Auslegung sind die alten Länder im Moment der Entstehung des Südweststaats untergegangen.

Die alten Länder sind gleichzeitig mit der Gründung des neuen Landes aufgelöst worden.

b) Art. 2 Überleitungsgesetz und Art. 94 Abs. 2 S. 2 LV BW
Der Tatsache, daß erst Art. 2 des Überleitungsgesetzes[76] die Landtage und die Regierungen der Länder Baden, Württemberg-Baden und Württemberg-Hohenzollern aufgehoben hat, ändert nichts daran, daß die Länder schon vor dem Inkrafttreten des Überleitungsgesetzes ihre Staatlichkeit verloren haben. Gleiches gilt für den Art. 94 Abs. 2 S. 2 LV Baden-Württemberg, der bestimmt, daß die Verfassungen der beteiligten Länder mit der Verkündung der Verfassung des Landes Baden-Württemberg außer Kraft treten.

---

76 Vom 15. Mai 1952, in: Gesetzblatt für Baden-Württemberg 1952, S. 3.

4. Kapitel: Das Überleitungsgesetz vom 15. Mai 1952[1]

I. Entstehungsgeschichte

Die Aufgabe der Verfassunggebenden Landesversammlung, die sich am 25. März 1952 konstituierte und 120 Mitglieder hatte,[2] war es, zunächst für die Übergangszeit vorläufige Regelungen zu treffen, die für das ordnungsgemäße Handeln des neuen Bundeslandes notwendig waren. Ihr oblag auch die Kontrolle der Regierung und in steigendem Maß fielen ihr die Aufgaben eines Landtags zu, so daß die Verfassungsarbeiten nur langsam voran gingen.[3]

Am 2. April 1952 bildete die Verfassunggebende Landesversammlung einen Ausschuß zur Beratung des Überleitungsgesetzes und der Verfassung, der seine Arbeit am 4. April 1952 aufnahm. Zu seinem Vorsitzenden wählte dieser Gebhard Müller, zum Stellvertreter Alex Möller. Der Verfassungsausschuß befaßte sich in sieben Sitzungen mit der Beratung des Überleitungsgesetzes. Schon bald zeichneten sich zwischen der CDU und den Regierungsparteien grundsätzliche Differenzen über die Funktion des Überleitungsgesetzes ab: Die CDU wollte nicht, daß die Verfassunggebende Landesversammlung die vollen Rechte eines Landtags erhielt. Dagegen wollten die Regierungsparteien der Verfassunggebenden Landesversammlung die vollen Rechte eines Landtags zugestehen und eine arbeitsfähige Regierung schaffen.

Bereits in der Debatte zum Überleitungsgesetz traten die sachlichen Gegensätze zwischen den Parteien zutage, die in den Beratungen zur Verfassung die Hauptstreitpunkte bilden sollten. Die Regierungsparteien, SPD, FDP und BHE, forderten ein Gesetz, das den politisch-staatsrechtlichen Grundentscheidungen, die in der Verfassung getroffen werden mußten, nicht vorgreifen sollte.[4] Gebhard Müller beantragte[5] die Anwendung der Grundsätze des Karlsruher Staatsvertrages,[6] der eine weitgehende Dezentralisierung forderte. Die CDU wollte Volksbegehren und Volksabstimmungen auf Auflösung der Verfassunggeben-

---

1 Gesetz über die vorläufige Ausübung der Staatsgewalt im südwestdeutschen Bundesland vom 15. Mai 1952, GBl. BW, S. 3.
2 50 CDU, 38 SPD, 23 FDP/DVP, 6 BHE, 4 KPD.
3 Z.B. Aufstellung des Haushaltsplans von 1952 und 1953.
4 Abgeordneter Simpfendörfer (CDU) in der 6. Sitzung der Verfassunggebenden Landesversammlung am 15. Mai 1952, in: Feuchte, Quellen zur Entstehung der Verfassung von Baden-Württemberg, Erster Teil (1986), S. 617 ff. (621 f.); Abgeordneter Gönnewein (DVP/FDP, Sprecher der Regierungskoalition) in der 6. Sitzung der Verfassunggebenden Landesversammlung am 15. Mai 1952, in: Feuchte, Quellen zur Entstehung der Verfassung von Baden-Württemberg, Erster Teil (1986), S. 617 ff. (623 f.).
5 Antrag von Gebhard Müller (CDU) in der 5. Sitzung der Verfassunggebenden Landesversammlung am 10. Mai 1952, in: Feuchte, Quellen zur Entstehung der Verfassung von Baden-Württemberg, Erster Teil (1986), S. 445 ff. (474).
6 Vgl. 2. Teil, 1. Kapitel, II 6.

den Landesversammlung zulassen sowie Volksabstimmungen über angenommene und abgelehnte Gesetzesvorlagen. Sie forderte das Ruhen des Mandats eines Abgeordneten während dessen Mitgliedschaft in der vorläufigen Regierung, also die Trennung von Amt und Mandat. Sie wollte die Geschäftsbereiche der Ministerien durch Gesetz festlegen, ein Mißtrauensvotum gegen einzelne Minister zulassen und die Regierungspräsidenten als volksnahe Mittelinstanzen eine starke Stellung einräumen. Zudem beantragte die CDU, bereits im Überleitungsgesetz festzulegen, daß die Annahme der Verfassung der Volksabstimmung unterworfen werde. Den Anträgen der CDU läßt sich das Bestreben ernehmen, die Entwicklung gegebenenfalls durch Einschaltung des Volkes zu korrigieren.

Am 15. Mai 1952 verabschiedete die Verfassunggebende Landesversammlung – gegen die Stimmen der CDU und der KPD[7] – das Gesetz über die vorläufige Ausübung der Staatsgewalt im südwestdeutschen Bundesland, das sog. Überleitungsgesetz,[8] eine Verfassung im materiellen Sinne.[9]

II. Inhalt

Das Überleitungsgesetz traf die notwendigen Bestimmungen über Volksvertretung, Regierung, Gesetzgebung, Rechtspflege, Verwaltung und das Finanzwesen des neuen Landes.[10] Es sollte Geltung haben für die Zeit bis zum Inkrafttreten der endgültigen Verfassung, hatte also vorübergehenden Charakter.[11] Folgende Regelungen verdienen Hervorhebung. Das Überleitungsgesetz hob die Landtage und Regierungen der Länder Baden, Württemberg-Baden und Württemberg-Hohenzollern auf (Art. 2 Abs. 1). Der Verfassunggebenden Landesversammlung übertrug es die Aufgaben eines Landtags (Art. 4 Abs. 1),[12] und zwar nicht nur für zwei Jahre, wie das § 14 Abs. 5 des Zweiten Neugliederungsgesetzes vorgesehen hatte, der auf Grund dieser Beschränkung vom Bundesverfassungsgericht für nichtig erklärt wurde.[13] Der Ratschlag des Bundesverfassungsgerichts, es würde demokratischen Gesichtspunkten mehr entsprechen, wenn das Volk nach Inkrafttreten der Verfassung unverzüglich seinen ersten Landtag wählte,[14] wurde demnach nicht aufgegriffen.[15] Die Befugnisse der Ministerien

---

7   65 Abgeordnete der Regierungskoalition stimmten für das Gesetz, 44 Abgeordnete der Regierungskoalition und drei Abgeordnete der KPD stimmten dagegen.
8   Gesetzblatt für Baden-Württemberg 1952, S. 3.
9   FEUCHTE, Verfassungsgeschichte von Baden-Württemberg (1983), S. 167 ff.
10 Anschaulich: Spreng, Das Überleitungsgesetz für das südwestdeutsche Bundesland, DÖV 1952, S. 298 ff.
11 SPRENG, Das Überleitungsgesetz für das südwestdeutsche Bundesland, DÖV 1952, S. 298 ff. (301).
12 RENNER, Zur Verfassung des Landes Baden-Württemberg, DVBl. 1954, S. 1 ff. (1).
13 BVerfGE 1, 14 ff. (62), dazu oben: 3. Teil, 1. Kapitel, II 3.
14 BVerfGE 1, 14 ff. (62).

der bisherigen Länder und der Landesbezirksverwaltung des Landesbezirks Baden, die in Abwicklung traten, gingen grundsätzlich auf die Ministerien der vorläufigen Regierung über (Art. 21). Im Zuge der Abwicklung waren die Ministerien der bisherigen Länder sowie die Landesbezirksverwaltung des Landesbezirks Baden in Regierungspräsidien umzuwandeln (Art. 23). Im übrigen stimmten die Vorschriften des Überleitungsgesetzes für die Vorläufige Regierung im wesentlichen mit der Regelung in den Verfassungen der bisherigen Länder überein. Das Recht der bisherigen Länder blieb innerhalb seines Geltungsbereiches in Kraft, soweit es dem Überleitungsgesetz nicht widersprach (Art. 31 Abs. 1). Das Überleitungsgesetz legte den vorläufigen Namen des neuen Bundeslandes auf Baden-Württemberg fest, die endgültige Bezeichnung war der Verfassung vorbehalten (Art. 1).[16]

Das Überleitungsgesetz trat am 17. Mai 1952, dem Tag seiner Verkündung, in Kraft.

III. Verfassungsmäßigkeit

Die einzige Norm, die Zweifel über ihre Verfassungsmäßigkeit hervorruft, ist Art. 4 des Überleitungsgesetzes. Durch Art. 4 hatte sich die Verfassunggebende Landesversammlung selbst die Befugnisse eines Landtages übertragen. Die Verfassunggebende Landesversammlung war Konstituante und gleichzeitig Legislativorgan sowie Kontrollorgan für die vorläufige Regierung. Dabei sollte die Beratung und Verabschiedung der Verfassung im Vordergrund stehen. Tatsächlich übernahm die Verfassunggebende Landesversammlung in zunehmendem Umfang die Aufgaben eines Landtages wahr.[17] In diesem Zusammenhang stellt sich die Frage, ob sich die Verfassunggebende Landesversammlung wirksam durch das Überleitungsgesetz die Befugnisse eines Landtages übertragen konnte, die Verfassunggebende Landesversammlung neben ihrer eigentlichen Verfassungsarbeit befugt war, einfachgesetzlich tätig zu werden, und zuletzt, ob die legislative und die kontrollierende Tätigkeit der Verfassunggebenden Landesversammlung sachlich begrenzt war.

Für die Zulässigkeit der Übernahme der legislativen Tätigkeit durch die Landesversammlung spricht das Homogenitätsgebot (Art. 28 Abs.1 GG). Denn ab dem 25. April 1952 existierte eine Regierung, die ihre exekutive Tätigkeit vollständig aufgenommen hatte, aber es gab keine Volksvertretung, welche die Gesetzgebung wahrnahm. Der Landtag von Baden hatte am 25. März (Art. 126 a der Verfassung von Baden) und der Landtag von Württemberg-Hohenzollern

---

15 Näher: RENNER, Entstehung und Aufbau des Landes Baden-Württemberg, JöR n.F., Bd 7 (1958), S. 197 ff. (208).
16 RENNER, Entstehung und Aufbau des Landes Baden-Württemberg, JöR n.F., Bd 7 (1958), S. 197 ff. (208 f.).
17 SPRENG/BIRN/FEUCHTE, Die Verfassung des Landes Baden-Württemberg (1954), S. 22.

am 25. April 1952 (Art. 125 a der Verfassung von Württemberg-Hohenzollern) geendet. Der Landtag von Württemberg-Baden wurde durch Art. 2 Abs. 1 des Überleitungsgesetzes aufgehoben. Das Homogenitätsprinzip des Art. 28 Abs. 1 GG erforderte deshalb die Übernahme der Befugnisse eines Landtages durch ein Organ des neuen Landes.

Die Verfassunggebende Landesversammlung konnte diese Aufgabe übernehmen, weil sie auch zu diesem Zweck einberufen war und nicht nur die Kompetenz hatte die Verfassung des neuen Landes zu schaffen.[18] Es ist[19] Teil deutscher Verfassungstradition, daß eine Verfassunggebende Versammlung auch einfachgesetzliche Befugnisse wahrnimmt. Der Übernahme der Aufgaben des Landtags durch die Verfassunggebende Landesversammlung nach Art. 4 Überleitungsgesetz stehen auch sonst keine verfassungsrechtlichen Bedenken entgegen.

Die Tatsache, daß die Verfassunggebende Landesversammlung sich selbst diese Befugnis übertragen hat, ist ebenfalls nicht zu beanstanden, denn die Verfassunggebende Landesversammlung

„kann sich nur selbst Schranken auferlegen. ... Sie ist ... berufen, aus dem verfassungslosen Zustand den verfassungsmäßigen Zustand herzustellen, also ‚die Verfassung' des neuen Staates, das ist die Verfassung im formellen Sinn, und die Gesetze zu schaffen, die für die Übergangszeit und die Zukunft notwendig sind, damit der Staat durch seine Verfassungsorgane wirksam handeln und funktionieren kann."[20]

Art. 4 Abs. 1 des Überleitungsgesetzes ist verfassungsgemäß.

IV. Der Widerstand Leo Wohlebs

Art. 2 des Überleitungsgesetzes[21] hob mit seinem Inkrafttreten die Landtage und die Regierungen der Länder Baden, Württemberg-Baden und Württemberg-Hohenzollern auf, die Landtage der bisherigen Länder sollten durch feierliche Schlußsitzungen aufgelöst werden. Wenige Tage nach der Verabschiedung des Überleitungsgesetzes durch die Verfassunggebende Landesversammlung unternahm Staatspräsident Leo Wohleb noch einmal den Versuch, den Gang der Dinge aufzuhalten. Er spielte mit dem Gedanken, die vorgesehene Aufhebung seiner Landesregierung und die Übergabe der Geschäfte an die Stuttgarter Regierung nicht auszuführen, also eine Art Widerstandsrecht geltend zu machen. Aus diesem Grund kam es zu einem geheimen nächtlichen Treffen zwischen Leo Wohleb und Gebhard Müller, der wohl Leo Wohleb von dem gefährlichen Schritt der Proklamation des Widerstandes abhalten wollte.[22] Wohleb hatte als

---

18 Siehe dazu: 3. Teil, 3. Kapitel VI; SCHMITT, Verfassungslehre (1954), S. 75 ff. (101 f.).
19 Siehe dazu: 3. Teil, 3. Kapitel VI.
20 BVerfGE 1, 14 ff. (61).
21 Vom 15. Mai 1952, in: Gesetzblatt für Baden-Württemberg 1952, S. 3.
22 SCHNEIDER, Gebhard Müller als Person der Zeitgeschichte, in: ZWLG 39 (1980) S. 5 ff.

Berater Theodor Maunz mitgebracht, Verfasser eines der Rechtsgutachten in dem Streit um die Rechtmäßigkeit der Neugliederungsgesetze vor dem Bundesverfassungsrecht. Hans Schneider, ebenfalls Verfasser eines Gutachtens in dem Verfahren vor dem Bundesverfassungsgericht, begleitete Gebhard Müller. In einem Gespräch unter vier Augen beschlossen die beiden bisherigen Staatspräsidenten, den Dingen ihren zu Lauf lassen und von dem gefährlichen Schritt der Proklamation des Widerstandes Abstand zu nehmen.[23] So fanden am 30. Mai 1952 in Freiburg, Stuttgart und Bebenhausen feierliche Schlußsitzungen statt, in denen die drei Landtage der alten Länder offiziell ihre Tätigkeit beendeten, [24] sowie Aufrufe an die Landesbevölkerung, die die Überleitung der Geschäfte auf die Landesregierung des Südweststaates bekanntgaben und in denen sich die bisherigen Landtage verabschiedeten.[25] Zweifellos hätte ein Konflikt, wie ihn Wohlebs Widerstandsaktion hätte auslösen müssen, zu einer schweren Erschütterung des neuen Landes geführt.

---

23 SCHNEIDER, Gebhard Müller als Person der Zeitgeschichte, in: ZWLG 39 (1980) S. 5 ff.
24 Feierliche Schlußsitzung des Landtags von Baden, in: Verhandlungen des badischen Landtags, 1. Wahlperiode, 4. Sitzungsperiode, 33. Sitzung, am 30. Mai 1952, S. 1 ff. ; Schlußsitzung des 2. Württemberg-Badischen Landtags, 55. Sitzung am 30. Mai 1952 , in: Verhandlungen des 2. Württemberg-Badischen Landtags, Protokoll-Band III, S. 2115 ff.; 119. Sitzung des Württemberg-Hohenzollernschen Landtags am 30. Mai 1952, in: Verhandlungen des Landtags für Württemberg-Hohenzollern, Protokoll-Band V, S. 2361 ff.
25 SAUER, Die Entstehung des Bundeslandes Baden-Württemberg (1977), S. 194 f.

5. Kapitel: Die Verfassung vom 11. November 1953

I. Entstehungsgeschichte

Die Verfassunggebende Landesversammlung nahm am 25. Juni 1952 die Beratungen über die Landesverfassung auf. Die Ausgangslage für die Verfassungsberatungen war 1952 deutlich anders als die Situation, in der die Verfassungen der Länder Baden, Württemberg-Baden und Württemberg-Hohenzollern geschaffen worden waren. Zum einen kamen Einflußnahmen von Seiten der Alliierten faktisch nicht mehr in Betracht. Zum anderen waren die Mitglieder der Verfassunggebenden Landesversammlungen an die rechtlichen Vorgaben des Grundgesetzes gebunden.[1]

Den Verfassungsberatungen lagen zwei Verfassungsentwürfe zugrunde, einer aus den Koalitionsparteien ein anderer von Seiten der CDU-Fraktion.

1. Der Entwurf der Regierungsparteien (SPD, DVP/FDP, BHE)

Reinhold Maier hatte den früheren Finanzminister von Württemberg-Baden Edmund Kaufmann zum Staatssekretär für die Ausarbeitung und Vollziehung der Verfassung bestellt. Dieser arbeitete einen Verfassungsentwurf aus, den er den Regierungsparteien als Diskussionsgrundlage zur Verfügung stellte. Die Regierungsparteien brachten am 16. Juni 1952 den auf dieser Basis ausgearbeiteten Verfassungsentwurf ein.

Der Verfassungsentwurf übernahm Gedankengut aus den Verfassungen der drei Länder, lehnte sich aber in den politischen Schwerpunkten an die Verfassung von Württemberg-Baden an.[2] Der Entwurf der Koalitionsparteien gliederte sich in zwei Hauptteile: „Vom Menschen und seinen Ordnungen" und „Vom Staat und seinen Ordnungen". Der erste Teil enthielt Bestimmungen über das Verhältnis des Menschen zum Staat, über Religion und Religionsgemeinschaften sowie über Erziehung und Unterricht. Der zweite Teil normierte die Grundstruktur des Staates, wie dessen Charakter als republikanischer, demokratischer und sozialer Rechtsstaat, über die Ausübung der Staatsgewalt sowie die Vorschriften über die Organisation von Landtag, Regierung, Gesetzgebung, Rechtspflege, Verwaltung und Finanzen. Der Entwurf enthielt keine Bestimmungen über Grundrechte. In der Schulfrage sprach sich der Entwurf für die christliche Gemeinschaftsschule aus. Die Bestimmungen im zweiten Hauptteil des Entwurfs richteten sich auf die Durchführungen des demokratischen Staatsgedan-

---

1 FEUCHTE, Verfassungsgeschichte von Baden-Württemberg (1983), S. 171; FEUCHTE, Das Beratungsergebnis des Verfassungsausschusses, in: StA BW Nr. 43 vom 6. Juni 1953, S. 1 f. (1).
2 FEUCHTE, Verfassungsgeschichte von Baden-Württemberg (1983), S. 171.

kens in einem parlamentarischen System.³ Die Frage nach dem Namen für das neue Bundesland ließ der Entwurf der Regierungsparteien offen.

2. Der Entwurf der CDU

Die Opposition legte einige Wochen später, am 30. Juli 1952, einen eigenen Verfassungsentwurf vor.⁴ Der CDU-Entwurf unterschied sich in wichtigen Punkten von dem Entwurf der Regierungsparteien. Die CDU stand dem Vorschlag der Regierungsparteien, die Landesteile schnell rechtlich und administrativ zu verschmelzen, skeptisch gegenüber. Sie befürwortete eine Dezentralisierung im Sinne des Karlsruher Staatsvertrages.⁵ Der Entwurf der CDU gliederte sich in drei Hauptteile: „Die Grundlagen des Staates", „Die Grundlage und die Ordnung des Gemeinschaftslebens" und „Vom Volk und seinen Vertretungen". Der erste Teil des Entwurfes erkannte das christliche Sittengesetz als Grundlage des Volks- und Staatslebens an. Der zweite Teil enthielt die Grundrechte und die Vorschriften über Ehe und Familie. Auf kulturellem Gebiet enthielt er die Anerkennung des Reichskonkordats⁶ und das sogenannte Elternrecht. Der Schularticle eröffnete die Möglichkeit, Bekenntnisschulen gleichberechtigt neben Gemeinschaftsschulen beizubehalten oder neu einzurichten.⁷ Der Entwurf sah in seinem dritten Teil vor, dem Volk eine stärkere Mitwirkung an den Entscheidungen des Staates einzuräumen, und das im Bundesgebiet geltende parlamentarisch-repräsentative System abzuschwächen. Der Staatspräsident sollte unmittelbar vom Volk gewählt werden und vom Parlament nur beschränkt abhängig sein. Ferner empfahl der Entwurf die Einrichtung eines Senats, in dem das Volk unter Berücksichtigung seiner Gliederung nach Ständen und Berufen in kommunalen, wirtschaftlichen und sozialen Gemeinschaften und Religionsgemeinschaften vertreten sein sollte. Der Senat sollte das Interesse der Öffentlichkeit auf einer überparteilichen Ebene ansprechen und die Dauerhaftigkeit und Stetigkeit in der Gesetzgebung gewährleisten. Die CDU strebte schließlich eine aktivere Mitwirkung des Volkes bei der Gesetzgebung und im kommunalen Bereich an.⁸ Sie verlangte zuletzt die Annahme der Verfassung durch Volksabstimmung und die baldige Wahl eines neuen Landtages nach Inkrafttreten der Verfassung.⁹ Der Entwurf bestimmte Baden-Württemberg zum Namen des neuen Landes.

---

3 SPRENG/BIRN/FEUCHTE, Die Verfassung des Landes Baden-Württemberg (1954), S. 22.
4 RENNER, Entstehung und Aufbau des Landes Baden-Württemberg, JöR n.F., Bd 7 (1958), S. 197 ff. (209 f.).
5 Vgl. oben 2. Teil, 1. Kapitel II 6.
6 Vom 12. September 1933, RGBl. II, S. 679.
7 SPRENG/BIRN/FEUCHTE, Die Verfassung des Landes Baden-Württemberg (1954), vor Art. 4, S. 46.
8 FEUCHTE, Das Beratungsergebnis des Verfassungsausschusses, in: StA BW Nr. 43 vom 6. Juni 1953, S. 1 f. (1).
9 SPRENG/BIRN/FEUCHTE, Die Verfassung des Landes Baden-Württemberg (1954), S. 23.

3. Der Gang der Verhandlungen

Schon am 25. Juni 1952 fand eine Aussprache über den Entwurf der Koalitionsparteien statt. Anschließend überwies die Verfassunggebende Landesversammlung den Verfassungsentwurf der Regierungsparteien und – im Vorgriff – den Entwurf der CDU dem am 2. April 1952 gegründeten Verfassungsausschuß. Dieser beriet in 45 Sitzungen über die Verfassungsentwürfe und schloß am 29. Mai 1953 seine Beratungen ab.[10]

Bei den Beratungen zeigte sich die Verschiedenheit in den Auffassungen und Zielen der Parteien. Die im Grundsätzlichen voneinander abweichenden Vorschläge in den beiden Verfassungsentwürfen führten zu ausgedehnten Debatten, die nur in den Abschnitten über die Gesetzgebung, die Rechtspflege, die Verwaltung und dem Finanzwesen eine Angleichung der verschiedenen Standpunkte zur Folge hatten. In der Regel kam es zu „Kampfabstimmungen", wie zum Beispiel in der am meisten umstrittenen Frage, der Schulfrage. Hier sprach sich der Ausschuß mit 14 gegen 11 Stimmen dafür aus, daß die öffentlichen Volksschulen ohne Einschränkung christliche Gemeinschaftsschulen sind. Der Antrag der CDU, neben der christlichen Gemeinschaftsschule auch die Bekenntnisschule zuzulassen, wurde abgelehnt.

Bei der Diskussion der Namensfrage standen im Verfassungsausschuß die Bezeichnung „Baden-Württemberg", „Schwaben", „Rheinschwaben" und „Rhein-Neckarland" im Vordergrund. Dabei waren die Meinungen innerhalb der einzelnen Fraktionen geteilt. Der Ausschluß wollte sich aus diesem Grunde nicht für einen bestimmten Namen aussprechen und überließ der Verfassunggebenden Landesversammlung selbst die Entscheidung.

Der Verfassungsausschuß erörterte eingehend, ob Grundrechte in die Verfassung aufzunehmen seien. Der Ausschuß verzichtete darauf, einzelne Grundrechte aufzuzählen. Dagegen beschloß er, die Grundrechte und staatsbürgerlichen Rechte, wie sie im Grundgesetz festgelegt sind, als Bestandteil der Verfassung und unmittelbar geltendes Recht zu übernehmen.

Bei der Beratung des Abschnitts Religion und Religionsgemeinschaften waren sich die Mitglieder des Verfassungsausschusses über die Bedeutung und die Aufgabe der Kirchen und Religionsgemeinschaften für den Staat einig. Daraus resultierte die Bereitschaft, die Sonderstellung der Kirchen grundsätzlich anzuerkennen. Die Forderung der CDU, das im Jahre 1933 zwischen dem Heiligen Stuhl un dem Deutschen Reich abgeschlossenen Reichskonkordat für das Land Baden-Württemberg als geltendes Recht anzuerkennen, lehnten die Regierungsparteien scharf ab. Auf Wunsch des Verfassungsausschusses – initiiert von CDU-Abgeordneten – holte das Staatsministerium im Januar 1953 ein Rechtsgutachten zur Verbindlichkeit des Reichskonkordats ein. Zwei der angespro-

---

10 FEUCHTE, Verfassungsgeschichte von Baden-Württemberg (1983), S. 175.

chenen Gutachter,[11] die Professoren Walter Jellinek und Eduard Kern, kamen zu Ergebnissen, die etwa dem Standpunkt der Abgeordneten der Regierungsparteien entsprachen.[12] Sie verneinten schließlich die Verbindlichkeit der Schulbestimmungen des Konkordats.[13] Der Verfassungsausschuß lehnte die Anerkennung des Konkordats mit 13 gegen 11 Stimmen bei 1 Enthaltung ab.

Der Antrag der CDU in der 44. Sitzung, durch die Errichtung eines Senats ein Zweikammersystem einzuführen, um durch die Heranziehung erfahrener, einflußreicher und ausgleichend wirkender Persönlichkeiten Dauerhaftigkeit und Stetigkeit in die Gesetzgebung und das Staatsleben hineinzutragen, verfiel nach einer Aussprache der Ablehnung.[14] Die Kritik der Koalitionsparteien setzte bei der Frage der Vereinbarkeit des Senats mit dem Grundgesetz ein. Es wurde unter Hinweis auf Art. 28 Abs. 1 GG als sehr fragwürdig bezeichnet, ob neben dem Landtag eine weitere gesetzgebende Körperschaft bestehen könne. Entscheidend für die Ablehnung war allerdings, daß die Zusammensetzung des Senats und die Wahl der Vertreter sehr willkürlich erfolgen müsse.[15]

Die im Entwurf der CDU für den Regierungschef vorgeschlagene Bezeichnung Staatspräsident, seine unmittelbare Wahl durch das Volk auf sechs Jahre und die Stärkung seiner Stellung gegenüber den wechselnden Mehrheitsverhältnissen der Volksvertretung fanden ebenfalls keine Mehrheit. Insbesondere wegen der Stellung der Länder, wie sie im Grundgesetz festgelegt ist, sollte ein Abweichen vom parlamentarischen System vermieden werden.

In der Schlußabstimmung am 29. Mai 1953[16] legten die Mitglieder des Verfassungsausschusses fest, daß die Abgeordneten der Verfassunggebenden Landesversammlung den ersten Landtag des neuen Landes bilden. Eine Volksabstimmung über die Verfassung sollte – entgegen dem Entwurf der CDU-Fraktion – nicht stattfinden.

Nach Abschluß der Beratungen im Verfassungsausschuß[17] legte der Verfassungsausschuß seinen Entwurf der Verfassung am 6. Juni 1953[18] der Kanzlei

---

11 Das Staatsministerium hatte sich bemüht, neutrale Gutachter zu beauftragen und fragte noch bei zwei weiteren Professoren an. Der eine nahm den Auftrag aus politischen Gründen nicht an. Der zweite, Ulrich Scheuner, beschränkte sich darauf, Thesen zu übermitteln, die er allerdings nicht offiziell verwertet wissen wollte.
12 Das Staatsministerium überwies die Gutachten am 17. April 1953 den Mitgliedern des Verfassungsausschusses.
13 Näher: FEUCHTE, Verfassungsgeschichte von Baden-Württemberg (1983), S. 189 f.
14 SPRENG/BIRN/FEUCHTE, Die Verfassung des Landes Baden-Württemberg (1954), vor Art. 27, S. 133 f.
15 SPRENG/BIRN/FEUCHTE, Die Verfassung des Landes Baden-Württemberg (1954), vor Art. 27, S. 133; FEUCHTE, Verfassungsgeschichte von Baden-Württemberg (1983), S. 212.
16 52. Sitzung des Verfassungsausschusses am 29. Mai 1953 in: FEUCHTE, Quellen zur Entstehung der Verfassung von Baden-Württemberg, Sechster Teil (1991), S. 461 ff.
17 Ausführlich zu den Vorschlägen des Verfassungsausschusses: FEUCHTE, Das Beratungsergebnis des Verfassungsausschusses, in: StA BW Nr. 43 vom 6. Juni 1953, S. 1 f.
18 Abgedruckt in: StA BW Nr. 43 vom 6. Juni 1953, S. 2 ff.

der Verfassunggebenden Landesverfassung vor. Am 16. Juni 1953 stellte der Abgeordnete Franz Hermann (CDU) als Berichterstatter der Verfassunggebenden Landesversammlung den Entwurf vor.[19] Das Plenum nahm die 2. Lesung unverzüglich auf, brachte die 2. Lesung aber bis zu den Sommerferien nicht mehr zum Abschluß. Insbesondere die Schulfrage verzögerte den Fortgang der Verhandlungen. In einer bedeutenden Aussprache am 23. Juni 1953, welche die gegensätzlichen Positionen weiter vertiefte, beriefen sich die Abgeordneten Gebhard Müller und Wilhelm Simpfendörfer für den Status quo immer wieder auf den Karlsruher Staatsvertrag.[20] In diesem erblickten sie eine Magna Charta für den Aufbau des Südweststaats.[21]

Die Reaktion der Bevölkerung auf die Verfassungsberatungen hatte die Erkenntnis hervorgerufen, daß eine nur mit kleiner Mehrheit angenommene Verfassung keine Befriedungsfunktion haben werde. Auf Grund dessen bat der Fraktionsvorsitzende der SPD, Alex Möller, Gebhard Müller (CDU) Anfang Juli 1953 zu einer privaten Unterredung. Alex Möller äußerte sich dahingehenden, daß die Verfassung nicht ohne die CDU verabschiedet werden solle. Er sei ohne Rücksicht auf den Ausgang der Bundestagswahl im September bereit, eine Koalition mit der CDU unter einem Ministerpräsidenten der CDU zu bilden.[22] Im weiteren Verlauf dieses Gesprächs verständigten sich Gebhard Müller (CDU) und Alex Möller (SPD) im Juli 1953 über die strittigen Fragen. Sie stellten damit die Weichen für den Verfassungskompromiß und die Regierungsbildung, die nach der Bundestagswahl – unabhängig von deren Ausgang – erfolgen sollte.[23]

Während der Beratungsunterbrechung fand am 6. September 1953 die Bundestagswahl statt. Wegen ihres Ergebnisses trat die Regierung des Ministerpräsidenten Reinhold Maier am 30. September 1953 zurück. Am gleichen Tag wurde der Fraktionsführer der CDU, Gebhard Müller, zum neuen Ministerpräsidenten gewählt. Der Fortgang der Beratungen wurde durch die Neubildung der Regierung wesentlich beeinflußt. In den Koalitionsverhandlungen zwischen CDU, SPD, FDP/DVP und den BHE einigten sich die Parteien auf eine Verabschiedung der Verfassung auf einer gemeinsam erarbeiteten Grundlage.[24] Zwar erzielten sie keine Einigung in allen Fragen, die in den Verfassungsberatungen streitig gewesen waren, wohl aber erzielte eine von den Fraktionen in den Koalitionsverhandlungen eingesetzte Kommission an nur einem Tag, dem 21. Sep-

---

19 Protokoll der 39. Sitzung der Verfassunggebenden Landesversammlung, abgedruckt in: FEUCHTE, Quellen zur Entstehung der Verfassung von Baden-Württemberg, Siebter Teil (1992), S. 61 ff.
20 Zum Karlsruher Staatsvertrag: 2. Teil, 1. Kapitel II 6.
21 Weiterführend: FEUCHTE, Verfassungsgeschichte von Baden-Württemberg (1983), S. 199.
22 Interview mit Gebhard Müller, in: Landtag von Baden-Württemberg, Gebhard Müller blickt zurück (1980), S. 35.
23 MÖLLER, Genosse Generaldirektor (1978), S. 133 ff.; MÜLLER, Die Entstehung des Bundeslandes Baden-Württemberg, ZWLG 36 (1977), 236 ff. (258 f.).
24 SPRENG, Landesbericht Baden-Württemberg, DÖV 1954, S. 83 ff. (83).

tember 1953, Einigkeit über die Aufnahme einer Norm, nach der Rechte und Pflichten, die sich aus Verträgen mit der evangelischen und der katholischen Kirche ergeben, von der Verfassung unberührt bleiben. Eine Entscheidung über die umstrittene Frage der Geltung des Reichskonkordats wollte und sollte damit nicht getroffen werden. In der Schulfrage fanden die Parteien ebenfalls eine vollumfängliche Einigung. Die Volksschulen sollten in den einzelnen Landesteilen nach den bisherigen Grundsätzen erhalten bleiben. Neben der simultanen war die konfessionelle Lehrerbildung vorgesehen.[25] Die CDU gestand entgegen ihrer grundsätzlichen Konzeption in den Verhandlungen zu, daß die Abgeordneten der Verfassunggebenden Landesversammlung den ersten Landtag bilden und verzichtete auf eine Volksabstimmung über die Verfassung.[26]

Die von Gebhard Müller gebildete vorläufige Regierung umfaßte die CDU, SPD, FDP/DVP und den BHE. Sie erhielt am 7. Oktober 1953 ihre Bestätigung durch das Parlament. Noch an diesem Tag brachten sämtliche Parteien der großen Koalition ihren gemeinsamen Antrag einer Landesverfassung ein. In dem gemeinsamen Antrag sämtlicher Fraktionen der großen Koalition – CDU, SPD, FDP/DVP, BHE – fanden die Parteien einen Kompromiß, der dazu beitrug, die Verfassungsberatungen zum Abschluß zu bringen.[27] Die Vorschläge dieses Antrags sind mit nur geringfügigen Änderungen in die Verfassung eingegangen.[28] Schon am nächsten Tag, dem 8. Oktober 1953, nahm die Verfassunggebende Landesversammlung die Beratungen des Verfassungsentwurfs wieder auf.

Der gemeinsame Verfassungsentwurf und die Entscheidung, die Regierung abzulösen, fand nicht nur im Parlament, sondern auch in der Öffentlichkeit in weiten Teilen große Zustimmung. Positiv wirkte neben der Bereitschaft der Parteien zur Verständigung insbesondere die ausgewogene Verteilung der Ministersitze auf die einzelnen Landesteile[29] und die Bereitschaft der Regierungsmitglieder aus Baden, an der Verfassung mitzuarbeiten.[30] Allerdings zeigten sich auch die Schattenseiten der Zugeständnisse, so traf die CDU zum Beispiel der Vorwurf der Mißachtung des Volkswillens.

---

25 SPRENG/BIRN/FEUCHTE, Die Verfassung des Landes Baden-Württemberg (1954), S. 26; FEUCHTE, Verfassungsgeschichte von Baden-Württemberg (1983), S. 175, 207 f.
26 RENNER, Entstehung und Aufbau des Landes Baden-Württemberg, JöR n.F., Bd 7 (1958), S. 197 ff. (210); FEUCHTE, Verfassungsgeschichte von Baden-Württemberg (1983), S. 177, 218 ff.
27 Beilage 1165 vom 7. Oktober 1953.
28 SPRENG/BIRN/FEUCHTE, Die Verfassung des Landes Baden-Württemberg (1954), vor Art. 4, S. 47.
29 Badische Neueste Nachrichten vom 14. Oktober 1953.
30 Badische Zeitung vom 10. Oktober 1953; FEUCHTE, Verfassungsgeschichte von Baden-Württemberg (1983), S. 177 f.

Die Verfassung vom 11. November 1953

Die Ergebnisse der 2. Lesung, die am 22. Oktober 1953[31] abgeschlossen wurde, stimmten überwiegend mit den Vorschlägen des Verfassungsausschusses überein. Die von den Regierungsparteien getroffenen Vereinbarungen konnten hier noch nicht berücksichtigt werden.

Am 4.[32] und 5. November 1953,[33] in der 3. Lesung, nahmen die Abgeordneten der Verfassunggebenden Landesversammlungen die Bestimmungen über die Verträge mit den Kirchen sowie über Erziehung und Unterricht, über die sich die Fraktionen bei den Koalitionsverhandlungen geeinigt hatten, in die Verfassung auf.[34] In der 3. Lesung stimmte die Verfassunggebende Landesversammlung mit 85 gegen 21 Stimmen bei 4 Enthaltungen dem bereits als vorläufige Lösung von Artikel 1 des Überleitungsgesetzes gewählten Namen „Baden-Württemberg" zu und damit gegen die Abstimmungsalternative „Württemberg-Baden",[35] nachdem zuvor der Name „Schwaben" mit 70 gegen 39 Stimmen[36] abgelehnt worden war.[37] Dadurch konnte sich keiner der Landesteile zurückgesetzt fühlen.

Die Abgeordneten nahmen die Verfassung in der Schlußabstimmung der Verfassunggebenden Landesversammlung am 11. November 1953 mit 102 gegen 5 Stimmen bei 7 Enthaltungen an.[38] Der Präsident der Verfassunggebenden Landesversammlung fertigte die Verfassung am 11. November 1953 aus. Die

---

31 56. Sitzung der Verfassunggebenden Landesversammlung am 22. Oktober 1953, abgedruckt in: FEUCHTE, Quellen zur Entstehung der Verfassung von Baden-Württemberg, Achter Teil (1992), S. 211 ff.

32 58. Sitzung der Verfassunggebenden Landesversammlung am 4. November 1953, abgedruckt in: FEUCHTE, Quellen zur Entstehung der Verfassung von Baden-Württemberg, Achter Teil (1992), S. 290 ff.

33 59. Sitzung der Verfassunggebenden Landesversammlung am 5. November 1953, abgedruckt in: FEUCHTE, Quellen zur Entstehung der Verfassung von Baden-Württemberg, Achter Teil (1992), S. 379 ff.

34 SPRENG, Landesbericht Baden-Württemberg, DÖV 1954, S. 83 ff. (83); SPRENG/BIRN/FEUCHTE, Die Verfassung des Landes Baden-Württemberg (1954), vor Art. 4, S. 47.

35 58. Sitzung der Verfassunggebenden Landesversammlung am 4. November 1953, abgedruckt in: FEUCHTE, Quellen zur Entstehung der Verfassung von Baden-Württemberg, Achter Teil (1992), S. 290 ff. (355).

36 58. Sitzung der Verfassunggebenden Landesversammlung am 4. November 1953, abgedruckt in: FEUCHTE, Quellen zur Entstehung der Verfassung von Baden-Württemberg, Achter Teil (1992), S. 290 ff. (349).

37 Diskussion der Namensfrage: 58. Sitzung der Verfassunggebenden Landesversammlung am 4. November 1953, abgedruckt in: FEUCHTE, Quellen zur Entstehung der Verfassung von Baden-Württemberg, Achter Teil (1992), S. 290 ff. (340 ff.); SPRENG/BIRN/FEUCHTE, Die Verfassung des Landes Baden-Württemberg (1954), Art. 23, S. 114.

38 Protokoll der Verhandlungen der Verfassunggebenden Landesversammlung, 60. Sitzung, am 11. November 1953, in: FEUCHTE, Quellen zur Entstehung der Verfassung von Baden-Württemberg, Achter Teil (1992), S. 446 ff. (450).

vorläufige Regierung verkündete sie im Gesetzblatt, [39] das am 19. November 1953 ausgegeben wurde, womit die Verfassung an diesem Tage in Kraft trat.[40] Mit der Konstituierung der Verfassung von Baden-Württemberg schien die Bildung des Landes und die Neugliederung im deutschen Südwesten abgeschlossen.

II. Inhalt

Die Verfassung vom 11. November 1953 gliedert sich, in Anlehnung an die Systematik der Verfassung von Württemberg-Baden, in zwei Hauptteile: „Vom Menschen und seinen Ordnungen" und „Vom Staat und seinen Ordnungen". Der erste Hauptteil besteht aus drei Abschnitten. Der erste Abschnitt befaßt sich mit dem Verhältnis des Menschen zum Staat, also mit den rechts- und staatsphilosophischen Grundlagen des Staates. Dabei ist der Staat durch eine dienende Funktion für den Menschen bestimmt (Art. 1 Abs. 2 S. 1 LV BW). Allerdings wird dem auf seinem Gebiet lebenden Menschen ins Bewußtsein gerufen, daß er seine sittlichen Pflichten in der Gemeinschaft zu erfüllen hat (Art. 1 Abs. 1, Abs. 2 S. 2 LV BW).[41] Art. 2 LV BW übernimmt die Grundrechte des Grundgesetzes als geltendes Landesrecht. Art. 3 LV BW spricht den Schutz der Sonn- und Feiertage und des 1. Mai an. Damit würdigt die Verfassung die Bedeutung, die der inneren Einkehr des Menschen im Leben der Gemeinschaft zukommt.[42]

Der zweite Abschnitt „Religion und Religionsgemeinschaften" und der dritte Abschnitt „Erziehung und Unterricht" bilden ein Kernstück der Landesverfassung. Im zweiten Abschnitt begegnet Art. 8 LV BW besonderem Interesse wegen seiner Verflechtung mit den Bestimmung über die Schulform. Die Frage der Schulform bildet eine Grundfrage der Verfassung. Art. 16 LV BW bekennt sich zur christlichen Gemeinschaftsschule, womit die konfessionellen Gegensätze überbrückt werden sollten, indem die Jugend unter Außerachtlassung der konfessionellen Unterschiede erzogen werden sollte.[43] Art. 8 LV BW, der sich mit den Verträgen mit der katholischen und der evangelischen Kirche befaßt,

---

39 Ges. Bl. 1953, S. 173 ff.
40 FEUCHTE, Verfassung des Landes Baden-Württemberg, Kommentar (1987), Art. 94 Rdnr. 3, S. 740.
41 GRUNDMANN, Die Verfassung des Landes Baden-Württemberg, JZ 1954, 58 f. (58); SPRENG/BIRN/FEUCHTE, Die Verfassung des Landes Baden-Württemberg (1954), Art. 1, S. 33.
42 SPRENG, Landesbericht Baden-Württemberg, DÖV 1954, S. 83 ff. (84); SPRENG/BIRN/FEUCHTE, Die Verfassung des Landes Baden-Württemberg (1954), Art. 3, S. 44.
43 SPRENG/BIRN/FEUCHTE, Die Verfassung des Landes Baden-Württemberg (1954), Art. 3, S. 87; FEUCHTE, Grundgedanken der neuen Landesverfassung, in: StA BW Nr. 90/91 vom 21. November 1953, S. 3 f.

nennt die Verträge mit den Kirchen weder namentlich noch kennzeichnet er sie als Verträge des Reiches oder der Länder. Die Frage, ob Art. 8 LV BW das Reichskonkordat erfaßt, läßt sich dem Wortlaut der Verfassung nicht entnehmen.[44]

Der zweite Hauptteil der Verfassung „Vom Staat und seinen Ordnungen" handelt von der Organisation des Staates und über das Zusammenwirken seiner Organe.[45] Art. 23 Abs. 1 LV BW bestimmt den Anforderungen von Art. 28 Abs. 1 GG entsprechend, das neue Bundesland als einen republikanischen, demokratischen und sozialen Rechtsstaat. Der Rechtsstaat ist erfüllt, vor allem durch die Festlegung des Prinzips der Gewaltenteilung in Art. 25 Abs. 1 S. 2 LV BW, durch die Bindung der Gesetzgebung an die verfassungsmäßige Ordnung sowie der vollziehenden Gewalt und Rechtsprechung an Gesetz und Recht in Art. 25 Abs. 2 LV BW sowie durch die Sicherung des Rechtsschutzes, der unabhängigen Richtern übertragen ist (Art. 25 Abs. 3 S. 1, Art. 65 und Art. 67 LV BW). Der Grundsatz der Volkssouveränität ist in Art. 25 Abs. 1 LV BW festgehalten. Die Vorschriften über den Landtag sind in weitem Umfang den aus dem Grundgesetz geläufigen Bestimmungen nachgebildet. Im Abschnitt „Gesetzgebung" verdienen die Volksabstimmungen über Gesetze (Art. 60 LV BW) sowie die Regeln über den Staatsnotstand (Art. 62 LV BW) und über Verfassungsänderungen hervorgehoben zu werden. Im Abschnitt „Verwaltung" fällt die starke Stellung der Selbstverwaltungskörperschaften und das Streben nach Dezentralisation auf (Art. 71, 75, 76 LV BW).[46] Die Vorschriften über das Finanzwesen sind weitgehend dem Grundgesetz nachgebildet. Die größte Bedeutung innerhalb der Schlußbestimmungen kommt den Artikeln 93 und 94 LV BW zu. Sie befassen sich mit der Fortführung der Verfassunggebenden Landesversammlung als Landtag, dessen Wahlperiode am 31. März 1956 endete und mit der Verabschiedung der Verfassung durch die Verfassunggebende Landesversammlung ohne Anrufung des Volkes.[47] Nur diese letzten beiden Vorschriften wurden wegen Verstoß gegen das Grundgesetz in ihrem Bestand in Zweifel gezogen.

---

44 Dazu: BRAUN, Kommentar zur Verfassung des Landes Baden-Württemberg, (1984), Art. 8 Rdnr. 1 ff.
45 FEUCHTE, Verfassungsgeschichte von Baden-Württemberg (1983), S. 231.
46 SPRENG, Landesbericht Baden-Württemberg, DÖV 1954, S. 83 ff. (84).
47 GRUNDMANN, Die Verfassung des Landes Baden-Württemberg, JZ 1954, 58 f. (59); SPRENG/BIRN/FEUCHTE, Die Verfassung des Landes Baden-Württemberg (1954), Vorbemerkung zu den Schlußbestimmungen, S. 277.

III. Verfassungsmäßigkeit des Art. 93 LV BW

1. Inhalt

Art. 93 der Verfassung von Baden-Württemberg bestimmte, daß die Abgeordneten der Verfassunggebenden Landesversammlung nach Inkrafttreten der Verfassung den ersten Landtag bilden, dessen Wahlperiode am 31. März 1956 enden sollte.

2. Entstehungsgeschichte

Die Idee der Übernahme der Befugnisse des Landtags durch die Verfassunggebende Landesversammlung nach Inkrafttreten der Verfassung kam schon im Zweiten Neugliederungsgesetz zum Ausdruck. Das Zweite Neugliederungsgesetz vom 4. Mai 1951[48] bestimmte in seinem § 14 Abs. 5, daß nach Inkrafttreten der Verfassung die Verfassunggebende Landesversammlung die Befugnisse des ersten Landtags auf längstens zwei Jahre wahrnimmt. Das Bundesverfassungsgericht hat diese Bestimmung in seinem ersten Südweststaatsurteil[49] vom 23. Oktober 1951 für nichtig erklärt, weil der Verfassunggebenden Landesversammlung von außen keine Schranken auferlegt werden dürften; Schranken könne allein sie selbst sich auferlegen.[50] Die befristete Übertragung der gesetzgeberischen Befugnisse verletzte daher die Unabhängigkeit der Verfassunggebenden Landesversammlung. Aus diesem Grunde sei die Beschränkung verfassungswidrig. Das Gericht appellierte allerdings an die Verfassunggebende Versammlung, daß es demokratischen Grundsätzen eher entspreche, wenn nach Inkrafttreten der Verfassung der erste Landtag unverzüglich gewählt werde und die Verfassunggebende Landesversammlung nicht selbst die Befugnisse eines Landtages wahrnehme.[51]

Der Verfassungsentwurf der Regierungsparteien[52] griff den Gedanken der Übernahme der Befugnisse des Landtags durch die Verfassunggebende Landesversammlung auf. Art. 86 des Entwurfs sah vor, daß die Abgeordneten der nach § 13 des Zweiten Neugliederungsgesetzes gewählten Verfassunggebenden Landesversammlung nach Inkrafttreten der Verfassung den ersten Landtag bilden. Der Entwurf enthielt allerdings noch keine Bestimmung, zu welchem Zeitpunkt

---

48 BGBl. 1951, I S. 284.
49 BVerfGE 1, 14 ff. (61 ff.).
50 BVerfGE 1, 14 ff. (61).
51 Vgl. dazu auch: BRAUN, Kommentar zur Verfassung des Landes Baden-Württemberg (1984), Art. 93 Rdnr. 1 (S. 788 ff.).
52 Verfassungsentwurf der Regierungsparteien der ersten Regierungskoalition SPD (Möller, Lausen, Jäckle), DVP/FDP (Haußmann, Gönnewein) und des BHE (Mocker, Melinski), in: Beilage zu den Verhandlungen der Verfassunggebenden Landesversammlung von Baden-Württemberg, Beilagen-Baden I, Beilage 40, ausgegeben am 16.Juni 1952

die Wahlperiode enden sollte. Das Datum 31. März 1956 wurde in der ersten Beratung des Verfassungsauschusses eingesetzt.

Den späteren Art. 93 der Verfassung von Baden-Württemberg hat die CDU im Verfassungsausschuß heftig kritisiert.[53] Die CDU-Fraktion war der Auffassung, das Volk solle, nach Annahme der Verfassung, einen neuen Landtag wählen. Dies entspreche nicht nur mehr dem Demokratieprinzip, sondern stehe auch im Interesse der Bevölkerung.[54] Die Kritik verstummte nach Zustandekommen der Koalitionsvereinbarung zwischen CDU, SPD, FDP/DVP und BHE, in der sich die Parteien auf eine Verabschiedung der Verfassung auf einer gemeinsam erarbeiteten Grundlage einigten.[55] In diesem Entwurf gestand die CDU zu, daß die Abgeordneten der Verfassunggebenden Landesversammlung den ersten Landtag bildeten.[56] Den Verzicht auf eine sofortige Landtagswahl nach Verabschiedung der Verfassung hat Gebhard Müller in seiner Regierungserklärung damit begründet, daß es eines der Hauptziele der Verfassung sei, die politischen Verhältnisse des Landes zu befrieden.[57]

3. Verfassungsrechtliche Zulässigkeit

Der verfassungsrechtlichen Zulässigkeit des Art. 93 der Verfassung von Baden-Württemberg stehen Bedenken wegen der demokratischen Legitimation der Abgeordneten der Verfassunggebenden Landesversammlung entgegen, die eben nicht als Landtagsabgeordnete für eine ganze Legislaturperiode gewählt wurden.

Der sibyllinischen Aussage des Bundesverfassungsgerichts „Demokratischen Grundsätzen würde es mehr entsprechen, wenn das Volk nach Inkrafttreten der Verfassung unverzüglich seinen ersten Landtag wählen würde",[58] ist kein staatsrechtlich exakter Maßstab zu entnehmen, an welchem sich die Gültigkeit des Art. 93 messen läßt.[59] Die Feststellung des Bundesverfassungsgerichts, nach der sich das weitere Tätigwerden der Verfassunggebenden Landesversammlung nach Erledigung ihres Auftrages – insbesondere sich als Landtag zu konstituie-

---

53 Bericht des Abgeordneten Haas, Verhandlungen der Verfassunggebenden Landesversammlung von Baden-Württemberg, Beilagen-Band III, Beilage Nr. 1103, S. 81 ff. (83); RENNER, Zur Verfassung des Landes Baden-Württemberg, DVBl. 1954, S. 1 ff. (4); BRAUN, Kommentar zur Verfassung des Landes Baden-Württemberg, (1984), Art. 93 Rdnr. 1.
54 Siehe: Bericht des Abgeordneten Haas, Verhandlungen der Verfassunggebenden Landesversammlung von Baden-Württemberg, Beilagen-Band III, Beilage Nr. 1103, S. 81 ff. (83).
55 SPRENG, Landesbericht Baden-Württemberg, DÖV 1954, S. 83 ff. (83).
56 RENNER, Entstehung und Aufbau des Landes Baden-Württemberg, JöR n.F., Bd 7 (1958), S. 197 ff. (210); FEUCHTE, Verfassungsgeschichte von Baden-Württemberg (1983), S. 177, 218 ff.
57 Regierungserklärung am 9. Dezember 1953, in: StAnz. Nr. 96/53, S. 1; Verh. LT, 1. Wahlperiode 1952 – 1956, Protokoll Band I, S. 41 ff. (42 ff.).
58 BVerfGE 1, 14 ff. (62).
59 FEUCHTE, Verfassungsgeschichte von Baden-Württemberg (1983), S. 219 f.

ren und dessen Aufgaben zu übernehmen – sich allein nach der von ihr beschlossenen neuen Verfassung bestimme,[60] hilft auch nicht weiter.[61] Freilich sind die Länder nach dem Grundgesetz Staaten, so daß ihnen eigene Verfassungshoheit zukommt. Allerdings ist der Verfassungsgebung in den Ländern durch das Grundgesetz ein fester Rahmen gezogen. Er begrenzt die verfassunggebende Gewalt der Länder.[62] Ansatzpunkt ist die Homogenitätsklausel des Art. 28 Abs. 1 GG, nach der die verfassungsmäßige Ordnung in den Ländern den Grundsätzen des republikanischen und demokratischen Rechtsstaats im Sinne des Grundgesetzes entsprechen und deshalb das Volk in den Ländern eine gewählte Vertretung haben muß. Im Rahmen der demokratischen Ordnung des Grundgesetzes wird Herrschaft von Menschen über andere Menschen begründet und ausgeübt. Die politische Herrschaft des Parlaments ist die von der Mehrheit des Volkes anvertraute, verantwortliche, zeitlich und sachlich begrenzte Herrschaft.[63] Zur Demokratie des Grundgesetzes gehört nicht nur das Vorhandensein der Legislative, sondern auch die Wahl derselben. Die demokratische Legitimation der Repräsentanten bedarf regelmäßig der Erneuerung. Die Dauer und der Umfang der Übertragung von Herrschaftsbefugnissen muß dabei vorab festliegen. Andernfalls fehlt es an der demokratischen Autorisation durch den Wählerwillen.

Man könnte argumentieren, das Volk in den drei Ländern Baden, Württemberg-Baden und Württemberg-Hohenzollern habe im März 1952 nicht das Bewußtsein gehabt, nur eine Konstituante zu wählen, sondern eine Volksvertretung, weil sofort die vorläufige Regierung gebildet wurde. Bei einer repräsentativen Demokratie sei es so, daß das Wahlrecht nur in gewissen Zeitabständen gegeben sei. Aus diesen Gründen könne sich von einer Enttäuschung des Volkes gesprochen werden, wenn die Verfassunggebende Landesversammlung als Landtag weiterbestehe.[64] Jedoch kann ein solcher Fortführungswille des Volkes nicht unterstellt werden. Das Volk hatte der Verfassunggebenden Landesversammlung die Kompetenz zum Erlaß der Landesverfassung und für die Schaffung der für die Übergangszeit notwendigen Gesetze übertragen. Dieses Spezialmandat erlosch mit der Errichtung der Verfassung.[65] Indem sich die Verfassunggebende Landesversammlung selbst als ersten Landtag einsetzte, beschnitt sie dem Volk das ihm als Träger der Staatsgewalt zustehende Recht, die Ent-

---

60 BVerfGE 1, 14 ff. (62).
61 Anders freilich: MACKENRODT, Probleme der Neugliederung des Südwestdeutschen Bundesgebietes (1954), S. 31.
62 HESSE, Grundzüge des Verfassungsrechts der Bundesrepublik Deutschland (1999), § 3 Rdnr. 89 f., S. 35; BOEHL, Verfassunggebung im Bundesstaat (1997), S. 165; siehe auch: BVerfGE 36, 342 ff. (360 ff.).
63 HESSE, Grundzüge des Verfassungsrechts der Bundesrepublik Deutschland (1999), S. 59, 61 Rdnr. 130, 134.
64 Bericht des Abgeordneten Haas, Verhandlungen der Verfassunggebenden Landesversammlung von Baden-Württemberg, Beilagen-Band III, Beilage Nr. 1103, S. 81 ff. (83).
65 KRIELE, Einführung in die Staatslehre (2003) S. 225.

scheidung über seine Vertretung selbst zu treffen. Es fehlt folglich an einer nach dem Demokratieprinzip in freier, gleicher und geheimer Wahl bestellten Volksvertretung. Daher muß die Existenz einer gewählten Volksvertretung bei der Bildung des ersten Landtages aus den Mitgliedern der Verfassunggebenden Landesversammlung verneint werden. Aus diesem Grund fehlte der Verfassunggebenden Landesversammlung für ein weiteres Tätigwerden der Auftrag des Volkes, so daß nach Verabschiedung der Verfassung keine gewählte Volksvertretung existierte.

Art. 93 der Verfassung von Baden-Württemberg widerspricht dem im demokratischen Grundsatz enthaltenen Prinzip der Volkssouveränität, wenn er der Verfassunggebenden Landesversammlung gestattet, sich nach der Erledigung ihres Auftrages als erster Landtag zu konstituieren. Art. 93 unterschreitet deshalb den Mindeststandard des Art. 28 Abs. 1 GG und ist somit wegen Verstoßes gegen das über die Homogenitätsklausel auch in Baden-Württemberg geltende Demokratieprinzip[66] nichtig

IV. Verfassungsmäßigkeit des Art. 94 Abs. 2 LV BW

1. Inhalt

Nach Art. 94 Abs. 2 S. 2 der Landesverfassung von Baden-Württemberg traten zum Zeitpunkt der Verkündung der Verfassung von Baden-Württemberg die Verfassungen der bisherigen Länder Baden vom 19. Mai 1947,[67] Württemberg-Baden vom 28. November 1946[68] mit dem Änderungsgesetz (Nr. 358) vom 29. März 1949[69] und Württemberg-Hohenzollern vom 20. Mai 1947[70] außer Kraft.

2. Entstehungsgeschichte

Die Fassung des Art. 94 entspricht dem Vorschlag der Fraktionen der SPD (Möller, Lausen, Jäckle), DVP/FDP (Haußmann, Gönnewein) und des BHE (Mocker, Melinski) im Verfassungsentwurf.[71] Die CDU setzte ihren Vorschlag,

---

66 So das BVerfGE 83, 37 ff. (37); 83, 60 ff. (60 f.), welches in seiner Entscheidung zum kommunalen Ausländerwahlrecht Art. 20 Abs. 2 S. 1 GG auf dem Weg über die Verweisung auf die Normativbestimmung des Art. 28 Abs. 1 GG genannten Grundsätze angewendet hat. Zum Teil wird Art. 20 GG als unmittelbar im Land geltende Durchgriffsbestimmungen angesehen, näher dazu: BOEHL, Verfassunggebung im Bundesstaat (1997), S. 202 ff.
67 Bad. GVBl. 1947, S. 129.
68 WB Reg. Bl. 1946, S. 277.
69 WB Reg. Bl. 1949, S. 43.
70 WH Reg. Bl. 1947, S. 1.
71 Beilage zu den Verhandlungen der Verfassunggebenden Landesversammlung von Baden-Württemberg, Beilagen-Baden I, Beilage 40, ausgegeben am 16. Juni 1952.

die Verfassung durch Volksabstimmung zu beschließen, nicht durch.[72] In der 56. Sitzung der Verfassunggebenden Landesversammlung brachte der KPD-Abgeordnete Rueß einen Abänderungsantrag[73] ein, der eine Annahme der Verfassung durch Volksabstimmung vorsah. Die Abgeordneten lehnten den Antrag ohne Diskussion ab.[74] Zwei Wochen später brachten einige CDU-Abgeordnete erneut den Vorschlag ein,[75] die Verfassung einer Volksabstimmung zu unterwerfen. Die Verfassunggebende Landesversammlung lehnte diesen Antrag abermals ohne Diskussion ab,[76] obwohl dieser Verzicht auf eine Volksabstimmung staatsrechtlichen Bedenken unterliegt. Damit hatte das Haus den Art. 87 (heute Art. 94) in der Fassung der Beilage 1270 angenommen.[77] Auch den Verzicht auf eine Volksabstimmung begründete Gebhard Müller mit dem Gebot, die inneren Verhältnisse des Landes zu befrieden.[78] Denn die Resonanz der Verfassungsberatungen in der Öffentlichkeit hatte die Erkenntnis heranreifen lassen, daß eine nur mit knapper Mehrheit angenommene Landesverfassung keine Befriedung bringen würde, sondern der Anfang des Zerfalles des Landes sein könnte.[79]

3. Verfassungsrechtliche Zulässigkeit

Nach § 14 Abs. 2 des Zweiten Neugliederungsgesetzes bestand rechtlich die Möglichkeit für die Verfassunggebende Landesversammlung, die Verfassung zu

---

72 Tabelle zur Entstehung der Artikel der Landesverfassung, in: FEUCHTE, Quellen zur Entstehung der Verfassung von Baden-Württemberg, Zweiter Teil (1988), S. IX ff. (XVIII), siehe auch: Synopse der Verfassungsentwürfe, in: FEUCHTE, Quellen zur Entstehung der Verfassung von Baden-Württemberg, Zweiter Teil: (1988), S. 340.
73 Abänderungsantrag von Rueß, Erika Buchmann, Eckert, vgl. Beilage 1249, ausgegeben am 22. Oktober 1953, abgedruckt in: FEUCHTE, Quellen zur Entstehung der Verfassung von Baden-Württemberg, Achter Teil (1992), S. 36.
74 Protokoll der Verhandlungen der Verfassunggebenden Landesversammlung, 56. Sitzung, am 22. Oktober 1953, in: FEUCHTE, Quellen zur Entstehung der Verfassung von Baden-Württemberg, Achter Teil (1992), S. 211 ff. (222 f.).
75 Person, Gurk, Krämer, Burger, Vogt, Bläsi, Harbrecht, Rack, Gillmann, Kühn, Brachat, Häfner, Kuhngamberg, vgl. Beilage 1305, ausgegeben am 4. November 1953, abgedruckt in: FEUCHTE, Quellen zur Entstehung der Verfassung von Baden-Württemberg, Achter Teil (1992), S. 288 f.
76 Protokoll der Verhandlungen der Verfassunggebenden Landesversammlung, 59. Sitzung, am 5. November 1953, in: FEUCHTE, Quellen zur Entstehung der Verfassung von Baden-Württemberg, Achter Teil (1992), S. 379 ff. (418 f.).
77 Beilage 1270, ausgegeben am 30. Oktober 1953, abgedruckt in: FEUCHTE, Quellen zur Entstehung der Verfassung von Baden-Württemberg, Achter Teil (1992), S. 256 ff. (276); siehe auch: Protokoll der Verhandlungen der Verfassunggebenden Landesversammlung, 59. Sitzung, am 5. November 1953, in: FEUCHTE, Quellen zur Entstehung der Verfassung von Baden-Württemberg, Achter Teil (1992), S. 379 ff. (420).
78 Regierungserklärung am 9. Dezember 1953, in: StAnz. Nr. 96/53, S. 1; Verh. LT, 1. Wahlperiode 1952-1956, Protokoll Band I, S. 41 ff. (42 ff.).
79 FEUCHTE, Verfassungsgeschichte von Baden-Württemberg (1983), S. 176.

beschließen. Es sprach gleichwohl für eine Volksabstimmung, daß die Verfassungen der bisherigen drei südwestdeutschen Länder, die nach Art. 94 Abs. 2 außer Kraft traten, durch Volksabstimmungen angenommen wurden.[80]

Allerdings ist die Sanktionierung der Verfassung durch das Volk kein alter Brauch.[81] Das Grundgesetz[82] und die Weimarer Reichsverfassung[83] wurden ohne Volksabstimmungen auf rein parlamentarischem Wege verabschiedet. Das traditionelle Recht der Verfassunggebenden Gewalt, eine Verfassung ohne Volksabstimmung zu beschließen, besteht auch unter dem Grundgesetz fort.

Die Verfassunggebende Landesversammlung hatte vom Volk das Mandat erhalten, die Verfassung zu schaffen. Es läßt sich ein allgemeingültiger Satz des demokratischen Staatsrechts, nur eine solche Verfassung komme demokratisch zustande, die das Volk durch Volksentscheid angenommen habe, nicht belegen.[84] Dementsprechend ist die repräsentative Verfassunggebung der plebiszitären juristisch gleichwertig.[85] Art. 94 Abs. 2 S. 2 der LV Baden-Württemberg war verfassungskonform.

V. Das Weiterleben der Baden-Frage

Mit dem Inkrafttreten der Verfassung und der Aufbaugesetze[86] waren die drei früheren Staaten zwar rechtlich eine Einheit, aber der Kampf um den Südweststaat war noch nicht ausgefochten. Die Altbadener, die sich zum Heimatbund Badenerland e.V. zusammengeschlossen hatten, führten nach der Bildung des Landes Baden-Württemberg den Kampf um die Wiederherstellung Altbadens unermüdlich fort. Sie konnten nicht verwinden, daß das neue Bundesland entsprechend dem Auszählungsmodus des § 10 des Zweiten Neugliederungsgesetzes gegen den Willen der Mehrheit der badischen Bevölkerung gebildet worden

---

80 Erklärung von Person (CDU), in: Protokoll der Verhandlungen der Verfassunggebenden Landesversammlung, 60. Sitzung, am 11. November 1953, in: FEUCHTE, Quellen zur Entstehung der Verfassung von Baden-Württemberg, Achter Teil (1992), S. 446 ff. (451 f.).
81 So Carlo Schmid laut: MURSWIEK, Die verfassunggebende Gewalt nach dem Grundgesetz für die Bundesrepublik Deutschland (1978), S. 50.
82 Vom 23. Mai 1949, BGBl. S. 1; Art. 144 Abs. 1 GG, Art. 145 Abs. 1, 2 GG.
83 Vom 11. August 1919, RGBl. 1919, S. 1383.
Artikel 181 WRV: „Das deutsche Volk hat durch seine Nationalversammlung diese Verfassung beschlossen und verabschiedet. Sie tritt mit dem Tage ihrer Verkündung in Kraft."
84 STEINER, Verfassunggebung und verfassunggebende Gewalt des Volkes (1966), S. 101.
85 STEINER, Verfassunggebung und verfassunggebende Gewalt des Volkes (1966), S. 95 ff., 105; so wohl auch: MURSWIEK, Die verfassunggebende Gewalt nach dem Grundgesetz für die Bundesrepublik Deutschland (1978), S. 82.
86 Die wichtigsten Aufbaugesetze sind: Landesverwaltungsgesetz vom 7. November 1955 (GBl. BW, S. 225); Landkreisordnung vom 10. Oktober 1955 (GBl. BW, S. 207); Gemeindeordnung vom 25. Juli 1955 (GBl. BW, S. 129) und Polizeigesetz vom 21. November 1955 (GBl. BW, S. 249).

war, obwohl das Bundesverfassungsgericht diese Bestimmung als verfassungsgemäß bestätigt hatte.[87] Mit der Verabschiedung der Verfassung und der Konstituierung des ersten Landtags von Baden-Württemberg schien die Bildung des Landes und die Neugliederung im deutschen Südwesten abgeschlossen. Jedoch waren die Probleme im deutschen Südwesten nicht beseitigt, obwohl die Ländergrenzen der Alliierten beseitigt und das Bundesverfassungsgericht die Bildung des neuen Bundeslandes bestätigt hatte. Problematisch war, daß das neue Bundesland gegen den Willen eines erheblichen Teils der badischen Bevölkerung gebildet worden war. Anhänger Altbadens äußerten verfassungsrechtliche Bedenken und fanden sich mit der Gründung des Landes Baden-Württemberg nicht ab. Sie erstrebten weiterhin die Wiederherstellung des Landes Baden in den Grenzen von 1933.[88]

---

87 BVerfGE 1, 14 ff. (45 ff.).
88 GREULICH, Länderneugliederung und Grundgesetz (1995), S. 64.

5. Teil: Der Abschluß der Neugliederung

1. Kapitel: Das Urteil des Bundesverfassungsgerichts vom 30. Mai 1956

Nach der Aufhebung der Suspendierung des Art. 29 GG mit dem Inkrafttreten des Deutschlandvertrages am 5. Mai 1955[1] und der Verabschiedung des Gesetzes über Volksbegehren und Volksentscheid bei Neugliederung des Bundesgebietes nach Art. 29 Abs. 2 bis 6 GG[2] beantragte der Heimatbund Badenerland e.V., beim Bundesminister des Inneren, Gerhard Schröder, die Zulassung eines Volksbegehrens.[3] Der Antrag richtete sich auf ein Volksbegehren im Gebiet des früheren Landes Baden mit dem Ziel, dieses Land wiederherzustellen. Dies lehnte Gerhard Schröder ab. Seinen ablehnenden Bescheid vom 24. Januar 1956 begründete er im wesentlichen damit, daß die nach Art. 118 GG vollzogene Neugliederung im Südwestraum die Anwendung des Art. 29 Abs. 2 GG in der Fassung vom 23. Mai 1949 auf diesem Gebiet ausschließe.[4]

Daraufhin machte der Heimatbund Badenerland e.V. von der in § 5 des Gesetzes über Volksbegehren und Volksentscheid eröffneten Möglichkeit der Beschwerde zum Bundesverfassungsgericht Gebrauch.[5] Das Gericht hob mit Urteil vom 30. Mai 1956[6] den Bescheid des Bundesinnenministers auf und ordnete die Durchführung des vom Heimatverbund Badenerland e.V. beantragten Volksbegehren an.

Der Zweite Senat des Bundesverfassungsgerichts – in gegenüber dem 1. Südweststaatsurteil[7] veränderter Besetzung – bestätigte, daß der Südweststaat nach Art. 118 GG in demokratisch-verfassungsmäßiger Form gebildet worden sei. Jedoch habe der Vollzug der Neugliederung nach Art. 118 GG das Recht

---

1 MEYER-TESCHENDORF, Neugliederung und Bundesverfassung, Vom verbindlichen Verfassungsauftrag zur staatsvertraglichen Option, in: Hommage an Isensee (2002), S. 341 ff. (344).
2 Vom 23. Dezember 1955, BGBl. I S. 835. Art. 29 GG war durch Ziffer 5 des Genehmigungsschreibens der Militärgouverneure vom 12. Mai 1949 bis zum Wegfall der besatzungsrechtlichen Schranken am 5. Mai 1955 suspendiert gewesen.
3 SAUER, 25 Jahre Baden-Württemberg (1977), S. 47.
4 HEPP, Der badische Landesteil in Baden-Württemberg, in: Badische Geschichte vom Großherzogtum bis zur Gegenwart (1979), S. 258 ff. (272); REBMANN, Die verfassungsrechtliche Entwicklung des Landes Baden-Württemberg 1957 bis 1971, JöR n.F., Bd. 20 (1971), S. 169 ff. (172); Mussgnug, Die Anfänge Baden-Württembergs in verfassungsrechtlicher und verfassungsgeschichtlicher Sicht, ZWLG 43 (1984), S. 373 ff. (401).
5 SCHÄFER, Probleme einer Neugliederung des Bundesgebietes (1963), S. 16.
6 BVerfGE 5, 34 ff.
7 BVerfGE 1, 14 ff.

der badischen Bevölkerung auf ein Volksbegehren nach Art. 29 Abs. 2 GG nicht beeinträchtigt. Das Neugliederungsverfahren nach Art. 29 GG unterscheide sich von dem nach Art. 118 GG dadurch, daß bei ersterem die Bevölkerung die Fragestellung des Volksbegehrens und die räumliche Begrenzung des einheitlichen Abstimmungsgebietes bestimme. Der Neugliederung nach Art. 29 GG habe die Neugliederung auf dem Gebiet der Länder Baden, Württemberg-Baden und Württemberg-Hohenzollern zwar vorgegriffen, aber es bestehe zwischen Art. 118 GG und Art. 29 GG kein lex specialis-Verhältnis. Einer lex specialis sei wesentlich, daß sie die allgemeine Regelung in ihrer Anwendbarkeit ausschließe. Das treffe für Art. 118 GG nicht zu. Es bestünden zwei Möglichkeiten: Entweder sei die Neugliederung nach Art. 118 GG etwas anderes als die Neugliederung nach Art. 29 GG, weil der Auftrag des Art. 118 GG dahin gehe, den Südwestraum einstweilen ohne Rücksicht auf die allgemeine Neugliederung des ganzen Bundesgebietes zu gliedern; dann tangiere sie selbst nach ihrer Durchführung den Auftrag und Vollzug des Art. 29 GG nicht, dann stehe Baden-Württemberg wie jedes andere Land zur Disposition einer Neugliederung des Bundesgebietes.[8] Oder aber Art. 118 GG sehe für den Südwestraum dieselbe teilweise vorweggenommene Neugliederung, also die „erste Phase" des Neugliederungsprozesses vor, der das ganze Bundesgebiet zu erfassen habe. In diesem zweiten Falle habe der Neugliederung aber das in Art. 29 GG vorgeschriebene, den Südwesten überschreitende Gesamtkonzept gefehlt.[9] Die Existenz und die Grenzen des neu gebildeten Landes könnten dann bis zum Abschluß des Neugliederungsprozesses erneut in Frage gestellt werden.[10] Auch in diesem Falle könnten die Schranken für eine Neugliederung des Raumes Baden-Württemberg nicht enger gezogen werden als für die Neugliederung des übrigen Bundesgebietes.[11]

Weiter liege in der Volksabstimmung vom 9. Dezember 1951 keine Willensäußerung der Bewohner des Gebietes im Sinne von Art. 29 GG, da „zwei Bevölkerungen' die badische und die württembergische in der Weise gemeinsam abgestimmt" hätten, „daß die zahlenmäßig Stärkere die Schwächere majorisieren konnte."[12]

Überdies sei der Wille der badischen Bevölkerung trotz der Bildung des Südweststaats in demokratisch-verfassungsmäßiger Form durch die Besonderheit der politisch-geschichtlichen Entwicklung überspielt worden.[13] Denn es bestehe eine gewisse Wahrscheinlichkeit dafür, daß, wenn Art. 29 GG nicht suspendiert gewesen wäre, sondern von Anfang an die Rechtsgrundlage für die

---

8 BVerfGE 5, 34 ff. (43).
9 MUSSGNUG, Die Anfänge Baden-Württembergs in verfassungsrechtlicher und verfassungsgeschichtlicher Sicht, ZWLG 43 (1984), S. 373 ff. (401).
10 BVerfGE 5, 34 ff. (40 f., 43 f.).
11 BVerfGE 5, 34 ff. (44).
12 BVerfGE 5, 34 ff. (48).
13 BVerfGE 5, 34 ff. (47).

Neugliederung gebildet hätte, der Bundesgesetzgeber der Initiative der badischen Bevölkerung Rechung getragen hätte und die durch die Besatzungsmacht geschaffene Gliederung nicht durch die Bildung des Landes Baden-Württemberg, sondern durch die Wiederherstellung der alten Länder ersetzt hätte.[14]

Der Senat fühlte sich zu dieser Aussage veranlaßt, weil er den Weg zu einem Volksbegehren und zu einer erneuten Abstimmung freimachen wollte. Der vom Gericht gewiesene Weg über Art. 29 GG war angesichts der vollzogenen Abstimmung nach Art. 118 GG nur schwer gangbar. Die kühne, weil spekulative Auslegung bot dem Gericht die einzige Chance, das Verfahren noch einmal in Gang zu bringen.

Allerdings eröffnete Art. 29 GG nicht den idealen Weg, um der badischen Bevölkerung die Entscheidung in die Hand zu geben, da er die letzte Verantwortung für alle Neugliederungsmaßnahmen dem Bund zuschob. Der Bevölkerung war lediglich das Recht zuerkannt, durch Abstimmung dieser Entscheidung zuzustimmen oder sie abzulehnen. Dies sollte insbesondere deswegen einer Entscheidung der badischen Bevölkerung hinderlich sein, weil dem Gericht eine Fristsetzung zur Durchführung des Volksbegehrens entbehrlich erschien.[15] Dies gab der Bundesregierung die Möglichkeit, die Neugliederungsfrage auf unbestimmte Zeit zu verschieben. Zuletzt wirkte für eine baldige Durchführung des Volksbegehrens hemmend, daß das Bundesverfassungsgericht auch deutlich gemacht hatte, der Neugliederung des Bundesgebiets müsse eine Gesamtkonzeption zugrunde liegen, die selbst dann notwendig sei, wenn die Neugliederung in mehrere Abschnitte geteilt werde.[16] Darüber, wie eine solche Gesamtkonzeption auszusehen habe und in welche Form sie gekleidet sein müsse, schwieg das Bundesverfassungsgericht.[17]

Das Urteil von 1956 entfaltete starke politische Wirkung. Es zwang zu neuen Überlegungen, wie man dem Willen der badischen Bevölkerung entsprechen konnte.[18] Bemerkenswert ist das Urteil deshalb, weil es im Gegensatz zu der Bundesverfassungsgerichtsentscheidung vom 23. Oktober 1951 steht. Dort stellte der Senat ausdrücklich fest, das Zweite Neugliederungsgesetz ziehe nur die Bildung des Südweststaates oder die Wiederherstellung der alten Länder Baden und Württemberg einer Neugliederung aus den vielen Neugliederungsmöglichkeiten in Betracht. Dies trug, so die Urteilsbegründung, dem Ergebnis der jahrelangen öffentlichen Diskussionen und der Verhandlungen der beteiligten Landesregierungen Rechnung. Von einem Überspielen des Volkswillens ging das Bundesverfassungsgericht in dieser ersten Südweststaatsentscheidung nicht

---

14 BVerfGE 5, 34 ff. (47).
15 BVerfGE 5, 34 ff. (49).
16 BVerfGE 5, 34 ff. (40).
17 FEUCHTE, Verfassungsgeschichte von Baden-Württemberg (1983), S. 289 f.
18 FEUCHTE, Die Entscheidungen des Bundesverfassungsgerichts zur Südweststaatsfrage, in: Das Land Württemberg-Hohenzollern (1945 – 1952) (1982), S. 425 ff. (434 f.).

aus.[19] In der Feststellung des Bundesverfassungsgerichts in seiner 2. Südweststaatsentscheidung, dieser Wille sei durch die Besonderheit der politisch-geschichtlichen Entwicklung überspielt worden, weshalb es den Weg für eine erneute Abstimmung über Art. 29 GG eröffnete, liegt eine harte Kritik gegenüber dem 1. Südweststaatsurteil.

---

[19] Weiterführend: HENNINGS, Der unerfüllte Verfassungsauftrag (1983), S. 86.

2. Kapitel: Das Volksbegehren vom 3. bis 16. September 1956

I. Durchführung des Volksbegehrens

Das vom Bundesverfassungsgericht zur Wiederherstellung des Landes Baden angeordnete Volksbegehren fand vom 3. bis 16. September 1956 statt. Es war mit einer Beteiligung von 15,1% (309.825 Personen) der wahlberechtigten Bevölkerung (2.054.534) erfolgreich (Art. 29 Abs. 2 S. 2 GG). In Nordbaden hatten sich 8,7% der Bevölkerung in Listen eingetragen, in Südbaden, wo die Altbadener die meisten Anhänger hatten, 22,1%.[1] Altbadische Hochburgen lagen insbesondere in Bühl (42,3%), Offenburg (32,3%), Freiburg Landkreis (30,3%), Wolfach (29,2%), Neustadt (28,8%), Rastatt (28,5%), Freiburg Stadt (24,6%), Waldshut (22,2%), Emmendingen (21,7%), Lahr (20,8%), Bruchsal (19,3%) und Karlsruhe Stadt (19,0%), andererseits extrem niedrig waren Anteile der Altbadener in Mannheim Stadt (4,8%), Mosbach (4,4%), Heidelberg Stadt (4,1%%), Mannheim Landkreis (3,1%), Pforzheim Landkreis (3,0%) Sinsheim (2,7%) und Pforzheim Stadt (1,9%) zu verzeichnen.[2] Gleichwohl war der Rückgang der Zahl der Anhänger Altbadens gegenüber der Volksabstimmung vom 9. Dezember 1951 offensichtlich. Bei dieser hatten sich im gleichen Gebiet rund 52% der Bevölkerung für die Wiederherstellung des alten Landes Baden ausgesprochen.[3]

Der Erfolg des Anliegens des Heimatbundes Badenerland e.V. lag freilich in weiter Ferne. Das erfolgreiche Volksbegehren verpflichtete nach Art. 29 Abs. 2 S. 3 GG den Bundesgesetzgeber nur dazu, in dem von ihm vorzulegenden Gesetzentwurf über die umfassende Neugliederung eine Bestimmung über das Schicksal Badens zu treffen. Auf der anderen Seite verwehrte es Art. 29 GG dem Bundesgesetzgeber, ein Gesetz zu erlassen, das ausschließlich eine Volksabstimmung in Baden zum Gegenstand hat.[4] Das Urteil des Bundesverfassungsgerichts vom 30. Mai 1956 hatte deutlich hervorgehoben, daß der Neugliederung des Bundesgebietes eine Gesamtkonzeption zugrunde liegen müsse,

---

1 Bekanntmachung des Bundesministers des Inneren über das endgültige Ergebnis der Eintragungen zu dem Volksbegehren nach Art. 29 Abs. 2 des Grundgesetzes im Gebiet des ehemaligen Freistaates Baden vom 23. Oktober 1956, Bundesanzeiger vom 27. Oktober 1956, Nr. 210.
2 FEUCHTE, Verfassungsgeschichte von Baden-Württemberg (1983), S. 289.
3 REBMANN, Die verfassungsrechtliche Entwicklung des Landes Baden-Württemberg 1957 bis 1971, JöR n.F., Bd. 20 (1971), S. 169 ff. (172); SCHÄFER, Probleme einer Neugliederung des Bundesgebietes (1963), S. 17; zu den regionalen Differenzierungen bei der Beteiligung und deren Hintergründe ausführlich: MATZ, Länderneugliederung (1997), S. 96 f.
4 MUSSGNUG, Die Anfänge Baden-Württembergs in verfassungsrechtlicher und verfassungsgeschichtlicher Sicht, ZWLG 43 (1984), S. 373 ff. (402).

die selbst dann notwendig sei, wenn die Neugliederung in mehrere Abschnitte eingeteilt werde.[5]

II. Bildete Art. 29 GG die korrekte Grundlage zur Durchführung des Volksbegehrens?

Das Bundesverfassungsgericht benannte in seinem Urteil vom 30. Mai 1956[6] Art. 29 Abs. 2 in der Fassung vom 23. Mai 1949 als Grundlage für das Volksbegehren. Dennoch drängt sich, nicht zuletzt wegen der kunstvollen Argumentation des Bundesverfassungsgerichts, die Frage auf, ob Art. 29 GG die korrekte Grundlage für die Durchführung des Volksbegehrens darstellte oder ob es nach Art. 118 GG hätte durchgeführt werden müssen. Möglicherweise ist aber auch die Durchführung der Neugliederung nach Art. 118 GG abschließend gewesen; dies hätte eine abermalige Neugliederung im Südwesten ausgeschlossen.[7]

1. Keine Neugliederungsfestigkeit des deutschen Südwestens

Mit der Bildung des Landes Baden-Württemberg nach Art. 118 GG ist etwas Bindendes für andere Neugliederungsmaßnahmen auf diesem Gebiet nicht ausgesprochen worden. Baden-Württemberg ist nicht neugliederungsfest,[8] da eine Herausnahme des Südwestens aus dem Geltungsbereich des Art. 29 GG für den Südwesten Bestandsschutz gewährte, alle übrigen Länder aber in ihren Grenzen veränderbar wären.[9] Der Bundesgesetzgeber verstieße damit gegen den Gedanken der Gleichbehandlung, da auch alle Länder der Bundesrepublik qualitativ gleich behandelt werden müssen.[10]

---

5 BVerfGE 5, 34 ff. (40); FEUCHTE, Verfassungsgeschichte von Baden-Württemberg (1983), S. 289.
6 BVerfGE 5, 34 ff.
7 Dazu: MACKENRODT, Probleme der Neugliederung des Südwestdeutschen Bundesgebietes (1954), S. 49 ff.
8 Dazu ausführlich: 2. Teil, 2. Kapitel II 3; MAUNZ, Rechtsfragen zur Neugliederung im Südwestraum, DRZ 1949, S. 532 ff. (534), abweichend: KRÜGER/NEUMAYER/SCHNEIDER, Baden-Württemberg oder Baden und Württemberg? (1960), S. 22.
9 MAUNZ, Rechtsfragen zur Neugliederung im Südwestraum, DRZ 1949, S. 532 ff.
10 Ähnlich auch: HAMANN/LENZ, Das Grundgesetz für die Bundesrepublik Deutschland (1970), Art. 118 GG; so auch: BVerfGE 5, 34 ff. MAUNZ, Deutsches Staatsrecht (1954), S. 24, KLEIN, Bundesverfassungsgericht und Altbadenfrage, AöR 82 (1957), 327 ff. (343); anders: SCHÄFER, Ist der Südweststaat bei der Neugliederung des Bundesgebietes nach Art. 29 Abs. 1 bis 6 GG insgesamt tabu?, DÖV 1955, 111; HELD, Kann der Südweststaat auf Grund des Art. 29 des Grundgesetzes wieder beseitigt werden?, DÖV 1954, S. 737.

2. Einmaligkeit der Anwendbarkeit des Art. 118 GG?

Art. 118 GG enthält seinem Wortlaut nach keine Begrenzung auf eine einmalige Anwendung und einen Verbrauch der Vorschrift. Die Einmaligkeit der Anwendbarkeit dieses Artikels ergibt sich ebenfalls nicht aus seiner Stellung im XI. Abschnitt bei den Übergangs- und Schlußbestimmungen des Grundgesetzes.[11]

Es ist durchaus denkbar, daß die Sonderregelung des Art. 118 GG für den südwestdeutschen Raum nicht auf eine einmalige Anwendung beschränkt sein sollte, sondern der deutsche Südwesten für die gesamte Geltungsdauer des Grundgesetzes in Artikel 118 GG einem Sonderrecht der Neugliederung unterliegt, das der allgemeinen Regelung des Artikel 29 GG vorgeht.[12] Die Vorschrift des Art. 118 GG beschränkt sich also nicht auf eine einmalige Neugliederung.[13]

3. Prinzipielle Anwendbarkeit von Art. 29 GG und Art. 118 GG

Es kann theoretisch ein Nebeneinander beider Möglichkeiten der Neugliederung geben, weil Art. 118 GG sich nicht auf eine einmalige Neugliederungsmaßnahme beschränkt.[14] Zu prüfen ist aber, ob die Voraussetzungen beider Normen in diesem Fall erfüllt sind.

a) Durchführung des Volksbegehrens nach Art. 118 GG?
Art. 118 S. 2 GG konnte nicht die Grundlage für das vom 3. bis 16. September 1956 durchgeführte Volksbegehren bilden:

Zum einen kennt Art. 118 GG nicht ein Volksbegehren, so wie es vom 3. bis 16. September 1956 stattfand. Die in Art. 118 S. 2 GG vorgesehene Volksbefragung umfaßt ein solches Volksbegehren nicht. Dieses stellte kein Minus zur Volksbefragung nach Art. 118 S. 2 dar, denn der Anstoß der Neugliederung durch das Volk fügt sich nicht in die Struktur des Art. 118 S. 2 GG ein. Art. 118 S. 2 GG sieht vor, daß die Initiative zur Neugliederung vom Bundesgesetzgeber ausgeht und das Volk sein Votum zu den Neugliederungsvorschlägen des Bundes abgibt. Dagegen geht beim Volksbegehren die Initiative zur Neugliederung vom Volk selbst aus.

Zum anderen existiert seit 1952 auf dem in Art. 118 GG genannten Gebiet nur ein Bundesland: Baden-Württemberg. Art. 118 S. 2 GG setzt für den Über-

---

11 Anders freilich: KRÜGER/NEUMAYER/SCHNEIDER, Baden-Württemberg oder Baden und Württemberg? (1960), S. 22.
12 Anders: KRÜGER/NEUMAYER/SCHNEIDER, Baden-Württemberg oder Baden und Württemberg? (1960), S. 22.
13 BVerfGE 5, 34 ff. (41), wohl auch: Neumayer in seiner abweichenden Stellungnahme in: KRÜGER/NEUMAYER/SCHNEIDER, Baden-Württemberg oder Baden und Württemberg? (1960), S. 69 ff. (88), siehe dazu auch: FEUCHTE, Neugliederung: Versagen von gestern – Chance von morgen, DÖV 1968, S. 456 ff. (463) und den Vorschlag zur Wiederbelebung des Art. 118 GG von der CDU/CSU-Fraktion in: BT-Drucksache IV 1965, V 2541.
14 So wohl auch: EBERHARD, Die Neugliederung des Bundesgebiets, DÖV 1949, S. 268 f. (269).

gang der Gesetzgebungskompetenz auf den Bund aber das Scheitern von Verhandlungen voraus. Hier stellt sich ein praktisches Problem: Wer sollte verhandeln, wenn die drei Länder ein einheitliches Bundesland bildeten? In den Jahren 1948 bis 1951 hatten die Regierungen der drei südwestdeutschen Länder miteinander verhandelt. Auf Grund des Zusammenschlusses dieser Länder zu einem einheitlichen Bundesland waren 1956 Verhandlungen auf dieser Ebene nicht mehr möglich. Art. 118 GG erledigte sich durch die Gründung des Bundeslandes Baden-Württemberg. Diese Erledigung war bei der Schaffung des Art. 118 GG nicht zwingend. Die Volksabstimmung vom 9. Dezember 1951 hätte auch die Wiederherstellung der alten Länder zur Folge haben können. Ebenso wäre eine dritte Lösung der territorialen Frage möglich gewesen, etwa der Zusammenschluß von Württemberg-Hohenzollern mit Württemberg-Baden ohne Südbaden. In diesen Fällen wäre eine mehrmalige Anwendung des Art. 118 GG möglich gewesen. Denn in diesen Konstellationen existierten mehrere Regierungen, deren Verhandlungen scheitern könnten.

Art. 118 GG konnte nicht die Grundlage für die Durchführung des Volksbegehrens bilden.

b) Durchführung des Volksbegehrens nach Art. 29 Abs. 2 GG?
Das in Art. 118 GG enthaltene Wort „abweichend", das sich sowohl auf die Neugliederung durch Vereinbarung als auch auf die Neugliederung durch Bundesgesetz bezieht, hat nicht den Sinn, bei späteren Neugliederungen die Verfahrensregeln des Art. 29 GG auszuschließen, sondern nur die Bedeutung, daß bei der Durchführung einer Neugliederung nach Art. 118 GG von diesen Verfahrensregeln abgesehen werden kann.[15] So konnte Art. 29 Abs. 2 GG in der Fassung vom 23. Mai 1949 die Grundlage des Volksbegehrens bilden.[16] Danach konnte in den Gebietsteilen, die bei der Neubildung der Länder nach dem 8. Mai 1945 ohne Volksabstimmung ihre Landeszugehörigkeit geändert haben, binnen eines Jahres nach Inkrafttreten des Grundgesetzes ein Volksbegehren mit dieser Frage stattfinden. Bis 1956 hatten die Gebiete des Südwestraumes ihre Landeszugehörigkeit mehrfach geändert, zunächst durch die Gründung der Länder Baden, Württemberg-Baden und Württemberg-Hohenzollern, dann durch die Schaffung des Landes Baden-Württemberg.

Die nähere Betrachtung des Art. 29 Abs. 2 S. 1 GG in der Fassung vom 23. Mai 1949 zeigt, daß er sich nur auf Änderungen bis zum Inkrafttreten des Grundgesetzes bezog. Art. 29 Abs. 2 GG sprach von Gebietsteilen, die nach dem 8. Mai 1945 ihre Landeszugehörigkeit geändert haben. Damit ist in beiden Richtungen eine zeitliche Beschränkung gegeben: Durch das Datum der Kapitulation und durch den Zeitpunkt des Inkrafttretens des Grundgesetzes (Verwendung des Perfekts „geändert haben" im Text des Grundgesetzes selbst). Der

---

15 BVerfGE 5, 34 ff. (44 f.).
16 Dazu näher: MÜLLER, Die Schwierigkeiten einer Neugliederung Deutschlands seit 1918 (1953), S. 139 ff.

Verwendung des Perfekts läßt sich entnehmen, daß die Änderungen zwischen dem 8. Mai 1945 und dem 23. Mai 1949 vorgenommen sein mußten.[17] Jede Änderung der Landeszugehörigkeit nach dem 23. Mai 1949 stellt bereits eine Neugliederung nach Art. 29 Abs. 1 bis 6 GG dar und kommt für ein Volksbegehren nach Art. 29 Abs. 2 GG nicht in Betracht.[18]

Nach dieser streng am Wortlaut orientierten Anwendung des Art. 29 Abs. 2 GG waren die alten Länder Baden und Württemberg, aus dem die Besatzungsmächte die Länder Baden, Württemberg-Baden und Württemberg-Hohenzollern bildeten, Gebietsteile im Sinne von Art. 29 Abs. 2 GG, die ohne Volksabstimmung ihre Landeszugehörigkeit geändert hatten. Diese erste Änderung der Landeszugehörigkeit nahm der badischen Bevölkerung nicht das Recht, ein Volksbegehren durchzuführen, weil dabei keine Volksabstimmung stattgefunden hatte. Dagegen erfolgte bei der Durchführung der zweiten Neugliederungsmaßnahme im Südwesten nach Abschnitt I des Zweiten Neugliederungsgesetzes eine Volksabstimmung. Die Gebietsteile des neu gebildeten Landes Baden-Württemberg änderten ihre Landeszugehörigkeit auf Grund der Volksabstimmung vom 9. Dezember 1951. Die Voraussetzungen des Art. 29 Abs. 2 GG waren nach dieser eng am Wortlaut ausgerichteten Anwendung des Art. 29 GG nicht mehr gegeben.[19] Ein Volksbegehren nach Art. 29 Abs. 2 GG wäre nach dem Gesagten nicht mehr zulässig.[20]

Zwei Umstände sprachen dafür, der badischen Bevölkerung trotzdem das Recht auf ein Volksbegehrens zu belassen: Zunächst hatte die badische Bevölkerung auf Grund der Suspendierung des Art. 29 GG durch den Vorbehalt Nr. 4 der Alliierten[21] keine Möglichkeit, ihr Initiativrecht wahrzunehmen.[22] Erst mit dem Wegfall der besatzungsrechtlichen Sperre, das heißt am 5. Mai 1955 mit Inkrafttreten des Deutschlandvertrages, erlangte Art. 29 GG volle Wirksam-

---

17 KLEIN, Bundesverfassungsgericht und Altbadenfrage, AöR 82 (1957), S. 327 ff. (340); VON EGLOFFSTEIN, Die Entwicklung der Neugliederungsfrage (1957), S. 214.
18 KLEIN, Bundesverfassungsgericht und Altbadenfrage, AöR 82 (1957), S. 327 ff. (340 f.).
19 MACKENRODT, Probleme der Neugliederung des Südwestdeutschen Bundesgebietes (1954), S. 51.
20 MÜLLER; Die Schwierigkeiten einer Neugliederung Deutschlands seit 1918 (1953), S. 143.
21 „Ein vierter Vorbehalt bezieht sich auf die Art. 29 und 118 und die allgemeinen Fragen der Neufestsetzung der Ländergrenzen. Abgesehen von Württemberg-Baden und Hohenzollern hat sich unsere Haltung in dieser Frage, seitdem wir die Angelegenheit mit Ihnen am 2. März besprochen haben, nicht geändert. Sofern nicht die Hohen Kommissare Einstimmig eine Änderung dieser Haltung beschließen, sollen die in den genannten Artikeln festgelegten Befugnisse nicht ausgeübt werden, und die Grenzen aller Länder mit Ausnahme von Württemberg-Baden und Hohenzollern bis zum Zeitpunkt des Friedensvertrages, so wie sie jetzt festgelegt sind, bestehen bleiben."
22 HENNINGS, Der unerfüllte Verfassungsauftrag (1983), S. 85.

keit.[23] Es läßt sich somit einwenden, das Perfekt könne sich lediglich auf den Zeitpunkt beziehen, zu dem erstmals die Gelegenheit bestand, das Recht auf ein Volksbegehren zu verwirklichen.[24] Ebenso beginne erst zu diesem Zeitpunkt die Jahresfrist des Art. 29 Abs. 2 S. 1 GG zu laufen. Die Tatsache, daß die Teilgebiete Badens zwischenzeitlich abermals ihre Landeszugehörigkeit geändert hatten, könne der Bevölkerung nicht angelastet werden.

Für den Gebietsteil Südbaden kommt hinzu, daß er zwar auf Grund der Volksabstimmung vom 9. Dezember 1951 seine Landeszugehörigkeit geändert hat.[25] Aber im Gegensatz zu den anderen drei Volksentscheidgebieten hat der Gebietsteil Baden seine Landeszugehörigkeit nicht ohne, sondern sogar gegen den Willen seiner Bewohner geändert.[26] In diesem Gebietsteil stimmte eine Mehrheit von 62,2%[27] gegen eine Änderung der Landeszugehörigkeit. Der südbadische Gebietsteil hatte bei einer Zählung nach Gebietsteilen seine Landeszugehörigkeit entgegen der durch den Volksentscheids festgestellten Mehrheit geändert. Das Unbefriedigende dieses Vorganges hatte eine Unruhe in die badische Bevölkerung hineingetragen, die das Volksbegehren beseitigen konnte. Daher ist die in Baden erhobene Forderung nach der Durchführung des Volksbegehrens nicht nur ein Verlangen nach der Wiederherstellung von Altbaden, sondern zugleich eine Forderung nach demokratischer Legitimation der gegen den Willen der badischen Bevölkerung vorgenommenen Landesgründung.[28] Dies erkannte auch das Bundesverfassungsgericht in seinem Urteil vom 30. Mai 1956 mit der Formulierung an „Der Wille der badischen Bevölkerung ist ... überspielt worden.".[29] Für den Gebietsteil Südbaden war ein Volksbegehren nach Art. 29 Abs. 2 GG zulässig.[30]

Zum gleichen Ergebnis kommt von Egloffstein. Er sieht ein Volksbegehren bei mehrmaligen Grenzänderungen als zulässig an, soweit wenigstens eine Änderung unter die Merkmale des Art. 29 Abs. 2 GG fällt, da eine weitere Grenz-

---

23 MEYER-TESCHENDORF, Neugliederung und Bundesverfassung, Vom verbindlichen Verfassungsauftrag zur staatsvertraglichen Option, in Hommage an Isensee (2002), S. 341 ff. (344).
24 Inkrafttreten des Deutschlandvertrages am 5. Mai 1955.
25 So auch MACKENRODT, Probleme der Neugliederung des Südwestdeutschen Bundesbietes (1954), S. 54, der den Wortlaut des Art. 29 restriktiv handhabt: Da am 9. Dezember 1951 eine Volksabstimmung stattfand, hat Baden seine Landeszugehörigkeit auf Grund einer Volksabstimmung geändert. Baden gehört nicht mehr zu den Gebietsteilen, die ohne Volksabstimmung ihre Landeszugehörigkeit geändert haben.
26 So NEUMAYER in: Krüger/Neumayer/Schneider, Baden-Württemberg oder Baden und Württemberg? (1960), S. 69 ff. (73).
27 Vgl. oben: 4. Teil, 1. Kapitel II.
28 So auch NEUMAYER in: Krüger/Neumayer/Schneider, Baden-Württemberg oder Baden und Württemberg? (1960), S. 69 ff. (73).
29 BVerfGE 5, 34 ff. (47).
30 Anders: MÜLLER; Die Schwierigkeiten einer Neugliederung Deutschlands seit 1918 (1953), S. 143; MACKENRODT, Probleme der Neugliederung des Südwestdeutschen Bundesgebietes (1954), S. 54.

änderung das einmal entstandene Recht zur Durchführung eines Volksbegehrens nicht wieder beseitigen kann.[31] Nach seiner Ansicht ist somit die erste Neugliederungsmaßnahme durch die Besatzungsmächte für die Zulässigkeit des Volksbegehrens ausreichend. Art. 29 Abs. 2 GG bildete jedenfalls im Ergebnis die richtige Grundlage für die Durchführung des Volksbegehrens vom 3. bis 16. September 1956.

III. Der für das Volksbegehren maßgebliche Bezirk

Infolgedessen ist zu fragen, welche Fläche, die ihre Landeszugehörigkeit geändert hat, einen Gebietsteil bildet, der einen Abstimmungsbezirk im Sinne von Art. 29 Abs. 2 GG in der Fassung vom 23. Mai 1949 darstellt. Bezogen auf die frühere Zugehörigkeit zu einem Land ergibt sich, daß Gebietsteil im Sinne des Art. 29 Abs. 2 GG alle Gebiete sind, die ehemals zu einem Land gehörten. Die 1956 zu einem Land gehörende Fläche eines alten Landes stellt nur als Ganzes einen Gebietsteil im Sinne von Art. 29 Abs. 2 GG dar.[32] Danach ist das Gebiet von Altbaden ein Gebietsteil im Sinne des Art. 29 Abs. 2 GG, der nach dem 8. Mai 1945 seine Landeszugehörigkeit geändert hat.[33] Das alte Land Baden bildet ein Volksbegehrensbezirk im Sinne von Art. 29 Abs. 2 GG.

---

31 VON EGLOFFSTEIN, Die Entwicklung der Neugliederungsfrage (1957), S. 217.
32 BVerfGE 5, 56 ff. (64).
33 BVerfGE 5, 34 ff. (36).

3. Kapitel: Das Ende des Südweststaatskampfes durch den Volksentscheid vom 7. Juni 1970

I. Der Weg vom Volksbegehren zum Volksentscheid

Nachdem das Volksbegehren auf Wiederherstellung des Landes Baden erfolgreich war, fiel dem Bundesgesetzgeber die Aufgabe zu, die Badenfrage zu lösen. Art. 29 Abs. 2 S. 3 GG in der Fassung vom 23. Mai 1949 begründete für die Bundesregierung die Verpflichtung, in einem Gesetzentwurf zur Neugliederung eine Bestimmung über die Landeszugehörigkeit dieses Gebietsteils aufzunehmen. Zwar hatte die Bundesregierung nicht das alleinige Initiativrecht, aber Art. 29 Abs. 3 GG ging davon aus, daß der Gesetzesentwurf von ihr eingebracht werden sollte. Für dieses Gesetz galten die Vorschriften des Art. 29 Abs. 3 bis 6 GG.[1] Die Baden-Frage war in das Problem der deutschen Neugliederung einbezogen. Die Gesamtneugliederung war immer wieder verschoben worden, da die Bundesregierung den Zeitpunkt dafür noch nicht für gekommen hielt. Die frühzeitigen Bemühungen um eine das gesamte Bundesgebiet umfassende Neugliederung, die seitens der Bundesregierung zunächst in der Einholung von Gutachten[2] lag, brachten keinen Erfolg. Auch die in den folgenden Jahren unternommenen Versuche, auf der Grundlage des Art. 29 Abs. 2 S. 3 GG ein Bundesgesetz über die Neugliederung im Südwestraum zustande zu bringen, schlugen fehl, wie die folgende Skizze zeigt.[3]

---

1   Dazu näher: HENNINGS, Der unerfüllte Verfassungsauftrag (1983), S. 86 ff.
2   1. Zunächst das sog. Luther-Gutachten, das die Bundesregierung bereits 1951 in Auftrag gab. Der Sachverständigen-Ausschuß unter der Leitung des früheren Reichskanzlers Luther legte es 1955 der Bundesregierung vor, ohne sich für eine bestimmte Lösung auszusprechen.
    2. 1959 berief der Bundesminister des Inneren, Gerhard Schröder, ein Gremium von drei Staatsrechtlern um ein Rechtsgutachten zu erstellen, wie die verfassungsrechtliche Lage zu beurteilen sei. Herbert Krüger, Karl H. Neumayer und Hans Schneider legten ihr Gutachten 1960 vor. Ein übereinstimmendes Votum aller drei Gutachter wurde nicht erreicht. Karl H. Neumayer wollte ein Neugliederungsgesetz zum Volksentscheid stellen, daß die Wiederherstellung des Landes Baden vorsah, wobei sich der Volksentscheid auf den Gebietsteil Baden beschränken sollte. Die beiden anderen Gutachter werteten die Neugliederung im Südwesten dagegen als erste Phase im gesamten Neugliederungsvorgang. Sie verlangten eine Entscheidung des Bundesgesetzgebers, die zur Volksabstimmung zu stellen war. Ausführlich: KRÜGER/NEUMAYER/SCHNEIDER, Baden-Württemberg oder Baden und Württemberg (1960), passim.
3   1. Initiativentwurf des Abgeordneten Kopf über die Neugliederung des Gebietsteils Baden und des Bundeslandes Baden-Württemberg nach Art. 29 Abs. 3 des Grundgesetzes, BT-Drucksache II/3316 vom 21. März 1957.
    2. Gesetzesentwurf des Abgeordneten Kopf für ein Neugliederungsgesetz, BT-Drucksache III/375 vom 9. Mai 1958.

1. Initiativentwurf des Abgeordneten Hermann Kopf vom 21. März 1957

Die erste Initiative für ein Bundesgesetz ging, gegen Ende der 2. Wahlperiode des Deutschen Bundestages, von dem Abgeordneten Hermann Kopf (CDU) aus. Er brachte am 21. März 1957 einen Entwurf über die Neugliederung des Gebietsteils Baden und des Bundeslandes Baden-Württemberg nach Art. 29 Abs. 3 des Grundgesetzes in den Bundestag ein.[4] Nach diesem Gesetzentwurf sollte im Gebietsteil Baden des Landes Baden-Württemberg ein Volksentscheid darüber stattfinden, ob der Gebietsteil Baden als selbständiges Bundesland wiederhergestellt werden sollte. Baden sollte als Bundesland wiederhergestellt sein, wenn die Abstimmungsfrage mit Mehrheit bejaht wurde.

Dieser Gesetzentwurf unterlag erheblichen verfassungsrechtlichen Bedenken. Zunächst fehlte dem Entwurf die vom Bundesverfassungsgericht[5] geforderte Gesamtkonzeption für die Neugliederung des Bundesgebietes, in das sich die Neugliederung im Südwesten als Teillösung einfügen mußte. In diesem Entwurf fehlte die nach Art. 29 Abs. 2 S. 3 und Abs. 3 GG erforderliche Anordnung des Bundesgesetzgebers über die künftige Landeszugehörigkeit der badischen Gebietsteile, er überließ diese Entscheidung dem Votum eines isolierten Volksentscheid, wobei er den Bundesgesetzgeber überging. Außerdem fehlten Bestimmungen über die Auflösung des Landes Baden-Württemberg und die künftige Landeszugehörigkeit der württembergischen Landesteile. Insbesondere sah der Entwurf keine Volksabstimmung für die nichtbadische Bevölkerung vor, die gleichfalls die Landeszugehörigkeit ändern würde, wenn eine badische Mehrheit für das Ausscheiden aus Baden-Württemberg stimmen würde.

Gleichwohl stellte der Bundestagsausschuß für Rechtswesen und Verfassungsrecht in seiner Sitzung am 21. Juni 1957 fest, daß der Entwurf mit den Vorschriften des Grundgesetzes vereinbar sei. Freilich hatte die Hälfte der in dieser Sitzung anwesenden Abgeordneten den Entwurf mit unterzeichnet.[6] So korrigierte der Ausschuß für Angelegenheiten der inneren Verwaltung den Beschluß auch schon in seiner Sitzung am 27. Juni 1957.[7] Da der Ausschuß sich

---

3. sogenannter „Höcherl-Entwurf" der Bundesregierung, Entwurf eines Ersten Gesetzes zur Neugliederung des Bundesgebietes gemäß Art. 29 Abs. 1 bis 6 des Grundgesetzes, BR-Drucksache 286/62 vom 5. Oktober 1962, den Entwurf brachte die Bundesregierung am 7. Dezember 1962 beim Bundestag ein, BT-Drucksache IV/834.
4. Entwurf des Abgeordneten Kopf über Neugliederung des Gebietsteils Baden und des Bundeslandes Baden-Württemberg nach Art. 29 Abs. 2 und 3 des Grundgesetzes vom 13. Dezember 1962, BT-Drucksache IV/846.

4 Initiativentwurf des Abgeordneten Kopf über die Neugliederung des Gebietsteils Baden und des Bundeslandes Baden-Württemberg nach Art. 29 Abs. 3 des Grundgesetzes, BT-Drucksache II/3316 vom 21. März 1957.
5 BVerfGE 5, 34 ff. (40).
6 Kritisch: MÜLLER, Zum Initiativgesetzentwurf über den Gebietsteil Baden, in: Staatsanzeiger für Baden-Württemberg Nr. 50 vom 6. Juli 1957.
7 MÜLLER, Zum Initiativgesetzentwurf über den Gebietsteil Baden, in: Staatsanzeiger für Baden-Württemberg Nr. 50 vom 6. Juli 1957.

dann vertagte, konnte der Entwurf in der 2. Wahlperiode nicht mehr behandelt werden.

2. Initiativentwurf des Abgeordneten Hermann Kopf vom 9. Mai 1958

Alsbald nach Beginn der 3. Wahlperiode brachte der Abgeordnete Hermann Kopf erneut einen Entwurf für ein Neugliederungsgesetz ein.[8] Inhaltlich unterschied sich dieser Gesetzentwurf von dem in der 2. Wahlperiode eingebrachten Antrag nur durch die Einfügung einer Bestimmung, wonach durch die Ausgliederung des Gebietsteils Baden „der Fortbestand des bisherigen Bundeslandes Baden-Württemberg in den Grenzen des früheren Württemberg und des früheren Regierungsbezirks Hohenzollern nicht berührt" werden sollte.[9]

Die verfassungsrechtlichen Einwände, die bereits gegen den in der 2. Wahlperiode eingebrachten Entwurf zu erheben waren, mußten sich wegen seiner grundsätzlichen Übereinstimmung auch gegen den 2. Entwurf des Abgeordneten Hermann Kopf richten. Die Fiktion, daß das bisherige Bundesland Baden-Württemberg bestehen bleibe, sollte die Auflösung desselben und die Teilung in mehrere neue Bundesländer verschleiern. Der Versuch einer theoretischen Identität des Restgebiets (Württemberg und Hohenzollern) mit dem Land Baden-Württemberg konnte nicht überzeugen. Die Trennung hätte die Auflösung Baden-Württembergs bewirkt. Die Auflösung hätte aber auch die Landeszugehörigkeit der Bevölkerung von Württemberg und Hohenzollern geändert und ihnen ebenso wie den Badenern ein Recht auf Volksentscheid gegeben.[10] Der Rechtsausschuß des Bundestages beendete seine Beratungen am 8. April 1959 mit der Ablehnung des Entwurfs als verfassungswidrig. Damit war auch diese Gesetzesinitiative gescheitert.[11]

3. „Höcherl-Entwurf" der Bundesregierung vom 7. Dezember 1962

Nachdem die Bundesregierung zunächst keine Maßnahmen ergriff, um dem vorgeschriebenen Verfassungsauftrag nachzukommen, markierte das Hessenurteil[12] des Bundesverfassungsgerichts vom 11. Juli 1961 einen Wendepunkt. Das Bundesverfassungsgericht wies ausdrücklich darauf hin, daß der Verfassungsauftrag zur Neugliederung für den Bundesgesetzgeber bindend sei. Diese Feststellung mag für die Initiative der Bundesregierung ausschlaggebend gewesen

---

8   Gesetzesentwurf des Abgeordneten Kopf für das Gesetz über die Neugliederung des Gebietsteils Baden und des Bundeslandes Baden-Württemberg nach Artikel 29 Abs. 2 und 3 des Grundgesetzes, BT-Drucksache III/375 vom 9. Mai 1958.
9   REBMANN, Die verfassungsrechtliche Entwicklung des Landes Baden-Württemberg 1957 bis 1971, JöR n.F., Bd. 20 (1971), 169 ff. (174).
10 FEUCHTE, Verfassungsgeschichte von Baden-Württemberg (1983), S. 294 f.
11 Dazu ausführlich: REBMANN, Die verfassungsrechtliche Entwicklung des Landes Baden-Württemberg 1957 bis 1971, JöR n.F., Bd. 20 (1971), 169 ff. (175).
12 BVerfGE 13, 54 ff.

sein, am 7. Dezember 1962[13] einen Gesetzentwurf beim Bundestag einzubringen.[14] Ein zweiter Anstoß könnte auch aus der Landesregierung von Baden-Württemberg gekommen sein. Mit dem Wechsel an der Spitze der baden-württembergischen Landesregierung war ein Wandel in der Baden-Frage zu verzeichnen. Am 20. März 1961 legte der Ministerpräsident Kurt Georg Kiesinger die mit dem Landtag von Baden-Württemberg abgestimmten Vorschläge zur Lösung der Badenfrage,[15] die eine Änderung des Grundgesetzes vorsahen, dem Bundesminister des Inneren, Gerhard Schröder, vor. Die Vorschläge Kiesingers standen der Lösung sehr nahe, die der Bundesgesetzgeber mit der Grundgesetznovelle 8½ Jahre später im Juli 1969 beschließen sollte.[16] Die Bundesregierung konnte sich aber noch nicht zu einer Änderung des Art. 29 GG entschließen.

Am 5. Oktober 1962 leitete die Bundesregierung dem Bundesrat den Entwurf eines Ersten Gesetzes zur Neugliederung des Bundesgebietes gemäß Art. 29 Abs. 1 bis 6 des Grundgesetzes[17] zu, den sog. Höcherl-Entwurf.[18] Der Entwurf bestimmte, daß die badischen Gebietsteile im Land Baden-Württemberg verbleiben sollten (§ 1). Über diese Bestimmung sollte gemäß § 29 Abs. 3 S. 2 GG binnen sechs Monaten nach Inkrafttreten des Gesetzes in den badischen Gebietsteilen des Landes Baden-Württemberg ein Volksentscheid stattfinden (§ 2). Das Gesetz enthielt in seiner Begründung lediglich einen Ansatz einer Einordnung dieser Neugliederungsmaßnahme im Rahmen einer Gesamtkonzeption: Die Bundesregierung sprach sich in der Begründung für eine Grundregel aus: Die Bundesrepublik solle sich in großräumige Länder gliedern und dementsprechend sollten die bestehenden größeren Länder (Bayern, Nordrhein-Westfalen, Niedersachen und Baden-Württemberg) in ihrem Bestand nicht angetastet werden. Deshalb entsprach der Verbleib der ehemals badischen Gebietsteile im Land Baden-Württemberg am besten den in Art. 29 Abs. 1 GG aufgestellten Richtbegriffen.

---

13 3. sogenannter „Höcherl-Entwurf" der Bundesregierung, Entwurf eines Ersten Gesetzes zur Neugliederung des Bundesgebietes gemäß Art. 29 Abs. 1 bis 6 des Grundgesetzes, BR-Drucksache 286/62 vom 5. Oktober 1962, den Entwurf brachte die Bundesregierung am 7. Dezember 1962 beim Bundestag ein, BT-Drucksache IV/834.
14 HENNINGS, Der unerfüllte Verfassungsauftrag (1983), S. 89 f.
15 Ministerpräsident Kurt Georg Kiesinger schlug vor das Grundgesetz zu ändern. Dazu: LT-Drucksache III-410 vom 25. November 1960; LT-Drucksache III-939 vom 20. April 1961, LT-Drucksache III-1641 vom 6. Dezember 1961.
16 Dazu ausführlich: FEUCHTE, Verfassungsgeschichte von Baden-Württemberg (1983), S. 299 f.
17 Höcherl-Entwurf" der Bundesregierung, Entwurf eines Ersten Gesetzes zur Neugliederung des Bundesgebietes gemäß Art. 29 Abs. 1 bis 6 des Grundgesetzes, BR-Drucksache 286/62 vom 5. Oktober 1962, den Entwurf brachte die Bundesregierung am 7. Dezember 1962 beim Bundestag ein, BT-Drucksache IV/834.
18 Nach dem 4. Bundesminister des Inneren, Hermann Höcherl (November 1961 – Oktober 1965).

Der Bundesrat erhob lediglich die sich aus der Zustimmungsbedürftigkeit des Gesetzes ergebenden Einwände. Allerdings äußerte der Vertreter der Hessischen Landesregierung verfassungsrechtliche Bedenken. Er sei unvollständig und verfassungswidrig. Es fehle sowohl in dem Entwurf als auch in den Gründen die auf eine organisch wohlausgeglichene Neugliederung abzielende Gesamtkonzeption.[19]

Am 7. Dezember 1962 brachte die Bundesregierung ihren Entwurf beim Bundestag ein. Der Innenausschuß und der Rechtsausschuß stellten eine Entscheidung über den Entwurf zunächst zurück, nahmen aber die Beratungen bis zum Ablauf der 4. Legislaturperiode dann doch nicht mehr auf.[20]

4. Initiativentwurf des Abgeordneten Hermann Kopf vom 13. Dezember 1962

Am 13. Dezember 1962 brachte der Abgeordnete Hermann Kopf den Entwurf eines Gesetzes über die Neugliederung des Gebietsteils Baden und des Bundeslandes Baden-Württemberg nach Art. 29 Abs. 2 und 3 des Grundgesetzes ein.[21] Dieser dritte Entwurf unterschied sich von den beiden früheren darin, daß er nunmehr selbst eine Regelung über die Landeszugehörigkeit des Gebietsteils Baden traf. Es war vorgesehen, daß der Gebietsteil Baden aus dem Bundesland Baden-Württemberg ausgegliedert und als selbständiges Bundesland wiederhergestellt werden sollte. Würde eine Abstimmung dies mit der Mehrheit der gültigen Stimmen bejahen, so sollte das frühere Land Baden als Bundesland wiederhergestellt sein. Die Beratungen dieses Entwurfs wurden ebenfalls zurückgestellt und nicht wieder aufgenommen.[22]

5. Änderung des Grundgesetzes

Die Versuche die Baden-Frage auf der Grundlage des Art. 29 GG zu lösen, hatten gezeigt, daß es auf diesem Wege nicht möglich war, eine Lösung zu finden, die das Ergebnis des Volksbegehrens respektierte und das verletzte Rechtsgefühl in Baden durch einen überzeugenden demokratischen Schlußakt wieder herstellte.[23] Man strebe eine endgültige Entscheidung der Baden-Frage allein durch die badische Bevölkerung an. Dies war allerdings durch die Anwendung des Art. 29 GG nicht zu erreichen. Zunächst ließ es Art. 29 GG nicht zu, der

---

19 Niederschrift über die 249. Sitzung des DT-BR am 26. Oktober 1962, S. 186 (C).
20 REBMANN, Die verfassungsrechtliche Entwicklung des Landes Baden-Württemberg 1957 bis 1971, JöR n.F., Bd. 20 (1971), 169 ff. (180).
21 Entwurf des Abgeordneten Kopf über Neugliederung des Gebietsteils Baden und des Bundeslandes Baden-Württemberg nach Art. 29 Abs. 2 und 3 des Grundgesetzes vom 13. Dezember 1962, BT-Drucksache IV/846.
22 BT-Drucksache IV/2176.
23 FEUCHTE, Wege und Umwege zu einer neuen Struktur, in: Festschrift für Gebhard Müller (1970), S. 59 ff. (65).

badischen Bevölkerung eine Alternativfrage zu stellen. Der Volksentscheid konnte auch nicht auf die badische Bevölkerung beschränkt werden, wenn es um die Frage ging, ob der Gebietsteil Baden aus Baden-Württemberg ausgegliedert und als selbständiges Bundesland wiederhergestellt werde sollte, hier mußten auch die übrigen Gebietsteile Baden-Württembergs zum Volksentscheid zugelassen werden. Außerdem löste die Entscheidung der badische Bevölkerung, aus Baden-Württemberg auszuscheiden, wieder nur eine bundesgesetzliche Regelung aus, die alsdann der Annahme durch Volksentscheid im gesamten Bundesgebiet bedurfte. Schließlich konnte die dadurch erreichte Lösung nach der Bundesverfassungsgerichtsentscheidung vom 30. Mai 1956 in späteren Phasen der Neugliederung wieder in Frage gestellt werden.[24] Daher mußte eine Grundgesetzänderung erfolgen. Die Initiative der Landesregierung Baden-Württemberg zur Änderung des Art. 29 GG führte nach langwierigen Verhandlungen zur Verfassungsnovelle von 1969.[25]

Vor diesem Hintergrund – und anderer nicht durchgeführter Volksentscheide – legte die Fraktion der SPD am 5. Februar 1964 den Entwurf eines Gesetzes zur Änderung des Grundgesetzes vor, durch den Art. 29 GG geändert werden sollte.[26] Kurz darauf, am 21. Februar 1964, brachte die CDU/CSU-Fraktion einen Entwurf zur Änderung des Grundgesetzes ein, der eine Neufassung des Art. 118 GG vorsah.[27] Das Plenum des Bundestages nahm den Entwurf der CDU/CSU am 24. Juni 1964 in zweiter Lesung mit einfacher Mehrheit bei zahlreichen Enthaltungen an. Die grundgesetzändernde Mehrheit wurde aber nicht erreicht und die dritte Lesung abgesetzt. Mit dem Ende der Legislaturperiode war das Neugliederungsverfahren festgefahren und das Interesse daran erlahmte.[28]

Die 5. Wahlperiode war schon zu mehr als der Hälfte ungenutzt, als die FDP-Fraktion einen Entwurf für ein Gesetz zur Neugliederung des Bundesgebietes in den Bundestag einbrachte.[29] Dieser Initiative folgte am 17. Januar 1968 der Entwurf der SPD-Fraktion für ein Gesetz zur Änderung des Grundgeset-

---

24 REBMANN, Die verfassungsrechtliche Entwicklung des Landes Baden-Württemberg 1957 bis 1971, JöR n.F., Bd. 20 (1971), 169 ff. (180).
25 FEUCHTE, Die Entscheidungen des Bundesverfassungsgerichts zur Südweststaatsfrage, in: Das Land Württemberg-Hohenzollern (1945 – 1952) (1982), S. 425 ff. (435).
26 SPD-Entwurf zur Änderung des Grundgesetzes, vom 5. Februar 1964, durch den Art. 29 GG selbst geändert werden sollte: BT-Drucksache IV/1896
27 Entwurf der CDU/CSU und FDP-Fraktion, vom 21. Februar 1964, der eine Neufassung des Art. 118 GG vorsah: BT-Drucksache IV/1965.
28 REBMANN, Die verfassungsrechtliche Entwicklung des Landes Baden-Württemberg 1957 bis 1971, JöR n.F., Bd. 20 (1971), 169 ff. (182); Feuchte, Verfassungsgeschichte von Baden-Württemberg (1983), S. 303.
29 Entwurf der FDP für ein Gesetz zur Neugliederung des Bundesgebietes gemäß Art. 29 Abs. 1 bis 6 des Grundgesetzes, am 19. Dezember 1967: BT-Drucksache V/2410.

zes³⁰ sowie am 6. Februar 1968 der Entwurf der CDU/CSU-Fraktion für ein Gesetz zur Neufassung des Art. 118 GG.³¹ Nach langwierigen Streitigkeiten faßte der Gesetzgeber Art. 29 GG durch verfassungsänderndes Gesetz vom 19. August 1969³² neu. Der neue Art. 29 GG war für Baden-Frage klar und schlüssig, für die übrigen Teile des Bundesgebietes allerdings recht undurchsichtig.³³

Die Grundgesetzänderung, die den badischen Wünschen entsprach, hat das Gewicht der regionalen Willensäußerung entscheidend verstärkt. Sie hat nicht nur das vom Bundesverfassungsgericht geforderte Vorgehen nach einer Gesamtkonzeption³⁴ preisgegeben, sondern die Frist zur Erfüllung des Verfassungsauftrages gestrichen. Das Bundesverfassungsgericht hatte zwar keine Neugliederung uno actu, also durch ein einziges umfassendes Gesetz, verlangt. Es hatte Phasenlösungen zugelassen, soweit sie aus einem zwingenden Grund nicht vermieden werden können, aber doch der uno-actu-Lösung den Vorzug gegeben. Diese Einordnung der Baden-Frage in eine Gesamtkonzeption wollte man fallenlassen. Die angestrebte rasche Lösung sollte dann endgültig sein. Art. 29 GG sollte für Baden-Württemberg nicht mehr gelten. Zwar befristete auch die Novelle einzelne Vorgänge der Neugliederung, nicht aber setzte sie dem Gesamtvorgang ein festes Ende.

Der verfassunggebende Gesetzgeber hatte zudem die Basis des Hessenurteils vom 11. Juli 1961³⁵, das die Neugliederung zur ausschließlichen Sache des Bundes erklärt hatte, verlassen.³⁶ Nun sollte die Bevölkerung selbst entscheiden, und zwar, um eine Suggestivwirkung der Frage auszuschließen, eine alternative Frage hin: ob sie im Land Baden-Württemberg verbleiben oder ob sie das alte Land Baden wiederhergestellt wissen wollte.³⁷ Beseitigt werden sollte auch das Erfordernis, die Bevölkerung in Württemberg und Hohenzollern, deren Landeszugehörigkeit sich bei einer Auflösung des Landes auch ändern würde, zugleich zu befragen. Der Gesetzgeber war sich bewußt, daß eine Befriedung nur erreicht werden konnte, wenn eine faire und gerechte Abstimmung stattfand, die den Willen der Bevölkerung überzeugend zum Ausdruck bringt. Aus diesem Grund wurde ein Quorum von 25 % verlangt.

Die Verfassungsänderung von 1969 verankerte zwar den regionalen Volksentscheid, aber verwirklichte nicht ein „Selbstbestimmungsrecht" der betroffe-

---

30   Entwurf der SPD für ein Gesetz zur Änderung des Grundgesetzes vom 17. Januar 1968, BT-Drucksache V/2470.
31   Entwurf der CDU/CSU-Fraktion für ein Gesetz zur Neufassung des Art. 118 GG vom 6. Februar 1968, BT-Drucksache V/2541.
32   25. Gesetz zur Änderung des Grundgesetzes vom 19. August 1969, BGBl. I S. 1241.
33   FEUCHTE, Verfassungsgeschichte von Baden-Württemberg (1983), S. 307.
34   BVerfGE 5, 34 ff. (47).
35   BVerfGE 13, 54 ff.
36   FEUCHTE, Wege und Umwege zu einer neuen Struktur, in: Festschrift für Gebhard Müller (1970), S. 59 ff. (66); HENNINGS, Der unerfüllte Verfassungsauftrag (1983), S. 88 ff.
37   Feuchte, Wege und Umwege zu einer neuen Struktur, in: Festschrift für Gebhard Müller (1970), S. 59 ff. (66, 68 f.).

nen Bevölkerung. Für die Gebiete, in denen die Volksbegehren des Jahres 1956 die notwendige Beteiligungsquote erreicht hatten, legte der Gesetzgeber fest, daß die entsprechenden Volksentscheide bis zum 31. März 1975 durchgeführt werden mußten. Für den Gebietsteil Baden des Landes Baden-Württemberg fügte der Gesetzgeber in Art. 29 Abs. 3 S. 1 GG eine spezielle Regelung ein. Nach dieser sollte der Volksentscheid bis zum 30. Juni 1970 stattfinden. Es gab nur einen einzigen Abstimmungsbezirk, das ehemalige Land Baden. Nord- und Südwürttemberg wurden nicht befragt. Sie mußten sich dem Votum der abstimmenden Badener fügen. Die Regelung bedeutete, daß von den rund 2,5 Mio. Abstimmungsberechtigten in Baden 630.000 Stimmen genügt hätten, um Baden-Württemberg wieder aufzulösen. Auf das ganze Land Baden-Württemberg übertragen hätten bereits 11% der wahlberechtigten Bevölkerung ausgereicht, um die Staatsbildung von 1952 rückgängig zu machen.[38] Zur Durchführung des Volksentscheids verabschiedete der Bundesgesetzgeber zu Beginn der 6. Wahlperiode des Bundestages das Gesetz über den Volksentscheid im Gebietsteil Baden des Landes Baden-Württemberg gemäß Art. 29 Abs. 3 des Grundgesetzes vom 26. Februar 1970.[39] Danach lautete die Abstimmungsfrage:

> „Ich will,
> O   daß das frühere Land Baden als selbständiges Land wiederhergestellt wird.
> O   daß das Gebiet des früheren Landes Baden beim Lande Baden-Württemberg verbleibt."

Der Volksentscheid zugunsten der Wiederherstellung Badens als selbständiges Bundesland sollte zustande kommen, mindestens ein Viertel der zum Landtag wahlberechtigten Bevölkerung im Gebietsteil Baden, die Frage nach der Wiederherstellung bejahte. Zum Abstimmungstag bestimmte der Bundesminister des Inneren, Hans-Dietrich Genscher, den 7. Juni 1970.[40]

II. Der Abstimmungskampf

Den Abstimmungskampf führten beide Seiten mit großem Engagement, für die Wiederherstellung des Landes Baden der Heimatbund Badenerland e.V. und für

---

38 MÜLLER, Die Entstehung des Bundeslandes Baden-Württemberg, in: ZWLG 1977, S. 236 ff. (260).
39 BGBl. I S. 201.
40 Bekanntmachung des Bundesministers des Inneren über den Gegenstand, das Abstimmungsgebiet und den Abstimmungstag für den Volksentscheid im Gebietsteil Baden des Landes Baden-Württemberg gemäß Art. 29 Abs. 3 des Grundgesetzes vom 16. März 1970, BGBl. I S. 284.

die Erhaltung des Landes Baden-Württemberg der Verein Vereintes Baden-Württemberg.[41]

Auch die Landesregierung von Baden-Württemberg versuchte, in einer vorsichtig bemessenen Öffentlichkeitsarbeit seine Leistungen und Vorzüge der Öffentlichkeit bewußt zu machen.[42] Es durfte der Landesregierung, wenn es darum ging, sich gegen die Auflösung des Staates selbst zur Wehr zu setzten, nicht verwehrt werden, auf seine Leistungen hinzuweisen, allerdings war es der Landesregierung bewußt, daß es nicht Sache des Staates sein konnte, mit finanziellen Mitteln offiziell im Abstimmungskampf tätig zu werden. Das Bundesverfassungsgericht erkannte in seinem Urteil vom 2. April 1974[43] ein legitimes Interesse der Verfassungsorgane des Landes an, ihre Auffassung über die Vorteile und Nachteile der einen oder anderen Lösung darzustellen und zu würdigen. Es gab allerdings auch zu erkennen, daß die Grenzen des Zulässigen in dem Abstimmungskampf im Vorfeld der Volksabstimmung überschritten wurden, was allerdings ohne rechtliche Konsequenzen für die Abstimmung bleibe, da die Fehler nicht erheblich seien.[44]

Außergewöhnlich war die Werbung des Heimatbundes Badenerland e.V. mit dem Argument, erst mit einem wiederhergestellten Land Baden könne durch Zusammenschluß Badens mit der Pfalz ein echter Südweststaat geschaffen werden. Vollends unglücklich taktierte der Heimatbund schließlich mit der Erklärung, im Falle einer Neugliederung würde er sich auch einer größeren Lösung mit Württemberg nicht verschließen. Damit sollte die einst vollzogene Neugliederung wieder zerschlagen werden, um dann das Getrennte vielleicht doch wieder zusammenzufügen.[45] Der erste Nachkriegsoberbürgermeister von Karlsruhe, Hermann Veit, äußerte sich in der letzten Sitzung des Landtags vor der Volksabstimmung am 27. Mai 1970 folgendermaßen:

„„... Das vereinte Baden-Württemberg aber ohne erkennbare vernünftige Gründe auseinanderzureißen, wäre ... ein Schwabenstreich der Badener".[46]

---

41 Den Vorsitz des Vereines „Vereintes Baden-Württemberg" hatten Richard Freudenberg und Franz Burda.
42 FEUCHTE, Verfassungsgeschichte von Baden-Württemberg (1983), S. 309.
43 BVerfGE 37, 84 ff.
44 BVerfGE 37, 84 ff. (92).
45 REBMANN, Die verfassungsrechtliche Entwicklung des Landes Baden-Württemberg 1957 bis 1971, JöR n.F., Bd. 20 (1971), S. 169 ff. (186 ff.); Hans Filbinger in der 72. Sitzung des Landtags von Baden-Württemberg am 27. Mai 1970, abgedruckt in: Verhandlungen des Landtags von Baden-Württemberg, 5. Wahlperiode 1968 – 1972, Protokollband IV, 61. – 80. Sitzung, S. 3995 ff. (4003).
46 Äußerung Hermann Veits in: der 72. Sitzung des Landtags von Baden-Württemberg, am 27. Mai 1970, abgedruckt in: Verhandlungen des Landtags von Baden-Württemberg, 5. Wahlperiode 1968 – 1972, Protokollband IV, 61. – 80. Sitzung, S. 3995 ff. (3998); siehe auch: TREFFZ-EICHHÖFER, 1970: Das Ende des Südweststaatkampfes, Beiträge zur Landeskunde 1982, Nr. 2, S. 13 ff. (13).

III. Der Volksentscheid

Am 7. Juni 1970 stimmte die Mehrheit der teilnehmenden Abstimmungsberechtigten für den Fortbestand des Landes Baden-Württemberg. 81,9% der Abstimmenden – die Wahlbeteiligung lag bei 62,5%[47] – sprachen sich für den territorialen Status quo aus; nur 18,1% votierten für die Wiederherstellung des ehemaligen Landes Baden.[48] Damit ist die Möglichkeit ausgeschlossen, daß das Land Baden-Württemberg wieder in seine Teile zerlegt wird.[49]

Wiederherstellung des Landes Baden

Abstimmende	Nein	Ja
1.606.502	1.309.665 81,9 %	288.813 18,1 %

Gegenüber der Abstimmung im Jahre 1951 war die Zahl der Anhänger Altbadens fast gleichmäßig im ganzen Abstimmungsgebiet um rund zwei Drittel zurückgegangen.[50] Der Volksentscheid bestätigte die 18 Jahre zuvor gegen den Willen eines großen Teils der badischen Bevölkerung erfolgte Vereinigung der drei südwestdeutschen Länder. Der Heimatbund Badenerland e.V. nahm das Ergebnis hin.[51]

Entscheidend für das Ergebnis war, daß zwischen Volksbegehren und Volksentscheid eine sehr lange Zeitspanne lag. Der Empfehlungstext des Instituts für Demoskopie in Allensbach zur einer Befragung im Zeitraum 30. Dezember 1958 bis 23. Februar 1959 lautete in seiner entscheidenden Sentenz:

> „Da die Zeit gegen die altbadische Idee arbeitet, würde sich bei einer Volksabstimmung eine umso klarere Mehrheit für die Erhaltung des Südweststaates ergeben, in je weiterer Ferne der Termin einer solchen Abstimmung liegt."[52]

---

[47] 1951 lag die Wahlbeteiligung in Südbaden noch bei 70,5% und in Nordbaden bei 67,4%.
[48] SAUER, 25 Jahre Baden-Württemberg (1977), S. 47; MÜLLER, Die Entstehung des Bundeslandes Baden-Württemberg, in: ZWLG 1977, S. 236 ff. (260).
[49] Vgl. Karte VI zum Ergebnis des Volksentscheids am 7. Juni 1970.
[50] MAYER, Chancenlos? Die badische Frage im Spiegel der Demoskopie, in: Die badischen Regionen am Rhein (2002), S. 476 ff. (483 ff); REBMANN, Die verfassungsrechtliche Entwicklung des Landes Baden-Württemberg 1957 bis 1971, JöR n.F., Bd. 20 (1971), S. 169 ff. (188).
[51] Es ergingen aber noch zwei weitere Urteile des Bundesverfassungsgericht zum Südweststaatstreit auf Grund von Individualbeschwerden: BVerfGE 28, 220 ff.: Der Kläger bemängelte, daß nicht die in Baden geborenen Wahlberechtigten zur Abstimmung zugelassen waren, sondern nur die dort wohnhaften Stimmberechtigten. BVerfGE 37, 84 ff.: Hier bemängelten die Kläger die lange Verzögerung der Abstimmung und daß die Landesregierung zu sehr für Baden-Württemberg geworben habe, womit sie die ihr obliegende Neutralität verletzt habe.
[52] Zitiert nach: MAYER, Chancenlos? Die badische Frage im Spiegel der Demoskopie, in: Die badischen Regionen am Rhein (2002), S. 476 ff. (483).

Baden-Württemberg war 1970, als der Volksentscheid stattfand, bereits Realität geworden. Das Ergebnis war die überzeugende Bestätigung für das Land Baden-Württemberg und damit für die erfolgreiche Neuordnung des südwestdeutschen Raums. Ist dieses Ergebnis rechtmäßig zustande gekommen?

IV. Art. 29 Abs. 3 S. 1 GG als Grundlage für die Durchführung des Volksentscheids

Art. 29 Abs. 3 S. 1 GG in der Fassung vom 19. August 1969 stellte die richtige Grundlage für die Durchführung des Volksentscheids am 7. Juni 1970 dar. Art. 118 GG ging dieser Regelung nicht vor, da Art. 118 GG sich durch den Zusammenschluß der drei südwestdeutschen Länder zu einem einzigen Bundesland erledigt hatte. Die Änderung des Art. 29 Abs. 3 S. 1 GG von 1969 war zulässig. Das Herauslösen der Neugliederung des Gebietes des ehemaligen Landes Baden konnte nicht gegen die Grundprinzipien des Grundgesetzes verstoßen, da die Pflicht, eine Gesamtkonzeption zu bilden, allenfalls in Art. 29 GG enthalten sein könnte, dieser aber zur Disposition des Verfassungsgesetzgebers stand. Die Verfassungsänderung war damit zulässig.[53]

V. Der für den Volksentscheid maßgebliche Bezirk

Das Gesetz über den Volksentscheid im Gebietsteil Baden des Landes Baden-Württemberg gemäß Art. 29 Abs. 3 des Grundgesetzes vom 26. Februar 1970[54] bestimmte, daß ausschließlich im Gebietsteil Baden des Landes Baden-Württemberg bis zum 30. Juni 1970 ein Volksentscheid über die Zugehörigkeit dieses Gebiets zum Land Baden-Württemberg durchzuführen ist (Art. 1, § 1). Den Wortlaut des Stimmzettels legte Art. 1, § 2 fest.[55] Diese Festlegung bedarf näherer Betrachtung.

1. Abstimmungsbezirk „Gebietsteil Baden"

Nach Art. 29 Abs. 3 S. 1 GG und Art. 1, § 1 des Gesetzes über den Volksentscheid[56] stimmte nur der badische Teil der Bevölkerung des Landes Baden-Württemberg ab. Dies bedeutet, daß die Bevölkerung der württembergischen

---

53 So auch: KLEIN, Rechtsgutachten betreffend die Zulässigkeit einer Grundgesetzänderung zur Lösung der Baden-Frage, in: Landtag von Baden-Württemberg 3. Wahlperiode 1961 – 1964, Verzeichnis der Beilagen zu den Sitzungsprotokollen Bd. IV, Beilage 1641, vom 6. Dezember 1961 S. 2869 ff. (2876).
54 Gesetz über den Volksentscheid im Gebietsteil Baden des Landes Baden-Württemberg gemäß Art. 29 Abs. 3 des Grundgesetzes vom 26. Februar 1970, in: BGBl. I S. 201.
55 5. Teil, 3. Kapitel, I 5.
56 BGBl. I S. 201.

und hohenzollernschen Gebietsteile von der Teilnahme am Volksentscheid ausgeschlossen waren.

Die unterschiedliche rechtliche Behandlung des Gebietsteils Baden und der anderen in Baden-Württemberg bestehenden Gebietsteile erscheint problematisch. Es stellt sich die Frage, ob Gesamtbaden allein über seine Trennung von Württemberg entscheiden konnte oder ob auch der Wille der württembergischen Bevölkerung berücksichtigt werden mußte.[57]

a) Ausschluß der württembergischen und hohenzollernschen Bevölkerung
Die Gebietsteile Württemberg und Hohenzollern hätten gemäß Art. 29 Abs. 2 GG an der Volksabstimmung beteiligt werden müssen, wenn die Ablösung Badens für die übrige Bevölkerung Baden-Württembergs eine Veränderung der Landeszugehörigkeit dargestellt hätte.[58] Sollte die Fragestellung bedeuten, daß sich der Gebietsteil des ehemaligen Landes Baden abtrennt und ansonsten die Existenz des Landes Baden-Württemberg unberührt läßt, war der Ausschluß der württembergischen und hohenzollernschen Bevölkerung nicht problematisch, da diese Gebietsteile ihre Landeszugehörigkeit nicht verändern konnten.[59] Dagegen wäre der Ausschluß der württembergischen und hohenzollernschen Bevölkerung von der Teilnahme am Volksentscheid am 7. Juni 1970 bei Einordnung der Fragestellung als Frage nach der Auflösung des Landes Baden-Württemberg verfassungsrechtlich problematisch.

Die Ansicht, daß auch der württembergische Bevölkerungsteil im Falle der Abtrennung Badens seine Landeszugehörigkeit ändere, ist unter anderem von Gebhard Müller mit dem Hinweis auf den Namen des bestehenden Bundeslandes Baden-Württemberg verfochten worden, da Baden-Württemberg bei einem Ausscheiden Badens seinen Namen ändern müsse.[60] Die Namensführung eines Landes kann aber nicht für die Entscheidung ausschlaggebend sein, ob eine Änderung der Landeszugehörigkeit stattgefunden habe oder nicht, zumal der Name Baden-Württemberg lediglich aus Rücksichtnahme auf die badische Bevölkerung gewählt wurde – anstelle des Namens „Schwaben".

Gegen eine Beteiligung Württembergs an der Volksabstimmung spricht, daß die Auflösung Baden-Württembergs nicht Voraussetzung oder Ziel ist, worüber

---

57 Dazu: Antwort des Staatsministeriums auf den Beschluß des Landtag vom 24. Februar 1961 – Beilage 776 in: Landtag von Baden-Württemberg 3. Wahlperiode 1961-1964, Verzeichnis der Beilagen zu den Sitzungsprotokollen Bd. II, Beilage 939, vom 20. April 1961 S. 1561 ff. (1563 ff.).
58 KRÜGER/NEUMAYER/SCHNEIDER, Baden-Württemberg oder Baden und Württemberg? (1960), S. 50.
59 KLEIN, Rechtsgutachten betreffend die Zulässigkeit einer Grundgesetzänderung zur Lösung der Baden-Frage, in: Landtag von Baden-Württemberg 3. Wahlperiode 1961 – 1964, Verzeichnis der Beilagen zu den Sitzungsprotokollen Bd. IV, Beilage 1641, vom 6. Dezember 1961 S. 2869 ff. (2876).
60 Gebhard Müller am 15. Oktober 1958 in der Sitzung des Verfassungsausschusses des Bundestages.

sich abstimmen ließe, sondern nur Folge der Wiederherstellung Badens wäre. Weiter läßt sich gegen die Beteiligung Württembergs anführen, daß nach Art. 29 Abs. 3 S. 2 GG zwingende Voraussetzung des Volksentscheids war, daß in dem betreffenden Gebietsteil ein Volksbegehren erfolgreich war. Dies trifft für Baden, nicht aber für Württemberg zu.

Nach der historisch-staatswissenschaftlichen Betrachtungsweise von Glum[61] und von Egloffstein[62] bedeutet bei zusammengelegten Staatswesen das Ablösen zusammengelegter Gebietsteile keine Änderung der Landeszugehörigkeit für den Gebietsteil, in dem etwa der Sitz der integrierenden, zusammenhaltenden Kräfte des Zusammenschlusses zu finden ist, die Mehrzahl der Bevölkerung lebt, sich der politische Verwaltungssitz und wirtschaftliche Schwerpunkt des zusammengelegten Staates befunden hat oder die Gebietsfläche des zurückbleibenden Gebietes deutlich überwiegt. Daher kann man bei geringfügigen Abtrennungen eines Landes nicht davon sprechen, daß ein Gebiet, von dem etwas abgetrennt worden ist, deswegen seine Landeseigenschaft verloren hat, weil es nicht mehr in jeder Hinsicht mit dem Gebiet vor der Abtrennung identisch ist.[63] Jedenfalls heben örtliche Veränderungen auch relativ weitgehenden Umfanges die rechtliche Identität eines Staates nicht auf. Es ist lediglich erforderlich, daß der zentrale Ort dieser Gebiete um den wirtschaftlichen, politischen oder bevölkerungsmäßigen Schwerpunkt oder aber der überwiegende Teil des alten Gebietskörpers im neuen gewahrt und erhalten bleibt.[64]

Die Aufteilung Baden-Württembergs in zwei annähernd gleich große Teile[65] hätte eine Veränderung auf beiden Seiten mit sich gebracht. In jedem Falle mußte auf dem Gebiet des abzuspaltenden Baden ein Volksentscheid durchgeführt werden. Denn bei Loslösung des badischen Landesteils käme es zu einer Änderung der Landeszugehörigkeit, da Baden nach der Abspaltung von Baden-Württemberg die Selbständigkeit anstrebte. Die Gründung des neuen Landes Baden hätte eine Änderung der Landeszugehörigkeit dargestellt und so nach Art. 29 Abs. 3 S. 1 GG in der Fassung von 1949 der Durchführung eines Volksentscheids in diesem Gebietsteil bedurft.

Hinsichtlich des württembergischen Landesteils fällt die Begründung der Veränderung der Landeszugehörigkeit Württembergs schwerer; denn mit einer

---

61 GLUM, Die rechtlichen Voraussetzungen, das Verfahren und die Folgen der Neugliederung von Ländern nach dem Grundgesetz, in: Die Bundesländer, Beiträge zur Neugliederung der Bundesrepublik (1950), S. 171 ff. (186).
62 VON EGLOFFSTEIN, Die Entwicklung der Neugliederungsfrage in Deutschland (1957), S. 217.
63 GLUM, Die rechtlichen Voraussetzungen, das Verfahren und die Folgen der Neugliederung von Ländern nach dem Grundgesetz, in: Die Bundesländer, Beiträge zur Neugliederung der Bundesrepublik (1950), S. 171 ff. (186).
64 GLUM, Die rechtlichen Voraussetzungen, das Verfahren und die Folgen der Neugliederung von Ländern nach dem Grundgesetz, in: Die Bundesländer, Beiträge zur Neugliederung der Bundesrepublik (1950), S. 171 ff. (186).
65 Württemberg: ca. 19.500 km² (56,5%), Baden: ca. 15.000 km² (43,5%).

Abspaltung und Errichtung des Landes Baden bleibt die rechtliche Identität des verbleibenden Württemberg mit dem Land Baden-Württemberg bestehen. Weiter bleibt Baden-Württemberg dem Namen nach (zunächst) bestehen, ebenso verbleibt die Landeshauptstadt Stuttgart bei Württemberg. Allerdings verändert sich das Landesbild einschneidend. Nahezu die Hälfte der Landesfläche fällt weg; dies ist nicht nur eine geographische Veränderung, sondern ebenso eine erhebliche Veränderung für die inneren Strukturen des Landes. Die Landesorganisation des Restlandes Baden-Württemberg bedarf einer Neuordnung, und auch für den einzelnen Bürger erscheint die Teilung auf Grund der Errichtung neuer Landesgrenzen, die Änderungen in z.B. den Bildungskonzepten und Steuerfragen zur Folge haben, schwerwiegend.[66] Zudem kann Württemberg nach der Bevölkerungszahl und Wirtschaftskraft nicht als Kernland des Südweststaats angesehen werden, auch wenn die Hauptstadt in ihm gelegen ist. Der württembergische Landesteil hätte deshalb nach Art. 29 Abs. 3 S. 2 GG in der Fassung von 1949 über das Ausscheiden Badens ebenfalls befragt werden müssen.[67]

Jedoch verzichtete Art. 29 Abs. 3 S. 1 GG in der Fassung von 1969 auf eine Beteiligung Württembergs und Hohenzollerns und ließ einen Volksentscheid im Gebiete Altbadens ausreichen. Aus diesem Grunde war der Ausschluß der württembergischen und hohenzollernschen Bevölkerung von der Teilnahme am Volksentscheid vom 7. Juni 1970 zulässig.

b) Verstoß gegen den Gleichheitssatz durch den Ausschluß der württembergischen und hohenzollernschen Gebietsteile

Die unterschiedliche Behandlung der badischen, württembergischen und hohenzollernschen Bevölkerung verstößt nicht gegen den Gleichheitssatz. Denn der Gleichheitssatz kann nicht uneingeschränkt auf das Verfahren der Neugliederung angewendet werden.[68] Bei der Neugliederung muß grundsätzlich davon ausgegangen werden, daß der Wille der Bevölkerung in den verschiedenen Gebietsteilen nicht in gleicher Weise berücksichtigt werden kann, es sei denn, der Wille der Bevölkerung in einem Gebietsteil stimmte mit dem Willen der Bevölkerung in den von der gleichen Maßnahme betroffenen anderen Gebietsteilen überein. Da diese Übereinstimmung nicht unterstellt werden kann, da sie häufig eben gerade nicht gegeben ist, liegt es im Wesen der Neugliederung begründet, daß der Gesetzgeber unter Umständen über den Willen der Bevölkerung in ei-

---

66 So wohl auch: KRÜGER/NEUMAYER/SCHNEIDER, Baden-Württemberg oder Baden und Württemberg? (1960), S. 52.
67 Ebenso: KRÜGER/NEUMAYER/SCHNEIDER, Baden-Württemberg oder Baden und Württemberg? (1960), S. 52.
68 Dazu näher: Antwort des Staatsministeriums auf den Beschluß des Landtag vom 24. Februar 1961 – Beilage 776 in: Landtag von Baden-Württemberg 3. Wahlperiode 1961-1964, Verzeichnis der Beilagen zu den Sitzungsprotokollen Bd. II, Beilage 939, vom 20. April 1961 S. 1561 ff. (1564).

nem Gebietsteil hinweggeht.⁶⁹ Der Gleichheitssatz ist aber verletzt, wenn sich ein vernünftiger Grund für die gesetzliche Differenzierung nicht finden läßt, die Bestimmung also willkürlich ist.⁷⁰ Die Beschränkung des Volksentscheids auf die badische Bevölkerung erfolgte vor dem Hintergrund des auf diesem Gebiet durchgeführten Volksbegehrens, also gerade nicht willkürlich. Ein Verstoß gegen den Gleichheitssatz liegt deshalb nicht vor.

2. Ausschluß des Bundesvolks

Der Ausschluß des übrigen Bundesvolkes von der Beteiligung am Abstimmungsverfahren ist verfassungsrechtlich nicht bedenklich. Art. 29 GG gehört nicht zu den von Art. 79 Abs. 3 GG geschützten fundamentalen Verfassungsgrundsätzen, und schon vor der Änderung des Art. 29 Abs. 3 S. 1 GG kannte Art. 29 GG in der Fassung vom 23. Mai 1949 eine Abstimmung des gesamten Bundesvolkes nur dann, wenn die Entscheidung des Gesetzgebers nach Abs. 2 S. 3 und Abs. 4 S. 1 und die nach Abs. 3 und Abs. 4 S. 1 gefällte Entscheidung der betroffenen Bevölkerung nicht übereinstimmten. Nur dann mußte das gesamte Bundesvolk abstimmen.⁷¹ Art. 118 GG kennt ebenfalls die Abstimmung nur eines Bevölkerungsteils. Das Verfahren der Abstimmung des gesamten Bundesvolkes ist somit nicht verfassungsrechtlich unabdingbar.

VI. Stellt die Verschleppung des Volksentscheids ein Verstoß gegen den allgemeinen Justizgewährungsanspruch dar?

In seinem Urteil vom 30. Mai 1956⁷² gab das Bundesverfassungsgericht der Beschwerde des Heimatbundes Badenerland e.V. statt und ordnete die Durchführung des beantragten Volksbegehrens an. Das Urteil entfaltete gemäß § 31 Abs.

---

69 Dazu Antwort des Staatsministeriums auf den Beschluß des Landtag vom 24. Februar 1961 – Beilage 776 in: Landtag von Baden-Württemberg 3. Wahlperiode 1961 – 1964, Verzeichnis der Beilagen zu den Sitzungsprotokollen Bd. II, Beilage 939, vom 20. April 1961 S. 1561 ff. (1564); KLEIN, Rechtsgutachten betreffend die Zulässigkeit einer Grundgesetzänderung zur Lösung der Baden-Frage, in: Landtag von Baden-Württemberg 3. Wahlperiode 1961 – 1964, Verzeichnis der Beilagen zu den Sitzungsprotokollen Bd. IV, Beilage 1641, vom 6. Dezember 1961 S. 2869 ff. (2877).
70 KLEIN, Rechtsgutachten betreffend die Zulässigkeit einer Grundgesetzänderung zur Lösung der Baden-Frage, in: Landtag von Baden-Württemberg 3. Wahlperiode 1961 – 1964, Verzeichnis der Beilagen zu den Sitzungsprotokollen Bd. IV, Beilage 1641, vom 6. Dezember 1961 S. 2869 ff. (2878).
71 KLEIN, Rechtsgutachten betreffend die Zulässigkeit einer Grundgesetzänderung zur Lösung der Baden-Frage, in: Landtag von Baden-Württemberg 3. Wahlperiode 1961 – 1964, Verzeichnis der Beilagen zu den Sitzungsprotokollen Bd. IV, Beilage 1641, vom 6. Dezember 1961 S. 2869 ff. (2880).
72 BVerfGE 5, 34 ff.

1 BVerfGG Bindungswirkung für den Gesetzgeber, dieser war verpflichtet, das Volksbegehren und bei dessen Erfolg einen Volksentscheid durchzuführen.

Zwischen der Durchführung des Volksbegehrens am 16. September 1956 und des Volksentscheids am 7. Juni 1970 lagen fast 14 Jahre.[73] In dieser Verzögerung könnte ein Verstoß gegen den allgemeinen Justizgewährungsanspruch liegen, der den Schlußstein im Gewölbe des Rechtsstaats bildet.[74] Das Grundgesetz enthält für den Rechtsschutz – von den Sonderregelungen für Freiheitsentziehungen in Art. 104 GG abgesehen – keine ausdrückliche Regelung eines zeitlichen Moments. Das bedeutet aber keinesfalls, daß sich der temporäre Aspekt des Rechtsschutzes außerhalb des „Lichtkegels rechtsstaatlicher Anforderungen" befände, das Grundgesetz also hinsichtlich des Zeitmoments indifferent wäre.[75] Art. 19 Abs. 4 GG fordert, ebenso wie der allgemeine Justizgewährungsanspruch, nicht nur den Zugang zu den Gerichten als solchen, sondern auch die Garantie des tatsächlich wirkungsvollen Rechtsschutzes (Effektivitätsprinzip).[76] Die Verpflichtung zur Gewährung effektiven Rechtsschutzes umfaßt auch das Gebot, für eine wirksame Vollstreckung hoheitlicher Richtersprüche Sorge zu tragen.[77] Die Durchsetzbarkeit der Entscheidungen gehört zum effektiven Rechtsschutz. Für die Effektivität ist das Zeitmoment von elementarer Bedeutung.

Der Faktor Zeit spielt dort eine große Rolle, wo in der Verzögerung Nachteile oder vollendete Tatsachen geschaffen werden, die sich nicht oder nur unter großen Schwierigkeiten nachträglich ausgleichen lassen. Durch Zeitablauf kann der Obsiegende faktisch zum Verlierer werden und der Unterlegene darf sich durch Zeitgewinn als wirklicher Sieger fühlen.[78] Wird die Zeitspanne zwischen Rechtsverletzung und Beseitigung der Rechtsverletzung zu lange, so läuft

---

73 Zu den Aktivitäten des Gesetzgebers in diese Zeit: HEPP, Der badische Landesteil in Baden-Württemberg, in: Badische Geschichte vom Großherzogtum bis zur Gegenwart (1979), S. 258 ff. (274 ff.)

74 SCHMIDT-ASSMANN, in Maunz/Dürig, Grundgesetz Kommentar, Bd. III (2005), Art. 19 Abs. IV Rdnr. 16; HUBER in: v. Mangoldt/Klein/Starck; Bonner GG, Kommentar, Bd. 1 (2005), Art. 19 IV Rdnr. 352.

75 SCHLETTE, Der Anspruch auf gerichtliche Entscheidung in angemessener Frist (1999), S. 24.

76 SCHULZE-FIELITZ, in: Dreier, Grundgesetz Kommentar, Bd. I, (2004), Art. 19 IV, Rdnr. 80; Papier, Justizgewährungsanspruch, in: HdbStR Bd. VI, (2001), § 153 Rdnr. 16; BVerfGE 88, 118 (123), st. Rspr.; LORENZ, Der Rechtsschutz des Bürgers und die Rechtsweggarantie (1973), 150 f.

77 PAPIER, Justizgewährungsanspruch, in: HdbStR § 153 Rdnr. 22 (S. 1230); DÜTZ, Rechtsstaatlicher Gerichtsschutz im Privatrecht (1970), S. 132 f., SCHENKE, in: BK, Art. 19 Abs. 4 Rdnr. 161 ff. (166) (Zweitbearbeitung 1982); MENGER, Aus der Praxis der Verwaltung und der Verwaltungsgerichtsbarkeit, in: Verwaltungsarchiv, Bd. 49 (1958), S. 272-283 (280).

78 SCHLETTE, Der Anspruch auf gerichtliche Entscheidung in angemessener Frist (1999), S. 24.

dies auf eine zusätzliche Rechtsverletzung, das heißt Unrecht hinaus.[79] Effektivität des Rechtsschutzes ist allerdings nicht mit Schnelligkeit um jeden Preis gleichzusetzen.[80] Die Zeitkomponente stellt nicht den einzigen Faktor des effektiven Rechtsschutzes dar. Wirksamer Rechtsschutz ist nicht nur an der für ihn benötigten Zeit, sondern auch an der Güte der Entscheidung zu messen.[81]

Das, was als unangemessene lange Zeit im Sinn des Verfassungsrechts zu gelten hat, ist nicht ein für alle Mal festliegend, sondern variabel und je nach den konkreten Umständen des Falles zu bestimmen.[82] Die Angemessenheit ist ein Paradebeispiel für einen unbestimmten ausfüllungsbedürftigen Maßstab.

Vorliegend setzte die Zulassung der Durchführung des Volksbegehrens nach dessen Erfolg notwendigerweise den Erlaß eines Volksabstimmungsgesetzes voraus. Bei einer Spanne von fast 14 Jahren zwischen den Volksabstimmungen in den Jahren 1956 und 1970 drängt sich die Frage auf, ob dies eine unangemessen lange Zeit ist. Es kann die Unangemessenheit nicht alleine an der verstrichenen Zeit festgemacht werden, sondern es muß auch ein Blick auf die Art und Weise des Verfahrens und den Inhalt der Tätigkeit des Gesetzgebers geworfen werden. Hier hatte die Bundesregierung zwar nicht das alleinige Initiativrecht, aber Art. 29 Abs. 3 GG in der Fassung von 1949 ging davon aus, daß der Gesetzesentwurf von ihr eingebracht werden sollte. Die Bundesregierung brachte allerdings ihren ersten Entwurf erst 1962 ein, der auch der Diskontinuität des Bundestags zum Opfer fiel. Nach dem Ende der vierten Wahlperiode brachte die Bundesregierung keinen weiteren Entwurf ein. Doch lag in Vorfeld des sog. „Höcherl-Entwurfs" keine vollständige Untätigkeit seitens der Bundesregierung vor. Bereits zuvor holte sie diverse Gutachten ein und der Bundestag behandelte in den Jahren 1957, 1958 und 1962 drei Gesetzentwürfe des Abgeordneten Hermann Kopf. Nachdem sich abgezeichnet hatte, daß die Baden-Frage nicht ohne eine Änderung des Art. 29 GG zu lösen war, folgten in der vierten und fünften Wahlperiode insgesamt 5 Entwürfe zur Änderungen des Art. 29 GG, die nach langwierigen Verhandlungen zur Neufassung des Art. 29 GG führten.[83] Bis zum Zeitpunkt des Volksentscheides war der Gesetzgeber tatsächlich tätig, wenn auch langsam. Ansatzpunkt für eine Bewertung, ob die Verfahrensdauer noch angemessen oder schon unangemessen war und somit der Anspruch auf Justizgewährung verschleppt wurde, sind hier der Umfang und die Schwierigkeit, die Bedeutung und die Eilbedürftigkeit der Sache.

---

79 SCHLETTE, Der Anspruch auf gerichtliche Entscheidung in angemessener Frist (1999), S. 25.
80 SCHULZE-FIELITZ, in: Dreier, Grundgesetz Kommentar, Bd. I, (2004), Art. 19 IV, Rdnr. 112.
81 SCHLETTE, Der Anspruch auf gerichtliche Entscheidung in angemessener Frist (1999), S. 31.
82 BVerfGE 55, 349 (369); SCHLETTE, Der Anspruch auf gerichtliche Entscheidung in angemessener Frist (1999), S. 24.
83 Zu den Einzelheiten: 5. Teil, 3. Kapitel I.

Der badischen Bevölkerung mußte in angemessener Zeit die Chance gegeben werden, erneut über die Neugliederung im Südwestraum abzustimmen, um die in Baden-Württemberg vorhandene Unruhe über die Bildung des Landes gegen den Willen eines erheblichen Teils der badischen Bevölkerung zu beseitigen. Nur ein unangreifbares Verfahren, in dem die badische Bevölkerung ihren politischen Willen bekunden konnte, konnte einen Schlußstrich unter die jahrzehntelangen Auseinandersetzungen ziehen. Dies setzte eine loyale Abstimmung voraus. Diese verlangte zum einen, daß nicht eine Entscheidung in größter Erhitzung gefällt wurde und der Abstimmung in Rahmen der Neugliederung ein wohldurchdachtes Konzept zugrundegelegt werden mußte. Zum anderen mußte allerdings beachtet werden, daß eine Verzögerung einer Entscheidung in der Sache gleichzusetzen sein konnte mit einer Entscheidung zu Gunsten des Status quo.

Festzuhalten ist, daß Bemühungen, ein Neugliederungskonzept aufzustellen und durchzuführen, seitens der Bundesregierung und der Opposition – wenn auch zögerlich – vorhanden waren. Das Neugliederungskonzept mußte neben dem „Ob" der Neugliederung das „Wie" ihrer Durchführungen enthalten. Bei einer Fehlplanung wäre die Funktionsfähigkeit des föderalistischen Systems gefährdet gewesen. Eine ausgewogene Gliederung in lebensfähige Länder nach Art. 29 GG, die den Belangen des gesamten Bundesgebietes gerecht werden mußte, erforderte eine umfangreiche, komplexe Vorbereitung. Das Gesamtkonzept einer Neugliederung mußte in tatsächlicher und rechtlicher Hinsicht gründlich ermittelt, aufgearbeitet und in Ruhe durchdacht werden. So mußte etwa eine umfassende Auslegung der Richtbegriffe vorgenommen, das Verfahren der Neugliederung festgelegt und die Sicherung des Bundesstaatsprinzips im Auge behalten werden. Die Komplexität der Neugliederungsfrage rechtfertige nicht nur die zeitliche Verzögerung durch die Einsetzung von Sachverständigenkommissionen, sondern setzte die Einholung von Gutachten und eine daran anknüpfende kritische Diskussion während des Gesetzgebungsverfahrens geradezu voraus.

Auf der anderen Seite lag eine baldige Abstimmung im Interesse des Landes, denn durch die politischen und verfassungsrechtlichen Bedenken an der Rechtmäßigkeit der Abstimmung war eine innere Unruhe in Baden-Württemberg vorhanden, die den Aufbau und das Zusammenwachsen der Landesteile verzögern konnte. Die Altbadener führten nach der Bildung des Landes Baden-Württemberg den Kampf um die Wiederherstellung Badens erbittert fort. Weiter lag es nahe, daß die jüngeren nachwachsenden Wähler kein Interesse an einer erneuten Abstimmung in Baden haben werden und eine spätere Abstimmung das Ergebnis zugunsten des Landes Baden-Württemberg verändern würde. Aber auch die rechtliche Verklammerung der Landesteile durch die Verfassung, die Aufbaugesetze[84] und die weiteren erlassenen Gesetze erforderte eine baldige

---

84 Die wichtigsten Aufbaugesetze sind: Landesverwaltungsgesetz vom 7. November 1955 (GBl. BW, S. 225); Landkreisordnung vom 10. Oktober 1955 (GBl. BW, S. 207); Ge-

Abstimmung, denn das Hinausschieben der Abstimmung war eine Entscheidung für den Status quo.

Diese zuletzt genannten Gesichtspunkte erforderten eine zeitnahe Durchführung der Volksbefragung, allerdings keine Befragung bei größter Erhitzung der Gemüter, denn hier konnte auf Grund von Partikularinteressen sowohl das Bestehen des Landes Baden-Württemberg gefährdet werden als auch bei einer übereilten Erstellung eines Konzeptes für eine Gesamtneugliederung Gefahr für die föderale Struktur der Bundesrepublik drohen. Ein 1959 erstelltes Gutachten hatte freilich errechnet, daß schon zum damaligen Zeitpunkt bei einer Abstimmung in Baden bei einer Wahlbeteiligung von 60% sich 41,5% der Wähler für Baden und 58,5% für den Südweststaat entschieden hätten.[85]

Die Verschiebung der Entscheidung unter stetiger, wenn auch nicht zügiger, Diskussion um die Neugliederung war in diesem Fall nicht unangemessen. Die Verzögerung des Volksentscheids bis in das Jahr 1970 stellt keinen Verstoß gegen den allgemeinen Justizgewährungsanspruch dar.

VII. Stellt die Verschleppung des Volksentscheids ein Verstoß gegen das Demokratieprinzip dar?

Die Stimmberechtigten im Gebietsteil Baden hatten durch das Volksbegehren vom 3. bis 16. September 1956 ihren Willen geäußert, die Durchführung eines Volksentscheids anzuordnen, mit dem die Wiederherstellung des alten Landes Baden als selbständiges Bundesland begehrt wird.

Auf Grund des Demokratieprinzips war der Bundesgesetzgeber verpflichtet, diesen Willensakt der Bevölkerung umzusetzen und einen Gesetzentwurf zur Durchführung des Volksentscheids zu erlassen. Denn Demokratie bedeutet Volksherrschaft. Die Staatsorgane sind als Vertreter des Volkes gezwungen, tätig zu werden, wenn ein Wille deutlich geäußert wird, gleichgültig ob als rechtlich verbindliches Volksbegehren oder durch eine Volksbefragung, die faktisch Druck auf die Gesetzgebungsorgane ausübt. Die Nichtbeachtung des Volkswillens oder ein Handeln entgegen dem Volkswillen kann einen Verstoß gegen das Demokratieprinzip begründen. So bestand nach dem erfolgreichen Volksbegehren die Rechtspflicht, eine gesetzliche Regelung und das Plebiszit über die künftige Landeszugehörigkeit in angemessener Zeit vorzubereiten.[86] Gerade dadurch, daß in Art. 29 GG, entgegen der sonstigen Zurückhaltung des Grundgesetzes gegenüber Elementen der unmittelbaren demokratischen Äußerungen des

---

meindeordnung vom 25. Juli 1955 (GBl. BW, S. 129) und Polizeigesetz vom 21. November 1955 (GBl. BW, S. 249).

85 HEPP, Der badische Landesteil in Baden-Württemberg, in: Badische Geschichte vom Großherzogtum bis zur Gegenwart (1979), S. 258 ff. (275 f.)

86 So NEUMAYER in: Krüger/Neumayer/Schneider, Baden-Württemberg oder Baden und Württemberg? (1960), S. 69 ff. (86).

Volkes eine unmittelbare Sachentscheidung des Volkes vorgesehen ist, kann man ersehen, daß das Recht der Bevölkerung, eine bestimmte Änderung ihrer Landeszugehörigkeit zu fordern, hervorgehoben werden sollte.[87] Auch von daher gesehen stellt sich die Frage, ob der Bundesgesetzgeber in einer angemessenen Zeit tätig wurde. Im wesentlichen läuft die Argumentation parallel zu der beim allgemeinen Justizgewährungsanspruch. Auf Grund der Bedeutung, des Umfangs und der Schwierigkeit der Erstellung eines umfassenden Neugliederungskonzeptes, in dessen Rahmen nach dem Bundesverfassungsgericht[88] die Volksbefragung durchgeführt werden sollte, war die Zeitspanne zwischen dem Volksbegehren und der Volksabstimmung noch als angemessen anzusehen. Hier trägt noch ein weiteres dieses Ergebnis. Für die Abstimmung gibt es, anders als für die Durchführung von Wahlen, keine festen Termine und auch das Bundesverfassungsgericht setzte für das Volksbegehren keine Frist.[89] Der Verzögerung des Volksentscheids bis in das Jahr 1970 ist auch kein Verstoß gegen das Demokratieprinzip zu entnehmen.

VIII. War zu diesem Zeitpunkt der Volksentscheid noch zulässig?

Der baden-württembergische Ministerpräsident Hans Filbinger warf am 27. Mai 1970 folgende Frage auf:

„Warum überhaupt noch diese Abstimmung? Dieses Land besteht fast zwanzig Jahre; es hat sich bewährt. Wieso es noch einmal zur Disposition stellen?"[90]

In der Tat äußern sich Zweifel, ob 1970 die Durchführung des 14 Jahre zurückliegenden, kleinräumigen Volksbegehrens mit den Vorstellungen einer großräumigen und zweckentsprechenden Neugliederung des Bundesgebietes noch in Einklang standen und ob ein Volksentscheid noch zweckmäßig war, weil eventuell schon ein einheitliches Bundesland vorlag, das nicht mehr getrennt werden konnte. Bei dem Volksentscheid handelte es sich in erster Linie um eine Formalität. Einmal war das Interesse der Bevölkerung an Gebietsänderungen im Laufe der Zeit abgeschwächt bzw. bei den nachgewachsenen Wählerjahrgängen nicht existent. Zum anderen ließ die Fragestellung des bevorstehenden Volksentscheids die mittlerweile vollzogenen politischen und verwaltungstechnischen Veränderungen unberücksichtigt.

---

87 HENNINGS, Der unerfüllte Verfassungsauftrag (1983), S. 87.
88 BVerfGE 5, 34 ff.
89 BVerfGE 5, 34 ff. (49).
90 Hans Filbinger in der 72. Sitzung des Landtags von Baden-Württemberg am 27. Mai 1970, abgedruckt in: Verhandlungen des Landtags von Baden-Württemberg, 5. Wahlperiode 1968 – 1972, Protokollband IV, 61. – 80. Sitzung, S. 3995 ff. (4003).

1. Befriedungsfunktion

Der Volksentscheid konnte die Unruhe beseitigen, die durch die Gründung Baden-Württembergs gegen den Willen der badischen Bevölkerung entstanden war, entweder durch eine Legitimation des damaligen Aktes oder durch Abtrennung des badischen Gebietsteiles und Gründung eines Landes Baden. Dies hatte auch der baden-württembergische Ministerpräsident Kurt Georg Kiesinger erkannt und am 24. Februar 1961 ausgeführt:[91]

> „Eine Befriedung unseres Landes kann nur über eine wirklich faire und gerechte Abstimmung erreicht werden – über eine Bestimmung, die den Willen der Bevölkerung des alten Gebietsteils Baden überzeugend zum Ausdruck bringt."

Die nochmalige Abstimmung gab der badischen Bevölkerung die Möglichkeit, ihren politischen Willen zu bekunden. Erst mit der Volksabstimmung vom 7. Juni 1970 war auch der Satz des Bundesverfassungsgericht im seinem Urteil vom 30. Mai 1956:[92] „Der Wille der badischen Bevölkerung ist durch die Besonderheit der politisch-geschichtlichen Entwicklung überspielt worden.", gegenstandslos geworden. Der jahrelange Vorwurf des Unrechtsstaats war widerlegt. Die Bewohner des Landes hatten durch diesen demokratischen Schlußakt bestätigt, daß sich das Land bewährt hatte.[93]

2. Ausschluß des Volksentscheids wegen Vorliegens eines einheitlichen Bundeslandes?

Gegen die Durchführung der Volksabstimmung könnte gleichwohl der Umstand sprechen, daß Baden-Württemberg bereits ein einheitliches Bundesland bildete, das nicht wieder getrennt werden durfte. Ein Bundesland definiert sich nicht allein durch seine Rechte, die es nach außen wahrnehmen kann, sondern zeichnet sich durch verschiedene andere Merkmale aus. Anhaltspunkte einer gemeinschaftlichen Homogenität sind gemeinsame Abstammung und Sprache, Geschichte, Kultur und natürliche Verbundenheit.[94] Hierbei ist streng zu unterscheiden zwischen politischen und staatsrechtlichen Erwägungen, die sich dem Grundgesetz entnehmen lassen. Die Richtbegriffe des Art. 29 Abs. 1 GG eignen sich als Kriterien zur Bestimmung der inneren Verbundenheit zu einem einheitlichen Bundeslandes. Weiter ist zu beachten, daß historische und kulturelle Zusammenhänge und landsmannschaftliche Verbundenheit nicht ein für allemal

---

91 Verhandlungen des Landtags von Baden-Württemberg 3.Wahlperiode, 23. Sitzung des Landtags am 24. Februar 1961, S. 1159 ff. (1161).
92 BVerfGE 5, 34 ff. (47).
93 REBMANN, Die verfassungsrechtliche Entwicklung des Landes Baden-Württemberg 1957 bis 1971, JöR n.F., Bd. 20 (1971), S. 169 ff. (189).
94 ZIEMSKE, ZRP 1994, 229 (232).

feststehen, sondern dem geschichtlichen Werden und Wachsen unterliegen.[95] Das ist für Baden-Württemberg im Jahre 1970 zu betrachten:

a) Geschichtliche Zusammenhänge
Art. 29 Abs. 1 S. 1 GG in der Fassung vom 19. August 1969 nannte als ein Neugliederungskriterium die geschichtlichen Zusammenhänge der Region. Sie können hier als verfassungsrechtlicher Richtbegriff herangezogen werden, um festzustellen, ob Baden-Württemberg schon als einheitliches Bundesland anzusehen war, das nicht mehr getrennt werden durfte.

Seit 1803 hat die deutsche Gebietsentwicklung zu einer ständigen, von außen angestoßenen Verminderung der Länderzahl geführt. Auf Grund dieser territorialen Entwicklung kann die historische Betrachtungsweise nur schwer richtungsweisend für die Neugliederung sein.[96] Ein völliges Ausblenden der Geschichte bei der Neugliederung ist allerdings auch nicht angebracht. Überall dort, wo historische Grenzen noch im Bewußtsein der Bevölkerung verankert sind, sollte dies berücksichtigt werden. In diesen Fällen wirkt die Geschichte noch durch lebendige Bezüge in der Bevölkerung weiter.[97]

Bei der Südweststaatsgründung standen sich Baden und Württemberg scheinbar fremd gegenüber. Indes wird bei näherer Betrachtung der Geschichte der beiden Länder eine Gemeinsamkeit sichtbar: Kein anderes Gebiet war territorial so zersplittert wie der deutsche Südwesten. Bis zum Zusammenbruch des Heiligen Römischen Reiches Deutscher Nation 1806 war der deutsche Südwesten ein bunt gemischtes Gebilde mit über 20 freien Reichsstädten sowie einer Vielzahl verschiedener selbständiger größerer und kleinerer weltlicher und geistlicher Territorien, deren Grenzen mit wichtigen Kulturgrenzen nicht immer übereinstimmten.[98] Dieser Hintergrund, der in Schulbüchern bis nach 1970 noch gegenwärtig war, verleiht Baden-Württemberg innere Stabilität.

Zwischen den vielen kleinen politischen Gebilden bestanden weitere Querverbindungen und Verflechtungen.[99] Die Vielzahl und die geringe Größe der Territorien haben dazu geführt, daß trotz der rechtlichen Selbständigkeit diese Gebiete nicht völlig autonom, sondern in vielem auf die Nachbarstaaten angewiesen waren. Dies belegen die zahlreichen Schutz- und Trutzverträge, Schirmverträge sowie der 1390 gegründete Schwäbische Städtebund, der dem älteren Schwäbischen Städtebund 1376 – 1389 nachfolgte.[100]

---

95 FEUCHTE, Neugliederung: Versagen von gestern – Chance von morgen, DÖV 1968, S. 456 ff. (462).
96 HENNINGS, Der unerfüllte Verfassungsauftrag (1983), S. 170.
97 HENNINGS, Der unerfüllte Verfassungsauftrag (1983), S. 170 f.
98 BAUSINGER, Baden-Württemberg – Einheit in Vielfalt, in: Beiträge zur Landeskunde 1992, Heft 5, S. 1 ff. (5).
99 LAUFS, Der Schwäbische Kreis (1971), S. 156 ff.
100 BAUSINGER, Baden-Württemberg – Einheit in Vielfalt, in: Beiträge zur Landeskunde 1992, Heft 5, S. 1 ff. (5); BLEZINGER, Der Schwäbische Städtebund in den Jahren 1438 – 1445 (1954), S. 11 ff.

Das Zusammengehörigkeitsgefühl im südwestdeutschen Raum erklärt sich weiter aus der Zugehörigkeit zum Schwäbischen Bund und zum Schwäbischen Reichskreis. Kaiser Maximilian (1486 – 1519) faßte durch Reichsreform ab 1488 (bis 1534) fast das ganze alte Schwaben bis an den Rhein im Schwäbischen Bund politisch zusammen.[101] Noch während des Bestehens des Schwäbischen Bundes fand der Schwäbische Kreis seinen Anfang (Gründung:1531, Auflösung: 1809, rückwirkend zum 30. April 1808).[102] Er übernahm Ausgleichsfunktionen im Inneren und eine gewisse Schutzfunktion nach außen. Die Kreisverfassung wirkte raumbildend.[103] Denn auf den Kreistagen mußten Steuerfragen, Bau von Straßen und ähnliches gemeinsam beraten und eine Lösung gefunden werden. Weitere wesentliche Aufgaben waren die Wahrung des Landfriedens, die Aufsicht über das Münzwesen, der Schutz der Grenzen und die Beitreibung von Umlagen. Aus diesem fortwährenden Zwang zum Ausgleich entstand jene Gesinnung, die man als Zusammenhörigkeitsgefühl bezeichnen kann, und über das ehemalige Württemberg hinausreichte.[104]

Demnach spricht die geschichtliche Verbundenheit für die Beibehaltung des Landes Baden-Württemberg.

b) Kulturelle Zusammenhänge

Die kulturellen Zusammenhänge gehören gleichfalls zu den Richtbegriffen des Art. 29 GG. Nach der Rechtsprechung des Bundesverfassungsgerichts[105] ist Kultur die Gesamtheit der innerhalb einer Gemeinschaft wirksamen geistigen Kräfte, die sich unabhängig vom Staate entfalten und ihren Wert in sich tragen. Auch bei diesem Kriterium der kulturellen Zusammenhänge bildet der Bezugspunkt das Zusammengehörigkeitsgefühl, das sich an Dialekten und gemeinsamer mundartlicher Literatur, Kulturlandschaften, gemeinsamen Kulturdenkmälern und Kulturmittelpunkten orientiert.[106]

Es stellt sich danach die Frage, ob es überhaupt Badener und Württemberger als solche gibt, oder es sich nicht um kleinere Gruppen wie Alemannen, Franken, Kurpfälzer, Markgräfler und Schwaben handelt. Für letzteres spricht etwa, daß der durch den Reichsdeputationshauptschluß vom 25. Februar 1803[107] an Baden gekommene rechtsrheinische Teil der Pfalz ein Fremdkörper

---

101 Dazu im einzelnen: LAUFS, Der Schwäbische Kreis (1971), S. 58 ff.; DOTZAUER; Die deutschen Reichskreise in der Verfassung des alten Reiches und ihr Eigenleben (1500 – 1806) (1989), S. 205 ff. (207 f.).
102 DOTZAUER; Die deutschen Reichskreise in der Verfassung des alten Reiches und ihr Eigenleben (1500 – 1806) (1989), S. 205 ff. (234); LÄMMLE; Baden und Württemberg, in: Der Bürger im Staat 1951, 120 ff. (121).
103 LAUFS, Der Schwäbische Kreis (1971), S. 55 f.
104 HAEBERLIN, Das Land Baden-Württemberg (1955), S. 11 f.
105 BVerfGE 10, 20 (36).
106 MAUNZ/HERZOG, in: Maunz/Dürig, Grundgesetz Kommentar, Bd. IV (2005), Art. 29 Rdnr. 31.
107 Corpus Iuris Confoederationis Germanicae, Erster Theil (1858), S. 7 ff.

im Land ist, da er nie aufgehört hat, seine pfälzische Wesensart zu betonen, so daß er niemals vollständig in der badischen Einheit aufgegangen ist.[108] Weiter spricht gegen eine kulturelle Identität bloß als Badener oder Württemberger, daß durch die Mobilität der Bevölkerung stetig Stammesgrenzen verwischt werden und sich so das kulturelle Bild allmählich ausgleicht. Zweiter Weltkrieg und Vertreibungen haben diese Tendenz beschleunigt. Ferner vollziehen sich in der jüngsten Geschichte starke Angleichungen zwischen den verschiedenen Regionen des Landes Baden-Württemberg durch die Massenmedien wie das Fernsehen. Sie wirken bis in die traditionellen Bindungen durch Religion und Sprache.

(1) Religion
Das religiöse Bekenntnis ist ein starkes Element im Bereich der „kulturellen Zusammenhänge" des Art. 29 Abs. 1 S. 1 GG in der Fassung vom 19. August 1969. Religionen prägen tiefgreifend das Bewußtsein von Menschen, etwa beim Wahlverhalten, der Wirtschaftsgesinnung und dem alltäglichen Lebensvollzug.[109]

Einer der Wesenszüge Südwestdeutschlands ist die bunte Mischung der kirchlichen Bekenntnisse. Katholische und evangelische Landstriche sowie konfessionell gemischte lösen einander ab. So bunt wie die Karte der territorialen Gliederung im Heiligen Römischen Reich Deutscher Nation war, so bunt war die Konfessionskarte.[110] Im Bundesland Baden-Württemberg lebten 1970 fast gleich viele katholische wie evangelische Christen. Doch gab es starke regionale Unterschiede in der Konfessionszugehörigkeit: Im Gebiet des ehemaligen Herzogtums Württemberg war die evangelische Bevölkerung stark überrepräsentiert.[111]

Jedoch verstärkten sich die schon immer vorhandenen Überlagerungen der räumlichen Konfessionsverteilung durch die Bevölkerungsumschichtungen nach Kriegsende vor allem wegen des Hinzutretens der Vertriebenen erheblich.[112] Industrieentwicklung, Verkehrsentfaltung und Freizügigkeit der Bevölkerung

---

108 Dazu die Denkschrift zur Neugliederung des rheinpfälzischen, nordbadischen, südhessischen und saarländischen Gebietes von Fritz Cahn-Garnier, in: Dokumenten-Anhang zu HASELIER, Die Bildung des Landes Baden-Württemberg, in: Oberrheinische Studien Band II, S. 266 ff (S. 269) und GLA 481/463.
109 WEHLING, Die Genese der politischen Kultur Baden-Württembergs, in: Der Weg zum Südweststaat, (1991), S. 324 ff. (330 f.).
110 Vgl. Die konfessionelle Gliederung im Gebiet des heutigen Land Baden-Württemberg um 1820, in: Historischer Atlas von Baden-Württemberg, Karte VIII. 12; Die konfessionelle Gliederung in Baden-Württemberg 1961, in: Historischer Atlas von Baden-Württemberg, Karte VIII. 14; Abdruck als Karte VII.
111 Vgl. Herrschaftsgebiete und Ämtergliederung in Südwestdeutschland 1790, in: Historischer Atlas von Baden-Württemberg, Karte VI. 13; Die konfessionelle Gliederung im Gebiet des heutigen Land Baden-Württemberg um 1820, in: Historischer Atlas von Baden-Württemberg, Karte VIII. 12; Die konfessionelle Gliederung in Baden-Württemberg 1961, in: Historischer Atlas von Baden-Württemberg, Karte VIII. 14.
112 METZ, Rheinschwaben (1948), S. 28.

haben zu einer weitgehenden Vermischung der Bekenntnisse geführt. Dies erschwert die räumliche Bestimmung und Abgrenzung kultureller Zusammenhänge auf konfessioneller Ebene. Die Verteilung der Bekenntnisse rechtfertigt nach Art. 29 Abs. 1 GG nicht eine Aufteilung Baden-Württembergs in konfessionell verschiedene Gebiete und auch nicht die Durchführung des Volksentscheids im Gebietsteil Baden.

(2) Sprache
Die gemeinsame Sprache ist als Ausdruck der Kultur das stärkste Bindeglied.[113] Es ist indes zweifelhaft, ob dies für den Bereich Baden-Württembergs bis in die Gegenwart zutrifft, vor allem wegen der Allgemeingültigkeit der Schriftsprache für das gesamte Gebiet der Bundesrepublik Deutschland. Aber die Schriftsprache ist keine einheitliche Sprache, sondern zeigt Abweichungen, die auf dem Hineinspielen mundartlicher Eigentümlichkeiten beruhen.[114] Zweifelsohne wird die Bedeutung der alten Landesgrenzen gesteigert, wenn sich hier Mundartbündel angesammelt haben.[115]

Die Dialektgrenzen zwischen dem Fränkischen und Schwäbischen sowie zwischen dem Fränkischen und Alemannischen verlaufen quer zu wichtigen politischen Grenzlinien. Fränkisch spricht man im nördlichen Baden und im nördlichen Württemberg, und ähnlich verbindet das Alemannische Teile des südlichen Württemberg mit Teilen des südlichen Baden.[116] Die Trennungslinie zwischen dem Fränkischen und dem Alemannischen ist entlang der Grenze des Landkreises Karlsruhe zum Landkreis Rastatt anzusiedeln,[117] wobei sich die Unterschiede im Laufe der Zeit zunehmend verwischt haben. Die Mundartgrenze zwischen dem Fränkischen und dem Schwäbischen verläuft entlang der Kreisgrenzen zwischen dem Kreis Schwäbisch Hall und dem Ostalbkreis, dem Landkreis Heilbronn und dem Rems-Murr-Kreis, dem Kreis Ludwigsburg und dem Enzkreis. Dabei zeigt sich, daß diese Abgrenzungen des mundartlichen Sprechens zwischen dem Fränkischen und dem Schwäbischen hier parallel zur nördlichen Grenze des Schwäbischen Kreises verläuft, worin sich die geschichtliche Vergangenheit des Landes widerspiegelt.[118] Es existiert aber keine badische oder württembergische Volkssprache. Sprachliche Gründe können für eine Loslösung Badens aus Baden-Württemberg nicht geltend gemacht werden, da

---

113 HIRT, Geschichte der deutschen Sprache (1919), S. 221.
114 HIRT, Geschichte der deutschen Sprache (1919), S. 220.
115 So SCHWARZ, Die deutschen Mundarten (1950), S. 193.
116 BAUSINGER, Baden-Württemberg – Einheit in Vielfalt, in: Beiträge zur Landeskunde 1992, Heft 5, S. 1 ff. (5); BAUSINGER, Die bessere Hälfte (2002), S. 248; SCHWARZ, Die deutschen Mundarten (1950), S. 164; MITZKA, Deutsche Mundarten (1943), S. 42 ff.
117 Vgl. Raumgliederung der Mundarten um 1950 in: Historischer Atlas von Baden-Württemberg, Karte XII. 7 (Abdruck als Karte VIII); Verwaltungsgliederung in: Historischer Atlas von Baden-Württemberg, Karte VII. 12; Verwaltungs- und Verkehrskarte, Beilage zu: Das Land Baden-Württemberg, Band I Nr. 11.
118 Vgl. Der Schwäbische Kreis, in: Historischer Atlas von Baden-Württemberg, Karte I. 1

die Sprachgrenzen nicht mit den Grenzen der alten Länder Baden und Württemberg übereinstimmen.

Gegen die Verwendung der Sprache als Argument für eine Neugliederung spricht weiter, daß die Mundarten an Bedeutung verlieren. Mit der steigenden Mobilität der Bevölkerung, unter den Bedingungen des allgemeinen Schulunterrichts und der allgemeinen Wehrpflicht, unter dem Einfluß von Buch, Zeitung, später auch von Rundfunk und Fernsehen erfuhr die deutsche Literatursprache in der Gegenwart allgemeine Verbreitung. Sie verdrängt die Lokalmundarten oder setzte sich neben ihnen als „höhere Form" durch, der die Lokalmundarten als „niedere Form" untergeordnet sind.[119] Dabei bleibt in der alltäglichen Rede nur eine unbedeutende Färbung der lokalen Aussprache erhalten.[120]

Die Sprache als kulturelles Element rechtfertigt nach Art. 29 Abs. 1 GG nicht eine Aufspaltung Baden-Württemberg in Baden und Württemberg, folglich auch nicht die Durchführung des Volksentscheids im Gebietsteil Baden. Die Untersuchung der kulturellen Zusammenhänge auf dem Gebiet des Landes Baden-Württemberg sprechen für die Beibehaltung Baden-Württembergs und gegen eine Auftrennung in die alten Länder Baden und Württemberg.

c) Landsmannschaftliche Verbundenheit

Die landsmannschaftliche Verbundenheit umfaßt alle nicht faßbaren, in Jahrhunderten gewachsenen Gebilde und Werte, die ein Zusammengehörigkeitsbewußtsein schaffen, in dem politisch-historische Zusammenhänge weiterwirken.[121] Landsmannschaftliche Verbundenheit ist zu verschiedenen Zeiten durch das Zusammenleben in bestimmten Gemeinschaften oder Zusammenhängen entstanden.[122] Landsmannschaftliche Verbundenheit meint das Gemeinsame der Menschen, die sich in einem politischen Gebiet oder in einem Kulturboden als verwurzelt empfinden und die in der Gemeinsamkeit ein Zusammengehörigkeitsbewußtsein erleben, das sich auf Geschichtliches und Kulturelles in einem angestammten Raum bezieht.[123] Diese Verbundenheit ist nicht von ihrem Alter abhängig, da sie sich stets aufs neue bilden muß.

Die gegenwärtig vorhandene Kommunikationsintensität und Bevölkerungsmobilität bewirken das Entstehen neuer landsmannschaftlicher Verbundenheitsgefühle innerhalb eines Landes. Dieses Verbundenheitsgefühl überlagert die noch vorhandenen landsmannschaftlichen Zusammenhänge. Diese Anpassung an moderne staatliche Raumstrukturen ist stärker zu berücksichtigen als die frü-

---

119 SCHIRMUNSKI, Deutsche Mundartkunde (1962), S. 19.
120 SCHIRMUNSKI, Deutsche Mundartkunde (1962), S. 20.
121 HENNINGS, Der unerfüllte Verfassungsauftrag (1983), S. 169; MÜNCHHEIMER, Probleme der Neugliederung Deutschlands nach dem Bonner Grundgesetz (1951), S. 98; BRÜNING/STING/PESCHLOW, Probleme der innergebietlichen Neuordnung (1953), S. 19.
122 Luther-Gutachten; Hrsg. Bundesminister des Innern (1955), S. 31 (B II 6).
123 STEINCKE, Föderale und gesellschaftliche Ordnung (1981), S. 113.

here, inzwischen davon überlagerte Verbundenheit.[124] Der moderne Verkehr verwischt stetig die Grenzen, so daß sich das kulturelle Bild allmählich ausgleichen wird. Aus diesem Grunde ist die Bedeutung der landsmannschaftlichen Verbundenheit im Abnehmen begriffen[125] und kann als Maßstab einer Neugliederung nur begrenzt Bedeutung haben.

Weiter verbietet es das Gebot der Berücksichtigung landsmannschaftlicher Verbundenheit nicht, gesellschaftliche Gruppen verschiedenster landsmannschaftlicher Zusammengehörigkeiten in ein und demselben Staat zusammenzufassen; es bedeutet also nicht, daß die landsmannschaftliche Zusammengehörigkeit sich in einer selbständigen Staatlichkeit darstellen muß.[126] Denn eine räumliche Abgrenzung von Ländern oder Verwaltungseinheiten lediglich auf der Grundlage landsmannschaftlicher Verbundenheit würde zu einer großen Zahl kleiner und kleinster Einheiten führen.[127] Daher kann das landsmannschaftliche Prinzip als Kriterium bei der Gliederung des Bundesgebietes in Länder nicht primär benutzt, sondern nur als sekundär bei der Entscheidung über strittige Grenzprobleme herangezogen werden, damit die Zerschneidung eines Gebietes einer landsmannschaftlich verbundenen Volksgruppe vermieden wird. Das geschieht besonders einfach durch möglichst einheitliche Zuteilung zu einem Land.[128]

Das Bestehen einer landsmannschaftlichen Verbundenheit innerhalb Baden-Württembergs erscheint auf den ersten Blick angesichts der heutigen Einflüsse etwa durch die Massenmedien und die Mobilität der Bevölkerung fraglich, weil der Begriff als das durch die heimatliche Verbundenheit bestimmte Zugehörigkeitsgefühl zu verstehen ist. Zwischen den Badenern und Württembergern war zum Zeitpunkt der Landesgründung in allen Schichten des Volkes der „Nächstenhaß" sehr stark.[129] Dies spiegelt sich in dem im Vorfeld der Volksabstimmung vom 9. Dezember 1951 durchgeführten Abstimmungskampf wieder. Die Altbadener appellierten hier erfolgreich an das Heimatgefühl, um durch die Volksabstimmung Stimmen für ein selbständiges Baden zu gewinnen.[130] Allerdings erfordert es das Gebot der Berücksichtigung landsmannschaftlicher Verbundenheit nicht, Baden-Württemberg in seine alten Länder Baden und Württemberg aufzuspalten, wenn eine badische und eine württembergische lands-

---

124 Weiterführend: Ernst-Gutachten, Tz 206.
125 DIETLEIN, in: Bonner Kommentar Bd. 5 (2005), Art. 29 Rdnr. 38.
126 Ernst-Gutachten, Tz 205.
127 VON EGLOFFSTEIN, Die Entwicklung der Neugliederungsfrage (1957), S. 199.
128 So auch BRÜNING/STING/PESCHLOW, Probleme der innergebietlichen Neuordnung (1953), S. 20; HENNIGS, Der unerfüllte Verfassungsauftrag (1983), S. 170.
129 STEINCKE, Föderale und gesellschaftliche Ordnung (1981), S. 122.
130 Zur Bedeutung des Heimatbegriffs in der Propaganda der altbadischen Gegner des Südweststaats: PFEFFERLE, Politische Identitätsbildung in Württemberg-Hohenzollern (1997), S. 223 ff.

mannschaftliche Verbundenheit bestehen, da die landsmannschaftliche Zusammengehörigkeit sich nicht in einer selbständigen Staatlichkeit darstellen muß.[131]

Jedoch erfolgte ein Wandel im Bestehen der landsmannschaftlichen Verbundenheit. Das Bewußtsein der Zusammengehörigkeit ist bei der Volksabstimmung im Landesteil Baden am 7. Juni 1970 eindrucksvoll zum Ausdruck gekommen. Bei dieser Abstimmung haben sich rund 82% der teilnehmenden Bevölkerung zum Bundesland Baden-Württemberg bekannt. Auf dem Gebiet des Landes Baden-Württemberg hatte sich ein Staatsgefühl entwickelt, das zuvor noch vorhandene landsmannschaftliche Gegensätze überwunden hat.[132]

d) Leistungsfähigkeit

Der Regionalismus wird außer aus historischen, kulturellen und landsmannschaftlichen auch aus ökonomischen Quellen gespeist. Die Grenzziehung zwischen den Ländern soll der Wirtschaft förderlich sein. Die Wirtschaft denkt großräumig, erstrebt gleiche Voraussetzungen in Gestalt einheitlichen Rechts und gleicher Steuerbelastung und fordert ausgezeichnete und schnelle Verbindungen.[133] Art. 29 GG in den Fassungen von 1949 und von 1969 erfaßt die Leistungsfähigkeit eines Landes ebenfalls in den Richtbegriffen für die Neugliederung. Das Merkmal Leistungsfähigkeit kann so für die Beantwortung der Frage, ob Baden-Württemberg bereits ein einheitliches Bundesland darstellt, ohne Einschränkung herangezogen werden. Die Grundlagen der Leistungsfähigkeit der Länder wie Größe, Einwohnerzahl, wirtschaftliche und soziale Verhältnisse, Steueraufkommen usw. sind den materiellen Gegebenheiten zu entnehmen.[134]

Nach dem zweiten Weltkrieg war der westdeutsche Wirtschaftsaufschwung noch sehr labil. Bei der Bildung des Landes Baden-Württemberg hatte die Wirtschaft wieder Tritt gefaßt und Produktionszahlen sowie Beschäftigungszahlen der Vorkriegszeit übertroffen. Bereits Ende 1953 galt Baden-Württemberg als Beispiel für das anhaltende Tempo des wirtschaftlichen Aufschwungs. Ein Jahr später lag die wirtschaftliche Aktivität des Landes beträchtlich über dem Bundesdurchschnitt. Der wirtschaftliche Erfolg wurde gleichzeitig zum wichtigsten Fundament für das neue Landesbewußtsein.[135]

---

131 Ernst-Gutachten, Tz 205.
132 Dazu: Denkschrift des Staatsministeriums Baden-Württemberg zur Neugliederung des Bundesgebietes, Sonderbeilage des Staatsanzeigers für Baden-Württemberg (1972), S. 7 f.
133 BRÜNING/STING/PESCHLOW, Probleme der innergebietlichen Neuordnung (1953), S. 24.
134 MÜNCHHEIMER, Probleme der Neugliederung Deutschlands nach dem Bonner Grundgesetz (1951), S. 91.
135 SCHNABEL, Einzige geglückte territoriale Neugliederung, in: Beiträge zur Landeskunde 1992, Heft 2, S. 1 ff. (6).

e) Ergebnis

Die Länder behaupten sich heute weniger durch ihre geschichtliche Tradition, als vielmehr wegen ihrer politischen, wirtschaftlichen und kulturellen Leistungen, mit denen sie die Bevölkerung für sich einnehmen.[136]

In Baden-Württemberg handelt es sich bei dem Beharren, ein Badener, Kurpfälzer oder Württemberger zu sein, um Lokalpatriotismus, der nicht notwendig dazu führt, daß jede dieser Volksgruppen einen Anspruch auf Schaffung ihres eigenen Bundeslandes hat. Die Volksgruppen behalten ihre Identität auch innerhalb von Baden-Württemberg. Das Land ist in den Jahren seines Bestehens zu einer wirtschaftlichen und politischen Einheit geworden. Es war 1970 als drittstärkstes Wirtschaftsland[137] der Bundesrepublik zu einem Verarbeitungs- und Veredelungszentrum europäischen Ranges geworden. Innerhalb der Europäischen Wirtschaftsgemeinschaft erreichte es mit seinem ausgeprägt industriellen Wirtschaftscharakter die höchste Verarbeitungsquote. Der sprichwörtliche Fleiß der südwestdeutschen Bevölkerung drückte sich in dem hohen Anteil von 44% der Erwerbspersonen gegenüber 41% im Bundesdurchschnitt, gemessen an der jeweiligen Gesamtbevölkerung.[138]

Die Vielfalt im Inneren Baden-Württembergs hat dessen Einheit gebildet. Die kulturellen Akzente wechseln auf engem Raum. Katholisch geprägte Gebiete liegen dicht neben protestantischen. Die historische Aufteilung beschränkte sich über lange Zeit nicht auf die großflächigen Territorien von Baden und Württemberg, sondern es existierten Hunderte von teils weiträumigen, teils kleinen Territorien. Ein Kurpfälzer war in Baden ein Kurpfälzer und blieb dies auch in Baden-Württemberg.[139]

Dies alles spricht gegen eine Aufspaltung Baden-Württembergs in die alten Länder Baden und Württemberg und somit gegen die Durchführung des Volksentscheids im Jahre 1970.

3. Verpflichtung zur Durchführung des Volksentscheids

Auf der anderen Seite hatte der Volksentscheid eine Befriedungs- und Abschlußfunktion als Antwort auf die Unruhe, welche die Überstimmung des Abstimmungsbezirks Südbaden im Jahre 1951 mit sich gebracht hatte. Aus diesem Grunde war die Durchführung des Volksentscheids geboten, zumal dieser durch das Urteil des Bundesverfassungsgerichts vom 30. Mai 1956 angeordnet

---

136 So auch der Diskussionsbeitrag von Mußgnug zu: MUSSGNUG, Die Entwicklung des Föderalismus in der Bundesrepublik Deutschland, in: Baden-Württemberg und der Föderalismus in der Bundesrepublik Deutschland (1949 – 1989) (1991), S. 67 ff. (87).
137 Baden-Württemberg belegte nach Nordrhein-Westfalen und Bayern beim Bruttoinlandsprodukt den dritten Platz, dazu näher: Statistisches Jahrbuch für die Bundesrepublik Deutschland 1974, S. 513.
138 Die wirtschaftliche Entwicklung im neuen Südweststaat, in: Wirtschaftsdienst der Industrie- und Handelskammer Heilbronn, Nr. 4; vom 15. April 1977, S. 1 ff.
139 BAUSINGER, Die bessere Hälfte (2002), S. 280 ff.

wurde, wenn das Volksbegehren erfolgreich sein sollte. Politische Klugheit, verfassungsrechtliche Maßstäbe und verfassungsgerichtliche Anordnung lassen den Volksentscheid als zulässig, ja geboten erscheinen. Sein Ergebnis spricht für sich: 1970 war Baden-Württemberg akzeptiert.

IX. Beschluß des Bundesverfassungsgerichts vom 2. April 1974 über die Gültigkeit des Volksentscheids im Land Baden

Am 2. April 1974[140] beschäftigte sich das Bundesverfassungsgericht ein letztes Mal mit der Baden-Frage. Das Gericht verwarf den Einspruch gegen die Gültigkeit des Volksentscheids im Gebietsteil Baden des Landes Baden-Württemberg am 7. Juni 1970. Der Volksentscheid habe insgesamt ein verläßliches Bild vom Wandel in der Einstellung der badischen Bevölkerung vermittelt. Die Rügen der Beschwerdeführer wurden vom Bundesverfassungsgericht als unbegründet verworfen. Der verfassungsrechtliche Friede im Südwesten war damit hergestellt. Konstruktiv denkende Badener engagierten sich nun für das Wohl ihrer Region in Europa.

---

140 BVerfGE 37, 84 ff.

4. Kapitel. Zusammenfassung der Ergebnisse

Es war nicht Liebe auf den ersten Blick, was die früheren Länder Baden, Württemberg-Baden und Württemberg-Hohenzollern 1952 zusammenführte, sondern eher eine Vernunftehe. Trotz der zahlreichen Konferenzen, in denen mühevoll um den Zusammenschluß gerungen worden war, und trotz der überraschenden Staatsbildung am 25. April 1952 war es der Beginn einer Erfolgsgeschichte. Der Zusammenschluß der drei Länder stellt die einzig geglückte Neugliederung der Bundesrepublik Deutschland dar. Baden-Württemberg steht mit einem Bruttoinlandsprodukt von 330.715 Millionen € (2005) auf Platz drei im Ländervergleich.

Der deutsche Südwesten war das klassische Gebiet der Kleinstaaterei gewesen. Die Länder Baden, Württemberg und Hohenzollern sind erst durch Eingriff von außen, nämlich die napoleonische Flurbereinigung zu Beginn des 19. Jahrhunderts, geschaffen worden. Trotzdem entwickelte sich im Großherzogtum Baden und im Königreich Württemberg ein eigenständiges Staatsbewußtsein. Die Länder überdauerten noch das Neuaufbaugesetz vom 30. Januar 1934 und die Kapitulation des Deutschen Reichs am 8. Mai 1945. Selbst die Demarkationslinie zwischen den Besatzungszonen der Alliierten, die Baden und Württemberg teilte, berührte den Bestand der alten Länder nicht. Ein Eingriff erfolgte in der amerikanischen Besatzungszone durch die Proklamation Nr. 2 vom 19. September 1945, als das Land Württemberg-Baden aus den Nordteilen der beiden Länder gebildet wurde. In der französischen Besatzungszone entstanden die Länder (Süd)Württemberg-Hohenzollern und (Süd)Baden im Jahre 1947.

Die Bildung des Landes Württemberg-Baden, die erste Vereinigung eines Gebietsteils von Altbaden mit einem Teil von Alt-Württemberg, stellte den ersten Schritt in Richtung Südweststaat dar. Art. 107 der Verfassung von Württemberg-Badens sah zudem geringe Hürden speziell für die Vereinigung Württemberg-Badens mit Südwürttemberg und Südbaden vor, kam aber nie zur Anwendung. Der entscheidende Anstoß für die Bestrebungen zu einem Zusammenschluß kam erneut von außen, nämlich durch das Frankfurter Dokument Nr. 2 der westlichen Alliierten.

Die Bemühungen der drei südwestdeutschen Ministerpräsidenten um Einigung blieben dagegen zunächst erfolglos. Nach zahlreichen ergebnislosen Treffen auf Länderebene gelang immerhin im Parlamentarischen Rat die Aufnahme eines besonderen Neugliederungsartikels für den Südwesten in das Grundgesetz (Art. 118 GG), der ein gegenüber dem allgemeinen Neugliederungsartikel 29 GG erleichtertes Verfahren zur staatlichen Einigung festsetzte. Die durch Art. 118 S. 1 GG ermöglichte Vereinbarung der drei Länder kam jedoch nicht zustande, weil man sich über die Ergebnisse der durchgeführten informatorischen Volksbefragung stritt; zu sehr waren die Länder in ihren eigenen Interessen gefangen. Als die Neugliederungskompetenz nun gemäß Art. 118 S. 2 GG auf den

Bund überging, ergriff dieser die Initiative und erließ das Erste und Zweite Neugliederungsgesetz.

Das Erste Neugliederungsgesetz verlängerte die Legislaturperiode der Landtage der Länder Baden und Württemberg-Hohenzollern. Das gestattete Art. 118 GG aber aus Gründen des Demokratie- und Bundesstaatsprinzips nicht.

Das Zweite Neugliederungsgesetz regelte die Modalitäten der Abstimmung und das weitere Vorgehen. Zahlreiche Vorwürfe wurden von der badischen Landesregierung dagegen erhoben, nur zwei davon zu Recht. So kennt das Grundgesetz eine Bestandsgarantie der Bundesländer ebensowenig wie ein völkerrechtliches Selbstbestimmungsrecht des badischen Volkes; Art. 118 S. 2 GG erlaubt es, die Mehrheit in drei der vier Abstimmungsbezirke ausreichen zu lassen; die Verfahrensvorschriften des Art. 29 GG waren verdrängt; Rechtsstaats-, Demokratie- und Bundesstaatsprinzip sowie der Gleichheitssatz werden weder durch die Art der Fragestellung noch durch die vorgeschriebenen Mehrheitsverhältnisse noch durch die Bestimmung der Wahlbezirke und Abstimmungsberechtigten noch durch die Sonderbehandlung des Südwestens gegenüber den anderen Bundesländern verletzt; der Rechtsweg gegen Entscheidungen der Verfassunggebenden Landesversammlung und des Schiedsgerichts ist durch das Gesetz nicht ausgeschlossen, die vorübergehende Errichtung eines Ministerrats verfassungskonform. Lediglich die Bestimmung, die Verfassunggebende Landesversammlung dürfe für zwei Jahre die Befugnisse des Landtags wahrnehmen (§ 14 Abs. 5), und die zu unbestimmte Verordnungsermächtigung (§ 27) verstoßen gegen das Grundgesetz. Das führte aber nur zur Teilnichtigkeit dieser Vorschriften, nicht zur Nichtigkeit des Zweiten Neugliederungsgesetzes insgesamt.

Der Südweststaat kam mit einer Stimmenmehrheit in drei Bezirken zustande. Er erhielt bei der Volksabstimmung am 9. Dezember 1951 fast 70% der abgegebenen Stimmen. Von Reinhold Maier nicht verfrüht einberufen trat daraufhin am 27. Dezember 1951 der Ministerrat zu seiner ersten Sitzung zusammen. Selbst für die Mitglieder der Verfassunggebenden Landesversammlung überraschend erfolgte am 25. April 1952 die Regierungsbildung durch Reinhold Maier. Aber auch diese Tatsache bedeutete trotz der zu beanstandenden Vorgehensweise mit Nichteinhaltung der Tagesordnung, verfrühter Unterschrift unter die Ministerernennungsurkunden und fehlender Vereidigung des Ministerpräsidenten keinen Verfassungsverstoß. Die Regierungsbildung hatte die Entstehung des neuen Landes und die Auflösung der drei alten Länder zur Folge.

Damit war, wie sich aus heutiger Perspektive zeigt, die gemeinsame Zukunft des deutschen Südwestens faktisch besiegelt, wenn auch Baden-Württemberg verfassungsrechtlich nicht neugliederungsfest geworden war. Was folgte, war nur noch ein kompliziertes juristisches Nachspiel in mehreren Akten vor dem Bundesverfassungsgericht, ohne daß der Status quo dadurch verändert worden wäre. Der Heimatbund Badenerland e.V. erreichte 1956 die Durchführung eines Volksbegehrens auf Basis des Art. 29 GG mit dem Ziel eines Volksentscheids über die Wiederherstellung des alten Landes Baden. Die Verzögerung bei der

Durchführung des Volksentscheids verstieß weder gegen den allgemeinen Justizgewährungsanspruch noch gegen das Demokratieprinzip. Wegen seiner Befriedungsfunktion mußte der Volksentscheid durchgeführt werden, auch wenn das Land bereits nach den Neugliederungsprinzipien des Art. 29 Abs. 1 GG nicht wieder hätte aufgelöst werden dürfen. Im Volksentscheid vom 7. Juni 1970 stimmten 81,9% der badischen Bevölkerung für die Beibehaltung Baden-Württembergs, des Staates, der sich bis dahin und seither als Einheit bewährt hat.

Anhang 1: Zeittafel zur Entstehung des Bundeslandes Baden-Württemberg

1945

8. Mai	Bedingungslose Kapitulation.
April/Mai	Französische und amerikanische Truppen besetzen badische und württembergische Gebiete.
5. Juni	Übernahme der obersten Regierungsgewalt durch die vier alliierten Mächte in Deutschland auf Grund der Berliner Erklärung.
8. Juni	Bildung eines Landeskommissariats für das amerikanische Besatzungsgebiet in Nordbaden.
5. Juli	Bestimmung der endgültigen Grenzverläufe der Besatzungszonen.
1. September	Ernennung des ehemaligen Reichsfinanzminister Heinrich Köhler (CDU) zum Präsidenten des Landesbezirks Nordbaden.
19. September	General Eisenhower faßt durch die Proklamation Nr. 2 vom 19. September 1945 Nordwürttemberg mit Nordbaden zu einer Verwaltungseinheit zusammen und bildet zugleich das Land Württemberg-Baden.
24. September	Vereidigung der – von der amerikanischen Militärregierung ernannten –württemberg-badischen Regierung unter der Führung von Staatspräsident Reinhold Maier in Stuttgart.
16. Oktober	Errichtung des Staatssekretariats für das französisch besetzte Gebiet Württembergs und Hohenzollerns in Tübingen.
17. Oktober	Einsetzung des Länderrats der amerikanischen Besatzungszone.
30. Oktober	Verwaltungsmäßiger Anschluß Hohenzollerns an die französisch besetzte Zone Württembergs durch ein Statut des Staatssekretariats.
6. November	Erster Zusammentritt des Länderrats der US-Zone in Stuttgart.
20. Dezember	Statut für den Landesbezirk Baden, das diesem innerhalb des Landes Württemberg-Baden weitgehende Autonomie gewährt.

1946

16. Januar	Zusammentritt der Vorläufigen Volksvertretung für Württemberg-Baden in Stuttgart.
27. Januar	Gemeinderatswahlen in Gemeinden unter 20.000 Einwohnern in Württemberg-Baden.

28. April	Kreistagswahlen in Württemberg-Baden.
26. Mai	Gemeinderatswahlen in Städten über 20.000 Einwohnern in Württemberg-Baden.
30. Juni	Wahl der Verfassunggebenden Landesversammlung für Württemberg-Baden.
15. Juli	Zusammentritt der Verfassunggebenden Landesversammlung für Württemberg-Baden.
15. September	Gemeideratswahlen in der französischen Besatzungszone.
13. Oktober	Kreistagswahlen in (Süd-) Baden und Württemberg-Hohenzollern.
24. Oktober	Annahme der Verfassung von Württemberg-Baden durch die Verfassunggebende Landesversammlung.
17. November	Wahl der Beratenden Landesversammlung in (Süd-) Baden und Württemberg-Hohenzollern.
22. November	Eröffnung der Beratenden Versammlung der Länder Baden und Württemberg-Hohenzollern in Freiburg und Bebenhausen.
24. November	Wahl zum Ersten Landtag von Württemberg-Baden.
10. Dezember	Zusammentritt des Ersten Landtags von Württemberg-Baden in Stuttgart.

1947

25. Februar	Der Kontrollrat löst durch das Kontrollratsgesetz Nr. 46 Preußen formell auf, nachdem es faktisch schon durch die Einteilung in Besatzungszonen und die Unterstellung der deutschen Ostgebiete unter polnische und sowjetische Verwaltung als Gebietskörperschaft beseitigt worden war.
21./22. April	Annahme des Entwurfs der Verfassung auf dem französisch besetzten Gebiet Württemberg und Hohenzollern und dem französisch besetzten Gebiet Badens.
18. Mai	Entstehung der Länder Baden und Württemberg-Hohenzollern durch Annahme der Verfassungen von Baden und Württemberg-Hohenzollern durch Volksentscheide, gleichzeitig erfolgen Landtagswahlen in beiden Ländern.
24. Juni	Wahl von Leo Wohleb (BCSV/CDU) zum Staatspräsidenten von (Süd-) Baden.
8. Juli	Wahl von Lorenz Bock (CDU) zum Staatspräsidenten von Württemberg-Hohenzollern.

1948

1. Juli	Die Oberbefehlshaber der Alliierten geben die Beschlüsse der Londoner Sechsmächtekonferenz, welche die künftige Organisationsstruktur der Westzone betreffen, den 11 Mi-

	nisterpräsidenten der Westzonen im IG-Farbenhaus in Frankfurt am Main bekannt. Es erfolgt der Anstoß zur staatlichen Neuordnung im deutschen Südwesten durch das Frankfurter Dokument Nr. 2.
10. Juli	In den sog. Koblenzer Beschlüssen stimmen die Ministerpräsidenten mit den Militärgouverneuren überein, daß eine Überprüfung der Grenzen der deutschen Länder zweckmäßig, aber nicht in so kurzer Frist durchzuführen sei.
20. Juli	In der Stellungnahme der Militärgouverneure zu den Koblenzer Beschlüssen lehnten die Oberbefehlshaber, die vorgeschlagene Behandlung durch den Parlamentarischen Rat nachdrücklich ab, da zu einem späteren Zeitpunkt die Verwirklichung der Neugliederung nicht mehr gewährleistet sei.
21./22. Juli	Auf der Ministerpräsidentenkonferenz auf Schloß Niederwald bei Rüdesheim beschließen die Ministerpräsidenten die Einsetzung eines Ländergrenzenausschusses, der die Ländergrenzen überprüfen soll.
25. Juli	Die Ministerpräsidenten setzen einen Ausschuß von Sachverständigen für Verfassungsfragen (sog. Herrenchiemseer Konvent) ein, der die Arbeit der verfassungsgebenden Versammlung vorbereiten soll.
28. Juli	Der Stuttgarter Landtag fordert die Regierung auf, unverzüglich Verhandlungen über eine Südweststaatsbildung aufzunehmen.
2. August	Konferenz der führenden Politiker der drei südwestdeutschen Länder auf dem Hohenneuffen. Heinrich Köhlers „Umfall": Heinrich Köhler legt auf dem Hohenneuffen ein bedingungsloses Bekenntnis für den Südweststaat ab. Er bekennt sich zur direkten Gründung des Südweststaates durch die Vereinigung der drei Länder.
4. August	Tod des württemberg-hohenzollernschen Staatspräsidenten Lorenz Bock.
10. – 23. August	Der Ausschuß von Sachverständigen für Verfassungsfragen tagt auf Herrenchiemsee und bereitet die Arbeit der Verfassunggebenden Versammlung vor. Die Neugliederungsfrage wird trotz der Bedenken der Alliierten Thema im Herrenchiemseer Konvent. Eine endgültige Einigung über das Neugliederungsproblem wird nicht erzielt.
10. – 24. August	Karlsruher Vertrags-Verhandlungen unter Leitung von Heinrich Köhler.

12. August	Die Verbindungsoffiziere geben offiziell bekannt, den Termin für die Einreichung der Vorschläge aufzuschieben: Fristende ist nun der 15. Oktober 1948.
13. August	Wahl von Gebhard Müller zum Staatspräsidenten von Württemberg-Hohenzollern.
24. August	Annahme des Karlsruher Staatsvertrags durch die Regierungsvertreter der drei südwestdeutschen Länder. Der südbadische Justizminister Hermann Fecht enthält sich der Stimme.
27. August	Durch seinen Vertreter, den Oberlandesgerichtspräsidenten Paul Zürcher, läßt Leo Wohleb die Absage an den Karlsruher Staatsvertrag auf der Mannheimer Sitzung des Ländergrenzenausschusses mitteilen.
31. August	Auflösung des Ländergrenzenausschusses. Das Ergebnis der Beratungen ist lediglich der Beschluß in der Südwestfrage mit dem Inhalt, daß Baden, Württemberg-Baden und Württemberg-Hohenzollern zu einem Land zusammengefaßt werden sollen. Ansonsten besteht schon keine Einigkeit darüber, ob nur Neugliederungsmaßnahmen für den süddeutschen Raum oder über eine Gesamtkonzeption beraten werden solle.
1. September	Zusammentritt des Parlamentarischen Rates. Das Territorialproblem wird im Parlamentarischen Rat behandelt. Der Parlamentarische Rat sieht es nicht als seine Aufgabe an, die Ländergrenzen zu überprüfen und eine konkrete Neuordnung für das Territorium der Bundesrepublik zu schaffen. Die Mitglieder des Parlamentarischen Rates einigen sich darauf, eine Bestimmung ins Grundgesetz aufzunehmen, die eine Neugliederung des Bundesgebietes vorsieht.
16. September	Konferenz der südwestdeutschen Regierungschefs in Bühl.
28. September	Konferenz der südwestdeutschen Regierungschefs in Bebenhausen.
1. Oktober	Entschließung der Ministerpräsidenten an die Militärgouverneure gemäß Frankfurter Dokument Nr. 2 einen einheitlichen Südweststaat zu schaffen. Über die Frage wie der Südweststaat zu bilden ist, besteht keine Einigkeit.
1949	
6. Februar	Tod des Landesbezirkspräsidenten von Nordbaden und stellvertretenden Ministerpräsidenten von Württemberg-Baden Heinrich Köhler

Zeittafel zur Entstehung des Bundeslandes Baden-Württemberg 301

2. März	Die Beratungen über die Neugliederung im Parlamentarischen Rat werden durch ein Memorandum der Alliierten unterbrochen.
	In Punkt 9 des Memorandums nehmen die Alliierten Stellung zu den urspünglichen Art. 25 und 26, die die Neugliederung betreffen. Sie machen deutlich, daß sich ihr Standpunkt, Neugliederungsregelungen im Grundgesetz aufzunehmen nicht geändert hat.
3. Mai	Übermittlung des von Gebhard Müller und Theodor Eschenburg entworfenen Formulierungsvorschlags für einen besonderen Neugliederungsartikel für den deutschen Südwesten von Theodor Eschenburg an Fritz Eberhard.
5. Mai	Fritz Eberhard, Friedrich Maier, Gustav Zimmermann und Theodor Heuss stellen vor dem Parlamentarischen Rat den Antrag zur Aufnahme des Südweststaatsartikels.
8. Mai	Verabschiedung des Grundgesetzes mit den Art. 29 und 118 durch den Parlamentarischen Rates, trotz der Vorbehalte der Militärgouverneure.
12. Mai	Billigung des Grundgesetzes durch die drei westlichen Militärgouverneure. Sie machen eine Reihe von Vorbehalten geltend. Ein Vorbehalt bezieht sich auf Art. 29 GG, dessen Vollzug bis zum Abschluß einem Friedensvertag von den Alliierten ausgesetzt wird. Eine Neugliederung gemäß Art. 29 GG ist zunächst nicht möglich.
	Dagegen erstreckt sich der Alliiertenvorbehalt nicht auf den südwestdeutschen Raum, also auf Art. 118 GG.
23. Mai	Das Grundgesetz der Bundesrepublik Deutschland tritt in Kraft. Art. 29 GG bleibt suspendiert, dafür ermöglicht Art. 118 GG die Weiterführung von Südweststaatsverhandlungen.
14. August	Wahl zum ersten Deutschen Bundestag.
10. Oktober	Gründung der „Vereinigung Südwest".
22. Oktober	Die Vorstände der vier Südwestdeutschen CDU-Landesverbände vereinbaren in Freudenstadt ein faires Abstimmungsverfahren für die Neugliederung. Es sollen nur zwei Abstimmungsbezirke nach den früheren Ländern (Baden und Württemberg) gebildet werden.
27. November	Gründung der „Landesarbeitsgemeinschaft der Badener" in Karlsruhe.
1950	
15. April	Treffen der südwestdeutschen Regierungschefs in Freudenstadt.

	Auf Anregung von Theodor Eschenburg beschließen die Regierungschefs, die konkreten Vorstellungen der Bevölkerung in einer informatorischen Volksbefragung zu ermitteln und die Verhandlungen dann auf der Grundlage dieser Ergebnisse fortzusetzen.
28. April	Die in Freudenstadt eingesetzte Kommission zur Ausarbeitung eines Gesetzentwurfs für die Volksbefragung erzielt in ihrer Sitzung in Tübingen eine Einigung. Daraufhin verabschieden die Landtage der drei Länder gleichlautende Gesetze zur Durchführung der Volksbefragung. Nach diesen soll die Volksbefragung am 24. September 1950 abgehalten werden. Der amerikanische und französische Hohe Kommissar erheben gegen diese Regelung keinen Widerspruch.
25. Mai	Baden verabschiedet das Landesgesetz zur Volksbefragung über die Neugliederung in den Ländern Baden, Württemberg-Baden und Württemberg-Hohenzollern vom 25. Mai 1950, BadGVBl. 1950, S. 191 f.
12. Juni	Württemberg-Baden verabschiedet das Gesetz Nr. 1087 zur Volksbefragung über die Neugliederung in den Ländern Baden, Württemberg-Baden und Württemberg-Hohenzollern vom 12. Juni 1950, RegBl. Württemberg-Baden 1950, S. 59 f.
5. Juli	Württemberg-Hohenzollern erläßt das Gesetz zur Volksbefragung über die Neugliederung in den Ländern Baden, Württemberg-Baden und Württemberg-Hohenzollern vom 5. Juli 1950, RegBl. Württemberg-Hohenzollern 1950, S. 255 f.
22. und 23. Juli	In Weinheim an der Bergstraße veranstaltet das Institut zur Förderung öffentlicher Angelegenheiten die Arbeitstagung über das Problem der Neugliederung der Länder in der Bundesrepublik. Die Teilnehmer sehen die Bildung des Südweststaates, im Zuge der Neugliederung des Raumes Rheinland-Pfalz die Vereinigung der Pfalz mit unmittelbar angrenzenden rechtsrheinischen Gebieten, als erforderlich an und plädieren für einen Bruch mit den alten Traditionen der deutschen Territorialordnung.
24. September	Probeabstimmung über die staatliche Neugliederung im deutschen Südwesten: Gesamtbaden fordert die Wiederherstellung des früheren Landes Baden mit einem knappen Vorsprung von 16.614 Stimmen (50,8% zu 49,2% für Alt-Baden).
12. Oktober	Zusammenkunft der südwestdeutschen Regierungschefs in Wildbad, um über das Ergebnis der Volksbefragung zu be-

	raten. Die Dreiländerverhandlungen in Wildbad verlaufen ergebnislos.
7. November	Treffen der südwestdeutschen Regierungschefs in Baden-Baden, welches zum Eingeständnis der Regierungschefs führt, daß eine Übereinkunft nicht getroffen werden kann.
19. November	Wahl zum zweiten Landtag von Württemberg-Baden.
28. November	Gebhard Müller teilt am 28. November 1950 dem Bundeskanzler das Scheitern der Verhandlungen auf der Grundlage des Art. 118 GG mit.
1951	
15. März	Verabschiedung eines Gesetzes über die Verlängerung der Wahlperiode der Landtage von Württemberg-Hohenzollern und Baden durch den Bundestag: Erstes Gesetz zur Durchführung der Neugliederung in dem die Länder Baden, Württemberg-Baden und Württemberg-Hohenzollern umfassenden Gebiete gemäß Artikel 118 Satz 2 des Grundgesetzes (Erstes Neugliederungsgesetz).
25. April	Verabschiedung des Zweiten Neugliederungsgesetzes durch den Bundestag: Zweites Gesetz zur Durchführung der Neugliederung in den Ländern Baden, Württemberg-Baden und Württemberg-Hohenzollern (Zweites Neugliederungsgesetz)
4. Mai	Verkündung der Neugliederungsgesetze: BGBl. 1951, Teil 1, S. 283 (Erstes Neugliederungsgesetz) BGBl. 1951, Teil 1, S. 284 (Zweites Neugliederungsgesetz).
25. Mai	Die Badischen Landesregierung stellt vor dem Bundesverfassungsgericht den Antrag auf bundesverfassungsgerichtliche Feststellung der Nichtigkeit des Ersten und Zweiten Gesetzes über die Neugliederung in den Ländern Baden, Württemberg-Baden und Württemberg-Hohenzollern vom 4. Mai 1951.
8. September	Das Bundesverfassungsgericht in Karlsruhe nimmt seine Tätigkeit auf.
9. September	Beschluß des Zweiten Senats des Bundesverfassungsgerichts in dem Verfassungsrechtsstreit betreffend das Zweite Gesetz über die Neugliederung in den Ländern Baden, Württemberg-Baden und Württemberg-Hohenzollern vom 4. Mai 1951 (BVerfGE 1, 1 ff.). Einstweilige Anordnung: Die Ausführung des § 2 S. 2 des Zweiten Gesetzes über die Neugliederung in den Länder Baden, Württemberg-Baden und Württemberg-

	Hohenzollern vom 4. Mai 1951 (BGBl I S. 284) und der Bekanntmachung des Bundesministers des Inneren vom 29. Mai 1951 (Banz. 1951 Nr. 102) wird bis zur Entscheidung in der Hauptsache ausgesetzt. Die Entscheidung über eine Festsetzung eines neuen Tages der Abstimmung bleibt dem Urteil in der Hauptsache vorbehalten.
23. Oktober	Urteil des Bundesverfassungsgerichts (BVerfGE 1, 14 ff.): Das Erste Neugliederungsgesetz wird für nichtig erklärt. Das Zweite Neugliederungsgesetz wird in seinem wesentlichen Inhalt bestätigt (Stimmengleichheit im Senat).
9. Dezember	Volksabstimmung über den Südweststaat nach dem Zweiten Neugliederungsgesetz.

1952

16. Januar	Im Bundestag scheitert der Gesetzentwurf Hilberts, der den Vollzug des Zweiten Neugliederungsgesetzes aussetzen will.
9. März	Wahl zur Verfassunggebenden Landesversammlung von Baden-Württemberg.
25. März	Zusammentritt der Verfassunggebenden Landesversammlung in Stuttgart.
25. April	Wahl von Reinhold Maier zum Ministerpräsidenten des neuen südwestdeutschen Bundeslandes. Gründungsstunde des Südweststaats um 12.30 Uhr: Bildung der Vorläufigen Regierung durch Ministerpräsidenten Reinhold Maier. Nach § 14 Abs. 4 i.V.m. § 11 des Zweiten Neugliederungsgesetzes sind die Länder Baden, Württemberg-Baden und Württemberg-Hohenzollern zu einem Bundesland vereinigt.
15. Mai	Verabschiedung des Gesetzes über die vorläufige Ausübung der Staatsgewalt im südwestdeutschen Bundesland (Überleitungsgesetz) durch die Verfassunggebende Landesversammlung. (Gesetzblatt für Baden-Württemberg 1952, Nr. 2, S. 3 ff.).
17. Mai	Aufhebung der Landtage und Regierungen der Länder Baden, Württemberg-Baden und Württemberg-Hohenzollern.

1953

29./30. Mai	Auf dem Parteitag der Badischen CDU beschließt dieselbe in Offenburg „feierliche Rechtsverwahrung" gegen das Verfahren, nach dem der Südweststaat gebildet wurde.

7. Oktober	Bildung des Kabinetts Gebhard Müller.
19. November	Verfassung von Baden-Württemberg tritt in Kraft.

1955
23. Dezember	Antrag des Heimatbundes Badenerland e.V. beim Bundesinnenminister, im Gebietsteil des alten Landes Baden, wie es bis 1945 bestanden hat, das heißt in den jetzigen zum Bundesland Baden-Württemberg gehörenden Regierungsbezirken Nordbaden und Südbaden, die Durchführung eines Volksbegehrens (nach Art. 29 GG) anzuordnen, mit dem die Wiederherstellung des alten Landes Baden als selbständiges Bundesland begehrt wird.

1956
24. Januar	Ablehnung des Antrags des Heimatbund Badenerland e.V. durch den Bundesinnenminister Gerhard Schröder.
9. Mai	Beschwerde des Heimatbundes Badenerland e.V. vor dem Bundesverfassungsgericht gegen den ablehnenden Beschluß des Bundesinnenministers. Antrag auf Durchführung eines Volksbegehrens im Gebietsteil Baden mit dem die Wiederherstellung des alten Landes Baden als selbständiges Bundesland begehrt wird.
30. Mai	Beschluß des Bundesverfassungsgerichts (BVerfGE 5, 34 ff.): - Der Bescheid des Bundesinnenministers vom 24. Januar 1956 wird aufgehoben. - Die Durchführung des beantragten Volksbegehrens (nach Art. 29 GG) über die Wiederherstellung des früheren Landes Baden oder den Verbleib des Landesteils beim Bundesland Baden-Württemberg wird angeordnet.
16. September	Erfolgreiche Durchführung des Volksbegehrens: 309.825 Badener (15 % der Wahlberechtigten) haben sich in die Listen für die Wiederherstellung Badens eingetragen.

1957
21. März	Hermann Kopf (CDU) bringt erstmals seinen Gruppenantrag zur Durchführung eines Volksentscheids im Bundestag ein.

1958
November	Gebhard Müller nimmt die Berufung in das Amt des Präsidenten des Bundesverfassungsgericht an.
17. Dezember	Kurt-Georg Kiesinger wird Ministerpräsident.

1959

29. Januar — Der erneut von Hermann Kopf eingebrachte Gesetzentwurf wird schon im Rechtsausschuß abgelehnt.

5. Juni — Gründung der Badischen Volkspartei (BVP) in Karlsruhe.

1960

15. Mai — Landtagswahl in Baden-Württemberg.

23. Dezember — Dreier-Gutachten über einen Gesetzgebungsweg zum Volksentscheid.

1961

24. Februar — Regierungserklärung Kiesingers. Vorschlag: Abstimmung nur in Baden mit 50%-Quorum, das heißt die Hälfte aller Wahlberechtigten müssen für Baden stimmen.

11. Juli — Hessenurteil des Bundesverfassungsgerichts: Inhaltlich wird die BVerfGE 5, 34 ff. vom 30. Mai 1956 aufgehoben (seit Mitte November des Jahres 1958 ist Gebhard Müller Präsident des Bundesverfassungsgerichts).

1962

26. Oktober — Entwurf eines Ersten Gesetzes zur Neugliederung im Bundesgebiet (Höcherl-Entwurf).

13. Dezember — Gesetzesantrag von Kopf im Bundestag für eine baldige und faire Abstimmung in Baden.

1964

16. Januar — Der Rechtsausschuß des Bundestages lehnt den Antrag von Kopf ab und stimmt der von der Landesregierung in Stuttgart vorgeschlagenen Neufassung des Art. 118 GG zu.

5. Februar — SPD-Gesetzesentwurf zur Änderung des Art. 29 GG.

21. Februar — CDU/CSU-Gesetzesentwurf zur Änderung des Art. 118 GG. Der CDU/CSU-Antrag wird zusammen mit dem am 5. Februar eingebrachten SPD-Antrag in der 1. Lesung behandelt und dem Rechtsausschuß überwiesen.

14. März — Der Heimatbund beschließt einen Aufruf zur Wahlenthaltung bei der Landtagswahl, wenn bis dann kein Gesetz für eine Volksabstimmung vorliegt.

18. März — Der Rechtsausschuß setzt die Behandlung der Baden-Gesetze auf Antrag der CDU/CSU-Fraktion von der Tagesordnung ab.

Zeittafel zur Entstehung des Bundeslandes Baden-Württemberg   307

4. April	Die Landesmitgliederversammlung des Heimatbundes beschließt Aufruf zur Wahlenthaltung.
22. April	Der Rechtsausschuß beschließt mit Mehrheit, bei Stimmenthaltung der SPD, den Fraktionsantrag der CDU/CSU dem Plenum des Bundestages vorzulegen.
26. April	Landtagswahl Rheinischer Merkur vom 1. Mai 1964: „Ohne Wahlenthaltung der Altbadener wäre der CDU die absolute Mehrheit zugefallen."
24. Juni	Der Bundestag setzt die Baden-Gesetze ab.

1965

25. Juni	Im Rechtsausschuß scheitert der Antrag der CDU/CSU.

1966

31. Januar	Ministerpräsident Meyers (Nordrhein-Westfalen) stellt seinen 7-Länderplan vor (BL Nr. 1/2, 1966).
16. Dezember	Kurt-Georg Kiesinger wird Bundeskanzler, Hans Filbinger Ministerpräsident von Baden-Württemberg.

1967

19. Februar	Ministerpräsident Filbinger unterstützt den Vorschlag der SPD zur Lösung der Baden-Frage.

1968

17. Januar	SPD bringt ihren Gesetzesvorschlag von 1964 zur Lösung der Baden-Frage wieder in den Bundestag ein.
6. Februar	CDU bringt ihren Gegenantrag in den Bundestag ein.

1969

18. Januar	Der Landesvorstand des Heimatbundes fordert die Behandlung und unverzügliche Erledigung der Neugliederungsgesetze und droht mit Wahlboykott bei der nächsten Bundestagswahl.
2. Juli	Der Bundestag beschließt eine Änderung des Artikels 29 GG zur Ermöglichung eines Volksentscheids in Baden.
11. Juli	Der Bundesrat stimmt zu.

1970

17. Januar	Auf einem Parteitag in Waldkirch empfiehlt die südbadische CDU ihren Anhängern, für den Südweststaat zu stimmen.

26. Februar	Der Bundestag verabschiedet das Gesetz über den Volksentscheid im Gebietsteil Baden des Landes Baden-Württemberg gemäß Art. 29 Abs. 3 des Grundgesetzes (BGBl. 1970 I S. 201).
7. Juni	Volksentscheid im Landesteil Baden über die Wiederherstellung des früheren Landes Baden oder den Verbleib des Landesteils beim Bundesland Baden-Württemberg. Nur 18,1% der Stimmen wünschen eine Wiederherstellung des früheren Landes Baden.

1973
1. Januar	Die historischen Grenzen Badens verschwinden als Folge der Kreis- und Gebietsreform in Baden-Württemberg.

1974
2. April	Beschluß des Zweiten Senats des Bundesverfassungsgerichts (BVerfGE 37, 84 ff.) über die Frage der Gültigkeit des Volksentscheides im ehemaligen Lande Baden, der am 7. Juni 1970 auf Grund des Volksentscheidsgesetzes vom 26. Februar 1970 durchgeführt wurde. Die Gültigkeit des Volksentscheids wird bestätigt.

Anhang 2: Index der handelnden Personen

Beyerle, Josef
Geburtsjahr: 1881
Todesjahr: 1963
Jurist
1946 – 1951   Justizminister von Württemberg-Baden

Bock, Lorenz
Geburtsjahr: 1883
Todesjahr: 1948
Jurist
1946 – 1947   Mitglied des Gemeinderats der Stadt Rottweil und der Kreisversammlung Rottweil
1947 – 1948   Staatspräsident von Württemberg-Hohenzollern

Eberhard, Fritz
(eigentlich Hellmut von Rauschenplat)
Geburtsjahr: 1896
Todesjahr: 1982
Jurist
1947   Leiter des „Deutschen Büros für Friedensfragen" in Stuttgart
1948 – 1949   Mitglied des Parlamentarischen Rates

Eckert, Wilhelm
Geburtsjahr: 1899
Todesjahr: 1980
Jurist
1946 – 1947   Mitglied der beratenden Landesversammlung von Baden
1947 – 1952   Mitglied des Landtags von Baden (BCSV/CDU)
1948 – 1952   Finanzminister von Baden
1949 – 1952   Vertreter Badens im Bundesrat

Eschenburg, Theodor
Geburtsjahr: 1904
Todesjahr: 1999
Historiker/Jurist
1945 – 1947   Staatskommissar für Flüchtlingswesen in Württemberg-Hohenzollern
1947 – 1952   Ministerialrat (ab 1951 Staatsrat) und Stellvertreter des Innenministers von Württemberg-Hohenzollern
1951 – 1952   Vertreter Württemberg-Hohenzollerns bei den Südweststaatsverhandlungen

1952   Leiter der Abwicklungsstelle des württemberg-
                        hohenzollernschen Innenministeriums

Fecht, Hermann
Geburtsjahr: 1880
Todesjahr: 1952
Jurist
1946 – 1947   Mitglied der beratenden Landesversammlung von Baden
1947 – 1952   Mitglied des Landtags von Baden
1948 – 1951   Justizminister und stellvertretender Staatspräsident von Baden
1948 – 1949   Mitglied des Parlamentarischen Rates

Freudenberg, Richard
Geburtsjahr: 1892
Todesjahr: 1975
Unternehmer
1918 – 1923   Mitglied des Gemeinderats von Weinheim
1919 – 1924   Mitglied des Landtags von Baden
1924 – 1933   Vorsitzender des Landesverbandes Baden der Demokratischen
                Partei
1949 – 1953   Mitglied des Bundestags für den Wahlkreis Mannheim-Land

Heuss, Theodor
Geburtsjahr: 1884
Todesjahr: 1963
Politiker
1924 – 1928   Abgeordneter des Reichstags (Deutsche Demokratische Par-
                tei)
1930 – 1933   Abgeordneter des Reichstags (Deutsche Demokratische Par-
                tei)
1945   Kultusminister von Württemberg-Baden
1946 – 1947   Abgeordneter der DVP
1946   Vorsitzender der DVP der US-Zone
1946   Mitglied der Verfassunggebende Landesversammlung für
                Württemberg-Baden
1946   Mitglied des Landtags von Württemberg-Baden
1947   Vorstand der Demokratischen Partei Deutschlands
1948   1. Bundesvorsitzender der FDP
1948 – 1949   Mitglied des Parlamentarischen Rates
1949   Mitglied des Bundestags (FDP)
1949 – 1959   Bundespräsident der Bundesrepublik Deutschland

Index der handelnden Personen 311

Hilbert, Anton
Geburtsjahr: 1898
Todesjahr: 1986
Landwirt
1946 – 1947   Staatssekretär im Badischen Ministerium für Landwirtschaft und Ernährung
1946 – 1947   Mitglied der beratenden Landesversammlung von Baden
1947 – 1952   Mitglied des Landtags von Baden (BCSV/CDU)
1948 – 1951   Mitglied des Landtags von Baden-Württemberg (CDU)
1948 – 1949   Mitglied des Parlamentarischen Rates
1949 – 1969   Mitglied des Bundestags

Keil, Wilhelm
Geburtsjahr: 1870
Todesjahr: 1968
Politiker
1900 – 1910   Mitglied des Landtags von Württemberg
1910 – 1918   Mitglied des Reichstags
1920 – 1923   Mitglied des Reichstags
1921 – 1923   Arbeits- und Ernährungsminister des Landes Württemberg
1946   Präsident der Vorläufigen Volksvertretung von Württemberg-Baden
1946   Vorsitzender des Verfassungsausschusses von Württemberg-Baden
1950   Präsident des Landtags von Württemberg-Baden

Köhler, Heinrich
Geburtsjahr: 1878
Todesjahr: 1949
Finanzbeamter
1913 – 1927   Mitglied des Landtags von Baden (Zentrum)
1919 – 1920   Stadtrat in Karlsruhe
1920 – 1923   Finanzminister
1923 – 1924   Badischer Staatspräsident
1926 – 1927   Badischer Staatspräsident
1927 – 1928   Reichsfinanzminister
1928 – 1932   Mitglied des Reichstags
1945 – 1946   Präsident der Landesverwaltung und des Landesbezirks Baden
1946 – 1949   Mitglied des Landtags in Württemberg-Baden, Stellvertretender Ministerpräsident
1946   Wirtschaftsminister
1946 – 1949   Finanzminister

Kopf, Hermann
Geburtsjahr: 1901
Todesjahr: 1991
Jurist
1949 – 1969 Mitglied des Bundestags für den Wahlkreis Freiburg Stadt und Land (CDU)
1951 Vertreter Badens für die Verhandlungen der badischen Verfassungsklage vor dem Bundesverfassungsgericht am 2. Oktober 1951
1960 – 1969 Leitung des Auswärtigen Ausschusses des Bundestags

Maier, Reinhold
Geburtsjahr: 1889
Todesjahr: 1971
Jurist
1929 – 1933 Mitglied des Landtags in Württemberg
Württembergischer Wirtschaftsminister
Bevollmächtigter im Reichsrat
1932 – 1933 Mitglied des Reichstags
1945 – 1952 Ministerpräsident von Württemberg-Baden
1946 – 1952 Mitglied des Landtags von Württemberg-Baden (DVP/FDP)
1951 – 1952 Finanzminister in Württemberg-Baden
1952 – 1953 Ministerpräsident von Baden-Württemberg
1952 – 1963 Mitglied des Landtags von Baden-Württemberg
1953 Innenminister in Baden-Württemberg
1953 – 1956 Mitglied des Bundestags
1957 – 1959 Mitglied des Bundestags
1957 – 1960 Bundesvorsitzender der FDP

Müller, Gebhard
Geburtsjahr: 1900
Todesjahr: 1990
Jurist
1930 – 1933 Rechtsrat beim Bischöflichen Ordinariat und Diözesanverwaltungsrat Rottenburg
Vorsitzender der Zentrumspartei für Stadt und Bezirk Rottenburg
1933 – 1945 Amtsrichter und Landgerichtsrat in Waiblingen, Tübingen, Göppingen und Stuttgart
1945 Oberstaatsanwalt in Stuttgart
1945 – 1948 Ministerialrat und Ministerialdirektor in Württemberg-Hohenzollern

Index der handelnden Personen 313

1946 – 1948	Ministerialdirektor bei der süd-württembergischen Landesdirektion der Justiz in Tübingen
	Vertreter des Justizministers
1947 – 1952	Landesvorsitzender der CDU
1948 – 1952	Staatspräsident von Württemberg-Hohenzollern
1952 – 1959	Mitglied des Landtags von Baden-Württemberg
1953 – 1958	Ministerpräsident von Baden-Württemberg
1958 – 1971	Präsident des Bundesverfassungsgerichts

Renner, Viktor
Geburtsjahr: 1899
Todesjahr: 1969
Jurist

1945	Oberbürgermeister von Tübingen (SPD)
1946 – 1947	Mitglied der provisorischen Regierung von Süd-Württemberg-Hohenzollern
1947 – 1952	Staatssekretär für die Landesdirektion des Inneren
1947 – 1952	Mitglied des Landtags von Württemberg-Hohenzollern
1952 – 1964	Mitglied des Landtags von Baden-Württemberg
1952 – 1953	Leitung des Justizministeriums
1956 – 1960	Innenminister von Baden-Württemberg

Schmid, Carlo
Geburtsjahr: 1896
Todesjahr: 1979
Jurist

1925 – 1927	Amts- und Landgerichtsrat in Tübingen
1927 – 1929	Referent am Kaiser Wilhelm-Institut für ausländisches öffentliches Recht und Völkerrecht in Berlin
1945	Regierungschef, Kultusminister und Justizminister des Landes Württemberg-Hohenzollern
1945 – 1947	Landesvorsitzender der SPD in Südwürttemberg
1946	Präsident des Staatssekretariats und Staatssekretär für Justiz
1947 – 1972	Mitglied des Parteivorstands der SPD
1947 – 1950	Justizminister und stellvertretender Staatspräsident des Landes Württemberg-Hohenzollern,
	Mitglied der Landesregierung von Württemberg-Baden als Staatsrat
1948 – 1949	Mitglied des Parlamentarischen Rats
	Vorsitzender des Hauptausschusses
	Vorsitzender der SPD-Fraktion
1949 – 1972	Mitglied des Bundestags für den Wahlkreis Mannheim I
1949 – 1953	Vorsitzender des Auswärtigen Ausschusses

1949 – 1966	Vizepräsident des Bundestags
1957 – 1966	stellvertretender Vorsitzender der SPD-Bundestagsfraktion
1969 – 1972	Vizepräsident des Bundestags
1966 – 1969	Bundesminister für die Angelegenheiten des Bundesrates und der Länder
1972 – 1979	Koordinator für die deutsch-französischen Beziehungen

Schüly, Alfred
Geburtsjahr: 1889
Todesjahr: 1977
Jurist

1929 – 1933	Regierungs-, Oberregierungs-, Ministerialrat im Badischen Innenministerium
1933 – 1955	Richter am Badischen Verwaltungsgerichtshof in Karlsruhe
1945	Ministerialrat im Badischen Innenministerium
1946	Präsident des Badischen Verwaltungsgerichtshofs
1947	stellvertretender Präsident des Badischen Gerichtshofs
1947 – 1952	Badischer Innenminister (BCSV/CDU)
1952 – 1955	Präsident des Badischen Gerichtshofs

Waeldin, Paul
Geburtsjahr: 1888
Todesjahr: 1969
Jurist

1929 – 1933	Mitglied des Landtags von Baden (DDP)
1945	Oberbürgermeister von Lahr
1946 – 1947	badischer Landesvorsitzender der DP
1946 – 1947	Badischer Staatssekretär der Finanzen
1946 – 1947	Mitglied der Beratenden Landesversammlung von Baden
1947 – 1952	Mitglied des Landtags von Baden
1952 – 1957	Regierungspräsident von Südbaden in Freiburg

Wittwer, Konrad
Geburtsjahr: 1903
Todesjahr: 1973
Buchhändler

1945 – 1951	Staatsrat von Württemberg-Baden

Wohleb, Leo
Geburtsjahr: 1888
Todesjahr: 1955
Gymnasiallehrer

1918 – 1920	Sekretär im Kultusministerium Karlsruhe

Index der handelnden Personen 315

1920 – 1931	Professor am Berthold-Gymnasium in Freiburg
1931 – 1934	Oberregierungsrat im Kultusministerium Karlsruhe
1934 – 1945	Direktor des Gymnasiums Hohenbaden in Baden-Baden
1945 – 1946	Referent im Badischen Kultusministerium
1946 – 1947	Mitglied der Beratenden Landesversammlung von Baden
1946 – 1947	Staatssekretär des Badischen Ministeriums für Kultus und Unterricht
	Präsident des badischen Staatssekretariats
	Landesvorsitzender der BCSV
1947 – 1952	Mitglied des Landtags von Baden
	Staatspräsident von Baden
	Minister für Kultus und Unterricht
1952 – 1955	Gesandter der Bundesrepublik Deutschland in Lissabon

Zürcher, Paul
Geburtsjahr: 1893
Todesjahr: 1980
Jurist

1930 – 1932	Amtsrichter in St. Blasien
1932 – 1944	Amtsrichter in Freiburg
1945	Auftrag zur Neuorganisation des Justizwesens für die Militärregierung
1946	Ministerialdirektor der Justiz
1946 – 1947	Mitglied der Beratenden Landesversammlung von Baden
1947 – 1948	Mitglied des Landtags von Baden (BCSV/CDU)
1948	Präsident des Badischen Oberlandesgerichts und des Badischen Staatsgerichtshofs

Quellen:
ILGEN/SCHERB; „Numme Langsam" Der Weg in den Südweststaat, in: Badens Mitgift (2002), S. 19 ff. (31 ff.)
MOERSCH/HÖLZLE, Kontrapunkt Baden-Württemberg (2002), S. 195 ff.
www.munzinger.de (Stand: 15. August 2006)

Anhang 3: Art. 29 GG und Art. 118 GG

Art. 29 GG

In der Fassung vom 23. Mai 1949
(1) Das Bundesgebiet ist unter Berücksichtigung der landsmannschaftlichen Verbundenheit, der geschichtlichen und kulturellen Zusammenhänge, der wirtschaftlichen Zweckmäßigkeit und des sozialen Gefüges durch Bundesgesetz neu zu gliedern. Die Neugliederung soll Länder schaffen, die nach Größe und Leistungsfähigkeit die ihnen obliegenden Aufgaben wirksam erfüllen können.
(2) In den Gebietsteilen, die bei der Neugliederung der Länder nach dem 8. Mai 1945 ohne Volksabstimmung ihre Landeszugehörigkeit geändert haben, kann binnen eines Jahres nach Inkrafttreten des Grundgesetzes durch Volksbegehren eine bestimmte Änderung der über die Landeszugehörigkeit getroffenen Entscheidung gefordert werden. Das Volksbegehren bedarf der Zustimmung eines Zehntels der zu den Landtagen wahlberechtigten Bevölkerung. Kommt das Volksbegehren zustande, so hat die Bundesregierung in den Gesetzentwurf über die Neugliederung eine Bestimmung über die Landeszugehörigkeit des Gebietsteils aufzunehmen.
(3) Nach Annahme des Gesetzes ist in jedem Gebiete, dessen Landeszugehörigkeit geändert werden soll, der Teil des Gesetzes, der dieses Gebiet betrifft, zum Volksentscheid zu bringen. Ist ein Volksbegehren nach Absatz 2 zustande gekommen, so ist in dem betreffenden Gebiete in jedem Falle ein Volksentscheid durchzuführen.
(4) Soweit dabei das Gesetz mindestens in einem Gebietsteil abgelehnt wird, ist es erneut bei dem Bundestage einzubringen. Nach erneuter Verabschiedung bedarf es insoweit der Annahme durch Volksentscheid im gesamten Bundesgebiete.
(5) Bei einem Volksentscheid entscheidet die Mehrheit der abgegebenen Stimmen.
(6) Das Verfahren regelt ein Bundesgesetz. Die Neugliederung soll vor Ablauf von drei Jahren nach Verkündung des Grundgesetzes und, falls sie als Folge des Beitritts eines anderen Teiles von Deutschland notwendig wird, innerhalb von zwei Jahren nach dem Beitritt geregelt sein.
(7) Das Verfahren über jede sonstige Änderung des Gebietsbestandes der Länder regelt ein Bundesgesetz, das mit Zustimmung des Bundesrates und der Mehrheit der Mitglieder des Bundestages bedarf.

Verfassungsänderung vom 19. August 1969 (BGBl. I, 1241)
(1) Das Bundesgebiet ist unter Berücksichtigung der landsmannschaftlichen Verbundenheit, der geschichtlichen und kulturellen Zusammenhänge, der wirtschaftlichen Zweckmäßigkeit und des sozialen Gefüges durch Bundesgesetz neu

zu gliedern. Die Neugliederung soll Länder schaffen, die nach Größe und Leistungsfähigkeit die ihnen obliegenden Aufgaben wirksam erfüllen können.
(2) In den Gebietsteilen, die bei der Neugliederung der Länder nach dem 8. Mai 1945 ohne Volksabstimmung ihre Landeszugehörigkeit geändert haben, kann binnen eines Jahres nach Inkrafttreten des Grundgesetzes durch Volksbegehren eine bestimmte Änderung der über die Landeszugehörigkeit getroffenen Entscheidung gefordert werden. Das Volksbegehren bedarf der Zustimmung eines Zehntels der zu den Landtagen wahlberechtigten Bevölkerung.
(3) Ist ein Volksbegehren nach Abs. 2 zustande gekommen, so ist in dem betreffenden Gebietsteil bis zum 31. März 1975, im Gebietsteil Baden des Landes Baden-Württemberg bis zum 30. Juni 1970 ein Volksentscheid über die Frage durchzuführen, ob die angestrebte Änderung vorgenommen werden oder die bisherige Landeszugehörigkeit bestehen bleiben soll. Stimmt eine Mehrheit, die mindestens ein Viertel der zum Landtag wahlberechtigten Bevölkerung umfaßt, der Änderung zu, so ist die Landeszugehörigkeit des betreffenden Gebietsteils durch Bundesgesetz innerhalb eines Jahres nach Durchführung des Volksentscheides zu regeln. Wird innerhalb desselben Landes in mehreren Gebietsteilen eine Änderung des Landeszugehörigkeit verlangt, so sind die erforderlichen Regelungen in einem Gesetz zusammenzufassen.
(4) Dem Bundesgesetzgeber ist das Ergebnis des Volksentscheides zugrunde zu legen; es darf von ihm nur abweichen, soweit dies zur Erreichung der Ziele der Neugliederung nach Absatz 1 erforderlich ist. Das Gesetz bedarf der Zustimmung der Mehrheit der Mitglieder des Bundestages. Sieht das Gesetz die Änderung der Landeszugehörigkeit eines Gebietsteiles vor, die nicht durch Volksentscheid verlangt worden ist, so bedarf es der Annahme durch Volksentscheid in dem gesamten Gebiet, dessen Landeszugehörigkeit geändert werde soll; dies gilt nicht, soweit bei Ausgliederung von Gebietsteilen aus einem bestehenden Land die verbleibenden Gebietsteile als selbständiges Land fortbestehen sollen.
(5) Nach Annahme eines Bundesgesetzes über die Neugliederung des Bundesgebietes außerhalb des Verfahrens nach den Absätzen 2 bis 4 ist in jedem Gebiet, dessen Landeszugehörigkeit geändert werden soll, der Teil des Gesetzes, der dieses Gebiet betrifft, zum Volksentscheid zu bringen. Soweit dabei das Gesetz mindestens in einem Gebietsteil abgelehnt wird, ist es erneut bei dem Bundestag einzubringen. Nach erneuter Verabschiedung bedarf es insoweit der Annahme durch Volksentscheid im gesamten Bundesgebiet.
(6) Bei einem Volksentscheid entscheidet die Mehrheit der abgegebenen Stimmen, Absatz 3 bleibt unberührt. Das Verfahren regelt ein Bundesgesetz. Die Neugliederung soll, falls sie als Folge des Beitrittes eines anderen Teiles von Deutschland notwendig wird, innerhalb von zwei Jahren nach dem Beitritt geregelt sein.
(7) Das Verfahren über jede sonstige Änderung des Gebietsbestandes der Länder regelt ein Bundesgesetz, das mit Zustimmung des Bundesrates und der Mehrheit der Mitglieder des Bundestages bedarf.

Verfassungsänderung vom 23. August 1976 (BGBl. I, 2381)
(1) Das Bundesgebiet kann neu gegliedert werden, um zu gewährleisten, daß die Länder nach Größe und Leistungsfähigkeit die ihnen obliegenden Aufgaben wirksam erfüllen können. Dabei sind die landsmannschaftliche Verbundenheit, die geschichtlichen und kulturellen Zusammenhänge, die wirtschaftliche Zweckmäßigkeit sowie die Erfordernisse der Raumordnung und Landesplanung zu berücksichtigen.
(2) Maßnahmen zur Neugliederung des Bundesgebietes ergehen durch Bundesgesetz, das der Bestätigung durch Volksentscheid bedarf. Die betroffenen Länder sind zu hören.
(3) Der Volksentscheid findet in den Ländern statt, aus deren Gebieten oder Gebietsteilen ein neues oder neu umgrenztes Land gebildet werden soll (betroffene Länder). Abzustimmen ist über die Frage, ob die betroffenen Länder wie bisher bestehenbleiben sollen oder ob das neue oder neu umgrenzte Land gebildet werden soll. Der Volksentscheid für die Bildung eines neuen oder neu umgrenzten Landes kommt zustande, wenn in dessen künftigem Gebiet und insgesamt in den Gebieten oder Gebietsteilen eines betroffenen Landes, deren Landeszugehörigkeit im gleichen Sinne geändert werden soll, jeweils eine Mehrheit der Änderung zustimmt. Er kommt nicht zustande, wenn im Gebiet eines der betroffenen Länder eine Mehrheit die Änderung ablehnt; die Ablehnung ist jedoch unbeachtlich, wenn in einem Gebietsteil, dessen Zugehörigkeit zu dem betroffenen Land geändert werden soll, eine Mehrheit von zwei Dritteln der Änderung zustimmt, es sei denn, daß im Gesamtgebiet des betroffenen Landes eine Mehrheit von zwei Dritteln die Änderung ablehnt.
(4) Wird in einem zusammenhängenden, abgegrenzten Siedlungs- und Wirtschaftsraum, dessen Teile in mehreren Ländern liegen und der mindestens eine Million Einwohner hat, von einem Zehntel der in ihm zum Bundestag Wahlberechtigten durch Volksbegehren gefordert, daß für diesen Raum eine einheitliche Landeszugehörigkeit herbeigeführt werde, so ist durch Bundesgesetz innerhalb von zwei Jahren entweder zu bestimmen, ob die Landeszugehörigkeit gemäß Absatz 2 geändert wird, oder daß in den betroffenen Ländern eine Volksbefragung stattfindet.
(5) Die Volksbefragung ist darauf gerichtet festzustellen, ob eine in dem Gesetz vorzuschlagende Änderung der Landeszugehörigkeit Zustimmung findet. Das Gesetz kann verschiedene, jedoch nicht mehr als zwei Vorschläge der Volksbefragung vorlegen. Stimmt eine Mehrheit einer vorgeschlagenen Änderung der Landeszugehörigkeit zu, so ist durch Bundesgesetz innerhalb von zwei Jahren zu bestimmen, ob die Landeszugehörigkeit gemäß Absatz 2 geändert wird. Findet ein der Volksbefragung vorgelegter Vorschlag eine den Maßgaben des Absatzes 3 Satz 3 und 4 entsprechende Zustimmung, so ist innerhalb von zwei Jahren nach der Durchführung der Volksbefragung ein Bundesgesetz zur Bil-

dung des vorgeschlagenen Landes zu erlassen, das der Bestätigung durch Volksentscheid nicht mehr bedarf.
(6) Mehrheit im Volksentscheid und in der Volksbefragung ist die Mehrheit der abgegebenen Stimmen, wenn sie mindestens ein Viertel der zum Bundestag Wahlberechtigten umfaßt. Im übrigen wird das Nähere über Volksentscheid, Volksbegehren und Volksbefragung durch ein Bundesgesetz geregelt; dieses kann auch vorsehen, daß Volksbegehren innerhalb eines Zeitraumes von fünf Jahren nicht wiederholt werden können.
(7) Sonstige Änderungen des Gebietsbestandes der Länder können durch Staatsverträge der beteiligten Länder oder durch Bundesgesetz mit Zustimmung des Bundesrates erfolgen, wenn das Gebiet, dessen Landeszugehörigkeit geändert werden soll, nicht mehr als 10 000 Einwohner hat. Das Nähere regelt ein Bundesgesetz, das der Zustimmung des Bundesrates und der Mehrheit der Mitglieder des Bundestages bedarf. Es muß die Anhörung der betroffenen Gemeinden und Kreise vorsehen.

Verfassungsänderung vom 27. Oktober 1994 (BGBl. I, 3146)
(1) Das Bundesgebiet kann neu gegliedert werden, um zu gewährleisten, daß die Länder nach Größe und Leistungsfähigkeit die ihnen obliegenden Aufgaben wirksam erfüllen können. Dabei sind die landsmannschaftliche Verbundenheit, die geschichtlichen und kulturellen Zusammenhänge, die wirtschaftliche Zweckmäßigkeit sowie die Erfordernisse der Raumordnung und Landesplanung zu berücksichtigen.
(2) Maßnahmen zur Neugliederung des Bundesgebietes ergehen durch Bundesgesetz, das der Bestätigung durch Volksentscheid bedarf. Die betroffenen Länder sind zu hören.
(3) Der Volksentscheid findet in den Ländern statt, aus deren Gebieten oder Gebietsteilen ein neues oder neu umgrenztes Land gebildet werden soll (betroffene Länder). Abzustimmen ist über die Frage, ob die betroffenen Länder wie bisher bestehenbleiben sollen oder ob das neue oder neu umgrenzte Land gebildet werden soll. Der Volksentscheid für die Bildung eines neuen oder neu umgrenzten Landes kommt zustande, wenn in dessen künftigem Gebiet und insgesamt in den Gebieten oder Gebietsteilen eines betroffenen Landes, deren Landeszugehörigkeit im gleichen Sinne geändert werden soll, jeweils eine Mehrheit der Änderung zustimmt. Er kommt nicht zustande, wenn im Gebiet eines der betroffenen Länder eine Mehrheit die Änderung ablehnt; die Ablehnung ist jedoch unbeachtlich, wenn in einem Gebietsteil, dessen Zugehörigkeit zu dem betroffenen Land geändert werden soll, eine Mehrheit von zwei Dritteln der Änderung zustimmt, es sei denn, daß im Gesamtgebiet des betroffenen Landes eine Mehrheit von zwei Dritteln die Änderung ablehnt.
(4) Wird in einem zusammenhängenden, abgegrenzten Siedlungs- und Wirtschaftsraum, dessen Teile in mehreren Ländern liegen und der mindestens eine Million Einwohner hat, von einem Zehntel der in ihm zum Bundestag Wahlbe-

rechtigten durch Volksbegehren gefordert, daß für diesen Raum eine einheitliche Landeszugehörigkeit herbeigeführt werde, so ist durch Bundesgesetz innerhalb von zwei Jahren entweder zu bestimmen, ob die Landeszugehörigkeit gemäß Absatz 2 geändert wird, oder daß in den betroffenen Ländern eine Volksbefragung stattfindet.

(5) Die Volksbefragung ist darauf gerichtet festzustellen, ob eine in dem Gesetz vorzuschlagende Änderung des Landeszugehörigkeit Zustimmung findet. Das Gesetz kann verschiedene, jedoch nicht mehr als zwei Vorschläge der Volksbefragung vorlegen. Stimmt eine Mehrheit einer vorgeschlagenen Änderung der Landeszugehörigkeit zu, so ist durch Bundesgesetz innerhalb von zwei Jahren zu bestimmen, ob die Landeszugehörigkeit gemäß Absatz 2 geändert wird. Findet ein der Volksbefragung vorgelegter Vorschlag eine den Maßgaben des Absatzes 3 Satz 3 und 4 entsprechende Zustimmung, so ist innerhalb von zwei Jahren nach der Durchführung der Volksbefragung ein Bundesgesetz zur Bildung des vorgeschlagenen Landes zu erlassen, das der Bestätigung durch Volksentscheid nicht mehr bedarf.

(6) Mehrheit im Volksentscheid und in der Volksbefragung ist die Mehrheit der abgegebenen Stimmen, wenn sie mindestens ein Viertel der zum Bundestag Wahlberechtigten umfaßt. Im übrigen wird das Nähere über Volksentscheid, Volksbegehren und Volksbefragung durch ein Bundesgesetz geregelt; dieses kann auch vorsehen, daß Volksbegehren innerhalb eines Zeitraumes von fünf Jahren nicht wiederholt werden können.

(7) Sonstige Änderungen des Gebietsbestandes der Länder können durch Staatsverträge der beteiligten Länder oder durch Bundesgesetz mit Zustimmung des Bundesrates erfolgen, wenn das Gebiet, dessen Landeszugehörigkeit geändert werden soll, nicht mehr als 50 000 Einwohner hat. Das Nähere regelt ein Bundesgesetz, das der Zustimmung des Bundesrates und der Mehrheit der Mitglieder des Bundestages bedarf. Es muß die Anhörung der betroffenen Gemeinden und Kreise vorsehen.

(8) Die Länder können eine Neugliederung für das jeweils von ihnen umfaßte Gebiet oder für Teilgebiete abweichend von den Vorschriften der Absätze 2 bis 7 durch Staatsvertrag regeln. Die betroffenen Gemeinden und Kreise sind zu hören. Der Staatsvertrag bedarf der Bestätigung durch Volksentscheid in jedem beteiligten Land. Betrifft der Staatsvertrag Teilgebiete der Länder, kann die Bestätigung auf Volksentscheide in diesen Teilgebieten beschränkt werden; Satz 5 zweiter Halbsatz findet keine Anwendung. Bei einem Volksentscheid entscheidet die Mehrheit der abgegebenen Stimmen, wenn sie mindestens ein Viertel der zum Bundestag Wahlberechtigten umfaßt; das Nähere regelt ein Bundesgesetz. Der Staatsvertrag bedarf der Zustimmung des Bundestages.

Art.118 GG

Die Neugliederung in dem die Länder Baden, Württemberg-Baden und Württemberg-Hohenzollern umfassenden Gebiete kann abweichend von den Vorschriften des Artikels 29 durch Vereinbarung der beteiligten Länder erfolgen. Kommt eine Vereinbarung nicht zustande, so wird die Neugliederung durch Bundesgesetz geregelt, das eine Volksbefragung vorsehen muß.

Anhang 4: Ausgewählte Dokumente zur Entstehung des Landes Baden-Württemberg

I. Proklamation Nr. 2[1]

Art. 1 der Proklamation Nr.2 vom 19. September 1945 von General Eisenhower:
Innerhalb der amerikanischen Besatzungszone werden hiermit Verwaltungsgebiete gebildet, die von jetzt ab als Staaten bezeichnet werden. Jeder Staat wird eine Staatsregierung haben, die folgenden Staaten werden gebildet: Großhessen, Württemberg-Baden und Bayern. Württemberg-Baden umfaßt die Kreise Aalen, Backnang. Böblingen, Crailsheim, Esslingen, Gmünd, Göppingen, Hall, Heidenheim, Heilbronn, Künzelsau, Leonberg, Ludwigsburg, Mergentheim, Nürtingen - nördlich der Autobahn, Öhringen, Stuttgart, Ulm, Vaihingen. Waiblingen (...) Landesbezirk Mannheim und die Kreise Bruchsal, Karlsruhe Stadt und Land und Pforzheim Stadt und Land.

---

1 Abgedruckt bei: RUHL, Die Besetzer und die Deutschen: Amerikanische Zone 1945 – 1948 (1980), S. 101; dazu weiterführend: HÄRTEL, Der Länderrat des amerikanischen Besatzungsgebietes (1951), S. IX.

II. Auszüge aus den Verfassungen der südwestdeutschen Länder

1. Verfassung des Landes Baden vom 22. Mai 1947

[Vorspruch]

Im Vertrauen auf Gott hat sich das badische Volk, als Treuhänder der alten badischen Überlieferung, beseelt von dem Willen, seinen Staat im demokratischen Geist nach den Grundsätzen des christlichen Sittengesetzes und der sozialen Gerechtigkeit neu zu gestalten, folgende Verfassung gegeben:

Art. 54

Eine Änderung der Landesgrenzen gegenüber anderen deutschen Ländern ist nur durch ein verfassungsänderndes Gesetz möglich.

Art. 92

(1) Die Verfassung kann nur im Wege der Gesetzgebung durch das in diesem Artikel geregelte Verfahren geändert werden. Der Antrag kann von der Landesregierung oder aus der Mitte des Landtags gestellt werden.
(2) Zur gültigen Beschlußfassung über Gesetze, durch die die Verfassung oder ihre Teile ergänzt, erläutert, abgeändert oder aufgehoben werden, ist die Zustimmung von mindestens zwei Dritteln der gesetzlichen Mitgliederzahl des Landtags erforderlich; ist das Gesetz angenommen, so muß es der Volksabstimmung unterbreitet werden.
(3) Die unerläßlichen Grundbestandteile einer demokratischen Verfassung können auch durch ein verfassungsänderndes Gesetz nicht verletzt und nicht beseitigt werden.
(4) Einer Person oder einem Ausschuß kann die Ermächtigung zu Verfassungsänderungen in keiner Weise übertragen werden.

Art. 130

Die Verfassung wurde von der Beratenden Landesversammlung im Zusammenwirken mit der Provisorischen Landesregierung beschlossen. Sie tritt am Tage nach ihrer Annahme durch Volksabstimmung in Kraft

2. Verfassung des Landes Württemberg-Baden vom 28. November 1946

Art. 44

Das Staatsgebiet besteht derzeit aus den in der Anlage aufgeführten Gebietsteilen der Länder Württemberg und Baden. Entsprechend seiner früheren Zugehörigkeit zu Württemberg und Baden gliedert sich derzeit das Staatsgebiet in die Landesbezirke Württemberg und Baden, deren gleiche Gliederung und Selbstverwaltung gesichert und durch Gesetz geregelt werden.

Art. 85
(1) Die Verfassung kann durch Gesetz geändert werden. Abänderungsanträge, die dem Geist der Verfassung widersprechen, sind unzulässig. Die Entscheidung, ob ein Änderungsantrag zulässig ist, trifft auf Antrag der Regierung oder eines Viertels der gesetzlichen Mitgliederzahl des Landtags der Staatsgerichtshof.
(2) Die Verfassung kann geändert werden, wenn bei Anwesenheit von mindestens zwei Dritteln der gesetzlichen Mitgliederzahl des Landtags eine Zweidrittelmehrheit, die jedoch mehr als die Hälfte der gesetzlichen Mitgliederzahl betragen muß, es beschließt.
(3) Die Verfassung kann auf Antrag von mehr als der Hälfte der gesetzlichen Mitgliederzahl des Landtags durch Volksabstimmung geändert werden, wenn eine Mehrheit von zwei Dritteln der abgegebenen gültigen Stimmen die Abänderung beschließt.
(4) Ohne vorherige Änderung der Verfassung können Gesetze, durch die Bestimmungen der Verfassung durchbrochen würden, nicht beschlossen werden.
(5) Die Absätze 2, 3 und 4 dieses Artikels können nicht geändert werden.

Art. 107
Auf Verfassungsänderungen, die aus Anlaß einer Vereinigung von Süd-Württemberg und Süd-Baden mit den nördlichen Landesteilen erfolgen, finden die Bestimmungen des Artikel 85 Abs. 2 und 3 keine Anwendung.

Art. 108
Das Volk des Landes Württemberg-Baden hat dieser von seiner Verfassunggebenden Landesversammlung entworfenen Verfassung durch Volksabstimmung vom 24. November 1946 zugestimmt. Die Verfassung tritt mit dem Tage ihrer Verkündung in Kraft

3. Verfassung des Landes Württemberg-Hohenzollern vom 18. Mai 1947

Art. 23
Volksabstimmung findet über Annahme oder Ablehnung und über Änderung der Verfassung statt.

Art. 47
(1) Der Staatspräsident vertritt den Staat nach außen.
(2) Zum Abschluß eines Staatsvertrags bedarf er der Zustimmung der Regierung und der Genehmigung des Landtags.

Art. 71

(1) Bei der Volksabstimmung wird mit Ja oder Nein gestimmt.
(2) Die einfache Mehrheit entscheidet. Verfassungsändernde Gesetze bedürfen der Zweidrittelmehrheit.
(3) Ein Gesetz über die Volksabstimmung bestimmt das Nähere.

Art. 125

(1) Schließt das Land Württemberg-Hohenzollern sich mit einem anderen deutschen Land oder mit mehreren deutschen Ländern zwecks gemeinsamer Gesetzgebung, insbesondere auf dem Gebiet der Ernährung, der Wirtschaft, des Finanzwesens oder des Verkehrs zusammen, so steht diese Verfassung der gesetzgeberischen Zuständigkeit der Vereinigung nicht entgegen.
(2) Die Regierung schuldet dem Landtag Rechenschaft über die Tätigkeit und Abstimmung ihrer Bevollmächtigten in der Vereinigung.

Art. 126

Diese Verfassung tritt am Tage ihrer Verkündung in Kraft

III. Frankfurter Dokument Nr. 2[2]

The Ministers-President are asked to examine the boundaries of the several states in order to determine what modifications they may want to propose. Such modifications should take account of traditional patterns, and avoid, to the extent feasible, the creation of states which are either too large or too small in comparison with the other states.

If these recommendations are not disapproved by the Military Governors, they should be submitted for the approval of the people of the affected areas not later than the time when the members of the constituent assembly are chosen.

Prior to the completion of the work of the constituent assembly, the Ministers-President will take the necessary steps for the election of the assemblies of those states, the boundaries of which have been modified, will be in a position to determine the electoral procedures and regulations for the ratification of the constitution.

Die Ministerpräsidenten sind ersucht, die Grenzen der einzelnen Länder zu überprüfen, um zu bestimmen, welche Änderungen sie etwa vorzuschlagen wünschen. Solche Änderungen sollten den überlieferten Formen Rechnung tragen und möglichst die Schaffung von Ländern vermeiden, die im Vergleich mit den anderen Ländern entweder zu groß oder zu klein sind.

Wenn diese Empfehlungen von den Militärgouverneuren nicht mißbilligt werden, sollten sie zur Annahme durch die Bevölkerung der betroffenen Gebiete spätestens zur Zeit der Auswahl der Mitglieder der verfassunggebenden Versammlung vorgelegt werden.

Bevor die verfassunggebende Versammlung ihre Arbeit beendet, werden die Ministerpräsidenten die notwendigen Schritte für die Wahl der Landtage derjenigen Länder unternehmen, deren Grenzen geändert worden sind, so daß diese Landtage sowie die Landtage der Länder, deren Grenzen nicht geändert worden sind, in der Lage sind, die Wahlverfahren und Bestimmungen für die Ratifizierung der Verfassung festzusetzen.

---

2   Abgedruckt bei: von DOEMMING/FÜSSLEIN/MATZ, JöR n.F., Bd. 1 (1951), S. 263 f.

IV. Auszüge aus den Beschlüssen der Koblenzer Ministerpräsidentenkonferenz vom 8. bis 10. Juli 1948[3]

Die Ministerpräsidenten stimmen mit den Militärgouverneuren überein, daß eine Überprüfung der Grenzen der deutschen Länder zweckmäßig ist.
Sie sind jedoch der Ansicht, daß diese Frage einer sorgfältigen Untersuchung bedarf, die innerhalb kurzer Frist nicht durchzuführen ist.
Unter diesen Umständen können die Ministerpräsidenten von sich aus im Augenblick keine Gesamtlösung unterbreiten. Sie sind aber der Ansicht, daß die Grenzen der Länder im Südwesten dringend einer Änderung bedürfen. Über diese Änderung soll der PR beraten und den Ministerpräsidenten Vorschläge unterbreiten.
Das Recht der beteiligten Länder, selbständig eine Regelung zu treffen, bleibt unberührt.[4]

---

3   Aus: Der Kampf um den Südweststaat (1952), S. 5.
4   Abgedruckt bei: VON DOEMMING/FÜSSLEIN/MATZ, JöR n.F., Bd. 1 (1951), S. 264.

V. Erwiderung der Militärgouverneure am 20. Juli 1948

Die Ministerpräsidenten müssen deutlich erklären, ob sie irgendwelche Änderungen von Ländergrenzen vorzuschlagen haben, und bejahendenfalls diese Änderungen darlegen. Es sollte auch klar sein, daß die Ordnung und das Verfahren, die in dieser Hinsicht durch die in London getroffenen Abmachungen festgelegt wurden, beobachtet werden müssen.

Uns liegt daran, daß Sie verstehen, daß diese Frage der Ländergrenzen für uns von großer Bedeutung ist. Wir glauben, daß gegenwärtig der richtige Augenblick für ihre Behandlung ist, und wir sind dazu bereit. Es würde für uns indessen viel schwieriger sein, uns später mit ihr zu befassen. Sie hat z.B. Rückwirkungen auf unsere eigenen Zonengrenzen. Wir glauben nicht, daß wir zu einem späteren Zeitpunkt vor dem Abschluß eines Friedensvertrages wieder zu einer Behandlung des Problems bereit sein würden. Überdies ist die Feststellung der Ländergrenzen wichtig in bezug auf die Verfassung selbst. Wir glauben, daß wir unseren Regierungen empfehlen sollten, daß die während der Abfassung anerkannten Grenzen wenigstens bis zur Unterzeichnung eines Friedensvertrages ungeändert bleiben sollten.[5]

---

5   Stellungnahme General Robertsons zu der deutschen Antwort betr. Dokument Nr. 2, abgedruckt in: WERNICKE/BOOMS, Der Parlamentarische Rat 1948 – 1949, Bd. 1, Dokument Nr. 10 S. 168 und bei: VON DOEMMING/FÜBLEIN/MATZ, JöR n.F., Bd. 1 (1951), S. 264.

VI. Beschluß der Ministerpräsidentenkonferenz auf Schloß Niederwald bei Rüdesheim am 21. und 22. Juli 1948[6]

1. Die Territorialreform ist notwendig.
2. Die Ministerpräsidenten sind bereit, Vorschläge zu unterbreiten.
3. Die Vorlage der Vorschläge wird so rechtzeitig erfolgen, daß eine Verzögerung der in den Frankfurter Dokumenten aufgeworfenen Probleme (Bildung eines westdeutschen Staates und Festlegung eines Besatzungsstatuts) nicht eintritt.

---

6   Aus: Der Kampf um den Südweststaat (1952), S. 6.

VII. Deutsch-alliiertes Schlußkommuniqué bei der Zusammenkunft mit den Militärgouverneure am 26. Juli 1948[7]

Der PR tritt gemäß Dok. I am 1. Sep. 1948 zusammen und führt die Beratungen über die vorläufige Verfassung der vereinigten Westzonen durch.
„Ziff. 2: Die Konferenz kommt überein, den Regierungen der drei Bersatzungsmächte eine Verschiebung des Termins zur Vorlage der deutschen Vorschläge über die Landesgrenzänderuingen vom 1. September auf den 1. Oktober vorzuschlagen."

---

7 BECKMANN, Innerdeutsche Gebietsänderungen nach dem Bonner Grundgesetz (1954), S. 35 f.

VIII. Karlsruher Entwurf vom 24. August 1948[8]

Beschluß des Vorbereitenden Ausschusses auf der Tagung in Karlsruhe am 24. August 1948 für den Staatsvertrag zum Zusammenschluß der Länder Baden, Württemberg-Baden und Württemberg-Hohenzollern

1. Das Land Baden, das Land Württemberg-Baden und das Land Württemberg-Hohenzollern sind übereingekommen, gemeinsam einen neuen Staat (im folgenden Südweststaat genannt) zu bilden.
2. Zu diesem Zweck schließen die genannten Länder im Geist gegenseitigen Vertrauens und von dem Willen beseelt, durch gerechte Erfüllung der Vertragsbestimmungen dem gemeinsamen Wohl zu dienen, folgenden Staatsvertrag ab:

1. Abschnitt: Allgemeines
Artikel 1: Übertragung der Hoheitsbefugnisse
Die Länder Baden, Württemberg-Baden und Württemberg-Hohenzollern übertragen die ihnen zustehenden hoheitlichen und fiskalischen Rechte nach Maßgabe der folgenden Bestimmungen auf den Südweststaat. Dieser übernimmt die Verpflichtungen, welche den Ländern als Staat und als Fiskus obliegen.

Artikel 2: Gebiet und Gliederung des Südweststaates
1. Das Gebiet des Südweststaates wird aus den Gebieten der Länder Baden, Württemberg-Baden und Württemberg-Hohenzollern gebildet.
2. Das Staatsgebiet gliedert sich zunächst in vier staatliche Landesbezirke, diese entsprechen den bisherigen Ländern Baden und Württemberg-Hohenzollern sowie den Landesbezirken Württemberg und Baden des bisherigen Landes Württemberg-Baden. Eine Neueinteilung des Staatsgebietes durch Gesetz bleibt vorbehalten.

Artikel 3: Dezentralisation, Selbstverwaltung
1. Der Südweststaat anerkennt in allen Zweigen der Staatsverwaltung, in der Behördenorganisation und in der Aufgaben- und Zuständigkeitsverteilung den Grundsatz weitgehender Dezentralisation.
2. Der Südweststaat überläßt den Gemeinden die Selbstverwaltung der örtlichen Aufgaben sowie den sonstigen kommunalen Selbstverwaltungskörperschaften diejenigen Aufgaben, welche von diesen zweckentsprechend, wirksam und sparsam besorgt werden können und welche nicht ihrer Natur oder ihrer Bedeutung nach als staatliche Aufgaben zu betrachten sind. Körperschaften sind durch einen entsprechenden Finanz- und Lastenausgleich wirtschaftlich zur Durchführung ihrer Aufgaben instand zu setzen.

---

8 Aus: Der Kampf um den Südweststaat (1952), S. 8 ff.

3. In allen Stufen ist die Einheit der Verwaltung anzustreben.

Artikel 4: Zusammensetzung der Landesregierung, Besetzung der Behörden
1. Die Zusammensetzung der Landesregierung des Südweststaates soll landsmannschaftlich ausgeglichen sein. Falls der Ministerpräsident ein Württemberger ist, muß der stellvertretende Ministerpräsident ein Badener sein, und umgekehrt.
2. Die Besetzung der Beamtenstellen erfolgt nach Eignung und Fähigkeit. Dabei sollen die Stellen des höheren und gehobenen Dienstes der Zentralbehörden innerhalb der einzelnen Verwaltungszweige nach Zahl und sachlicher Bedeutung grundsätzlich anteilig landsmannschaftlich besetzt sein.
3. Die Behörden in den Landesbezirken sowie die Schulen sollen in der Regel landsmannschaftlich besetzt sein.
4. Die Landesregierung ernennt und entläßt die Beamten und Angestellten nach Anhörung des Fachministers. Für den Geschäftsbereich der Landesbezirksverwaltung hat außerdem deren Präsident ein Vorschlagsrecht.
5. Die Landesregierung kann ihre Rechte auf andere Stellen übertragen.

Artikel 5: Die vollziehende Gewalt
Die vollziehende Gewalt wird durch die Landesregierung oder durch die Minister in denjenigen Angelegenheiten unmittelbar ausgeübt, die über den Bereich eines Landesbezirks hinaus Bedeutung haben. Im übrigen liegt sie bei den Landesbezirksverwaltungen und den ihnen unterstellten Dienststellen.

2. Abschnitt: Landesbezirkspräsidium:
Artikel 6: Aufbau
1. Die staatliche Verwaltungsbehörde der Landesbezirksverwaltung ist das Landesbezirkspräsidium und wird vom Präsidenten des Landesbezirks geleitet. Er wird hierbei von einem oder mehreren Landesdirektoren unterstützt. Das Landesbezirkspräsidium wird je nach Bedarf in Verwaltungsabteilungen gegliedert.
2. Der Präsident des Landesbezirks wird von der Landesregierung ernannt und abberufen. Er ist berechtigt, an den Sitzungen der Landesregierung mit beratender Stimme teilzunehmen.

Artikel 7: Zuständigkeit
1. Das Landesbezirkspräsidium ist nach Maßgabe des Artikels 5 für alle Geschäfte der staatlichen Verwaltung in der Stufe des Landesbezirks zuständig. Ausgenommen sind die Geschäfte der Justiz-, Finanz-, Eisenbahn- und Postverwaltung.
2. Im übrigen wird die Verteilung der Zuständigkeit im einzelnen durch Gesetz geregelt.
3. Das Landesbezirkspräsidium ist im Verwaltungsweg gegenüber Entscheidungen der unterstellten Dienststellen endgültig entscheidende Beschwerdeinstanz.

4. In allen Fragen von grundsätzlicher Bedeutung sind die Präsidenten der Landesbezirke von den Ministerien zu beteiligen. Die Beteiligung kann unterbleiben, wenn sie auf unaufschiebbare Durchführung einer Anordnung verzögern würde.
5. In dringenden Fällen können Ministerien den dem Landesbezirkspräsidium unterstellten Dienststellen unmittelbare Weisungen erteilen. Das Landesbezirkspräsidium ist gleichzeitig von solchen Weisungen zu verständigen.

Artikel 8: Haushalt des Landesbezirks
Im Rahmen des Allgemeinen Staatshaushaltsplanes wird für die Landesbezirke je ein Haushalt festgestellt. Das Landesbezirkspräsidium bewirtschaftet die im Staatshaushaltsplan dem Landesbezirk überwiesenen Mittel nach Maßgabe des Haushaltsgesetzes und des Haushaltsplanes.

Artikel 9: Aufsicht
1. Das Landesbezirkspräsidium hat gegenüber den unterstellten Dienststellen die Sach- und Dienstaufsicht sowie das Weisungsrecht.
2. Das Landesbezirkspräsidium unterliegt der Aufsicht der Landesregierung. Diese erstreckt sich darauf, daß die Verwaltung gemäß den bestehenden Gesetzen und Rechtsverordnungen, entsprechend den politischen Richtlinien und den allgemeinen Verwaltungsanordnungen der Landesregierung geführt wird.

3. Abschnitt: Landesbezirke als Selbstverwaltungskörper
Artikel 10
Die Verwaltungsbezirke habe das Recht, solche öffentlichen Aufgaben unter eigener Verantwortung zu erfüllen, die ihnen durch Gesetz zugewiesen werden oder die sie mit Genehmigung der Landesregierung freiwillig übernehmen (Selbstverwaltung). Für solche Zwecke können die Stadtkreise und Kreisverbände eines Landesbezirks einen Landesbezirksverband nach Art eines Zweckverbandes bilden, der durch den Präsidenten des Landesbezirks geleitet und vertreten wird.

4. Abschnitt: Besondere Bestimmungen
Artikel 11
1. Kein Landesbezirk darf gegenüber den anderen Landesbezirken bevorzugt oder benachteiligt werden.
2. Die kulturellen Einrichtungen werden in allen Landesteilen gleichmäßig gefördert.
3. Die Universitäten bleiben in ihrem Bestand erhalten. Das Landesbezirkspräsidium ist bei der Ausübung des staatlichen Mitwirkungs- und Aufsichtsrechts zu beteiligen.
4. Wo die christliche Simultan-Schule besteht ist sie zu erhalten. Für den Landesbezirk Württemberg-Hohenzollern bleibt auf dem Gebiet der Volksschulen

die Festlegung der Schulform nach den Grundsätzen erhalten, wie sie beim Zusammenschluß gelten.
Die in den Verfassungen der drei Länder den Kirchen und Religionsgemeinschaften zuerkannte Stellung und die ihnen eingeräumten Rechte sind in ihrem bisherigen Umfang und Geltungsbereich zu gewährleisten.
Das Badische Konkordat mit dem Heiligen Stuhl vom 12. Oktober 1932 und der Kirchenvertrag mit der evangelisch-protestantischen Landeskirche vom 14. November 1932 bleiben weiterhin in Kraft.
5. Wo die staatliche Organisation der Polizei vorhanden ist, bleibt sie bestehen.
6. Die staatliche Förderung des Wiederaufbaus der zerstörten Gemeinden ist in den einzelnen Landesbezirken gerecht und gleichmäßig vorzunehmen.
7. Für die Landesbezirke wird eine gleichmäßige und gerechte, staatliche Förderung der Wirtschaft gewährleistet. Eigene Industrie- und Handelskammern, Handwerkskammern, Landwirtschaftskammern, landwirtschaftliche Verbände und Genossenschaften bleiben erhalten.
8. Das Verkehrsnetz ist im Gesamtstaat gleichmäßig zu erhalten und auszubauen. Die Eisenbahnverbindung von Elzach zur württembergischen Landesgrenze ist bevorzugt durchzuführen.
9. Die internationale Eisenbahnverbindung Schweiz – Norddeutschland – Nordeuropa durch das Rheintal und über die badische Schwarzwaldbahn, ferner die Ost-West-Verbindung Breisach – Freiburg – Ulm wird besonders gepflegt und ausgebaut.
10. Bei weiteren Elektrifizierungen sind die Strecken Offenburg – Konstanz, Basel – Mannheim (Heidelberg) und Stuttgart – Bruchsal – Karlsruhe – Heidelberg besonders zu berücksichtigen.
11. Die Autobahn Hamburg – Frankfurt – Basel wird sobald als möglich bis Basel durchgeführt.
12. Der Ausbau des Ober- und Hochrheins, des Neckars und der Argen als Kraftquellen bzw. Verkehrswege wird gleichmäßig mit den übrigen gleich wichtigen Flußläufen des Südweststaates gefördert.
13. Gemeinsame Einrichtungen für Nord- und Südwürttemberg und für Nord- und Südbaden mit selbständiger Rechtspersönlichkeit bleiben in ihrer bisherigen Form und für ihren bisherigen Bereich erhalten. Neuordnung, besonders aus finanziellen Gründen, durch Gesetz bleibt vorbehalten.
14. Die Flüchtlinge sind im Gebiet des Südweststaates gleichmäßig unter Berücksichtigung des Besatzungslasten zu verteilen.
15. Bei Entsendung von Beauftragten des Südweststaates in Organe, Ausschüsse oder sonstige Einrichtungen des zukünftigen deutschen Bundesstaates, Weststaates oder eines internationalen oder Zonenzusammenschlusses oder eines sonstigen politischen oder wirtschaftlichen Zusammenschlusses sind Angehörigen des Landesbezirke entsprechend zu berücksichtigen.
16. Auf die beiden württembergischen und auf die beiden badischen Landesbezirke hat je ein Oberlandesgericht zu entfallen. Der Verwaltungsgerichtshof des

Südweststaates hat seinen Sitz in Karlsruhe; von seinen Senaten muß mindestens einer seinen Sitz in Stuttgart haben.
17. Die lebenswichtige Bedeutung des politischen und wirtschaftlichen Schicksals der Stadt Kehl wird anerkannt. Die Betreuung der Bevölkerung und die Entwicklung des Hafens soll besonders gefördert werden.
18. Die früheren badischen Zollausschlußgebiete bleiben erhalten.
19. Im Landesbezirk Südbaden übt das Landesbezirkspräsidium die Staatsaufsicht über die Gemeinden von mehr als 10.000 Einwohnern, über die Kommunalverbände und über die anderen Körperschaften des öffentlichen Rechts unmittelbar aus.
20. Die zwischen dem Land Württemberg-Hohenzollern und dem Landeskommunalverband der hohenzollerischen Lande getroffene Vereinbarung vom ... ist Bestandteil dieses Staatsvertrags.

5. Abschnitt: Schlußbestimmungen
Artikel 12: Weitere Geltung von Rechtsvorschriften
Die in den vertragschließenden Ländern im Zeitpunkt des Inkrafttretens des Staatsvertrags geltenden Rechtsvorschriften bleiben für ihren bisherigen Bereich bis auf weiteres bestehen, soweit sie nicht mit dem vorliegenden Staatsvertrag in Widerspruch stehen.

Artikel 13: Schlichtung von Streitigkeiten
Streitigkeiten, welche sich aus den Bestimmungen dieses Staatsvertrags ergeben, werden durch den Staatsgerichtshof entschieden.

Artikel 14: Volksabstimmung, Inkrafttreten
1. Der vorstehende Staatsvertrag ist ein Bestandteil der Verfassung des Südweststaates; er unterliegt zusammen mit dieser Verfassung der Volksabstimmung und wird wirksam, wenn ihm in jedem vertragschließenden Land die Mehrheit der abstimmenden Bevölkerung zustimmt.
2. Dieser Staatsvertrag tritt zusammen mit der Verfassung des Südweststaats in Kraft.

IX. Beschluß des Ländergrenzenausschusses vom 31. August 1948[9]

1. Der Ausschuß ist der Meinung, daß die Länder Baden, Württemberg-Baden und Württemberg-Hohenzollern zu einem Lande vereinigt werden sollten.
2. Die Regierungschefs der drei beteiligten Länder werden gebeten, Vorschläge bezüglich der zur Abstimmung zu stellenden Fragen, des Abstimmungsverfahrens selbst und der Auswertung der Abstimmung an die Ministerpräsidenten zu machen.

---

9   Aus: Der Kampf um den Südweststaat (1952), S. 22.

X. Bühler Entwurf vom 16. September 1948[10]

Der Entwurf eines Staatsvertrags zum Zusammenschluß der südwestdeutschen Länder

Das Land Baden, das Land Württemberg-Baden und das Land Württemberg-Hohenzollern sind übereingekommen, gemeinsam einen neuen Staat zu bilden. Zu diesem Zweck schließen die genannten Länder im Geiste gegenseitigen Vertrauens und von dem Willen beseelt, durch gerechte Erfüllung der Vertragsbestimmungen dem gemeinsamen Wohl zu dienen, folgenden Staatsvertrag:

1. Abschnitt: Allgemeines
Artikel 1: Entstehung des Staates
Der neue Staat entsteht in dem Zeitpunkt, in dem seine Verfassung durch Volksabstimmung angenommen worden ist.

Artikel 2: Name des Staates
Der neue Staat führt den Namen ... (bis zur Namensgebung wird er vorläufig „Südweststaat" genannt).

Artikel 3: Übertragung der Hoheitsbefugnisse
Die Länder Baden, Württemberg-Baden und Württemberg-Hohenzollern übertragen die ihnen zustehenden hoheitlichen Rechte nach Maßgabe der folgenden Bestimmungen auf den Südweststaat. Dieser übernimmt die Verpflichtungen, die den Ländern als Staaten obliegen. Nicht zu den hoheitlichen Rechten gehört das fiskalische Vermögen (Art. 10 Abs. 2).

Artikel 4: Gebiet und Gliederung des Südweststaates
Das Gebiet des Südweststaates wird aus den Gebieten der Länder Baden, Württemberg-Baden und Württemberg-Hohenzollern gebildet. Das Staatsgebiet gliedert sich in Landesbezirke. Nord- und Südbaden bilden einen einzigen Landesbezirk. Der Landesbezirk Baden ist gleichzeitig staatlicher Verwaltungsbezirk und höhere Selbstverwaltungskörperschaft (Landesbezirksverband).

Artikel 5: Dezentralisation, Selbstverwaltung
Der Südweststaat anerkennt in allen Zweigen der Staatsverwaltung, in der Behördenorganisation und in der Aufgaben- und Zuständigkeitsverteilung den Grundsatz weitgehender Dezentralisation. Der Südweststaat überläßt den Gemeinden die Selbstverwaltung der örtlichen Aufgaben und den sonstigen kommunalen Selbstverwaltungskörperschaften diejenigen Aufgaben, die von diesen

---
10 Aus: Der Kampf um den Südweststaat (1952), S. 12 ff.

zweckentsprechend, wirksam und sparsam besorgt werden können. Diese Körperschaften sind durch einen entsprechenden Finanzausgleich wirtschaftlich zur Durchführung ihrer Aufgaben instandzusetzen. In allen Stufen ist die Einheit der Verwaltung anzustreben.

Artikel 6: Zusammensetzung der Landesregierung, Besetzung der staatlichen Behörden

Bei der Bildung der Landesregierung muß die landsmannschaftliche Zusammensetzung des Südweststaates in entsprechender Weise berücksichtigt werden. Falls der Ministerpräsident ein Württemberger ist, muß der stellvertretende Ministerpräsident ein Badener sein und umgekehrt.

Die Besetzung der staatlichen Stellen mit Beamten und Angestellten erfolgt nach Eignung und Fähigkeit. Dabei müssen die Stellen des höheren und des gehobenen Dienstes der Zentralbehörden innerhalb der einzelnen Verwaltungszweige nach Zahl, Rang und sachlicher Bedeutung anteilig landsmannschaftlich besetzt sein. Ebenso müssen die staatlichen Behörden in den Landesbezirken sowie die Lehrerstellen der Schulen landsmannschaftlich besetzt sein. Ausnahmen vom Grundsatz der landsmannschaftlichen Besetzung bedürfen der Zustimmung des Landesbezirksausschusses desjenigen Landesbezirks, der zurückgesetzt würde.

Die Landesregierung ernennt und entläßt die staatlichen Beamten und Angestellten nach Anhörung des Fachministers. Für den Geschäftsbereich der staatlichen Verwaltung des Landesbezirks hat deren Präsident, soweit er nicht die Ernennung und Entlassung selbst vornehmen kann, das Vorschlagsrecht.

Für den Geschäftsbereich des Landesbezirkspräsidiums und der unterstellten Dienststellen erfolgt die Ernennung, Versetzung, Beförderung und Entlassung der staatlichen Beamten bis einschließlich der Besoldungsgruppe A I b und der Angestellten durch den Präsidenten des Landesbezirks nach Maßgabe der allgemeinen beamtenrechtlichen Bestimmungen und im Rahmen der im Haushalt festgestellten Stellenpläne.

2. Abschnitt: Landesbezirkspräsidium und Landesbezirksverband:
Artikel 7: Aufbau

Die staatliche Verwaltungsspitze der Landesbezirksverwaltung ist das Landesbezirkspräsidium. Es wird vom Präsidenten des Landesbezirks geleitet. Dieser wird hierbei von Landesdirektoren unterstützt. Das Landesbezirkspräsidium wird vom Präsidenten des Landesbezirks in mindestens drei Verwaltungsabteilungen gegliedert.

Der Präsident des Landesbezirks und die Landesdirektoren werden von der Landesregierung ernannt und abberufen. Ihre Ernennung und ihre Abberufung bedürfen der Zustimmung des Landesbezirksausschusses (Art. 11). Der Präsident entstammt dem Landesbezirk, zu dessen Leitung er berufen wird. Er ist berechtigt, an den Sitzungen der Landesregierung mit beratender Stimme teilzunehmen.

Artikel 8: Zuständigkeit

Das Landesbezirkspräsidium ist für alle Geschäfte und Maßnahmen der staatlichen Verwaltung im Gebiete des Landesbezirks zuständig, soweit nicht die Zuständigkeit der Landesregierung, der Ministerien oder anderer Landeszentralbehörden durch die Verfassung begründet ist. Das Landesbezirkspräsidium ist im Verhältnis zu den unterstellten Dienststellen endgültig entscheidende Stelle und Beschwerdestufe; der Verwaltungsrechtsweg bleibt vorbehalten. Die Landesregierung tritt mit den Behörden und Stellen innerhalb des Gebietes eines Landesbezirks nur über das Landesbezirkspräsidium in Verbindung. Im Landesbezirk Baden übt das Landesbezirkspräsidium die Staatsaufsicht über die Gemeinden mit mehr als 10.000 Einwohnern und über die anderen Körperschaften des öffentlichen Rechts unmittelbar aus.

Artikel 9: Haushalt des Landesbezirks

Im Rahmen des allgemeinen Haushaltsplanes wird für die Landesbezirke je ein Haushaltsplan festgestellt. Das Landesbezirkspräsidium bewirtschaftet die im Staatshaushaltsplan dem Landesbezirk überwiesenen Mittel nach Maßgabe des Haushaltsgesetzes und des Haushaltsplanes.

Artikel 10: Landesbezirksverband

Mit dem Wirksamwerden dieses Vertrages tritt eine Körperschaft des öffentlichen Rechts mit der Bezeichnung „Landesbezirksverband Baden" ins Leben. Das Vermögen, das dem früheren Land Baden (Altbaden) zustand und das in der Anlage A näher bezeichnet ist, geht in dem Umfang, in den es im Zeitpunkt der Entstehung des Südweststaates hat, auf den Landesbezirksverband über. Der Landesbezirksverband stellt seinen eigenen Haushalt auf.

Artikel 11: Landesbezirksversammlung

In jedem Landesbezirk wird eine Landesbezirksversammlung eingerichtet. Sie besteht aus 40 Mitgliedern, die von den sämtlichen Kreisversammlungsmitgliedern des Landesbezirks zu wählen sind. Die Landesbezirksversammlung wählt aus ihrer Mitte einen Landesbezirksausschuß. Er umfaßt 10 Mitglieder. Vorsitzender der Landesbezirksversammlung und des Landesbezirksausschusses ist der Präsident des Landesbezirks.

Artikel 12: Finanzausgleich

Dem Landesbezirksverband werden zur Erfüllung seiner Aufgaben (Art. 14) vom Südweststaat (noch zu vereinbarende) Hundertsätze aus dem Landessteueraufkommen innerhalb des Landesbezirks überwiesen.

Artikel 13: Aufsicht
Dem Landesbezirkspräsidium steht gegenüber den unterstellten Dienststellen Sach- und Dienstaufsicht sowie Weisungsrecht zu. Das Landesbezirkspräsidium unterliegt der Aufsicht der Landesregierung. Diese erstreckt sich darauf, daß die Verwaltung gemäß den bestehenden Gesetzen und Rechtsverordnungen und entsprechend den politischen Richtlinien der Landesregierung geführt wird. Der Landesbezirksverband unterliegt der Aufsicht der Landesregierung. Diese erstreckt sich darauf, daß sich der Landesbezirksverband im Rahmen der geltenden Gesetze hält. Die Landesregierung hat das Recht der Beanstandung gegenüber dem Landesbezirksverband. Bei Meinungsverschiedenheiten entscheidet der Verwaltungsgerichtshof; er kann sowohl vom Südweststaat wie auch vom Landesbezirksverband angerufen werden. Artikel 20 bleibt unberührt.

Artikel 14: Selbstverwaltungsangelegenheiten des Landesbezirksverbandes
Der Landesbezirksverband hat das Recht, öffentliche Aufgaben unter eigener Verantwortung zu erfüllen, die ihm durch diesen Vertrag oder durch Gesetz zugewiesen werden oder die er im Rahmen seines Aufgabenbereiches freiwillig übernimmt (Selbstverwaltungsangelegenheiten).
Zu diesen Angelegenheiten gehören insbesondere: 1. Die Verwaltung des eigenen Vermögens einschließlich der Verwaltung wirtschaftlicher Unternehmungen und Beteiligungen, dessen Träger der Landesbezirksverband ist. 2. Anstellung, Beförderung, Entlassung sowie Regelung der Rechtsverhältnisse der Beamten und Angestellten des Landesbezirksverbandes im Rahmen der geltenden beamtenrechtlichen Vorschriften. 3. Mitwirkung bei der Ernennung und Abberufung des Präsidenten des Landesbezirks (Art. 7) und Beratung des Landesbezirkspräsidiums in staatlichen Angelegenheiten. 4. Mitwirkung bei der Ausführung dieses Vertrags. 5. Landesfürsorgeverband mit Landeswohlfahrts- und –Jugendamt, Bildung und Betrieb von Anstalten zur Fürsorge von Schwachen, Bedürftigen und Kranken, von Herbergen, Kranken- und Irrenhäusern, von Anstalten für Blinde, Taubstumme, Krüppel, Flüchtlinge und von Altersheimen. 6. Anlage, Förderung und Betrieb von Einrichtungen der Land- und Forstwirtschaft; Landeskulturarbeiten und Wasserversorgungsangelegenheiten. 7. Naturschutz, Kultur-, Denkmal- und Heimatpflege. 8. Verwaltung des Bildungswesens (Universitäten und Hochschulen, Akademien, höhere Berufs- und Fachschulen, Landesbibliothek, Generallandesarchiv und Archivwesen, Landeskunstsammlungen, Museen und ähnliche Einrichtungen). 9. Nutzbarmachung von Naturkräften zur Versorgung mit Gas, Wasser und Strom. 10. Anlage, Förderung und Übernahme von Einrichtungen des öffentlichen Verkehrs. 11. Anlage, Unterhaltung und Verbesserung von Straßen und Wasserwegen und Übernahme bereits vorhandener Straßen auf den Landesbezirksverband. 12. Pensionskasse für Körperschaftsbeamte, Gebäudeversicherungsanstalt, Landeskreditanstalt, Landesfeuerwehrkasse und Landessiedlung. 13. Flüchtlingswesen. 14. Förderung des Wohnungsbaues und Siedlungswesens. 15. Landesplanung.

Artikel 15: Auftragsangelegenheiten des Landesbezirksverbandes
Dem Landesbezirksverband können staatliche Aufgaben zur Erfüllung nach Anweisung der Landesregierung übertragen werden. Er stellt die zur Durchführung dieser Aufgabe erforderlichen Dienstkräfte und Einrichtungen zur Verfügung. Die durch die Erfüllung der übertragenen Verwaltung des Landesbezirksverbandes entstehenden Mehrkosten sind vom Staat zu tragen. Neue Pflichten können dem Landesbezirksverband nur durch Gesetz auferlegt werden.

3. Abschnitt: Besondere Bestimmungen
Artikel 16: Kulturelle und wirtschaftliche Angelegenheiten
Kein Landesbezirk darf gegenüber den anderen Landesbezirken bevorzugt oder benachteiligt werden. Die kulturellen Einrichtungen werden in allen Landesteilen gleichmäßig gefördert. Die Universitäten und Hochschulen bleiben in ihrem Bestand erhalten.
In den Gebieten des Südweststaates gilt der durch das Reichskonkordat vom 20. Juli 1933 mit den in ihm aufrecht erhaltenen Länderkonkordaten geschaffenen Rechtszustand in dem Umfang, wie bei seinem Inkrafttreten. Das gleiche gilt für Kirchenverträge mit den evangelisch-protestantischen Landeskirchen, die bei der Staatsneubildung in Kraft sind. Für den Landesbezirk Württemberg-Hohenzollern bleibt auf dem Gebiet der Volksschulen die Festlegung der Schulform nach den Grundsätzen erhalten, wie sie bei der Staatsneubildung gelten.
In den Gebieten des Südweststaates, in denen der Landrat im Zeitpunkt der Staatsneubildung vom Staat ernannt worden ist, bleibt das staatliche Ernennungsrecht bestehen. Wo die staatliche Organisation der Polizei vorhanden ist, bleibt sie bestehen.
Die staatliche Förderung des Wiederaufbaus der zerstörten Gemeinden ist in den einzelnen Landesbezirken gerecht und gleichmäßig vorzunehmen. Für die Landesbezirke wird eine gleichmäßige und gerechte staatliche Förderung der Wirtschaft gewährleistet. Eigene Industrie- und Handelskammern, Handwerkskammern, Landwirtschaftskammern, landwirtschaftliche Verbände und Genossenschaften bleiben erhalten.
Das Verkehrsnetz ist im Gesamtstaat gleichmäßig zu erhalten und auszubauen. Die Eisenbahnverbindung von Elzach zur württembergischen Landesgrenze ist bevorzugt durchzuführen. Die internationale Eisenbahnverbindung Schweiz – Norddeutschland – Nordeuropa durch das Rheintal und über die badische Schwarzwaldbahn, ferner die Ost-West-Verbindung Breisach – Freiburg – Ulm wird besonders gepflegt und ausgebaut. Bei weiteren Elektrifizierungen der Eisenbahnen sind die Strecken Offenburg – Konstanz, Basel – Mannheim (Heidelberg) und Stuttgart – Bruchsal, Mühlacker – Karlsruhe und Karlsruhe – Heidelberg besonders zu berücksichtigen. Die Autobahn Hamburg – Frankfurt – Basel wird sobald als möglich bis Basel durchgeführt. Der Ausbau des Ober-

und Hochrheins, des Schluchseewerkes, des Neckars und der Argen als Kraftquellen bzw. Verkehrswege wird gleichmäßig gefördert.
Bei der Entsendung von Beauftragten des Südweststaates in Organe, Ausschüsse oder sonstige Einrichtungen des zukünftigen deutschen Bundesstaates oder eines internationalen oder Zonenzusammenschlusses oder eines sonstigen politischen oder wirtschaftlichen Zusammenschlusses sind Angehörige der Landesbezirke entsprechend zu berücksichtigen.
Auf den württembergischen und den badischen Landesbezirk hat je ein Oberlandesgericht und je ein Verwaltungsgerichtshof zu entfallen. Die lebenswichtige Bedeutung des politischen und wirtschaftlichen Schicksals der Stadt Kehl wird anerkannt. Die Betreuung der Bevölkerung und die Entwicklung des Hafens soll besonders gefördert werden. Die früheren badischen Zollausschlußgebiete bleiben erhalten. Die zwischen dem Land Württemberg-Hohenzollern und dem Landesbezirksverband der hohenzollerischen Lande getroffene Vereinbarung vom ... ist Bestandteil dieses Staatsvertrags.
Soweit Angelegenheiten, die in den vorstehenden Ziffern enthalten sind, künftig in die Zuständigkeit des Bundes fallen, übernimmt der Südweststaat die Verpflichtung, die Interessen des Landesbezirks Baden beim Bund nachdrücklichst geltend zu machen.

Artikel 17: Flüchtlingswesen
Für den Landesbezirk Baden wird ein eigener Flüchtlingskommissar aufgestellt, der dem Landespräsidium unterstellt ist. Eine neue Verteilung der Flüchtlinge innerhalb des Südweststaates wird nach Maßgabe einer besonderen Vereinbarung vorgenommen, bei der die Besatzungslasten, insbesondere die unterschiedliche Belegung mit Angehörigen der Besatzungsmächte, ferner die unterschiedliche Belegung mit Evakuierten zu berücksichtigen sein wird.

Artikel 18: Gebietsveränderungen
Die in der Anlage B aufgeführten Gebietsausschlüsse und Gebietseinschlüsse werden aufgehoben. Ferner werden die in der Anlage C aufgeführten örtlichen Grenzberichtigungen durchgeführt. Die Beseitigung dieser Gebietsausschlüsse und Gebietseinschlüsse sowie dieser Grenzänderungen wird mit dem Zeitpunkt des Entstehens des Südweststaats wirksam. Zur Unterstützung der Landesregierung bei der Durchführung wird ein Ausschuß aus je zwei Vertretern der beteiligten bisherigen Länder gebildet.

4. Abschnitt: Schlußbestimmungen:
Artikel 19: Wirksamwerden des Vertrages
Der vorstehende Vertrag ist ein Bestandteil der Verfassung des Südweststaates. Er unterliegt zusammen mit der Frage nach der Vereinigung der vertragsschließenden Länder der Volksabstimmung. Er wird wirksam, wenn und sobald die Frage nach der Vereinigung der vertragsschließenden Länder durch Volksab-

stimmung bejaht worden ist. Er bleibt auch nach Inkrafttreten der Verfassung des Südweststaates als Vertrag in Geltung.

Artikel 20: Schutz des Vertrags
Nach Wirksamwerden des vorstehenden Vertrags können die Rechte aus dem Vertrag vom Landesbezirk als Landesbezirksverband geltend gemacht werden. Der Landesbezirk Baden als Landesbezirksverband tritt für die Ausführung des Vertrags als Rechtsnachfolger an die Stelle des Landes Baden (=Südbaden) und des Landesbezirks Baden im Land Württemberg-Baden (=Nordbaden). Landesgesetze die Gegenstände dieses Vertrags berühren, dürfen nur verkündet werden, wenn die Landesbezirksversammlung Baden ihnen mit Zwei-Drittel-Mehrheit zustimmt. Für Streitigkeiten, die sich aus den Bestimmungen des Vertrags ergeben, ist das Bundesverfassungsgericht zuständig.

Artikel 21: Bisherige Staatsorgane
Die in den vertragsschließenden Ländern im Amt befindlichen Staatsorgane bleiben mit ihren bisherigen Befugnissen im Amt, bis die neuen Organe nach Maßgabe dieses Vertrags und der Verfassung des Südweststaates gebildet worden sind und ihre Tätigkeit aufgenommen haben.
Die neuen Organe werden ihre Tätigkeit erst aufnehmen, wenn eine gemeinsame Kontrollbehörde der Besatzungsmächte für das gesamte Staatsgebiet errichtet ist.

Artikel 22: Aufgaben des Vereinigungsausschusses
Nach Wirksamwerden dieses Vertrages wird ein gemeinsamer Ausschuß der drei Länder (Vereinigungsausschuß) gebildet. Er hat die Aufgabe, die Bildung des Südweststaats nach den Bestimmungen dieses Vertrags vorzubereiten. Zu diesem Zwecke hat er insbesondere ein Wahlgesetz auszuarbeiten, auf Grund dessen die Verfassunggebende Landesversammlung des Südweststaates zu wählen ist. Der von ihm erarbeitete Entwurf eines Wahlgesetzes bedarf der Zustimmung der Landtage der drei Länder. Die Zustimmung erfolgt nach den Vorschriften über den Erlaß von Gesetzen. Nach erfolgter Zustimmung wird das Wahlgesetz vom Vereinigungsausschuß verkündet. Mit der Verkündung tritt es in Kraft. Dem Vereinigungsausschuß obliegt die Vorbereitung und Durchführung der Wahl zur Verfassunggebenden Landesversammlung. Er stellt die Ergebnisse fest und bereitete den Zusammentritt der Landesversammlung vor.

Artikel 23: Zusammensetzung und Kosten des Vereinigungsausschusses
Der Vereinigungsausschuß besteht aus je drei Kabinettsmitgliedern der vertragschließenden Länder.

Artikel 24: Kündigung des Staatsvertrags

Innerhalb von fünf Jahren nach dem in Artikel 21 festgesetzten Zeitpunkt kann der vorstehende Vertrag gekündigt werden. Die Kündigung kann nur in der Weise erfolgen, daß die Mehrheit der abstimmenden Bevölkerung sie im Wege der Volksabstimmung ausspricht. Die Volksabstimmung ist durch Beschluß einer Landesbezirksversammlung anzuordnen oder nach den allgemeinen Vorschriften eine Volksabstimmungsgesetzes einzuleiten.

Artikel 25: Wirkung der Kündigung

Wird die Kündigung ausgesprochen, so scheidet der kündigende Landesbezirksverband aus dem Südweststaat aus. Soweit der Südweststaat staatliches Recht im Gebiet des ausscheidenden Landesbezirksverbands besitzt, gehen diese Rechte auf den Landesbezirksvberband über.

Artikel 26: Bisherige Verfassungen

Mit dem in Art. 21 Abs. 2 festgesetzten Zeitpunkt treten die Bad. Verfassung vom 19. Mai 1947, die Württemberg-Badische Verfassung vom 28. November 1946 und die Württemberg-Hohenzollerische Verfassung vom 20. Mai 1947 außer Kraft. Der Landesbezirksverband ist befugt, nach Maßgabe der für ihn geltenden Vorschriften ein Statut aufzustellen, abzuändern und aufzuheben.

Artikel 27: Bisherige Rechtsvorschriften

Die in den vertragsschließenden Ländern im Zeitpunkt des Inkrafttretens dieses Vertrages geltenden Rechtsvorschriften bleiben für ihren bisherigen Bereich bestehen, soweit sie nicht mit diesem Vertrag in Widerspruch stehen. Sie können nach den Vorschriften der Verfassung des Südweststaates und dieses Vertrages abgeändert oder aufgehoben werden.

XI. Ergebnisse der Bühler Konferenz vom 16. September 1948[11]

Die Regierungschefs erlangen bezüglich der ersten Abstimmung Einigkeit und wählten folgende Formulierung:

1. Wollen Sie, daß die drei Länder Baden, Württemberg-Baden und Württemberg-Hohenzollern nach folgendem Verfahren zu einem Land vereinigt werden: Eine von den Landtagen der drei Länder aus ihren Mitgliedern in der Weise zu wählenden Versammlung, daß für je 100.000 Einwohner ein Abgeordneter und auf eine überschießende Zahl von 25.000 Einwohner ein weiterer Abgeordneter entfallen soll, hat die Verfassung des neuen Staates und ein Wahlgesetz für seinen ersten Landtag auszuarbeiten. Dann hat das Volk in den drei Ländern nach einem von der Versammlung zu beschließenden Abstimmungsgesetz über die Annahme oder die Ablehnung der Verfassung abzustimmen.
2. Die gestellte Frage gilt nur dann als bejaht, wenn in jedem der früheren Länder Baden und Württemberg die für sich durchgezählte Mehrheit der Abstimmenden für sie stimmt.

Die Regierungschefs erlangen über die in der zweiten Abstimmung zu stellenden Frage keine Einigung. Folgende Vorschläge standen sich gegenüber:

I. Vorschlag von Württemberg-Baden und Württemberg-Hohenzollern:

1. Wollen Sie haben, daß das Land Württemberg-Baden wieder getrennt und die früheren Länder Baden und Württemberg, das letzte einschließlich Hohenzollern, wiederhergestellt werden?
2. Oder wollen Sie die Vereinigung des Landes Württemberg-Hohenzollern mit dem Lande Württemberg-Baden?
Bemerkung: Bei der Abstimmung zu Ziffer 1 müßte, wenn die Frage für alle drei Länder bejaht werden sollte, die Mehrheit der im Landesteil Nord-Baden Abstimmenden die Frage bejahen.

II. Vorschlag von Baden:
Wollen Sie die Wiederherstellung des früheren Landes Baden und des früheren Landes Württemberg einschließlich Hohenzollerns?
Bemerkung: Diese Frage wäre bejaht für das Land Baden, wenn die Mehrheit der im früheren Land Baden durchgezählten Stimmen die Frage bejaht.

III: Beschluß:

---

11 Aus: Der Kampf um den Südweststaat (1952), S. 18 f.

Die drei Länderchefs erklären, daß der Ministerpräsident von Württemberg-Baden und der Staatspräsident von Württemberg-Hohenzollern den ersten Vorschlag (Vorschlag I) der Ministerpräsidentenkonferenz zur Weiterleitung an die Militärgouverneure unterbreiten wollen, der Staatspräsident des Landes Baden, daß er den zweiten Vorschlag (Vorschlag II) in gleicher Weise einreichen werde. Alle drei sind sich darüber einig, daß sie vor Einreichung der Vorschläge die Angelegenheit noch einmal genau durchdenken und bei der nächsten Zusammenkunft nochmals den Versuch einer Einigung unternehmen wollen.

XII. Resolution des badischen Landtags von 24. September 1948[12]

Der badische Landtag bedauert, daß durch die Auseinandersetzung über zum Teil formelle Fragen der erfolgreiche Fortgang der Verhandlungen über den Zusammenschluß der Länder Baden, Württemberg-Baden und Württemberg-Hohenzollern erschwert wird. Der badische Landtag bedauert aber ebenso, daß man den berechtigten Wünschen von Baden auf Gewährung bestimmter Garantien auf politischem, wirtschaftlichem und kulturellem Gebiet nicht das erforderliche Verständnis entgegenbringt. Unerläßlich ist, daß der Zusammenschluß der drei Länder Baden, Württemberg-Baden und Württemberg-Hohenzollern im Geiste des gegenseitigen Verstehens und zwar auf der Basis staatsrechtlicher Vereinbarung erfolgt, die allein die Voraussetzung für eine dauernde ersprießliche Zusammenarbeit bilden. Die Herren Staatspräsidenten von Württemberg Hohenzollern und Baden werden gebeten, die Verhandlungen alsbald auf der Grundlage der Karlsruher Beschlüsse fortzusetzen.

---

12 Aus: Der Kampf um den Südweststaat (1952), S. 19.

XIII. Entschließung der drei Regierungschefs am 28. September 1948 in Bebenhausen[13]

Die Konferenz der drei Ministerpräsidenten soll für den Fall der Ablehnung des Gesamtzusammenschlusses bei der ersten Abstimmung eine zweite Abstimmung vorgeschlagen werden mit folgendem Inhalt:

1. Mehrheitsvotum der Regierungschefs von Baden und Württemberg-Hohenzollern:
Wollen Sie die Wiederherstellung des früheren Landes Baden und des früheren Landes Württemberg einschließlich Hohenzollerns?
Bemerkung: Der Zusammenschluß gilt in jedem dieser Länder als erfolgt, in dem eine Mehrheit für ihn stimmt.
2. Minderheitsvotum des Ministerpräsidenten von Württemberg-Baden:
a) Wollen Sie haben, daß das Land Württemberg-Baden wieder getrennt und die früheren Länder Baden und Württemberg, das letzte einschließlich Hohenzollerns, wiederhergestellt werden?
b) Oder wollen Sie die Vereinigung des Landes Württemberg-Hohenzollern mit dem Lande Württemberg-Baden?
Bemerkung: Bei der Abstimmung zu a) müßte sich, wenn die Frage für alle drei Länder bejaht werden sollte, eine Mehrheit der durchgezählten Stimmen in den drei Ländern und dazu eine Mehrheit der im Landesteil Nordbaden Abstimmenden ergeben.

Einheitliches zustimmendes Votum aller drei Ministerpräsidenten:
[Antrag Reinhold Maier]: Auf der Grundlage der Karlsruher Beschlüsse vom 24. August 1948 wird von den Regierungschefs vor der Volksabstimmung ein Staatsvertrag abgeschlossen, der in Kraft treten soll, wenn die Volksabstimmung über die Vereinigung zu einem Gesamtlande ein positives Ergebnis hat, mit dem einzigen Vorbehalt, daß Einzelbestimmungen mit verfassungsrechtlichen Inhalt später von der Verfassunggebende Versammlung genehmigt, abgeändert oder abgelehnt werden können.
[Antrag Gebhard Müller]: Staatspräsident Dr. Müller stellt den Antrag, daß ein Ausschuß von sechs Sachverständigen, zu dem jede Regierung zwei Vertreter entsendet, tunlichst bald zusammentritt, um den Text dieses Staatsvertrages vorzubereiten. Dieser Ausschuß wird von dem Regierungschef von Tübingen einberufen. Alle Regierungschefs benennen binnen einer Woche ihre Vertreter. Ein Vertreter Hohenzollerns wird mit beratender Stimme beigezogen.

---

13 Aus: Der Kampf um den Südweststaat (1952), S. 19 f.

XIV. Memorandum der Militärgouverneure vom 2. März 1949 an den Parlamentarischen Rat[14]

Ziff. 1: Meine Kollegen und ich haben Sie gebeten, heute hierher zu kommen, um Ihnen zu einigen Bestimmungen Ihres vorgeschlagenen Grundgesetzes, wie es vom Hauptausschuß des Parlamentarischen Rates angenommen worden ist, unsere Bemerkungen zu machen. Wir haben dieses Dokument in Hinblick auf das Aide Mémoire geprüft, das unsere Verbindungsoffiziere Ihnen am 22. November 1948 übergeben haben.
Ziff. 2: In einer Reihe von Bestimmungen weicht das Grundgesetz von den ins einzelne gehenden Grundsätzen ab, die in jedem Aide Mémoire dargelegt sind. Abweichungen außer Acht zu lassen; aber gleichzeitig halten wir es für nötig, Ihre Aufmerksamkeit abermals mit allem Nachdruck auf andere Bestimmungen zu lenken, die nach unserer Ansicht von jenen Grundsätzen in bedauerlichem Maße abweichen.
Ziff. 9: Eine siebente Angelegenheit die uns beschäftigt, ist die Frage der territorialen Umgliederung der Länder, wie sie in Art. 25 und 26 vorgesehen ist. In diesem Zusammenhang möchten wir Ihre Aufmerksamkeit auf die Ausführungen lenken, die wir den Ministerpräsidenten am 20. Juli 1949 gemacht haben und deren entscheidende Stellungnahme folgendermaßen lautet:

„Uns liegt daran, daß sie verstehen, daß diese Frage der Ländergrenzen für uns von großer Bedeutung ist. Wir glauben, daß gegenwärtig der richtige Augenblick für ihre Behandlung ist, und wir sind dazu bereit. Es würde für uns indessen schwieriger sein, uns später mit ihr zu befassen. Sie hat z.B. Rückwirkungen auf unsere eigenen Besatzungsgrenzen. Wir glauben nicht, daß wir zu einem späteren Zeitpunkt vor dem Abschluß eines Friedensvertrages wieder zu einer Behandlung des Problems bereit sein würden. Überdies ist die Feststellung der Ländergrenzen wichtig in Bezug auf die Verfassung selbst. Wir glauben, daß wir unseren Regierungen empfehlen sollten, daß die während Abfassung dieser Verfassung anerkannten Grenzen wenigstens bis zur Unterzeichnung eines Friedensvertrages ungeändert bleiben sollten."

Unsere Einstellung ist heute die gleiche wie damals, und wir fühlen uns veranlaßt, Sie darüber zu unterrichten, daß die Einstellung bis zum Friedensvertrag so bleiben muß, außer wenn wir einstimmig beschließen, sie zu ändern. Auch in dieser Angelegenheit werden wir Sie an die Entscheidung erinnern, wenn eine förmliche Entscheidung in Bezug auf die Verfassung als Ganzes erfolgt.

---

14 Aus: Der Kampf um den Südweststaat (1952), S. 23 f.

XV. Ziffer 5 des Genehmigungsschreibens der Militärgouverneure zum Grundgesetz vom 12. Mai 1949[15]

5. A fourth reservation relates to Articles 29 and 118 and the general question of reorganisation of Laender boundaries. Excepting in the case of Wuerttemberg-Baden and Hohenzollern our position has not changed since we discussed the matter with you on 2 March. Unless the powers set forth in these articles shall not be exercised and the boundaries of all the Laender execpting Wuerttemberg-Baden and Hohenzollern shall remain as now fixed until the time of the peace treaty.

La quatrième réserve se rapporte aux articles 29 et 118 à la question générale de la réorganisation territoriale. Sauf en ce qui concerne le Bade et le Wurtemberg, notre position sur ce point est restée inchangée depuis notre étude du 2 mars. A moins qu' il n'y ait un accord unanime des Hauts Commissaires, pour modifier cette position, les pouvoirs énoncés aux articles 29 et 118 ne pourront pas être (à l'exception de celles du Bade et du Wurtemberg) resteront inchangées jusqu'au Traité de paix.

5. Ein vierter Vorbehalt bezieht sich auf die Art. 29 und 118 und die allgemeinen Fragen der Neufestsetzung der Ländergrenzen. Abgesehen von Württemberg-Baden und Hohenzollern hat sich unsere Haltung in dieser Frage, seitdem wir die Angelegenheit mit Ihnen am 2. März besprochen haben, nicht geändert. Sofern nicht die Hohen Kommissare Einstimmig eine Änderung dieser Haltung beschließen, sollen die in den genannten Artikeln festgelegten Befugnisse nicht ausgeübt werden, und die Grenzen aller Länder mit Ausnahme von Württemberg-Baden und Hohenzollern bis zum Zeitpunkt des Friedensvertrages, so wie sie jetzt festgelegt sind, bestehen bleiben.

---

15 Aus: VON MANGOLDT, Das Bonner Grundgesetz (1953), S. 670; DENNEWITZ, in: Bonner Kommentar, Bd. 1 (2002), Einleitung S. 128.

XVI. Freudenstädter Einigung vom 15. April 1950[16]

Zur Vorbereitung einer endgültigen Vereinbarung gemäß Artikel 118, Satz 1 des Grundgesetzes sind die Regierungschefs der Länder Württemberg-Baden, Baden und Württemberg-Hohenzollern übereingekommen:

1. Nach Zustimmung ihrer Landesregierungen legen sie ihren Landtagen einen gleichlautenden Gesetzentwurf über eine Volksbefragung vor. Der Bevölkerung werden folgende Fragen gestellt:
a) Wollen Sie den Zusammenschluß der drei Länder Württemberg-Baden, Baden und Württemberg-Hohenzollern zum Südweststaat?
b) Wollen Sie die Wiederherstellung der alten Länder Württemberg (einschließlich Hohenzollern) und Baden?
Für die Stimmberechtigten gelten in allen drei Ländern die Vorschriften über die Wahl zum 1. Bundestag. Für die Berechnung der Fristen und des Wahlalters tritt an die Stellte des 14. August 1949 der Abstimmungstag. Eine aus je zwei Vertretern der drei Länder bestehende Kommission wird mit der unverzüglichen Ausarbeitung des Gesetzentwurfs beauftragt.

2. Wird ein gleichlautendes Gesetz nach Ziffer 1 in den drei Landtagen nicht bis spätestens bis zum 30. Juni 1950 verabschiedet, so gilt die Ländervereinbarung nach Artikel 118, Satz 1 des Grundgesetzes als gescheitert.

3. Kommt innerhalb von zwei Monaten nach dem Tage der Volksbefragung nicht eine Vereinbarung der Landesregierungen im Sinne de Artikels 118, Satz 1 des Grundgesetzes zustande, so betrachten die Landesregierungen den Versuch einer Ländervereinbarung als gescheitert.

4. Der Staatspräsident des Landes Württemberg-Hohenzollern wird beauftragt, diese Vereinbarung der Bundesregierung, dem Bundestag und dem Bundesrat zuzuleiten.

Freudenstadt, den 15. April 1950

Staatspräsident von Württemberg-Hohenzollern: gez. Dr. Müller
Staatspräsident von Baden: gez. Wohleb
Ministerpräsident von Württemberg-Baden: gez. Dr. Maier

---

16 Aus: Der Kampf um den Südweststaat (1952), S. 32 f.

XVII. Die Landesgesetze zur Durchführung der informatorischen Volksbefragung

Baden: Landesgesetz zur Volksbefragung über die Neugliederung in den Länder Baden, Württemberg-Baden und Württemberg-Hohenzollern vom 25. Mai 1950 (BGVBl. 1950, 191 f.).
Württemberg-Baden: Gesetz Nr. 1087 zur Volksbefragung über die Neugliederung in den Länder Baden, Württemberg-Baden und Württemberg-Hohenzollern vom 12. Juni 1950 (RegBl. Württemberg-Baden 1950, 59 f.).
Württemberg-Hohenzollern: Gesetz zur Volksbefragung über die Neugliederung in den Ländern Baden, Württemberg-Baden und Württemberg-Hohenzollern vom 5. Juli 1950 (RegBl. Württemberg-Hohenzollern 1950, 255 f.).

§ 1

1. Im Gebiet der Länder Baden, Württemberg-Baden und Württemberg-Hohenzollern findet eine Volksbefragung statt. Sie hat den Zweck, eine Vereinbarung über die Neugliederung diese Länder vorzubereiten.
2. Die Volksbefragung wird in allen drei Ländern am sechsten Sonntag nach Inkrafttreten dieses Gesetzes abgehalten. Der Lauf der Frist beginnt mit dem Tag des Inkrafttretens des Gesetzes in demjenigen Lande, das es als letztes verkündet hat. Fällt der sechste Sonntag in die Zeit zwischen dem 31. Juli 1950 und dem 18. September 1950, so findet die Volksbefragung am 24. September 1950 statt.

§ 2

Dem Volk werden folgende Fragen vorgelegt:
1. Wünschen Sie die Vereinigung der drei Länder Baden, Württemberg-Baden und Württemberg-Hohenzollern zum Südweststaat?
2. Wünschen Sie die Wiederherstellung des alten Landes Baden und des alten Landes Württemberg einschließlich Hohenzollern?

§ 3

1. Der Stimmzettel hat folgenden Wortlaut und folgende Form:

Stimmzettel für die Volksbefragung am 1950	
1. Ich wünsche die Vereinigung der drei Länder Baden, Württemberg-Baden und Württemberg-Hohenzollern zum Südweststaat	O
oder	
2. Ich wünsche die Wiederherstellung des alten Landes Baden und des alten Landes Württemberg einschließlich Hohenzollern	O

(20×30 cm)

2. Der Abstimmende kann nur eine der beiden Fragen bejahen. Die Bejahung erfolgt durch einsetzen eines Kreuzes (×) in einer der beiden Kreise oder durch eine sonstige deutliche Kennzeichnung. Wird lediglich die eine Frage verneint so gilt die andere Frage als bejaht.

§ 4
(1) Stimmberechtigt ist, wer am Abstimmungstag
1. Deutscher Staatsangehöriger ist oder einen von der zuständigen Behörde des Landes aufgestellten oder anerkannten Flüchtlingsausweis besitzt,
2. Das 21. Lebensjahr vollendet hat;
3. Seit mindestens einem Jahr im Lande wohnt;
4. Nach dem im Lande geltenden Vorschriften weder vom Stimmrecht ausgeschlossen noch in der Ausübung des Stimmrechts behindert ist.
(2) Hat der Stimmberechtigte mehrere Wohnsitze, so kann er seine Stimme nur einmal abgeben.

§ 5
Stimmscheine der Länder Baden und Württemberg-Hohenzollern sind nur innerhalb des Landes gültig, Stimmscheine des Landes Württemberg-Hohenzollern nur in dem Landesbezirk, in dem sie ausgegeben worden sind.

§ 6
In die Abstimmungsausschüsse ist auf Antrag je ein Vertreter der Organisationen zu berufen, deren Zweck die Neugliederung in den drei Ländern ist. Antragsberechtigt ist die Landesorganisation oder die örtliche Organisation.

§ 7
Auf die Volksbefragung, insbesondere die Aufstellung und öffentliche Auflegung der Stimmlisten und den Einspruch gegen ihre Richtigkeit, die Anfechtung von Abstimmungen und die Durchführung von Nachabstimmungen finden die landesgesetzlichen Vorschriften über den Volksentscheid entsprechende Anwendung.

§ 8
Die zur Ausführung dieses Gesetzes erforderlichen Vorschriften erläßt die Landesregierung.

§ 9
Dieses Gesetz tritt mit seiner Verkündung in Kraft.

XVIII. Anzeige des Scheiterns der Verhandlungen am 28. November 1950[17]

Land Württemberg-Hohenzollern　　　　　　　　　　　Tübingen,
den 28. 11. 1950
Der Staatspräsident

An den Herrn Bundeskanzler, Bonn (Bundeskanzleramt)
An den Herrn Präsidenten des Bundestags, Bonn
An den Herrn Präsidenten des Bundesrats, Bonn
An den Herrn Bundesminister für Angelegenheiten des Bundesrats, Bonn

Betr.: Neugliederung des südwestdeutschen Raumes nach Artikel 118 Grundgesetz.

Die Regierungen der Länder Württemberg-Baden, Baden und Württemberg-Hohenzollern sind auf Grund der Beratungen ihrer Vertreter in Baden-Baden am 7. November 1950 zu der Überzeugung gelangt, daß eine Vereinbarung der Länder über eine Neugliederung im südwestdeutschen Raum nach Art. 118, Abs. 1 GG im Hinblick auf die verschiedenartigen Auffassungen über die Neugliederung, das Ergebnis der Volksbefragung am 24. November 1950 und die verfassungsmäßigen Schwierigkeiten in den einzelnen Ländern nicht möglich ist. Im Namen der Regierungschefs der beteiligten Länder beehre ich mich hiervon Kenntnis zu geben.
Die Regierung von Württemberg-Hohenzollern wird sich gestatten, in den nächsten Tagen einen zusammenhängenden Bericht über die bisherigen Verhandlungen zu übermitteln.

　　　　　　　　　　　gez. Dr. Gebhard Müller

17　Abgelichtet in: SAUER, Die Entstehung des Bundeslandes Baden-Württemberg (1977), S. 127, Dokument Nr. 164.

XIX. Erstes Neugliederungsgesetz

Erstes Gesetz zur Durchführung der Neugliederung in dem die Länder Baden, Württemberg-Baden und Württemberg-Hohenzollern umfassenden Gebiete gemäß Artikel 118 Satz 2 des Grundgesetzes

- Erstes Neugliederungsgesetz -

vom 4. Mai 1951
(BGBl. I S. 283)

Der Bundestag hat das folgende Gesetz beschlossen:

§ 1

Die Wahlperiode der Landtage der Länder Baden und Württemberg-Hohenzollern wird bis zum Außerkrafttreten der beiden Länderverfassungen, längstens bis zum 31. März 1952 verlängert.

§ 2

Dieses Gesetz tritt mit seiner Verkündung in Kraft.

Die verfassungsmäßigen Rechte des Bundesrates sind gewahrt.
Das vorstehende Gesetz wird hiermit verkündet.
Bonn, den 4. Mai 1951

Der Bundespräsident
Theodor Heuss
Der Stellvertreter des Bundeskanzlers
Blücher
Der Bundesminister des Innern
Dr. Lehr

XX. Zweites Neugliederungsgesetz

Zweites Gesetz zur Durchführung der Neugliederung in den Ländern Baden, Württemberg-Baden und Württemberg-Hohenzollern

- Zweites Neugliederungsgesetz -

vom 4. Mai 1951
(BGBl. I S. 284)

Da eine Vereinbarung der Länder Baden, Württemberg-Baden und Württemberg-Hohenzollern über eine Neugliederung dieser Länder nicht zustande gekommen ist, hat der Bundestag gemäß Artikel 118 Satz 2 des Grundgesetzes das folgende Gesetz beschlossen:

Abschnitt I: Die Durchführung der Volksabstimmung

§ 1

In den Ländern Baden, Württemberg-Baden und Württemberg-Hohenzollern findet eine Volksabstimmung darüber statt, ob diese Länder zu einem Bundesland (Südweststaat) vereinigt oder ob die alten Länder Baden und Württemberg (einschließlich Hohenzollern) wiederhergestellt werden sollen.

§ 2

Der Bundesminister des Innern setzt den Tag der Abstimmung fest. Die Abstimmung muß spätestens am 16. September 1951 stattfinden.

§ 3

(1) Es werden folgende Abstimmungsbezirke gebildet:

Abstimmungsbezirk I: das Land Baden,
Abstimmungsbezirk II: der Landesbezirk Baden des Landes Württemberg-Baden,
Abstimmungsbezirk III: das Land Württemberg-Hohenzollern,
Abstimmungsbezirk IV: der Landesbezirk Württemberg des Landes Württemberg-Baden.

(2) Die zuständige Landesregierung ernennt für jeden Abstimmungsbezirk einen Abstimmungsleiter.

§ 4
Der Stimmzettel hat folgenden Wortlaut und folgende Form:
a) im Lande Baden und im Landesbezirk Baden des Landes Württemberg-Baden (Gesamt-Baden):

Stimmzettel für die Volksabstimmung am.........
Ich wünsche die Vereinigung der drei Länder Baden, Württemberg-Baden und Württemberg-Hohenzollern zu einem Bundesland (Südweststaat).
. Ich wünsche die Wiederherstellung des alten Landes Baden.

b) Im Lande Württemberg-Hohenzollern und im Landesteil Württemberg des Landes Württemberg-Baden:

Stimmzettel für die Volksabstimmung am........
Ich wünsche die Vereinigung der drei Länder Baden, Württemberg-Baden und Württemberg-Hohenzollern zu einem Bundesland (Südweststaat).
Ich wünsche die Wiederherstellung des alten Landes Württemberg einschließlich Hohenzollern.

§ 5
Ein Stimmberechtigter kann nur eine der beiden Fragen bejahen. Die Stimmabgabe erfolgt durch Einsetzen eines Kreuzes (X) in den einen der beiden Kreise oder durch eine sonstige deutliche Kennzeichnung.

§ 6
(1) Stimmberechtigt ist, wer am Abstimmungstag
1. nach Artikel 116 des Grundgesetzes Deutscher ist,
2. das einundzwanzigste Lebensjahr vollendet hat,
3. Seit mindestens drei Monaten im Abstimmungsgebiet wohnt,
4. nach den im Abstimmungsland geltenden Vorschriften weder vom Stimmrecht ausgeschlossen noch in der Ausübung des Stimmrechts behindert ist.
(2) Hat der Stimmberechtigte mehrere Wohnsitze, so kann er seine Stimme nur einmal abgeben.
(3) Wer sein Stimmrecht mehr als einmal oder unter falschem Namen ausübt, wird mit Gefängnisstrafe bis zu sechs Monaten oder mit Geldstrafe bis zu fünftausend Deutsche Mark bestraft, soweit nicht in anderen Strafgesetzen eine höhere Strafe angedroht ist.

§ 7
Stimmberechtigte Beamte, Angestellte und Arbeiter im öffentlichen Dienst, die ihren Wohnsitz aus dienstlichen Gründen aus dem Abstimmungsgebiet bis zu einer Entfernung von 20 km jenseits der Bundesgrenze verlegen mußten, sowie die stimmberechtigten Angehörigen ihres Hausstandes sind auf Antrag in die

Stimmliste einer benachbarten Gemeinde des Abstimmungsgebietes einzutragen, soweit nicht die beteiligten Landesregierungen besondere Stimmbezirke einrichten.

§ 8
Stimmscheine haben nur innerhalb des Abstimmungsbezirks Gültigkeit, in dem sie ausgegeben wurden.

§ 9
(1) Auf die Volksabstimmung, insbesondere auf die Aufstellung und öffentliche Auflegung der Stimmlisten, den Einspruch gegen ihre Richtigkeit, die Anfechtung von Abstimmungen und die Durchführung von Nachabstimmungen finden die landesgesetzlichen Vorschriften über die Volksabstimmungen (Volksentscheid) entsprechende Anwendung mit der Maßgabe, daß für die Entscheidung über die Anfechtung von Abstimmungen das Bundesverfassungsgericht zuständig ist.
(2) Die Bezirksabstimmungsleiter (§ 3) übermitteln die Ergebnisse der Abstimmung in ihrem Abstimmungsbezirk dem Bundesminister des Innern, der das Abstimmungsergebnis feststellt und im Bundesanzeiger veröffentlicht.

§ 10
(1) Ergibt die Volksabstimmung im gesamten Abstimmungsgebiet und in mindestens drei der nach § 3 gebildeten Abstimmungsbezirke eine Mehrheit für die Vereinigung der Länder zu einem Bundesland, so wird dieses Land nach Maßgabe der §§ 11 bis 20 dieses Gesetzes gebildet.
(2) Ergibt sich keine Mehrheit nach Absatz 1, so werden die alten Länder Baden und Württemberg (einschließlich Hohenzollern) nach Maßgabe der §§ 21 bis 26 dieses Gesetzes wiederhergestellt.

Abschnitt II: Das Verfahren bei der Vereinigung der Länder Baden, Württemberg-Baden und Württemberg-Hohenzollern zu einem Bundesland

§ 11
Die Länder Baden, Württemberg-Baden und Württembeig-Hohenzollern sind mit der Bildung der vorläufigen Regierung (§ 14 Abs. 4) zu einem Bundesland vereinigt.

§ 12
(1) Die Regierungen der beteiligten Länder bilden unmittelbar nach der Volksabstimmung einen Ministerrat. Er nimmt die ihm nach §§ 13, 14, 15, 17 und 18 übertragenen Befugnisse wahr. Seine Aufgaben enden mit der Bildung der vorläufigen Regierung (§ 14 Abs. 4).

(2) Der Ministerrat besteht aus vier von der Regierung des Landes Württemberg-Baden und aus je zwei von den Regierungen der Länder Baden und Württemberg-Hohenzollern zu bestimmenden Vertretern. Von den Vertretern des Landes Württemberg-Baden müssen zwei aus dem Landesbezirk Baden stammen. Für jeden Vertreter ist ein Stellvertreter zu benennen.
(3) Der Ministerrat wird auf den fünften Werktag nach der Veröffentlichung des Abstimmungsergebnisses im Bundesanzeiger (§ 9 Abs. 2) vom Ministerpräsidenten des Landes Württemberg-Baden einberufen.
(4) Der Ministerrat wählt aus seiner Mitte einen Vorsitzenden und gibt sich eine Geschäftsordnung. Die Entscheidungen erfolgen durch Mehrheitsbeschluß.

§ 13
(1) Der Ministerrat hat innerhalb von drei Monaten nach der Volksabstimmung die Wahl der verfassunggebenden Landesversammlung des neuen Bundeslandes durchzuführen.
(2) Die verfassunggebende Landesversammlung besteht aus mindestens 120 Abgeordneten, von denen

Württemberg-Baden mindestens	73 Abgeordnete
Baden mindestens	25 Abgeordnete
Württemberg-Hohenzollern mindestens	22 Abgeordnete

zu wählen haben.
(3) Die Wahlen werden in entsprechender Anwendung der Bestimmungen des Wahlgesetzes zum ersten Bundestag und zur ersten Bundesversammlung der Bundesrepublik Deutschland vom 15. Juni 1949 (Bundesgesetzbl. S. 21) durchgeführt. Die Vorschriften des Artikels 41 des Grundgesetzes gelten entsprechend. Der Ministerrat ist ermächtigt, die erforderlichen Durchführungsverordnungen zu erlassen.

§ 14
(1) Die verfassunggebende Landesversammlung wird von dem Vorsitzenden des Ministerrats auf den sechzehnten Tag nach der Wahl einberufen.
(2) Die verfassunggebende Landesversammlung beschließt die Landesverfassung, die mit der Verkündung durch die vorläufige Regierung wirksam wird.
(3) Sie kann verfassungsrechtliche Bestimmungen, Gesetze und Maßnahmen, die im Interesse der Bildung des neuen Bundeslandes schon vor Inkrafttreten der Verfassung erforderlich sind, beschließen.
(4) Sie wählt spätestens einen Monat nach ihrem Zusammentritt den Ministerpräsidenten. Dieser ernennt binnen zwei Wochen die Minister und stellt den Zeitpunkt der Bildung der vorläufigen Regierung fest.
(5) Nach dem Inkrafttreten der Verfassung nimmt die verfassunggebende Landesversammlung die Befugnisse des ersten Landtages auf längstens zwei Jahre wahr.

(6) Die Beschlüsse der verfassunggebenden Landesversammlung werden mit einfacher Mehrheit gefaßt, soweit sie nichts anderes bestimmt.

§ 15

Der Ministerrat oder die vorläufige Regierung können der verfassunggebenden Landesversammlung einen Verfassungsentwurf vorlegen und Anträge stellen. Die Mitglieder des Ministerrats oder der vorläufigen Regierung oder ihre Beauftragten haben zu allen Sitzungen der verfassunggebenden Landesversammlung und ihrer Ausschüsse Zutritt. Sie müssen jederzeit gehört werden.

§ 16

Die beteiligten Länder sind verpflichtet, vom Tage der Volksabstimmung an alle Maßnahmen zu unterlassen, welche die bestehenden Verwaltungsorganisationen oder den Besitz- und Vermögensstand des Landes erheblich ändern, nachhaltige finanzielle Verpflichtungen des neuen Bundeslandes begründen oder in sonstiger Weise geeignet sind, die Vereinigung zu beeinträchtigen.

§ 17

Der Ministerrat hat das Recht, gegen Gesetze und Maßnahmen, die entgegen dem § 16 ergangen sind, Einspruch einzulegen. Der Einspruch hat aufschiebende Wirkung. Gegen den Einspruch ist die Anrufung der verfassunggebenden Landesversammlung zulässig.

§ 18

(1) Folgende Maßnahmen der beteiligten Länder bedürfen der Genehmigung des Ministerrats:
1. Ernennung und Beförderung von Beamten des höheren Dienstes bei den Obersten Landesbehörden und bei den Landesmittelbehörden sowie bei den obersten Gerichten, Das gleiche gilt für die Dienstverträge von Angestellten in entsprechenden Stellungen.
2. Einmalige Ausgaben des ordentlichen und außerordentlichen Haushalts, deren insgesamt veranschlagter Aufwand mehr als eine Million Deutsche Mark beträgt.
(2) Die Länderregierungen sind verpflichtet, dem Ministerrat alle für seine Tätigkeit erforderlichen Unterlagen zur Verfügung zu stellen.

§ 19

Die Aufwendungen für den Ministerrat, für die verfassunggebende Landesversammlung und die vorläufige Regierung werden von den beteiligten Ländern im Verhältnis des Aufkommens an Ländersteuern getragen.

§ 20
Die Verfassungen der beteiligten Länder treten spätestens mit Inkrafttreten der Verfassung des neuen Bundeslandes endgültig außer Kraft, soweit die verfassungsgebende Landesversammlung nicht für einzelne Vorschriften andere Bestimmungen trifft.

Abschnitt III: Das Verfahren bei der Wiederherstellung der alten Länder Baden und Württemberg einschließlich Hohenzollern

§ 21
Mit der Bekanntmachung des Bundesministers des Innern über die Bildung der vorläufigen Regierungen in den beiden neuen Bundesländern (§ 24 Abs. 4) sind das Land Baden und der Landesbezirk Baden des Landes Württemberg-Baden zu einem Bundesland Baden, das Land Württemberg-Hohenzollern und der Landesbezirk Württemberg des Landes Württemberg-Baden zu einem Bundesland Württemberg vereinigt.

§ 22
(1) Die Regierungen der beteiligten Länder bilden unmittelbar nach der Volksabstimmung je einen Ministerrat für das neue Land Baden und das neue Land Württemberg. Die Ministerräte nehmen die ihnen nach den §§ 23 bis 25 übertragenen Befugnisse wahr. Ihre Aufgaben enden an dem Tage, an dem der Bundesminister des Innern die Bildung der vorläufigen Regierungen in den neuen Ländern Baden und Württemberg im Bundesanzeiger bekanntgibt (§ 24 Abs. 4).
(2) Der Ministerrat für das neue Land Baden besteht aus je zwei von den Regierungen der Länder Württemberg-Baden und Baden zu bestimmenden Vertretern. Der Ministerrat für das neue Land Württemberg besteht aus je zwei von den Regierungen der Länder Württemberg-Baden und Württemberg-Hohenzollern zu bestimmenden Vertretern.
(3) Für jeden Vertreter ist ein Stellvertreter zu benennen. Die Vertreter und Stellvertreter müssen jeweils ihren ständigen Wohnsitz im neu zu bildenden Land haben.
(4) Die Ministerräte werden auf den fünften Werktag nach der Abstimmung einberufen. Der Ministerrat für das neue Land Baden wird vom Staatspräsidenten des Landes Baden, der Ministerrat für das neue Land Württemberg vom Staatspräsidenten des Landes Württemberg-Hohenzollern einberufen.
(5) Jeder Ministerrat wählt aus seiner Mitte einen Vorsitzenden und gibt sich eine Geschäftsordnung. Die Entscheidungen erfolgen durch Mehrheitsbeschluß.

§ 23
(1) Die beiden Ministerräte haben innerhalb von drei Monaten nach der Volksabstimmung die Wahlen der verfassunggebenden Landesversammlungen der beiden neuen Länder Baden und Württemberg durchzuführen.
(2) Die verfassunggebende Landesversammlung des neuen Landes Baden besteht aus 70 Abgeordneten, von denen das Land Baden mindestens 33 Abgeordnete und der Landesbezirk Baden des Landes Württemberg-Baden mindestens 37 Abgeordnete zu wählen haben. Die verfassunggebende Landesversammlung des neuen Landes Württemberg besteht aus mindestens 80 Abgeordneten, von denen das Land Württemberg-Hohenzollern mindestens 26 Abgeordnete und der Landesbezirk Württemberg des Landes Württemberg-Baden mindestens 54 Abgeordnete zu wählen haben.
(3) Die Wahlen werden in entsprechender Anwendung der Bestimmungen des Wahlgesetzes zum Bundestag und zur ersten Bundesversammlung der Bundesrepublik Deutschland vom 15. Juni 1949 (Bundesgesetzbl. S. 21) durchgeführt. Die Vorschriften des Artikels 41 des Grundgesetzes gelten entsprechend. Die beiden Ministerräte sind ermächtigt, die erforderlichen Durchführungsverordnungen zu erlassen.

§ 24
(1) Die verfassunggebenden Landesversammlungen werden von den Vorsitzenden der Ministerräte auf den sechzehnten Tag nach der Wahl einberufen.
(2) Die verfassunggebenden Landesversammlungen beschließen die Landesverfassungen, die mit der Verkündung durch die vorläufigen Regierungen wirksam werden.
(3) Die verfassunggebenden Landesversammlungen können verfassungsrechtliche Bestimmungen, Gesetze und Maßnahmen, die im Interesse der Bildung der neuen Bundesländer schon vor Inkrafttreten der neuen Verfassungen erforderlich sind, erlassen.
(4) Sie wählen spätestens einen Monat nach ihrem Zusammentritt die Ministerpräsidenten. Die Ministerpräsidenten ernennen binnen zwei Wochen die Minister und stellen den Zeitpunkt der Bildung der vorläufigen Regierungen fest. Jeder der Ministerpräsidenten hat den Zeitpunkt der Bildung der vorläufigen Regierung dem Bundesminister des Innern mitzuteilen. Der Bundesminister des Innern gibt nach Eintreffen der letzten Mitteilung im Bundesanzeiger die Bildung der beiden vorläufigen Regierungen bekannt. Mit dem Tage der Bekanntmachung sind die beiden neuen Bundesländer Baden und Württemberg gebildet.
(5) Nach dem Inkrafttreten der Verfassungen nehmen die verfassunggebenden Landesversammlungen die Befugnisse des ersten Landtags auf längstens zwei Jahre wahr.
(6) Die Beschlüsse der verfassunggebenden Landesversammlungen werden mit einfacher Mehrheit gefaßt, soweit sie nichts anderes bestimmen.

§ 25
Die §§ 15 bis 19 finden entsprechende Anwendung.

§ 26
Das Vermögen der bisherigen Länder geht als Ganzes mit allen Rechten und Pflichten auf die neu gebildeten Länder über mit der Maßgabe, daß die Auseinandersetzung des Landes Württemberg-Baden durch eine Vereinbarung der beiden neuen Länder erfolgt. Kommt eine Einigung zwischen diesen nicht zustande, so entscheidet ein Schiedsgericht, das aus je zwei von den beiden Ländern und drei von der Bundesregierung zu benennenden Mitgliedern besteht. Das Schiedsgericht bestimmt den Vorsitzenden aus seiner Mitte.

Abschnitt IV: Übergangs- und Schlußvorschriften

§ 27
(1) Das Gesetz tritt mit seiner Verkündung in Kraft.
(2) Der Bundesminister des Innern erläßt die zur Durchführung erforderlichen Rechtsverordnungen.

Die verfassungsmäßigen Rechte des Bundesrates sind gewahrt.
Das vorstehende Gesetz wird hiermit verkündet.
Bonn, den 4. Mai 1951.

Der Bundespräsident
Theodor Heuss

Der Stellvertreter des Bundeskanzlers
Blücher

Der Bundesminister des Innern
Dr. Lehr

XXI. Gesetz über die Wahl des ersten Ministerpräsidenten im südwestdeutschen Bundesland

Gesetz über die Wahl des ersten Ministerpräsidenten im südwestdeutschen Bundesland

vom 22. April 1952
(RegBl. WB 1952, S. 39; GVBl. Baden 1952, S. 47; RegBl. WH 1952, S. 35)

Die Verfassunggebende Landesversammlung hat am 22. April 1952 das folgende Gesetz beschlossen, das hiermit verkündet wird:

Artikel 1
Der Ministerpräsident wird von der Verfassunggebenden Landesversammlung mit mehr als der Hälfte der abgegebenen Stimmen gewählt. Wird im ersten Wahlgang diese Mehrheit nicht erreicht, so findet frühestens nach drei Tagen, spätestens binnen einer Woche, ein zweiter Wahlgang statt, für welchen die gleiche Mehrheit erforderlich ist. Bleibt auch dieser Wahlgang erfolglos, so ist binnen drei Tagen ein dritter Wahlgang vorzunehmen. In diesem ist gewählt, wer die meisten Stimmen erhält.

Artikel 2
(1) Dieses Gesetz tritt am 24. April 1952 in Kraft.
(2) Das Gesetz wird vom Präsidenten der Verfassunggebenden Landesversammlung ausgefertigt und in den Gesetzblättern der Länder Baden, Württemberg-Baden und Württemberg Hohenzollern verkündet.

Stuttgart, den April 22. April 1952

Präsident der Verfassunggebenden Landesversammlung
Dr. Neinhaus

XXII. Überleitungsgesetz

Gesetz über die vorläufige Ausübung der Staatsgewalt im südwestdeutschen Bundesland

- Überleitungsgesetz -

vom 15. Mai 1952
(Gesetzblatt für Baden-Württemberg S. 3).

geändert durch Gesetz
vom 30. September 1953 (BWGBl. S. 151)
vom 7. Oktober 1953 (BWGBl. S. 153)

Die verfassunggebende Landesversammlung hat am 15. Mai 1952 das folgende Gesetz beschlossen, das hiermit verkündet wird:

Abschnitt I: Allgemeines

Artikel 1
Das aus den Ländern Baden, Württemberg-Baden und Württemberg-Hohenzollern gebildete Bundesland führt die Bezeichnung Baden-Württemberg. Die endgültige Bezeichnung wird in der Verfassung bestimmt.

Artikel 2
(1) Die Landtage und Regierungen der Länder Baden, Württemberg-Baden und Württemberg-Hohenzollern sind aufgehoben.
(2) Die Amtszeit der Minister sowie des Präsidenten des Landesbezirks Baden ist beendet.

Artikel 3
Träger der Staatsgewalt ist das Volk.

Abschnitt II: Die verfassunggebende Landesversammlung

Artikel 4
(1) Die verfassunggebende Landesversammlung nimmt zugleich die Aufgaben eines Landtags wahr.
(2) Auf die verfassunggebende Landesversammlung und die Rechtsstellung ihrer Abgeordneten finden die Art. 40 bis 44 und 46 bis 48 des Grundgesetzes für die Bundesrepublik Deutschland entsprechende Anwendung.

(3) Die Rechtsstellung der in die verfassunggebende Landesversammlung gewählten Angehörigen des öffentlichen Dienstes bestimmt sich nach dem Gesetz über die Rechtsstellung der in den ersten deutschen Bundestag gewählten Angehörigen des öffentlichen Dienstes vom 11. Mai 1951 (BGBl. I S. 297).

Abschnitt III: Die vorläufige Regierung

Artikel 5[18]

(1) Die vorläufige Regierung besteht aus dem Ministerpräsidenten und den Ministern.
(2) Der Ministerpräsident ernennt und entläßt die Minister und bestellt seinen Stellvertreter.
(3) Staatssekretäre können ernannt werden. Sie sind Mitglieder der vorläufigen Regierung, aber ohne Stimmrecht.

Artikel 6

(1) Der Ministerpräsident wird von der verfassunggebenden Landesversammlung mit mehr als der Hälfte der abgegebenen Stimmen gewählt. Wird im ersten Wahlgang diese Mehrheit nicht erreichte so findet frühestens nach drei Tagen, spätestens binnen einer Woche, ein zweiter Wahlgang statt, für welchen die glei-

---

18 Durch § 1 des Gesetzes vom 30. September 1953 (BGBl. S. 151) wurde der Artikel 5 wie folgt geändert:
Absatz 3 erhielt folgende Fassung:
"(3) Es können Staatssekretäre ernannt werden. Sie sind Mitglieder der vorläufigen Regierung mit Stimmrecht. Das Württemberg-Badische Gesetz Nr. 365 über die Rechtsverhältnisse der Minister vom 30. Mai 1950 (RegBl. S. 53) in der Fassung des Gesetzes Nr. 3046 zur Änderung des Ministergesetzes vom 23. April 1952 (Reg.Bl. S. 46) findet auf sie entsprechende Anwendung. Das Amtsgehalt wird besonders festgesetzt."
folgender Absatz wurde angefügt:
"(4) Der vorläufigen Regierung können Staatsräte ohne eigenen Geschäftskreis und ohne Stimmrecht beigeordnet werden. Sie werden vom Ministerpräsidenten berufen und entlassen. Die §§ 1, 3 und 5 des Gesetzes Nr. 365 über die Rechtsverhältnisse der Minister vom 30. Mai 1950 (Reg.Bl. S. 53) finden auf die Staatsräte entsprechende Anwendung."
Durch § 1 des Gesetzes vom 7. Oktober 1953 (BGBl. S. 153) erhielt der Artikel 5 Absatz 4 folgende Fassung:
"(4) Als Mitglieder der vorläufigen Regierung können ehrenamtliche Staatsräte mit Stimmrecht ohne eigenen Geschäftskreis ernannt werden. Sie dürfen dem Vorstand, Verwaltungsrat oder Aufsichtsrat eines auf Erwerb gerichteten Unternehmens, an dem die öffentliche Hand, insbesondere der Staat, nicht beteiligt ist, nicht angehören. Der vorläufigen Regierung können auch ehrenamtliche Staatsräte ohne Stimmrecht und ohne eigenen Geschäftskreis beigeordnet werden; sie sind nicht Mitglieder der vorläufigen Regierung und werden vom Ministerpräsidenten berufen und entlassen. Die §§ 1 bis 3 und 5 bis 7 des württemberg-badische Gesetzes Nr. 365 über die Rechtsverhältnisse der Minister vom 30. Mai 1950 - Ministergesetz - (Reg.Bl. S. 53) in der Fassung des Gesetzes Nr. 3046 zur Änderung des Ministergesetzes vom 23. April 1952 (Reg.Bl. S. 46) finden auf die Staatsräte entsprechende Anwendung."

che Mehrheit erforderlich ist. Bleibt auch dieser Wahlgang erfolglos, so ist binnen drei Tagen ein dritter Wahlgang vorzunehmen. In diesem ist gewählt, wer die meisten Stimmen erhält.
(2) Die vorläufige Regierung bedarf der Bestätigung der verfassunggebenden Landesversammlung. Der Beschluß muß mit mehr als der Hälfte der abgegebenen Stimmen gefaßt werden. Wurde der Ministerpräsident im dritten Wahlgang nicht mit der in Abs. 1 Satz 1 vorgeschriebenen Mehrheit gewählt, so bedarf die vorläufige Regierung keiner Bestätigung.

Artikel 7
Die Mitglieder der vorläufigen Regierung leisten beim Amtsantritt den Amtseid vor der verfassunggebenden Landesversammlung. Er lautet:
„Ich schwöre, daß ich mein Amt gerecht und unparteiisch verwalten und die Gesetze achten und verteidigen werde. So wahr mit Gott helfe"
Der Eid kann auch ohne religiöse Beteuerung geleistet werden.

Artikel 8
Der Ministerpräsident bestimmt die Zahl der Ministerien. Ihr Geschäftsbereich wird durch die vorläufige Regierung festgelegt. Der Ministerpräsident kann einen Geschäftsbereich selbst übernehmen.

Artikel 9
(1) Der Ministerpräsident bestimmt die Richtlinien der Politik. Er führt den Vorsitz in der vorläufigen Regierung und leitet ihre Geschäfte. Innerhalb der Richtlinien der Politik leitet jeder Minister seinen Geschäftsbereich selbständig.
(2) Die vorläufige Regierung beschließt insbesondere über Gesetzentwürfe, über Angelegenheiten, in denen ein Gesetz dies vorschreibt, und über Meinungsverschiedenheiten, die den Geschäftskreis mehrerer Ministerien berühren, sowie über Fragen von grundsätzlicher oder weittragender Bedeutung.
(3) Die vorläufige Regierung beschließt mit Stimmenmehrheit der anwesenden Mitglieder. Jedes Mitglied hat eine Stimme, auch wenn es mehrere Geschäftsbereiche leitet. Bei Stimmengleichheit entscheidet die Stimme des Vorsitzenden.[19]

Artikel 10
(1) Der Ministerpräsident vertritt das Land nach außen. Der Abschluß von Staatsverträgen bedarf der Zustimmung der vorläufigen Regierung und der verfassunggebenden Landesversammlung.
(2) Der Ministerpräsident ernennt und entläßt die Beamten. Er kann dieses Recht durch Verordnung auf den zuständigen Minister oder mit dessen Einverständnis auf nachgeordnete Behörden übertragen.

---

19 Durch § 1 des Gesetzes vom 30. September 1953 wurde Artikel 9 Absatz 3 letzter Satz gestrichen.

Artikel 11

(1) Die vorläufige Regierung übt das Gnadenrecht aus. Sie kann dieses Recht, soweit es sich nicht um schwere Fälle handelt, durch Verordnung auf andere Stellen übertragen. Bis zum Erlaß dieser Verordnung wird das Gnadenrecht von den Behörden, denen es bisher übertragen war weiter ausgeübt.
(2) Eine Amnestie bedarf des Gesetzes.

Artikel 12

(1) Die vorläufige Regierung muß ihren Rücktritt erklären, wenn ihr die verfassunggebende Landesversammlung mit mehr als der Hälfte der gesetzlichen Zahl ihrer Mitglieder das Vertrauen entzieht.
(2) Der Rücktritt ist wirksam, wenn die verfassunggebende Landesversammlung mit der Mehrheit ihrer Mitglieder einen neuen Ministerpräsidenten gewählt und die von ihm gebildete Regierung bestätigt hat.
(3) Die vorläufige Regierung und jedes Mitglied derselben können jederzeit ihren Rücktritt erklären. Im Falle des Rücktritts sind die Geschäfte bis zur Bestätigung einer neuen vorläufigen Regierung oder bis zur Ernennung eines neuen Ministers weiterzuführen.

Artikel 13

(1) Die Mitglieder der vorläufigen Regierung können wegen vorsätzlicher oder grob fahrlässiger Verletzung eines Gesetzes oder wegen schwerer Gefährdung der Öffentlichen Sicherheit oder der Wohlfahrt des Staates auf Beschluß der verfassunggebenden Landesversammlung vor dem nach Art. 17 zu bildenden Staatsgerichtshof angeklagt werden.
(2) Der Antrag auf Erhebung der Anklage muß von mindestens einem Drittel der Mitglieder der verfassunggebenden Landesversammlung unterzeichnet werden. Der Beschluß erfordert bei Anwesenheit von mindestens zwei Dritteln der gesetzlichen Zahl der Mitglieder der verfassunggebenden Landesversammlung eine Zweidrittelmehrheit, die jedoch mehr als die Hälfte der gesetzlichen Zahl ihrer Mitglieder betragen muß. Der Beschluß kann bis zum Beginn der Hauptverhandlung mit einfacher Stimmenmehrheit zurückgenommen werden. Die Anklage wird durch den vor oder nach ihrer Erhebung erfolgten Rücktritt des Mitglieds der vorläufigen Regierung oder durch dessen Abberufung oder Entlassung nicht berührt.

Abschnitt IV: Die Gesetzgebung

Artikel 14

(1) Gesetzesvorlagen werden von der vorläufigen Regierung oder von Abgeordneten der verfassunggebenden Landesversammlung eingebracht.
(2) Die Gesetze werden von der verfassunggebenden Landesversammlung beschlossen.

Artikel 15
(1) Der Ministerpräsident fertigt die von der verfassunggebenden Landesversammlung ordnungsmäßig beschlossenen. Gesetze aus und verkündet sie im Gesetzblatt des Landes Baden-Württemberg. Die Gesetze werden vom Ministerpräsidenten und mindestens der Hälfte der Minister unterzeichnet.
(2) Die zur Ausführung der Gesetze erforderlichen Rechtsverordnungen und Verwaltungsvorschriften erläßt, soweit die Gesetze nichts anderes bestimmen, die vorläufige Regierung. Geben Gesetze einem Ministerium oder einer anderen obersten Landesbehörde die Ermächtigung zum Erlaß von Rechtsverordnungen und allgemeinen Verwaltungsvorschriften, so geht die Ermächtigung aufs das sachlich zuständige Ministerium des Landes Baden-Württemberg über. Dieses kann die Ermächtigung durch Verordnung dem Regierungspräsidenten übertragen.
(3) Rechtsverordnungen werden von der Stelle, die sie erläßt, ausgefertigt und vorbehaltlich anderweitiger gesetzlicher Regelung im Gesetzblatt des Landes Baden-Württemberg verkündet.
(4) Die Gesetze und Rechtsverordnungen treten, wenn nichts anderes bestimmt ist, mit dem siebenten Tage nach Ausgabe des Gesetzblattes in Kraft.

Artikel 16
Bisherige landesrechtliche Bestimmungen über Volksabstimmungen und Volksbegehren treten außer Kraft.

Abschnitt V: Die Rechtspflege

Artikel 17
(1) Für das Land Baden-Württemberg wird ein vorläufiger Staatsgerichtshof errichtet. Er besteht aus dem Vorsitzenden und acht Mitgliedern, die von der verfassunggebenden Landesversammlung bestellt werden. Zum Vorsitzenden ist der Präsident eines Oberlandesgerichts zu bestellen. Vier Mitglieder müssen im Hauptamt Richter auf Lebenszeit. an einem ordentlichen Gericht oder Verwaltungsgericht sein. Von den Mitgliedern müssen jeweils ein richterliches und ein nichtrichterliches Mitglied in einem der vier in Art. 23 Abs. 1 bezeichneten Landesteile gemeindewahlberechtigt sein.
(2) Auf den vorläufigen Staatsgerichtshof gehen die Zuständigkeiten der Staatsgerichtshöfe von Baden, Württemberg-Baden und Württemberg-Hohenzollern über, soweit sich nicht aus diesem Gesetz etwas anderen ergibt. Der vorläufige Staatsgerichtshof entscheidet ferner über Beschwerden gegen die Entscheidungen der verfassunggebenden Landesversammlung im Wahlprüfungsverfahren und gegen ihre Entscheidungen darüber, ob ein Abgeordneter der verfassunggebenden Landesversammlung die Mitgliedschaft verloren hat. Im übrigen finden das württemberg-badische Gesetz Nr. 154 über den Staatsgerichtshof vom

18. August 1948 (Reg.Bl. S. 121) und § 48 des Gesetzes über das Bundesverfassungsgericht vom 12. März 1951 (BGBl. I S.243) entsprechende Anwendung. Als Verfassung im Sinne des württemberg-badischen Gesetzes Nr. 154 gilt auch dieses Gesetz.

Artikel 18
Die Staatsgerichtshöfe der bisherigen Länder bleiben für Rechtssachen zuständig, die bei Inkrafttreten dieses Gesetzes anhängig sind. Auf das Verfahren finden die bisher geltenden Bestimmungen Anwendung.

Artikel 19
Die vorläufige Regierung bestimmt durch Verordnung, welches Verwaltungsgericht für die Anfechtung von Verwaltungsakten und Beschwerdeentscheidungen der vorläufigen Regierung und der Ministerien des Landes Baden-Württemberg örtlich zuständig ist und welches Verfahren Anwendung findet.

Artikel 20
Die sachliche und örtliche Zuständigkeit aller anderen Gerichte bleibt unberührt.

Abschnitt VI: Die Verwaltung

Artikel 21
Die Befugnisse der Ministerien der bisherigen Länder und der Landesbezirksverwaltung des Landesbezirks Baden stehen grundsätzlich den Ministerien der vorläufigen Regierung zu. Die vorläufige Regierung bestimmt, wann und in welchem Umfang sie die einzelnen Geschäfte übernimmt. Sie sollen nur übernommen werden, soweit eine einheitliche Ausübung für das ganze Land zweckmäßig erscheint.

Artikel 22
(1) Die Ministerien der bisherigen Länder und die Landesbezirksverwaltung des Landesbezirks Baden treten in Abwicklung. Sie führen unter ihrer bisherigen Bezeichnung mit dem Zusatz „Abwicklungsstelle" ihre Geschäfte im Auftrag und nach Weisung der vorläufigen Regierung solange fort, bis sie von dieser selbst übernommen und auf andere Stellen übertragen werden. Sie sind insoweit letzte Beschwerdeinstanzen im Verwaltungswege.
(2) Die Abwicklung wird für alle Abwicklungsstellen in den einzelnen Geschäftsbereichen von den zuständigen Ministern der vorläufigen Regierung geleitet.

Artikel 23
(1) Im Zuge der Abwicklung sind die Ministerien der bisherigen Länder und die Landesbezirksverwaltung des Landesbezirks Baden zu vorläufigen staatlichen Mittelinstanzen umzubilden. Zunächst werden vier Mittelinstanzen gebildet,. deren Gebiet den nach § 3 Abs. 1 des Zweiten Gesetzes über die Neugliederung in den Ländern Baden, Württemberg-Baden und Württemberg-Hohenzollern vom 4. Mai 1951 (BGBl. I S.284) festgesetzten Abstimmungsbezirken entspricht.
(2) Der Leiter der Mittelinstanz wird von der vorläufigen Regierung unverzüglich ernannt. Er führt die Dienstbezeichnung „Regierungspräsident" und ist als solcher Beamter auf Widerruf mit den Dienstbezügen der Besoldungsgruppe B6. Er untersteht der Dienstaufsicht der vorläufigen Regierung und der Fachaufsicht der Ministerien.
(3) Die Zuständigkeiten der Mittelinstanzen werden durch Verordnung der vorläufigen Regierung bestimmt.

Artikel 24
Das Personal der Ministerien ist grundsätzlich aus den Angehörigen der Verwaltungen der bisherigen Länder zu entnehmen. Dabei sind die vier Landesteile in angemessenem Verhältnis innerhalb der einzelnen. Verwaltungsbezirke und nach der sachlichen Bedeutung der Stellen zu berücksichtigen.

Abschnitt VII: Das Finanzwesen

Artikel 25
(1) Alle Einnahmen und Ausgaben des Landes Baden-Württemberg werden zunächst für die Zeit von der Bildung des Landes bis zum 31. März 1953 veranschlagt und in einen einheitlichen Staatshaushaltsplan aufgenommen. Dieser wird durch ein Staatshaushaltsgesetz festgestellt. Die nach den Nothaushaltsgesetzen der Länder Baden, Württemberg-Baden und Württemberg-Hohenzollern für die Zelt vom 1. April 1952 bis zum Zeitpunkt der Bildung des Landes Baden-Württemberg zulässigen Einnahmen und Ausgaben können in den einheitlichen Staatshaushaltsplan aufgenommen werden.
(2) Beschlüsse der verfassunggebenden Landesversammlung, welche die im Haushaltplan beschlossenen Ausgaben erhöhen oder Neuausgaben in sich schließen oder für die Zukunft mit sich bringen, bedürfen der Zustimmung der vorläufigen Regierung.

Artikel 26
Über die Verwendung aller Staatseinnahmen legt der Finanzminister im folgenden Rechnungsjahr zur Entlastung der vorläufigen Regierung der verfassunggebenden Landesversammlung Rechnung.

Artikel 27
Eine Überschreitung des Voranschlags bedarf der nachträglichen Genehmigung der verfassunggebenden Landesversammlung.

Artikel 28
Ohne Zustimmung der verfassunggebenden Landesversammlung können weder Anleihen des Landes aufgenommen noch Sicherheitsleistungen zu Lasten des Landes übernommen werden.

Artikel 29
(1) Bis zum Inkrafttreten des Staatshaushaltsgesetzes (Art. 25 Abs. 1) dürfen die zur Durchführung der Verwaltung und zur Erfüllung der rechtlichen Verbindlichkeiten erforderlichen Ausgaben bei Beobachtung größter Sparsamkeit geleistet werden. Die Gesetze der Länder Württemberg-Baden und Württemberg-Hohenzollern über die vorläufige Regelung des Staatshaushalts für das Rechnungsjahr 1952 (Nothaushaltsgesetz 1952) gelten mit der Maßgabe, daß an die Stelle der dort genannten staatlichen Organe die entsprechenden Organe des Landes Baden-Württemberg treten. Für das Land Baden gelten diese Nothaushaltsgesetze entsprechend.
(2) Die Ministerien können mit Zustimmung des Finanzministeriums Haushaltsansätze und Planstellen aus den Haushaltsplänen der bisherigen drei Länder zur Wahrnehmung der von ihnen übernommenen Aufgaben heranziehen. Dasselbe Recht steht der vorläufigen Regierung zu.

Artikel 30
(1) Es wird ein vorläufiger Rechnungshof mit dem Sitz in Karlsruhe und mit Außenabteilungen in Freiburg, Stuttgart und Tübingen gebildet.
(2) Die Rechnungsprüfung wird durch Gesetz. geregelt.

Abschnitt VIII: Übergangs- und Schlußbestimmungen

Artikel 31
(1) Recht der bisherigen Länder bleibt innerhalb seines Geltungsbereichs in Kraft, soweit es diesem Gesetz nicht widerspricht.
(2) Wo in Gesetzen oder Verordnungen auf die Landtage, die Regierungen oder Staatspräsidenten (Ministerpräsident) der bisherigen Länder verwiesen wird, treten an ihre Stelle die verfassunggebende Landesversammlung, die vorläufige Regierung und der Ministerpräsident des Landes Baden-Württemberg.

Artikel 32
(1) Die Bediensteten der bisherigen Länder treten in ihrer bisherigen Rechtsstellung in den Dienst des Landes Baden-Württemberg.
(2) Wird eine Behörde aufgelöst oder mit einer anderen verschmolzen oder in ihren Aufgaben wesentlich verändert, so können die auf Lebenszeit oder Zeit

ernannten Beamten der beteiligten Behörden durch Beschluß der vorläufigen Regierung in den Wartestand versetzt werden. Die Betroffenen sind vorher zu hören. Die Planstellen der in den Wartestand versetzten Beamten fallen weg. Auf den Wartestand finden die §§ 45 bis 49 und 77 des Deutschen Beamtengesetzes in der am 30. Juni 1950 (BGBl. S.283) bekanntgemachten Fassung entsprechende Anwendung.
(3) Beamte, die das 62. Lebensjahr vollendet haben, können in den Wartestand versetzt werden, wenn die freiwerdende Stelle oder eine Stelle innerhalb derselben Laufbahn abgesetzt wird. Die Betroffenen sind vorher zu hören.
(4) Bei den Maßnahmen nach Abs. 2 und 3 ist für alle Landesteile unter gerechter Würdigung aller Umstände gleichmäßig zu verfahren.
(5) Für die Beamten gilt im übrigen das Beamten- und Besoldungsrecht des Landesteils, in welchem sie angestellt sind oder werden. Dies gilt für die Mitglieder der vorläufigen Regierung entsprechend.
(6) Maßnahmen nach Abs. 2 und 3 können nur bis zum 31. Oktober 1953 getroffen werden.

Artikel 33
Dieses Gesetz tritt mit dem Tag der Verkündung in Kraft.
Es wird vom Präsidenten der verfassunggebenden Landesversammlung ausgefertigt und im Gesetzblatt des Landes Baden-Württemberg verkündet. Das Gesetz tritt mit der Verkündung der Verfassung außer Kraft.[20]

Stuttgart, den 15. Mai 1952

Der Präsident der verfassunggebenden Landesversammlung:
Dr. Neinhaus

---

20 Das Gesetz ist am 17. Mai 1952 in Kraft getreten und mit dem Inkrafttreten der Verfassung am 19. November 1953 außer Kraft getreten.

Bibliographie

ABEL, Carmen; Das Grundgesetz, Dokumentation seiner Entstehung, Band 9, Artikel 29 und 118 (sowie gestrichener Art. 24 „Gebietsabtretungen"), Hrsg. Hans-Peter Schneider, Frankfurt a. M. 1995

ABELSHAUSER, Werner; Wirtschaft im Südwesten 1945 – 1952, in: Der Weg zum Südweststaat, Hrsg. Landeszentrale für politische Bildung Baden-Württemberg, Karlsruhe 1991, S. 93 – 111

ACHTERBERG, Norbert; Zulässigkeit und Schranken stillschweigender Bundeszuständigkeiten im gegenwärtigen deutschen Verfassungsrecht, in: Archiv des öffentlichen Rechts 86 (1961), S. 63 – 94

AKTEN ZUR VORGESCHICHTE DER BUNDESREPUBLIK DEUTSCHLAND 1945 – 1949; Band 5: Januar – September 1949, Hrsg. Bundesarchiv und Institut für Zeitgeschichte, bearbeitet von Hans-Dieter Kreikamp, München 1989

ALBIEZ, Robert / GLUNK, Karl / GRUND, Reinhold; Der überspielte Volkswille, Die Badener im südwestdeutschen Neugliederungsgeschehen (1945 – 1970), Fakten und Dokumente, in Verbindung mit Karl H. Neumayer und Paul-Ludwig Weinacht, Baden-Baden 1992

ALTENSTETTER, Josef; Das notwendige Bundesland am oberen Rhein, Karlsruhe sine anno

ALTERNATIVKOMMENTAR; Kommentar zum Grundgesetz für die Bundesrepublik Deutschland; Gesamtherausgeber: Rudolf Wassermann, Band 1: Art. 1 – 17a, 3. Auflage, Neuwied, Kriftel 2002

ALTERNATIVKOMMENTAR; Kommentar zum Grundgesetz für die Bundesrepublik Deutschland; Gesamtherausgeber: Rudolf Wassermann, Band 2: Art. 18 – 80, 3. Auflage, Neuwied, Kriftel 2002

ALTERNATIVKOMMENTAR; Kommentar zum Grundgesetz für die Bundesrepublik Deutschland; Gesamtherausgeber: Rudolf Wassermann, Band 3: Art. 81 - 146, 3. Auflage, Neuwied, Kriftel 2002

ANSCHÜTZ, Gerhard; Die Reichsaufsicht, in: Handbuch des Deutschen Staatsrechts, Erster Band, Hrsg. Gerhard Anschütz, Richard Thoma, Tübingen 1930, § 32, S. 363 – 377

ANSCHÜTZ, Gerhard; Die Verfassung des Deutschen Reichs, 3.Auflage Berlin 1929

APPEL, Reinhard; Baden-Württemberg aus Bonner Sicht, in: Beiträge zur Landeskunde, Regelmäßige Beilage zum Staatsanzeiger für Baden-Württemberg, 1962, Heft Nr. 4, S. 62 – 67

ARETIN, Karl Otmar von; Das alte Reich 1648 – 1806, Band 3: Das Reich und der österreichisch-preußische Dualismus (1745 – 1806), Stuttgart 1997

BACH, Adolf; Deutsche Mundartforschung, Heidelberg 1934

BACHOF, Otto; Verfassungswidrige Verfassungsnormen, Tübingen 1951

BADER, Karl Siegfried; Das Schiedsverfahren in Schwaben vom 12. bis zum ausgehenden 16. Jahrhundert, Tübingen 1929

BADER, Karl Siegfried; Der deutsche Südwesten in seiner territorialstaatlichen Entwicklung, Sigmaringen 1978

BADER, Karl Siegfried; Zur politischen und rechtlichen Entwicklung Badens, in: Baden im 19. und 20. Jahrhundert, Verfassungs- und Verwaltungsgeschichtliche Studien, Band 1, Karlsruhe 1948, S. 7 – 22

BADISCHE LANDESREGIERUNG; Antrag der Badischen Landesregierung auf bundesverfassungsgerichtliche Feststellung der Nichtigkeit des Ersten und Zweiten Gesetzes über die Neugliederung in den Ländern Baden, Württemberg-Baden und Württemberg-Hohenzollern vom 4. Mai 1951, Freiburg 1951

BADISCHE LANDESREGIERUNG; Baden – Geschichte, Verwaltung, Kultur, Wirtschaft, Denkschrift der Badischen Landesregierung 1948, sine loco

BARROS, James; The Aland Islands question: its settlement by the league of nations, New Haven 1968

BAUSINGER, Hermann; Die bessere Hälfte, Von Badenern und Württembergern, Stuttgart, München 2002

BAUSINGER, Hermann; Baden-Württemberg – Einheit in Vielfalt, in: Beiträge zur Landeskunde, Regelmäßige Beilage zum Staatsanzeiger für Baden-Württemberg, 1992, Heft 5, S. 1 – 8

BECKER, Josef; Liberaler Staat und Kirche in der Ära von Reichsgründung und Kulturkampf, Geschichte und Strukturen ihres Verhältnisses in Baden 1860 – 1867, Mainz 1973

BECKMANN, Heinz; Innerdeutsche Gebietsänderungen nach dem Bonner Grundgesetz: Entstehungsgeschichte, Auslegung und Bedeutung der Artikel 29/118 GG, Eine Betrachtung der Vorschriften für innere Gebietsänderungen in deutschen und ausländischen Verfassungen, Kiel 1954

BENDA, Ernst; Konsens und Mehrheitsprinzip im Grundgesetz und in der Rechtsprechung des Bundesverfassungsgerichts, in: Hans Hattenhauer und Werner Kaltefleiter (Hrsg.), Mehrheitsprinzip, Konsens und Verfassung, Heidelberg 1986, S. 61 – 83

BENDA, Ernst / KLEIN, Eckart; Verfassungsprozeßrecht – Ein Lehr- und Handbuch, 2. Auflage Heidelberg 2001

BERBER, Friedrich; Lehrbuch des Völkerrechts, Band I, Allgemeines Friedensrecht, München 1960

BLANK, Bettina; Die westdeutschen Länder und die Entstehung der Bundesrepublik, Zur Auseinandersetzung um die Frankfurter Dokumente, München 1995

BLEZINGER, Harro; Der Schwäbische Städtebund in den Jahren 1438 – 1445 – Mit einem Überblick über seine Entwicklung seit 1389, Stuttgart 1954

BLUMENWITZ, Dieter; Die Darstellung der Grenzen Deutschlands in kartographischen Werken, Bonn 1980

BÖCKENFÖRDE, Ernst-Wolfgang; Demokratie als Verfassungsprinzip, in: Handbuch des Staatsrechts der Bundesrepublik Deutschland, Hrsg. Josef Isensee und Paul Kirchhof, Band II Verfassungsstaat, 3. Auflage Heidelberg 2004, § 24, S. 429 – 496

BOEHL, Henner Jörg; Verfassunggebung im Bundesstaat – Ein Beitrag zur Verfassungslehre des Bundesstaates und der konstitutionellen Demokratie, Berlin 1997
BOELCKE, Willi A.; Handbuch Baden-Württemberg, Politik, Wirtschaft, Kultur von der Urgeschichte bis zur Gegenwart, Stuttgart, Berlin, Köln, Mainz 1982
BONNER KOMMENTAR; Kommentar zum Bonner Grundgesetz, Gesamtherausgeber: Rudolf Dolzer, Band 1: Einleitung – Art. 5, Heidelberg, Stand: 120. Lieferung, Dezember 2005
BONNER KOMMENTAR; Kommentar zum Bonner Grundgesetz, Gesamtherausgeber: Rudolf Dolzer, Mitherausgeber für Abschnitt X: Klaus Vogel, Band 5: Art. 20 – 37, Heidelberg, Stand: 120. Lieferung, Dezember 2005
BONNER KOMMENTAR; Kommentar zum Bonner Grundgesetz, Gesamtherausgeber: Rudolf Dolzer, Band 12: Art. 115a – 130, Heidelberg, Stand: 120. Lieferung, Dezember 2005
BRAUN, Klaus; Kommentar zur Verfassung des Landes Baden-Württemberg, Stuttgart, München, Hannover 1984
BRAUNER, Herbert; Wahlkreiseinteilung und Wahlrechtsgleichheit, Eine Untersuchung des gesamtstaatlichen Parlamentswahlrechts in Deutschland vom Norddeutschen Bund bis zur Bundesrepublik Deutschland, Heidelberg 1970
BRÜGMANN, Walter; Ist der Sonnabend ein Werktag? in: BauR 1978, S. 22 – 30
BULLINGER, Martin; Ungeschriebene Kompetenzen im Bundesstaat, in: Archiv des öffentlichen Rechts 96 (1971), S. 237 – 285
BRÜNING, Kurt / STING, Heinz / PESCHLOW, Martin; Probleme der innergebietlichen Neuordnung gemäß Artikel 29 Absatz 1 des Grundgesetzes. Gutachten der Akademie für Raumforschung und Landesplanung im Auftrage des Deutschen Bundestages – Ausschuß für innergebietliche Neuordnung, Bremen-Horn 1953
BUNDESMINISTER DES INNEREN; Die Neugliederung des Bundesgebietes, Gutachten des von der Bundesregierung eingesetzten Sachverständigenausschusses, Hrsg. Bundesminister des Innern, Bonn, Köln, Berlin 1955
BUNDESMINISTER DES INNEREN; Bericht der Sachverständigenkommission für die Neugliederung des Bundesgebietes, Vorschläge zur Neugliederung zur Neugliederung des Bundesgebietes gemäß Art. 29 des Grundgesetzes, vorgelegt im November 1972, Hrsg. Bundesminister des Innern, Bonn 1973
BUNDESMINISTER DES INNEREN; Materialen zum Bericht der Sachverständigenkommission für die Neugliederung des Bundesgebietes, Vorschläge zur Neugliederung des Bundesgebietes gemäß Art. 29 des Grundgesetzes, vorgelegt im Dezember 1972, Hrsg. Bundesminister des Innern, Bonn 1973
BURY, Carola; Der Volksentscheid in Baden, Die „Arbeitsgemeinschaft der Badener" und die „Arbeitsgemeinschaft für die Vereinigung Baden-Württemberg" – Ein Beitrag zu den Auseinandersetzungen um die Bildung des Landes Baden-Württemberg, Frankfurt a. M., Bern, New York 1985
BURY, Carola; Badener und der Südweststaat, in: Gelb-rot-gelbe Regierungsjahre, Badische Politik nach 1945, Gedenkschrift zum 100. Geburtstag Leo Wohlebs (1888 – 1955) Sigmaringendorf 1988, S. 292 – 308

BYDLINSKY, Franz; Juristische Methodenlehre und Rechtsbegriff, Wien, New York 1982

CASPERS, Hans-Friedrich; Fristablauf am Sonnabend, Der Betrieb, 1965, S. 1239

CLAY, Lucius Dubignon; Entscheidungen in Deutschland, Frankfurt 1950

COHN, Ernst J.; Zum rechtlichen Problem Deutschland, in: Monatsschrift des deutschen Rechts 1947, S. 178 – 180

CONRAD, Hermann; (Hrsg.), Recht und Verfassung des Reiches in der Zeit Maria Theresias, Vorträge zum Unterricht des Erzherzogs Joseph im Natur- und Völkerrecht sowie im Deutschen Staats- und Lehnsrecht, Köln, Opladen 1964

CORPUS IURIS CONFOEDERATIONIS GERMANICAE oder Staatsacten für Geschichte und öffentliches Recht des Deutschen Bundes; Hrsg. von Philipp Anton Guido von Meyer, Erster Theil, Staatsverträge, Dritte Auflage Frankfurt a.M. 1858

CREIFELDS; Rechtswörterbuch, begründet von Carl Creifelds, Hrsg. Klaus Weber, 18. Auflage München 2004

DANCO, Armin; Die Entstehung der Bundesrepublik Deutschland und das Inkrafttreten des Grundgesetzes, Münster 1961

DANWITZ, Thomas von; Die Gestaltungsfreiheit des Verordnungsgebers, Berlin 1989

DANWITZ, Thomas von; Plebiszitäre Elemente in der staatlichen Willensbildung, Verfassungsrechtliche Möglichkeiten, Eingrenzungen, Konsequenzen, in: Die Öffentliche Verwaltung 1992, S. 601 – 608

DEGENHART, Christoph; Staatsrecht I, Staatsorganisationsrecht, 21. Auflage Heidelberg 2005

DEHLINGER, Alfred; Württembergs Staatswesen in seiner geschichtlichen Entwicklung bis heute, Erster Band, Stuttgart 1951

DI FABIO, Udo; Gewaltenteilung, in: Handbuch des Staatsrecht der Bundesrepublik Deutschland, Band I, Historische Grundlagen, Hrsg. Josef Isensee, Paul Kirchhof, 3. Auflage Heidelberg 2004, § 27, S. 613 – 658

DOEHRING, Karl; Völkerrecht, Ein Lehrbuch, Heidelberg 1999

DOEMMING, Klaus-Berto von / FÜSSLEIN, Rudolf Werner / MATZ, Werner; Die Entstehungsgeschichte der Artikel des Grundgesetzes im Auftrag der Abwicklungsstelle des Parlamentarischen Rates und des Bundesministers des Inneren auf Grund der Verhandlungen des Parlamentarischen Rates, Jahrbuch des öffentlichen Rechts der Gegenwart, neue Folge, Band 1, Hrsg. Gerhard Leibholz/Hermann von Mangoldt, Tübingen 1951

DOKUMENTE DES GETEILTEN DEUTSCHLAND; Quellentexte zur Rechtslage des Deutschen Reiches, der Bundesrepublik Deutschland und der Deutschen Demokratischen Republik. Mit einer Einführung herausgegeben von Ingo von Münch, Band 1, 2. Auflage Stuttgart 1976

DOKUMENTE ZUR BERLIN-FRAGE 1944 – 1962; Hrsg. vom Forschungsinstitut der Deutschen Gesellschaft für Auswärtige Politik e.V., Bonn, 2. Auflage München 1962

DÖRR, Wilhelm; Die Konstituante des Südweststaates, in: Archiv des öffentlichen Rechts, Band 77 (1951/52), S. 465 – 468

DOTZAUER, Winfried; Die deutschen Reichskreise in der Verfassung des alten Reiches und ihr Eigenleben (1500 – 1806), Darmstadt 1989
DREIER, Horst; (Hrsg.) Grundgesetz Kommentar Band I, Art. 1 – 19, 2. Auflage Tübingen 2004
DREIER, Horst; (Hrsg.) Grundgesetz Kommentar Band II, Art. 20 – 82, Tübingen 1998
DREIER, Horst; (Hrsg.) Grundgesetz Kommentar Band III, Art. 83 – 146, Tübingen 2000
DÜTZ, Wilhelm; Rechtsstaatlicher Gerichtsschutz im Privatrecht, Zum sachlichen Umfang der Zivilgerichtsbarkeit, Bad Homburg v.d.H., Berlin, Zürich 1970
EBERHARD, Fritz; Neugliederung des Bundesgebiets, in: Die Öffentliche Verwaltung 1949, S. 268 – 269
EGLOFFSTEIN, Winfrid Freiherrn von und zu; Die Entwicklung der Neugliederungsfrage in Deutschland unter besonderer Berücksichtigung ihrer verfassungsrechtlichen Probleme, München 1957
ENGEL, Christoph; Verfassungs-, Gesetzes- und Referedumsvorbehalt für Änderungen des Bundesgebietes und anderer gebietsbezogener Akte, in: Archiv des öffentlichen Rechts 114 (1989), S. 46 – 112
ERZBERGER, Matthias; Die Säkularisation in Württemberg von 1802 bis 1810, Aalen 1974
ESCHENBURG, Theodor; Das Problem der Neugliederung der Deutschen Bundesrepublik dargestellt am Beispiel des Südweststaates, Frankfurt a.M. 1950
ESCHENBURG, Theodor; Die Entstehung Baden-Württembergs, in: Baden-Württemberg, Eine politische Landeskunde, Hrsg. Hans Georg Wehling, 4. Auflage, Stuttgart, Berlin, Köln 1996, S. 43 – 66
ESCHENBURG, Theodor; Jahre der Besatzung 1945 – 1949, Geschichte der Bundesrepublik Deutschland Band 1, Hrsg. Karl Dietrich Bracher, Theodor Eschenburg, Joachim C. Fest, Eberhard Jäckel, Stuttgart 1983
ESCHENBURG, Theodor; Letzten Endes meine ich doch, Erinnerungen 1933 – 1999, Berlin 2000
ESCHENBURG, Theodor; Verfassung und Verwaltungsaufbau des Südweststaates, Stuttgart 1952
ESCHENBURG, Theodor; Verfassung, Staat, Parteien, in: Baden-Württemberg, Staat, Wirtschaft, Kultur, Stuttgart 1963, S. 93 – 111
FEGER, Otto; Schwäbisch-Alemannische Demokratie, Aufruf und Programm, Konstanz 1946
FEHRENBACH, Elisabeth; Die territoriale Neuordnung des Südwestens, in: Die Geschichte Baden-Württembergs, Hrsg. Reiner Rinker und Wilfried Setzler, 2. Auflage Stuttgart 1987, S. 211 – 219
FENSKE, Hans; Allgemeine Geschichte Südwestdeutschlands im 19. Jahrhundert, in: Handbuch der Baden-Württembergischen Geschichte, 3. Band, Vom Ende des alten Reiches bis zum Ende der Monarchien, Hrsg. Hansmartin Schwarzmaier, Meinrad Schaab, Michael Klein, Kommission für Geschichtliche Landeskunde Baden-Württemberg, Stuttgart 1992, S. 1 – 23

FERGUSON, John. H. / MCHENRY, Dean E.; The American System of Government , 14. Auflage New York 1981

FETZER, Max; Res publica nascitura, in: Die Öffentliche Verwaltung 1952, S. 65 – 67

FEUCHTE, Paul; Der Beitrag der Bundesrepublik Deutschland zur Gründung des Landes Baden-Württemberg, in: Baden-Württemberg und der Föderalismus in der Bundesrepublik Deutschland (1949 – 1989), Hrsg. Meinrad Schaab, Gregor Richter, Kommission für geschichtliche Landeskunde in Baden-Württemberg, Stuttgart 1991, S. 25 – 39

FEUCHTE, Paul; Das Beratungsergebnis des Verfassungsausschusses, in: Staatsanzeiger für Baden-Württemberg 1953 Nr. 43 vom 6. Juni 1953, S.1 – 2

FEUCHTE, Paul; Die Entscheidungen des Bundesverfassungsgerichts zur Südweststaatsfrage, in: Das Land Württemberg-Hohenzollern (1945 – 1952), Hrsg. Max Gögler, Gregor Richter, i.V.m. Gebhard Müller, Sigmaringen 1982, S. 425 – 438

FEUCHTE, Paul; Grundgedanken der neuen Landesverfassung, in: Staatsanzeiger für Baden-Württemberg 1953 Nr. 90/91 vom 21. November 1953, S.3 – 4

FEUCHTE, Paul; Neugliederung: Versagen von gestern – Chance von morgen, Anpassung als Aufgabe bundesstaatlicher Politik und Verwaltung, in: Die öffentliche Verwaltung 1968, S. 456 – 465

FEUCHTE, Paul; Quellen zur Entstehung der Verfassung von Baden-Württemberg, Erster Teil: Gründung des Landes und Überleitungsgesetz, Stuttgart 1986

FEUCHTE, Paul; Quellen zur Entstehung der Verfassung von Baden-Württemberg, Zweiter Teil: Juni bis Oktober 1952, Stuttgart 1988

FEUCHTE, Paul; Quellen zur Entstehung der Verfassung von Baden-Württemberg, Sechster Teil: April bis Mai 1953, Stuttgart 1991

FEUCHTE, Paul; Quellen zur Entstehung der Verfassung von Baden-Württemberg, Siebter Teil: Juni 1953, Stuttgart 1992

FEUCHTE, Paul; Quellen zur Entstehung der Verfassung von Baden-Württemberg, Achter Teil: Juni bis November 1953, Stuttgart 1992

FEUCHTE, Paul; Verfassung des Landes Baden-Württemberg, Kommentar, Stuttgart, Berlin, Köln, Mainz 1987

FEUCHTE, Paul; Verfassungsgeschichte von Baden-Württemberg, Stuttgart 1983

FEUCHTE, Paul; Wege und Umwege zu einer neuen Struktur, in: Festschrift für Gebhard Müller, Zum 70. Geburtstag des Präsidenten des Bundesverfassungsgerichts, Hrsg.: Theo Ritterspach, Willi Geiger, Tübingen 1970, S. 59 – 76

FRÖSCHL, Thomas; (Bearb.) Deutsche Reichstagsakten, Reichsversammlungen 1556 – 1662, Der Reichsdeputationstag zu Worms 1586, Göttingen 1994

FUSS, Ernst Werner; Grundrechtsschutz für Hoheitsträger? in: Deutsches Verwaltungsblatt 1958, S. 739 – 747

GEBHARDT; Handbuch der deutschen Geschichte, Hrsg. Herbert Grundmann, Band 3, 9. Auflage Stuttgart 1973

GIACOMETTI, Zaccaria; Echte und unechte Volksbefragung, Zur Frage der Verfassungsmäßigkeit der Volksbefragung über die Errichtung des Deutschen Süd-

weststaates, in: Festgabe zum 70. Geburtstag von Erwin Ruck, Hrsg. Juristische Fakultät der Universität Basel, Basel 1952, S. 47 – 66
GIACOMMETTI, Zaccaria; Rechtsgutachten, in: Der Kampf um den Südweststaat, Verhandlungen und Beschlüsse der gesetzgebenden Körperschaften des Bundes und des Bundesverfassungsgerichts, Veröffentlichungen des Instituts für Staatslehre und Politik e.V. in Mainz, München 1952, S. 386 – 393
GIESE, Friedrich; Bundesstaatsgründung einst und jetzt – Ein rechtsvergleichender Konstruktionsversuch, in: Staats- und verwaltungswissenschaftliche Beiträge, 10 Jahre Hochschule für Verwaltungswissenschaften Speyer, Hrsg. Hochschule für Verwaltungswissenschaften Speyer, Stuttgart 1957, S. 63 – 71
GIESE, Friedrich; Zur Klagbarkeit der Versorgungsansprüche der Flüchtlingsbeamten und ehemaligen Berufssoldaten, in: Deutsches Verwaltungsblatt 1950, S. 459 f.
GÖNNER, Eberhard; Hohenzollern (1806 – 1945), in Geschichte der deutschen Länder –Territorien-Ploetz – 2. Band: Die deutschen Länder vom Wiener Kongreß bis zur Gegenwart, Hrsg. Georg Wilhelm Sante, Würzburg 1971, S. 446 – 447
GÖNNER, Eberhard; Hohenzollern 1800 bis 1918, in: Handbuch der Baden-Württembergischen Geschichte, 3. Band, Vom Ende des alten Reiches bis zum Ende der Monarchien, Hrsg. Hansmartin Schwarzmaier, Meinrad Schaab, Michael Klein, Kommission für Geschichtliche Landeskunde Baden-Württemberg, Stuttgart 1992, S. 433 – 475
GÖNNER, Eberhard; Das Königreich Württemberg, in: Geschichte der deutschen Länder – Territorien-Ploetz – 2. Band, Würzburg 1971, S. 408 – 445
GÖNNER, Eberhard / HASELIER, Günther; Baden-Württemberg, Geschichte seiner Länder und Territorien, 2. Auflage, Freiburg, Würzburg 1980
GOERGEN, Josef M.; Der Südweststaat im Staats- und Völkerrecht, in Neues Abendland 5. Jahrgang (1950), S. 231 – 235
GRAWERT, Rolf; Staatsvolk und Staatsangehörigkeit, in: Handbuch des Staatsrechts der Bundesrepublik Deutschland Hrsg. Josef Isensee und Paul Kirchhof, Band I Grundlagen von Staat und Verfassung, 2. Auflage Heidelberg 1995, § 14, S. 663 – 690
GREULICH, Susanne; Länderneugliederung und Grundgesetz, Entwicklungsgeschichte und Diskussion der Länderneugliederungsoption nach dem Grundgesetz, Baden-Baden 1995
GREWE, Wilhelm; Ein Besatzungsstatut für Deutschland, Die Rechtsform der Besetzung, Stuttgart 1948
GREWE, Wilhelm; Das Grundgesetz, in: Deutsche Rechts-Zeitschrift 1949, S. 313 – 317
GROSSKREUZ, Peter; Normwidersprüche im Verfassungsrecht, Köln, Berlin, Bonn, München 1966
GROTIUS, Hugo; De jure belli ac pacis : libri tres, in quibus ius naturae et gentium, item iuris publici praecipua explicantur; cum annotatis auctoris, (Nachdruck der Ausgabe Amsterdam 1632) Leiden 1919

GRIFFITH, Elmer Cummings; The Rise and Development of the Gerrymander, Chicago 1907
GRUBE, Walter; Der Stuttgarter Landtag 1457-1957, Stuttgart 1957
GRUBE, Walter; Vogteien, Ämter, Landkreise in der Geschichte Süddeutschlands, 2. Auflage Stuttgart 1960
GRUNDMANN, Werner; Die Verfassung des Landes Baden-Württemberg, in: Juristenzeitung 1954, S. 58 – 59
GUSY, Christoph; Das Mehrheitsprinzip im demokratischen Staat, in: An den Grenzen der Mehrheitsdemokratie – Politik und Soziologie der Mehrheitsregel, Hrsg. Bernd Guggenberger, Claus Offe, Opladen 1984, S. 61 – 82
HAEBERLIN, Hermann; Das Land Baden-Württemberg, Hauptausgabe mit Verfassungstext, Darmstadt 1955
HAEBLER, Rolf Gustav; Ein Staat wird aufgebaut, Badische Geschichte 1789 – 1818, Baden-Baden 1948
HAMANN, Andreas / LENZ, Helmut; Das Grundgesetz für die Bundesrepublik Deutschland, 3. Auflage Neuwied, Berlin 1970
HÄRTEL, Lia; Der Länderrat des amerikanischen Besatzungsgebietes, Hrsg. im Auftrag der Ministerpräsidenten von Bayern, Hessen, Württemberg-Baden und des Präsidenten des Senats der Freien Hansestadt Bremen vom Direktorium des Länderrates, zusammengestellt von Lia Härtel, Stuttgart, Köln 1951
HASELIER, Günther; Baden, in: Geschichte der Deutschen Länder – Territorien-Ploetz – 2. Band: Die deutschen Länder vom Wiener Kongreß bis zur Gegenwart, Hrsg. Georg Wilhelm Sante, Würzburg 1971, S. 448 – 470
HASELIER, Günther; Die Bildung des Landes Baden-Württemberg, in Oberrheinische Studien Band II, Neue Forschungen zu Grundproblemen der badischen Geschichte im 19. und 20. Jahrhundert, Hrsg. Alfons Schäfer, Bretten 1973, S. 243 – 284
HEIMATBUND BADENERLAND; Baden als Bundesland, Denkschrift des Heimatbundes Badenerland an den Sachverständigen-Ausschuß für die Neugliederung des Bundesgebiets, Waldkirch sine anno
HELD, Kurt; Kann der Südweststaat auf Grund des Art. 29 des Grundgesetzes wieder beseitigt werden? In: Die Öffentliche Verwaltung 1954, S. 737 – 739
HENNINGS, Almuth; Der unerfüllte Verfassungsauftrag, Die Neugliederung des Bundesgebietes im Spannungsfeld politischer Interessengegensätze, Hamburg 1983
HEPP, Gerd; Der badische Landesteil in Baden-Württemberg, in: Badische Geschichte, Vom Großherzogtum bis zur Gegenwart, Hrsg. Landeszentrale für politische Bildung Baden-Württemberg, Stuttgart 1979 S. 258 – 282
HESSE, Konrad; Grundzüge des Verfassungsrechts der Bundesrepublik Deutschland, Neudruck der 20. Auflage Heidelberg 1999
HEUN, Werner; Das Mehrheitsprinzip in der Demokratie – Grundlagen – Strukturen – Begrenzungen, Berlin 1983
HEUNISCH, Adam Ignaz Valentin; Das Großherzogtum Baden, historisch-geographisch-statistisch-topographisch beschrieben, Heidelberg 1857

HEUSS, Theodor; Aufzeichnungen 1945 – 47, Aus dem Nachlaß hrsg. und mit einer Einleitung versehen von Eberhard Pikart, Tübingen 1966
HEUSS, Theodor; Deutschlands Zukunft, Stuttgart 1919
HIRT, Herman; Geschichte der deutschen Sprache, München 1919
HISTORISCHER ATLAS VON BADEN-WÜRTTEMBERG; Hrsg. Kommission für Geschichtliche Landeskunde in Baden-Württemberg in Verbindung mit dem Landesvermessungsamt Baden-Württemberg, Stuttgart 1972 – 1988
HÖPKER, Heinrich; Grundlagen, Entwicklung und Problematik des Mehrheitsprinzips und seine Stellung in der Demokratie, Aachen 1957
HÖMIG, Klaus Dieter; Der Reichsdeputationshauptschluß vom 25. Februar 1803 und seine Bedeutung für Staat und Kirche, Tübingen 1969
HRBEK, Rudolf; Das Problem der Neugliederung des Bundesgebietes, in: Heinz Laufer und Frank Pilz, Föderalismus, München 1973, S. 222 – 329
HUBER, Ernst Rudolf; Dokumente zur deutschen Verfassungsgeschichte, Band 1, Deutsche Verfassungsdokumente 1803 – 1850, 3. Auflage Stuttgart 1978
HUBER, Ernst Rudolf; Dokumente zur deutschen Verfassungsgeschichte, Band 4, Deutsche Verfassungsdokumente 1919 – 1933, 3. Auflage Stuttgart 1991
HUBER, Ernst Rudolf; Deutsche Verfassungsgeschichte seit 1789, Band 1: Reform und Restauration 1789 bis 1830, Stuttgart 1957
HUBER, Ernst Rudolf; Deutsche Verfassungsgeschichte seit 1789, Band 2, Der Kampf um Einheit und Freiheit 1830 bis 1850, Stuttgart 1960
HUBER, Ernst Rudolf; Deutsche Verfassungsgeschichte seit 1789, Band 5, Weltkrieg, Revolution und Reichserneuerung, Stuttgart 1978
HUDEMANN, Rainer; Die Besatzungsmächte und die Entstehung des Bundeslandes Baden-Württemberg, in: Baden-Württemberg und der Föderalismus in der Bundesrepublik Deutschland (1949 – 1989), Hrsg. Meinrad Schaab und Gregor Richter, Kommission für geschichtliche Landeskunde Baden-Württemberg 11. Band, Stuttgart 1991, S. 1 – 18
HUFELD, Ulrich; (Hrsg.) Der Reichsdeputationshauptschluß von 1803, Eine Dokumentation zum Untergang des Alten Reiches, Köln, Weimar, Wien 2003
HUG, Wolfgang; Geschichte Badens, Stuttgart 1992
IKEN, Karl; Ein Beitrag zur Lehre von der Kontinuität und Identität Deutschlands im Jahre 1945 und der völkerrechtliche Staatsbegriff, Düsseldorf 1964
ILGEN, Volker / SCHERB, Ute; „Numme langsam" Der Weg in den Südweststaat, in: Badens Mitgift, 50 Jahre Baden-Württemberg, Hrsg. Stadtarchiv Freiburg im Breisgau, Freiburg 2002, S. 9 – 41
INSTITUT FÜR STAATSLEHRE UND POLITIK E.V. IN MAINZ; Der Kampf um den Südweststaat, Verhandlungen und Beschlüsse der gesetzgebenden Körperschaften des Bundes und des Bundesverfassungsgerichts, Veröffentlichungen des Instituts für Staatslehre und Politik e.V. in Mainz, München 1952
INSTITUT ZUR FÖRDERUNG ÖFFENTLICHER ANGELEGENHEITEN; Die Bundesländer, Beiträge zur Neugliederung der Bundesrepublik, Referate von Hermann. L. Brill, E. Scheu, C.W. Aubin, Vorberichte von Werner. Münchheimer, F. Glum, H. Hartmann, Diskussion und Ergebnisse der Weinheimer

Tagung, Wissenschaftliche Schriftenreihe des Instituts zur Förderung öffentlicher Angelegenheiten, Band 9, Frankfurt a. M. 1950
IPSEN, Jörn; Staatsrecht I, Staatsorganisationsrecht, 17. Auflage Neuwied 2005
IPSEN, Knut; Völkerrecht: Ein Studienbuch, 5. Auflage München 2004
ISENSEE, Josef; Idee und Gestalt des Föderalismus im Grundgesetz, in: Handbuch des Staatsrechts der Bundesrepublik Deutschland, Band IV, Finanzverfassung – Bundesstaatliche Ordnung, Hrsg. Josef Isensee, Paul Kirchhof, Heidelberg 1990, § 98
ISENSEE, Josef; Staat und Verfassung, in: Handbuch des Staatsrecht der Bundesrepublik Deutschland, Band I, Historische Grundlagen, Hrsg. Josef Isensee, Paul Kirchhof, 3. Auflage Heidelberg 2004, § 15, S. 3 – 106
JAEGER, Richard; Die Neugliederung des Bundesgebietes nach Artikel 29 des Grundgesetzes, in: Vom Bonner Grundgesetz zur gesamtdeutschen Verfassung, Festschrift zum 75. Geburtstag von Hans Nawiasky, Hrsg. Theodor Maunz, München 1956, S. 359 – 374
JELLINEK, Georg; Allgemeine Staatslehre, 3. Auflage Berlin 1929
JELLINEK, Walter; Rechtsfragen zur Neugliederung im Südwestraum, in Deutsche Rechts-Zeitschrift 1949, S. 535 – 536
JELLINEK, Walter; Zum Zweiten Gesetz über die Neugliederung in den Länder Baden, Württemberg-Baden und Württemberg-Hohenzollern vom 4. Mai 1951, in: Der Kampf um den Südweststaat, Verhandlungen und Beschlüsse der gesetzgebenden Körperschaften des Bundes und des Bundesverfassungsgerichtes, Veröffentlichungen des Instituts für Staatslehre und Politik e.V. in Mainz, München 1952, S. 374 – 376
JERUSALEM, Franz W.; Das Urteil des Bundesverfassungsgerichts über den Südweststaat-Streit, in: Neue Juristische Wochenschrift 1952, S. 45 – 48
JORDAN, Sylvester; Lehrbuch des allgemeinen und deutschen Staatsrechts, Kassel 1831
KEIL, Wilhelm; Erlebnisse eines Sozialdemokraten, Band II, Stuttgart 1948
KELLER, Hans; Das Stimmrecht beim Volksentscheid über die Neugliederung des Bundesgebietes, in: Bayerischer Staatsanzeiger, Nr. 11 vom 18. März 1950
KELSEN, Hans; The international legal status of Germany to be established immediately upon termination of the war, in: The American Journal of international law 1944, S. 689
KELSEN, Hans; The legal status of Germany according to the declaration of Berlin, in: The American Journal of international law 1945, S. 518 f.
KIENZLER, Herbert; Beamtenrecht in Baden-Württemberg, Stuttgart, Berlin, Köln 1994
KIESINGER, Kurt Georg; Der Kampf im Bundestag um den Südweststaat, Vom Artikel 118 Grundgesetz zum Zweiten Neugliederungsgesetz, in: Beiträge zur Landeskunde, Regelmäßige Beilage zum Staatsanzeiger für Baden-Württemberg, 1982, Heft Nr. 2, S. 1 – 7
KIESINGER, Kurt Georg; Der Kampf im Bundestag um den Südweststaat in: Das Land Württemberg-Hohenzollern 1945 – 1952, Darstellungen und Erinnerun-

gen, Hrsg. Max Gögler, Gregor Richter, Gebhard Müller, Sigmaringen 1982, S. 404 – 424

KIESINGER, Kurt Georg; Dunkle und helle Jahre, Erinnerungen 1904 – 1958, Stuttgart 1989

KIMMIG, Wolfram; Staat gleich Staat? in: Völkerrecht beginnt bei Dir, München 1952, S. 75 – 77

KLEIN, Friedrich; Bundesverfassungsgericht und Altbadenfrage, Grundsätzliches zur Neugliederung des Bundesgebietes, in: Archiv des öffentlichen Rechts, 82. Band (1957), S. 327 – 350

KLEIN, Friedrich; Bundesverfassungsgericht und Südweststaatfrage, in: Archiv des öffentlichen Rechts, 77. Band (1951/52), S. 452 – 464.

KLEIN, Friedrich; Gleichheitssatz und föderative Struktur der Bundesrepublik Deutschland, in: Öffentliches Recht und Politik, Festschrift für Hans Scupin zum 70. Geburtstag, Hrsg. Norbert Achterberg, Berlin 1973, S. 165 – 185

KLÖCKER, Jürgen; Abendland – Alpenland – Alemannien, Frankreich und die Neugliederungsdiskussion in Südwestdeutschland 1945 – 1947, Oldenbourg 1998

KLUGE, Friedrich; Etymologisches Wörterbuch der deutschen Sprache, bearbeitet von Elmar Seebold, 24. Auflage 2002

KÖHLER, Heinrich; Lebenserinnerungen des Politikers und Staatsmannes 1878 – 1949, Stuttgart 1964

KÖHLER, Joachim; Die katholische Kirche zwischen Restauration und Neuaufbruch, in: Der Weg zum Südweststaat, Hrsg. Landeszentrale für politische Bildung, Karlsruhe 1991, S. 222 – 241

KÖHLER, Michael; Die Rechtsstellung der Parlamentspräsidenten in den Ländern der Bundesrepublik Deutschland und ihre Aufgaben im parlamentarischen Geschäftsgang, Berlin 2000

KONSTANZER, Eberhard; Die Entstehung des Landes Baden- Württemberg, Stuttgart, Berlin, Köln, Mainz 1969

KOZIOL, Klaus; Badener und Württemberger – Zwei ungleiche Brüder, Stuttgart 1987

KRAUSE, Peter; Verfassungsrechtliche Möglichkeiten unmittelbarer Demokratie; in: Handbuch des Staatsrechts der Bundesrepublik Deutschland, Band II, Demokratische Willensbildung – Die Staatsorgane des Bundes, Hrsg. Josef Isensee, Paul Kirchhof, Heidelberg 1987, § 39

KRAUSE, Hermann; Die geschichtliche Entwicklung des Schiedsgerichtswesens in Deutschland, Berlin 1930

KRIEGER, Albert; Badische Geschichte, Leipzig, Berlin 1921

KRIELE, Martin; Einführung in die Staatslehre – Die geschichtlichen Legitimationsgrundlagen des demokratischen Verfassungsstaates, 6. Auflage Stuttgart 2003

KRÜGER, Herbert; Allgemeine Staatslehre, Stuttgart 1964

KRÜGER, Herbert / NEUMAYER, Karl H. / SCHNEIDER, Hans; Baden-Württemberg oder Baden und Württemberg? Rechtsgutachten erstattet im Auftrage des Herrn Bundesministers des Inneren über die Frage „Wie ist verfassungsrechtlich die Lage zu beurteilen, die durch das Urteil des Bundesverfassungsgerichts vom 30. Mai 1956 und durch das Volksbegehren im Gebietsteil Baden des Bundeslandes Baden-Württembergs entstanden ist?", Hamburg 1960

KUBE, Alfred / SCHNABEL, Thomas; Südwestdeutschland und die Entstehung des Grundgesetzes, Villingen-Schwennigen 1989

KUNIG, Philip; Das Rechtsstaatsprinzip, Tübingen 1986

KUNZ, Josef L.; The status of occupied Germany under international law: a legal dilemma, in: The Western Political Quarterly 1948, S. 538

KURTZ, Waldemar; Der Südweststaat vor dem Forum des Völkerrechts, in: Völkerrecht beginnt bei Dir; Hrsg. Von Hans Keller, München 1952, S. 68 – 73

KUSTERMANN, Peter; Die Bildung des Südweststaates, in: Der Bürger im Staat 1962, Heft Nr. 2, S. 28 – 30

KUSTERMANN, Peter; Stationen auf dem Weg zum Südweststaat, Der Schicksalstag war die Volksabstimmung vom 9. Dezember 1951, in: Beiträge zur Landeskunde, Regelmäßige Beilage zum Staatsanzeiger für Baden-Württemberg, 1982, Heft Nr. 2, S. 11 – 13

LÄMMLE, August; Baden und Württemberg, Ein geschichtlicher Überblick, in: Der Bürger im Staat 1951, Heft Nr. 8, S. 120 – 123

LARENZ, Karl; Methodenlehre der Rechtswissenschaft, 6. Auflage, Berlin, Heidelberg, New York, 1991

LAUFS, Adolf; Der Schwäbische Kreis. Studien über Einungswesen und Reichsverfassung im deutschen Südwesten zu Beginn der Neuzeit; Aalen 1971

LANDESARCHIVDIREKTION BADEN-WÜRTTEMBERG; Das Land Baden-Württemberg, Amtliche Beschreibung nach Kreisen und Gemeinden, Band I, Allgemeiner Teil, 2. Auflage, Stuttgart 1977

LANDTAG VON BADEN-WÜRTTEMBERG; Gebhard Müller blickt zurück, Stuttgart 1980

LANZINNER, Maximilian; (Bearb.) Deutsche Reichstagesakten, Reichsversammlungen 1556 – 1662, Reichstag zu Speyer 1570, Erster Teilband: Protokolle, Göttingen 1988

LEHR, Karl Maria; Kirche und Südweststaat, Konstanz 1950

LEIBHOLZ, Gerhard; Die Gleichheit vor dem Gesetz, Eine Studie auf rechtsvergleichender und rechtsphilosophischer Grundlage, Berlin 1925

LEIBHOLZ, Gerhard; Die Gleichheit vor dem Gesetz und das Bonner Grundgesetz, in: Deutsches Verwaltungsblatt 1951, S. 193 – 200

LEITFADEN; Leitfaden für die Durchführung der Volksbefragung vom 24. September 1950 über die Neugliederung in den Ländern Baden, Württemberg-Baden und Württemberg-Hohenzollern, Hrsg. Kohlhammer, Formularverlag, Stuttgart 1950

LORENZ, Dieter; Der Rechtsschutz des Bürgers und die Rechtsweggarantie, München 1973

MACKENRODT, Jochen; Probleme der Neugliederung des Südwestdeutschen Bundesgebietes unter dem Recht des Bundesstaates nach dem Bonner Grundgesetz, Freiburg 1954

MAIER, Reinhold; Ein Grundstein wird gelegt, Die Jahre 1945 – 1947, Tübingen 1964
MAIER, Reinhold, Erinnerungen 1948 – 1953, Tübingen 1966
MANGOLDT, Hermann von; Das Bonner Grundgesetz, 1. Auflage, Berlin, Frankfurt a.M. 1953
MANGOLDT, Hermann von / KLEIN, Friedrich; Das Bonner Grundgesetz, Band II: Art. 29 – 78, 2. Auflage, Berlin, Frankfurt a. M. 1964
MANGOLDT, Hermann v. /KLEIN, Friedrich / PESTALOZZA, Christian; Das Bonner Grundgesetz, Kommentar, Band 8, Art. 70 – 75, Die Gesetzgebungskompetenzen, 3. Auflage München 1996
MANGOLDT, Hermann von / KLEIN, Friedrich / STARCK, Chrisitan; Das Bonner Grundgesetz, Band II: Art. 20 – 78, 4. Auflage München 2000
MANGOLDT, Hermann von / KLEIN, Friedrich / STARCK, Chrisitan; Das Bonner Grundgesetz, Band I: Art. 1 – 19, 5. Auflage München 2005
MANGOLDT, Hermann von / KLEIN, Friedrich / STARCK, Chrisitan; Das Bonner Grundgesetz, Band II: Art. 20 – 78, 5. Auflage München 2005
MANGOLDT, Hermann von / KLEIN, Friedrich / STARCK, Chrisitan; Das Bonner Grundgesetz, Band III: Art. 79 – 146, 5. Auflage München 2005
MANN, Bernhard; Württemberg 1800 bis 1866, in: Handbuch der Baden-Württembergischen Geschichte, 3. Band, Vom Ende des alten Reiches bis zum Ende der Monarchien, Hrsg. Hansmartin Schwarzmaier, Meinrad Schaab, Michael Klein, Kommission für Geschichtliche Landeskunde Baden-Württemberg, Stuttgart 1992, S. 235 – 331
MANN, Bernhard / NÜSKE, Gerd Friedrich; Württemberg 1803 – 1864, in: Deutsche Verwaltungsgeschichte, im Auftrag der Freiherr-vom-Stein-Gesellschaft e.V. herausgegeben von Kurt G. A. Jeserich, Hans Pohl, Georg-Christoph von Unruh, Stuttgart 1983, Band 2, Vom Reichsdeputationshauptschluß bis zur Auflösung des Deutschen Bundes, § 6, S. 551 – 582
MATZ, Klaus-Jürgen; Baden, in: Der Weg zum Südweststaat, Hrsg. Landeszentrale für politische Bildung Baden-Württemberg, Karlsruhe 1991, S. 38 – 54
MATZ, Klaus-Jürgen; Baden-Württemberg – Ein Bundesland entsteht, in: Die Geschichte Baden-Württembergs, S. 290 - 301, Hrsg.: Reiner Rinker und Wilfried Setzler, 2. Auflage, Stuttgart 1987
MATZ, Klaus-Jürgen; Reinhold Maier (1889-1971), Düsseldorf 1989
MATZ, Klaus-Jürgen; Länderneugliederung; Zur Genese einer deutschen Obsession seit dem Ausgang des Alten Reiches, Idstein 1997

MAUNZ, Theodor; Deutsches Staatsrecht, 3. Auflage München, Berlin 1954
MAUNZ, Theodor; Rechtsfragen zur Neugliederung im Südwestraum, in: Deutsche Rechts-Zeitschrift 1949, S. 532 – 535
MAUNZ, Theodor; Rechtsfragen zur Neugliederung im Südwesten, in: Der Kampf um den Südweststaat, Verhandlungen und Beschlüsse der gesetzgebenden Körperschaften des Bundes und des Bundesverfassungsgerichtes, Veröffentlichungen des Instituts für Staatslehre und Politik e.V. in Mainz, München 1952, S. 339 – 345

MAUNZ, Theodor / DÜRIG, Günter; Grundgesetz Kommentar, Band III, Art. 17 –27, 45. Lieferung Stand: August 2005

MAUNZ, Theodor / DÜRIG, Günter; Grundgesetz Kommentar, Band IV, Art. 28 – 69, 45. Lieferung Stand: August 2005

MAUNZ, Theodor / DÜRIG, Günter; Grundgesetz Kommentar, Band V, Art. 70 – 99, 45. Lieferung Stand: August 2005

MAURER, Friedrich; Volkssprache, Abhandlung über Mundarten und Volkskunde, Zugleich eine Einführung in die neueren Forschungsweisen, Erlangen 1933

MAURER, Hartmut; Allgemeines Verwaltungsrecht, 15. Auflage München 2004

MAYER, Tilman; Chancenlos? Die badische Frage im Spiegel der Demoskopie, in: Die badischen Regionen am Rhein, 50 Jahre Baden-Württemberg – Eine Bilanz, Hrsg. Paul-Ludwig Weinacht, Baden-Baden 2002, S. 476 – 486

MEISSNER, Boris; Die Frage der Einheit Deutschlands auf den alliierten Kriegs- und Nachkriegskonferenzen, in: Die Deutschlandfrage von Jalta und Potsdam bis zur staatlichen Teilung Deutschlands 1949, Hrsg. Göttinger Arbeitskreis, Berlin 1993, S. 7 – 28

MENGER, Christian Friedrich; Aus der Praxis der Verwaltung und der Verwaltungsgerichtsbarkeit, Höchstrichterliche Rechtsprechung zum Verwaltungsrecht, in: Verwaltungsarchiv, Zeitschrift für Verwaltungslehre, Verwaltungsrecht und Verwaltungspolitik, Band 49 (1958), S. 272 – 283

MENZEL, Eberhard; Völkerrecht – ein Studienbuch, München 1962

MENZEL, Eberhard; Zur völkerrechtlichen Lage Deutschlands, in: Europa-Archiv 1947, S. 1009 – 1032

METZ, Friedrich; Ländergrenzen im Südwesten, Remagen 1951

METZ, Friedrich; Rheinschwaben, Heidelberg 1948

MEYER-TESCHENDORF, Klaus; Neugliederung und Bundesverfassung, Vom verbindlichen Verfassungsauftrag zur staatsvertraglichen Option, in: Nomos und Ethos, Hommage an Josef Isensee zum 65. Geburtstag von seinen Schülern, Hrsg. Otto Depenheuer, Markus Heintzen, Matthias Jestaedt, Peter Axer, Berlin 2002, S. 341 – 355

MILLER, Max; Land und Volk in Geschichte und Gegenwart, in: Reinhard Appel, Max Miller, Jan Philipp Schmitz, Baden-Württemberg, Karlsruhe 1961, S. 15 – 24

MILLER, Max / TADDEY, Gerhard; Baden Württemberg, Handbuch der historischen Stätten Deutschlands, 6. Band, Stuttgart 1965

MITZKA, Walther; Deutsche Mundarten, Heidelberg 1943

MÖLLER, Alex; Genosse Generaldirektor, München 1978

MÖSSLE, Wilhelm; Inhalt, Zweck und Ausmaß, Zur Verfassungsgeschichte der Verordnungsermächtigung, Berlin 1990

MOERSCH, Karl / HÖLZLE, Peter; Kontrapunkt Baden-Württemberg, Leinfelden-Echterdingen 2002

MOSELY, Philip E.; Die Friedenspläne der Alliierten und die Aufteilung Deutschlands, Die alliierten Verhandlungen von Jalta bis Potsdam, in: Europa-Archiv 1950, S. 3032 – 3046

MOSELY, Philip E.; The Occupation of Germany: New Light on How the Zones were drawn, in: Foreign Affairs, 1950, S. 487 – 498

MÜLLER, Gebhard; Die Entstehung des Bundeslandes Baden-Württemberg, in: Zeitschrift für Württembergische Landesgeschichte, 36. Jahrgang (1977), S. 236 – 261

MÜLLER, Gebhard; Zum Initiativgesetzentwurf über den Gebietsteil Baden, in: Staatsanzeiger für Baden-Württemberg Nr. 50 vom 6. Juli 1957, S. 4

MÜLLER, Gebhard; Zur Entstehung des Landes Baden-Württemberg, in: Verwaltungsblätter für Baden-Württemberg 1982, S. 153 – 159

MÜLLER, Hanswerner; Gelten so allgemein-gehaltene Vorschriften wie § 186 BGB für die gesamte Rechtsordnung? in: Neue Juristische Wochenschrift 1964, S. 1116 – 1118

MÜLLER, Richard; Die Schwierigkeiten einer Neugliederung Deutschlands seit 1918, Heidelberg 1953

MÜNCH, Ingo von; Grundgesetz-Kommentar, Band 2, Art. 21 bis Art. 69, München 1976

MÜNCHHEIMER, Werner; Probleme der Neugliederung Deutschlands nach dem Bonner Grundgesetz, Göttingen 1951

MURPHY, Robert; Diplomat among Warriors, Berlin 1964

MURSWIEK, Dietrich; Die verfassunggebende Gewalt nach dem Grundgesetz für die Bundesrepublik Deutschland Berlin 1978

MUSSGNUG, Reinhard; Die Anfänge Baden-Württembergs in verfassungsrechtlicher und verfassungsgeschichtlicher Sicht, in: Zeitschrift für Württembergische Landesgeschichte 43. Jahrgang (1984), S. 373 – 405

MUSSGNUG, Reinhard; Die Entwicklung des Föderalismus in der Bundesrepublik Deutschland, in: Baden-Württemberg und der Föderalismus in der Bundesrepublik Deutschland (1949 – 1989), Hrsg. Meinrad Schaab, Gregor Richter, Kommission für geschichtliche Landeskunde in Baden-Württemberg, Stuttgart 1991, S. 67 – 85

MUSSGNUG, Reinhard; Der Haushaltsplan als Gesetz, Göttingen 1976

NADOLNY, Rudolf; Völkerrecht und deutscher Friede, Osnabrück 1949

NAWIASKY, Hans; Die Grundgedanken des Grundgesetzes für die Bundesrepublik Deutschland, Stuttgart 1950

NAWIASKY, Hans; Gutachten erstattet der Badischen Landesregierung über die Frage der verfassungsrechtlichen Gültigkeit 1. Des ersten Gesetzes zur Durchführung der Neugliederung in dem die Länder Baden, Württemberg-Baden und Württemberg-Hohenzollern umfassenden Gebiete gemäß Art. 118 Satz 2 des Grundgesetzes vom 4. Mai 1951, BGBl. S. 283, 2. Des zweiten Gesetzes über die Neugliederung in den Ländern Baden, Württemberg-Baden und Württemberg-Hohenzollern vom 4. Mai 1951, BGBl. S. 284 in: Der Kampf um den Südweststaat, Verhandlungen und Beschlüsse der gesetzgebenden Körperschaften des Bundes und des Bundesverfassungsgerichtes, Veröffentlichungen des Instituts für Staatslehre und Politik e.V. in Mainz, München 1952, S. 345 – 356

NEUMAYER, Karl H.; Der Kampf um Badens Selbständigkeit (1945 – 1970), in: Gelb-rot-gelbe Regierungsjahre, Badische Politik nach 1945, Gedenkschrift zum

100. Geburtstag Leo Wohlebs (1888 – 1955) Hrsg. Paul-Ludwig Weinacht, Sigmaringendorf 1988, S. 263 – 291

NIERHAUS, Michael; Bestimmtheitsgebot und Delegationsvebot des Art. 80 Abs. 1 Satz 2 GG, in: Verfassungsstaatlichkeit, Festschrift für Klaus Stern zum 65. Geburtstag, Hrsg. Joachim Burmeister, München 1997, S. 717 – 732

NÜSKE, Gerd Friedrich; Ministerrat in Stuttgart und Überleitung in den Südweststaat, in: Das Land Württemberg-Hohenzollern 1945 – 1952, Darstellungen und Erinnerungen, Hrsg. Max Gögler, Gregor Richter, Gebhard Müller, Sigmaringen 1982, S. 439 – 442

NÜSKE, Gerd Friedrich; Die Rolle Württemberg-Hohenzollerns bei der Bildung des Südweststaates, in: Das Land Württemberg-Hohenzollern 1945 – 1952, Darstellungen und Erinnerungen, Hrsg. Max Gögler, Gregor Richter, Gebhard Müller, Sigmaringen 1982, S. 367 – 403

OETER, Stefan; Integration und Subsidiarität im deutschen Bundesstaatsrecht, Untersuchungen zur Bundesstaatstheorie unter dem Grundgesetz, Tübingen 1998

ORTBAUER, Mathias; Der Begriff „Werktag" im Straßenverkehr, Deutsches Autorecht, 1995, S. 463 – 464

OTT, Hugo; Baden, in: Deutsche Verwaltungsgeschichte, im Auftrag der Freiherr-vom-Stein-Gesellschaft e.V. herausgegeben von Kurt G. A. Jeserich, Hans Pohl, Georg-Christoph von Unruh, Stuttgart 1983, Band 2, Vom Reichsdeputationshauptschluß bis zur Auflösung des Deutschen Bundes, § 6, S. 583 – 606

PALANDT, Otto; Bürgerliches Gesetzbuch, 10. Auflage München, Berlin 1952

PALANDT, Otto; Bürgerliches Gesetzbuch, 65. Auflage München 2006

PAPIER, Hans-Jürgen; Justizgewährungsanspruch, in: Hanbuch des Staatsrechts der Bundesrepublik Deutschland Band VI, Freiheitsrechte, Hrsg. Josef Isensee, Paul Kirchhof, 2. Auflage, Heidelberg 2001, § 153, S. 1221 – 1232

PETERS, Hans; Geschichtliche Entwicklung und Grundfragen der Verfassung, Berlin, Heidelberg, New York 1969

PFEFFERLE, Heinz; Politische Identitätsbildung in Württemberg-Hohenzollern (1945 – 1952) Die Renaissance oberschwäbischen Regionalbewußtseins, Weinheim 1997

PLATENIUS, A.; Grundriß des badischen Landrechts (mit Ausschluß des Obligationenrechts, LRS 1101 ff.) Unter besonderer Berücksichtigung der neueren deutschen Rechtsprechung für Studium und Praxis, Freiburg i. Brsg., Leipzig 1896

POLLOCK, James Kerr; Military Occupation, A Territorial Pattern for the Military Occupation of German, in: The American Political Science Review, Vol. 38 (Oktober 1944), S. 972

PÜTTNER, Günter; Die Länderneugliederung als Problem der politischen Machtverteilung im Gesamtstaat, in: Die Öffentliche Verwaltung 1971, S. 540 f.

RABERG, Frank; Staatssekretär Hermann Gögler 1945 bis 1948 – Ein Beamter als Politiker im Staatsministerium Württemberg-Baden und auf US-zonaler Ebene, in: Zeitschrift für Württembergische Landesgeschichte, 56 (1997), S. 375 – 433

RABL, Kurt; Das Selbstbestimmungsrecht der Völker, Geschichtliche Grundlagen, Umriß der gegenwärtigen Bedeutung, 2. Auflage Köln, Wien 1973

RADBRUCH, Gustav; Rechtsphilosophie, 5. Auflage Stuttgart 1956

RASCHHOFER, Hermann; Das Selbstbestimmungsrecht, sein Ursprung und seine Bedeutung, 2. Auflage München 1960

REBMANN, Kurt; Die verfassungsrechtliche Entwicklung des Landes Baden-Württemberg 1957 bis 1971, Zugleich ein Beitrag zur Rechtsvereinheitlichung im Bereich des öffentlichen Rechts, in: Jahrbuch des öffentlichen Rechts der Gegenwart, neue Folge, Band 20 (1971), S. 169 – 240

REDELBERGER; Die Neugliederung der Länder, in: Deutsches Verwaltungsblatt 1953, S 687 – 690

RENGELING, Hans-Werner; Gesetzgebungszuständigkeit, in Handbuch des Staatsrechts der Bundesrepublik Deutschland Hrsg. Josef Isensee und Paul Kirchhof, Band IV Finanzverfassung – Bundesstaatliche Ordnung, Heidelberg 1990, § 100, S. 723 – 856

RENNER, Viktor; Entstehung und Aufbau des Landes Baden-Württemberg, in: Jahrbuch des öffentlichen Rechts der Gegenwart, neue Folge, Band 7, Hrsg. Gerhard Leibholz, Tübingen 1958, S. 197 – 233

RENNER, Viktor; Zur Verfassung des Landes Baden-Württemberg, in: Deutsches Verwaltungsblatt 1954, S. 1 – 4

RÖMER, Karl; Wann enden die alten Länder des Südwestraumes?, in: Die Öffentliche Verwaltung 1952, S. 67 – 70

ROMMELFANGER, Ulrich; Das konsultative Referendum, Ein verfassungstheoretische, -rechtliche und -vergleichende Untersuchung, Berlin 1988

ROSENTHAL, Eduard; Die Entwicklung des Verfassungsrechts in den thüringischen Staaten seit November 1918 und die Bestrebung zur Bildung eines Landes Thüringen, in: Jahrbuch des öffentlichen Rechts Band IX, 1920, S. 226 – 244

RUHL, Klaus-Jörg, Die Besetzer und die Deutschen: Amerikanische Zone 1945 – 1948, Düsseldorf, 1980

RÜTHERS, Bernd; Rechtstheorie, München 1999

SACHS, Michael; Grundgesetz Kommentar, 3. Auflage München 2003

SAUER, Paul; Die Entstehung des Bundeslandes Baden-Württemberg, Eine Dokumentation, Hrsg. Landtag von Baden-Württemberg in Verbindung mit dem Hauptstaatsarchiv Stuttgart, Ulm 1977

SAUER, Paul; 25 Jahre Baden-Württemberg, Rückblick auf die Entstehung des Bundeslandes, Ausstellung des Landtags von Baden-Württemberg in Zusammenarbeit mit dem Hauptstaatsarchiv Stuttgart, Katalog, Stuttgart 1977

SAUER, Paul; Demokratischer Neubeginn in Not und Elend, Das Land Württemberg Baden von 1945 bis 1952, Ulm 1978

SCHAAB, Meinhard / RICHTER, Gregor; Baden-Württemberg und der Föderalismus in der Bundesrepublik Deutschland (1949 – 1989), Colloquium am 30. Mai 1989 in Erinnerung an die Gründung der Bundesrepublik Deutschland 1949, Hrsg.: Meinhard Schaab, Greogor Richter, Stuttgart 1991

SCHAAB, Meinrad; Das 19. und 20. Jahrhundert, in: Das Land Baden-Württemberg, Amtliche Beschreibung nach Kreisen, Band I, Allgemeiner Teil, Hrsg. Staatliche Archivverwaltung Baden-Württemberg, Stuttgart 1974, S. 230 – 263

SCHÄFER, Hans; Ist der Südweststaat bei der Neugliederung des Bundesgebietes nach Art. 29 Abs. 1 bis 6 GG insgesamt tabu? in: Die Öffentliche Verwaltung, 1955, S. 111 f.

SCHÄFER, Hans; Probleme einer Neugliederung des Bundesgebietes, Berlin 1963

SCHÄTZEL, Walter; Die Annexion im Völkerrecht, in: Archiv des Völkerrechts, Band 2, 1950, S. 1 – 28

SCHARNAGEL, Anton; Zur Geschichte des Reichsdeputationshauptschlusses von 1803, in: Historisches Jahrbuch 70. Jahrgang 1950, S. 238 – 259

SCHEERBARTH, Walter / HÖFFKEN, Heinz; Beamtenrecht, Lehr- und Handbuch, Siegburg 1985

SCHEUER, Gerhart; Der deutsche Staat in rechtlicher Sicht, Bonn, Berlin 1965

SCHEUNER, Ulrich; Das Mehrheitsprinzip in der Demokratie, Opladen 1973

SCHEUNER, Ulrich; Die Entwicklung der völkerrechtlichen Stellung Deutschlands seit 1945, in: Die Friedenswarte, Band 51 (1951/53); S. 1 – 19

SCHEUNER, Ulrich; Rechtsgutachten über die Verfassungsmäßigkeit der beiden Gesetze zur Neugliederung des Gebiets der Länder Baden, Württemberg-Baden und Württemberg-Hohenzollern vom 4. Mai 1951, Bonn 1951 in: Der Kampf um den Südweststaat, Verhandlungen und Beschlüsse der gesetzgebenden Körperschaften des Bundes und des Bundesverfassungsgerichtes, Veröffentlichungen des Instituts für Staatslehre und Politik e.V. in Mainz, München 1952, S. 356 – 374

SCHEUNER, Ulrich; Die Rechtsprechung des Bundesverfassungsgerichts und das Verfassungsrecht der Bundesrepublik, in: Deutsches Verwaltungsblatt, 1952; S. 645 – 649

SCHIRMUNSKI, V. M.; Deutsche Mundartkunde, Vergleichende Laut- und Formlehre der deutschen Mundarten, Berlin 1962

SCHLAICH, Klaus / KORIOTH, Stefan; Das Bundesverfassungsgericht – Stellung, Verfahren, Entscheidungen; Ein Studienbuch, 5. Auflage München 2001

SCHLETTE, Volker; Der Anspruch auf gerichtliche Entscheidung in angemessener Frist, Verfassungsrechtliche Grundlagen und praktische Durchsetzung, Berlin 1999

SCHMALZ, Theodor Anton Heinrich von; Das teutsche Staatsrecht: Ein Handbuch zum Gebrauche academischer Vorlesungen, Berlin 1825

SCHMID, Carlo; Erinnerungen, Bern, München, Wien 1979

SCHMID, Karin; Die deutsche Frage im Staats- und Völkerrecht, Baden-Baden 1980

SCHMIDTCHEN, Gerhard; Die befragte Nation, Über den Einfluss der Meinungsforschung auf die Politik, Freiburg 1959

SCHMITT, Carl; Verfassungslehre, 4. Auflage Berlin 1954

SCHMITT, Carl; Verfassungslehre, 8. Auflage Berlin 1993

SCHNABEL, Thomas; Der Beitrag der südwestdeutschen Mitglieder des Parlamentarischen Rats zum Grundgesetz, in: Alfred Kube, Thomas Schnabel, Südwestdeutschland und die Entstehung des Grundgesetzes, Villingen-Schwennigen 1989, S. 91 – 108

SCHNABEL, Thomas; Einzige geglückte territoriale Neugliederung – Entstehung und Entwicklung Baden-Württembergs von 1945 bis 1955, in: Beiträge zur Landeskunde, Regelmäßige Beilage zum Staatsanzeiger für Baden-Württemberg 1992, Heft 2, S. 1 – 6

SCHNEIDER, Hans; Die Rechtspflicht zur Neugliederung des Bundesgebietes als Gegenstand eines Verfahrens vor dem Bundesverfassungsgericht, Rechtsgutachten zu dem Verfahren der Hessischen Landesregierung vor dem Bundesverfassungsgericht, Wiesbaden 1959

SCHNEIDER, Hans; Gebhard Müller als Person der Zeitgeschichte, in: Zeitschrift für Württembergische Landesgeschichte 39 (1980) S. 5 –11.

SCHNEIDER, Hans; Gesetzgebung, Ein Lehr- und Handbuch, 3. Auflage Heidelberg 2002

SCHNEIDER, Hans; Volksabstimmungen in der rechtsstaatlichen Demokratie, in: Forschungen und Berichte aus dem öffentlichen Recht, Gedächtnisschrift für Walter Jellinek 12. Juli 1885 – 9. Juni 1955, München 1955, S. 155 – 174

SCHNEIDER, Herbert; 30 Jahre Baden-Württemberg: Ein Landesbewußtsein entsteht, in: Die Geschichte Baden-Württembergs, Hrsg. Reiner Rinker, Wilfried Setzler, Stuttgart 1987, S. 302 – 311

SCHREIBER, Wolfgang; Handbuch des Wahlrechts zum Deutschen Bundestag, Band 1, Kommentar zum Bundeswahlgesetz unter Einbeziehung der Bundeswahlordnung, der Bundeswahlgeräteverordnung und sonstiger wahlrechtlicher Nebenvorschriften, Köln, Berlin, Bonn, München 1976

SCHREIBER, Wolfgang; Handbuch des Wahlrechts zum Deutschen Bundestag, Kommentar zum Bundeswahlgesetz, Köln, Berlin, Bonn, München 2002

SCHRÖDER, Meinrad; Aufgaben der Bundesregierung, in: Handbuch des Staatsrechts der Bundesrepublik Deutschland, Hrsg. Josef Isensee, Paul Kirchhof, Band II, 2. Auflage, Heidelberg 1998, § 50, S. 585 – 601

SCHWARZ, Ernst; Die deutschen Mundarten, Göttingen 1950

SEIDL-HOHENVELDERN, Ignaz; Völkerrecht, Köln 1969

SEIDL-HOHENVELDERN, Ignaz / STEIN, Torsten; Völkerrecht, Köln, Berlin, Bonn, München 2000

SEIFERT, Karl-Heinz; Das Bundeswahlgesetz, Bundeswahlordnung und wahlrechtliche Nebengesetze, 2. Auflage, Berlin, Frankfurt 1965

SPRENG, Rudolf; Landesbericht Baden-Württemberg, in: Die Öffentliche Verwaltung 1954, S. 83 – 85

SPRENG, Rudolf; Das Überleitungsgesetz für das südwestdeutsche Bundesland, in: Die Öffentliche Verwaltung 1952, S. 298 – 301

SPRENG, Rudolf; Das Verfahren nach dem Zweiten Neugliederungsgesetz, in: Staatsanzeiger für Württemberg-Baden 1951 Nr. 95 vom 8. Dezember 1951, S. 3 – 4

SPRENG, Rudolf / BIRN, Willi / FEUCHTE, Paul; Die Verfassung des Landes Baden-Württemberg, Kommentar mit einer Einführung in die Entstehung des Landes und der Verfassung sowie dem Text des Grundgesetzes, Stuttgart, Köln 1954

STAATSMINISTERIUM VON BADEN-WÜRTTEMBERG; Denkschrift des Staatsministeriums Baden-Württemberg zur Neugliederung des Bundesgebietes, Sonderbeilage des Staatsanzeigers für Baden-Württemberg, Stuttgart 1972

STEINCKE, Heinz; Föderale und gesellschaftliche Ordnung, Gebietsstatus und die unterlassene Neugliederung des Bundesgebietes nach Art. 29 des Grundgesetzes für die Bundesrepublik Deutschland, Michelbach/Bilz 1981

STERN, Klaus; Das Staatsrecht der Bundesrepublik Deutschland, Band I, Grundbegriffe und Grundlagen des Staatsrechts, Strukturprinzipien der Verfassung, 2. Auflage München 1984

STERN, Klaus; Das Staatsrecht der Bundesrepublik Deutschland, Band II, Staatsorgane, Staatsfunktionen, Finanz- und Haushaltsverfassung, Notstandsverfassung, München 1980

STÖDTER, Rolf; Deutschlands Rechtslage, Hamburg 1948

STOLLEIS, Michael; Besatzungsherrschaft und Wiederaufbau deutscher Staatlichkeit, in: Handbuch des Staatsrechts der Bundesrepublik Deutschland Hrsg. Josef Isensee und Paul Kirchhof, Band I Historische Grundlagen, 3. Auflage Heidelberg 2003, § 7, S. 269 – 314

STRÖMHOLM, Stig; Allgemeine Rechtslehre, Göttingen 1976

SWOBODA, Helmut; Die Neugliederung des Bundesgebietes nach dem Bonner Grundgesetz, Ein Beitrag zur Auslegung der Art. 29 und 118 Grundgesetz, Heidelberg 1951

THOMA, Richard; Das Reich als Bundesstaat, in: Handbuch des Deutschen Staatsrechts, Erster Band, Hrsg. Gerhard Anschütz, Richard Thoma, Tübingen 1930, § 15, S. 169 – 186

THOMA, Richard; Ungleichheit und Gleichheit im Bonner Grundgesetz, in: Deutsches Verwaltungsblatt 1951, S. 457 – 459

TREFFZ-EICHHÖFER, Fritz; Graswurzel-Demokratie; Vom Werden und Wachsen des Südweststaats Baden-Württemberg, Stuttgart, Zürich 1982

TREFFZ-EICHHÖFER, Fritz; 1970: Das Ende des Südweststaatkampfes, Ein Kapitel aus der fortgeschrittenen Geschichte der Graswurzeldemokratie, in: Beiträge zur Landeskunde, Regelmäßige Beilage zum Staatsanzeiger für Baden-Württemberg, 1982, Heft Nr. 2, S. 13 – 15

ULLMANN, Hans-Peter; Baden 1800 bis 1830, in: Handbuch der Baden-Württembergischen Geschichte, 3. Band, Vom Ende des alten Reiches bis zum Ende der Monarchien, Hrsg. Hansmartin Schwarzmaier, Meinrad Schaab, Michael Klein, Kommission für Geschichtliche Landeskunde Baden-Württemberg, Stuttgart 1992, S. 25 – 77

UFFELMANN, Uwe; Identitätsstiftung in Südwestdeutschland, Antworten auf politische Grenzziehungen nach dem Zweiten Weltkrieg, Idstein 1996

VARIAN, Heinz Josef; Die Bedeutung des Mehrheitsprinzips im Rahmen unserer politischen Ordnung, Zeitschrift für Politik 11 (1964), S. 239 – 242

VERDROSS, Alfred; Völkerrecht, 4. Auflage Wien 1959

VERDROSS-DROSSBERG, Alfred / VON DER HEYDTE, Friedrich August; Rechtsgutachten zur Frage der Verfassungsmäßigkeit der beiden Gesetze zur Neugliederung des Gebiets der Länder Baden, Württemberg-Baden und Württemberg-Hohenzollern vom 4. Mai 1951, in: Der Kampf um den Südweststaat, Verhandlungen und Beschlüsse der gesetzgebenden Körperschaften des Bundes und des Bundesverfassungsgerichts, Veröffentlichungen des Instituts für Staatslehre und Politik e.V. in Mainz, München 1952, S. 376 – 386

VOIGT, Alfred; Ungeschriebenes Verfassungsrecht, in: Veröffentlichungen der Vereinigung der Deutschen Staatsrechtslehrer 10 (1952), S. 33 – 45

VOSSKUHLE, Andreas; Rechtsschutz gegen den Richter, Zur Integration der Dritten Gewalt in das verfassungsrechtliche Kontrollsystem vor dem Hintergrund des Art. 19 Abs. 4 GG, München 1993

WAGNER, Helmut H. F.; Die territoriale Gliederung Deutschlands in Länder seit 1871, Ein Beitrag zum Problem des Föderalismus, Tübingen (1962)

WEHLING, Hans-Georg; Was Badener und Württemberger prägte, in: Beiträge zur Landeskunde, Regelmäßige Beilage zum Staatsanzeiger für Baden-Württemberg, 1992, Heft 2, S. 7 – 13

WEHLING, Hans-Georg; Die Genese der politischen Kultur Baden-Württembergs, in: Der Weg zum Südweststaat, Hrsg. Landeszentrale für politische Bildung Baden-Württemberg, Stuttgart 1991, S. 324 – 340

WEINACHT, Paul-Ludwig; Der Weg in den Südweststaat, in: Der Weg zum Südweststaat, Hrsg. Landeszentrale für politische Bildung Baden-Württemberg, Bearbeitung und Redaktion: Jörg Thierfelder, Uwe Uffelmann, Karlsruhe 1991, S. 310 – 323

WEINACHT, Paul-Ludwig; Land Baden (Südbaden), in: Badische Geschichte, Vom Großherzogtum bis zur Gegenwart, Hrsg. Landeszentrale für politische Bildung Baden-Württemberg, Stuttgart 1979, S. 206 – 231

WEINACHT, Paul-Ludwig; Neugliederungsbestrebungen im deutschen Südwesten und die politischen Parteien (1945 – 1951), in: Oberrheinische Studien Band V, Landesgeschichte und Zeitgeschichte: Kriegsende 1945 und demokratischer Neubeginn am Oberrhein, Hrsg. Hansmartin Schwarzmaier, Karlsruhe 1980, S. 330 – 354

WEISER, Gerhard; Reich und Länder, Vom Neubau des deutschen Staates, Vortrag an der Technischen Hochschule Braunschweig am 6. Dezember 1946, Braunschweig 1946

WELLER, Karl; Württembergische Geschichte, Hrsg. Arnold Weller, 5. Auflage Stuttgart 1963

WENDT, Rudolf; Finanzhoheit und Finanzausgleich, in: Handbuch des Staatsrechts der Bundesrepublik Deutschland Band IV, Finanzverfassung – Bundesstaatliche Ordnung, Hrsg. Josef Isensee und Paul Kirchhof, 2. Auflage Heidelberg 1999, § 104, S. 1021 – 1089

WERNER, Wolfram; Der Parlamentarische Rat 1948 – 1949, Akten und Protokolle, hrsg. vom Deutschen Bundestag und vom Bundesarchiv unter Leitung von

Rupert Schick und Friedrich P. Kahlenberg bearbeitet von Wolfram Werner, Band 9, Plenum, München 1996

WERNICKE, Kurt Georg / BOOMS, Hans; Der Parlamentarische Rat 1948 – 1949, Akten und Protokolle, hrsg. für den Deutschen Bundestag von Kurt Georg Wernicke, für das Bundesarchiv von Hans Booms unter Mitwirkung von Walter Vogel, Band 1, Vorgeschichte, bearbeitet von Johannes Volker Wagner, Boppard am Rhein 1975

WERNICKE, Kurt Georg / BOOMS, Hans; Der Parlamentarische Rat 1948 – 1949, Akten und Protokolle, hrsg. für den Deutschen Bundestag von Kurt Georg Wernicke, für das Bundesarchiv von Hans Booms, Band 2, Der Verfassungskonvent auf Herrenchiemsee, bearbeitet von Peter Bucher, Boppard am Rhein 1981

WITTLIN, Felix; Volksbefragungen ohne gesetzliche Grundlagen, Heidelberg 1953

WOLFF, Thomas; Unmittelbare Gesetzgebung durch Volksbegehren und Volksentscheid in den Verfassungen der Bundesrepublik Deutschland, Meerbusch 1993

WOLFRUM, Edgar; Französische und deutsche Neugliederungspläne für Südwestdeutschland 1945/46, in: Zeitschrift für die Geschichte des Oberrheins, 137. Band (n.F. 98. Band) 1989, S. 428 – 452

WOLFRUM, Edgar; Französische Besatzungspolitik und deutsche Sozialdemokratie, Politische Neuansätze in der „vergessenen Zone" bis zur Bildung des Südweststaates 1945 – 1952, Düsseldorf 1991

ZACHARIÄ, Heinrich Albert; Deutsches Staats- und Bundesrecht, 1. Teil, 2. Auflage Göttingen 1853

ZIEGLER, Karl-Heinz; Das private Schiedsgericht im antiken römischen Recht, München 1971

ZIPPELIUS, Reinhold; Zur Rechtfertigung des Mehrheitsprinzips in der Demokratie, Mainz und Stuttgart 1987

ZOEPFL, Heinrich; Grundsätze des Allgemeinen und des Constitutionell-Monarchischen Staatsrecht mit Rücksicht auf das gemeingültige Recht in Deutschland, Heidelberg 1841

Studienbücher Rechtsgeschichte

Karl Kroeschell
Deutsche Rechtsgeschichte
Band 1: Bis 1250
(UTB für Wissenschaft 2734 S)
12. unveränderte Auflage 2005.
341 S. mit 25 s/w-Abb. Br.
ISBN 978-3-8252-2734-0

Albrecht Cordes,
Karl Kroeschell,
Karin Nehlsen-von Stryk
Deutsche Rechtsgeschichte
Band 2: 1250–1650
(UTB für Wissenschaft 2735 S)
2006. Ca. 450 S. mit ca. 14 s/w-Abb. Br.
ISBN 978-3-8252-2735-9

Karl Kroeschell
Deutsche Rechtsgeschichte
Band 3: Seit 1650
(UTB für Wissenschaft 2736 S)
4. unveränderte Auflage 2005. 311 S. mit 10 s/w-Abb. Br.
ISBN 978-3-8252-2736-7

Wolfgang Kunkel,
Martin Schermaier
Römische Rechtsgeschichte
(UTB für Wissenschaft 2225 S)
13. Aufl. 2001. XIV, 335 S. Br.
ISBN 978-3-8252-2225-3

Bernhard Losch
Kulturfaktor Recht
Grundwerte – Leitbilder – Normen. Eine Einführung
(UTB für Wissenschaft 2848 S)
2006. 291 S. Br.
ISBN 978-3-8252-2848-7

Stephan Meder
Rechtsgeschichte
Eine Einführung
(UTB für Wissenschaft 2299 S) 2. völlig überarbeit. und erw. Aufl. 2005. XIV, 459 S. Br.
ISBN 978-3-8252-2299-4

Forschungen zur deutschen Rechtsgeschichte

Herausgegeben von
Karin Nehlsen-von Stryk,
Jan Schröder und
Dietmar Willoweit

Die Bände 1–14 sind vergriffen.

Bd. 15:
Christine Roll
Das zweite Reichsregiment 1521–1530.
1996. XL, 592 S. Gb.
ISBN 978-3-412-10094-0

Bd. 16:
Helga Schnabel-Schüle
Überwachen und Strafen im Territorialstaat.
Bedingungen und Auswirkungen des Systems strafrechtlicher Sanktionen im frühneuzeitlichen Württemberg.
1997. X, 402 S. Gb.
ISBN 978-3-412-06396-2

Bd. 17:
Heiner Lück
Die kursächsische Gerichtsverfassung 1423–1550.
1997. XLIII, 296 S. 1 Faltkarte. Gb.
ISBN 978-3-412-12296-6

Bd. 18:
Steffen Schlinker
Fürstenamt und Rezeption.
Reichsfürstenstand und gelehrte Literatur im späten Mittelalter.
1999. LVI, 351 S. Gb.
ISBN 978-3-412-00999-1

Bd. 19:
Bernd Kannowski
Bürgerkämpfe und Friedebriefe.
Rechtliche Streitbeilegung in spätmittelalterlichen Städten.
2001. XL, 208 S. Gb.
ISBN 978-3-412-13600-0

Bd. 20:
Steffen Luik
Die Rezeption Jeremy Benthams in der deutschen Rechtswissenschaft
2003. LXXVII, 373 S. Gb.
ISBN 978-3-412-09202-3

Bd. 21:
Wolfgang Dannhorn
Römische Emphyteuse und deutsche Erbleihe.
Ein Beitrag zur Entstehung der Wissenschaft vom deutschen Privatrecht.
2003. XLII, 328 S. Gb.
ISBN 978-3-412-12302-4

Bd. 22:
Claudia Schöler
Deutsche Rechtseinheit.
Partikulare und nationale Gesetzgebung (1780–1866).
2004. LIII, 320 S. Gb.
ISBN 978-3-412-12503-5

Bd. 23:
Andreas Deutsch
Der Klagspiegel und sein Autor Conrad Heyden.
Ein Rechtsbuch des 15. Jahrhunderts als Wegbereiter der Rezeption.
2004. XIV, 672 S. Gb.
ISBN 978-3-412-13003-9

Köln Weimar Wien

Ursulaplatz 1, D-50668 Köln, Telefon (0221) 913900, Fax 9139011

Klaus Herbers
Helmut Neuhaus
**Das Heilige
Römische Reich**
Schauplätze einer
tausendjährigen
Geschichte
(843–1806)

Vor den Augen des Lesers läßt diese reich bebilderte und anschaulich erzählte Darstellung ein herrschaftliches Gebilde aufleben, das etwa ein Jahrtausend lang die kulturelle, soziale und politische Geschichte weiter Teile Europas maßgeblich bestimmt hat. Ausgehend von seinen Schauplätzen spüren die Autoren der Entstehung und Entwicklung, aber auch dem Ende des Heiligen Römischen Reiches nach. So entsteht zum 200. Jahrestag seines Niedergangs ein umfangreicher Querschnitt seiner vielschichtigen Wirklichkeit.

2005. VIII, 343 S.
mit 307 s/w-Abb. 38 farb. Abb.
auf 24 Taf. 27,5 x 21 cm.
Gb. mit SU.
ISBN 978-3-412-23405-8

KÖLN WEIMAR WIEN

Ursulaplatz 1, D-50668 Köln, Telefon (0221) 91390-0, Fax 91390-11

Rechtsgeschichte und Geschlechterforschung
Herausgegeben von Stephan Meder und Arne Duncker

Bd. 1:
Arne Duncker:
Gleichheit und Ungleichheit in der Ehe.
Persönliche Stellung von Frau und Mann im Recht der ehelichen Lebensgemeinschaft 1700–1914.
2003. XCVII, 1189 S. Gb.
ISBN 978-3-412-17302-9

Bd. 2:
David Großekathöfer:
»Es ist ja jetzt Gleichberechtigung«.
Die Stellung der Frau im nachehelichen Unterhaltsrecht der DDR.
2003. 234 S. Gb.
ISBN 978-3-412-18602-9

Bd. 3:
Andrea Czelk:
»Privilegierung« und Vorurteil.
Positionen der Bürgerlichen Frauenbewegung zum »Unehelichenrecht« und zur Kindstötung im Kaiserreich.
2005. XIV, 260 S. Gb.
ISBN 978-3-412-17605-1

Bd. 4:
Frauenrecht und Rechtsgeschichte.
Die Rechtskämpfe der deutschen Frauenbewegung.
Hg. v. Andrea Czelk, Arne Duncker, Stephan Meder.
2006. VIII, 389 S. Gb.
ISBN 978-3-412-31905-2

Bd. 5: Christine Susanne Rabe:
Gleichwertigkeit von Mann und Frau.
Die Krause-Schule und die bürgerliche Frauenbewegung im 19. Jahrhundert.
2006. 238 S. Gb.
ISBN 978-3-412-08306-9

Bd. 6:
Jens Lehmann:
Die Ehefrau und ihr Vermögen.
Reformforderungen der bürgerlichen Frauenbewegung zum Ehegüterrecht um 1900.
2006. XXII, 336 S. Gb.
ISBN 978-3-412-09006-7

Bd. 7:
Simone Winkler:
»Kindserdrücken«.
Vom Kirchenrecht zum Landesrecht des Herzogtums Preußen.
2007. XII, 212 S. Gb.
ISBN 978-3-412-15106-5

Ursulaplatz 1, D-50668 Köln, Telefon (0221) 913900, Fax 913 9011

Volker Koop
Kai-Uwe von Hassel
Eine politische Biographie
2007. 318 S. 32 s/w-Abb.
auf 16 Taf. Gb. mit SU.
ISBN 978-3-412-10006-3

An öffentlichen Ämtern hat es Kai-Uwe von Hassel (1913–1997) nicht gemangelt, doch wurde seine Bedeutung stets unterschätzt. Er war schleswig-holsteinischer Ministerpräsident, Verteidigungs- und danach Vertriebenenminister, Präsident, dann Vizepräsident des Deutschen Bundestags, stellvertretender Bundesvorsitzender der CDU und Präsident der Europäischen Union Christlicher Demokraten. Er hatte wesentlichen Anteil an der Aussöhnung zwischen Dänen und Deutschen, setzte sich in Begegnungen mit Diktatoren in aller Welt für die Menschenrechte ein, war der geistige Vater der deutschen Entwicklungshilfe und ein vehementer Verfechter der politischen Bildung insbesondere der Jugend.

Anhand bisher unveröffentlichter Dokumente gibt diese Biographie umfassend Auskunft über einen Politiker, der meist hinter den Kulissen die Fäden zog und – mehr bodenständiger Pragmatiker als Visionär – dessen politische Überzeugungen bis heute nicht an Aktualität eingebüßt haben.